한나 아렌트 · 카를 야스퍼스 서간집 2
1926-1969년

Hannah Arendt Karl Jaspers: Briefwechsel 1926-1969

로테 쾰러 · 한스 자너 엮음
Lotte Köhler und Hans Saner

홍원표 옮김

옮긴이 홍원표 (洪元杓; Hong, Won Pyo)

한국외국어대학교 정치외교학과를 졸업하고 동 대학원에서 「고전적 합리주의의 현대적 해석: 레오 스트라우스, 에릭 보에글린, 한나 아렌트를 중심으로」라는 주제로 정치학 박사학위(1992년)를 받았다. 이후 현재까지 한나 아렌트 정치철학 연구에 전념하고 있다. 한국외국어대학교 LD학부 교수로 재직 중에 교무처장과 미네르바교양대학 학장을 역임했고, 한국정치학회 총무이사와 부회장을 역임했으며, 한나아렌트학회 회장(2009~2012, 2015~2016)을 역임했다. 현재는 한국외국어대학교 명예교수로 있다.

저서로는 『현대 정치철학의 지형: 언저리에서의 사유』, 『아렌트: 정치의 존재이유는 자유다』, 『한나 아렌트 정치철학: 행위, 전통, 인물』, 『비극의 서사: 근현대 한국 지성의 삶과 사상』이 있고, 공저로는 『정치의 대전환』, 『한나 아렌트와 세계사랑』, 『국가건설 사상』, 『언어와 정치』 등이 있다. 역서로는 『혁명론』, 『정신의 삶: 사유와 의지』, 『어두운 시대의 사람들』, 『한나 아렌트, 정치와 법』, 『유대인 문제와 정치적 사유』, 『한나 아렌트 철학 전기: 세계사랑의 여정』, 『어두운 시대의 한나 아렌트: [열다섯 저작 속의] 소통윤리와 수사학』, 『비상사태의 정치: 역설, 법, 민주주의』 등이 있다.

한나 아렌트 · 카를 야스퍼스 서간집 2 : 1926-1969년
Hannah Arendt Karl Jaspers: Briefwechsel 1926-1969

2024년 6월 21일 초판 1쇄 인쇄
2024년 6월 28일 초판 1쇄 발행

엮은이 ■ 로테 쾰러 · 한스 자너
옮긴이 ■ 홍원표
펴낸이 ■ 정용국
펴낸곳 ■ (주)신서원
주소 : 서울시 노원구 동일로 207길 23 4층 413호
전화 : (02)739-0222 팩스 : (02)739-0224
등록 : 제300-2011-123호(2011.7.4)
ISBN 978-89-7940-661-0 93340
값 34,000원

신서원은 부모의 서가에서 자녀의 책꽂이로
'대물림'할 수 있기를 바라며 책을 만들고 있습니다.
잘못된 책이 있으면 연락주세요.

Hannah Arendt Karl Jaspers: Briefwechsel 1926-1969
by Hannah Arendt, Karl Jaspers
Copyright © 1985 by Hannah Arendt Literary Trust
All rights reserved.
This Korean edition was published by SINSEOWON in 2024 by arrangement with Hannah Arendt
Literary Trust c/o Georges Borchardt, Inc. through KCC(Korea Copyright Center Inc.), Seoul.

이 책은 ㈜한국저작권센터(KCC)를 통한
저작권자와의 독점계약으로 ㈜신서원에서 출간되었습니다.
저작권법에 의해 한국 내에서 보호를 받는 저작물이므로
무단 전재와 복제를 금합니다.

감사의 글

 아렌트와 야스퍼스의 왕래 서신은 아렌트가 마르부르크대학교에서 하이델베르크대학교로 옮겨 야스퍼스의 세미나에 참여한 1926년에 시작하여 야스퍼스가 서거한 1969년까지 지속했다. 독일이 전체주의 국가로 완전히 '결정화되던' 1938년에서 패망한 1945년까지 8년을 제외하면 35년 동안 두 위대한 정신이 주고받은 편지는 433편이며, 마지막 편지는 게르트루트가 아렌트에게 보낸 조전이고, 아렌트의 추도사가 수록됐다. 이 서간집은 43년이란 오랜 세월에 걸쳐 이루어진 스승과 제자의 '우정 어린' 대화를 담고 있다.
 아렌트의 오랜 친구인 로테 쾰러와 만년의 야스퍼스 제자이며 아렌트와 인연이 있는 한스 자너는 독일 마르바흐문서보관소에 소장된 편지들을 연대순으로 정리하고 사세한 주석을 붙이는 편집 과정을 거쳐 독일 피페르출판사에서 1985년 출간했다. 860쪽 분량의 방대한 서간집이다. 이 저본은 로버트와 리타 킴버 부부의 영역을 거쳐 7년 후인 1992년 하코트브레이스 출판사에서 출간되었다. 두 번역자는 한때 웰즐리대학교 독일어과 교수로 재직했으며 독일어 번역가로 활동했다.

편집자 서론에서 밝혔듯이, "이 서간집은 양성의 두 철학자가 광범위하게 주고받은 첫 번째 서간집이다." 이후 여러 편의 아렌트 서간집(해제 참조)이 출간되었다. 서간집은 아렌트가 생전에 출간한 저작 및 유고집을 포함하여 아렌트의 정신세계를 이해하는 데 없어서는 안 될 기초자료이다. 우리는 각기 두 편집자와 번역자의 노력으로 아렌트와 야스퍼스의 삶의 단면을 자세히 이해할 수 있게 되었다.

아렌트는 1945년 야스퍼스와 서신을 재개한 이후 스위스로 이주한 야스퍼스를 13차례 방문하면서 야스퍼스의 저작을 영미권 연구자와 독자들에게 소개하고자 영역본 출간을 지원하였다. 물론 아렌트는 한때 자유기고가 또는 정치평론가로 활동했으며, 여러 대학에서 자신의 표현대로 "돌아다니는 학자"(편지 391), 즉 객원 강사 또는 교수로서 강의하고 많은 저작을 집필하며 공적인 일을 수행하였기에 극히 일부의 경우를 제외하고 번역에 직접 참여하지 않았다. 야스퍼스 역시 아렌트의 상황을 고려하여 번역에 직접 참여하지 말 것을 그녀에게 권유했다. 물론 아렌트는 영어로 집필한 자신의 저작들, 『전체주의의 기원』·『인간의 조건』·『혁명론』의 독일어판을 출판했는데, 한때 "번역은 고역이다"(편지 261)라고 밝힌 적이 있다. 번역은 상당한 정신 활동과 시간이 소요되기 때문일 것이다. 오늘날 번역기를 통한 기계적인 번역이 제한적이나마 가능하더라도, 전문 번역은 여전히 엄청난 시간과 노력을 기울일 때 비로소 성공할 수 있을 것이다.

나는 한나 아렌트 정치이론을 연구하면서 번역을 계속해야 하는가?를 스스로 자문하기도 했다. 번역은 이제 그만하고 우리 현실 문제를 조명하는 글을 쓰라는 주위의 권고를 들을 때면 잠시 고민에 빠지지 않을 수 없다. '현실에 대처하라'는 아렌트의 현상학적 좌우명이나 "철학은 정신 행위로서 삶의 행로와 뗄 수 없다"는 야스퍼스의 철학적 태도를 고려할 때, 이런 요청은 귀중한 조언이다. 번역에 필요한 엄청난 시간과 노력을 포기하고, 저서를 통해 또 다른 세계와 우리 현실을 조명하는 집필 노력은 아무리 강조하더라도 무리는 아니다. 그러나 번역은 말 그대로 번역으로 끝나는 게 아니라 새로운 성찰과 해석의 기회를 제공한다. 나는 이 서간집을 번역하는 동안에도 여러 편의 논문을 집필하려고 노력했다. 주위의 조언은 나에 대한 배려로 고맙게 받아들인다. 그분들의 조언에 감사할 따름이다.

이제 이 서간집을 번역하게 된 일련의 과정을 간단히 밝힌다. 나는 이 서간집을 우리말로 옮기는 과정에서 독일어 원본과 영역본을 함께 대조하며 검토하였다. 이 과정을 거치지 않았다면 오역이나 '거친' 번역으로 야기되는 불편함을 해결하지 못했을 것이다. 이런 불편함은 문화권의 차이로 인해 우리말로 옮기는 데 나타나는 어려움에서 비롯되었기 때문이다. 한편 독어 원문을 그대로 번역하는 것이 편할 때도 있었지만, 다른 한편 영역본을 통해 독어 원문을 수월하게 이해할 수 있기도 했다. 이로 인해 번역을 진행하면서 어느 정도 안도감을 가질 수 있었다.

이때마다 나는 두 분에게 감사하는 마음을 잊지 않았다. 박사학위 논문을 집필하기 시작하던 1989년 당시에 아렌트의 저작 전체를 여러 도서관에서 열람할 수 없었기에 해외주문으로 확보했지만, 독일어본을 확보하지는 못했다. 이런 어려움을 옆에서 지켜보았던, 현재 대진대학교에 재직하는 박영민 교수님이 도움을 주었다. 기쁘게도, 박 교수님이 나에게 독일어 연구 저서 몇 권과 서간집을 선물했다. 물론 그때는 아렌트의 저작을 읽고 정리하는 일에 몰두하였기에, 서간집의 내용을 학위논문에 반영하지 못했다.

상당한 시간이 지난 후 나는 영-브륄의 『아렌트 철학 전기』를 번역하면서(우리말 초판 2007년, 새판 2022년) 시간집이 기초자료임을 다시 한번 실감하게 되었다. 이때는 서간집 영역본이 이미 출간되었고, 다른 서간집도 여러 권 출간되었다. 그런데 이번에도 뜻밖에 서간집 영역본을 귀중한 선물로 받았다. 사정은 이러하다. 1996년 아렌트 탄생 100주년을 기념하는 한나 아렌트 학술회의를 계기로 한나아렌트학회가 창립되었다. 이후 아렌트학회는 아렌트의 저작을 심도 있게 이해하는 아렌트 강독을 진행하였다. 학회 창립 회원 가운데 한 분인 가산불교문화연구원의 고옥 스님은 나의 번역에 지대한 관심을 가졌고, 고맙게도 어느 날 영역본을 선물로 제공했다. 서간집 출간에 즈음하여 다시 한번 고옥 스님에게 감사함을 표시한다. 이를 계기로 다른 서간집도 몇 권 구입했다.

물론 아렌트의 다른 저작을 번역하고, 연구 논문을 집필하느라고 한동안 서간집을 부분적으로만 검토할 수밖에 없었다. 현재 아렌트 저작은 대부분 나를 포함해 한나아렌트학회의 다른 동료들의 노력으로 거의 출간되었고, 학회회원이 아닌 다른 연구자들도 여러 권의 아렌트 연구 저서를 출간했다. 나는 오랫동안 서간집의 출간을 염두에 두었지만, 이를 우리말로 옮기는 데 주저했다. 출판시장의 열악한 상황을 고려할 때 방대한 분량의 서간집을 출판하기란 쉽지 않았기 때문이다. 나는 한국외대에서 퇴임한 이후에도 아렌트 연구를 계속하고자 했는데, 이때 신서원의 정용국 대표님이 사정을 알고 「한나 아렌트 시리즈」를 기획하며 서간집도 출간하자고 제안했다. 지금도 정용국 대표의 호의적인 배려를 잊을 수 없다.

그동안 한나 아렌트 시리즈 가운데 4권을 출간하는 데 우선순위를 두다 보니 서간집 출간은 뒤로 미루어졌다. 저작권 계약을 체결한 지 상당한 시간이 지났다. 출판사는 저작권 계약 등 여러 가지로 상황을 고려해야만 하는데, 번역을 마치기까지 인내하며 기다려준 정용국 대표님께 감사의 말씀을 전한다. 아울러 정용국 대표님은 출판을 준비하면서 출판인으로서 독자들에게 도움을 줄 수 있도록 책의 구성에 관한 좋은 의견을 제시했다. 편집 과정에 이를 반영하였기에, 더없이 고마울 따름이다. 정서주 편집장님은 이런 사항들을 고려하여 힘든 편집 업무를 담당했다. 이 기회를 통해 감사함을 표시한다. 일반 저서들과 다른 방식으로 책을 구성하고, 방대한 분량의 책을 두 권으로 나누어 편집하는 노고를 아끼지 않았다. 물론 편집 과정에서 정서주 편집장님의 많은 도움을 받았지만, 번역상의 결점은 전적으로 옮긴이의 책임이다.

나는 서간집을 번역하면서 많은 교훈을 늦게나마 되새길 수 있게 되었다. 이 서간집은 스승과 제자의 만남이란 '인연'이 도타운 '우정'으로 발전한 범례일 뿐만 아니라 두 '거목'의 학자다운 참모습을 잘 보여주고 있기 때문이다. 스승과 제자의 '전통적 관계'가 붕괴된 우리 사회를 생각해보지 않을 수 없다. 아렌트의 주장대로 학교 영역은 사적·사회적·공적 요소가 공존하는 영역이지만, 사적 가치가 공적 가치를 압도할 때, 스승과 제자의 귀중한 인연은 한낱 지나가는 일상사로만 존재할 뿐이다. 이는 우리 사회가 직면하고 있는 난제다. 해결책이 있으나 본질에 주목하지 않는다.

마지막으로, 그동안 다양한 방식으로 배려하고 도움을 주었던 분들에게 감사한 마음을 행동으로 드러내지 못한 적이 많았다. 그저 마음속에 담아둘 뿐이다. 이 기회를 통해 그분들에게도 감사함을 표시한다. 퇴임 이후 번역 작업이 하루의 일과가 된 오랜 기간 활동의 자유를 스스로 제약하며 집안일에는 소홀할 수밖에 없었다. 그런데도 격려를 아끼지 않은 아내와 집안 식구들에게 감사함을 표시할 뿐이다.

2024년 3월
인헌동 서재에서

목차

1권

감사의 글 _5
옮긴이 해제: 두 거목의 '대화'에서 삶과 사상의 단면을 보다 _13

편집자 서론 _51

제1부 편지 1-29: 1926~1938년   78
한나 아렌트의 하이델베르크 시절 ~ 프랑스 망명 시절

스승과 제자의 운명적 만남(1926): 세미나 참여와 역사 해석의 이견 / 야스퍼스의 논문 지도와 『성인 아우구스티누스의 사랑 개념』 출간 / 『라헬 파른하겐』 집필과 야스퍼스의 지원 / 아렌트와 스턴의 결혼(1929) / 아렌트의 「라헬 파른하겐」 강의 / 『현대의 정신적 상황』· 『막스 베버』 출간 / 「계몽주의와 유대인 문제」(1930) / 『철학』 출간(1931) / 독일인성과 유대인성; 막스 베버 논쟁 / 아렌트의 망명(1933년) / 구스트로프 재판 참관(1936) / 야스퍼스의 마지막 편지(1938)

제2부 편지 30-139: 1945~1952년   112
종전 이후 서신 재개 ~ 아렌트의 시민권 획득 직후

전후 서신 재개(1945)와 아렌트의 생필품 지원 / 야스퍼스의 공개 강의와 바젤 이주(1948) / 야스퍼스의 「솔론」 연구: 최초의 정치적 저작 / 아렌트의 유럽 방문과 스승과의 재회(1950) / 『전체주의의 기원』 집필(1945~1950)과 미국 시민권 획득(1951) / 『대학의 이념』(개정판)· 『책임 문제』· 『철학적 논리학』· 『철학적 신앙』의 출간(1946)과 아렌트의 논평 / 『진리에 대하여』에 대한 관심 / 야스퍼스 저작의 영어판 출간을 위한 아렌트의 적극적인 지원 / 한국전쟁과 미래 전쟁에 대한 견해(1950~1953) / 독일 저항운동에 대한 의견 / 막스 베버와 독일인의 특성 문제 / 마르크스 사상의 해석 논쟁 / 라헬 파른하겐 논쟁(1952)

제3부 편지 140-219: 1953~1957년   410
야스퍼스의 칠순 ~ 인공위성 최초 발사

야스퍼스의 칠순(1953) 기념논문집 『야스퍼스의 철학』 출간(1957년); 철학적 자서전, 기고문(22편), 야스퍼스 답변 / 스승과 제자의 우정; 「세계시민으로서 야스퍼스」 / 노트르담대학교 강의 「철학과 정치」(1954) / 매카시즘과 그 여파 / 시카고대학교 강의와 『인간의 조건』 집필 / 네덜란드 방문 / 헝가리 혁명과 소련군 진압, 평의회 체계의 와해 / 수에즈운하 사건(1956) / 『위대한 철학자들』 제1권 출간 / 『원자폭탄과 인류의 미래』 집필 / 『라헬 파른하겐: 한 유대인 여성의 삶』 출간 / 화이트헤드의 『자연 개념』에 대한 아렌트의 관심 / 독일 물리학자들의 괴팅겐 선언 / 수소폭탄과 약소국의 관계 / 『판단력비판』 세미나 / 인공위성 스푸트니크호 발사(1957)

2권

감사의 글 _5

제4부   편지 220-319: 1958~1962년   12
                         야스퍼스 평화상 수상 ~ 스승-제자의 참된 우정

『인간의 조건』의 출간 / 『원자폭탄과 인류의 미래』·『세계와 철학』 출간 / 야스퍼스 독일서적상출판협회 평화상 수상과 아렌트의 연설 「찬사」(1958) / 프린스턴대학교 「미국 혁명」 강의 및 연구, 정치적 사유의 중요성 부각(1959) / 아렌트 함부르크시 레싱상 수상 / 『위대한 철학자들』 집필(1960) / 케네디 대통령 당선(1961) / 아이히만 재판 취재차 예루살렘 방문 / 피그만 사건과 쿠바위기 / 알제리 사태 / 아렌트와 블뤼허의 야스퍼스 방문; 'Sie(당신)'에서 'Du(자네)'의 관계로 발전 / 아렌트의 교통사고 / '떠도는(wandering) 객원 교수에서 시카고대학교 교수로 자리잡음(1962)

제5부   편지 320-433: 1963~1969년   254
                         '예루살렘의 아이히만' 논쟁 ~ 야스퍼스의 서거

『혁명론』·『예루살렘의 아이히만』 출간과 아이히만 논쟁 / 그리스 방문 / 케네디 암살 / 흑백 갈등의 심연 / 시카고대학교(1963-1966)와 뉴스쿨(1967-1975) 교수 재직 / 아렌트와 가우스 대담 / 흐루쇼프 실각과 집단지도체제(1964) / 아데나워와 벤구리온 협상, 소멸시효 논쟁 / 『작은 철학 학교』 / 「진리와 정치」(1965) / 베트남전쟁과 반전운동 및 청문회 / 『연방공화국은 어디로 나아가는가?』(1966) / 『어두운 시대의 사람들』(1968) / 야스퍼스 서거(1969년 2월 26일) / 아렌트 추도사(1969)

옮긴이 후기 _555

한나 아렌트 서서 찾아보기 _561
카를 야스퍼스 저서 찾아보기 _564

4
제부

편지 220-319
1958~1962년
야스퍼스 평화상 수상 ~ 스승-제자의 참된 우정

『인간의 조건』의 출간 / 『원자폭탄과 인류의 미래』·『세계와 철학』 출간 / 야스퍼스 독일서적상출판협회 평화상 수상과 아렌트의 연설 「찬사」(1958) / 프린스턴대학교 「미국 혁명」 강의 및 연구, 정치적 사유의 중요성 부각(1959) / 아렌트 함부르크시 레싱상 수상 / 『위대한 철학자들』 집필(1960) / 케네디 대통령 당선(1961) / 아이히만 재판 취재차 예루살렘 방문 / 피그만 사건과 쿠바위기 / 알제리 사태 / 아렌트와 블뤼허의 야스퍼스 방문: 'Sie(당신)'에서 'Du(자네)'의 관계로 발전 / 아렌트의 교통사고 / '떠도는(wandering)' 객원 교수에서 시카고대학교 교수로 자리잡음(1962)

[일러두기]

- 본문의 표기 방식에 따라 인용문장 또는 인용문구는 큰따옴표(" ")로, 강조하는 문구는 작은따옴표(' ')로 표기한다. 아울러, 문장이나 문구 다음의 ( ) 안의 내용은 작은 호수로, 원문에서 [ ] 안의 내용은 같은 글자의 크기로 표기한다.
- 굵게 표시한 것은 원문과 옮긴이의 강조 표기이다.
- 옮긴이 각주는 기존 각주의 보충일 경우 각주 내에 '옮긴이'로 표기하였고, 단독적인 옮긴이 각주일 경우 개별 기호로 표시하였다.
- 본문에서 외국인 인명은 우리말로 표기하고, 각주에서 외국어 원명을 병기하였다.
- 맨 처음 나타나는 특정한 문구 또는 용어의 의미를 명확하게 드러내기 위해서 외국어를 병기하였다.
- 원문에서 논문(에세이) 또는 강의 및 대담 주제는 낫표(「」)로 표기하고, 저서는 겹낫표(『』)로 표기한다. 처음 나타날 때 외국어를 병기한다. 각주에서는 원어 표기 방식을 따랐다.
- 호칭, 서두, 끝인사 등의 표기 방식 등은 편지마다 다른 경우가 있다. 이를 고려하여 원문의 표기 방식을 따르는 것을 원칙으로 하였다.

편지 220   게르트루트와 야스퍼스가 아렌트에게

바젤, 1958년 1월 14일

친애하는 한나,

  우선 우리는 잘 지내요. 내가 편지를 쓰는 유일한 이유는 카를의 서류가 엉망진창으로 되어 당신이 여름 휴가에 대해 언급한 편지 내용을 정확히 알아내기 어렵다는 점이에요. 내 남동생이 텔아비브에서 자기 아내와 함께 올 것이며,[1] 나는 당신의 방문이 중복되지 않도록 상황을 조정하고 싶어요. 그리고 우리는 물론 당신이 언급한 날짜를 잊었네요. 우리는 집에서 강건하고 기분 좋게 당신을 다시 보고 싶어요. 우리는 당신의 방문을 기대해요. 남편은 올겨울 즐거운 연구 휴가를 잘 이용하고 있으며, 빠르게 큰 책이 되어가는 소책자에 끈질긴 집념으로 몰두하고 있어요.[2] 나는 남편이 책을 곧 끝내길 바라요. 남편은 몇 주 동안 생각하고 있지만, 이런 평가에서 가끔

---

1   프리츠 마이어(Fritz Mayer, 1890~1876)와 그의 아내 프리다(결혼 전, 야곱슨, 1892~1971).
2   *Die Atombombe und die Zukunft des Menschen*. 편지 206의 각주 207을 참조할 것.

잘못해요. 따라서 나는 이것을 비판적으로 읽을 것이에요. 이것을 이미 타자로 정리했지만, 차례차례로 정리하지는 못했네요. 이 화제의 책과 어떤 관계를 아직 정립하지 못했어요. 해결할 여러 가지 민감한 문제가 있을 것이에요. 끝부분에서 저절로 모이는 것 같았던 아우구스티누스와 관련한 장[3]과 매우 달라요. ― 우리는 비록 겨우내 온전히 우리 자신만을 위해 살았지만, 독감이나 감기에 걸리지 않고 지냈어요. 당신이 우리와 함께 축하할 수 없었고, 또한 누구도 실제로 5년마다 대대적으로 축하할 수 없기에, 우리는 조용히 단둘이만 알고 야스퍼스의 75회 생일을 축복하려고 계획하고 있어요. 나는 여전히 미신적이에요. 그게 큰 도움이에요.

나로서는 만족해요. 그래서 하인리히와 당신에게 나의 안부를 전하며 편지를 마무리하는 게 최선이에요.

게르트루트

친애하는 한나! 나는 11월 18일자 당신의 편지를 방금 찾았네요 ― 그래서 무질서 속에 질서가 있구려! 편지에서 당신은 다음과 같이 말했소. "저는 학기가 끝난 다음에만, 즉 7월에 갈 것입니다. 모든 것이 많이 공중에 떠 있고 … 뮌헨 초청장 … 7월 초 …" 당신은 그 이전 내 강의를 듣고 싶다고 했다오. 그래서 나는 두 번 당신을 기대할 수 있구려. 놀랍다오! 당신이 우리에게 확정된 날짜를 알려준다면 ― 뮌헨 방문 날짜와 당신이 하려는 다른 날짜 ― 우리는 고맙다오. 그래서 우리는 이에 따라 다른 약속을 할 수 있을 것이오.

당신의 에세이집은 어제 도착했소.[4] 나는 이것을 읽기 시작했고 자세한 내용을 원하오. 시간이 나는 대로 당신에게 연락할 것이오. 현재 나는 원자폭탄과 인류의 미래에 관한 책을 마무리해야 하오. 아마도 나는 이것에 너

---

3   편지 209를 참조할 것.
4   *Fragwürdige Traditionsbestände*, 편지 214의 각주 235를 참조할 것.

무 많은 책임을 떠맡고 있네요. 이 책은 내가 이것에 제공할 수 있는 것 이상을 요구하오. 이것은 '한 권'이 되고 있구려. 사실 나는 타고난 교수이고 교과서를 쓰고 있구려.

따뜻한 안부를 전하며
야스퍼스

편지 221 **아렌트가 야스퍼스 부부에게**

1958년 1월 17일

친애하는 좋은 분들께,

당신이 저에게 말씀하지 않은 유일한 내용은 당신 남동생의 방문 날짜였습니다. 우리는 상황을 어떻게 조정할까요?

상황은 저에게 이럴 것 같습니다. 5월 초에 파리에 도착할 것이며, 그곳에서 브레멘[5]으로 가고, 5월 중순에는 쾰른과 프랑크푸르트에 있어야 합니다. 이후 5월 마지막 주에 저는 분명히 일련의 강의를 위해 5월 27일부터 30일까지 제네바에 있을 것입니다. 저는 주말 동안 또는 이전이나 이후에 매우 편하게 갈 수 있습니다. 또 더 오래 머물 수 있지만, 학기 중에는 그것이 별로 좋지 않을 것입니다.

저는 7월에 작업하기로 했습니다. 저는 현재 뉴욕에 있는 친구[6]의 취리히 아파트에서 생활할 기회를 얻었으며, 당신을 성가시게 하지 않은 채 강의와 세미나를 위해 취리히에서 바젤로 수월하게 갈 수 있다고 생각했습니다. 사실 뮌헨 행사에 참여하는 일이 있다면, 그 일은 7월 초일 것입니다. 그 이후, 정확히 말하자면 7월 12일 이후 저는 바젤에서 학기가 끝나는 날

---

5   아렌트는 1958년 5월 13일 브레멘에서 「교육에서의 위기」라는 주제로 강의했다. 이는 이후 다음 저작에 수록되었다. *Bildungskritik und Bildungsreform in den USA*(Heidelberg, 1968): 11-30.
6   엘케 길벗(Elke Gilbert). 편지 226의 각주 239를 참조할 것.

바로 당신에게 가려고 생각했으며, 이후 바젤에서 집으로 곧 갈 것입니다. 저는 이번에 배편으로 갈 것입니다.

아시다시피, 저는 매우 유동적입니다. 물론 저는 이 모든 일정을 진행하는 어느 시점에 안네 바일을 만나기 위해 룩셈부르크로 가야 합니다. 당신에게 맞게 제 계획을 세울 수 있습니다. 그러나 안네가 이에 따라 자신의 계획을 세울 수 있도록 당신에게 편한 상황을 저에게 알려주시면 좋을 것입니다.

저는 방금 『위대한 철학자들』을 살그머니 책상 위로 옮겼습니다 — 쿠르트 볼프는 그 책의 쪽들을 복사했으며, 저는 이 방대한 종이뭉치를 옮기기 위해 하인리히의 도움이 필요합니다. 저는 현재까지 이 일을 착수할 수 없었지만, 이제 충분한 시간이 있습니다. 매일 몇 시간씩 이것에 대해 생각하고 있습니다. 그리고 저는 이것을 기대하고 있습니다. 영어로 된 모든 저술 계획을 막 마쳤으며 피페르출판사 책에 모든 관심을 쏟을 수 있습니다.

우리는 방금 사회적으로 매우 활동적인 시간을 뒤로했습니다. 이것은 제가 신년에도 편지를 쓰지 않았던 이유였습니다. 저 자신이 지극히 부끄럽습니다. 송년회는 특별히 재미있고 대단히 떠들썩한 무도회였습니다.

제가 프린스턴대학교로부터 내년 봄을 위한 환상적인 제안을 받고 수용했다는 것을 제외하고, 보고할 것은 더 없습니다. 즉 학기 중에 세 차례의 공개 강의 이외에 다른 의무도 없이 정교수의 봉급을 받으며 방문 교수로서 한 학기 동안 봉사하는 것입니다! 그리고 매주 4일이나 3일 반나절 동안 프린스턴대학교에 머무는 것입니다. 이것은 저에게 문제가 되지 않습니다. 하여튼 이때는 하인리히가 뉴욕에 있지 않은 날들입니다. 아주 당황스럽게도, 저는 결국 대학 측이 어떤 이유로 이 봉급 — 아직 정확한 액수를 모르지만 약 6,000달러입니다 — 을 저에게 지급하는지 물었습니다. 대답은 전형적으로 미국적입니다. 즉 우리는 당신이 곁에 있으면 좋은 사람일 것으로 생각합니다. 하필 제가 정말 거의 알지도 못하는 미국역사문화학부에서 그렇다는 것입니다. 그래서 우리는 다시 한번 부자가 될 것입니다.

저는 『원자폭탄과 인류의 미래』를 열렬히 기다리고 있습니다. 당신은 과학자들의 괴팅겐 선언에 대해 어떤 생각을 하는지요?[7] 하인리히는 2개월의 겨울 휴가 동안 집에 있으며, 사람들을 만나는 데 상당한 시간을 보냅니다. 뉴욕은 아주 넓으며, 우리는 아주 많은 사람을 압니다.

친애하고 존경하는 분, 한 가지 질문이 있습니다. 당신은 저의 평범한 미국인 여성 피보호자 비벌리 우드워드를 상기할 것입니다. 어느 날 그녀가 당신 집에 나타났지요. 그녀는 지금 바젤에 있으며 올여름 당신의 강의와 세미나를 수강할 것입니다. 그녀는 1958년 가을 미국으로 돌아올 계획이며 컬럼비아대학교에서 박사학위를 받습니다. 그녀는 장학금이 필요하며 이것에 지원할 것입니다. 그녀는 리쾨르[8]로부터 매우 적극적인 추천서를 받았으며, 아마도 카를 바르트로부터 역시 추천서를 받았을 것입니다. 그녀는 현재 바르트 밑에서 연구하고 있습니다. 당신이 역시 몇 줄 적어줄 수 있다면 좋을 것이지만, 이것은 현실적인 부담입니다. 당신은 그 젊은이를 거의 모르며 그녀가 마땅히 이것을 받을 자격이 있는지를 모르기 때문입니다. 그녀는 바젤 근처 비닝겐, 블라우엔베크 2, 라티 댁에 살고 있습니다. 추천서를 보내는 주소는 컬럼비아대학교 대학행정국 322 유니버시티 홀, 뉴욕 27, 뉴욕시입니다. 물론 저는 그녀를 위해 편지 몇 자를 적어 보낼 것입니다. 제가 실제 직접 관여하지 않더라도, 그것이 말이 되는군요.

우리 두 사람은 두 분이 모두 신년에 건강하기를 바랍니다.

여느 때와 같이
한나 올림

---

[7] 편지 206, 편지 206의 각주 207, 그리고 편지 207을 참조할 것.
[8] 폴 리쾨르(Paul Ricoeur, 1913년 출생)는 프랑스 철학자였다.

편지 222 아렌트가 야스퍼스에게

뉴욕, 1958년 2월 18일

친애하고 존경하는 분께―

저는 지금 바젤에 있을 수 없어서 정말 슬픕니다. 100년의 3/4인 75회 생일은 70회 생일보다 더 중요한 것 같습니다. 저는 당신의 70회 생일 때 이번 생일을 특별히 축하하려고 확고하게 마음을 먹었습니다. 그래서 저는 당신의 『자서전』을 다시 읽음으로써 혼자 축하하며 완전히 행복한 삶!이라고 생각하고 있습니다. 당신이 쓸 수 없고 아마도 쓸 수 없었던 것은 나이의 화려함입니다. 우리는 이 화려함을 충분히 의식하나 이것을 전혀 믿지 않습니다. 두 분은 모두 제가 새삼 이것을 의식하게 했습니다. 누구든 이것을 아주 드물게 마주치지만, 마주칠 때 그것은 인생의 대관식과 같습니다. 그리고 이와 관련하여 멋진 것은 우리가 부부로서 살며 함께 늙어갈 때 비로소 이것이 가능한 일임은 틀림없습니다.

당신은 확실히 생일날 『원자폭탄과 인류의 미래』라는 책의 완성을 선사했으며, 생일과 함께 책의 완성을 축하했습니다. 그리고 그것도 당신의 삶과 저작의 조화를 나타내는 다른 명백한 징후입니다. 저는 여기에서 『위대한 철학자들』에 관한 작업을 시작했습니다. 저는 플라톤 인용문을 위해 어떤 번역본을 선택해야 하는지, 칸트를 위해 어떤 것을 인용해야 하는지, 당신의 의미를 상실하지 않도록 어쩌면 제가 스스로 번역해야 하는지, 미국 독자들을 위해 자서전을 첨가해야 하는지, 그리고 다른 그런 문제들 때문에 머리를 쥐어짜고 있습니다. 저는 당신이 인용한 구절 대부분을 아무 어려움 없이 찾을 수 있었지만, 여기저기에 있는 몇 부분을 확인하기 위해 당신에게 물어야 할 것입니다. 번역자들은 인용문에서 독일어를 직접 번역해서는 안 되며, 그래서 어디서 무엇을 찾을지 알아야 할 것입니다. 저는 아직 줄이는 것에 대해 생각도 하지 않았습니다. 저는 당신과 직접 모든 것을 논의할 수 있도록 하고, 또 파리에 사는 번역자 랄프 만하임과 대화하고 싶기에, 제가 떠나기 전에 제1권을 완성할 수 있으리라고 볼프에게 약속했습니다. ― 제가 유럽에 갈 때 『원자폭탄과 인류의 미래』는 출간되겠지요?

저는 이곳의 겨울 폭풍 때문에 꽤 작은 모험으로 변한 토론토 출발 비행기를 타고 아주 늦게 방금 돌아왔습니다. 저는 바보 같지만 돈을 많이 버는 텔레비전 프로그램에 참여하러 갔습니다. 도덕에 관한 사항입니다. 즉 누구든 쉽게 돈을 벌려고 해서는 안 됩니다. 하인리히는 걱정했습니다. 저는 시간을 잃어버렸습니다 ― 간단히 말하면, 실질적인 골칫거리입니다. 저는 제가 생각한 것보다 더 길고 피페르가 생각한 것보다 더 오래 걸리는 피페르출판사의 책[9]을 진행하고 있습니다. 물론, 그는 이런 종류의 푸념에 분명히 익숙합니다. 저는 며칠 안에 그에게 편지를 쓸 것입니다.

사모님의 친절한 편지에 대한 감사와 답장입니다. 즉 저는 학기가 끝난 후인 7월 12일 도착할 예정입니다. 8월 1일 이전에 여기에 돌아와야 하며, 당신을 방문한 이후 번역자와 대화하기 위해 파리를 거쳐 귀국하고 싶습니다. 결국에 저는 어쩌면 비행기를 탈 것입니다. 승객이 꽉 찬 배에서는 마치 일류급 집단수용소에 있는 느낌이 듭니다. 아시다시피, 저는 당신에게 전적으로 맞도록 계획을 세울 수 있습니다. 그러니 저를 위해 얼마나 많은 시간을 낼 수 있는지 알려주세요.

쟌느 헤르쉬는 아마도 미국에 올 것입니다. 록펠러 재단은 약 6개월 또는 그 정도 그녀를 데려오고 싶어 합니다. 저는 그녀에 대해 질문을 받았고(이것을 비밀로 하지요) 물론 그녀를 대단히 추천했습니다.

친애하는 친구분들, 저는 강력한 문구를 만드는 것을 꺼립니다. 당신은 제가 당신과 저를 위해 무엇을 바라는지 알고 있습니다.

여느 때와 같이 여전히
한나 올림

---

[9] 편지 179의 각주 131, 그리고 편지 233의 각주 41을 참조할 것.

편지 223 야스퍼스가 아렌트에게

바젤, 1958년 3월 5일

친애하는 한나!

　당신의 편지가 그 시절부터 나와 함께 했던 멋있는 순간들 가운데 하나를 나에게 제공했듯이, 당신은 우호적이고 친근하며 비이기적인 방식으로 내 생일을 축하했네요. 나는 당신이 우리 둘을 위해 했던 모든 일에 감사하지만, 이 우정에 더 감사하오. 우정은 모든 시험을 견디게 할 것이라는 자신감을 느끼게 하는구려. 나는 "여전히 영구적으로"라는 당신의 말로 답장을 하오.

　그리고 화분에 심은 푸른 히아신스가 도착했는데, 이것들은 꽃다발이었소. 히아신스는 방을 향기로 가득 채웠다오(나는 이것을 매우 좋아하오. 히아신스는 어린 시절 이후 내 생일 축하 꽃이었다오). 당신이 자주 하는 것처럼, 이 꽃바구니는 화려하오. 당신의 미국인 친구[비벌리 우드워드]가 이것을 차로 가지고 왔소. 이것을 운반하는 것은 불가능했을 것이오. 나는 아직 그녀를 실제로 알지 못하지만, 그녀는 자유롭고, 우쭐대지 않으며 '현대적이고' '뿌리 없으며', 그런데도 나에게 혼란스럽지 않다는 인상을 준다오. 그녀는 이상을 추구하고 있는 것 같다오. 마치 당신이 자신의 본보기이고 용기를 준 듯이, 그녀는 과도한 감정을 드러내지 않으면서도 분명히 충심으로 당신을 존경하오. 내가 컬럼비아대학교에 보낸 편지 사본을 동봉하오.[10]

　당신이 생일날 여기에 있지 않았던 것은 실제로 매우 좋은 일이오. 나는 모든 활동과 대화도 견디지 못하며, 아내도 이제는 어느 것도 하지 않는다오. 그러므로 우리와 가까운 누구도 자기 몫을 받지 못한다오. 육체 상태는 내가 극복할 수 없는 저항을 제공하지만, 육체에 존경을 표시하면서 외교

---

[10] 비벌리 우드워드를 위한 추천서. 편지 221을 참조할 것.

적으로 다뤄야 하오. 어떤 한계를 스스로 맞출 필요가 없는 신체적 활력은 얼마나 다르고 멋진지.

축하는 내 70회 생일과 다르지 않았소. 당신은 이런 일을 반복할 수 없네요. 노년에는 **한 번의** 생일이 있고, 그것은 70회 생일이오. 80회 생일은 경험한 사람들에게 조용한 낙오자라오. 사람은 그곳에 거의 없고, 기껏해야 세상을 위한 기억만 있을 뿐이오. 70회 생일은 한 사람의 전 생애에 중심점과 같다오. 시편의 말씀대로, "우리의 연수가 칠십이오. …"[11] 이 말씀은 정량적인 판단이 아닌 정성적인 판단이오. 당신이 75년을 대상으로 희롱했던 그 매력적인 게임은 당신 친구들의 이익을 위해 가능한 한 최선의 얼굴을 현실에 비추려는 억누를 수 없는 충동에서 비롯되었소. 누구든 생물학·역사·현재에 대해 놀라운 관찰을 할 수 있었다오.

(거의 300통에 달하는) 편지와 전보, 그리고 꽃다발은 5년 전보다 더 많이 쇄도했다오. 누구든 세상이 한 사람을 (실제로 매우 묘하게도) 존중한다는 것을 알고, 한 사람을 존중하는 사람이 적지 않다는 것을 알면 기쁘오. 나는 답장을 많이 보내기 위해 인쇄된 감사장에 의지해야 하오. 그러나 그 많은 전갈 문구 가운데 일부는 감동적이었고, 일부는 대단히 감격스럽기도 했소. 내 여동생과 엘라 마이어는 그곳에 있었고 아직도 있다오.

바젤대학교는 축하에 참여하지 않았구려. 여기서는 5년 단위가 아니라 10년 단위 축하가 중요하며 상당히 합리적이오.

프린스턴대학교의 당신 초청은 훌륭하고 충분히 받을 만하오. 미국의 최고 대학이 당신의 문 앞으로 오고 있구려. 그런데 당신은 월터 카우프만 씨를 토론의 상대자로 받아주어야 할 것이오. 내 생각에 당신은 그의 합리주의와 궤변에 필적할 것 같다오. 그러면 그는 가만히 있을 것이오. 그는 신념이 아니라 직책만을 수행할 수 있기에 스스로 납득하지 못할 것이오.

---

11   시편 90장 10절.

나는 당신의 에세이들을 아직 읽지 않았네요.[12] 2월 말은 『원자폭탄과 인류의 미래』 원고를 제출할 기한이었기에, 나는 집필을 끝낼 수밖에 없었소. 마침내 원고를 어제 보냈고, 도착 상태를 확인하기 위해 뮌헨에 있는 출판사와 전화로 점검했소. 나는 당신에게 보내려고 했던 원고 부분들을 결국 보내지 않았고, 우리의 대화에서 얻은 그 한 문장을 삭제했소. 전체 구절은 이제 우리의 대화와 구체적인 연관성이 없으며 대화의 연속도 아니오. 오히려 나는 이 구절을 우리의 대화와 분리해 '총론' 영역으로 옮겼다오. 여기에 생략된 부분들[13]을 동봉하오.

현재 당신은 『위대한 철학자들』과 관련한 임무를 수행하고 있지요. 어떤 임무를 맡았는지! 물론 당신은 원하는 대로 업무를 철저히 수행하고 있고, 예상했던 것보다 훨씬 더 많은 작업이 요구된다는 것을 알 것이오. 싫증이 나면 포기해야 하오. 나는 우리가 같은 충동, 즉 이 위대한 사람들을 사유하려고 하는 그런 독자들에게 접근하게 하는 충동을 공유할 때만 이 연구 작업을 기꺼이 고려할 수 있소. 나는 이 책 서문이 가능하다면 미국의 독자를 확보하는 데 도움을 주리라고 확신하오. 우리는 아직 말할 기회를 가질 수 없는 미국 독자들이 있다고 믿는다오. 이 책은 독일에서 아주 잘 팔렸소 (출판한 6,000부 중 4,000부). 내 책 가운데 한 권만이 지금까지 미국에서 상업적으로 성공했다오. 이것은 얼Earle이 번역을 맡고 — 분명히 매우 훌륭한 — 눈데이출판사가 출간한 『이성과 실존』[14]이오.

당신이 우리를 보러 온다니 얼마나 좋은지! 우리는 7월 12일 당신의 방문을 고대하며, 그 이전 취리히에서 가끔 방문하는 것도 고대하오. 당신에게 어울리는 대로 머물도록 계획하시오. 당신이 8월 1일 미국에 있어야 하

---

12   편지 214의 각주 235를 참조할 것.
13   삭제된 문구는 소통에서 모든 한계의 비합리성을 다루고 있다.
14   Karl Jaspers, *Reason and Existenz: Five Lectures*, trans. and introduction by William Earle(New York, 1955).

고 그 이전 파리에 있는 만하임을 만나고 싶다면, 아마도 당신은 24일까지, 더 오래라도 우리와 함께 머물 수 있소. 당신이 경험으로 알듯이, 우리와 함께 있을 때 수행해야 할 일이 있어야 하오. 나는 매일 제한된 시간 동안만 말할 수 있네요. 출판은 6월로 계획되어 있다오.

하인리히에게 안부를 전해주고 그의 생일 축하에 감사함을 전해주시오.[15]

따뜻한 안부를 전하며
야스퍼스

편지 224 아렌트가 야스퍼스에게

1958년 3월 16일

친애하고 존경하는 분께―

멋진 편지 잘 받았습니다. 저는 때론 젊은 시절을 회상합니다. 그러면 만사가 뜻대로 된다는 게 저에게는 꿈만 같습니다. 당신이 저에게 보낸 '생략된 문장들'은 매우 좋으며, 저는 그것들이 완전히 설득력이 있다는 것을 알았습니다. 저의 반응 ― "당신은 그것을 말하지 않아야 한다" ― 은 틀렸습니다. 말하자면, 저는 외부의 입장에서 반응했습니다. 물론 당신이 그것에 대해 침묵을 지키지 않은 점은 좋았습니다. 아마도 저는 그곳에 있을 때 이 주제에 다시 관심을 가져야 할 것입니다. 그것에 대해 편지로 쓴다는 것은 현재로선 저에게는 역시 복잡합니다. 애석하게도, 정말 우매한 상황, 즉 "여기 야스피스, 저기 히이데거"의 상황으로 나타나는 대학들의 독일 분위기는 저에게 영향을 미치고 있었습니다. 저는 가장 확연한 형태로 돌프 슈테른베르거에게서 그 우매한 상황을 마주했습니다. 물론 그 어느 것도 당신이 말한 것과 아무 관계가 없습니다. 저는 우리의 토론에 방해가 되지 않

---

[15] 하인리히 블뤼허는 편지 222에 메모를 첨가했다.

게 하려고 방금 이것을 언급하고 있습니다.

오늘 편지를 쓰는 주요 이유는 『위대한 철학자들』과 관련한 작업에 대해 보고하고 당신에게 몇 가지 제안을 하는 것입니다. 이 제안은 두 가지 기본 가정을 근거로 삼고 있습니다. 1. 출판사는 미국 출판시장을 위해 책의 분량을 20% 줄여야 한다고 생각합니다. 2. 출판사와 저는 미국 독자들이 긴 「서문」에 습관이 잘 붙지 않으리라고 생각합니다. 그들은 문제의 핵심에 더 재빠르게 접근하기를 원합니다. 우리가 책의 분량을 줄인다면, 그것은 우리가 어쨌든 가지고 있는 유일한 대안입니다. 주요 설명을 줄이는 것은 거의 불가능합니다. 즉 제 생각에 아마도 「모범적인 개개인」에서 일부를 줄일 수 있지만, 플라톤-아우구스티누스-칸트에서는 거의 불가능합니다.

그래서 저의 제안은 「서론」을 순수한 기술적인 문제로 제한하고, '위대함'을 언급한 절을 모두 생략하는 것입니다. 우리는 이것을 포함하면 거의 줄일 수 없을 것입니다.[16]

---

16   이 부분에서 줄임에 대한 제안은 다음과 같다.
"그것은 이렇게 보일 것이다:
29쪽 첫 문장: 위대성과 역사에 관한 첫 단락만.
그다음 92쪽: 표현의 목적, 다시 일부의 줄임.
그리고 98쪽: 46-49쪽을 삽입함.
'모범적인 인물들': 소크라테스에서 몇 군데 많은 줄임: 122-24쪽; 작은 글자로. 125-126쪽에도 같이 적용함; 각주로서 절의 서두는 작은 글자. 공자 부분에서 줄임. 159-160쪽과 184-185쪽. 대부분 작은 글씨로.
'모범적인 개개인에 대한 논의': 214쪽과 이하. 중요한 줄임은 없지만 많은 부분의 작은 줄임으로 대부분 한 문장일 뿐임. 그러나 제안은 다음과 같다. 218-219쪽 '제4절은 왜?' 두 단락을 제거하고 214쪽 '다른 것이 있다 — 절의 처음 단락을 무시하지 않도록.' 따라서 105쪽 이후, 소크라테스 이전 첫 번째 서문 단락 이후 두 번째 단락 'Die vier zusammen'을 설정한다. 따라서 역시 215쪽 작은 글자를 삭제한다.
제가 어떤 개별 문장들을 제거하는가를 지적하기는 어렵습니다. 우리는 제가 가지고 있는 사본의 도움으로 그것들에 대해 언급할 수 있습니다. 저는 바젤에 갈 때 이 사본을 지참할 것입니다. 이것들은 지금까지 많은 분량의 줄임입니다(즉 플라톤을 포함하여 여기까지입니다. 플라톤 부분에서 많은 줄임 — 239-240쪽에서 슐라이마허와 헤르만에 관한 논의 부분입니다. 그러나 239쪽 제15줄: 이미 초기 대화 — 혁신 앞은 아닙니다.) 저는 가기 전에 아우구스티누스에 관한 작업을 마칠 것입니다. 주요 문제는 인용문들의 번역입니다. 누구든 이것을 번역자에게 맡길 수 없습니다. 그것에 대한 질문은 다음과 같습니다. 즉 플라톤에서 '존재에의 장력'(282쪽)은 어디 당신이 평범한 비벌리 우드워드를 좋아하니, 저는 기쁩니다. 그녀는 꽤 괜찮은 논문을 저에게 보냈습니다. 그녀는 영어로 쓴, 다소간 거칠면서도 지적인 논평과 함께 플라톤의 영혼론에 관한 논문을 프랑스어로 썼습니다. 그녀는 '뿌리가 없습니다.' 애석하게도 글자 그대로 참이며, 즉 가족이 없습니다. 우드워드의 어머니는 그녀와 같은 어린이에 대한 어떠한 이해도 없이 남편 … 품위 있는 사람을 떠났습니다. 비록 우드워드가 저와 가까워지려고 전혀 노력하지 않았지만, 추측건대 저는 그녀에게 어머니와 같은 존재입니다. 그리고 저는 그것 때문에 우드워드가 더 좋다고 생각합니다. 쉽게 갖지 못하는 재능이 있는 젊은이입니다.

피페르는 원자폭탄에 관한 당신의 저서에 대해 매우 열정적으로 썼습니다. 저는 이것을 열렬히 보고 싶으며 우리가 실제로 함께 만나기 전에 분명히 이것을 읽을 수 있을 것입니다. 7월 초에 저는 뮌헨시 건설 800주년 행사를 위해 뮌헨에 갈 것입니다. 뮌헨시 측은 제 여행 경비를 제공합니다! 그렇지 않으면 저는 아마 수락하지 않았을 것입니다. 저는 그런 종류의 일을 전적으로 싫어합니다.

7월 12일 저는 당신과 함께 있을 것입니다. 제가 해야 할 첫 번째 일은 당신이 노년에 대해 잘못 알고 있다는 점을 확신시키려고 하는 것입니다. (이제 사모님은 "아렌트가 무례해지네요"라고 말할 것입니다.) 성경 문구는 옳을 수 있지만, 그 모든 것이 사실상 10년간 미뤄졌습니다. 30년 전에 70세였던 사람보다 오늘날 더 적극적으로 활동하는 80세의 노인들이 많다는 점을 생각해보세요. 이외에도, 우리는 그런 문제에 어떠한 편견도 갖지 않아야 하지만, 그냥 오는 대로 받아들여야 합니다. 당신은 흔히 지적 활력이라고 불리는 것뿐만 아니라 새로운 정보를 받아들이는 능력, 민감성, 세계에 대한 개방성

에서 나오는지? 그리고 여러 문장이 있다면, 저에게 그것들을 제공해주세요. 콘포드는 몇몇 대화편 ― 『국가』, 『파르메니데스』, 『티마이오스』 ― 을 번역했습니다. 그는 대단히 훌륭합니다. 조웨트가 다른 대화편을 번역했습니다. 그는 거의 엉망입니다."

에서도 변하지 않았습니다. 그것은 저에게는 '사탕발림'이 아니라 그저 사실에 관한 진술입니다.

저는 교정 작업을 하고 있고 다른 그런 업무를 하고 있습니다. 또한 유럽을 위한 강의를 준비해야 합니다. 저는 사실 피페르출판사를 위한 책을 은밀하게 쓰고 있으며 이것을 즐깁니다. 프린스턴대학교의 가장 좋은 점은 보수가 매우 좋다는 것입니다.

곧 뵙겠습니다.

두 분에게 따뜻한 안부를 전하며, 에르나에게도 —
한나 올림

편지 225 **야스퍼스가 아렌트에게**

바젤, 1958년 3월 25일

친애하는 한나!

다시 한번, 모든 일에 진심으로 감사하오! 오늘은 짧은 답장만 쓸 수 있구려. 『원자폭탄과 인류의 미래』와 관련한 작업, 여러 가지 볼일, 이제 다가오는 학기 등으로 너무 혼란스럽기 때문에, 무엇이든 제대로 해야 하는 균형을 유지하는 데 힘이 드는구려.

오늘은 주요한 사항으로 『위대한 철학자들』과 관련한 당신의 일에 대해 언급할 것이오. 당신은 지금도 여전히 전체 연구계획에 대해 완전히 자유재량권을 가지고 있소. 당신을 신뢰하오. 책임은 구분될 수 없네요. 내가 당신에게 보내는 답변은 의견일 뿐이오.

미국판에서는 「서론」을 제외하는 것이 아마도 좋을 것이오. '독일 교수'는 언제나 상황을 '소개하고' 자신을 정당화하며 자기 계획을 제시해야 한다오. 나는 늘 그렇게 했네요. 이 경우에 위대한 철학자들을 연구하는 '분위

기'를 조성하고, 내 연구계획에 불리한 감정을 물리치며, 정직과 사실성을 성취하고자 최대로 노력하면서 경의를 표시하는 것이 나의 의도였소. 그래서「서론」의 줄임은 나에게 다소 이상하다는 인상을 주는구려. 마치 연계 고리와 기반이 완전히 없어진 것 같네요. 그러나 나는 당신의 의견에 동의하오. 어서「서론」을 빼도록 하오. 내 유일한 의문은 다음과 같소. 동시에 이 책을 다른 형식으로 출판할 수 있는지? 이것은 결국 스스로 설 수 있는 독립적인 전체가 아닌지? 그럴 수 없다면, 나도 그것으로 스스로를 위로할 것이오. 미국 독자가 나의 주요 주장을 일단 읽으면, 그는 내가「서론」에서 언급한 내용을 자연스레 이해할 것이오.

출판인은 일찍이 자신이 편집을 위해 책의 분량을 줄이고 싶지 않고 오히려 미국 독자가 접근할 수 있도록 하고 싶다고 나에게 개인적으로 견해를 밝혔다오. 실제로, 그는 (현재 제공할 수 없는) 에크하르트와 쿠자누스 부분을 첨가하여 이것을 늘리고 싶어 했소. 이제 당신은 그가 축소판을 원한다고 편지를 보내는구려. 그것은 나를 약간 불편하게 하네요.

당신이 특별히 제안한 분량 줄임은 모두 나에게는 좋아 보이네요. 이런 줄임은 분명히 길을 고르게 하는 정당한 기회를 독자들에게 제공할 것이오.

플라톤 대화편『국가』523a에 언급된 존재의 견인력에 관한 사항이오.[17] 여기에서는 이성으로 인도되는 주제들을 언급한다오.

당신을 정말 보고 싶구려!

따뜻한 안부를 전하며
야스퍼스

---

17   편지 224의 각주 16을 참조할 것.

편지 226 　아렌트가 야스퍼스에게

1958년 4월 24일

친애하고 존경하는 분께―

"나는 당신을 신뢰한다"는 말씀은 제 마음에 두려움을 불러일으킵니다 ― 오히려 이곳 사람들이 말하듯이, 당신의 말씀은 제 안에 있는 하느님을 두려워하게 합니다. 저는 쿠르트 볼프가 책을 만하임에게 보낼 수 있도록 이틀 전에 어거스틴을 통해 그 책을 볼프에게 주었습니다. 저는 「서론」과 관련한 문제를 마음속에서 여러 번 다시 바꾸었지만 결국 제 근본적인 해결책을 결정했습니다. 이곳의 독자들은 책을 더 빨리 읽어야 합니다. 저에게 영향을 준 것은 이 책을 잘 알고 이것이 영어로 출간되리라는 데 기뻐하는 몇몇 사람이 저와 같은 의견을 공유했던 점입니다. 저는 「서론」을 동시에 출간하는 문제에 대해 볼프와 함께 이야기했습니다. 그는 기본적으로 개별 출판을 지지하지만 제1권 출판 후까지(칸트까지 포함하여) 이것을 지연시키고 싶어 합니다. 저는 이게 그의 외교적인 반응이 아닌지 또는 그가 이것에 대해 실제로 진지하게 생각하는지 확신하지 못합니다. 누구든 그의 동의 없이 다른 출판사에 「서론」을 거의 제안할 수 없습니다. 우리는 이것에 대해 추후로 이야기해야 할 것입니다.

　제가 이해하지 못한 한 가지 사항이 있습니다. 당신은 편지에서 출판사가 줄임 자체를 위한 줄임을 원하지 않으며 그것에 대해 당신에게 직접 언급했다고 썼습니다. 애초부터 그는 제가 줄임이 가능한가 ― 일차적으로 매우 높은 출판 비용 때문에 ― 를 고려했는지 저에게 물었습니다. 그러나 이것은 중요하지 않습니다. 그는 저에게 자유 재량권을 주고 있습니다. 그는 「서론」이후에 어떤 줄임도 거의 없다는 것을 알았으며, 불평하지 않았습니다. 그는 또한 제가 칸트 부분을 줄이지 않아야 한다고 생각한 점을 알고 있습니다. 그 일은 인용한 원전의 적절한 번역을 찾고, 이것을 번역자에게 맡기지 않는 데 있습니다. 아울러 그가 너무 많은 시간을 소비하지 않도록 신약의 문장이 어디에 있는가를 그에게 말하는 것입니다. 이러한 이유로 저는 '칸트' 관련 부분을 아직 마무리할 수 없었습니다. 저는 현재의 영어 번역이 그 모든 것을 정리할 만큼 충분한지 잘 모릅니다. 그래서 작업을 시작하기 전에 하버드대학교의 (칼 요하임) 프리드리히와 함께 이 문제에 대해 논의하고 싶습니다. 그는 칸트 저작을 번역했고, 그와 거리가 멀기는 하지만 훌륭하게 번역했습니다. ─ 에크하르트와 쿠자누스와 관련한 출판 문제는 기다릴 수 있습니다. 볼프는 어쨌든 그 책을 두 권으로 만들고 싶어하며, 제가 그를 제대로 이해한다면, 이것들을 따로 출간하고 싶어 합니다.

저는 만하임으로부터 소식을 들었고, 이번에 파리에서 만날 것이며, 또한 7월 말에 그와 함께 무엇인가를 정리할 것입니다. 이때 그는 책을 볼 것이며 어려움이 어떤 것인지를 알 것입니다.

저는 배에 탑승하려고 하는데, 이미 몸이 좀 아픕니다. 갑자기 지난 몇 주 동안 할 일이 많다는 것을 알게 되어 피곤합니다. 배편 여행을 고대하고 있습니다. 미국인 친구 로즈 페이텔슨과 함께 여행합니다. 독일에서 잠시 그녀를 보고 싶습니다. 이후 그녀는 유고슬라비아로 갈 것입니다. 저는 당신에게 그녀에 대해 언급했습니다 ─ 그녀는 지난 12년 이상 제 영어 원고를 모두 검토하고 있습니다.[18]

---

18 편지 148의 각주 50을 참조할 것. 여행 날짜는 여기에서 다음과 같다.
"5월 21일 나는 취리히에 있을 것이고 괜찮으시다면 전화할 것입니다. 당신은 저와 연락할 수 있습니다.
5월 5~11일 룩셈부르크 28번가 피셔 댁에서 안네 바일과 함께 있습니다.
5월 16~20일 쾰른 브리스톨호텔에 있습니다.
저는 취리히의 한 아파트 ─ 현재 미국을 방문하고 있는 친구의 집 ─ 에 체류할 것입니다. 주소는 미네르바 거리 26번지 브리취기 댁입니다. 5월 26일 저는 로잔느 거리 132번지 국제고등연구소를 위해 제네바에 갈 것입니다. 저는 6월 3일 하이델베르크에 있을 것이고 그 이후 며칠 동안 프랑크푸르트에 있습니다. 그 이후 6월 말까지는 취리히에 있습니다. 6월 29일부터 7월 6일까지 뮌헨에 있습니다. 그이후 저는 당신을 만나러 가기 전에 며칠 동안 다시 제네바에 있을 것입니다. 그곳에는 블루멘펠트(편지 109의 각주 452 참조)가 있을 것입니다."

부탁 하나만 더 하겠습니다. 당신의 강의와 세미나는 언제인지 알려주실 수 있지요? 방문하고 싶군요! 저는 당신을 전혀 귀찮게 하지 않으려고 하지만 다시 취리히로 갈 것입니다!

그곳에 갈 수 있다는 것 — 얼마나 멋진가요!

조만간, 조만간!
여느 때처럼 한나 올림

저는 원자폭탄에 관한 책에 대해 매우 기대에 부풀어 있습니다. 제가 바젤에 가기 전에 이 책을 가질 수 있기를 바랍니다. 새로 나온 에세이집은 매우 멋집니다.[19] 피페르출판사가 그것을 저에게 보냈습니다.

편지 227 **야스퍼스가 아렌트에게**

바젤, 1958년 5월 1일

친애하는 한나!

당신은 지금쯤 대단히 긴 여행을 시작했을 것이오. 미국에서 보낸 마지막 편지와 좋은 소식에 감사하오.

오늘은 당신의 질문에 간단한 답변만 보내요. 나는 월요일·화요일·수요일 오후 5시부터 6시까지 데카르트·파스칼·홉스·라이프니츠에 대해 강의하오. 5월 14일과 26일에는 강의가 없을 것이오. 목요일 5시부터 7시까지 헤겔의 역사철학 세미나를 진행하오. 하지만 제발, 취리히에서의 여행은 너무 번거롭다오. 내가 아직 말재간이 있다는 것을 당신이 확신하는 것만 빼면 그럴 만한 가치는 없소!

『원자폭탄과 인류의 미래』는 6월 30일 서점 가판대에 놓일 것이지만, 피

---

[19] Karl Jaspers, *Philosophie und Welt: Reden und Aufsätze*(München, 1958).

페르출판사는 공개 목적으로 서적상과 라디오 방송국에 배부할, 질 좋지 않은 종이로 인쇄한 몇 부를 보유하고 있소. 임시 사본이 나오는 대로 당신에게 보낼 것이오. 따라서 7월 초에 정본을 받을 것이오.

나는 『원자폭탄과 인류의 미래』에 대한 당신의 반응을 열렬히 바라오. 내 지식의 범위가 부적절한 주제로 이곳에서 기회를 얻었기에 이 책에 대해 매우 걱정되오. 요지는 모든 관점에서 문제를 보여주고 오늘날 전체 구도를 보는 것만으로도 인간의 기본적인 힘이 우리를 구원하는 원천이 될 수 있다는 점을 말하는 것이오. 요지는 모든 '작업'과 '계획'이 끝났지만, 모든 작업 이전에 비이성적이거나 생각하기에 이질적이지 않은 지도 원칙을 수용하는 것과 연관되오. 나의 시도는 근본적인 방식으로 끝까지 계속하는 시도로만 가치가 있으며, 다른 사람들이 같은 일을 더 훌륭하게 곧 한다면, 이 시도는 의미가 있을 것이오. ─ 아내와 나는 따뜻한 안부를 전하오. 그리고 당신의 친구에게도 우리 안부를 전해주시오.[20]

야스퍼스

편지 228 **아렌트가 야스퍼스 부부에게**

룩셈부르크, 1958년 5월 10일

친애하는 친구분들께 ─

이곳에 있는 저를 환영하려는 당신의 편지[21]에 감사합니다. 5월 말 이전에는 스위스에 있지 않을 것입니다. 5월 21일 취리히에 있을 것이며, 그 이후 목요일인 23일 강의를 할 예정입니다. 양해하시기 바랍니다. 제가 분명히 수행할 일로 유럽에 갑니다. 그 후 2주 동안 갈 수 없습니다. 우선 제네

---

20 이 편지는 룩셈부르크에 있는 안네 바일의 주소로 보낸 편지다. '친구'는 그녀 또는 로즈 페이텔슨을 의미할 수 있다.
21 편지 227 이외에 게르트루트가 보낸 1958년 5월 3일자 편지.

바, 이후 하이델베르크와 프랑크푸르트에 갈 예정입니다. 그 이후 취리히에 머물 집 주소는 미네르바 거리 26, 브리쉬기 댁, 전화: 24/67/45입니다.

저는 멋진 한 주를 보냈습니다. 아, 아! 월요일에 끝날 것입니다. 제 친구가 이곳에 아파트를 가지고 있으며, 제가 그녀를 알았던 때부터 가재도구는 있습니다. 그리고 저는 때론 아무것도 변하지 않은 듯 느낍니다. 어떤 의미에서 그것은 참입니다.

『원자폭탄과 인류의 미래』는 언제 출간되는지?? 저는 이것을 열렬히 고대하고 있습니다.

저는 유럽에 대해 아직은 쓸 수 없습니다. 파리는 항상 시간 밖에 있는 꿈과 같습니다. 그리고 룩셈부르크 역시 다른 의미에서 시간 밖에 있는 것 같습니다. 이곳은 유럽석탄철강공동체의 존재를 제외하고 전적으로 우울한 장소입니다.[22] 제가 취리히에 있기 전에 연락하고 싶다면, 머물 주소는 다음과 같습니다. 5월 16일부터 20일까지 쾰른의 브리스톨호텔입니다.

정말 흥분됩니다! 이제 곧.

따뜻한 안부를 전하며
한나 올림

편지 229   아렌트가 야스퍼스 부부에게

9월 10일까지
체스넛 론 하우스 팔렌빌, 뉴욕
1958년 8월 8일

친애하는 친구분들께―

저는 다시 멀리 떨어져 있습니다. 이것을 거의 믿을 수 없습니다. 왜냐하

---

[22] 유럽석탄철강공동체는 석탄 및 철강의 공동시장에 관한 규제를 위해 1951년에 설립되었다. 이것은 현재 공동시장의 일부이다.

면 저는 아직도 바젤에서 보낸 몇 주간의 조화에 반향을 불러일으키고 있기 때문입니다. 그 시간은 가장 활기 있고 생생한 시간이었습니다. 저는 당신에 관한 찬사를 집필하려고 생각합니다.[23] 애석하게도, 그것은 제가 우아한 찬사를 쓸 것이라는 보장은 아닙니다. 그리고 제가 그 가능성에 대해 생각한다면, 물론 저는 전혀 쓸 수 없습니다.

블루멘펠트는 『원자폭탄과 인류의 미래』에 대단히 기뻐했습니다. 그분은 건강이 더욱 좋은 상태입니다. 우리는 전적으로 우리 자신만의 며칠을 보냈습니다. 이 만남은 정말 부담스러웠으나 또한 매우 좋았습니다. 그런 다음 우리를 데리러 온 귀여운 질켄스[24]와 함께 제네바로 운전해 내려갔습니다. 그런 다음 같은 날 저녁에 뉴욕행 비행기를 탔습니다. 저는 여전히 비행의 갑작스러움이 다소 불안하다고 생각했습니다. 비행의 속도입니다. 당신은 여전히 이곳에 있고 그런 다음 당신은 이미 그곳에 있습니다. 비행 자체는 저를 전혀 괴롭히지는 않습니다. 누구든 자신보다 더 안전하다고 느낄 것입니다.

하인리히는 기분이 별로 좋지 않았습니다. 그는 말초신경염에 걸렸는데, 전혀 심각하지는 않았지만, 불쾌하고 짜증스러워했습니다. 그는 벌써 많이 좋아졌지만, 뉴욕과 답답한 더위를 빨리 벗어나서 좋았습니다. 저는 바로 앉아서 『전체주의의 기원』 제2판 교정쇄를 읽어야 했습니다. 이제 위층 서재의 난방기구를 돌리며 교정쇄를 펼칠 수 있습니다 ― 팔렌빌에서 교정쇄를 펼쳤다가 다시 접습니다. 그러나 저는 일들이 이전과 똑같은 ― 우리에게 딱 맞는 ― 이곳, 즉 우리가 모든 나무를 알고 그러므로 ⎡나무와 집들과 사람들에게 무엇이 일어나고 있는지를 정확히 알고 있는 이곳에서 그것을 만회했습니다.

---

[23] 1958년 야스퍼스는 독일출판서적상의 평화상을 받았다. 아렌트는 프랑크푸르트 세인트 폴 성당에서 9월 28일 수상식 행사에서 「찬사」라는 주제로 연설하였다.
[24] 요하네스 질켄스(Johannes Zilkens)는 쾰른의 내과의사이며 아렌트의 친구이다.

제가 보고해야 할 주요한 일은 당신에 대해 안부를 묻고 『원자폭탄과 인류의 미래』에 대해 저로부터 상황을 파악한 메리디안출판사의 아더 코헨[25]이 저작권을 확보하려고 매우 신경을 쓰고 있다는 점입니다. 상황이 어떤지 그에게 말했습니다. 그는 자신이 시카고대학교출판사보다 더 좋은 조건을 제시할 수 있다고 생각했습니다. 그사이 그는 당신에게 편지를 보냈습니다. 제가 보기에 두 번째 제안이 있어야만, 그것은 당신과 당신의 협상에 도움이 될 수 있을 것 같습니다. 메리디안출판사에 대한 저의 경험은 좋았지만, 개인적으로 아더 코헨보다 시카고대학교출판사의 알렉스 모린[26]을 더 많이 신뢰합니다.

그런데 알로소로프[27]가 있습니다. 그를 아예 포함하지 않는 것이 가장 좋습니다. 그의 살인은 전혀 풀리지 않았습니다. 살인자들이 유대인이라는 사실은 거의 확실한 일이지만 전적으로 확실하지는 않습니다. 영국은 당시 그 지역에 주둔했고 경찰 업무를 담당했습니다. 블루멘펠트는 저에게 자세하게 설명해주었지만, 그 모든 것의 결말은 단순히 문제를 해결해야 한다는 것이었습니다. 당신의 다른 질문에 대해서는 이후 더 많이 말씀드리겠습니다. 블루멘펠트는 그들이 바이츠만[28]을 살해하고 싶어 했지만 그를 잡지 못했다고 생각합니다. 그것도 바이츠만의 의견이었습니다.

다른 때에 이곳의 상황에 대해 편지로 알려드리겠습니다. 미국의 외교정책은 완전히 뒤죽박죽이며, 대통령의 유일한 관심사는 골프입니다. 우리가 이 행정부를 없앴으면 좋았을 것입니다. 이곳의 누구도 중동에 관심이 없

---

25 아더 코헨(Arthur Cohen)은 이때 『전체주의의 기원』 제2판(뉴욕, 1958)을 출간한 메리디안출판사 소유주였다.
26 알렉스 모린(Alex Morin)은 시카고대학교출판사를 위해 『원자폭탄과 인류의 미래』 미국판을 출간하고자 교섭하였다. 편지 274의 각주 175를 참조할 것.
27 하임 알로소로프(Chain Victor Arlosoroff, 1899~1933)는 1931년부터 시온주의 집행위원회의 외교분과에서 시온주의 노동당 지도자였다. 그는 텔아비브에서 암살당했다.
28 유대인 학자이며 세계시온주의기구의 회장인 하임 바이츠만(Chaim Weizmann, 1874~1952)은 1948~1949년 이스라엘 임시 대통령이었고, 1949~1952년 초대 대통령이었다.

으며, 번영은 다시 시작되고 있기에, 공화당은 애석하게도 다음 선거에서 승리할 가능성이 매우 큽니다.

마지막으로 가장 중요한 것은 '꿈의 드레스dream dress'[29]입니다. 저는 뉴욕에서 프랑스산 직물을 파는 모든 곳에 문의했지만, 운이 없었습니다. 나이 든 남자가 저를 기다리는 가게에서 그들은 적어도 그 옷감을 기억할 수 있었습니다. … 유감스럽게도 그것은 현재 존재하지 않으며, 우리는 그것이 다시 유행할 때까지 기다려야 할 것입니다. 제 짐작은 이 옷감이 가볍고 아주 오래 유지된다는 것입니다. 저는 부유하며 75세에서 80세 정도의 나이 든 제 친구와 함께 이 옷감에 관해서 이야기했습니다. 그녀는 이런 옷감으로 만든 옷을 가지고 있으며, 30년 이상 이것을 가지고 있었습니다. 손상되지 않습니다. 그녀도 저에게 아무런 도움이 되지 못했습니다. 이 옷감은 파리에서 구할 수 있을 것 같지 않습니다. 우리는 대륙이 우아한 방식으로 제공하는 모든 것을 여기에서 얻습니다. 안네 바일은 9월 이전 파리에 있지 않으며, 코이레[30]는 거기에 없습니다. 친애하고 존경하는 분인 당신이 아시다시피, 『원자폭탄과 인류의 미래』로부터 이익을 나누려는 저의 최선의 노력은 소용이 없다는 게 증명되었습니다. 뉴욕에는 한 가지 가능성이 더 있습니다. 저는 뉴욕으로 돌아올 때 그것을 다시 시도할 것이며, 그때 다시 보고드릴 것입니다.

휴일에 모든 행운을 빕니다. 에르나에 안부를 전해주시고, 당신의 동생이 그곳에 있다면 물론 함께 안부를 전해주세요.

따뜻한 안부를 전하며
한나 올린

---

29 야스퍼스는 프랑크푸르트에서 개최된 수상식 행사를 위해 비단벨벳옷을 아렌트에게 제공하고 싶었다. 편지 230을 참조할 것.
30 철학자 알렉산더 코이레(Alexander Koyré)(편지 105의 각주 424 참조)와 그의 아내.

편지 230 　야스퍼스가 아렌트에게

바젤, 1958년 9월 16일

친애하는 한나!

　당신은 내가 왜 8월 8일자 편지에 아직 답장하지 않았나 궁금할 것이오. 당신이 우리를 방문한 이후 매우 행복했기에, 그것은 더욱 끔찍하오. 한 가지 이유는 내가 기관지확장증으로 인해 두 차례의 열이 났기 때문이오. 로카르노 휴가는 그로 인해 울적했네요.[31] 이제 나는 완전히 회복되었소. 그러나 오랫동안 작업을 할 수 없었기에 두 강의에 압박감을 느끼오.[32]

　파리에 있는 당신의 친구들은 실제로 비단 벨벳을 발견할 수 없는지? 만약 일이 잘 되지 않는다면, 나는 실제로 낙담할 것이오. 급하게 적어 보낸 편지를 양해하오. 나는 당신이 최소한 나에게서 삶의 흔적을 얻기를 원했네요.

　프랑크푸르트에서 만날 때까지!

　당신의 편지에 동봉한 하인리히의 짧은 소식에 감사하오. 그의 모든 말은 나에게 기쁨이오.

　게르트루트와 나의 따뜻한 안부를 전하며

야스퍼스[33]

31　이 해에 야스퍼스는 로카르노에서 여름휴가를 보냈다.
32　"Der Arzt im technischen Zeitalter" und "Wahrheit, Freiheit und Friede."
33　다음의 수기 추신은 편지에 첨부되었다.
　"프레거가 아주 우유부단하므로, 나는 '아니다'라고 말하기 위해 로카르노에서 마침내 프레거에 편지를 보냈다오. 나의 거부 편지와 그의 편지가 우편으로 교차하였소. 그는 편지에서 명백하고 아주 훌륭한 계약서를 나에게 보냈소. 그러나 이것은 너무 늦었소. 그동안 나는 모린에게 승낙서를 보냈다오.
　나는 모린 제안의 불완벽성과 명료성 결핍으로 다소간 실망했소.
　넉넉한 인세라오. 첫 5,000부에 인세 9%, 10,000부까지는 10.5%, 그 이상 판매된 저서에 대해서는 12.5%라오. **그러나** 나는 번역비를 지급하기로 되어 있다오. 출판사는 번역비를 확정하지 않았으며 감당해야 했소. 그런 이유로 나는 수정하여 제안했소. 즉 첫 5,000부에 인세 7%, 10,000부까지 10%, 그리고 그 이상의 저서에는 11%로 제안했지만, 출판사는 번역비를 지불해야 한다

편지 231   아렌트가 야스퍼스에게

1958년 9월 19일

친애하고 존경하는 분께—

우리는 오늘부터 일주일 동안 프랑크푸르트 저택에서 개최되는 회의에 출석할 것입니다. 저는 기다릴 수 없네요!

당신의 편지가 방금 도착했습니다. 저는 당신이 아마도 아팠다고 생각했습니다. 여행이 당신에게 무리가 가지 않도록, 완쾌하길 바랍니다. 당신은 프랑크푸르트에 언제 오실 것인지요? 머지않아 목요일?

시카고대학교출판사에 관한 사항입니다. 저는 모린에게 방금 편지를 보냈습니다. 그가 보낸 편지에 따르면, 일주일 전에 모든 게 잘 정돈되어 있고, 그들은 책을 확보하고 있으며, 진행 중인 출판계획을 확보하는데 필요한 일이란 마르조리 그레네[34]를 번역자로 인정하고 번역을 점검하겠다는 말을 저로부터 빨리 알고 싶다는 것입니다. 저는 그녀가 이미 작업을 시작했다고 추정합니다. 모린이 회답하지 않은 이유는 그가 부재중일 수 있다

오. 나는 또한 선급금 400달러, 그리고 계약서 서명 시에 반액, 책 출간 시에 반액을 지급해달라고 제안했소.

마르조리 그레네는 두 조건 아래 번역을 착수하기로 합의했다오. 즉 그녀는 자신을 번역자로서 인정하기를 원하며(내가 당신에게 언급하고 이 지점에서 무시하고 있는 일에도 불구하고, 나는 기꺼이 인정한다고 답변했소), 당신이 번역문을 검토하기를 원하오(나는 당신이 중요한 작업으로 바쁘고 번역의 품질에 대한 인상을 얻기 위해 기껏해야 임의로 추출하여 확인할 수 있지만, 어떤 상황에서도 교정은 차치하더라도 전체 번역 내용을 검토할 수 없다고 답변했소).

나는 한동안 아무 소식도 듣지 못했소. 모린 씨가 여행 중이라서 돌아오는 즉시 편지를 쓰겠다는 편지가 도착했소(프레거의 경우도 같은 이야기라오). —

프레거의 계약서는 다음 내용을 담고 있소.
3,000부까지 5%/ 6,000부까지 7.5% / 그 이상의 책에 대해서는 10%.

출판사는 번역비를 상정하고 선수금은 500달러라오. 나는 한 사람과 다른 사람을 상대할 수 없소. 나는 정보를 위해 이 편지를 쓰고 있다오. 나는 모린 씨의 요청으로 그레네에게 두 권의 책을 보냈소. 물론 나는 문제가 즉시 해결되는 것을 보고 싶소 — 모린의 첫 번째 편지는 얼마나 신속하고 빈번하며 열정적인지! 그레네는 1월 1일쯤 번역이 완결될 것이라고 말했소. 그것은 좋다오. 이제 이런 주저함이 있소."

[34] 그녀는 『원자폭탄과 인류의 미래』를 번역하기로 했다. 아쉬톤이 결국 번역을 담당했다.

는 점이지만, 저는 그 이유가 이렇다고 의심했습니다. 그는 대학출판사를 담당한 대학위원회가 회의를 가질 때까지 서명한 계약서를 당신에게 보낼 수 없습니다. 저는 그들이 10월까지 만나리라고 생각하지 않습니다. 처음에 이런 절차를 이해하지 못했습니다. 그러나 모린은 사실상 백지수표를 가지고 있습니다. 학기는 10월 1일까지 시작되지 않습니다. 대학은 그 이전에는 휴일입니다. 출판사의 업무는 물론 통상적으로 진행되지만, 위원회 회의는 없습니다.

하인리히는 니힐리즘에 관한 책[35]을 받고 기뻐했으며 감사의 말씀을 전합니다. 그는 이 책을 읽기 시작했고 공식적 표현의 정확성과 간명한 저술 형태에 대단히 감명을 받았습니다. 하인리히는 이미 학기를 시작했고, 관련 업무는 그에게 많은 것을 요구하고 있습니다. 아무튼 뉴스쿨은 아직 학기를 시작하지 않았습니다. 그들은 유대인 휴일이 끝날 때까지 당연한 것처럼 기다립니다.

저를 포함해 모든 종류의 사람들이 비단 벨벳을 찾고자 녹초가 되었음에도, 비단 벨벳 구입은 수포로 돌아갔습니다. 그러니 제발 두 분 모두 제가 바젤의 큰 옷장에 매달아 놓은 옷을 가지고 오는 것을 잊지 마세요.

급하게 쓰는 이 편지는 월요일쯤 당신에게 확실히 도착할 것입니다. 저는 수요일 이곳에서 비행기를 타고 목요일 프랑크푸르트로 갈 것입니다.

두 분에 따뜻한 안부를 전합니다―

한나 올림

추신. 갑자기 생각난 게 있습니다. 믿기 어려울 정도로 열악한 이곳의 우편 업무를 고려할 때, 제가 시카고에서 일찍이 답장을 받을 것 같지는 않습니다.

---

[35] Ernst Mayer, *Kritik des Nihilismus* (München, 1958).

편지 232 | 야스퍼스가 아렌트에게

바젤, 1958년 10월 12일

친애하는 한나!

우리는 이틀 전 바젤 집에 도착했네요. 하이델베르크에서 옛길을 걸으며 기쁜 일주일을 보냈다오. 모든 것이 행복과 슬픔으로 가득하오. 지난밤에 나는 그곳에서 게르트루트와 내가 비밀경찰에 체포되었다는 — 일생에 처음으로 — 꿈을 꾸었소. 하이델베르크는 멋졌다오. 그러나 이제 그것은 과거의 일이오. 우리는 그곳으로 돌아갈 수 없구려. 게르트루트도 바젤로 돌아가기로 동의했소. 우리 누구도 새로운 하이델베르크에서 살겠다는 욕구를 거의 가지고 있지 않소. 소외와 뿌리 상실 — 친근한 주위 환경으로 완화되지만 — 은 모든 사람의 운명이오. 새로 선출된 하이델베르크 시장(사회주의자)은 나를 방문했고 게르트루트를 위해 큰 카네이션 꽃바구니를 가져왔다오. 그는 우리가 하이델베르크에 있다는 소식을 들었고, 우리가 원하는 일이 있다면 돕겠다고 제안했소. 이제 우리는 조용한 삶에 정착했소.

약 500개의 오려낸 신문 기사 형태로 바젤까지 침투한 허풍이 곧 지나갈 것이오. 남을 것은 당신의 찬사라오.[36] 그 말을 듣고 뜻밖의 기쁨을 느꼈네요. 모든 사람은 당신의 객관적인 성취를 인정했다오. 그러나 나는 그것 이상으로 들었소. 나는 당신의 말 속에서 내 인생의 가장 깊은 충동이 반영된 것 — 당신의 화려한 공식적 표현에도 불구하고 간접적으로 말한 것 — 그리고 내가 인정받고 격려받는다고 느낀 것을 보았소. 그리고 나와 당신의 연대 선언(특별히 당신이 인용문에 넣지 않은 섬광이란 직유[37]를 받아들일 때), 그것은 내

---

36 편지 229의 각주 23을 참조할 것. 아렌트는 이것을 출판했다. Hannah Arendt, "Humanitas," in *Karl Jaspers, Vier Ansprachen anlässlich der Verleihung des Friedenspreises des Deutschen Buchhandels*(Frankfurt am Main, 1958): 17-28. 또한 「카를 야스퍼스」라는 제목으로 출간되었다. 각주 256을 참조할 것.
37 찬사의 두 번째 단락을 참조할 것.

가 상상할 수 있었던 가장 의미 있는 그런 선언이었소. 그것이 신기하오. 우리는 사적으로 말하기 꺼리는 것들을 공적으로 말할 수 있는가? 공공영역은 공적으로만 가시적 형태를 취하는 숨겨진 측면, 즉 명료하지 않음에도 불구하고 이해할 수 있는 측면을 지니는가? 나는 다른 사람들이 나를 주시하고 있다는 것을 알고 행복했고 당황했소.

나는 당신의 찬사와 견줄만한 어느 다른 찬사 형태나 범례를 알지 못했소. 나에게 우연히 생각나는 유일한 찬사는 — 물론 비교는 부적절하지만 — 투키디데스의 페리클레스 찬사라오. 투키디데스는 페리클레스를 이성 자체로 보았기 때문에, 묘사할 수 있는 인물이 남아 있지 않다오.[38] 그는 니키아스·데모스테네스·알키비아데스 그리고 다른 사람들을 명백히 뚜렷하고 제한된 성격 때문에 실패로 끝난 기이한 인물로 묘사했다오. 페리클레스를 좌절시킨 유일한 일은 역병이오. 그는 살았다면 전쟁에 승리했을 것이오. 그에 대해 말할 것은 아무것도 없소. 그는 자신의 개인적 성격으로 인해 수행한 게 아니고 참된 것을 행하고 말한다오. 그는 아테네를 지배하게 되면 더는 웃지 않는다오. 이것은 최대의 찬사라오. 이것과 비유될 수 있는 유일한 것은 당신이 언급한 것이오. 그러나 비교는 물론 옳지 않다오.

결국 나는 당신의 찬사를 매우 개인적으로 생각하오. 한나는 공개적으로 나에게 말하고 있네요. 내가 행하는 것은 새로운 빛 속에서 눈에 띈다오. 웅장한 로마식으로 고려된 당신의 찬사는 인간적으로 도달할 수 없는 목표가 현실적(달성할 수 없고, 흔들리지 않는)이라고 선언하는 빛으로 내가 하는 일을 비춘다는 점은 찬사의 신뢰 그리고 인간적 삶의 목표가 어떠해야 한다는 것을 예상하는 개념의 신뢰에 달려 있다오.

당신은 게르트루트와 함께 나를 이해했소 — 누구도 이전에는 그것을 이해하지 못했소. 그리고 이것은 전적으로 그리고 절대적으로 참이오.

---

[38] 투키디데스의 『펠로폰네소스 전쟁사』를 참조할 것.

피페르는 우리의 대화를 모두 즉시 출판하고 싶어 하오.[39] 나는 동의했지만, 동시에 그가 당신의 명시적인 승인 없이는 계속해서 인쇄할 수 없다고 말하며 편지를 보냈다오. 나는 이미 당신의 대화록 교정쇄를 내 앞에 두고 있소. 그러나 나는 여전히 당신이 아직도 동의했는지 모르겠소.

하인리히에게 안부를 전해주오. 나는 당신이 이 일을 맡도록 격려해 주고 대화가 잘 된다고 생각해 준 그에게 감사하오. 여기에도 그를 포함해야 하오. 찬사는 역시 그에게서 나온다오.

따뜻한 마음으로
야스퍼스

편지 233 아렌트가 야스퍼스 부부에게

1958년 11월 16일

친애하고 존경하는 분께―

당신의 편지는 아주 아름다우며 제가 성취하고 싶은 것의 핵심을 너무 잘 찌르기에 답장을 하는 게 어렵습니다. 저는 공적 상황에서 중요한 것이 모습을 드러낼 수 있으며 감지할 수 있다는 당신의 견해에 동의합니다. 그렇지 않으면 그것은 숨겨진 형태로만 존재할 수 있거나 그럴 가능성이 있습니다. 괜찮다면, 저는 솔직한 것을 말하기 위해 공공영역을 이용할 것입니다. 만약 제가 얼굴을 마주 대하고 단둘이 있었다면, 저는 감히 그것을 제안했을 것입니다. 이것이 기회였고, 당신이 그렇게 말하도록 허용한다면 이 상황에서 속수무책(당신이 말하도록 허용하지 않을 때 심지어 걷는 것보다 더욱 속수무책)이었기 때문만이 아니라 제가 말했던 것이 참으로 당신의 공적인 모습, 즉 당신과 관련

---

[39] Karl Jaspers, "Wahrheit, Freiheit und Friede"; Hannah Arendt, "Karl Jaspers," *Reden zur Verleihung des Friedenspreises des Deutshcen Buchhandels 1958*(München, 1958).

하여 공개적으로 **나타나는** 것이기 때문에도, 저는 그 제안을 했습니다.

저는 당신의 연설을 여러 번 다시 읽었고, 그때마다 더 좋아했습니다. 하인리히는 독일이 아마 수행할 유럽의 역할(그리고 그는 이제 독일에 관한 책을 집필해야 한다고 말하고, 저는 이전에 그에게 잘못된 정보를 주었습니다)에 관한 당신의 견해에 전적으로 동의하므로 당신에게 편지를 쓰고 싶어 했습니다. 물론 하인리히는 편지를 보내지 않았으며, 학기가 시작된 이후로 너무 바빠서 누구도 이번에는 그를 비판할 수 없었습니다. 그러나 그는 12월 중순 두 달의 휴가를 얻습니다.

피페르출판사가 두 연설문을 함께 출판하는 것은 좋습니다. 저는 가끔 하이델베르크를 생각합니다. 그곳은 여전히 저에게 매우 생생합니다. 그리고 제가 이 공동 소책자에 대해 생각할 때, 이것은 꿈만 같습니다.

저는 이번에는 휴식을 취하고 다시 일터로 돌아가기가 어렵습니다. 그 때문에 그렇게 오랫동안 편지를 쓰지 못했습니다. 프린스턴대학교와 관련한 일은 무의미한 법석을 초래했습니다. 일부 재치 없는 학생은 갑자기 제가 정교수직을 유지한 채 프린스턴대학교에서 가르치는 첫 번째 여성이 된다는 것을 알았기 때문입니다. 그 학생은 그 내용을 신문사에 넘겼고, 저는 그것으로부터 발생하는 모든 것에 대해 침묵을 지켰습니다. 결론은 제가 뉴욕의 모든 신문사와 싸워왔다는 것입니다. 어쨌든 제가 배운 유일한 사실은 이야기를 없애는 것이 불가능하다는 점입니다. 당신이 사진사들의 집 방문을 저지하더라도, 그들은 일부 사진을 확보할 방법을 여전히 찾을 것이기 때문입니다. 이것은 낙타의 등을 부러뜨린 지푸라기일 뿐이었습니다. 어쨌든 저는 많은 외부의 박수갈채 덫에 걸려들었습니다. 저는 오랫동안 집에 없었으며, 제 책은 출간되었기 때문입니다.[40] 어쨌든 그 책은 갑자기 아주 잘 팔렸기에 출판사는 단지 4개월 지나서 재판을 찍어야 했습니다. 누구도,

---

40　『활동적 삶』의 미국판『인간의 조건』. 편지 169의 각주 122를 참조할 것.

심지어 출판사도 정확히 이유를 모릅니다. 그러나 그 직접적인 결과는 더 많은 강의입니다. 그들은 충분히 지급했기에, 저는 거절할 수 없습니다.

저는 미국 역사에 몰입하며 혁명 개념이란 주제로 프린스턴대학교 강의를 준비하고 있습니다. (저는 이 자료를 피페르출판사에서 출간할 책에 포함할 것입니다.)[41] 이것은 숨이 턱 막히는 듯이 흥미진진하고 멋집니다. 미국 혁명, 즉 공화국 건국과 헌법. 매디슨·해밀턴·제퍼슨·존 애덤스 — 이들은 어떤 사람들인지. 그리고 사람들이 그 시대를 오늘날의 모습으로 본다면, 이것은 쇠퇴의 징후입니다.

두 분이 바젤로 돌아온 것에 만족한다니, 저는 기쁩니다. 우리가 소외와 뿌리 상실을 제대로 이해하기만 한다면, 이것들은 우리 시대에 사는 것을 수월하게 합니다. 그리고 우리는 확실히 스스로 약간의 안도감을 가져야 합니다. 안도감은 상황이 우리에게 너무 가까이 오는 것을 막습니다. 안도감은 외부에서 우리에게 자라나는 피부와 같습니다. 그리고 우리는 그 피부 때문에 민감하고 취약한 상태를 유지할 수 있습니다. 500개의 오려낸 신문 기사들은 희미해졌을지도 모르지만, 저는 이곳 어디서든 당신이 독일인들에게 얼마나 깊은 인상을 주었는지 들었습니다. 그 소식을 듣고 기뻤습니다. 저는 그것이 더 이상 불가능하다고 거의 생각했을 것입니다.

당신은 지금 학기 중에 있으며, 저는 여름에 그곳에 있어서 모든 것이 어떤지 알게 되어 기쁩니다. 스위스는 왜 미국의 50번째 주가 아닌가요? 그것은 아주 적당할 것이며, 그것은 삶을 더 좋게 할 것입니다.

며칠 전 저는 종이 한 장을 우연히 발견했습니다. 저는 그 종이 위에 당신이 이스라엘에 대해 알고 싶다는 것을 기록한 적이 있습니다. 저는 비유대인 부인들(그들 대부분은 히틀러 시대에 자신들이 살아났다는 사실을 부인들 덕분으로 돌렸

---

41 혁명 개념에 대한 프린스턴대학교 강의 이후 책으로 재작업했다. *On Revolution*(New York, 1963); *Über die Revolutionen*(München, 날짜 미상[1965]) 피페르출판사 책에 관해서는 편지 179의 각주 131을 참조할 것.

습니다!)과 함께 폴란드 출신 유대인 난민의 이민에 관한 랍비[42]의 회람서한을 동봉할 것입니다. 며칠 전에 한 친구는 이스라엘에는 랍비의 신정 정치를 견디기 어려워하는 사람이 더욱 많다는 것을 저에게 말했습니다. 다른 요지는 다음과 같습니다. 즉 군 분견대가 수에즈 전쟁 전에 대학살을 감행한 마을의 이름은 카프르 카심입니다. 이야기는 이렇습니다. 이스라엘에 있는 모든 아랍인 마을에 포위 상태가 선포되었고, 모든 주민은 오후 5시까지 집에 있어야 했습니다. 남자와 여자, 또는 어린이든 위반자들은 사살될 것입니다. 그리고 마을 사람들은 들녘에 있었고 제때 통보받을 수 없었습니다. 그러나 이 성명은 4시 30분까지 카프르 카심에서 이루어지지 않았습니다. 마을은 결과적으로 거의 완전히 소개되었습니다 — 모든 사람, 여성들, 어린이들 등. 병사들은 이 명령을 받았을 때 시간 내에 통보받을 수 없었던 사람들을 어떻게 처리해야 하는가를 질문했습니다. 유대인 장교의 대답은 이랬습니다. 알라가 그들에게 자비를 베풀겠지! — 그 사건은 몇 주 전에 법정에서 최종 판결되었으며, 병사들은 모두 종신형을 받았습니다. 명령을 내린 장교를 재판하려는 결정이 역시 마침내 있었습니다. 사람들은 이것을 두려워했습니다. 그들은 아마도 사실상 알고 있기 때문입니다. 공중은 알지 못합니다. — 그리고 마침내: 범례를 세우기 위해 (1947년경) 아랍-이스라엘 전쟁의 초기 소거된 첫 번째 아랍 마을은 데이르 야신이라 불렸습니다.[43] 팔레스타인에서 아랍인의 대량 탈출은 주로 이 대학살로 촉발됐습니다. 따라서 사람들은 이 학살을 제2의 리디체 사건이라고 말합니다.[44]

따뜻한 안부를 전하며
한나 올림

---

[42] 1957년 7월 2일자 이스라엘 최고 랍비의 회람서한.
[43] 1948년 4월 8일 데이르 야신에서 대학살이 있었다.
[44] 나치의 "최종 해결책"의 설계자이며 이후 체코슬로바키아 총독인 라인하르트 하이드리히의 암살에 대한 보복으로 1942년 6월 체코슬로바키아 마을이 소거되었다.

잊었습니다. 전쟁 이전과 이후 아랍인 숫자입니다. 많은 논란이 있습니다. 제 견해로 가장 믿을 만한 숫자는 580,000명의 아랍인 가운데 150,000명은 지방에 있고, 35,000명은 되돌아왔습니다. 현재 이스라엘에 약 200,000명의 아랍인이 있습니다.

1958년 11월 16일[45]

친애하는 게르트루트님께—

간단한 인사 말씀을 전합니다. 모든 것이 훌륭했습니다. 저는 늘 당신을 생각합니다. 매일, 제 마음은 따뜻해집니다. 당신의 편지에 감사드립니다. 당신의 동생[46]이 편하게 죽음을 맞이했다니 다행입니다. 저는 바로 편지를 쓰고 싶었지만, 일이 너무 혼란스러워서 해야 할 일이 아무것도 없었습니다. 당신께서는 밀린 우편물로 정신이 없지요? 저 역시 몇 통의 편지를 받았는데, 이들 가운데 하나는 실제 정신질환자가 보낸 것입니다. 남편께서 기뻐했을 것이고 확실히 서신 왕래를 시작했을 것입니다. 그러나 저는 감히 하지 못했습니다. 저는 멋진 저서, 즉 이자크 디네센(혹은 카렌 블릭센)[47]의 『운명의 일화 Anecdotes of Destiny』를 읽었습니다. 그녀는 덴마크의 위대한 이야기꾼이며 사회 명성을 얻은 여성이고 현명한 늙은 여성입니다. 이 책은 독일에서는 아직 소개되지 않았습니다. 그렇지 않았다면 당신에게 이 책을 보낼 것입니다. 저는 당신이 주신 물건들로 둘러싸인 이곳에 앉아 있습니다. 담배통·핸드백·시계. 저는 이것들 모두 계속 사용하고 있습니다. 이 모든 것이 참 좋습니다.

안부를 전하며
한나 올림

---

45 편지 233과 같은 쪽에 있다.
46 아더 마이어(Arthur Mayer, 1874~1958)는 사업가였다.
47 이자크 디네센(Isak Dinesen)은 카렌 블릭센(Karen Blixen, 1885~1962)의 필명이다. 『운명의 일화』 미국판은 1958년에 출간되었다. 이 책은 1960년 독일에서 출판되었다.

저는 발췌 인쇄본과 함께 테오도르 호이스 씨[48]의 멋진 편지를 받았습니다.

편지 234 **야스퍼스가 아렌트에게**

바젤, 1958년 12월 31일

친애하는 한나!

당신의 활기 넘치는 11월 편지는 그런 좋은 소식을 담고 있다오!『인간의 조건』은 이미 2쇄가 출간되었구려.『인간의 조건』은 특히 미국에서 이론적 저서로서는 참으로 대단한 성공이오. 그런데 나를 기쁘게 한 "떠들썩한 사건"이 나타났소. 그것은 누구든 미국에서 그리고 세계 어디서든 이름을 얻는 방법이오. 그리고 이러한 일들은 광고와 마찬가지로 때때로 반복되어야 하오. 그러나 당신은 그것을 좋아하지 않고 침착하게 받아들이는 대신에 주저하는구려. 아마도 당신은 일부 유명 여성들의 반발심 유발을 두려워하고 있다오. 당신은 그럴 위험에 처해 있지는 않소. 그것은 당신의 성과요. 당신이 듣고 다른 사람들에게 보이는 것은 참으로 당신의 성과이며, 그런 성과의 동기와 어울리오.

당신의 프린스턴대학교 강의는 확실히 탁월할 것이오. 나는 세미나에서 헝가리 혁명에 관한 당신의 저작[49]을 사용할 것이오. 이 저작을 처음 읽었을 때 느낀 것을 강의에서 확인하고 있소. 이 저작은 특히 사람들에게 질문과 반론을 제기하도록 부추기는 대작이오. 정치적 사유는 수학적 지식에서 볼 수 있듯이 모든 이의에 대해 봉쇄될 수 없소. 당신이 오류에 빠져 있다

---

[48] 테오도르 호이스(Theodor Heuss). 편지 105의 각주 423을 참조할 것.
[49] Hannah Arendt, *Die Ungarische Revolution und der totalitäre Imperialismus*(München, 1958); "Totalitarian Imperialism: Reflections on the Hungarian Revolution," *Journal of Politics* 20, no. 1(1958): 5-43.
  옮긴이_ 완결된 저서는 1963년 출간.

고 내가 느끼는 곳에서도, 오류 이면의 충동은 ('평의회'와 관련하여) 여전히 참이오. 학생들은 수많은 서면 질의로 대응하오. 그들은 사실에만 매료되지는 않았을 것이오. 그들은 당신의 책을 철저히 읽으면서 당신과 마찬가지로 철학적으로 되고 다음과 같이 질문하오. 역사란 무엇인가? 자유란 무엇인가? 전체적 지배란 무엇인가? 나는 이 젊은이들이 당신의 사유에서 작동하는 숨겨진 관점을 지각하는지 모르지만, 그들이 그렇게 한다고 생각할 것이오. 지금까지 무례한 언급은 없었으며, 한나 아렌트는 여기에 포함된 문장들을 비판할 때에 학생들에게 권위로 존재하오.

나는 미국 혁명에 관한 당신의 연구에 참여하고 싶구려. 이전에 읽었던 기억이 희미할 뿐이고, 해밀턴이 가장 존경스럽다고 생각했소. 그는 아는 것이 많은 귀족이며, 대담하고 어쩌면 오만하나 환상도 없고 다루기 힘든 세상에서 사물을 꿰뚫어 보는 능력을 지닌 정치가였다오. 내가 보기에 제퍼슨은 우리가 상상하는 것보다 더 미국인다우며, 분명히 존경스럽고 간교함과 환상이 없는 것은 아니나 보통 정도의 선의를 지니고 있다는 인상을 주었소. 그러나 나의 회상은 어쩌면 나를 기만하고 있소. 그런 사람들을 연구하고 그들이 무엇을 가져왔는지 보는 것은 대단한 일이오. 가능했던 그 모든 것은 사람들에게 용기를 주는구려.

당신은 이제 정점에 있소. 당신은 자신에게 어울리는 중대한 주제들만을 선택할 것이며, 당신의 사유 또는 공식적인 주장의 능력에는 위축이 없을 것이며, 성공이 우리를 유혹하려는 위험에 굴복하는 일도 없을 것이오.

팔레스타인 난민에 관한 책을 보내주어 감사하오.[50] 당신은 그것에 약간 관여했고 자신의 이름으로 그것을 승인했구려. 나는 설명과 선택을 매우 좋아하오. 조건과 더불어 선택된 해결책을 이해하오. 어느 부분도 서로 분

---

50 추정컨대 다음 저작이다. Balfour Brickner, *As Driven Sand: The Arab Refugees*(New York, 1958).

리될 수 없소. 전체가 통일체를 형성하오. 이 복잡하면서도 단순하고 집중적이며 명확한 연구는 나에게 아랍인이 이스라엘과 화해하기로 선택할 순간에 대비하는 연구라는 인상을 주오. 그 이전에는 그것은 아마도 합리적인 아랍인들이 평화를 기꺼이 가질 수 있고 유대인들 사이에서 비합리적인 사람들이 양보할 수 있는 요인이 될 수 있을 것이오. 이런 해결의 정신은 훌륭한 정치사상가들이 그래야 하듯이 순수 이성과 인간애의 시각에서 구체적 상황에 대한 충분한 숙고라오. 우리의 희망은 여기서 생각했던 것이 현실이 될 수 있는 순간이 오고 이 사유 자체가 다가올 일에 이바지하는 것이오. 이것은 아름답고 품위 있으며 위대한 문서요. 이것은 우선 아랍인들보다 유대인들을 더 많이 설득할 것이오. 평화협상이 주요 요지일 것이기 때문이오. 해결의 중심 원리는 이 요지 없이 적절치 못하오.

이스라엘에 관한 당신의 다른 정보에 감사하오. 당신이 내년 이곳에 다시 올 때, 나는 그런 문제에 대해 당신에게 질의해야 할 것이오. 당신이 언급했듯이, 나는 이 문제에서 이스라엘에 대해서는 잘 모르오. 나는 이번에 우리의 대화에서 그 주제를 너무 빨리 중단했다오.

철학하기의 고요함은 여기서 우리와 함께 다시 자리를 잡았다오. 게르트루트는 기분이 매우 좋다오. 그녀는 네덜란드에서 온 어린이들을 보는 것을 즐기며,[51] 나는 그녀의 기쁨을 공유하오. 우리는 여기에서 그들, 그들의 어머니,[52] 그리고 엘라와 함께 크리스마스를 축하했소.

나는 독일에 관한 책을 집필하라고 권고한 하인리히에 격려받았소. 『위대한 철학자들』을 출간하는 것이 현재 더 중대한 문제이기 때문에, 나는 독일에 관한 책을 아직 진행할 수 없구려. 내가 제2권의 집필을 마무리한다면 제3권을 집필하기 이전에 독일에 관한 책의 집필을 고려할 것이오. 당신이

---

51 편지 190의 각주 174를 참조할 것.
52 미스 마이어(Mies Mayer, 결혼 전 에르크[Jörgl]).

알고 있듯이, 나는 스위스를 정치적으로 병합하기를 바라지 않지만, 실질적으로 한나를, 그리고 당신의 남편도 합병하고 싶소. 비록 그와 함께하는 나는 그것이 완전히 불필요하다고 생각하오. 게르트루트는 내가 보고 싶은 것보다 더 많이 이미 합병되었다오.

당신 부부에게 따뜻한 인사를 보내며
야스퍼스

받아쓰게 한 것을 양해하오. 그렇지 않으면 나는 이 편지를 다시 연기해야 했을 것이오.

편지 235 **아렌트가 야스퍼스 부부에게**

1959년 1월 31일

친애하는 친구분들께―

　당신의 전보[53]가 프린스턴대학교에서 집으로 저를 따라왔습니다. (저는 다음 주까지 그곳으로 내려가지 않을 것이며, 어쨌든 매주 주말에는 뉴욕에 있을 것이기 때문에, 당신이 계속 뉴욕으로 편지를 보내고 프린스턴대학교에 있는 것을 괘념하지 않는다면 좋을 것입니다.) 그렇지요, 레싱상,[54] 그리고 당신이 레싱에 대해 강의하는 바로 그 순간.[55] 물론 당신은 저를 이 난처한 상황에 끌어들였습니다. 『전체주의의 기원』에 수록한 당신의 서문과 세인트 폴 성당.[56] 제가 무엇을 할 수 있을지? 이 모든 것에 대해 별로 신경을 쓰지 않습니다. 이게 저를 약간 아찔하게

---

[53] 1959년 1월 29일자 전보 내용은 다음과 같다. 즉 "친애하는 한나, 우리는 레싱상이 당신에게 수여된다는 기사를 큰 기쁨을 갖고 방금 읽었다오. 따뜻한 안부를 전하며, 게르트루트, 카를 야스퍼스."
[54] 아렌트는 1959년 함부르크시로부터 레싱상을 수상했다.
[55] 1958~1959년 겨울학기에 야스퍼스는 "깨어 있는 철학자들"(레싱・키르케고르・니체)이라는 주제로 매주 2시간 강의했다.
[56] 이것은 프랑크푸르트의 세인트 폴 성당에서 야스퍼스에게 수여된 평화상을 지칭한다.

합니다. 그래서 그것에 대해 생각하지 않습니다. 그렇지 않았다면, 저는 이미 당신에게 편지를 보냈을 것입니다. 그것으로 저 자신을 괴롭히고 싶지는 않습니다. 당신이 아주 옳게 언급했듯이, 저는 "고집이 셉니다." 아마도 제가 프린스턴대학교에서 맡은 업무가 무서워서 그랬을 것입니다. 그리고 저는 「유명 여성」에 대한 두려움을 가지고 있습니다. 제가 이 모든 일을 '차분하게' 처리하는 법을 언젠가 터득할 것인가는 미심쩍습니다. 저는 그런 일들이 우리 시대에 수명이 짧다는 사실에서 위안을 찾습니다. 그것은 곧 사라질 것입니다.

당신이 세미나에서 헝가리 혁명에 관한 제 논문을 활용할 수 있다는 점은 더욱 중요합니다. 이것은 진정한 명예입니다. 저는 이것에 대해 생각할 때 얼굴이 빨개집니다. 미국 혁명 — 저는 당신이 회상하는 것보다는 제퍼슨을 더 좋아합니다. 존 애덤스는 어쩌면 최대의 인물입니다. 그러나 어떤 집단에서 그런가요! 그리고 당신이 집단을 단지 집단의 기준으로 측정한다면 이 나라가 어떻게 영락했는지요. 그동안 저는 프랑스 혁명 연구에 빠졌습니다. 이것, 특히 로베스피에르에 대해 할 말이 많습니다. 그러나 다른 때를 위해 이것을 아끼겠습니다.

저는 이 부분에서 당신의 평온함이 부럽습니다. 크리스마스를 전후하여 몇 주 동안은 항상 우리에게 바쁘며, 이번에 프린스턴대학교에서 할 업무는 다른 것들 — 아주 많은 사람, 아주 큰 도시, 항상 마무리해야 할 많은 일 — 에 겹칩니다. 하인리히는 환갑입니다. 우리는 생일을 제대로 축하했습니다. 친구들과 함께 상어알·샴페인·만찬을 즐겼습니다. 멋있는 환갑잔치였으며, 그는 이번에 잔치를 즐겼습니다. 그가 실제로 60세가 되었다는데 놀랐습니다. 우습습니다. 그는 이것을 수십 년 만에 생각했기 때문에, 60세는 심지어 어떤 전환도 없이 그에게 다가왔습니다.

친애하는 게르트루트, 당신의 격려 편지에 특별히 기쁩니다.[57] 당신이 정말 스카프를 좋아했으면 좋겠습니다. 저는 유럽에서 당신을 위해 그와 같은 양털 스카프를 물색했으나 찾을 수 없었습니다. 그런데 여기서 우연히 하나를 찾았습니다. 그것은 놀랍게도 가볍고 매우 따뜻하며, 여행 때에도 역시 손에 쥐기에 편리합니다.

유럽 여행 계획에 대해 다시 이야기하기 시작할 때가 되었습니다. 저는 함부르크 측에 이번 가을에 갈 수 없다는 편지를 보냈으며, 그곳 사람들은 대단히 우호적이고 유연합니다. 일이 어떻게 되어 가는지요? 어쩌면 저는 10월 전반에 함부르크에 가야 할 것입니다. 어떤 시간이 당신에게 적절한지요? 이전? 이후? 9월 25일 이후 언제든지 저에게는 좋습니다. 그러나 저는 확고하게 결정하기 전에 당신의 의견을 듣고자 합니다.

따뜻한 안부를 전하며
한나 올림

편지 236 아렌트가 야스퍼스 부부에게

프린스턴, 1959년 2월 21일

친애하는 친구분들께―

두 분의 생신, 한 분은 80세,[58] 그리고 축하 편지가 너무 늦어서 미안합니다. 제가 보기에 지난해는 두 분에게 좋고 풍요로운 해였던 것 같습니다. 저는 일들이 다가올 여러 해 동안 그러하기를 바랍니다. 올해는 저에게 잊지 못할 해일 것입니다. 두 분과 함께 몇 주를 보낸 이후 프랑크푸르트에서 개최된 공개 행사의 순수하고 명확한 조화(調和), 그리고 하이델베르크에서 그 아름다운 결론을 잊을 수 없습니다.

저는 늦은 편지를 프린스턴대학교 탓으로 돌릴 수 있습니다. 그것은 제

---

57 게르트루트는 1959년 1월 6일 아렌트에게 편지를 보냈다.
58 게르트루트는 1959년 2월 26일 80회 생일을 맞이하였다.

가 예상한 그대로입니다. 가장 중요한 일은 이른바 연회입니다. 누구든 연회에서 새로운 사람들을 만나며, 그들을 기억할 수 없고 그들의 얼굴을 기억하려고 분투합니다. 저는 지금까지 학생들에 대한 덧없는 인상만 가지고 있을 뿐입니다. 그들은 그다지 훌륭하지 않습니다. 저는 사방에서 같은 사항을 듣습니다. 이 대학은 아직도 신사들의 이상을 유지하는 오래된 대학들 가운데 마지막 대학입니다. 이들이 너무 많이 아는 것은 보기에 흉합니다. 물론 프린스턴대학교에도 도달한 진보 교육의 압력으로 그 위험은 '너무 과하지 않음'이 '전혀 없음'이 된다는 것입니다. 이곳은 저의 미국 경험에서 계급 차이가 단순히 간과될 수 없는 첫 번째 장소입니다. 이런 차이는 특별히 한낱 고용인인 교수들, 그리고 동문으로 성장하여 대학의 미래 신탁 관리자가 될 신사 학생들 사이에서 입증됩니다. 애석하게도, 저는 학생들과 거의 접촉하지 않지만, 분위기는 어디서든 뚜렷합니다. 이곳 모든 장소에서 혁명 개념에 대해 말한다는 생각은 형언할 수 없을 정도로 희극적입니다. 저는 노력하더라도 더 좋은 주제를 선정할 수 없었습니다.

저는 매일 하인리히와 전화로 대화합니다. 그는 『원자폭탄과 인류의 미래』 원고가 방금 시카고대학교출판사에서 도착했다고 저에게 말했습니다. 애석하게도, 저는 이번 주말 뉴욕에 갈 수 없습니다 — 유일한 이유는 이런 연회들 때문이지요! 그래서 저는 주말까지 그 원고를 볼 수 없을 것입니다. 랄프 만하임은 올해 초까지 『위대한 철학자들』의 번역을 시작하지 않았습니다. 무엇을 할 수 있을까요? 쿠르트 볼프가 봄에 분명히 미국을 떠나 취리히에 정착하리라는 점은 아마도 더 중요합니다. 그는 그곳에서 회사를 계속 경영하고 싶어 합니다. 그가 성공할지는 다른 문제입니다. 이 모든 것은 파스테르나크 소설[59]의 환상적인 성공으로 가능해졌습니다. 이 책은 여

---

[59] 보리스 파스테르나크(Boris Pasternak, 1890~1960)의 소설 『의사 지바고(*Doctor Zhivago*)』는 미국에서 판테온출판사에 의해 출간되었다. 이 소설은 1957~1958년 모든 서양 국가에서 출간되었다.

러 나라의 출판업자들을 불결한 부자로 만들었습니다. 그렇다고 하지만, 이 책은 매우 좋은 책도 아니고 진정 위대한 소설도 아닙니다.

연회는 차치하더라도, 이곳의 일은 저에게 잘 되어가고 있습니다. 저는 대학 측이 어린이 없는 객원 교수에게 제공한, 모두 새로운 유형인 큰 방 두 개가 있는 매우 멋있는 작은 집을 갖고 있습니다. 저는 이것을 이용하는 첫 번째 사람이며, 이 모든 화려함을 깨뜨리고 있습니다. 교수동의 책임자, 이른바 나의 우두머리는 60대 후반의 예의 바르고 매우 영향력 있는 신사로서 저에게 카펫 청소기를 가져다주느라고 방금 들렀습니다. 그와 같은 일은 유럽에서는 거의 불가능했을 것입니다. 우리는 일을 함께 시도했습니다. 그는 진공청소기를 약속하며 나갔습니다. 제가 지금 당장 당신을 만나러 가서 예컨대 레싱에 대해 얘기한다면, 그는 진공청소기를 주지 않을 것입니다. 그러나 누구든 기술의 온갖 기적에도 불구하고 다시 가을까지 기다려야 할 것입니다. 저는 수상을 위해 10월 전반 언젠가 함부르크에 가야 할 것입니다. 언제 갈 수 있을지? 당신에게 언제가 편한지요? 그 이전 또는 그 이후? 저는 당신에 맞추어 수월하게 약속을 할 수 있습니다. 9월 중반 이후 언제나 휴가를 갈 수 있습니다.

두 분에게 안부를 전하며―
한나 올림

편지 237 **야스퍼스가 아렌트에게**

바젤, 1959년 3월 26일

친애하는 한나!

오래전에 편지를 보내야 했는데 모든 일에 다시 감사하오. 게르트루트의 80회 생일을 위한 히아신스 다발에 감사하오. 히아신스 다발이 꽃을 피웠고 향기를 발산하며 우리에게 큰 기쁨이었소.

그리고 나는 만하임이 1월까지 『위대한 철학자들』 번역을 시작하지 않았다는 실망에 대해 편지를 보내야 했소. 당신이 예비 작업에 들인 노력은 결국 허사가 되지는 않을 것이오. 우리는 이제 관망해야 할 것이오.

그런데 『원자폭탄과 인류의 미래』에 대한 번역은! 당신에게는 더 많은 골칫거리요. 나는 표본적인 몇 구절의 번역 수준이 좋다고 판단하도록 하기에 충분했길 바라오. 또 어느 것도 이것에서 삭제되지 않았기를 바라오. 당신은 원고를 이미 돌려보냈는지? 출판사는 원고가 조판에 들어가 가을에 출간되어야 한다는 편지를 보냈다오. 나는 약간 긴장하며 출간을 기대하고, 이 책이 이번에 미국에서 반응을 불러일으킬지 걱정이오.

내가 편지를 보내지 않은 이유는 열을 초래하지 않았지만 몇 주 동안 계속되는 감기로 유발된 무기력 상태였기 때문이오. 나는 특히 목소리를 잃고 이어서 현재 여전히 나타나지만, 천천히 개선되고 있는 쉰 목소리로 고통을 받았다오. 그러나 건강은 전반적으로 다시 좋소. 다시 작업하며 마침내 당신에게 편지를 쓰고 있다오.

그동안 당신은 자신의 정치적 저서에 진전을 이룰 것이오.[60] 나는 그것을 열렬히 기다리오. 『위대한 철학자들』로부터 정신을 딴 데로 돌리고 싶지 않지만, 정치보다 더 나의 관심을 끄는 것은 그런 주제 이외에는 아무것도 없구려.

러시아는 아직은 전쟁을 할 적기가 아니라고 생각하는 것 같소. 이 일시적인 중단은 아마도 계속될 것이오. 그것은 당신이 역시 생각하는 것인지요? 그러나 일시적인 중단은 실제로 전부라오. 나는 미국이 마침내 어느 부분에서 국제연합의 치마 뒤에 숨어서 베를린을 공개적으로 비난하지 않은 채 외형상 순진한 합의를 통해서 베를린을 점진적으로 포기할 것이라는데 두려워하오. 그것은 끔찍할 것이오. 누구도 단순히 확고하게 버텨온 2백만

---

60   *On Revolution*. 편지 233의 각주 41을 참조할 것.

베를린 사람들에게 그것을 할 수 없소. 내 기분은 두려움과 희미한 희망 사이를 오간다오. 아이젠하워는 아주 많이 다르게 진술했기에, 누구도 그런 진술 가운데 어느 것도 신뢰할 수 없소. 그러나 미국 국민은 베를린에 대해 더욱더 많이 생각하고 이에 대한 결의에서 더 확고한 것 같소. 혹시 유럽에 있는 우리는 그것에 대해 잘못 생각하고 있는지요?

하인리히에게 안부를 전해주시오!

따듯한 안부를 전하며
야스퍼스

편지 238 **아렌트가 야스퍼스에게**

프린스턴, 1959년 3월 31일

친애하고 존경하는 분께―

편지 대신에 질문입니다. 저는 「전통과 변화」 연구모임[61]으로부터 9월 말 바젤에서 개최하는 세미나에 참석해달라는 초청장을 받았습니다. 제가 참여한 이후에야 당신이 참여하는 데 동의했다는 점을 알았습니다. 저는 중요시할 수 없었던, 레이몽 아롱[62]의 긴 논문을 받았습니다. 그것은 저의 실수일 수 있습니다. 아마도 저는 다른 사람들에게 공개하기에는 저의 연구 과제에 너무 깊이 관여하고 있습니다. 그것에 대해 확신하지 못합니다. 정말로 노력했습니다.

제 관점에서 볼 때, 상황은 이렇습니다. 저는 어쨌든 10월 9일 함부르크

---

[61] 1959년 9월 라인펠덴 콜로키움은 바젤 근처에서 개최되었다. 「전통과 변화」라는 주제 아래 21명의 학자가 현재의 철학적·정치적 문제를 논의하였다. 레이몽 아롱과 에릭 보에글린은 기조 논문을 발표하였다. 다음 자료를 참조할 것. Raymon Aron, George Kennan, Robert Oppenheimer et autres, *Colloques de Reinfelden*(Paris, 1960).

[62] 레이몽 아롱(Raymon Aron, 1905~1983)은 프랑스 사회학자이며 언론인이었다. 아렌트가 발표한 논문은 「산업사회와 서양의 정치적 대화」였다.

에 있을 예정이기 때문에, 가는 게 가능합니다. 당신은 제가 그러한 상황에서 가는 게 이해된다고 생각하시는지요? 당신은 제가 가기를 원하는지요?

두 분이 다시 좋아지기를 바랍니다. 부인은 자신이 "너무 행복하다"는 편지를 썼습니다.[63] 얼마나 멋있는 말인가요! 이것은 제 생각을 계속 떠받치고 있습니다. 프린스턴대학교와 관련한 사항은 다음 기회에 말씀드립니다.

저는 실제로 급하게 편지를 쓰고 있지 않지만, 지금은 일반적인 편지쓰기의 밤입니다. 저는 그런 양태로 당신에게 편지를 쓰고 싶지는 않습니다.

두 분에게 따뜻한 안부를 전하며
여느 때와 같이
한나 올림

편지 239 **야스퍼스가 아렌트에게**

바젤, 1959년 4월 6일

친애하는 한나!

우리의 짤막한 편지가 우편으로 교차하였구려.

당신의 질문에 관한 답변이오. 이번 겨울 나는 바젤에서 개최되는 세미나에 참석할 것이라고 라스키에게 언급했고, 최근에 파리 측과 다시 그것을 확인했소. 그러나 일주일 전에 나는 취소했소. 주요 이유는 이러하오. 나는 너무 많은 일을 떠맡았고, 우리는 칸에 있는 로테 발츠 어머니의 멋진 아파트에서 9월을 보내고 싶기 때문이오. 로테는 대단한 품위와 편안함으로 우리를 그곳으로 안내할 것이오.

거절하는 것이 나에게 더 쉬워졌소. 나는 몇 달 전에 받은 아롱의 에세이를 확인했는데, 이것은 관점의 검토 — 최근 사회학적 대화의 공통 주제의

---

[63] 게르트루트는 1959년 3월 1일자 편지에서 대단한 행복을 표현하기 위해 'überfreuen'이란 용어를 만들었다.

검토 — 로써 충분히 수용할 만한 의제를 설정하지만, 토론의 출발점으로서는 전혀 아니라는 것을 알았기 때문이오. 그런 종류의 글에서 일반적으로 나오는 것은 무한한 잡담일 뿐이오. 나의 첫 번째 충동은 스스로 더 공격적이고 도발적인 대화를 제시하는 것이었소. 장문의 우호적인 편지로 답장을 보냈다오. 비서는 자신이 아롱에게 나의 편지를 건네겠다는 답장을 보냈구려. 그 이후 나는 더는 소식을 듣지 못했소. 아롱 자신은 한마디도 하지 않았는데, 나는 비서를 통한 이런 취급을 좋아하지 않았다오. 그것은 누구든 수상으로부터 기대하는 일종의 행태라오. 나는 참석하지 못할 것이라고 말했을 때 어떤 답장도 받지 못했으며, 그것은 나의 감정을 확실하게 했소. 그러나 거절한 **이유**는 아주 다른 것이었소.

그래서 당신이 자신의 반대를 가라앉힐 이유는 없구려. 그러나 당신이 그것을 나의 입장에서 고려해 주어서 고맙소.

따뜻한 안부와 함께
야스퍼스

편지 240 야스퍼스가 아렌트에게

바젤, 1959년 4월 16일

친애하는 한나!

『원자폭탄과 인류의 미래』에 관한 상황이 어떻게 되어가는지 다시 한번 물어도 짜증을 내지 않기 바라오. 나는 이것에 관심이 있소. 마르조리 그레네의 번역은 좋지 않은지요? 그것은 최소한 마음에 드는지요? 그것은 출판사로 다시 보냈는지요?

당신은 미국에서 이 책의 출판이 나에게 얼마나 많은 의미를 지니는가를 알고 있다오. 빠르면 빠를수록 더 좋소. 비록 미국인들에게 그런 것을 읽게 하는 것이 환상적으로 보이지만, 이것이 이 책이 진정으로 속한 곳이오.

나는 노벨상 수상자인 막스 보른[64]이 "전통적 태도의 아무 생각 없는 영속화의 사례"[65]라는 말로 내 책에 대해 언급한 내용을 읽었다오. 미국에 손을 뻗고 있다는 사실에 위안을 받고 있소. 나는 60년 동안 독일 교포들의 온갖 가능한 반응을 경험한 이후 그것에 익숙해졌소.

두 분에게 따뜻한 안부를 전하며
야스퍼스

당신은 내가 참석하지 않겠다고 밝힌,「전통과 변화」 연구모임과 관련한 내 편지를 받았는지요?

나는 워싱턴에 있는 『뉴 리퍼블릭 The New Republic』 측의 요청에 따라 리프만의 일련의 논문 (베를린 위기에 관한) 「오늘과 내일」에 대한 짤막한 반응[66]을 썼소.[67] 독자들에게 『원자폭탄과 인류의 미래』에 있는 구절들을 밝힐 수 있었으면 좋겠소. 그러나 그것은 확실히 미국 언론에서는 어울리지 않았을 것이오.

---

64 막스 보른(Max Born, 1882~1970)은 영국에서 1934~1954년 가르친 독일 물리학자이고 이후 독일 바트 피르몬트에 은거했다. 그는 1954년 노벨상을 받았다.

65 하인츠 리프만은 1959년 3월 28일 『디 벨트(Die Welt)』에 자연과학에 대한 과대평가를 반박하는 논문을 게재했다. 막스 보른은 4월 11일 다음 문장을 포함한, 편집자에 보낸 서신으로 응대했다. "나는 '과학에 대한 맹목적 존중'에 투쟁해야 한다는 당신의 의견에 동의합니다. 그러나 나는 당신이 우리 문화의 담지자, 시인 그리고 철학자 등에 의해 제기된 전통적 태도의 무심한 영구화에 대항하는 것이 더 중요하다고 생각합니다. 한 예로서, 나는 야스퍼스의 탁월하면서도 실제로 끔찍한 책을 인용합니다. 그는 사실 물리학의 변화된 위상을 명백히 기술하지만, 우리가 현재의 난제를 처리하는 데 도움이 될 수 없는 구식의 정치적 · 도덕적 개념에 전적으로 빠져 있습니다." 야스퍼스는 아마 이 공격에 놀라 상처를 입었을 것이다. 보른은 서명한 자신의 저서 사본을 야스퍼스에게 보냈고 얼마 전 1958~1959년 남독일 라디오 방송 신년 발언에서 야스퍼스를 "내가 대단히 존경하는 위대한 독일 철학자" — 그가 『원자폭탄과 인류의 미래』와 관련하여 분명하게 밝힌 주장 — 라고 언급했기 때문이다.

66 Karl Jaspers, "The UN Is Undependable," *The New Republic* (May 18, 1959): 12-13.

67 월터 리프만(Walter Lippmann, 1889~1974)은 미국 언론인이자 저자이다. 각주 66에서 언급된 논문은 「리프만의 베를린 제안」과 연계하여 출간되었다.

편지 241　아렌트가 야스퍼스에게

프린스턴, 1959년 4월 27일

친애하고 존경하는 분께—

　당신의 편지가 방금 도착했습니다. 모든 일이 다소간 자리를 잡을 때까지, 저는 『원자폭탄과 인류의 미래』에 대해 당신에게 말할 필요가 없기를 바랍니다. 저는 3월 초 또는 오히려 중순에 계획보다 약 두 달 늦게 마르조리 그레네의 번역문을 받았습니다. 읽어보니 번역문에 매우 많은 기본적인 실수들이 있다는 게 드러났습니다. 이것은 그녀가 독일어의 상당 부분을 외형상 잊었다는 것을 의미합니다. 저는 이제 상세한 내용을 상기할 수 없습니다. 자료들은 뉴욕에 있기 때문입니다. 저는 우리 가운데 누군가 그것에 대비했다고 생각하지 않습니다. 제가 원래 의도한 대로 1월 초에 원고를 보유했다면, 저는 이것에 대해 의심하였다고 하더라도 일을 스스로 해결할 수 있었을지도 모릅니다. 제가 프린스턴대학교에 있기에, 그것은 애석하게도 불가능했습니다. 그래서 시카고대학교출판사로 전화하여 모린과 오랜 대화를 나누었습니다. 결론은 그가 제대로 수정하기 위해 의지할 수 있는 사람을 알지 못한다는 점입니다. 영어 번역 원고의 모든 문장을 독일어 원문과 대조해야 했습니다. 초라한 작업은 아닙니다. 저는 이리저리 많이 궁리하고 미국인 친구들과 토론을 거친 이후 아쉬톤(과거 독일인)을 위임하자고 제안했습니다.[68] 저는 쇼켄출판사를 위해 일할 때 그의 작업이 매우 훌륭하다는 점을 알았습니다. 그는 영어를 탁월하게 말하고 쓸 수 있습니다. 모국어가 독일어인 누군가를 찾는 게 저에게는 중요했습니다. 이 경우에 그것은 우리가 모든 오류의 제거를 보장할 수 있는 유일한 방법이기 때문입니다. 그때 모린은 저의 집에서 아쉬톤과 사안을 논의하

---

[68]　아쉬톤은 1930년대 빈에서 미국으로 이주했다. 이후 그는 야스퍼스의 다양한 저작, 이들 가운데 『철학(*Philosophie*)』을 영어로 번역하였다.

기 위해 뉴욕으로 날아가기로 했습니다. 우리는 아쉬톤에게 원고를 주었으며, 그는 교정본을 양도할 수 있는 시기와 자신이 생각하는 것을 5월 1일에 우리에게 알리겠다고 약속했습니다. 그는 하루하루 다른 모든 것을 제쳐놓고 이 일을 떠맡을 수는 없었습니다. 저는 아쉬톤으로부터 소식을 들을 때까지 당신에게 편지를 보내고 싶지 않았습니다. 이것은 물론 시카고대학교출판사에게 추가적인 비용을 의미하지만, 그 비용은 받아들일 수 있습니다. 제가 지연에 대해 불만족스러워했듯이, 모린도 그랬습니다. 그러나 비용에 대해서는 그렇지 않지요! 당신은 원래 상태에서 그 원고를 인쇄하는 것이 정말 불가능했다는 제 말을 받아들여야 할 것입니다. 독일어를 잘하는 번역가가 거의 없다는 것이 유감이며, 그런데 소수의 번역가는 항상 과로하고 있습니다. 랄프 만하임(가장 훌륭한 번역가)과 (철학 원본에는 덜 적합한 번역가인) 리처드 윈스턴은 시간이 없고, 그리고 덴버 린지이가 그것을 할 수 없다면, 텍스트를 어디에 넘길 것인지 알기는 어렵습니다. 이것은 모린이 우선 마르조리 그레네를 고려한 이유였습니다. 제가 그때 고려했던 아쉬톤에 반대한 요지는 영어가 그의 모국어가 아니었다는 점이었습니다. 모린은 분명히 의구심이 들고 있었을 것입니다. 그런데도 저는 아쉬톤이 당신의 책을 매우 잘 알았으며 당신의 생각에 매우 익숙했는지를 알지 못했습니다. 그러나 그는 『원자폭탄과 인류의 미래』를 몰랐습니다. — 출판 날짜와 관련한 내용입니다. 모린은 원래 이 책이 10월에 서점에 진열되기를 원했습니다. 이 언급은 이 책이 여론에 영향을 미치는 비평가와 다른 사람들에게 발간 4주에서 6주 이전에 배부되게 하도록 8월에 완성되어야 한다는 점을 의미합니다. 제 생각에 최초의 가능한 발간 날짜는 1960년 1월입니다.

바젤과 아롱에 관한 당신의 편지는 저에게 큰 안도로 다가왔습니다. 모든 일이 저를 기다리게 했고, 저는 그것에 참여하지 않아도 되어서 기쁩니다. 당신에 대한 그의 행태는 실제로 터무니없습니다. 그것은 이 사람들이 자신들이 수행하고 있는 것조차 깨닫지 못한 채 떠맡는 그런 종류의 습관입니다.

저는 오늘 공개 강의를 시작합니다. 물론 당연히 걱정됩니다. 우리는 미국에서 거의 볼 수 없는 사랑스러운 봄을 보내고 있습니다. 미국에서는 보통 일시적인 어떤 변화 없이 겨울에서 더운 여름으로 넘어갑니다.

친애하고 존경하는 분 ― 제가 무엇을 할 수 있을까요? 당신의 의구심이 옳았고, 우리는 당신의 말을 들었어야 합니다. 그리고 저는 누구를 선택해야 할지 알았더라면 당신의 말에 귀를 기울였을 것입니다.

한나 올림

편지 242 야스퍼스가 아렌트에게

바젤, 1959년 5월 2일

친애하는 한나!

당신의 편지가 방금 도착했소. 당신이 얼마나 자신을 괴롭혔고, 일을 바로잡기 위해 무슨 일을 하지 않았는지. 나는 항상 당신에게 고맙구려. 당신이 없었다면, 책은 현재와 같이 확실히 출간되지 않았을 것이오. 이제 나는 당신이 그렇게 우호적으로 보고했던 아쉬톤과 함께 해결하길 바라오. 그의 5월 1일 응답을 열렬히 기다리고 있다오. 유감스러운 일이지만, 제발 지연과 관련하여 '기분 나쁘지 않길' 바라오.

나는 당신의 강의에 행운이 있길 바라오. 당신이 무대 공포증이 있다는 것은 좋다오. 공포증이 사라진다면, 그것은 당신이 자신에게 만족하고 있다는 것을 의미하오. 그러면 당신은 판에 박힌 일상에 빠지고 자신의 모방자가 되오.

그런데 당신은 10월 함부르크에서 우리에게 직접 올 것인지요? 좋은 만큼 오래 머물구려. 나는 그때 휴가이며 『위대한 철학자들』을 집필할 것이오.

따뜻함을 전하며
야스퍼스

나는 아쉬톤이 1952년 뉴욕의 러셀 무어출판사에서 출간된 『변명과 전망 Rechenschaft und Ausblick』[69]의 세 강의록을 번역한 것을 확인했소. 나는 지나치게 상냥한 마음에서 우러나오는 행위로 알지 못하는 한스 피셔라는 이민자에게 번역권을 주었소. 그런데 그는 작업을 전혀 하지 않았고 책의 제목을 '실존주의와 인간주의'(사르트르에서 표절한 제목[70])라고 붙였다오. 그러나 그 어느 것도 아쉬톤의 실수는 아니었소.

편지 243 **아렌트가 야스퍼스에게**

팔렌빌, 뉴욕, 1959년 7월 20일

친애하고 존경하는 분께—

지금쯤 당신은 학기가 끝났지요. 우리는 마음에 드는 여름 휴가지에 또다시 와 있으며 이제 1주일을 보냈습니다. 우리는 모두 휴식이 절실히 필요하지 않지만, 여전히 모든 혼잡에서 벗어나 기쁩니다. 이번에는 9월 중순까지 머물 것이며, 적어도 이것은 현재 저의 계획입니다. 그래서 저는 비행기로 유럽으로 가기 전에 일주일만 뉴욕에 있을 것입니다.

저는 함부르크 사람들이 자신들의 시상식을 앞당겼다고 이미 당신에게 말했는지 알지도 못합니다. 저는 여기에서 9월 23일 비행기를 타야 하며

---

[69] Karl Jaspers, *Existentialism and Humanism: Three Essays*, ed. Hanns E. Fischer, trans. E. B. Ashton(New York, 1952). 번역한 부분에는 「솔론」, 「우리의 미래와 괴테」, 「새로운 인간주의의 필요조건과 가능성에 대하여」가 포함된다.

[70] 다음 자료를 암시한다. Sartre's *L'existentialisme est un humanisme*(Paris, 1946).

아마도 거의 일주일 동안 함부르크에서 머물 것입니다. 당신은 제가 이번에 바젤에 갈 때 자신에게 상관없다는 편지를 썼습니다. 저는 아직도 확신하지 못합니다. 저는 이스라엘에서 온 친척들과 함께 어쩌면 취리히에서나 가능하면 이탈리아에서 합류하고 싶기 때문입니다. 지금 상상한 대로 일이 진행된다면, 저는 10월 중반에 갈 것입니다. 그게 괜찮은지요?

프린스턴대학교 — 강의는 잘 진행됐습니다. 대학의 출판사는 강의록을 원합니다. 그리고 저는 강의록을 제가 기대한 것보다 훨씬 더 많은 어려움을 주는 계획인 책으로 만드는 과정에 있습니다. 사실은 자료가 실제로 저에게는 아주 새롭다는 점입니다.

허바드라는 사람[71]은 『원자폭탄과 인류의 미래』와 관련하여 저에게 연락했지만, 자신이 생각한 것을 저에게 알리겠다고 말했음에도, 다시 편지를 보내지 않았습니다. 그동안 저는 출판사로부터 편지, 즉 아쉬톤 씨와의 최종 합의서 사본을 받았습니다. 저는 출판사가 다음 내용을 당신에게 편지로 보냈는지 알지 못합니다. 즉 모린은 아주 갑자기 시카고대학교출판사를 떠났습니다. 그는 책임자, 즉 슈그 씨와 접촉할 수 없었습니다.[72] 저는 슈그를 약간만 알고 있습니다. 저는 현재 그와 편지를 주고받는데, 매우 유능한 동료인 모린을 대신할 누군가가 있을지 알지 못합니다. 이 일은 이곳 출판사와의 모든 거래에서 발생하는 가장 심각한 일들 가운데 하나입니다. 즉 완벽한 권위를 지니고 저자와 모든 업무를 담당하는 이른바 편집자들은 출판사를 떠나고, 당신은 연속성을 유지할 수 있는 누군가를 알지 못합니다. 현재 저는 문자 그대로 하코트출판사에 근무히는 단 한 사람도 더는 알지 못하며, 그들과 계약을 맺었습니다. 저는 시카고대학교출판사와 정확히 똑

---

71 아렌트는 '후버'에게 편지를 썼지만, 분명히 스탠리 허바드를 의미했다. 편지 244의 각주 74를 참조할 것.
72 로저 슈그(Roger W. Shugg, 1905년 출생)는 역사가이며 출판인으로서 1954~1967년 시카고대학교출판사의 책임자였다.

같은 상황에 있습니다. 지금까지 그들과 어떤 나쁜 경험이 없으며 — 하코트출판사에 대해서는 이것을 말할 수 없으며 — 시카고대학교출판사가 당신에게 사본을 보내는 것을 소홀히 할 경우를 대비해서 제가 여기에 동봉하는 편지, 즉 아쉬톤에게 보낸 편지는 저에게 좋은 인상을 남깁니다.

당신은 정치 상황에 대해 어떻게 생각하시는지요?[73] 저는 최근 몇 주 사이 우리가 빨리 소통할 수 있기를 때때로 바랐습니다. 아데나워의 행태는 저에게 전적으로 부적절하다는 인상을 주며, 이곳의 많은 사람은 완전히 겁먹습니다. 이것이 가능하다면, 다음에 무슨 일이 일어날 수 있을까요? 그러나 현재 다른 일들이 위태롭습니다. 저는 동독이 실제로 다른 나라들과 같이 위성국이 될 것을 우려합니다. 이것도 결국에 베를린의 상실을 의미할 수 있습니다. 제가 보기에 상황과 관련하여 나쁜 일은 베를린이 서양 강대국에게 위신 가치가 높다고 하더라도 위신 가치만을 지닌 것 같습니다. 그러나 러시아인들에게 그것은 명백히 구체적인 의미를 지닙니다.

두 분은 건강과 관련하여 어떻게 지내시나요? 모두 건강하시길!

따뜻한 안부를 전하며
한나 올림

---

[73] 추정컨대 아렌트는 독일과의 평화조약 그리고 독일 재통일 문제에 대한 논쟁을 지칭하고 있다. 1959년 1월 소련은 서방 세 강대국과 동독 및 서독 정부에 조약 초안을 제시했다. "독일의 통일을 재확립하려는 독일 국민의 권리"는 인정되어야 하지만, 이 목표를 성취하기 위한 어떠한 무력 사용도 포기해야 한다. 재통일은 일차적으로 두 독일 국가에게 임무였다. 이것은 양자의 분단에 대한 인정을 상정하였다. 서방 강대국은 이전보다 더 유연한 태도를 유지하려고 하였지만, 콘라트 아데나워 총리가 이끄는 서독은 재통일을 향한 유일한 길, 즉 전 독일에서 오직 자유선거만이 있을 수 있다고 주장했다. 이런 입장은 실질적으로 평화조약에 이르는 길을 차단했다. 아렌트가 이 편지에서 두려워했듯이, 이 조약은 동독이 소련의 위성국이 될 것이라는 현상으로 이어졌다. 이 편지와 다음 편지는 야스퍼스에게 『자유와 재통일(*Friedenheit und Wiedervereinigung*)』을 위한 출발점을 제공했다. 편지 266의 각주 150을 참조할 것.

편지 244   야스퍼스가 아렌트에게

바젤, 1959년 7월 30일

친애하는 한나!

매우 고맙구려! 슈그의 편지는 비교적 용기를 북돋네요. 나는 약간 실망하며 시카고대학교출판사가 내 책의 분량을 얼마나 줄이고 싶어 하는가를 보면서 계산하고 있다오. 모린은 이것에 대하여 나에게 전혀 언급하지 않았구려. 그러나 이제 이루어질 수 있는 것은 아마도 없으며, 나는 아쉬톤 씨가 이해력을 갖고 이 책을 검토하기를 바라오.

허바드 박사[74]가 미국 여행 도중에 시카고대학교출판사를 잠시 들리겠다고 제안했기 때문에, 나는 그에게 그렇게 하라고 요청했소. 모린이 병으로 출근하지 않기 때문에, 그는 비서하고만 대화했다오. 그것은 분명히 불필요한 표현이었지만, 나는 그게 이 출판기획에 대한 내 관심의 정도를 시카고대학교출판사에 다시 한번 증명하는 좋은 구상이라고 생각했소. 그가 당신에게 다시 전화하지 않은 이유는 아마도 방해하지 않으려는 욕구나 오해였을 것이오. 그는 시카고대학교출판사를 방문하는 동안 세부 사항을 알고자 그곳에 갔다오. 당신은 이곳 바젤에서 그를 만났지요. 나는 그가 지성을 갖추고 탁월한 인품을 지닌 사람으로 생각하오. 그는 영어 출판사의 편집자로서 치바와 함께 이곳에서 직책을 맡고 있다오.

나는 베를린에 관한 당신의 짤막한 언급이 애석하게도 전적으로 옳다고 생각하오. 상황은 고뇌의 원인이오. 우리는 가을에 세부적으로 그것에 대해 논의할 것이오. 아데나워의 행태는 소속 정당의 행태만큼이나 나쁘다오. 나는 일찍이 논문을 거의 집필했지만, 칸트의 범례를 따르며 1916년에 스스로 작성한 격언이 있소. 즉 현재의 정치적 쟁점에 대해서는 한마디도 하지 말고

---

[74] 스탠리 허바드(Stanley Hubbard, 1924년 출생)는 야스퍼스의 지도로 연구하고 박사학위를 받았다. 니체와 에머슨에 관한 그의 논문은 철학연구총서 제8권(바젤, 1958)으로 출간되었다.

정치적 상황 일반에 대해서만 언급하라. 나는 지난가을 이후 본 측과 이상한 관계를 유지했지만, 이것에 대해서는 나중에 말할 것이오. 나는 함부르크에서 진행한 시상식을 앞당기는 것이 당신에게 문제를 일으키지 않는다고 생각하오. 내가 이전에 편지로 알렸듯이, 10월에는 당신 마음대로 할 수 있소. 당신이 정확한 날짜를 알면, 우리가 당신과 함께할 수 있는 시간을 우리에게 알려주시오. 나는 로스만을 위해 10월 일주일을 더 여유롭게 보내고 싶구려. 나는 그와 함께 『대학의 이념*Universitätidee*』 신판을 준비하고 있소.[75] 내가 또한 그와 함께 정할 수 있다면 좋을 것이오. 내가 알기로, 그의 학기는 11월(나의 경우 10월 28일)에 시작되지만, 당신은 이제 완전히 자유롭게 선택할 수 있다오(나는 10월 당신의 방문 이전이나 이후에 오라고 로스만에게 요청할 것이오).

하인리히와 같이 남은 휴가를 즐기시오. 프린스턴대학교에서 당신의 성공적인 강의를 축하하오. 일들이 당신을 위해 계속 멋지게 진행되고 있다오.

우리는 모두 좋으며, 학기는 끝나가오. 우리는 많은 친척의 방문을 기다리고 있소. 우선 올덴부르크에서, 이후 이스라엘과 뉴욕에서 올 것이오. 우리는 그들을 맞이하여 행복하오.

우리 둘은 하인리히와 당신에게 따뜻한 안부를 전하오.

야스퍼스

친애하는 한나![76]

현재 다른 한 문제는 비밀이기 때문에, 나는 이것을 받아 적게 하고 싶지 않소. 연방상원 의원인 마틴 씨라는 사람[77]이 지난가을 이후 나를 여러 번 방문했다오. 그는 대학 문제를 다루는 잡지를 출간하려고 기획하고 있소. 나

---

75 이 수정판에 대해서는 편지 288의 각주 219를 참조할 것.
76 수기 부록.
77 베르톨트 마르틴(Berthold Martin, 1913년)은 의학박사로서 1957년 이후 연방상원 의원이었고 문화문제 및 여론위원회 위원장이었다.

는 그 구상을 좋아했고, 그것에 대해 그에게 조언했다오. 현재 그의 '친구들'은 『독일 대학신문Deutsche Universitätzeitung』을 인수했소.[78] 이것은 아직 공개적인 정보는 아니오. 내가 알기로 꽤 유능한 편집자가 기술적인 문제를 처리하고 작업(틸 박사[79]가 어느 정도 스프링어출판사의 '일반교양 과목Studium generale]'[80]을 위해 수행하고 있는 방식)을 준비할 것이오. 마틴 박사가 의장으로 있는 위원회는 재정 문제를 담당할 것이오. 많은 사람이 '편집위원회'를 구성할 것이오. 즉 라이저(튀빙겐의 변호사),[81] 포피츠(10월 1일부 바젤대학교의 사회학 정교수),[82] 뷔히너(프라이부르크대학교의 병리학자)[83]가 그들이오. 나는 골로 만과 쿠르트 로스만을 제안했소. 그리고 나 역시 위원이 될 것이오.[84] 포피츠를 제외하고 모든 사람은 이미 동의했다오.[85] 마틴 박사는 당신에게 편지를 보낼지 나에게 질문을 했고, 당신이 편집위원회에 역시 관여할 것인지 질문했다오. 나는 당신에게 부담을 증가시키는 것을 전혀 원하지 않았기에 당신을 제안하지 않았다오. 그러나 당신을 우리에 합류시키는 것은 당신의 책을 존경하는 마틴 박사에게는 대단함을 의미하오. 그래서 나는 그의 요청을 거절하지 않았다오. 당신이 참여할 의향이 있다면, 그는 초청장을 보낼 것이오. 그는 자신의 주도로 그렇게 할 용기를 갖고 있지는 않다오. 가끔 에세이를 요청하는 게 당신

---

[78] Deutsche Universitätzeitung. Monatsschrift für die Universitäten und Hochschulen. 이 자료는 1946년 이후 출간되었다.

[79] 만프레드 틸(Manfred Thiel, 1917년 출생)은 언론인이며 『일반연구(Studium generale)』의 편집장이었다.

[80] Studium generale. Zeitschrift für die Einheit der Wissenschaften im Zusammenhang ihrer Begriffsbildungen und Forschungmethoden. 이 잡지는 1947년 이후 출간되었고, 야스퍼스는 1967년까지 편집위원회 위원이었다.

[81] 루드비히 라이저(Ludwig Raiser, 1904년 출생)는 법조인이었다.

[82] 하인리히 포피츠(Heinrich Popitz, 1925년 출생)는 사회학자로서 야스퍼스의 제자였다. 그는 1959년 바젤대학교 교수가 되었으며, 1964년부터 프라이부르크대학교 교수였다.

[83] 프란츠 뷔히너(Franz Büchner, 1895년 출생)는 병리학자이며 1936~1963년 프라이부르크대학교 교수였다.

[84] 야스퍼스는 1960년부터 1966년까지 편집위원회 위원이었다.

[85] 라이저와 포피츠는 위원회 회원이 되었다. 루드비히 데히오(마르부르크대학교)와 호프쉬테터(빌헬름스하펜대학교)는 자신들의 자리를 차지했다.

에게 기대되는 모든 것이오.

당신은 내가 그 계획에 대해 무엇을 생각하고 있는지 질문할 것이오. 내가 마틴 박사에게 언급한 첫 번째는 다음과 같소. 즉 이와 같은 학술지의 예비조건은 관련 단체의 적극적인 지적 참여라오. 그런 단체는 있지 않지만, 어느 정도 인위적으로 형성될 것이오. 그러나 출간의 임무는 대학 개혁이 시급하고, 이를 실행하는 많은 재원을 모금하고 그런 재원을 적절히 사용해야 한다는 사실의 관점에서 현실적이고 중요하오. 그래서 나는 에세이를 언제 기고할지는 여전히 불확실한 상태로 남아 있어야 한다는 유보적인 태도로 참여하기로 동의할 것이오.

나는 한 정치인에게 그의 실질적인 동기가 무엇이냐?고 물었소. 그는 모른다고 답변했다오. 나는 아무런 증거도 없는 가설을 단지 제안할 수 있다오. 마틴 박사는 현재 연방상원 외교정책위원회 위원이오. 아마도 그는 곧 신설될 연방 문화부 장관직을 위해 대비하고 있다오. (나는 개인적으로 대학의 국가 관리를 찬성하오. 연방정부는 많은 재원을 기부한다면, 무언가에 발언권을 갖고 싶어 할 것이오. 그것은 좋지 않다오.)

그러한 학술지는 분명히 정치적 편향이 없는 것을 의미하오. 그러나 학술지는 지적 지명도를 지녀야 하오.

나는 당신에게 이것을 하라고 재촉하지는 않아요. 정치적으로 악용될 어떤 위험이 있다고 느끼지 않소. 하인리히가 여기에서 내가 생각하지 못한 것에 대해 '알아보는 능력'을 가지고 있지 않다면 말이오.

그러나 독일의 지적·정치적 삶에서 점차 중요한 목소리가 되는 당신의 모습을 보는 게 나를 기쁘게 할 것이오.

나는 이미 『대학의 이념』 수정판을 준비하고 있다오. 초판은 애석하게도 처절하게 쓰였소. 이제 이 기획은 이 학술지에 대한 나의 관심과 일치하오.

내가 독일 대학에 관해 집필한 온갖 헛소리를 읽고 대학의 당면한 현실을 볼 때, 나는 우리가 상실된 대의를 위해 싸우고 있다는 점을 종종 생각하오. 그것은 자체로 명예로울 것이오. 그러나 당신은 전혀 모르지요!

따뜻한 안부를 전하며
야스퍼스

편지 245 **아렌트가 야스퍼스에게**

팔렌빌 뉴욕, 1959년 8월 11일

친애하고 존경하는 분께―

  당신은 모린이 갑자기(불시에; Knall und Fall) 시카고대학교출판사를 떠났다는 것을 분명히 알고 있습니다. 이런 이유로 책임자 슈그의 편지입니다. 저는 처음부터 약간의 줄임에 관해 이야기했던 것을 기억합니다. 번역자들은 여기에서 모든 또는 거의 모든 독일어책을 가지고 줄이는 작업을 합니다. 그러나 마르조리 그레네가 당시 진행하고 수행한 일은 기대되거나 이해할 만하지 않았습니다. 허바드는 시카고대학교출판사를 방문한 이후 저에게 전화했습니다. 이제 저는 그를 기억합니다. 그는 역시 전화상에서 매우 유쾌하고 확고한 인상을 드러냈습니다.

  저는 우리가 정치적 상황에 대해 다시 완벽하게 일치하는 것 같고 이것을 비슷하게 판단하는 것에 즐겁습니다. 덜레스가 사망했으니 러시아와 미국 사이 이해할 가능성은 좋습니다 ― 두 주요 강대국은 수소폭탄을 보유하고 있습니다. 러시아의 관점에서 볼 때, 중국이 제3의 강대국이 아니라는 것은 좋은 일입니다. 우리는 서로 만날 가을에 더 잘 알 것입니다. 당신이 진술하지 않은 것은 아마도 옳았습니다. 아데나워와의 이런 거래는 경제와 아무런 관계가 없는 공식적인 모든 것이 독일에서 얼마나 불안정한 토대 위에 서 있는가를 단번에 보여주었습니다. 누구든 그것을 징후로 고려해야 합니다. 누구든 단지 무례해지고 싶지 않다면, 그 일은 너무 우스꽝스러워서 간섭할 수 없습니다. 아니면 제가 잘못했고 너무 '예의 바른' 것인가요?

날짜입니다. 함부르크 행사 날짜는 9월 28일입니다. 그 이후 저는 이스라엘에서 온 친지를 만나고 싶습니다. 다른 시간에는 그들을 접촉할 수 없습니다. 어쩌면 이탈리아에서 만날 수 있습니다. 저는 피렌체를 열렬히 방문하고 싶습니다. 그래서 저는 당신께서 좋으시다면 10월 중순 이후까지 갈 수 없다는 점을 확실히 말할 수 있습니다. 정확한 날짜를 아직 당신에게 제시할 수 없습니다. 저는 로마에 있는 일부 친구를 방문하고 싶으며, 어쩌면 이탈리아어판 『인간의 조건』의 출판을 준비하고 있는 밀라노의 출판사를 방문할 수 있습니다.

이제 학술지에 대해 말씀드리지요. 하인리히와 저의 입장은 모두 유보적입니다. 연방정부가 배후에 있다는 것을 이해하는 것이 옳은지요? 우리는 모두 정부 사업에 대해 뿌리 깊은 편견이 있으며, 저는 이곳 미국에서 그런 학술지를 위해 편집자가 되거나 편집위원회에 봉사할 의향을 가지고 있다고 생각하지 않습니다. 문화자유회의의 준정부적 성격은 항상 저에게는 걸림돌이기에, 저는 회원이 되는 것도 거부합니다. 물론 그들의 후원을 말하거나 그들의 학술지에 출간하지 않았습니다. 그러나 독일 출판의 경우에 이러한 이유는 더욱 무겁습니다. 물론 저는 학술지에 적합한 무엇인가를 가지고 있다면 그것에 기꺼이 출판할 것입니다. 주제 자체, 예컨대 대학의 이념에 관한 한, 저는 그것이 지극히 중요하다고 생각하며, 당신이 『대학의 이념』 신판을 준비하겠다는 결정에 대해 기뻐합니다. 우리는 그것에 대해서 역시 논의해야 할 것입니다. 일들은 유럽이나 미국에서 현재대로 진행되지 않습니다. 저는 프린스턴대학교에 대한 경험을 통해서 그것을 명확하게 했습니다. 전반적인 교육체계는 급진적인 개혁이 필요합니다. 이곳의 저를 방문한 독일의 젊은 중등학교 선생이 언급했듯이, 예컨대 중학교 졸업생이 미국 의회가 무엇인지를 모르지만 수많은 전투의 날짜로 머릿속을 가득 채우는 것은 가능합니다. 마찬가지로, 프린스턴대학교의 제 학생들은 오스트리아-헝가리와 같은 것이 과거에 있었는가를 심지어 알지 못했습니다! 그런데 그들은 이것을 아주 **빠르게** 배웁니다. 현재 하인리히는 실제 다른 일은 하지 않고 자기 대학에서 적어도 실험적으로 사태의 방향을 점차로 바꾸려고 애쓰고 있습니다. 저는 그곳에 갔을 때 일반 인문학이란 주제 아래 그것에 대해 당신에게 말할 것입니다. 유감스럽게도, 그는 이것을 위해 2달 동안의 겨울방학을 보내야 하며, 여름방학 상당 부분을 이것을 위해 희생하고 있습니다. 그는 이곳에서 승용차로 얼마 걸리지 않는 바드대학의 모임에 계속 참여하고 있기 때문입니다. 저는 한동안 모래 속에 머리를 박고 이런 문제들을 회피하려고 노력해왔지만, 상당 부분은 우리가 교육 개혁에 대해 어떻게 해야 하는가에 달려 있다는 것을 깨닫고 있습니다. 그리고 무엇보다도 우리는 모든 교육이 순수한 기술 교육이 되는 것을 어떻게 막을 것인가? 현대 생활의 기제를 운영하고 그것의 작동을 유지하는 게 점차로 어려워지기 때문에, 기술 교육은 유혹적입니다.

저는 당신이 방문자들에게 그렇게 많은 즐거움을 주고 있기에 기쁩니다. 저는 피페르출판사의 타당한 재촉에도 불구하고 『혁명론』에 만족하며 여기 앉아 있고 저 자신을 압박하지 않습니다. 이것이 잘 되길 바랍니다. 그러나 이제 저는 함부르크시를 위한 연설문 — 인간성에 대한 주제 — 을 우선 마무리해야 합니다.[86] 지금 레싱의 저서를 조금 읽었기 때문에, 아리스토텔레스와 레싱에 관한 막스 코머렐의 책을 아시는지 물어볼 생각이 듭니다.[87] 저는 도서관에서 우연히 그 책을 찾았습니다.

저는 벌써 '곧'이라고 말할 수 있어서 좋습니다. 결국, 1년은 길지요. 당신을 만나기를 매우 기대하고 있습니다.

두 분 모두 건강하시길 바랍니다. 여느 때와 같이.

한나 올림

---

[86] Hannah Arendt, *Von der Menschlichkeit in finsteren Zeiten*(München, 1960).
[87] *Lessing und Aristotles*(Frankfurt am Main, 1940). 막스 코메렐(Max Kommerell, 1902~1944)은 문학사가이며 게오르게단체의 회원이었다.

편지 246 야스퍼스가 아렌트에게

바젤, 1959년 8월 26일

친애하는 한나!

  나는 당신이 함부르크시로부터 레싱상을 받은 사실을 생각할 때마다 기쁘오. 레싱보다 더 훌륭한 사람은 없다오! 소년 시절부터 꾸준히 자신의 내면에 '이성'을 배양했고 본성에서 언제나 인간적이었던 항구적인 혁명가라오. **그런** 인간성은 최근의 인간애보다 훨씬 더 위대하고 훨씬 더 참되오. 괴테와 칸트만이 레싱과 조화를 이룬다오. 훔볼트는 선의로만 조화를 이루었다오(여담이지만, 훔볼트는 당신이 『라헬 파른하겐』 어디에선가 약간 스칠 정도로 언급한 것과 반대로 전혀 반유대주의자가 아니었소. 나는 1809년 유대인을 위한 법률적 규칙의 제정에 관한 각서를 읽었소.[88] 내 생각에 이 각서는 이 법을 작성하던 다른 사람들의 내면에 숨겨진 의구심, 단점과 적대적인 태도를 모두 추적하는 데 놀랄 정도로 냉정하고 침착함을 보여주었다오). 당신은 인간성에 대해 말할 것이오. 나는 당신이 그것을 잘하리라는 점을 의심하지 않소. 레싱이 알았듯이, 당신은 그곳에서 언급하려는 것이 무엇인가를 실제로 알 것이요. 얼마나 소수만이 알고 있는지!

  대학에 관한 내용이오. 당신의 '거부'는 당신을 위한 올바른 선택이오. 당신이 분명히 지적했듯이, 그것은 내가 기대한 대답이오. 그러나 이 학술지를 함께 창간하려는 사람들이 당신을 얼마나 많이 소중하게 여기는가를 보았을 때, 나는 묻지 않고 싶지 않았네요. 이 학술지는 정부 기획이 아니오. 기독교민주연합 의원은 학술지에 관심이 있는 은행의 기금으로 이 학술지를 지원하고 있다오. 나는 그 이상을 알지는 못하오. 지난가을 이후 때때로 나를 방문했고 나에게 흥미 있는 정보를 제공했던 그 의원[89]은 최근에 연방

---

[88] Wilhelm von Humboldt, "Über den Entwurf zu einer neuen Konstitution für did Juden"(July 17, 1809), in *Gesammelte Schriften*, ed. Berliner Akademie der Wissenschaften, 17 vol.(Berlin, 1903-1936), 10, 97ff.

문화부 장관이 되는 것을 어쩌면 고려하지 못했다오(이것은 나로서는 **순수한** 가설이오). 그런 사무실은 운영되고 있소. 그로서는 분명히 정치적 야망은 가지고 있으나 지적 야망은 아니며, 일정 교육을 받은 의료인이오. 나는 모든 내막을 알지 못하오. 그러나 공개적이고 비당파적인 토론이 학술지에서 전개되는 동안, 나는 내가 개인적으로 어떤 위험도 감수하고 있다고 생각하지 않소. 상황이 다르게 전개된다면, 나는 항상 사임할 수 있다오. 그러나 그것이 일어나리라고 예상하지 않소. — 나는 이 모든 것에 대해 공상에 잠기기 시작하오. 어떻게 하면 새로운 대학, 주립대학과 함께 연방 국립대학을 설립할 수 있을까?(새로운 대학은 대규모 수요로 명백한 선택이라오). 누구든 과거에 '개혁'에 불가피한 그런 장애물을 구성한 '기득권'(그리고 내가 침범할 수 없다고 생각하는)을 조금도 용납하지 않아도 될 것이오. 그러나 이것으로 충분하오. 나는 이런 공상에 만족하는 것을 곧 중단할 것이오. 휴가 이후 『위대한 철학자들』은 나의 유일한 주요 연구과제일 것이오. 나는 『대학의 이념』을 개작하며 새롭고 더 긴 서문을 집필했소. 그리고 나는 두 번째 부분에 개혁정책에 대한 구체적 제안을 첨가할 생각이오. 로스만은 이와 관련하여 나와 함께 작업하고 있으며 두 번째 부분을 집필할 수 있을 것이오. 우리는 이 책을 공동으로 출간할 것이오. 로스만은 이런 문제에서 많은 경험이 있다오. 우리는 수십 년 동안 근본 문제에 대해 동의했다오. 그는 이번에 나에게 중요한 것 같은 이념을 제공했소. 나는 나이 덕택에 거친 판단을 하는 그의 성향(의심할 여지 없이 나 자신에게 주어진 성향)을 완화할 수 있을 것이오. 우리는 협력하기 위해 '동료들'을 움직여야 하며, 그들에게 우리의 손을 내밀기를 거부하지 말아야 하오. 그래서 우리는 그들이 우리와 기본적으로 합의한 것 같이 글을 써야 하오. 내 생각에, 그들의 문제는 악의보다는 무지하다는 게 더 문제요. "훔볼트는 이제는 관련이 없다"는 점은 그들의 토라

---

89   베르톨트 마르틴. 편지 244의 각주 77을 참조할 것.

진 반응이오. 그러나 그들 대부분은 그의 글을 전혀 읽지 않는다오. 모든 것은 베를린에서 대학의 설립에 관한 공식 문서와 비망록에 있소.[90] 그러한 저작들은 그저 경이롭구려. 시대와의 특별한 연관성 때문이 아니라 특정한 실천 문제에 대한 훔볼트의 처리에서 그를 인도한 '원리' 때문이라오. 우리가 대학을 원한다면, 그러한 원리들은 오늘날에도 여전히 '적절하오.' 우리가 이것들을 부정한다면, 우리가 대학을 더는 원하지 않는다는 점은 당연하오. 진정 근본적인 하나의 차이는 훔볼트가 주위를 둘러보고 교수로서 현실을 창조하고 있는 중요한 사람들을 발견했다는 점이오. 훔볼트는 피히테로부터 공식적인 전문 의견(대학에 대한 거의 전체주의적 계획) — 훔볼트는 이것을 조용히 허튼소리라고 제쳐놓았소 — 을 들었다고 하더라도, 피히테를 베를린으로 불러 그를 극찬했다오.[91] 훔볼트는 다양한 목소리를 원했고 한 철학자의 절대주의적 충동에 굴복하지 않기 위해 대략 전체를 신뢰했소(친구인 셸링에 대한 괴테의 태도를 비교하오. 괴테는 1816년에 셸링을 예나로 부르지 말라고 조언했다오. 셸링의 **요구**는 괴테의 생각에 대학을 지배하기 위한 청사진이 되기에 그에게 수용하기 어려운 것 같았기 때문이라오).[92] — 그러나 역사적 측면으로 **부차적으로** 중요하오. 우리는 오늘날 대학을 원하든지 말든지 해야 하오. 우리는 모방할 수 없소. 이념 자체는 '영구적'이오.

하인리히와 내가 가끔 모일 수 있다면! 그는 실천적 수준에서 개혁을 추진하고 있다오. 나의 관여는 순수하게 이론적이오.

우리는 당신의 방문을 고대하오. 10월 후반이 그때라오! […]

게르트루트는 따뜻한 안부를 두 분에게 함께 전달하오.

야스퍼스

---

90 다음 자료를 참조할 것. "Gründung der Universität Berlin," in *Gesammelte Schrift*(앞의 각주 88 참조), 139-160.
91 다음 자료를 참조할 것. "Antrag für Fichte," in *Gesammelte Schrift*(앞의 각주 88 참조), 72-73.
92 다음 자료를 참조할 것. Goethe's letter to Christian Gottlob von Voigt of February 27, 1816, in *Gesammelte Briefe*, 50 vols.(Weimar, 1887-1912)(*Goethes Werke*, Sophien-Ausgabe, 4. Abteilung).

편지 247 야스퍼스가 아렌트에게

칸, 1959년 9월 11일[93]

친애하는 한나!

물론, 우리가 서로 만나 대화할 기회를 얻는 게 얼마나 좋은가 — 다시 한번 말하자면, 말할 가치가 있는 것은 너무 많구려. [...]

레싱이 세계문학에서 자리를 잡지 못했다는 당신의 의견은 전적으로 옳소[94] — 그리고 역사적으로 시대에 뒤지고 합리적으로 부자연스럽다는 점이 그에게 많다는 의견도 옳소. 아마도 세계문학에서 자리를 차지한 유일한 작가들은 위대한 상징의 창조자이거나 사소한 일에도 영원한 대표자로 남아있는 인류의 창조자라오. 그러나 누구든 레싱을 볼 때 그와 관련하여 중요한 점은 그가 최종적으로 자신을 부르려고 했듯이, 이 "떠돌이", 불운에 쫓기는 이 사람, 또한 용렬하고 성급했던 이 사람은 아직도 지금까지 없었던 것처럼 그 지속성과 항구적인 자기 갱신에서 이성의 구현이라오. 자신의 지각과 판단에서 끊임없이 자신과 함께 그리고 스스로 하는 활동은 실제로 그 자체 '형태'를 갖고 있지 않다오. 그는 자신의 사랑에 영구적인 표현을 제시할 수 없었소. 그는 전해줄 '새로운' 기본적인 생각이 하나도 없다오. 그런데도 그는 우리 독일인들에게 위대한 조상과 모범적 인물에 속하는 사람이오.

『위대한 철학자들』 제1권의 출간은 크고 예기치 못한 기쁨으로 나타나오. 당신의 파리 여행에 감사하오. 나는 당신의 인상이 빈약한 인상이 아니길 바라오.

당신은 함부르크에서 행할 연설에 대해 '걱정해야' 하오. 그렇지 않다면 그것은 좋지 않을 것이오. 나는 그런 두려움에 친숙하다오. 그러나 나로서는

---

93   날짜는 미상이다. 이것은 게르트루트가 아렌트에게 보낸 이 날짜의 편지에 첨부된 수기 메모이다.
94   이것은 아렌트의 편지이며, 아렌트 유고에 보관되어 있지 않다.

당신의 경우 조금의 두려움도 느끼지 않소. 나는 당신이 무슨 말을 할 것인지, 그리고 함부르크에서 무슨 일이 일어날 것인지 읽고 싶구려. 그런데 당신의 이름이 독일에 알려지는구려. 그것에 대한 의혹은 없다오. 그리고 사람들이 당신의 위대한 저서를 더 잘 이해하면, 당신의 평판은 증대된다오.

따뜻한 안부와 함께
야스퍼스

편지 248 아렌트가 야스퍼스에게

파리, 수요일[95]

친애하고 존경하는 분께!

저는 당신이 바젤에 다시 오리라고 추정하며, 번역[96]이 탁월하다는 것을 당신에게 즉시 알리려고만 오늘 편지를 쓰고 있습니다. 그런데도 많은 작업이 남아 있지만, 재미있는 일입니다. 철학 저작의 경우 만하임은 아마도 오늘날 있는 가장 훌륭한 사람입니다.

파리는 여느 때와 같이 멋있습니다. 가을의 아름다움. 내일 저녁 저는 함부르크로 이동합니다. 그곳에서 상원 방문자 숙소, 노이에 라벤거리 31, 함부르크 36에 체류할 것입니다. 30일부터 베를린, 호텔 겸 펜션, 레기나, 쿠르퓌르스텐담 37에 체류할 것입니다. 저는 거기서 편지를 보낼 것입니다. 편지로 이 몇 자만 적어 알립니다. 당신의 가정 내 어려움이 다소간 완화되었기를 바랍니다.[97]

따뜻한 안부와 함께
한나 올림

---

[95] 아렌트가 날짜를 기재하지 않았다. 이것은 편지가 여기에 속하는 맥락에서 명백하다.
[96] 만하임의 번역본 『위대한 철학자들』.
[97] 야스퍼스의 가사도우미 에르나 뢰클러의 질병이다.

편지 249　아렌트가 야스퍼스에게

베를린, 1959년 10월 3일

친애하고 존경하는 분께—

　저는 세 분이 보낸 전문[98]에 기뻤으며, 약간의 용기도 얻었습니다. 물론 모든 일이 잘 진행되었습니다. 피페르는 출판사 총서로 저의 연설문을 출판하고 싶어 합니다. 그러나 저는 이것을 정말로 '아주 오랜 시간' 집필하지 않았습니다. 이 연설문은 실제보다 더 좋아 보이며, 이제 수정해야 합니다.

　저는 이곳 베를린에서 배상 업무[99]로 묶여 있으며, 언제 떠날 수 있을지 다음 주에나 알 수 있습니다. 아마도 취리히에서 일시적으로 체류하지 않은 채 비행기로 피렌체로 직접 갈 것입니다. 이후 저는 확정 날짜를 마침내 제안하기 위해 즉시 편지를 보낼 것입니다.

　당신은 파리에서 보낸 편지를 받았지요? 저는 편지를 바젤로 보냈으며, 피페르는 당신이 확실히 돌아왔으리라고 생각했습니다. 저는 그것이 모두 효과가 있기를, 즉 편지와 함께 바랍니다. 저는 만하임이 번역 작업을 아름

---

[98]　유고에는 없다.

[99]　아렌트가 바젤에 머물고 있던 1955년 11월 9일, 그녀와 야스퍼스는 1955년 11월 9일자 다음 편지의 초안을 작성하였다. 그들은 이 편지가 독일 정부가 나치 독일 난민에게 지급하는 연금인 배상금을 받을 자격을 제공했다. 편지 399가 명백히 밝히듯이, 항소는 아렌트가 이 편지에서 표현한 기대와 달리 각하되었다. 편지 399의 각주 369를 참조할 것. 1971년에 이르러 적극적인 해결은 이루어졌다.
야스퍼스가 서명한 편지는 다음과 같이 밝히고 있다.
"1928년 한나 이렌트 블뤼허 박사는 나에게 아우구스티누스에 관한 탁월한 명제(1929년 수여된 학위)를 집필했다. 스프링어출판사는 내가 편집을 담당하고 있으며 1929년 '철학연구' 총서의 하나로 아렌트의 저작을 출판하였다. 한나 아렌트는 학위를 받은 이후 하이데거, 디벨리우스, 그리고 나 자신의 제안으로 그녀가 라헬 파른하겐에 관한 저서의 집필을 마칠 수 있도록 독일비상학술기금으로부터 연구기금을 받았다. 나는 이 저작이 그녀의 탁월한 지적 능력이란 관점에서 당연히 그녀에게 부여되어야 했던 교수자격 논문으로 이어지기를 희망했다. 나는 분명히 내가 소속된 학과의 교수가 합의했으리라고 생각한다. 1933년은 그런 모든 계획을 종결시켰다. 라헬 파른하겐에 관한 저서는 마지막 두 장을 남기고 완결되었다.
나는 그녀가 1933년 이전 지배적인 상황에서 여성임에도 불구하고 학문 활동에 성공하리라고 전적으로 확신한다. 국제적 갈채를 받은 출판물은 이후 그녀의 지적 능력을 확인하였다."

답게 진행했다고 편지를 보냈으며, 그가 때때로 당신을 만나는 것이 아마도 가능하리라는 점을 이제 덧붙여 말하고 싶습니다. 그는 그것을 좋아할 것입니다. 그러나 저는 어떤 약속도 하지 않았습니다.

피페르는 소르본대학교 명예박사 학위에 대해서 저에게 말했습니다.[100] 그는 당신이 사실 그곳에 가기를 바랐습니다. 그리고 당신의 존재만이 그 문제의 정당한 중요성을 부여할 것이라는 그의 말은 맞습니다. 그것이 가능할지요? 그리고 그것이 우리의 계획에 어떻게 영향을 미칠까요? 당신은 피렌체로 편지 한 줄을 적어 저에게 아메리칸 익스프레스 편으로 보낼 수 있는지요?

베를린은 정말 즐겁습니다. 함부르크 역시 그랬지요. 상원의원은 전혀 뻣뻣하지 않고 매우 파격적이며 완전히 감동적이었습니다. 그러나 베를린은. 모두 원상 복구되었거나 적어도 재건 과정에 있습니다. 주요 도시는 다시 몇 가지 측면에서 이전보다 더 즐겁습니다. 누구든 무엇인가 여기에서 나타날 수 있었다는 것을 상상도 할 수 없습니다. 그러나 우리가 상상할 수 없었던 아주 많은 일이 있었습니다. 저는 이곳에 있는 것을 좋아했고, 정부 사무실에서도 편안함을 느낍니다. 저도 베를린 동부 지역에 간 적이 있습니다. 지금 하기에는 매우 쉽고 복잡하지 않습니다. 동베를린 사람들은 항상 여기에, 특별히 극장과 오페라에 참여합니다. 그들은 이것을 감당할 수 있도록 하려고 자신들의 통화로 지불할 수 있습니다. 모든 게 매우 합리적이고 즐겁습니다. 저는 돌아다니고 전혀 일하지 않고 완전히 여유 있게 즐깁니다.

곧 뵙겠습니다 ― 아, 다시 잘 풀리는 게 얼마나 좋은 일인가요.

따뜻한 안부와 함께
한나 올림

100　야스퍼스는 1959년 파리대학교에서 명예박사 학위를 받았다.

편지 250   야스퍼스가 아렌트에게

바젤, 1959년 10월 6일

친애하는 한나!

파리와 베를린에서 보낸 당신의 편지에 감사하오.

함부르크 수상식은 당신에게는 또 다른 성공이었네요. 물론 모든 일이 매우 잘 진행되었고, 피페르는 피페르출판사 총서로 내 연설문을 출간하고 싶어 하오 — 게르트루르트와 나는 기쁘오. 당신은 세부 사항을 모두 우리에게 말해줘야 할 것이오.

나는 파리에 갈 수 없다오. 파리에 있는 총장과 모든 일이 정리되었소. 내가 원하더라도 이제 상황을 바꾸는 것이 좋지 않을 것이오. 그것은 신뢰성 상실을 의미할 것이오. 그러나 그것은 현실의 모습이오. 그것이 극히 중요한 경우가 아니라면, 나는 프랑크푸르트에서 직면했던 '난감함'을 반복하고 싶지는 않구려. 나는 가지 않음이 나 자신을 괴롭게 한다고 말하는 것에 개의치 않는다오. 파리와 소르본대학교 — 과거의 영광에 의존하는 — 는 아직도 예외적인 것을 나타내오.

그리고 당신은 '편안하게' 느끼는 베를린을 행복하게 돌아다니고 있군요. 당신이 베를린의 현재 정세에 대해 보고한 것은 놀라운 것처럼 들리오. 동독의 정치인들은 베를린에서 이런 자유를 허용하는 것에 대해 무엇인가를 비밀로 하고 있다오. 이것은 '베를린 자유도시'를 향한 도정에 진정 효과가 있고 유혹적인 속임수 책략이가요?

물론 나는 만하임을 만나고 싶소. 그러나 바젤 여행은 그에게는 장거리 여행이오. 모임을 사전에 조정한다면, 나로서는 언제든 모임에 동의하오. 그가 번역을 잘하였다는 것을 들으니 기쁘오. 당신은 이전에 그런 우호적인 판단을 전혀 내리지 않았다오.

우리는 며칠 전에 칸에서 돌아왔소. 그곳은 멋지구려. 로테 발츠의 배려

와 인내는 말로 표현하기 어렵다오. 이제 나는 여행에서 돌아와 회복하는 중이오. […]

당신의 방문은 언제나 환영이오. 우리는 날짜를 정하기 위해 당신을 기다리고 있소. 우리는 때가 되면 당신이 호텔에 투숙할지 또는 우리와 함께 있을지 결정할 것이오. 나는 당신이 우리와 함께 있을 것으로 생각하오.[101] 우리는 당신 보기를 학수고대하오!

따뜻한 안부와 함께
야스퍼스

편지 251 **아렌트가 야스퍼스에게**

피렌체, 1959년 10월 13일
헬베티아&브리스톨호텔
피아자 스트로치

친애하고 존경하는 분께―

피렌체는 너무 아름답고 흥미진진하여 제가 글을 쓸 수가 없군요. 저는 큰 어려움을 겪어서 매일 적어도 몇 시간 집에서, 즉 호텔에서 쉬도록 다리품을 팔지 않고, 그래서 최소한 가장 긴급한 일을 처리할 수 있습니다. 우리는 서로 만날 것이며 곧, 곧 함께 이야기할 것입니다. 그런데 이곳은 남성을 위한 도시입니다. 이곳에는 오늘날에도 거의 모든 곳에 좋은 남성용 가게만 있을 뿐입니다. 저는 그것이 매우 재미있다고 생각합니다.

저는 베를린에서 배상 업무를 처리하느라고 시간을 보냈습니다. 아름답게 돌봄을 받으며 ― 당신의 편지에 감사합니다. 기억하지요?[102] 그래서 저는 부자이며, 즉 거의 부자입니다.

101　이 마지막 문장은 게르트루트가 수기한 것이었다.
102　편지 249의 각주 99를 참조할 것.

당신의 편지에 감사합니다. 두 분은 제가 호텔에 체류한다면 그것이 이번에는 최선이라는 것에 동의해주세요. 그게 우리를 괴롭히지 않을 것입니다. 저는 다음 주 금요일 저녁에 도착할 예정이며, 토요일 아침에 먼저 전화할 것입니다. 피페르는 크라프트호텔을 추천했습니다. 그러나 바젤에서는 택시로 먼 곳은 없다고 하더라도, 그곳은 좀 멉니다. 생각해 보죠. 저는 29일까지 머물려고 — 그게 당신에게 무리가 아니라면 — 생각했습니다. 그래서 30일과 31일 프랑크푸르트에 있을 수 있습니다. 그 이후 암으로 죽어가고 있는 마리안느 벤트[103]와 2일 동안 함께 있을 것입니다. 쾰른(강의)과 브뤼셀(안첸의 만남)에서 2일 더 체류하고, 그다음에는 귀국합니다. 당신은 21일까지 저에게 확실히 연락할 수 있습니다. 제가 바젤로 가기 전인 22일 낮에 로카르노에 들러야 할 가능성이 있습니다.

저는 저녁 늦게 도착해서 기진맥진했기에 취리히에서 전화하지 못했습니다 — 프랑크푸르트에서 비행기를 연결하여 탈 수 없었습니다 — 그런데 다음날 일찍 다시 떠나야 했습니다.

두 분에게 따뜻한 안부를 전하고 에르나에게 안부 전해주세요.

한나 올림

편지 252 **아렌트가 야스퍼스 부부에게**

[피렌체] 1959년 10월 18일

친애하는 친구분들께 —

저는 두 분께 어떤 날짜를 알려드렸는지 확신하지 못합니다. 피렌체는 저를 완전히 혼란스럽게 만들었습니다. 어쨌든, 금요일 저녁에 도착해 25

---

103 마리안느 벤트(Marianne Wendt, 1907~1959)는 1925년부터 1929년까지 하이델베르크대학교에서 고전과 독일 문학을 연구했으며, 그 이후 아렌트의 친구가 되었다.

일 토요일 아침에 전화할 것입니다. 그게 좋겠지요? 아니면, 이곳 — 헬베티아&브리스톨호텔 — 으로 전보를 보내세요. 저는 이곳에서 목요일 아침에 떠나 로카르노에서 하루를 보낼 것입니다.

따뜻한 안부를 전하며
아렌트 올림

편지 253 야스퍼스가 블뤼허에게

바젤, 1959년 10월 28일

친애하는 블뤼허 씨!

한나는 자신에게 보낸 당신의 편지에서 당신이 동시에 나에게 보낸 편지 문장들을 소리 내 읽었습니다. 나는 기뻤습니다. 당신은 현실 세계에서 활동하고 있으며 무엇인가를 성취하려고 노력하고 있습니다. 나는 이런 일들에 대해 약간 생각하고 있습니다. 당신이 나에게 해준 말은 중요합니다. 당신이 나와 동의한 곳에서, 나는 격려를 받습니다. 당신이 의문을 제기한 곳에서 나 역시 다시 고려합니다.

나는 특히 당신이 과학과 철학의 구별에 대해 아무런 유보 없이 동의할 수 있어서 기뻤습니다. 그런 구별을 실천에서 달성하는 것은 대단히 어렵습니다. 이런 구별은 대학 정신을 바꾸며, 기본적으로 참되게 합니다. 이런 구별은 모든 학문에 스며들고 학문을 정화하며, 동시에 학문에 새로이 나타나는 의미를 가득 채울 것입니다. 그 결과는 과학에 대한 미신적인 신념의 정체 드러내기와 진정으로 삶을 유지하는 다른 사유 양태에 대한 진지한 의식의 형성일 것입니다. '개혁'은 여기에서 어떤 형태의 조치로 실현되는 게 아니라 사람들의 머리에서만 실현될 수 있습니다. 이것을 이해하는 사람은 누구나 자신의 교육과 연구조사가 바뀌는 것을 확인할 것입니다.

당신은 종교와 철학에 대한 나의 구별이 아주 날카롭지 않다고 확실히 정확하게 지적합니다. 나는 당신이 이 영역에서 "기독교적 계시에 직면한 철학적 신앙"[104]이란 제목의 책으로 다소간 더 잘 만족하기를 바랍니다. 그러나 이것은 반밖에 되지 않았습니다(이 반은 이미 논문집으로 출판되었습니다).[105]

당신은 대학에서 예술의 역할에 대해 언급했습니다. 나는 이전에 그것에 대해 전혀 생각하지 못했습니다. 예술사와 예술이론은 미술대학의 예술 교육과 다르기 때문입니다. 이런 미술대학은 기술학교와 같은 식으로 대학에 흡수되어야 합니까? 독일연방공화국(나는 "독일"이 훨씬 포괄적인 개념과 다른 현실이기에 독일이라고 말하지 않습니다)에는 대학 수준의 기관으로 인정되는 시각예술(미술)대학이 (울름에) 있습니다. 나는 여기에 무엇이 관련되어 있는지 전혀 알지 못합니다. 프로그램·주제·선생은 나에게 이상한 뒤죽박죽이란 인상을 줍니다. 그러나 나는 모릅니다. 일반적으로 사람들은 다음과 같이 말할 수 있습니다. 지식과 연구조사를 요구하고 그 지식을 전체로 형성하는 이념을 가진 어떤 실천 분야든 대학에 속합니다.

당신은 또한 "대학 개혁을 위한 **때 이른** 계획"에 대해 언급합니다. 나는 이런 식으로 당신을 이해합니다. 즉 지적인 방향 변화가 없을 때, 실질적·제도적·법률적 개혁은 모두 헛될 것이다. 그런데 당신이 이것을 덧붙이면, 그것은 "조급해질 이유는 아닙니다." 아마도 당신은 누구나 내가 당신에 동의하는 두 가지 측면에서 가장 좋은 것을 기대하지 말아야 한다고 생각합니다 ― 우리는 어떤 상황에서도 그리고 아무리 비관적이라고 하더라도(우리가 성취한 모든 것이 마치 다른 길이 가능했다고 시사하는 징후를 남긴다고 하더라도) 투쟁을 포기하지 않아야 합니다.

여기서 한나와 함께함은 늘 그렇듯 큰 즐거움입니다. 우리는 세심하게 마련한 시간에 함께 대화합니다. 이번에 우리는 학생들처럼 서로서로 모욕

---

104   편지 262의 각주 136을 참조할 것.
105   편지 256의 각주 118을 참조할 것.

했습니다. 나는 아직 할 수 있습니다만, '오랜 동료'로서 약간 불리한 위치에 있습니다.

한나는 여행에서 느낀 소감, 특히 자신에게는 실제적인 계시였던 피렌체 여행 소감으로 가득 차 있습니다. 그녀는 그것을 다르게 보고 통상 보이는 것보다 더 정확하게 보고 있습니다. 즉 "남성들의 도시", "비감상적인 열정", 정치·건축·조각·회화, 그러나(일찍이 단테를 제외하고) 문학은 아닙니다. 그녀는 대화에서 독일을 오늘날 연방공화국에서 볼 수 있는 사람들로 보통 잘못 생각합니다. 그녀는 독일과 거리를 두며 독일에 더 무관심합니다. 그것은 나에게 약간 고통을 줍니다. 그녀가 비록 당신과 함께 기반 위에 발을 디딘 채 존재하는 상태를 진정 성취했고, 비록 자기 기원의 기반을 상실했다고 하더라도, 나는 그녀가 자기 자신에 대해 잘못 알고 있다고 느낍니다.

따뜻한 안부를 전하며
야스퍼스

당신이 내 수기를 읽기 어렵기에 한나는 이 편지를 복사했습니다. 우리 모두 이런 노력에 감사합니다.[106]

편지 254   **아렌트가 게르트루트에게**

뉴욕, 1960년 1월 3일

친애하는 친구분께―

크리스마스 분위기를 생각나게 하는 두 통의 좋은 편지에 고맙습니다.[107] 저는 새해에 맞춰 편지를 쓸 수도 없습니다. 물론 우리는 오래된 아파트를

---

106   야스퍼스가 수기한 비망록.
107   게르트루트가 1959년 12월 24일과 26일 보낸 편지.

거의 잊어버릴 정도로 이미 완전히 정착하여 새로운 장소[108]에 아주 익숙해졌습니다. 이 과정에 일이 꽤 많았습니다. 하인리히는 바드대학에 있으며 매우 바빴습니다. 그래도 저는 그에게 사진을 걸어달라고 요청했습니다.

그러나 처음부터 시작하겠습니다. 저는 당신과 헤어진 후 마리안느 벤트를 보러 갔습니다. 그녀는 2주 전에 사망했습니다. 요독증 때문이었을 것입니다. 비교적 자비로운 결말이었습니다. 그녀는 저를 보고 매우 기뻐했지만, 저는 정말 너무 늦게 방문했습니다. 그녀는 자신의 실제 상태가 어떤지 더는 파악할 수 없었고, 한 번에 잠시만 파악할 수 있었습니다. 제가 예상하기에 약물, 주로 호르몬 주사, 모르핀도 물론 그녀에게 일종의 행복감을 유발했습니다. 그리고 동시에 신체적 쇠퇴는 보통 암 말기에 있는 것만큼 명백하지 않았습니다. 섬뜩했습니다. 저는 매일 그녀를 병원 밖으로 데리고 나갈 수 있었습니다. 저는 타우누스에서 어느 날 저녁 그녀의 친척들과 시간을 보냈습니다. 거짓말하고 연기해야 하는 것은 삶과 죽음을 구분하는 벽을 만듭니다. 저는 큰 의미는 없더라도 그렇게 했지만, 그런 게 불편했습니다.

그 이후에 쾰른과 브뤼셀을 거쳐 집으로 돌아왔습니다. 쾰른에서 보낸 시간은 매우 즐거웠습니다. 저는 청중들로 가득 찬 후설문서보관소 강당에서 강의했습니다. 그러나 이번에는 독일에서 결코 마음이 편할 수 없었습니다. 프랑크푸르트에서 내 또래의 대단히 통찰력 있는 여성이 저에게 다음과 같이 말했습니다. 우리는 마치 다시 습지대에 있는 것 같습니다. 유감스럽게도 그것은 너무 참입니다. 우리는 공식적인 독일(본, 대학, 라디오, 신문 등)과 사람들 사이의 심연에 대해 언급했습니다. 이른바 국민은 엄청난 번영에도 불구하고 매우 불행합니다. 비록 그것이 그들이 고통을 겪어야 한다는 것을 의미하더라도, 그들은 악의적이고 모든 것이 무너지기를 비밀리에 바라고 있습니다. 그들은 모든 사람과 만사에 대한 분노로 가득 차 있습

---

[108] 아렌트와 남편은 뉴욕시 리버사이드 드라이브 370번지로 이사했다.

니다. 특히 이른바 서구와 민주주의에 그렇습니다. 이것은 모두 명확하지 않으며, 운동도 초점도 없지만, 이게 형성하는 분위기는 끔찍합니다.

제가 공항에서 집 앞에 왔을 때, 어린 13세의 두 흑인 소년은 우리 건물의 복도에서 제 지갑을 낚아챘습니다. 큰 손실은 아니었습니다. 지갑에는 어떤 서류도 없었으며, 저는 그 외에도 완전히 보험에 들어 있었습니다. 저는 이것을 천국에서 온 징표로 읽고 다른 아파트를 찾겠다고 결심했습니다. 그리고 저는 결정의 심각함을 하인리히에게 증명하기 위해서 실제로 심리적인 이유로만 그를 생각하며 첫 번째 아파트 물색 때 그를 동반했습니다. 그러나 우리가 집 밖으로 나왔을 때, 즉시 집을 사려고 결심했습니다. 매우 재미있었습니다. 하인리히는 제가 성취하기 어려워 보이는 요구 사항 목록을 작성했고, 게다가 저도 요구사항을 제시했습니다. 그래서 저는 그가 불가능한 것을 요구하였음을 증명하기 위해서 그를 끌어들였습니다. 그리고 우리는 바라던 것을 모두 찾았습니다. 두 서재에서는 강의 경치가 환상적으로 아름답게 보입니다. 완전히 조용하며 거리나 이웃에서도 소음이 전혀 들리지 않습니다. 크고 균형이 잘 잡힌 큰 방 네 개와 작은 방 하나입니다. 찬장이 있는 매우 멋있는 부엌이 있습니다. 부속실, 누구나 바로 들어갈 수 있는 붙박이장이 있습니다. 문지기가 밤낮으로 건물을 잘 관리하고 있습니다. 시 경찰은 청소년의 비행에 대응할 수 없기에, 문지기는 누구든 여기서는 경비를 지급해야 하는 일종의 민간 경찰입니다. 경비는 우리가 최대치로 정한 것이지만, 우리가 얻는 것에 비해 너무 높지는 않습니다. 모든 설비 — 부엌 난로·냉장고·부엌 조리대·욕조 등 — 는 신제품입니다. 그리고 두 개의 완전한 욕조와 화장실에 딸린 작은 욕조가 있습니다.

우리는 한 달 내내 두 개의 아파트를 가지고 있었기 때문에, 이사하는 것은 그렇게 나쁘지 않습니다. 이전 계약은 1월 1일까지 유효합니다. 이사하던 날에도 모든 일이 아주 잘 조직되었기에(아시듯이 과장합니다), 저는 저를 도왔던 친구와 함께 그날 저녁 극장에 갈 수 있었습니다. 우리는 말 그대로 모든 것을 완료했습니다. 물론, 우리는 서고와 책장을 미리 설치해 놓았습니다. 저는 많은 도움을 받았고 어디든지 돈을 아껴 쓰지 않았습니다. 그것을 하려면, 제대로 해야지요. 그리고 제가 예상한 만큼 그렇게 비용이 많이 들지 않았습니다. 이제 저는 편안하게 자리를 잡았고, 다시 일하기 시작했습니다. 우리는 섣달 그믐날에 늘 하던 연회를 열었는데 평소보다 많은 사람이 있었을 뿐입니다. 소문이 돌았고, 사람들은 더 이상 초대받기를 기다리지 않았습니다. 그들은 단지 저에게 전화를 걸어 올 수 없는지 물어보았습니다. 60명 이상이었으며, 에스터(청소부 아주머니)와 제가 일을 잘 처리했습니다. 우리는 아침 7시에 침대에 있는데, 아파트는 마치 아무도 없었던 것처럼 보였습니다.

뷔르츠부르크대학교 강의에 관한 사항입니다.[109] 당신은 그것에 대해 어떻게 알았는지요? 그 내용이 신문에 실렸는지요? 우리가 이사하는 중에 그 일이 생겼고, 저는 즉시 모든 일을 잊었습니다. (이 일은 제발 우리 둘만의 비밀입니다!) 그래서 좀 늦게 거절했습니다. 저는 커튼과 새로운 카펫에 신경을 쓰느라고 이에 대해 하인리히에게 말하는 것도 잊었습니다. 아시다시피, 저는 실제로 '자격이 없습니다.'

그러나 교수님께 기쁨을 줄 수 있는 사항입니다. 저는 작년에 여기서 흑인 문제와 평등에 대한 이단적인 견해를 놓고 제가 여기서 겪었던 큰 말다툼에 대해 교수님께 말했습니다. 제 생각에, 미국 친구들은 저와 동의하지 않았고, 그들 다수는 정말 화가 났다고 말했습니다. 이제 느닷없이 한 미국 재단이 바로 이 논문으로 300달러의 '상'(일종의 상금)을 저에게 제공했습니다.[110] 아마도 그것이 인기가 없었기 때문일 것입니다! 그런 일은 이 나라에서 매우 전형적이며, 저에게 전쟁에 관한 이야기를 상기시킵니다. 뉴욕의 고

---

109   아렌트는 뷔르츠부르크대학교에서 강의를 요청받았다.
110   「리틀록에 대한 성찰」은 롱뷰 재단으로부터 상을 받았다. 편지 214의 각주 239를 참조할 것.

등학교들은 상급반의 모든 학생에게 히틀러에게 적절한 처벌을 생각하라는 과제를 주었습니다. 한 흑인 여학생은 다음과 같이 썼습니다. 즉 그녀는 히틀러에게 흑인 피부를 갖게 해야 하고, 미국에서 살게 해야 한다고 했습니다. 그 소녀는 1등 상을 받았고 4년 동안 장학금을 받네요!

만하임은 이 모든 와중에 나머지 원고를 보냈고, 저는 일부 내용의 수정을 제안하며 파리에 있는 그에게 그 원고를 다시 보냈습니다. 그는 이 모든 것을 수용했습니다. 이제 판테온출판사의 자우어랜더(토박이 독일인)[111]가 원고 전체를 다시 검토하고 있으며, 그런 다음에 우리는 그것을 함께 마무리할 것입니다. 이 책은 가을에 출간해야 합니다.

새해 복 많이 받으세요!

한나 올림

저는 「에피쿠로스」를 열렬히 기다리고 있습니다.[112]

편지 255 **아렌트가 야스퍼스에게**

1960년 2월 29일

친애하고 존경하는 분께—

우리는 오랫동안 서로 편지를 주고받았지만, 저는 오히려 비난을 받아야 할 것입니다. 두 분의 생신인데 사모님을 위한 선물인 히아신스꽃이 없었지요! 이번에는 잘 안됐습니다. 스위스에는 아무도 없고, 꽃가게의 위탁 배송도 믿을 수 없습니다.

---

111 볼프강 자우어랜더는 판테온출판사 편집자였다.
112 Karl Jaspers, "Epikur," in *Weltbewohner und Weimaraner: Ernst Beutler zugedact*, ed. by Benno Reifenberg and Emil Staiger(Zürich/Stuttgart, 1960): 111-133.

저는 당신께서 일이 잘되고 활동하고 있기를 바랍니다. 우리는 새 아파트에서 행복하게 자리를 잡았으며, 우리의 전망과 안락함을 즐기고 있습니다. 하인리히는 방학 때 단 하루도 없이 한 학기에서 다음 학기까지 비틀거렸습니다. 그러나 그는 실제로 이것을 아주 잘 견디는 것 같습니다. 저는 매우 조용하게 살며 가끔은 극장이나 연주회에 가지만 연회에는 거의 참여하지 않습니다. 친구들만을 만나고 어떤 사교적인 일도 할 필요가 없어서 기쁩니다. 저는 『인간의 조건』 번역 작업을 하고 있습니다. 이것은 4월에 끝나기로 되어 있고 아마 5월 초에 끝날 것입니다. 저는 가끔 몇 달러를 받고 강의하러 가거나, 오히려 약간은 바쁘게 뛰어다닙니다. 그러나 강의가 실제로 가치가 없다면, 저는 강의도 하지 않을 것입니다. 그 외에는, 저는 여름에 유럽을 방문하라는 모든 초청을 거절하는 중입니다(이 가운데 세 초청만이 경비를 지급할 것입니다). 만약 제가 1년을 쉬지 않고 한 번이라도 가만히 앉아 있으면, 저는 결코 모든 의무를 다하지 못할 것입니다. 그런데 하인리히를 홀로 두는 것도 정말 쉽지 않습니다. 그는 이제 그것을 그렇게 좋아하지 않습니다. 우리는 모두 연말이나 1961년 초에 어떻게든 함께 가는 것을 고려하고 있습니다. 즉 하인리히가 한 학기 동안 휴가를 내는 것은 가능합니다. 그는 6월부터 내년 2월까지 휴가를 낼 예정입니다. 그가 일할 시간을 이용해야 한다고 하더라도, 그것은 아무튼 제가 이해할 수 있는 것입니다.

제가 오늘 편지를 쓰는 이유는 이렇습니다. 판테온출판사의 사람들은 우리가 미국 독자를 겨냥한 서문을 아직 가지고 있지 않다고 저에게 말했습니다.[113] 우리는 이 문제를 논의했습니다. 당신은 이 서문을 상기할 것입니다. 우리는 이것에 대하여 언급했고, 당신이 연말에 이것을 준비할 수 있다고 생각했습니다. 우리는 출판을 대비하는 데 마지막 단계에 있습니다. 우리는 원고를 전반적으로 다시 한번 검토했고, 이제 저는 참고문헌에 몇 가

---

113 『위대한 철학자들』 미국판 서문.

지를 추가해야 합니다. 유럽에서 편집자Lektor[114]의 위상에 거의 맞먹는 자우어랜드가 목요일에 올 것이며, 그래서 우리는 출판을 위해 다른 기술적인 문제를 서로 말끔히 정리할 수 있습니다.

저는 몇 주 전에 놀랍게도 아쉬톤으로부터 『원자폭탄과 인류의 미래』가 아직 완결되지 않았다는 말을 들었습니다. 그는 탁월하며 단 하나의 오류도 없는 몇 장을 보냈습니다. 그러나 출판계획은 오랜 시간이 걸리고 있으며, 저는 그 이유를 실제로 모르겠습니다.

이 편지가 끔찍한 편지가 되었습니다. 우리는 이것을 전혀 고려하지 않을 것입니다. 에르나는 어떤지요? 그녀는 계속 쾌유하고 있는지요?

두 분에게 안부를 전하며
한나 올림

편지 256   야스퍼스가 아렌트에게

바젤, 1960년 3월 5일

친애하는 한나!

매우 고맙구려! 그러나 나는 당신의 방문 이후 침묵하는 데 대해 책임이 있소. 그것을 변명할 수 없구려. 나는 그 일이 왜 일어났는가를 당신에게 말할 것이오. 그 일은 당신과 아무런 관계가 없소.

그리고 나는 지금도 여전히 서론을 집필하는 데 꾸물거리오. 당신의 편지가 어제저녁 도착했다오. 오늘 서문을 썼소. 게르트루트가 내일 그것을 복사할 것이고, 나는 서론을 개작할 것이오. 수일 내로 당신에게 그것을 발송하고 싶소. 나는 당신의 오래된 편지를 찾아냈고 곧바로 그 일에 집중했다오. 나는 당신의 말 몇 마디를 이용하고 있고, 미국인들을 위해 익숙하지

---

114   렉토르는 미국 출판사에서는 편집 발행인이다.

않지만 나에게 매우 정확하게 설정된 임무를 성취하려는 시도로 이미 약간 '미국화되었다'고 느낀다오. 나는 내 성질과 달리 약간 가벼운 분위기를 적용했소. 이 서론을 점검하고 교정해주고, 필요하다면 나에게 다시 보내주오.

내가 제2권을 채우기 위해 제공한 「철학자들: 에크하르트와 쿠자누스」는 위원회를 통과했다오. 그러나 아마도 여름까지 서두를 필요는 없소.

나는 『원자폭탄과 인류의 미래』 번역이 늦어지는 상황을 알게 되어 곤란하오. 특별히 이것을 완결하는 날짜가 확정되지 않았기 때문이오. 그러나 아쉬톤이 훌륭한 번역을 하고 있다는 점에 기쁘구려.

당신은 멋진 아파트와 작업 휴식(즉 연구할 수 있는 평화와 고요)에 대해 만족하며 편지를 썼소. 당신이 그렇게 빨리 올바른 장소를 발견하고 ― 당신이 이사를 **준비하고** 있다고 우리에게 말했다오 ― 하인리히를 완전히 그리고 동시에 이해시킬 수 있었다는 점은 당신이 여기에서 아파트와 관련하여 드러낸 걱정 이후에 기적과 같소.

당신의 유럽 여행은 점점 더 어려워지고 있구려. 나는 하인리히가 오기로 계획하고 마지막 순간에 다시 마음을 바꿀까 봐 걱정하오. 우리의 이익을 위해서도 이번에 여행해야 한다고 그에게 말하오. 그렇지 않으면 우리는 현세에서 서로 전혀 보지 못하고 함께 말하지 못할 것이오. 그리고 한나는 1년에 한 번 우리에게 없어서는 안 될 존재가 되었다오. 그래서 나는 결국 올해 말에 당신이 오리라고 대단히 기대하고 있소.

반유대적 행위를 심의한 연방상원 회의(2월 18일)에서 당신의 레싱 연설 가운데 긴 인용문은 정부의 성명서에 포함되었다오.[115] (이 연설에서 당신은 "어리둥절한 상태, 즉 상황이 다른 식이 아니라 이런 식이었다는 사실을 알고 견딜 수 있는 것, 이것에서 비롯되는 것을 보고 있다는 데 대해 이야기하였다오"). 아데나워가 아팠기 때문에, 쉬뢰더 장관[116]은 이 성명을 발표하고, "유대인 이민"과 그녀의 "매우 심오한 통

---

[115] Hannah Arendt, *Von der Menschlichkeit in finsteren Zeiten*, 32-33.

찰력"에 대해 언급하면서 다음과 같이 끝을 맺었다오. "신사 숙녀 여러분, 이것들은 우리가 숙고할 가치가 있는 생각들입니다."[117]

나는 난다 안센을 위해 책의 전반부가 들어 있는 발췌본을 인쇄물[118]로 당신에게 보낼 것이오. 당신은 이것을 읽을 필요는 없다오. 아마도 나는 이 절을 아주 늦게 개작할 것이오. 모든 것은 천천히 진행되오. 매우 쓸데없는 말이오!

나는 10월 1일부로 은퇴를 신청했다오. 나는 한 학기 더 "공식적으로 공직에 있기를" 요청받았고, 1961년 4월 1일까지 한 시간 강의해달라고 요청받았다오. 물론 그 조건을 수용했소. 그러나 여러 당국이 이것을 조만간 확정해야 하오. 다른 때에 이 모든 것이 어떻게 통과될지 당신에게 말할 것이오.

당신과 하인리히에게 따뜻한 안부를 전하며
야스퍼스

편지 257   **야스퍼스가 아렌트에게**

바젤, 1960년 3월 8일

친애하는 한나!

나는 여기에 서문을 동봉할 것이오. 미국인으로 변신하려고 노력했다오. 제발 이것을 **냉혹하게** 검토하고, 필요하다면 제안된 변경사항이 있는 쪽을

---

116   게르하르트 쉬뢰더(Gerhard Schröder, 1910년 출생)는 이 당시 독일 연방공화국 내무부 장관이었다.
117   *Deutscher Bundestag*: 103rd session, Bonn, February 18, 1960, 5579.
118   Karl Jaspers, "Der philosophische Glaube angesichts der christlichen Offenbarung," in *Philosophie und christliche Existenz: Festschrift für Heinrich Barth zum 70. Geburtstag am 3, 2. 1960,* ed. Gerhard Huber(Basel/Stuttgart, 1960), 1-90. 난다 안센은 자유 계약 편집자로서 종교적 시각이 담긴 총서 일환으로 야스퍼스의 에세이(뉴욕 1967)를 출판했다.

내게 보내주오. 철학자들을 세 권으로 묶은 도표를 어디에 포함해야 하는지의 문제는 남는구려. 그렇다면, 나는 뭔가를 바꿔야 할 것이오. 제3권의 몇몇 이름은 제2권에 포함되었기 때문이오.[119]

당신이 이제는 방해받지 않는 연구를 위해 잠시 많은 방해 요소에서 벗어나는 것은 얼마나 좋은 일인가요. 세상은 강의·기념 축제·사교가 필요하오. 이 세상은 당신의 진을 빼고 그 대가로 당신에게 보상할 것이며, 공개적으로 효과적일 수 있는 즐거움을 줄 것이오. 이것은 결코 한낱 기만이 아니오. 그리고 독일에서 당신의 목소리를 듣고 싶은 사람들의 숫자는 늘어나오. 그들은 당신을 대단히 존경할 것이며, 당신의 말은 많은 독일인에게 환영받을 것이오. 그들은 당신의 모든 비판에도 불구하고 당신의 사유가 전혀 허무주의적이지 않으며, 철학자의 참된 본질이 이러한 사유에서 위대한 사랑이라는 것을 의식한다오. 사람들이 한동안 당신의 목소리를 들을 수 없다면, 그들은 이후에 당신이 집필한 훌륭한 모든 저작에 덧붙여 평온하게, 서두르지 않고 완전히 사유한 좋은 저작을 더 많이 읽을 수 있을 것이오. 그리고 이후 언젠가 마음이 내키면, 당신은 그들을 위해 직접 그곳에 다시 있을 것이오.

나는 바젤 500주년 기념행사를 위한 강연 내용을 집필하는 중이오.[120] 학기가 시작되기 이전에 이것을 다소간 완결시키고 싶소.

교수 초빙 토의[121]는 나에게 부담스럽다오. 나는 인간적 저급성과 인습성, 그리고 관련된 사람들의 좁은 소견으로 예전보다 더 많은 어려움을 겪고 있소. 이런 질자들은 다소간 섬뜩한 성질을 띠고 있지요. 철학적으로 이

---

[119] 자료의 재배열에 관해서는 다음 자료를 참조할 것. Karl Jaspers, *Die grossen Philosophen: Nachlass 1. Darstellungen und Fragmente*, ed. H. Saner(München/Zürich, 1981), vi-vii. 또한 편지 259를 참조할 것.

[120] 「진리와 학문」이란 주제의 강의는 1960년 6월 30일 바젤대학교 500주년 기념식에서 행해졌다.

[121] 후임자를 철학자 하인리히 바르트로 지명했다.

상적이고 두드러지게 통찰력이 있는 몇몇 연구 저작을 남긴 객원 강사인 젊은 여성의 이야기는 그것들과 아주 잘 어울리오. 그녀는 그리스어·라틴어·아랍어도 잘 알고 있으며, 빌페르트[122]에 의해 추천되었고, 우리로부터 초청을 받았다오. 이후 그녀는 사실 바젤에 왔지만, 여기서 한번 완전히 놀라 정오에 나에게 전화를 했고, 누구에게도 알리지 않은 채 오후에 진행하기로 되어 있는 강의에 나타나지 않았다오. 이후 내가 그녀를 방문했을 때, 그녀는 병상에 누워 있다가 간호사의 도움으로 진정했다오. 나는 발작적인 극심한 공포 이면에 조현병 초기 단계를 감지했다고 생각했소. 그러나 이후 그녀는 진정했고, 내가 떠난 이후 바로 일어나 저녁에 갔으며, 초청장을 받은 지 얼마 안 되어 저녁 식사를 위해 잘모니의 집[123]에 갔다오. 그 불쌍한 사람은 참으로 훌륭했었다오. 당신은 오직 '파리아pariah'만이 인간적이라고 말하오. 나는 정신질환이 있는 사람도 그렇다고 말하려고 하오. 그러나 그런 진술들은 좁은 한계 내에서만 정확하고 넓은 의미에서는 참이 아니오. 나는 잠재적인 정신질환자 대신에 꼭두각시나 비실체를 초청할까 봐 두렵구려. 그러나 이후 다시, 아마도 아니오. 나는 잘모니가 그것보다 더 좋다고 생각하지만, 다른 사람이 결코 원하지 않는 사람이오.

따뜻한 안부!
야스퍼스로부터

나는 당신의 정확한 주소를 갖고 있지 않다오. 즉 뉴욕 다음에 오는 번지수를 모르오(시의 지역에 부여하는 번호). 그런데도 편지들이 도착하기를 바라오. 어쨌든 정확한 주소를 보내주시오.

---

[122] 바울 빌페르트(Paul Wilpert, 1906~1967)는 철학사가(historian of philosophy)이며 선생이었다.
[123] 편지 184의 각주 162를 참조할 것.

편지 258   아렌트가 야스퍼스에게

1960년 3월 25일

친애하고 존경하는 분께―

제가 강의 여행을 마치고 돌아왔을 때, 징어 부인[124]이 바로 전화했습니다. 일이 밀려 있습니다. 전적으로 제 실수는 아닙니다. 그러나 업무가 우선이지요. 서문은 훌륭합니다. 저는 서문을 똑같이 생각했던 출판사에 즉시 넘겼고, 만하임에게도 그것을 바로 보냈습니다. 즉 복사본입니다. 우리는 여기서 며칠 내로 번역할 수 있습니다.

지연 사유는 이러합니다. 강의 여행 및 이와 연관된 실행 계획은 별도로 하고, 저의 좋은 미국인 친구인 메리 매카시가 이혼과 결혼 문제로 열흘 전에 갑자기 이곳에 나타났습니다. 그녀는 당분간 우리와 함께 살고 있습니다. 당분간은 매우 잘 진행되고 있습니다. 그러나 처음에 우리는 여기서 어떤 불안한 분위기를 느꼈습니다. 제가 항상 강의 여행의 의무를 지고 있기에, 그 분위기는 더욱 악화됐습니다. 그래서 누군가는 어슬렁거리지요!

제2권을 채울 철학자들에 관한 사항입니다. 당신이 피페르출판사에 보낼 원고를 마무리했을 때 복사본을 보내는 게 가능할지요? 그래서 우리가 그 책이 인쇄될 때까지 기다릴 필요가 없도록 가능할지요?

교정본[125]이 도착했지만, 저는 이것을 아직 읽지 못했습니다. 난다 안셴이 우연히 이곳에 왔다가 교정본을 보고 저에게서 가져갔습니다. 물론 그것을 돌려받을 것입니다.

저는 당신의 은퇴에 대해 더 많이 듣고 싶습니다. 이 소식은 커다란 놀라움으로 나타나며, 저는 당신이 교수진과 일종의 충돌을 겪었다는 느낌이 있습니다. 저는 정말 매우 슬프지만 매주 강의를 찾아서 마음을 위로합니

---

124   편지 45의 각주 151을 참조할 것.
125   편지 262의 각주 136을 참조할 것.

다. 당신은 그런데도 이따금 세미나를 열기로 할 수 있습니다. 당신이 고용의 어려움에 관해 쓴 글은 어쩐지 기괴하게 들립니다. 그러나 소녀와 관련하여 진정 놀라운 이야기는 제가 교수로서 여성들에 대한 편견을 가지고 있다는 것을 확인시켜줍니다. 저는 병적 흥분에 대한 억제력이 부족하기에 그와 같은 활동을 관리할 수 없을지도 모릅니다. 그러나 저는 두려움이 어떻게 누군가를 단순히 침대에 눕게 하는지 이해할 수 있습니다. 그것도 제가 갖지 못한 용기가 어느 정도 필요합니다. 당신은 정신질환의 초기 단계를 생각했습니다. 아마도 당신은 옳지만, 저는 미혼 여성들이 제정신이 아닌 짓을 하기 위해서 제정신이 아니어야 한다고 생각하지 않습니다. 대학의 요청에 관한 사항입니다. 뷔르츠부르크대학교 교수진은 제 거절에 예외적으로 우호적인 답변을 보냈습니다. 답변이 늦었기 때문에, 그것은 저를 기쁘게 했습니다.[126]

『위대한 철학자들』에 관한 다른 사항입니다. 당신의 서론이 일단 번역되면, 우리는 다시 한번 「서론」을 검토해야 할 것입니다. 이곳 출판사는 그가 전체 저작의 계획을 이렇게 세부적으로 제시하고 싶은지 확신할 수 없었습니다. 그러나 어쨌든 당신은 어떤 변화가 있는가를 저에게 말하는 편지 한 줄을 보내실 수 있지요? 저는 독일어판 제2권에서 에피쿠로스와 루크레티우스를 다소간 상기시키지만, 확신하지 못합니다.

주소는 다음과 같습니다. 뉴욕 다음 번지수는 25이지만 전혀 필수적이지는 않습니다. 그것은 단지 우체국의 일을 더 쉽게 해줄 뿐입니다.

하인리히가 안부를 전합니다 — 그는 저에게 잊지 말라고 소리쳤습니다. 제가 연말에 갈 것은 거의 확실합니다. 그리고 저는 하인리히와 동행할 수 있기를 매우 희망합니다. 그는 '역시' 바젤을 위해서도 아니고 오로지 동행하려는 이유로 여행할 것입니다. 그리고 그의 젊은 시절 오랜 친구를 만나

---

[126] 편지 254를 참조할 것.

기 위해서이지요.[127] 애석하게도, 다른 모든 것은 그에게 단순히 골칫거리라는 인상을 주며, 그가 여전히 몇 년 전에 약간의 관심을 보였던 그와 함께 하는 지중해 여행에 대한 저의 희망은 다소간 실망스럽습니다. 그는 아마도 단지 2주 동안 갈 것입니다. 그것은 기이합니다. 유럽을 떠난 지 거의 20년이 되었습니다. 그러나 그는 그런 주장에는 입을 열지 않습니다. 그러나 제가 당신을 만날 때 이에 대해 더 많이 이야기하지요. 그것을 비판으로 생각하지 않지만, 그것은 저를 놀라게 합니다.

이곳 정치 문제에 대해 당신에게 말할 내용이 많습니다. 흑인 문제는 처음부터 중대하다고 판단한 것과 마찬가지로 결국 중요합니다. 그러나 다음 기회에 그 문제에 대해 말씀드리지요. 가정이 요청하며, 삶의 필수품은 항상 어느 정도 절박함 자체를 가지고 있습니다.

두 분께 진심으로 최선을 다하며

한나 올림

편지 259 야스퍼스가 아렌트에게

바젤, 1960년 4월 2일

친애하는 한나!

매우 감사하오! 지연은 결코 당신의 빈둥거림에 기인하지 않았구려. 당신이 미국인 친구에게 집을 개방하다니 얼마나 친절한가요!

우선 『위대한 철학자들』에 관한 사항이오. 제2권에 수록되는 첫 번째 철학자들의 내용이 완성되자마자, 당신은 물론 원고 복사본을 받을 것이오. 그들은 「세속적인 세계관」이란 제목 아래 함께 묶은 철학자들, 즉 크세노

---

[127] 로버트 길벗. 편지 199의 각주 180을 참조할 것.

파네스 · 엠페도클레스 · 아낙사고라스 · 데모크리토스 · 루크레티우스 · 포세이도니오스 · 브루너라오. 당신이 에피쿠로스와 루크레티우스를 제3권에서 빼고 제2권에 포함했다고 가정하는 것은 꽤 옳은 일이오.

아마도 출판사는 내가 독일어 「서론」에서 다루는 것과 같은 세부 사항으로 전체 작업의 계획을 제공하지 않는 것은 옳을 것이오. 결국에 전체 계획은 아직도 매우 불확실하오. 나는 「서론」 일부가 번역되고 출간되는 게 기쁘구려. 「서론」 전체가 생략된 줄 알았다오. 모든 것이 교재여야 하고 교재에 서론이 있어야 한다는 점은 나의 교수다운 직업적 견해의 산물이오. 나는 누구든지 서론을 삭제할 수 있거나 서론이 결론에도 놓일 수 있다고 이해하지만, 나의 기획과 말투, 판단의 근거를 독자들에게 미리 알리고 싶은 마음은 여전하오. 당신도 알다시피, 나는 당신이 일을 수행하려고 결정하는 어떤 방식에도 동의하오. 미국에서 이 책의 출간은 나에게 실질적인 기쁨을 주오. 나는 이것이 좋은 평가를 받을 수 있을지 기대하오. 제목 쪽에 당신을 편집자로 표시함은 다른 모든 것을 별도로 한다면 미국에서 훌륭한 관심사일 것 같다오.

하인리히에게 안부를 전해주고, 연말에 내가 당신과 함께 그를 만날 기회를 갖게 되어 얼마나 기뻐하는지 말해주오.

이제 내 은퇴에 대해 한마디 하지요. 물론 교수진과 아무런 문제가 없소. 그게 충분한 이유는 아닐 것이오. 나는 이제 때가 되었다는 불가피한 결론에 도달했다오. 1959년 봄에 나는 오랫동안 목이 쉬었으며 여름학기 동안 계속 걱정하며 강의를 마친 후 매번 자문했소. 내가 다음 학기에는 감당할 수 있을까? 사람들은 강의가 끝날 무렵에 내 목소리가 변하고 있다고 말했지만, 이제는 그게 다 나아졌다오. 7월에 나는 50명과의 교수회의에서 이전에 냈던 음량으로 말했을 뿐만 아니라 담화 중에 지르는 소리에도 대응했소. 그러나 아주 이상하게도, 늙어간다는 느낌은 여전했소. 8월부터 지속적인 장출혈이 있을 때 그 느낌은 더 강해졌다오. 당신이 우리와 함께 있었을 때, 나는 확실히 치질(내가 아직도 가지고 있는 의학적 통찰력)이 아니라 틀림없이 암으로 출혈이 발생했다고 생각했소. 내 나이에는 이 수술이 불가능할 것이기 때문에, 나는 확실히 알아내기 위해 서두르지 않았지만, 결국에 문제가 해결되기를 원했소. 출혈은 암이 아니라 이른바 곁주머니염(게실염)에 기인한 것으로 판명되었소. 그러나 이 경험은 나에게 징조와 같은 것을 남겼다오. 나는 이 결정에 어떤 강력한 이유가 있다고 말할 수 없지만, 아버지[128]가 다음과 같이 말하곤 했던 어떤 것을 상기하오. 다른 사람들이 네가 여전히 건강하다고 생각할 때, 너는 직장을 떠나야 한다. 그런데 나는 익숙한 강의에서 같은 형태의 기쁨을 얻지 못하오. 성찰·연구·글쓰기는 나에게 더 즐겁다오. 그러나 정말 결정적인 요인은 내가 더는 직업의 요구를 충족시킬 수 없다는 점이오. 모임은 나의 심신을 이전보다 더 지치게 하오. 모임에서 담배를 피우면, 열이 나는 기관지 증상 발현이 더 자주 생긴다오. 그러면 이로 인해 며칠 동안 어려움을 겪소. 어쨌든 나는 모임을 소홀히 하고 있으며 종종 단순히 참여하지 않는다오. 만약 당신이 직업의 책임을 받아들였다면, 그것은 효과가 없을 것이오.

내가 소원을 알렸을 때, 총장은 나의 결정이 대단히 유감스럽다고 말하며, 1961년 4월 1일까지 은퇴하지 않도록 한 학기 더 사무실에 머물며 적어도 1시간 강의를 해달라고 나에게 제안했소. 총장은 바젤대학교가 나에게 감사의 빚을 졌다고 특별히 친절하게 말했다오. 그래서 나는 그의 제안을 거부할 수 없었소. 이제, 이 제안은 주요 관련 기관에 전달되어야 하오. 그러나 내가 10월 1일이나 4월 1일 퇴임한다는 것은 확실하오.

당신의 친절한 질문에 대한 나의 대답은 너무 자세해서 자만심이 강해 보이오. 그러나 내가 이해하기로, 당신은 이것으로 짜증내지 않으며, 그런

---

[128] 카를 빌헬름 야스퍼스(Carl Wilhelm Jaspers, 1850~1940)는 1879년 부야딩엔 자치단체장이 되었고 1896년 올덴부르크의 저출대여은행의 책임자였다.

문제가 합리적인 주장으로 결정되고 정당화될 수 없다는 점을 실제로 이해할 것이오. 그것들은 단순히 삶의 성숙 단계를 의미하며, 명확한 것은 이 단계에서 더 이상의 논의를 인정하지 않는다오. 내가 아는 것은 공직에서 벗어난다는 생각에 행복하다는 것뿐이오.

정치적 상황은 다시 끔찍하오. 모든 곳에서. 그러나 내가 보기에 아데나워는 외교정책의 가장 명석한 고안자들 가운데 한 사람, 즉 명백한 사물을 인식하는 사람인 것 같소. 서양의 연대는 가속화되는 경쟁 속에서 무너지고 있다오.

두 분에게 따뜻한 안부를 전하며
야스퍼스

게르트루트가 두 분에게 안부를 전하오. 받아쓰게 한 편지는 양해하오. 그렇지 않으면, 이 편지는 너무 오래 지연되었을 것이오.

편지 260 **야스퍼스가 아렌트에게**

바젤, 1960년 6월 17일

친애하는 한나!

오늘은 간단한 질문이오. 링컨시의 네브래스카대학교출판사는 『위대한 철학자들』 세 권을 번역하고 싶어 하오. 출판사 측은 훌륭한 재정적 제안을 하고 있다오. 유일한 문제는 번역이오. 그곳 대학의 켈러 교수[129]는 번역을 담당할 수 있소. 나는 출판사가 어떤 교정도 아니고 당신의 판단만을 위해서 당신에게 번역 표본을 보낼 수 있는지 문의했소. 이제 당신은 이런 종류

---

[129] 쥘 켈러(Jules Keller)는 1923년 독일에서 태어났지만 1952년 이후 미국에 거주했으며, 이때 네브래스카주의 링컨시에 있는 세인트 존 교회 목사였다. 이후 그는 매사추세츠주 케임브리지의 침례교회 목사였고, 이후 보스턴 그리스정교 신학대학원 헬레닉대학 언어학 교수였다.

의 문제로 다시 한번 짐을 지지 않아야 하오. 번역이 어느 정도 수용할 수 있는 것으로 밝혀지면, 나는 동의할 생각이오. 누구든지 이 방대한 저작의 번역을 착수하도록 다른 사람을 설득시킬 수 있을 것 같지 않다오. 그래서 나는 당신에게 이 번역의 표본을 읽고 판단해달라고 요청하오. 괜찮겠지요? 내가 이미 출판사에 당신의 이름과 주소를 알려주었지만, 당신은 물론 거절할 수 있소.

그러는 동안 나는 당신이 마음의 평화를 유지하기 바라오. 정치학 저서를 자유롭게 집필하기 위해 마음의 평화가 필요하오. 마틴 박사가 당신을 방문했지요. 그는 분명히 좋은 인상을 주지 못했소. 그는 소식을 전하는데 나에게 큰 도움이 되오. 그래서 나는 그와 관계를 유지하오. 그는 콜하머를 위해 당신의 번역문 가운데 일부를 『대학신문』에 게재하도록 허용해준 당신에게 고마워한다오.[130]

나와 게르트루트로부터 두 분에게 따뜻한 안부를 전하오.

야스퍼스

편지 261 아렌트가 야스퍼스에게

뉴욕, 1960년 6월 20일

친애하고 존경하는 분께,

제가 편지를 쓰지 않은 채 지낸 시간은 말이 안 될 정도로 긴 시간입니다. 하인리히는 네브래스가대학교출판사의 교정본[131]에 관해 당신에게 편지를 보내고 싶었지만, 학기 중에 그것을 해낼 수 없었습니다. 이번 주 그

---

[130] Hannah Arendt, "Der Mensch, ein gesellschaftliches oder ein politisches Lebewesen," *Die deutsche Universitätzeitung* 15(October, 1960): 38-47.
[131] Karl Jaspers, "Das Doppelgesicht der Universitätsreform," *Die Deutsche Universitätszeitung* 15, no. 3(1960): 3-8.

는 마침내 집에 오고 자신 앞에 놓인 긴 휴가를 보낼 것입니다. 우리는 이번 여름 집을 떠나지 않겠다고 결정했습니다. 아파트는 아주 쾌적합니다. 기껏해야 8월 버몬트주에서 몇 주 보낼 것입니다.

당신의 편지가 도착했을 때, 저는 처음에 놀랐고, 이후 다시 편하게 숨 쉴 수 있었습니다. 이제 어떠신지요? 아마도 당신이 은퇴하는 것은 결국 좋을 것입니다. 당신이 정말 원하신다면, 앞으로 나서서 말을 할 충분한 기회가 있을 것입니다.

당신에게 말할 내용이 많지 않더라도, 이제 저는 당신에게 짧은 보고를 드리고 싶습니다. 감사하게도 약 2주 동안 『인간의 조건』을 꽤 많이 번역했습니다. 번역은 정말 고역이었으며, 현재 저는 영어로 다시 바꾸는 어려움을 겪고 있습니다. 미국인 친구는 4월까지 머물렀습니다. 전반적인 일은 환상적인 이야기입니다. 부분적으로 매우 미국적인 이야기이고, 부분적으로 당신이 저에게 그렇게 친절하면서도 단호한 말로 경고했던 그 삶의 변화 증후군 — 온갖 두려움과 불안 등을 고려할 때 제가 공감하는 데 어려움을 겪는 것 — 이야기입니다. 이 일화는 저에게 큰 타격을 주었습니다. 저는 그녀를 대단히 좋아하고 매우 걱정하기 때문입니다. 그러나 누구든지 집을 제공하는 것 외에 무엇을 할 수 있겠습니까? 현재 그녀는 로마에서 오히려 불행한 상황에 처해 있습니다.

그사이나 이후에도 저는 몇 가지 결정을 내려야 했습니다. 이 일은 저에게도 쉽지 않았습니다. 어쨌든, 저는 내년 봄 2개월 동안 노스웨스턴대학교에 갈 것이고, 가을 한 학기 동안 웨슬리언대학교에 갈 것입니다. 웨슬리언대학교는 일종의 고등연구소를 개원하였습니다. 저는 근본적으로 재정적인 이유로 두 제안을 수용할 것입니다. 당신은 은퇴 상황이 이곳에서 어떤지를 알고 있습니다. 누구든지 조금 저축해야 하며, 이런 두 계약은 상대적으로 적은 일에도 매우 좋은 보수를 제공합니다. 저는 가을학기에 대해서는 전혀 걱정하지 않습니다. 주말에는 항상 집에 올 수 있기 때문입니다.

웨슬리언대학교는 매우 가까이에 있습니다. 그리고 봄 두 달 동안 일은 저 없이도 잘 진행될 것입니다.

게다가, 하인리히의 전반적인 상황은 다시 매우 좋아졌습니다. 그래서 제가 집에 있지 않는 것이 더 가능해진 것 같습니다. 우리가 1월에 가는 것은 확실합니다. 그는 2월 중순에 강의를 다시 시작해야 합니다. 그는 뉴스쿨에서 다시 강의를 원할 경우 일찍이 2월 1일 되돌아가야 합니다.

당신은 정치적 상황에 대해서 어떤 생각을 하고 있는지요? 그것은 머리카락이 쭈뼛해지는 상황이 아닌가요? 그리고 저는 대통령 후보를 전혀 신뢰하지 않았습니다.[132] 노쇠하지 않은 것은 결국 충분하지 않습니다 — 아이젠하워는 의심의 여지가 없습니다. 저는 최근에 텔레비전에 나타나는 그의 모습을 보고 목소리를 들었습니다. 그런데도 저는 현재로선 상황이 여전히 위험하지 않다는 느낌이 있습니다. 제네바 정상회담[133]의 실제 핵심은 베를린에는 아무것도 변하지 않았다는 점입니다. 저는 다음과 같은 문제에 대해 말할 생각이 없습니다. 즉 누구든지 온갖 정상회담을 '핑계fisematenten'로 삼지 않은 채 이것을 상당히 훌륭하게 성취할 수 없습니다. 일본과 관련한 사항[134]은 더 심각하지만, 저는 그것도 심각하게 생각하지 않습니다. 저는 항상 마지막 결전에서 관련 국가들을 점령하고 기지를 보호할 지원 병력이 충분하지 않다면 이 모든 미국 기지들이 별로 가치가 없다고 생각해 왔습니다.

그런데 저는 켈러 교수로부터 『위대한 철학자들』에 관한 편지를 받았습니다. 네브래스카대학교출판사가 그것을 출판하고 싶어 하는지요? 그 교수는 이것을 번역하고 싶어 하는지요? 제가 그에게 표본을 달라고 요청해도

---

[132] 존 F. 케네디와 리처드 닉슨. 또 편지 263을 참조할 것.
[133] 추정컨대, 1959년 베를린 위기를 해결하고자 소집한 제네바 외무장관 회담에 관한 언급이다. 합의는 없었다.
[134] 일본의 좌파는 미국과의 안보협의에 대한 비준을 거부하였다. 이것은 1960년 6월 22일 비준되었다.

그것이 당신에게도 좋은지요? 그는 여름에 우리가 사는 지역에 올 것이고 추정컨대 저를 만나러 올 것입니다.

그리고 우리가 방문에 관해서 이야기하는 동안, 난다 안센을 개인적으로 만날 때 충격받지 마세요. 모든 외모에도 불구하고, 그녀는 점잖고 건실한 사람입니다. 그녀의 유일한 문제는 철학이 그녀의 머릿속에 떠올랐다는 것입니다. 그것은 나쁘기보다는 더 재미있습니다.

두 분에게 따뜻한 안부를 전하며,

여느 때와 같이,
한나 올림

추신. 에르나는 어떤지요? 그녀에게 모든 게 좋은지요? 그리고 당신의 여름 계획은 어떤지요?

편지 262 야스퍼스가 아렌트에게

바젤, 1960년 7월 30일

친애하는 한나!

우리 편지들이 우편으로 엇갈렸다오. 당신의 편지는 나의 질문에 대한 답변을 이미 담고 있소.

네브래스카대학교출판사는 변경할 필요가 없는 계약서 초안을 나에게 보냈다오. 인세는 6%이고 선금 200달러, 계약 시에 200달러, 그리고 출판 시에 지급하오.

켈러 교수는 출판사가 보낸 세 통의 편지에 답장하지 않았다오. 그는 현재 '미국 동부에서' 강의하고 있소. 나는 만하임을 추천했소. 추정컨대, 출판사는 당신이 다른 번역자를 추천할 수 있는지 직접 질문할 것이오.

그 제안은 나에게는 중대한 것으로 보이오. 나는 『위대한 철학자들』을 잘 번역하면 기쁠 것이오.

나는 난다 안셴의 방문을 기뻐할 것이오. 당신의 설명, 그리고 그녀의 억누를 수 없는 조치 이후 특별히 그녀를 만나는 것은 좋을 것이오. 그녀는 분명히 점잖은 사람이오. 그러나 나는 책을 완전히 개작하려고 하오.[135] 나는 바르트 기념논문집에 게재해 출판된 논문 일부[136]를 이제는 좋아하지 않는다오. 나는 지금 이것을 다듬고 확장하고 있으며, 이것이 난다 안셴에게는 너무 길어질지 모르오.

두 분은 휴가를 즐기고 있으나 집에 머물러 있구려. 그것 역시 즐겁기 때문이라오! 우리는 이것을 읽게 되어 기쁘오. 마침내 당신은 진정 편안한 거처를 갖게 되었구려.

아내와 나는 따뜻한 안부를 전하오.

야스퍼스

편지 263 **아렌트가 야스퍼스에게**

헤인즈 폴스,[137] 1960년 8월 22일

친애하고 존경하는 분께—

쿠르트 볼프가 『노이에 취리히 차이퉁』에서 오려낸 신문 기사를 저에게 보냈습니다. 며칠 전에 이것을 받았습니다. 그리고 저는 『재건』에서 다소 간 긴 요약본(당신이 확실히 이미 가지고 있어서 제가 보내지 않은 것)을 읽었으며, 이후 일요일 『타임스』는 여기 동봉한 작은 기사를 실었습니다.[138]

---

135 Die philosophische Glaube angesichts der Offenbarung. 편지 313의 각주 305를 참조할 것.
136 Karl Jaspers, "Der philosophische Glaube angesichts der christlichen Offenbarung," in *Philosophie und christliche Existenz: Festschrift für Heinrich Barth zum 70*. 편지 256의 각주 118을 참조할 것.
137 아렌트와 남편인 블뤼허가 1960년과 1961년 여름 휴가를 보냈던, 뉴욕 북부의 캣스킬 산맥에 있는 마을.

멋집니다! 당신이 사용한 명백히 도발적인 공식적인 표현은 멋집니다. 실제로 중요한 것은 당신이 다음과 같이 언급한 것이기 때문입니다. 즉 중요한 것은 재통일이 아니라 자유, 즉 기본 원칙을 나타내는 대안으로 이해된 것입니다. 누구든 (자기 결정으로 이해된) 자유가 재통일에 이바지할 것이라고 주장함으로써 그 원리를 물론 희석할 수 있습니다. 그리고 그 주장은 분명히 이미 강조하여 언급되었습니다. 그래서 대답은 국가의 권리로서 자결권이 헌법 형태와 국내 정치질서에 적용되며, 외교정책에 영향을 미치는 이른바 민족자결권을 전혀 포함할 필요가 없다는 점입니다. 어쨌든, 이것은 다시 독일 민족주의에 가해진 가장 심각한 충격입니다. 그리고 이것은 진영 사이의 명백한 분열로 이어질 수 있었습니다. 이로 인해 이른바 좌파와 우파는 같은 진영에 속해 있다는 점이 곧 명백해질 것입니다.

당신도 중립을 제안했던 것으로 보입니다. 비록 러시아인들이 물론 현재는 할 수 없으나(위성국들 때문에 할 수 없으며) 과거에는 의도했다고 하더라도, 그 의도는 서독에도 중립 조건 아래에서만 보장될 수 있었습니다. 저는 그것이 좋은 해결책이라고 생각합니다. 저는 장기적으로 나토에 의한 평가에 대해서 고려하지 않기 때문입니다. 따라서 중립은 유럽 통합에 방해가 되지 않습니다.

저는 이에 대한 후속 조치가 어떤지, 이에 대한 적극적인 대응이 있는지에 대해 대단히 알고 싶습니다. 항의의 외침은 높아질 수밖에 없습니다. 누구도 더는 재통일을 진지하게 믿지 않기 때문입니다.

우리는 8월 초 이후 여기에 있었습니다. 이번에는 우리에게도 잘 어울리

---

138 1960년 8월 10일 북독일라디오방송국은 독일 재통일과 관련하여 언론인 킬로 코흐와 야스퍼스 사이의 토론을 방송했다. 야스퍼스는 재통일이 자유보다 우선하지 않아야 한다는 명제를 이후 여러 차례 반복하여 제기했다. 그는 도발적인 문구 — "오로지 자유, 그게 중요한 모든 것이다" — 로 자신의 견해를 공식적으로 표현했다. 이 문구는 1960년 8월 17일 『프랑크푸르트 알게마이네 차이퉁(*Frankfurter Allgemeine Zeitung*)』에 토론문 인쇄본의 제목으로 사용되었다. 독일에서 그리고 국제적으로 이에 대한 많은 논평이 있었다.

는, 평소보다 약간 높은 산 속에 있습니다. 우리는 아름다운 위치에 있는 스위스 여관에 있습니다. 이 여관에서 주인과 손님은 단지 스위스 독일어로 말하고, 스위스 여관의 분위기를 풍깁니다. 우리는 이번 주말에 뉴욕으로 돌아갑니다. 네브래스카대학교출판사가 며칠 전에 편지를 보냈습니다. 켈러 씨의 번역본[139]은 우리가 떠나 있을 때 도착했기 때문에, 저는 그것을 볼 기회가 없었고, 우매하게도 마지막 순간에 원고와 원본을 모두 빠뜨렸습니다. 그러나 이 몇 주는 그렇게 큰 차이를 만들지는 않을 것입니다. 저는 그 출판사에 편지를 보냈습니다. 판테온출판사로부터 그들이 원고[140]를 조판할 준비가 되어 있다는 소식을 들었습니다. 이 책은 아마도 봄에 출간될 것입니다. 저도 별로 이해할 수 없는 짧은 편지를 난다 안셴으로부터 받았습니다. 그녀는 분명히 뮌헨이나 바젤에 있지 않았습니다. 계약서는 적어도 서명되었는지요?[141] 그녀는 저와 함께 계약서를 작성하고 싶다고 말했습니다. 저는 뉴욕으로 돌아가서 바로 그녀에게 전화할 것입니다.

애석하게도, 저는 뉴욕에서 열리는 두 개의 학술회의에 참석해야 하는데, 이 회의에서 빠져나갈 수 없습니다. 그리고 이 학술회의를 위해 논문을 준비하는데 시간의 절반을 할애하였습니다. 그러나 이제 그 마지막 주에 저는 아무것도 하지 않음으로써 그것을 만회할 것입니다. 7월에 우리는 대선 후보들이 선출되는 대규모 전당대회를 즐겼습니다. 진지하게 말하자면, 전당대회는 흥미로웠습니다. 그리고 저는 결국 텔레비전이 무엇인가에 좋다는 점을 깨달았습니다. 넬슨 록펠러는 지금까지 가장 좋은 인상을 주었으며, 그의 정당 연설은 가장 좋은 프로그램이었습니다. 그의 차례가 1964년에 올 가능성은 매우 큽니다. 나머지에 대해서는, 다른 후보들의 가능성이 얼마나 되는지 아무도 전혀 모른다는 점이 흥미롭습니다. 제가 보기에 텔레비전 덕

---

139 야스퍼스의 『철학』 번역.
140 『위대한 철학자들』 미국판 원고.
141 『계시에 직면한 철학적 신앙』의 번역.

택에 (어느 당에도 소속되지 않은) '독립 투표자들' 숫자가 대단히 높으며, 예외적으로 많은 사람이 아직 결정하지 못하였다는 점은 분명합니다. 극도로 불행한 일이 일어나지 않는 한, 우리는 케네디에게 투표할 것입니다. 닉슨은 아주 기분이 나쁠 것입니다. 저는 헨리 코보트 로지에 대해 별로 생각하지 않지만, 그가 완전한 재앙도 아닐 것으로 생각합니다.

두 분은 어떤지요? 로테 발츠는 또 당신을 시골로 태워다주는지요? 아니면 당신은 여름 내내 집에 머물러 있겠다고 결정했는지요? 우리는 이곳에서 가장 시원한 여름을 보냈는데, 기분 전환에 매우 좋습니다.

모든 좋은 일과 따뜻한 소원을 담아서

한나 올림

편지 264 블뤼허가 야스퍼스에게

뉴욕, 1960년 10월 4일

친애하는 야스퍼스 선생님께!

세계사가 매일 제공하는 소리와 분노의 급증하는 물결 속에서 진정한 정치 행위와 말은 점점 더 희귀해집니다. 콩고[142]에서의 함마르셸드의 행위와 독일인들을 향한 당신의 연설(즉 제가 여기에서 읽은 대담 및 이에 따른 신문 기사[143])은 오랫동안 유례가 없는 사건이며, 정치적인 의미가 있습니다. 성공은 여기에서 중요하지 않습니다. 함마르셸드의 행위 과정, 전혀 확실하지 않은 행위의

---

[142] 함마르셸드(Dag Hammarskjöld, 1905~1961)는 1951~1961년 스웨덴 출신 국제연합 사무총장이었다. 콩고는 1960년 6월 30일 독립하였다. 며칠 후에 반란이 군부에서 발생했고, 파트리스 루뭄바 수상은 국제연합에 군대 파견을 요청했다. 함마르셸드는 소련의 강력한 반대에 대응하여 루뭄바 적들의 입장으로 더욱 나아갔으며, 루뭄바의 급진화가 콩고의 독립을 앗아갈지도 모른다고 두려워했다.
[143] 야스퍼스는 1960년 8월과 9월에 『디 차이트』에 5편의 기사를 게재했다. 이것은 다음 자료에 출간되었다. Freiheit und Wiedervereinigung: Über Aufgaben deutscher Politik(München, 1960), 16-75.

성공, 그리고 아주 적은 영향을 미치는 것 같은 당신의 발언은 사실상 정치적입니다. 이것들은 모두 순수한 사건의 성격을 띠고 있으며, 모든 행위와 말이 유일한 사건인 세계사적 소리와 분노를 멀리하고 있기 때문입니다. 국제연합에 대한 신생 '국가들'의 공격 와중에서 함마르셸드는 자유의 요구, 그러한 영구적 요구를 국가들의 거듭 변하는 요구와 새로운 관계로 끌어들이려고 노력했습니다. 당신의 발언도 매우 같은 의도를 지니고 있습니다.

정치에서 지혜의 목소리가 항상 합리적인 사람의 입을 통해서만 언급될 수 있고, 결정적이고 현명한 행위가 개인에 의해서 때때로 수행된다고 하더라도, 진정한 사건은 진정한 사건으로 남습니다. 즉 진정한(중요한) 사건 Ereignis은 오랫동안 보이고, 일시적 사건 Geschehen의 급물살 위를 맴돌며, 사람들은 거듭 그것을 찾아보고 그것에 의해 방향을 잡을 수 있습니다. 모든 거짓말이 그에 상응하는 진리 바로 밑에 있는 심연으로 자리매김해야 하는 것처럼, 모든 진리는 그에 상응하는 거짓말 위에 매달려 있어야 합니다. 그리고 대중의 박수, 실제로 입심 좋은 사람(확성기)의 강력한 음파도 쉽게 거짓말에 빠지게 할 수 있습니다.

민족이 장래에 수행할 역할은 우리 시대의 중요한 정치 문제입니다. 이 문제에 대한 기본 평가가 어느 곳보다 독일에서, 게다가 독일 철학자에게서 나왔어야 한다는 점은 저에게 경이로운 놀라움으로 다가왔기에, 저는 자유가 절망 속에서 기적에 의존하고 있었다는 점을 거의 느낄 뻔했습니다.

단 한 명의 독일인이라도 그렇게 분명하게 민족주의적 광기 위로 올라간다면, 누구는지 다른 무엇이 가능힐 수 있는가를 알 수 없습니다. 많은 독일 정치인은 당신의 견해에 대해 주저하듯이 인력에 끌렸다가 이제 추정컨대 당파적인 이유로만 분열된 정신으로 그것으로부터 등을 돌립니다. 저는 여기서 독일의 아주 젊은 사람들이 당신의 발언에 감동되었다는 이야기를 들었습니다. 독일 측에서 이 방향으로 취했던 한 번의 공적인 행위도 가끔 패배한 한 국가의 권위에 힘입어 새로 탄생한 약소국에게 경고의 교훈이 될 것입니다. 제 생각에, 양도 가능한 권리와 양도 불가능한 권리라는 당신의 기본적인 구별은 앞에서 언급했듯이 진정한 정치적 사건과 역사적인 우연한 사건 사이의 구별과 관계가 있습니다. 저는 양도 불가능한 권리가 자유에서만 발생할 수 있다고 생각합니다. 사회적이고 역사적인 우연한 사건은 단지 교체할 수 있고 양도 가능한 특권을 생산합니다.

저는 한때 제1차 세계대전 기간 소년이었던 우리가 국가의 거짓말을 어떻게 알았는지에 대해 편지로 당신에게 이야기했습니다. 국민국가는 진정한 정치공동체의 터무니없는 거짓말입니다. 국가는 특정 이익집단이 자신을 더 좋은 것으로 나타나게 하려고 사용하는 거짓말입니다. 민족주의는 자본주의·사회주의·인종주의·제국주의와 같은 위험한 이데올로기이며, 칵테일 가운데 가장 유독한 칵테일을 생산하기 위해 그 모든 것과 혼합되어 있습니다. 이데올로기적 거짓말의 이런 광범위한 혼합은 즐겁게 일어나고 있습니다. 저는 마오쩌둥이 곧 우리에게 백인이 태생적인 자본주의자이고 황색인이 태생적 공산주의자라고 말할까 봐 두렵습니다.

민족 개념의 도움으로 원주민과 토지에 대한 진정한 애착은 인종주의와 민족 우월성이란 거짓말 ─ 진리 바로 밑에서 하품하는 거짓말의 거대한 심연 ─ 로 왜곡되었습니다. 제가 언급한 그 진정한 애착은 그런 거짓말과 아무런 관계가 없으며, 자유에 기반을 둔 정치공동체를 통해서만 보호받을 수 있습니다.

민족주의는 항상 호전적 애국주의와 국수주의를 통해서 제국주의로 이어졌습니다. 버섯과 같이 밀림 토양에서 갑자기 나타나는 신생 약소국들은 민족주의적 비명과 온갖 군중 광기를 통해서 제국주의자들의 손에 넘어가게 되었습니다. 신생 약소국은 이전 제국주의와 이전 억압자들의 식민주의를 통해서 내내 수혈된 국가 제국주의에서 비틀거리며 앞으로 나갈 기회를 얻기 이전에, 사회적 제국주의나 어떤 새로운 인종 제국주의에 의해 게걸스럽게 먹힐 수 있습니다. 그래서 자유를 위한 투쟁, 즉 온갖 종류의 제국주의 원칙에 대항하는 연방 원리는 사회적·국가적 허튼소리의 안개로 거의 불가능해집니다.

그러므로 '민족Nationale'에 대한 성찰이 그만큼 필요하고 그 자체가 정치적 사건입니다. 당신의 말로, 당신은 황소의 뿔을 잡았습니다. 당신이 자유로 민족주의에 맞서는 것처럼, 우리는 자유로 제가 방금 언급한 이데올로기적 "황소들"에 맞서야 합니다. 이것은 우리가 추구해야 하는 정치입니다. 이것이 오늘날 정치가 철학을 그토록 절실히 필요로 하는 이유입니다. 그러나 자유에 대한 철학의 이해, 특히 독일 철학의 이해는 어디에 있습니까? 이제 그런 이해는 독일 철학에서 형태를 갖추기 시작합니다. 그것은 독일인들도 자유를 위해 무엇인가를 갑자기 원하는 희망의 근거가 되어야 하지 않을까요? 동베를린 사람들은 어떤 경우에도[144] 이미 무엇인가를 했고 모든 영광을 헝가리 사람들에게 맡기지 않았습니다.

독일이 국제연합의 한 회원국이었다면,[145] 당신은 자기 생각을 "독일 민족에 대한 연설"[146]이 아니라 오히려 민족 자체에 대한 연설로 읽는 것이 더 좋을 수 있습니다. 어쨌든, 당신은 저의 전폭적인 지지를 받고 있습니다.

저는 곧 당신과 함께 이 모든 것에 대해 더 많이 토론할 수 있기를 기대합니다. 한나가 지금 컬럼비아대학교에서 강의하고 있기 때문에,[147] 우리는 1월 초까지 떠날 수 없습니다. 우리는 1월 10일 이곳에서 비행기로 로마로 가서 1주일 머물고 싶습니다. 그 이후 우리는 그곳에서 20일경에 바젤로 갈 것으로 생각하고 있습니다. 그게 당신에게 적절하지 않다면, 우리는 우선 바젤로 가거나 세가 제안한 것보다 1주일 늦게 갈 수 있습니다. 애석하게도, 저는 2월 4일경까지만 유럽에 머물 수 있습니다. 한나는 더 오래 체

---

144 이것은 1953년 6월 17일 동베를린 노동자의 봉기였다.
145 독일연방공화국과 독일민주공화국은 1973년 회원국이 되었다.
146 1807~1808년 나폴레옹 전쟁 기간에 요한 고트리프 피히테(Johann Gottlieb Fichte, 1762~1814)는 「독일 민족에게 고함」이란 주제로 14차례 강의했다.
147 아렌트는 1960년 가을학기에 컬럼비아대학교에서 칸트 세미나를 진행했다.

류할 수 있지만, 현재 그녀의 모든 계획은 아직 혼란스럽습니다. 그녀가 당신에게 편지를 보낼 것입니다.

　내년 초까지 따뜻한 안부를 전하며

블뤼허 올림

편지 265　아렌트가 야스퍼스에게

뉴욕, 1960년 10월 4일[148]

친애하고 존경하는 분께!

　간단한 인사말과 『원자폭탄과 인류의 미래』에 관한 좋은 소식입니다. 이 책은 1월 초에 출간될 뿐만 아니라 아쉬톤이 책에서 줄인 부분을 모두 복구했습니다. 이 책은 이제 원본과 같습니다. 출판사는 모든 사항을 아름답게 정리했습니다. 아쉬톤은 느리지만, 매우 훌륭합니다. 제가 보기에 출판 날짜는 작년의 날짜보다 더 좋습니다. ― 하인리히가 제 혼란스러움에 대해 편지로 밝혔습니다. 저는 이 혼란을 정리했으며, 이것을 잘 정리할지 아직은 확신하지 못합니다. 저는 아이히만 재판[149]을 취재하러 이스라엘에 가고 싶습니다. 이곳의 잘 알려진 잡지인 『뉴요커』측은 저를 보내겠다고 밝혔습니다. 문제는 그 재판이 언제 시작되고 얼마나 오래 진행될지 알지 못한다는 점입니다. 그리고 저는 4월과 5월에 대학에 있기로 약속했습니다. 저는 재판이 3월에 진행되길 바랍니다. 따라서 저는 하인리히가 귀국한 이후 유럽에 체류하고 피페르출판사를 위해서 『혁명론』을 번역하고, 이후 이스

148　아렌트가 날짜를 기재하지 않았으며, 편지 264에 첨부했다.
149　아돌프 아이히만(Adolf Eichmann, 1906~1962)은 제2차 세계대전 기간 유대인 부서의 비밀경찰 책임자였으며 나치의 "최종 해결책"을 집행했다. 그에 대한 증거의 언급은 1961년 4월 11일부터 8월 14일까지 진행되었다. 그는 유대 민족과 인류에 반하는 범죄로 12월에 사형선고를 받았으며, 1962년 5월 31일 사형당했다.

라엘로 갑니다. 그러나 그런 계획이 헛되이 끝날 듯합니다.

곧 볼 때까지, 그리고 그때까지 행운을 빕니다.

한나 올림

편지 266 **야스퍼스가 블뤼허에게**

바젤, 1960년 10월 14일

친애하는 블뤼허 씨!

당신으로부터 그런 편지를 받게 되어 참 기쁘네요! 당신은 젊은이와 같이 다른 젊은이에게 "사건"의 중요성을 열정적으로 과장하며 편지를 썼군요. 그러나 쟁점인 민족주의가 사실 아주 중요하기 때문에, 당신은 그것을 하고 있네요. 우리는 모두 악마가 여기에서 활동하고 있고, 모든 곳에서 그런 것 같다고 확신해요. 당신의 동의는 일찍이 『디 차이트 *Die Zeit*』에 게재한 기사와 함께 피페르출판사가 가능한 한 빨리 출판할 추가적인 기사를 완성하도록 나에게 영감을 주었어요.[150] 나는 당신이 아마도 같은 수준은 아니라고 하더라도 다른 기사에 만족하기를 바랍니다. 당신은 정치적으로 나보다 우위에 있으며, 과거에 한나를 통해 때때로 나를 교육했답니다. 이제 나는 이 분야에 입문하였으며, 어디서 멈춰야 할지 잘 모르지만, 피페르출판사가 출간한 이 책으로 당분간 이것에서 완전히 벗어나려고 합니다.

역사에 대한 당신의 이미지 — 한낱 일시적 사건 위를 맴도는 진정한 사건 — 는 매우 적절하며, 또한 대중의 박수갈채에 빠질 위험에 속합니다. 나는 현재로서는 후자의 위험을 무릅쓰지 않아요. 그렇지만 당신의 경고는 좋군요.

기이한 일은 내가 새로운 것을 언급하지 않고 오랜 전통에 실제로 의존하

---

[150] 언급된 모든 에세이는 다음 저작에 수록되었다. Karl Jaspers, *Freiheit und Wiedervereinigung*. 편지 264의 각주 143을 참조할 것.

고 있다는 점입니다. 성과에 대해 질투하는 언짢은 문인들은 그것으로 나를 비난하지요. 그 성과는 분명히 누구라도 예측할 수 없었던 상황에 기인했지요. 내가 독일인들에게 부가적으로 그렇게 많은 것을 말하기 위해 그것을 이용하는 것은 아마도 위험하지요. 당신이 여기에 있다면, 나는 읽을 새로운 에세이를 각기 당신에게 제공하고 많은 오류로부터 나 자신을 확실히 보호할 것입니다. 이제 나는 중요한 게 세부적인 오류가 아니라 사유 양식이라고 생각합니다. 사유 양식은 이와 같은 시간에 궁극적인 결과로 이어져야 하지요.

당신은 좋은 이유로 동베를린 사람들을 자랑하는군요. 그들은 단지 잠깐 기회를 잡았지만, 전체 인구에서 반향을 찾지 못했습니다. 헝가리 사람들은 훨씬 더 많은 것을 성취했고 우리가 예측할 수 없는 미래 순간의 모델입니다. 우리가 1월 말에 바젤에서 만나는 것이 매우 기쁘군요. 이게 일어난다면, 거의 기적과 같군요. 나는 이게 현실이 될 때까지 이것을 믿지 않을 것입니다.

따뜻한 안부와 감사를 표시하며
야스퍼스

편지 267 야스퍼스가 아렌트에게

바젤, 1960년 10월 14일

친애하는 한나!

남편이 보낸 편지는 항상 놀랄 만한 사건이오. 특히 그런 편지가 그렇다오.

당신은 많은 일을 떠맡았지만 제대로 관리할 수 없는 것들을 취소할 수 있는 평정심을 가지고 있다오. 아이히만 재판은 당신에게는 기쁨이 아닐 것이오. 그것이 잘 진행될 수 없을까 걱정이오. 나는 당신의 비판이 두렵고 당신이 가능한 한 많은 것을 혼자 간직할 것으로 생각하오.

『원자폭탄과 인류의 미래』가 이제 1월에 출간된다는 것은 매우 놀라운 일이오. 당신은 내가 얼마나 기쁜지, 또한 줄인 단락들을 모두 다시 복구했다는 것에 대해 얼마나 기쁜지 상상할 수 있다오. 결국에 이 출판사는 훌륭하다는 것이 증명되었구려. 이 출판사는 많은 돈으로 기회를 잡았소. 나는 출판사와 나에게 이 책이 성공작이기를 바라오. 이 책은 아마도 시의적절성을 거의 잃지 않을 것이오.

아내와 나는 하이델베르크 슐로스호텔에서 행복한 2주를 보냈소. 그녀는 나치 시대의 많은 점잖은 사람을 찾아냈으며 그 오랜 정신의 연대에 즐거움을 느꼈다오. 우리는 지난 열흘 동안 함께 처리해야 할 새로운 과제가 생겼소. 아내의 청력 문제가 악화되었고, 그녀는 거의 귀가 들리지 않는다오. 대화는 매우 강력한 보청기의 도움으로만 가능하오. 우리는 기술적인 개선책을 찾고 좋은 조언을 수용하고 있소. 애석하게도, 그녀는 안경에 설치한 장치와 귀에 걸은 장치와 같이 보통의 편안한 장치로는 거의 들을 수 없다오. 이것들도 빈약하오. 그녀와 세계의 관계는 불가피하게 변할 것이오. 아내는 잘 받아들이고 있고, 우리는 함께 늙어가는 것이 얼마나 좋은지 생각하고 있다오. 나의 은퇴는 적절한 때에 다가오고 있소.

오랜 우정의 따뜻함과 다시 만나는 행복한 기대를 담아서

야스퍼스

편지 268 **아렌트가 게르트루트에게**

1960년 11월 9일

친애하는 좋은 분께—

저는 당신의 난청에 대해 언급한 남편의 편지를 받았기에 편지를 보내고 싶었습니다. 그러나 저는 아파서 누워있었습니다 — 전혀 심각하지 않았지만, 저는 타자기가 없었습니다. 말하자면, 절반밖에 없었습니다. 더 자세한

사항을 알고 싶습니다. 저는 여기서 청력이 매우 어려운 나이든 친구에게서 비슷한 것을 경험했습니다. 며칠 후에 문제는 저절로 해결되었습니다. 그렇다면, 저도 최신 보청기에 대한 자신감이 있습니다. 보청기는 분명히 여기에 있는 것처럼 바젤에서 수월하게 구할 수 있습니다. 그러나 친애하는 좋은 분, 저에게 편지를 보내세요. 그리고 너무 낙담하지 마세요. 가능한 소통 통로는 많습니다.

우리는 대통령 선거 당시에 거의 24시간 텔레비전 앞에서 보냈습니다. 우리는 모두 케네디가 승리한 것 ─ 거의 0.5%[*] 차이입니다! ─ 에 매우 안도합니다. 저는 누구라도 그와 같은 것을 이전에 보았다고 생각하지 않습니다. 중요한 변화가 있을 것입니다. 닉슨에게도 역시 변화가 있겠지만, 근본적인 변화는 아닐 것입니다. 케네디는 다른 유형의 사람입니다. 저는 이제 몇 주 동안 모든 각도에서 그를 관찰하면서 그로부터 받은 인상을 말해야 합니다. 투표율은 엄청났습니다. 오후 기표소가 있는 거리는 문자 그대로 인산인해였습니다. 참여율은 90%였습니다![**] 선거운동은 몇몇 예외를 제외하고 거의 진흙탕 싸움이었으며, 패배 후보와 승리 후보 사이의 관례적인 축하 전보 교환은 특히 우호적이었습니다. 아이젠하워만이 화가 난 유일한 사람인데, 제 생각에 그를 탓할 수 없을 것 같습니다. 그는 점차 자신이 해야 할 일은 한 남자를 미국 국민, 즉 자신이 스스로 선정했고 "자신의 사람"인 어떤 사람들에게 제안하는 것이었다는 환상에 점차로 빠져들었고, 유권자들은 그를 덥석 잡아채려고 했기 때문입니다. 그것은 노망도 아니고 근본적인 우매함일 뿐입니다. 텔레비전은 중요한 역할을 했습니다. 우리에게 항상 아주 명백했던 것, 즉 닉슨 자신이 경력에만 관심이 있는 위선자고 거짓말쟁이라는 점은 4차례의 텔레비전 토론 동안 많은 사람에게

---

* 옮긴이_ 차이는 0.1%였다.
** 옮긴이_ 투표율은 62.8%였다.

명백해졌습니다. 이른바 무당층 유권자들 사이에서 중요했던 것은 일반적인 인간성이었습니다. 그렇게 믿을 수 없을 정도의 많은 유권자가 정당 소속과 무관하게 투표했다는 사실도 좋은 징조입니다. 케네디는 당시 공화당 하원의원이나 상원의원을 낙천적으로 선출한 대다수의 지지로 승리했습니다. 그리고 역도 성립됩니다. 케네디가 승리했으며, 그렇게 믿을 수 없을 정도로 근소한 차이로 승리했다는 점을 보는 것도 좋습니다. 그것은 그의 타고난 오만함을 약화시키는 데 도움이 될 것입니다. 이번 선거는 아데나워에게 불리한 영향을 미칠 수 있습니다. 다른 세대가 여기에서 집권한다는 사실은 국제 영역에서도 영향을 미칠 것입니다. 무엇보다도, 케네디는 하버드대학교 출신이며 적어도 어느 정도 지식인으로서 지적이고 학문적인 삶에서 영향력 있고, 이에 따라 독일이 아니라 영국과 미국을 주시하며 그런 문화에 익숙한 미국 내의 집단에 속합니다.

우리는 곧 서로 만날 것입니다! 만남이 불과 1년 전이지만, 지난 모임 이후 특별히 긴 시간인 것 같습니다.

선거 이야기로 가득한 편지입니다. 당신은 용서해야 할 것입니다. 이것이 결국 매우 중요합니다.

그리고 제가 말하려는 것은 모두 다음과 같았습니다. 저에게 편지 한 줄이라도 보내주세요.

여느 때와 같이 따뜻한 안부를 전하며
한나 올림

편지 269 **아렌트가 야스퍼스에게**

뉴욕, 1960년 11월 21일

친애하고 존경하는 분께!

사모님이 보낸 편지[151]에 따르면, 당신이 대형 강당[152]에서 강의하고 있으며, 당신의 책¹⁵³이 이제 곧 출간된다네요 — 모두 저에게 아주 큰 즐거움을 주고 있습니다. 저는 가끔 막스 베버가 사용한 문구, 즉 노년의 "매우 여리게panissimo"에 관한 구절¹⁵⁴을 생각하며, 당신의 경우에는 거의 그 반대가 사실이라고 생각합니다. 얼마나 멋진가요!

그러나 오늘 저는 오로지 하퍼출판사의 계약서¹⁵⁵(난다 안셴)를 당신에게 보내는 일로 편지를 쓰고 있습니다. 당신은 아주 장황한 인쇄된 계약서에 서명하기를 거부했던 일을 기억할 것입니다. 저는 그 후에 그 계약서를 제가 보기에 필수적인 것으로 줄이고 나서 하퍼출판사와 협상했습니다. 당신이 이제 서명할 것인지는 다른 문제이지만, 이 일련의 총서에 관한 한, 제 생각에 일은 정리되고 있습니다. 저는 실질적으로 약간 변경했습니다. 오로지 중요한 것은 책이 6개월당 500부 이하 팔린다면 인세(10% 대신에)를 5%만 받는다고 규정한 구절에 있었습니다. 그것은 저에게 수용할 수 없다는 인상을 주었습니다. 모든 것이 잘 정리되어 있다고 가정하면 — 계약서가 이제 쉽게 검토할 수 있는 형식을 띠고 있습니다 — 당신은 두 부에 서명하고 이것들을 다시 난다 안셴에게 보내십시오. 하퍼출판사는 이후 서명을 하고 500달러의 선금을 당신에게 지급할 것입니다.

따뜻한 안부를 전하며
한나 올림

---

151 게르트루트가 1960년 11월 14일 아렌트에게 보낸 편지.
152 야스퍼스는 1960~1961년 겨울학기 동안 「현대의 철학」이란 주제로 강의했다.
153 *Freiheit und Wiedervereinigung*. 편지 264의 각주 143을 참조할 것.
154 Max Weber's dedication in *Gesammelte Aufsätze zur Religionssoziologie*.
155 『계시에 직면한 철학적 신앙』의 미국판.

편지 270 야스퍼스가 아렌트에게

바젤, 1960년 12월 1일

친애하는 한나!

내가 편지를 전혀 쓰지 않은 것은 안 좋다오. 변명을 찾으려고 하지 않을 것이오.

최근에 나는 콜하머로부터 『인간의 조건』 독일어판, 즉 『활동적 삶』[156]을 받았소. 요즘 그것을 많이 읽었다오. 이것을 원했고 이것에서 큰 즐거움을 발견했기 때문이오. 나는 영어판의 여러 장, 서론과 이후 자료, 특히 용서와 약속에 관한 장에 친숙했다오. 그러나 나는 독일어로 더 빠르고 수월하게 아주 많이 읽을 수 있고 이제야 책을 실제로 알게 되었다고 느낄 정도로 전반적인 구도를 아주 많이 파악할 수 있다오. 이 책에서 당신이 명백히 언급하지 않으려는 것(바로 서두 그리고 이후 거듭)이 그와 같은 뚜렷한 영향력을 배경에서 발하고 있다는 점은 나에게 강한 인상을 주었소. 이것은 약간 이상한 방식으로 책을 나에게 매우 투명하게 만드네요. 오늘날 이와 비슷한 것은 없지요. 당신의 경우 중요하고 구체적인 논의는 모두 다른 차원을 통해서 실현되오. 그러므로 논의는 대단히 진지함에도 불구하고 현실에서 '빛'이 될 것이오. 당신의 많은 적절한 통찰력과 조명 그리고 설명의 역사적 심오함은 구체성과 견고성을 제공하오.

나의 꽤 많은 반대 의견을 구체적으로 나열하는 것은 가치가 없다오. 이런 반대 의견은 모두 표면적인 문제, 예를 들어 "그리스"와 "현대" 등을 끊임없이 사용하고 그런 용어로 위치를 분류하는 당신의 습관과 관련이 있소. 혹은 나는 베버의 칼뱅주의[157]에 관한 짧은 문장, "부분적으로 수정함"[158]에

---

[156] Hannah Arendt, *Vita Activa order Vom tätigen Leben*. 편지 169의 각주 122를 참조할 것.
[157] Max Weber's study, "Die protestantische Ethik und der Geist des Kapitalismus." 편지 141의 각주 4를 참조할 것.

꺼림칙하게 여기오. 나는 그것이 어떻게 그리고 어디서 수정되었는가에 대한 기록을 좋아했을 것이오. 세상이 이해하기 어려울 정도로 학문적 미묘함으로 특징지어지는 막스 베버의 저작이 있다면, 그것은 바로 이것이오. 내가 '교정' 방식에서 확인한 것(막스 베버가 스스로 반응할 수 있었던 미약한 독일어의 성과를 제외하고)은 항상 막스 베버가 전혀 제안하지 않았고 다른 사람들이 간단히 그를 이해한 이념(셸러[159]의 저작에서처럼, 내가 수십 년 전에 읽었고 막스 베버에 대한 왜곡된 성찰로 나를 귀찮게 했던, 실제로 나쁘지 않은 책을 출간한 리처드 토니[160]에서도)과 연관되오. 이 부분은 나에게 중요하다오. 여기에 연관된 것은 막스 베버가 이룬 학문적 성과의 본질이기 때문이오. 만약 누군가 그것을 표현하라고 하고, 내가 막스 베버의 생전에 그랬던 것처럼 그에게 제기할 반대 의견을 가지고 있다면, 그는 아마도 다른 많은 저작에서 정정 대상이 되었을 것이오. 그러나 누구든지 이 한 저작(그리고 종교사회학에 관한 그의 다른 저작들은 그렇지 않소)에서 완전히 몰입한 이후, 그리고 막스 베버의 인지 과정을 단계적으로 따라간 이후 오류를 지적해야 하오. 비판자들 가운데 누구도 이런 식으로 진행되는 베버의 진술에 포함된 다음 진술을 거의 이해하지 못했다오. 즉 "나는 칼뱅주의 윤리가 자본주의 발생에서 인과적 요인이었음을 증명했다고 믿는다. 이 인과적 요인이 얼마만큼 중요했는가는 증명할 수 없다. 나는 이것이 대단히 중요하다고 생각한다." 이것은 아주 학문적이기에 나에게 멋있게 보이네요. 막스 베버는 단지 아주 최소한이라고 주장한 결과를 성취하기 위해 그렇게 섬세하며 이질적인 출처를 토대로 이런 종류의 연구를

---

[158] *Vita Activa*, 366, no. 30.
[159] 추정컨대 다음 자료이다. Max Scheler's essay "Der Bourgeois und die religiösen Mächte," which contains a discussion of Weber's study in n. 2 above. 다음 자료를 참조할 것. Max Scheler, *Gesammelte Werke* 3(Bern, 1955): 362ff, 378ff, and elsewhere.
[160] 토니(R. H. Tawney, 1880~1962)는 영국 경제학자였다. 야스퍼스는 그의 저서 『종교와 자본주의의 발생(*Religion and the Rise of Capitalism*)』(1926)을 인용한다. 독일어판의 제목은 다음과 같다. *Religion und Frühkapitalismus*(1947).

수행했소. 아주 재빠르게 노골적으로 아주 많은 것을 주장하는 현대 사회학자들은 다음과 같이 말한다오. 즉 태산이 울리고, 웃기는 생쥐 한 마리가 겨우 태어났다 泰山鳴動鼠一匹.[161] 이것이 바로 학문의 모든 것이오. 그리고 생쥐는 역시 단순한 생쥐가 아니며, 꼬리를 잡힌 흥미진진한 통찰력이오. 이것은 방식은 다르더라도 당신에게도 타당하오. 즉 다른 차원은 배경에 있지만, 명시적인 표현이 주어지지 않는다오. 애석하게도, 나는 훨씬 덜 신중하고 아마도 수치심도 부족해서 해야 한다고 생각하기 때문에 거기에 무엇이 있는가를 분명히 말하고 싶소. 토마[162]와 내가 막스 베버와 나눈 대화에 대해 전에 말했던 것으로 생각하오. 그 대화에서 나는 (『직업으로서 학문』에 대한 저술에서) 자제하는 그를 확인했다오. 나는 토마를 돌아보며 다음과 같이 말했소. 즉 그는 자신이 학문을 왜 연구하고 있는지 알지 못한다. 나는 그의 반응과 대답이 어떠했는지 당신에게 말했다오.

당신이 난다 안센과 계약을 하느라고 겪은 최근의 어려움에 감사하오. 그녀는 당신이나 나를 평화롭게 떠나지 않을 것이오. 계약은 책이 끝날 때까지 기다려야 할 것이오. 현재 초안의 바로 첫 번째 조항, 책의 두께에 관한 조항도 저자가 서명하기에는 불가능하오. 난다 안센은 그것을 알고 있소. 나는 최소한 그녀에게 편지를 보내 말했다오. 나는 책의 두께가 어떨지 모르지만, 그것이 완결되자마자 우리는 계약으로 돌아갈 수 있다오. 나는 그것을 그녀에게 약속했소. 그러면 책의 두께는 역시 늘어날 것이오. 이와 관련한 작업은 『자유와 재통일』로 인해 몇 주 동안 중단되었다오. 피페르출판사의 출간으로 종지부를 찍어야 하오. 현재 나는 (로스만과 함께) 『대학의 이념』 신판을 마무리하고 있소. 이후 나는 『계시에 직면한 종교적[163] 신앙』을 마무리할 생

---

161 "Die Berge kreissen, geboren wird eine lächerliche Maus."
162 리처드 토마(Richard Thoma, 1874~1957)는 1911~1928년 하이델베르크대학교 헌법학자였다.
163 하인리히 바르트의 논문집에 수록한 에세이 제목은 「기독교 계시에 직면한 철학적 신앙」이었고 이후 책은 『계시에 직면한 철학적 신앙』이었다. 이 말은 아마도 받아쓰기 또는 필사의 오류이다.

각이오. 나는 이것에 꽤 깊이 빠져 있소. 나는 9월 초에 이에 관한 연구를 중단했다오. 그러나 이게 언제 끝날지 전혀 알 수 없고, 봄으로 예상하오.

우리는 1월에 두 사람과 함께 할 시간을 대단히 고대하오.

하인리히에게 나의 따뜻한 안부를 전해주시오. ─ 나는 또한 새로운 보청기를 끼고 바로 앞에 앉아 있는 아내가 어제 내 강의를 들을 수 있었다고 알리오. 그녀는 매우 기뻐했소.

충실한 우정으로 당신을 생각하오.

야스퍼스

『원자폭탄과 인류의 미래』는 실제로 1월에 출간되는지요? 그리고 『위대한 철학자들』은 어떤지요?

편지 271 **아렌트가 야스퍼스에게**

뉴욕, 1960년 12월 2일

친애하고 존경하는 분께!

당신이 처음에 의구심을 품었던 아이히만 재판은 이제 행복하든 불행하든 우리의 모든 계획을 망쳤습니다. 내년 4월과 5월에 저는 단순히 취소할 수 없는 강의 의무가 있습니다. 처음에 저는 강의 의무와 이스라엘 여행을 잘 조화시킬 수 있다고 생각했습니다. 그러나 이런 조정이 불가능해졌기에, 저는 안전을 위해 강의 일정을 1월과 2월로 앞당기기로 했습니다. 이 결정은 우리가 물론 당신을 만나러 갈 수 없는 상황을 의미합니다. 저는 하인리히가 외롭게 지낼 수 있다고 잠시 생각했지만, 그는 원하지 않습니다. 우리는 일주일 동안 함께 로마에 가고 싶었기 때문입니다. 하인리히의 학기는 2월에 시작되며, 그는 6월 20일 이전에는 자유롭지 않을 것입니다. 그 이후라면 그는 바로 갈 것입니다. 제 경우에도 마찬가지입니다. 저의 계획은 전적으로 재판에 좌우됩니다. 재판이 3월 6일 실제로 시작된다면, 저는 한 번도 멈추지 않은 채 여기서 비행기로 가야 할 것입니다. 재판이 다시 연기될 가능성이 있지만, 저는 취리히를 거쳐 바젤에 머물렀다가 다시 비행기로 이동할 것입니다. 누구도 재판이 얼마나 오래 진행될지 모릅니다. 어떤 경우에도 저는 한 달 이상 이런 '즐거움'에 빠져 있을 것 같지 않습니다. 재판이 4월까지 열리지 않으면, 저는 아마도 미국으로 돌아가지 않고 유럽에서 하인리히를 기다릴 것입니다.

만약 이 모든 것이 혼란스럽게 들린다면, 그것은 부분적으로 제가 당신을 오랫동안 볼 수 없다는 것에 대해 매우 불만스럽기 때문이며, 부분적으로는 제가 정말 혼란스러운 상황에 빠지게 된 것에 부끄러워하기 때문입니다. 그래서 저는 결국 온갖 일을 취소하고 계획 등을 바꾸어야 합니다.

그렇다고 하지만 친애하고 존경하는 친구, 만약 제가 인쇄된 말의 매개 없이 완전히 섬뜩한 무의미함 속에 있는 이 재앙을 직접 대면하지 않는다면, 저는 자신을 전혀 용서할 수 없을 것입니다. 제가 얼마나 일찍 독일을 떠났고 실제로 이 모든 것을 얼마나 적게 직접 경험했는가를 잊지 마세요.

시카고대학교출판사가 며칠 전에 전화했습니다. 그들은 많은 팡파르와 함께 『원자폭탄과 인류의 미래』를 1월에 출판하고 싶어 하며, 공식적인 판매 행사에 참여하여 대표자들, 즉 서적 거래를 감시하는 매우 중요한 중개인들과 대화하도록 저를 초청했습니다. 저는 갈 수 있을지 아직은 모르지만, 가도록 노력할 것입니다.

저는 3,000마일 이상 멀리 있는 당신이 제가 얼마나 의기소침해 있는가! 를 볼 수 있는지 모릅니다.

따뜻한 안부를 전하며
한나 올림

편지 272 야스퍼스가 아렌트에게

바젤, 1960년 12월 12일

친애하는 한나!

한마디 설명도 필요하지 않다오. 당신이 아이히만 재판에서 진행되는 상황을 스스로 듣고 보고 싶다면, 당신의 동반 여행 계획은 물론 어쩔 수 없소. 우리는 6개월 이후 서로 만날 것이오 ─ 우리는 항상 그때에도 여기에 여전히 있을 것이라고 의식하며 살 것이오. 그리고 여름에는 아마도 더 즐거울 것이오. 당신이 가능한 날짜를 분명히 알고 있을 때, 연락을 해주면 감사할 것이오. 우리는 언젠가 프리츠 마이어가 이스라엘에서 올 것을 기대하오. 우리는 충돌을 회피하고 싶다오.

내 느낌으로 아이히만 재판은 섬뜩하오. 나는 재판의 진행이 아무리 객관적이더라도 이스라엘이 안 좋은 인상을 초래할지도 모른다는 것이 두렵소. 아이히만 같은 사람의 행위 ─ 당신은 이를 아름답게 언급했다오 ─ 가 인간적·도덕적 관점에서 이해할 수 있는 것의 범위 밖에 있듯이, 이 재판의 법률적 기반도 모호하오. 법 이외의 것이 여기서 쟁점이 되고 있소 ─ 그리고 이것을 법률적 관점에서 언급하는 것은 오류라오. 아르헨티나에서의 납치[164] 자체가 불법적이오. 내 견해로 이것은 완전히 타당하지만, 법률적 주장으로는 타당하지 않다오. 납치 자체는 정치 행위요. 이 재판에 당혹스러운 측면이 많구려!

살인이 자행됐을 때, 이스라엘은 존재하지도 않았다오. 이스라엘은 유대 민족이 아니오. 다행스럽게도, 골드만[165]은 벤구리온[166]의 호적수라오. 유

---

[164] 1950년 5월 이스라엘 비밀정보국은 아르헨티나에서 아이히만을 유괴하여 재판을 위해 이스라엘로 그를 이송했다.

[165] 나훔 골드만(Nahum Goldmann, 1894~1982)은 학자이며 작가로서 세계시온주의기구와 세계유대인회의의 회장이었다.

[166] 다비드 벤구리온(David Ben Gurion, 1886~1973)은 1948~1949년 임시정부의 수장으로서 이스

대 민족은 이스라엘 국가 그 이상이지 국가와 같지 않다오. 이스라엘이 사라지더라도, 유대 민족은 여전히 사라지지 않소. 이스라엘은 유대 민족 전체를 대변할 권리를 갖고 있지 않소.

아이히만은 다음과 같이 말할 수 있다오. **나는 여기에 서 있다. 독수리가 영리한 사냥꾼의 손에 넘어가는 일이 일어날 수 있다. 당신은 법의 이름이나 중요한 정치적 개념의 이름으로 행위하고 있지 않다. 내 눈과 세계 및 역사의 눈에 당신은 (당신과 같은 사람에게 명백하게) 복수심이 있거나 우스꽝스럽다. 당신이 하려는 것을 나와 함께 하구려. 나는 다른 말을 하지 않을 것이다. 나는 어떤 변명도 원하지 않는다. 나는 내가 한 일을 알며, 내가 후회하는 것은 내가 너희를 모두 죽일 수 없었다는 것이다.**

그런데 이 위인은 이렇게 말하지 않을 것이오. 이 위인은 본성을 고려할 때 충분한 품위를 갖고 있지 않기 때문이오. 그러나 그가 이렇게 말했다면, 이스라엘은 온갖 공적 절규와 특별히 유대인의 온갖 분노에도 불구하고 난처한 처지에 놓여 있을 것이오. 세계의 반유대주의는 그 '순교자'를 낳게 할 것이오.

추정컨대 재판은 개최될 것이오. 재판의 의미는 이게 법적 재판이라는 데 있지 않고 역사적 사실을 정립하고 인류에게 그러한 사실을 상기시키는 데 이바지한다는 점에 있소. 역사에 대한 증인의 청문과 그와 같은 규모로 완벽하게 문서를 수집하는 활동은 어떤 연구자에게도 가능하지 않을 것이오. 이 활동이 재판을 가장하고 진행되는 점은 과연 말한 대로 불가피하지만, 이 활동과 관련된 모든 것들 때문에, 이 활동은 잘못된 태도로 가득 차 있소. 혹은 이스라엘 판사들은 주제를 벗어나는 이런 요인들이 떨어져 나가는 방식으로 재판을 실현하는 데 성공할 것인가? 그것은 괄목할 만한 성과일 것이오. 나는 이것으로 인해 긴장되오. 이스라엘에 해를 끼칠까 두렵

라엘 독립을 선포했고, 1949~1953년, 1955~1963년 이스라엘 수상이었다.

기 때문이오. 만약 판사들이 예측할 수 없고 합리적으로 구성할 수 없는 관점을 발전시킬 수 있을 때만, 이러한 해를 회피할 수 있을 것이오. 그런데 이런 관점은 법률적 사유를 넘어서고 판사들이 세계의 눈에 어떤 의문이나 의혹을 넘어서 사유하는 사람이라는 것을 보일 것이오. 그리고 이스라엘 언론, 적어도 주요 신문이 똑같이 할 수 있다면 좋을 것이오. 눈에 두드러진 지적 성찰, 무한한 분야로 이어지는 복잡한 토론, 그리고 단순성의 결여가 그러한 사실을 다루는 데 필요한 인간적 위대성을 드러나지 못하게 한다는 점은 나도 두려워하는 사항이오. 필요한 것은 위대한 옛 예언자들 ― 아모스·이사야·제레미야 ― 유대 정통파, 그리고 유대인이 현대 민족주의로 완전히 동화되는 것(이스라엘 사람을 위해 유대인임을 포기하는 것), 즉 고도로 훈련된 정신에서 기대될 수 없다오.

나는 당신이 들을 내용이 당신을 낙담하게 하고 분노하게 하지 않을까 두려워하오. 내가 틀렸다고 입증된다면 얼마나 멋있을까! 어쨌든, 내가 보기에 그림자가 이스라엘에 가능한 한 적게 드리워지도록, 누구든 조심해야 하오. 예언자만이 그러한 권리를 가지고 있는 곳에서 누가 냉혹하게 판단할 권리를 가지고 있는가요?

이것이 당신을 자극할 것이지만, 당신은 항상 자신의 눈으로 보고 자신의 귀로 듣고 싶어 하오. 나는 할 수 있다면 당신과 같이 되고 싶소. 자기 자신에 대한 위험은 여기에서 작지 않다오. 그러나 나는 당신에게서 듣고 친근한 대화에서 당신의 보도와 판단을 알게 되며, 아마도 그때 이 사건에 대해 좀 더 분별 있게 되는 행운을 누리게 될 것이오.

나는 이번 가을에 두 번째로 감기에 걸렸고(당혹스러운 부작용과 함께) 다른 강의를 취소할 것이오. 이런데도 불구하고 행정당국은 이번 여름 다시 일주일에 한 시간 강의하도록 요청하고 있다오(이사회의 회장은 내가 5월 중순에 시작하여 6월 중순에 마칠 수 있다고 나에게 말했다오). 그들은 나를 계속 '내보이고' 싶어 하지만, 아직 공직에 있는 관계로 별도의 6개월분 봉급을 지급하는 친절을 나

에게 베풀었던 것 같다오. […]

당신은 『원자폭탄과 인류의 미래』가 출판사 측의 특별 노력에 힘입어 1월에 출간될 것이라고 편지에서 밝혔소. 나는 이것에 매우 기쁘오. 이 책이 미국에서 곧 출간된다는 것은 출간된 대부분의 저작과 같이 객관적으로 어쩌면 별로 중요하지 않소. 이 책은 나에게 ― 아마도 우매하게 ― 변화를 가져올지도 모른다는 희미한 가능성으로 놀라게 하오. 우리는 끊임없이 최소한의 기회에 맞서고 있다오 ― 그리고 때론 '기적'이 나타난다오. 그리고 당신은 뉴욕의 강력한 사람들과 대화하도록 요청을 받았구려! 강요? 당신은 원한다면 할 수 있소. 사람들을 확신시키고, 그들을 조용히 설득하고, 파토스 없이 가시적인 진지함을 보이구려 ― 그리고 아마도 가장 중요한 것은 이렇다오. 나는 당신이 미국인들 자신보다 그들을 더 잘 알고 있다고 생각하오.

나는 오랫동안 막스 베버의 저작을 읽지 않았다가 다시 읽는데 빠져 있소. 베버에 관해 1시간이나 2시간 강의하고 싶기 때문이오.[167] 정치의 내용과 구체적인 과제가 오늘날 우리에게 얼마나 멀고 이 사람의 사유 양식이 우리에게 얼마나 가까운가는 신기하오. 나는 특별히 독일 민족 이념의 경우에 이것을 본다오. 일찍이 1920년대 나는 다음과 같이 말했소. 즉 막스 베버는 마지막 민족적인 독일인이었다. 그러나 동시에 그 자신은 그것을 넘어섰다.

두 분에게 따뜻한 인사를 전하고, 게르트루트의 안부도 전하오.

야스퍼스

---

[167] 「현대의 철학」 강의와 연관된다. 편지 269의 각주 152를 참조할 것.

편지 273　야스퍼스가 아렌트에게

바젤, 1960년 12월 16일

친애하는 한나!

　아이히만 재판은 실제로 전대미문의 문제라오. 이 문제가 어떻게 해결되는가는 이스라엘뿐만 아니라 세계에도 영향을 미칠 것이오 — 모델 또는 반대 모델로서, 사유하고 이해하는 방식의 전례로서 그렇다오.

　나는 이 재판이 그 근원에서 잘못 고려되고 있다는 견해를 이미 언급했다오. 이제 이런 우매하게 단순한 생각을 하오. 그러나 심리 과정과 결정 과정을 위해서 소송 절차를 포기하는 것이 훌륭할 것이오. 목표는 역사적 사실의 가장 가능한 객관화일 것이오. 최종 결과는 판사들의 판결이 아니라 확실성을 확보할 수 있는 정도로 사실들과 관련한 확실성이오. 그렇다면 그 다음엔?

　내 생각에 이스라엘은 다음과 같이 선언할 수 있다오. 즉 **이스라엘은 판결하는 것을 원하지 않는다. 이 사건은 어느 한 국가의 법적 관할권 영역 밖에 있다.** 게다가 이스라엘이 완전히 다른 것이 문제인 전형적인 사건에서 법적 판단을 내리는 상황이 발생한다. 이 재판은 모든 인류와 연관되는데, 이스라엘은 증거와 범인을 — 그러나 누구의? 국제연합의? — 재량에 맡긴다. 가능한 결과는 다음과 같다. 아무도 이 재판과 관련을 맺고 싶어 하지 않을 것이다. 그러나 이 재판은 국제연합을 과중하게 압박하고 정의와 인간 존엄성에 대한 공중의 의식이란 관점에서 국제연합에 중대한 부담을 지우는 새롭고 중요한 사실일 것이다. 국제연합은 이 상황에서 **빠져나오기** 위해 법적인 이의를 제기할 것이다.

　승전국이 패전국에 내리는 판결은 과거에는 정치 행위로 여겨졌으며, 법적 행위와 달랐다오. 서방 강대국들이 양측의 기록보관소를 개방하는 것을 포함하는 중립적인 조사를 거절한 이후, 1919년 전범들을 조사하기 위해 설립된 독일위원회가 그러했소.[168] 법률적 관점에서 포착될 수 없는 정치

영역은 중요하오(그렇게 하려는 시도는 앵글로색슨적이며 정치적 존재의 기능에서 기본적 사실을 은폐하는 자기기만이오). 아이히만 재판에서 이른바 '정치적으로' 존엄성을 지니고 법보다 더 광범위하며 운명에 얽힌 차원은 중요하지 **않다오**. 여기서 다른 것이 쟁점이 되고 있는데, 일부는 덜 중요하나 여전히 인류에 중요한 관심사가 된다오. 그것은 존엄성이 없으며, 또 진실과 명확성을 위해 단지 법률적인 것에서 벗어나야 하오. 이와 같이 중대한 사건의 경우 소송 절차의 **전제 조건**은 최소한 불분명하게 남겨져야 하오.

그런데 나는 정말 당황스럽게 이 모든 것을 적고 있구려. 하인리히가 내 견해에 동의한다면, 당신과 그는 당신의 동의를 조건으로 구체적인 제안과 가능성의 분기점을 해결해야 하오. 나는 이것을 처리할 수 없소. 그러나 당신이 아주 밀접하게 관여하고 보도자로서 책임을 질 것이기 때문에, 어쨌든 말도 안 되는 소리이고 지금 당장 생각나지 않더라도, 나는 이것을 당신에게 편지로 알리고 싶었소. 느낌이지만, 재판 **이전** 지금 내가 말하는 것이 어떤 진실을 담고 **있다면**, 나는 즉시 분명히 밝혀야 할 사항들을 개념적 명료성과 활력으로 표현할 수 있는 것보다 많은 것을 희미하게 예감하오.

따뜻한 안부를 전하며
야스퍼스

편지 274　아렌트가 야스퍼스에게

1960년 12월 23일

친애하고 존경하는 분!

저는 다른 모든 것과 당신의 편지에서 언급하는 다른 질문들을 제쳐놓고,

168　독일만이 제1차 세계대전에 책임이 있다는 명제를 베르사유조약에 수용한 이후, 승전국들은 전범으로 간주한 일부 독일인을 연합국 재판정에 세우고자 했다. 독일 정부는 이것을 막기 위해 피의자를 독일 최고법원에 세웠다.

아이히만 재판만을 언급할 것입니다. 하인리히와 저는 당신의 편지 두 통에 대해 장시간 토론했습니다. 그러나 제가 편지를 쓰고 있는 지금, 그는 집에 없습니다. 저는 그가 항의할 기회를 가질 때까지 편지를 보관할 것입니다.

저는 당신의 첫 번째 편지에 먼저 답장할 것입니다 ― 이스라엘이 잘못될 수 있고, 그렇게 될 수도 있다. 저는 재판의 법률적 근거에 대해 당신만큼 비판적이지 않습니다. 물론 아이히만은 납치됐고, 그냥 납치되어 끌려갔습니다. 그러나 이스라엘 사람들은 다음과 같이 말할 수 있습니다. 1. 우리는 뉘른베르크에서 첫 재판에 기소된 사람을 납치했다. 당시 그는 체포를 모면했다. 뉘른베르크 재판은 인류에 반하는 범죄 재판을 담당했다. 아이히만은 범법자 ― 해적들이 범하는 방식의 인류의 적 hostis humani generis[169] ― 였다. 2. 우리는 아르헨티나에서 그를 유괴했다. 아르헨티나는 범죄인 인도 요청에도 불구하고 전범 인도에 대한 최악의 기록을 가지고 있다. 뉘른베르크 재판에 기소된 누구든 체포되고 인도돼야 한다는 승전 강대국뿐만 아니라 국제연합의 반복적인 주장에도 불구하고 그렇다. 3. 우리는 그 사람을 독일이 아닌 우리 자신의 나라로 이송했다. 독일은 범죄인 인도를 요청할 수 없었다. 우리가 그 재판에서 하려는 것은 확실하지 않다. 그는 뉘른베르크 특별재판에 서 있어야 했다. 특별재판의 임무를 수행한 승계국 재판은 없다. 독일인들이 자신들의 정규 재판이 그런 승계 재판이었다는 견해를 가졌다면, 그들은 아이히만의 범죄인 인도를 요구했어야 한다. 현재 상황으로서는, 지명 범인을 재판에 넘기고 싶어 하는 사람은 우리 이외에 누구도 없는 것 같다. 그래서 우리는 계속해서 그것을 할 것이다.

문제의 이런 측면에 관한 한, 납치에 대한 대안은 오직 하나뿐이었을 것입니다. 누군가 아이히만을 거리에서 총으로 쏘고 나서 즉시 경찰에 자수할 수도 있었습니다. 그런 행위도 재판을 초래할 것입니다. 모든 이야기는

---

[169] 인류의 적.

지금처럼 다시 전개되었을 것입니다 — 주도적 역할에서 주인공만 바뀌었을 뿐입니다. 이것은 제가 방금 만들어낸 대안이 아닙니다. 샬롬 슈바르츠바르트[170]는 1920년대 초 파리에서 바로 이런 일을 감행했습니다. 이때 그는 러시아의 내란 기간에 우크라이나 대학살[171]의 주모자였던 사람을 살해하고 인근 경찰서로 갔습니다. 슈바르츠바르트는 이 대학살의 역사를 상세히 열거한 2년의 재판 끝에 무죄를 선고받았습니다. 저는 그를 파리에서 잘 알고 있었고, 멋진 친구입니다. 그러나 그곳은 그런 때 여전히 세계의 중심지였고 다소라도 신뢰할 수 있는 사법체계를 유지했으며 최대의 공공성을 보증했던 파리였습니다. 아르헨티나에서 그런 종류의 행동을 할 기회는 정확히 뚜렷하게 드러나지 않았을 것입니다.

이스라엘은 세계 유대인을 대변할 권리를 가지고 있지 않습니다. (하지만 저는 누가 정치적 의미로 유대인으로서 유대인을 대변할 권리를 갖는지 알고 싶습니다. 확실히, 많은 유대인은 유대인으로 대표되기를 원하지 않거나 종교적인 의미로만 존재하기를 원합니다. 그래서 이스라엘은 그들을 대변할 권리를 갖고 있지 않습니다. 다른 사람들은 어떤지요? 이스라엘은 우리가 가진 유일한 정치적 실체입니다. 우리는 이것을 특별히 좋아하지 않지만, 제가 그것에 대해 할 수 있는 일은 많지 않습니다.) 그러나 이스라엘은 어쨌든 희생자를 대변할 권리를 갖고 있습니다. 그들 대다수(300,000명)가 현재 시민으로서 이스라엘에 살고 있기 때문입니다. 재판은 피해 당사자와 우연히 생존한 사람들이 있는 나라에서 열릴 것입니다. 당신은 이스라엘이 그때 존재하지 않았다고 말합니다. 그러나 누구든지 팔레스타인이 이러한 희생자들을 위해 이스라엘이 되었다고 말할 수 있었습니다. 생존자들에게 이민 증명서에 대한 처리를 맡기지 않으려는 어니스트 베빈[172]의 거부 행위는 단지 영국에 대한

---

170 사뮤엘 쉬바르츠발트(Samuel Scharzbard, 1886~1938)는 유대인 작가로서 1926년 파리에서 자기 부모의 살인자를 사살했다. 아렌트는 아마도 '쉬미엘(Shmuel)' 대신에 실수로 '샬롬(Shalom)'으로 기록했을 것이다.
171 대학살은 1918~1920년 370개 이상의 마을에서 발생했으며, 약 30,000명이 희생되었다.

저항과 국가 건설의 동기가 되었습니다. 이외에도, 아이히만은 국적과 관계없이 유대인에게만 책임이 있었습니다. 달리 말하면, 다른 쟁점과 관할권은 전혀 작동하지 않았습니다. 예컨대 체포되었던 사람이 보르만[173]이었다면, 그렇지 않았을 것입니다.

문제의 이 측면에 관한 한, 저는 다음과 같이 말해야 합니다. 이스라엘 사람들은 아이히만이 "자진하여" 이스라엘에 가서 그곳의 법정에 출두하기로 동의했다고 말하는데, 그들이 이런 입장을 어떻게 계속 강조하는가는 저에게 가장 골치 아픈 일입니다. (고문? 협박? 신이 그들이 한 일을 알고 있습니다.)

재판 자체의 진행에 관해서는, 저는 당신의 두려움에 공감합니다. 그런데 그들은 1년 동안 재판을 진행하지 않기로 했는데, 이것은 순전히 미친 짓이었을 것입니다. 그러나 저는 여전히 그 재판에 대해 불안합니다. 이스라엘 젊은이들과 (더 나쁘지만) 전 세계에 어떤 사항들을 보여주기 위한 노력이 있으리라는 점은 확실합니다. 특히, 이스라엘 사람이 아닌 유대인들은 양처럼 도살될 상황에 놓이게 될 것입니다. 아랍인들도 나치와 협력했습니다. 쟁점 자체를 왜곡시킬 다른 가능성도 있습니다.

국제 법정이나 그런 법정의 설립으로 이어질 조사 절차와 관련하여, 이런 시도는 새롭지 않으며, 지금까지 늘 실패했습니다. 국제연합에서 총회가 이를 거부했기 때문입니다. 유일한 가능성은 국적과 관계없이 개개인을 심리하는 권능을 가졌을, **인류의 적**을 재판할 형사재판소를 헤이그 국제재판소에 설치하는 것으로 보입니다. 그런 재판소가 존재하지 않는 동안, 국제법은 세계의 어떤 법정도 권능을 가진다고 주장합니다 — 왜 이스라엘 법정은 아닌가요? 법적으로, 이스라엘은 권능이 없다고 주장할 수도 **없습니다**. 이스라엘이 자신을 위해 판결을 내린다는 주장은 저에게 적절하지

---

[172] 어니스트 베빈(Ernest Bevin, 1881~1951)은 영국 노동당 당수이며 당시 외무장관이었다.
[173] 마틴 보르만(Martin Bormann, 1900~1945)은 나치 지도자로서 아마도 전쟁 기간 히틀러에 가장 전반적인 영향을 미쳤을 것이다. 그는 자살했다.

않은 것 같습니다. 세계 어딘가에서 일부 미국인들이 미국에 대한 일반적인 증오 때문에 맞아 죽고, 어떻게 해서든 이 살인범들이 뉴욕에 온다고 가정해 보지요. 이곳 법원이 이 살인범들에게 형을 선고할 능력이 없어야 하는지요? 법률적으로, 이것은 '수동적인 국적 원리'라고 불립니다. 희생자들이 속한 나라나 국가는 관할권을 갖습니다. 이 원리는 독일인들이 관할권은 갖는 적극적인 국적 원리나 거의 모든 유럽이 이런 사람들의 재판을 맡을 권리를 갖는 영토 원리와 구별됩니다. 오해하지 마세요. 저는 적절한 권한을 지닌 국제재판소를 전적으로 선호합니다. 그러나 제가 보기에 이스라엘이 자체로 권한이 없다고 선언할 수 있는 유일한 이유는 이스라엘이 납치를 자행했기 때문이지 스스로 판결할 것이기 때문은 아닙니다. 그리고 저는 이 사건에서 납치가 그렇게 나쁘다고 생각하지 않습니다.

당신은 근본적으로 반유대주의의 증대를 두려워합니다. 여기에서 이런 두려움은 근거 없지만, 제가 틀릴 수 있습니다. 당신이 상상한 아이히만의 '변호', 아니면 오히려 어떤 변호에 대한 아이히만의 거부 — 나는 덫에 걸린 독수리다 — 는 여기 있는 누구에게도 감명을 주지 않을 것입니다. 제 생각에, 이것은 반유대주의자들에게 순교자를 제공하는 것이 아니라 이런 사람들이 그저 완전히 미쳤거나 신경과민에 시달렸다는 것을 세상 사람들에게 확신시킬 것입니다. 이런 종류의 태도는 저에게 약간 영향을 줄지도 모릅니다. 그러나 저는 여기에 있지 않습니다.

재판이 완벽하게 진행된다고 가정하지요. 그 경우 다음과 같은 점이 두렵습니다. 첫째, 아이히만은 어느 나라도 유대인을 원하지 않는다는 것(벤구리온이 원하고 제가 재앙이라고 생각하는 형태의 시온주의 선전)을 증명할 수 있을 것이고, 둘째 유대인이 얼마나 광범위하게 자신들의 파멸을 조직하는 데 이바지했는가를 증명할 것입니다. 이것은 물론 적나라한 진실이지만, 이 진실은 실제로 설명되지 않더라도 10차례의 인신 약취보다 더 많이 반유대주의를 자극할 수 있었습니다. 아이히만 씨가 개인적으로 단 한 명의 유대인 머리털 하나도 손상한 적이 없으며, 그와 그의 공모자들이 죽음에 이르게 된 사람들을 선발하는 데도 전혀 관여하지 않았다는 점은 불행하게도 사실입니다.

이 모든 것은 저도 마치 법률적 개념으로 정치적 개념을 제한하려고 시도하고 있는 듯이 당신에게 인상을 줄 수 있습니다. 그리고 저는 심지어 법의 역할에 관한 한 제가 영미계의 영향에 오염되었다는 점을 인정합니다. 그것과는 완전히 별개로, 제가 보기에 우리가 법률적 관점이나 정치적 관점에서 적절하게 표현될 수도 없는 무엇인가를 판단하고 판결을 내려야 하는 법률적 도구를 제외하고 손에 넣을 도구가 없다는 점은 이 사건의 본질에 있는 것 같습니다. 그것이 바로 그 과정 자체, 즉 재판을 매우 흥미롭게 만드는 것입니다. 의문은 이러합니다. 우리가 만약 살인자와 비슷한 범죄인에 반하는 법만이 아니라 인류의 적에 반하는 법을 가지고 있다면 상황은 달라질까요?

그러나 저는 일간지도 아니고 잡지를 위해 단순한 기자로서 그곳에 갈 것입니다. 그것은 제가 무슨 일이 일어나든 전혀 책임을 지지 않는다는 것을 의미합니다. 제가 만약 당신이 제안하고 있는 형태의 일을 시도한다면, 이스라엘 사람들은 아마 저를 기자로 제한함으로써 정당하게 즉각 반응했을 것입니다. 저는 아직도 그들이 자신들의 능력을 입증하기 위해 제시할 이유조차 듣지 못했습니다. 저는 보도자로서 그들의 논리를 비판할 권리를 가지고 있지만, 그들에게 제안할 권리를 갖고 있지 않습니다. 제가 그것을 행하고 싶었다면, 보도자는 제가 될 수 있는 마지막 사람입니다. 제가 저 자신과 이러한 사실 사이에 얼마나 큰 거리를 두고 싶은가는 제가 비유대인 출판물을 위해 보도할 것이라는 사실로부터 당신이 판단할 수 있습니다. 제가 알듯이, 제가 할 수 있었던 유일한 일은 다음과 같은 결론을 통해 중요한 것을 제안하는 것입니다. 아이히만 재판은 우리가 헤이그 국제재판소에서 형사재판을 위한 법정이 필요하다는 점을 보여주었습니다.

독일어 자료는 이틀 전에 도착했습니다.[174] 저는 그것을 아직 읽을 수 없었습니다. 저는 1월에 노스웨스턴대학교에 갈 예정이기에 이번 달에 컬럼비아대학교에서 세미나를 두 배로 진행해야 했으며, 그래서 저는 다른 어떤 것도 알아내지 못했습니다. 당신은 시카고대학교출판사의 책[175]을 이미 받았는지요? 이것은 보기 흉하지 않은 것 같습니다. 출판 날짜는 1월 말입니다. 그래서 서평자에게는 충분한 시간이 있습니다.

12월 24일

남편이 이 편지를 읽고 어느 정도 괜찮다는 것을 알았습니다. 저는 방금 그가 자신의 사진을 찍게 할 수 있었습니다. 저는 이것이 제 유혹적인 예술이 이길 수 있었던 가장 큰 승리라고 생각합니다. 이 사진이 반쯤 우아하다고 판명되면, 저는 이것을 보낼 것입니다. 현재 우리는 옷 — 베를린 사람들은 우리의 축제용 옷을 입자고 말할 것입니다 — 을 바꿔야 하며 거위고기 구이를 먹으러 가야 합니다.

새해 복 많이 받으시길 바랍니다! 그리고 건강하고 아주 끔찍하지 않은 세상과 함께 서로 다시 만나길 바랍니다.

여느 때와 같이
한나 올림

편지 275 야스퍼스가 아렌트에게

바젤, 1960년 12월 31일

친애하는 한나!

당신의 법률적 고려는 나에게 완전히 정확한 것 같지만 법률 영역에서만

---

174 *Freiheit und Wiedervereinigung*. 편지 264의 각주 143을 참조할 것.
175 Karl Jaspers, *The Future of Mankind*, translation by E. B. Ashton of *Die Atombombe und die Zukunft des Menschen*(Chicago, 1961).

그렇다오. 내 생각에, 법을 가능하게 하는 권력의 정치적 기반은 다른 문제요. 당신은 국제연합 형사재판소의 비존재와 같은 현재의 사실을 분명히 인지하고 있소.

사람들은 이스라엘과 같은 국민국가의 정당한 요구와 권력을 통해서 난국을 해결할 수 있다오. 이렇듯 난국은 해결될 수 있을 것이오. 그리고 우리와 같은 사람은 이것이 이스라엘을 몰아넣을 당혹스러운 상황과 관련하여 공개적으로 평화를 유지하는 것을 선호할 것이오.

당신이 나만큼이나 좋아할 것은 현재로선 여전히 이상적일 것이오. 나는 이게 실현되기를 보려는 욕구를 느끼오. 그리고 아직도 마음속에 미련을 품고 있소. 이스라엘은 역사적 조사와 문서화와 같은 모범적인 일을 하고, 오늘날 주무 기관으로서 국제연합이 공식적으로 제기한 인류에 대한 요구로 종결한다오. 사실들은 이러하오. **그런 중대한 사건에서 판결하는 것은 개별 국민국가가 아닌 인류의 임무라오. 우리는 이 범죄의 가해자를 가두고 있으며 그를 국제연합에 마음대로 처분할 수 있게 한다오. 그가 자행한 것은 우리가 아니라 국제연합과 연관되오. 인류가 정의를 실현할 수 있는 수단을 만들지요**(내가 생각하고 있는 가능한 결과는 예컨대 자국에 의해 인권을 침해당한 사람들로부터 이런 최상의 초국가적 권위에 대한 호소라오). 당신은 인류의 적hostis humani generis에 대한 자기 생각과 같은 것을 염두에 두고 있구려. 이것은 타키투스에 따라 기독교인들이 고발당하는 인류에 대한 증오odium humani generis를 연상시키지 않는다면 적절한 표현일 것이오. '적'이란 용어 역시 나에게 아주 적극적이라는 인상을 준다오. '인류에 반하는 범죄의 가해자'는 다른 분위기를 지니지만 이상적이지도 않소. 내가 여기서 염두에 두고 있는 것 ─ 그리고 나는 당신의 초기 저작에서 드러난 것에 영향을 받았다오 ─ 은 인류의 자기자각을 위해 이전보다 더 중대하오. 역사적으로 이것은 구약에 뿌리를 두고 있으며, "스토아학파의 세계시민적 사유"의 출현에도 불구하고 지구상 어디에도 없는 원래의 형태로 표현되었소. 그러나 이것은 신약의 형태로 철저하게 유대적인 기독교 정신으로 흡수되었다오.

우리는 이스라엘에 대한 견해에서 (최종적이지는 않지만) 다소 다르오. 나는 이스라엘의 건국에서 아직 국민국가의 지배 아래 있는 시대에 필요한 미봉책만을 본다오. 이 미봉책은 유대인에게는 심각하게 이질적인 현대의 동화 형태이며, 어떻게 하다가 이전의 동화에서 상실된 것처럼 다른 것들도 상실되었다오. 시온주의가 확산한다면, 유대교는 우연하게도 이스라엘에서 상실될 것이오(그런데 벤구리온은 이를 엄격하게 고수하오. 시온주의자라고 할 수 있는 유일한 사람은 이스라엘에 와서 정착하는 사람이오). 만약 이스라엘이 이 시대에 긴급 해결책, 말하자면 어느 주권국가보다도 훨씬 더 방대한 유대교 군대라면, 아마도 이스라엘 국가는 다른 국가들과 다른 가능성을 가질 것이오. 그러나 이 '훨씬 더'가 느껴지는 한에서만, 이스라엘은 유대인에게 여전히 관심 사항이 될 것이오. 그리고 이것은 아마도 나의 잘못된 생각일 것이며, 이 '훨씬 더'는 세상에 가장 큰 당혹감을 안겨줄 비범하고 감동적인 행위를 통해서 현재의 형식주의의 무미건조함으로부터 인류 이념에 대한 진지한 고려를 일깨울 수 있었다오. 유대인은 이것을 일어나게 할 것이며, 아담의 시초로부터 이방인을 보호할 충동, 이웃사랑, 그리고 모든 인간의 연대를 끌어내는 민족이라오.

불행하게도, 우리는 이것에 대해 서로 이야기할 수 없소. 우리는 이번 여름에 이것을 보충할 것이오.

따뜻한 안부를 전하며
야스퍼스

추신. 당신은 미국에서 우리에게 잡지 한 부를 보내서 미국 잡지에 게재한 자신의 보고서를 우리에게 제공할 수 있는지요?

편지 276   야스퍼스가 아렌트에게

바젤, 1961년 1월 3일

친애하는 한나!

나는 아직 다른 생각을 마지막 편지에 덧붙이는 것을 잊었소.

아이히만은 인간사의 맥락에서 마땅히 사형당해야 하오 — 그러나 단지 한 국가가 아니라 인류가 천명한 사형선고를 통해서만 그렇다오.

나의 이상적인 제안이 채택된다면, 이스라엘은 아이히만을 구금하고 인류의 공권력에 따라 처분해야 하지만, 사형선고는 매우 다른 의미와 사건에 적절한 의미를 부여하는 곳에서 비롯될 것이오. 그런 반응은 역사적 영향을 지녀야 하오. 이스라엘이 사형을 집행한다면, 이것은 말하자면 국민의 정신에서 아이히만의 행위를 평범하게 하고 충분히 대담하게 눈에 띄는 것을 허락하지 않을 것이오.

이제, 나는 당신에게 더는 질문을 퍼붓지 않을 것이오. 오히려, 당신이 편지로 밝히고 말할 것을 기대감에 차 기다릴 것이오.

미래는 불운하고 우리는 모두 그것을 짊어지고 있는가? 나는 이 아이히만 재판과 진행 과정에서 상징적인 무엇인가를 느끼오. 모든 사람이 새로운 통찰력을 얻거나, 아니면 의식하지 못한 채 단지 빠져나가는 순간이 있을 것이오.

나와 함께 이 문제를 논의하면서 더 많이 연관되어 있기에 더 고무된 채 논의하는 아내로부터 두 사람에게 따뜻한 안부를 전하오. 나는 이것을 통해서 아내의 유대인 영혼이 없다면 전혀 이해할 수 없는 것을 의식하게 될 것이오. 그러나 아직 생각과 요구를 명백하게 표현하지 못했다오.

야스퍼스

『프랑크푸르터 알게마이네 차이퉁』에 사진의 특성에 어울리지 않았던 슈테른베르거[176]의 의미 있는 에세이와 함께 당신의 멋있는 사진이 실렸구려.

우리가 열렬히 기다리고 있는 하인리히의 사진은 아직 도착하지 않았다오. 당신은 몇 년 전에 나의 요청에 응하여 너무 작아서 아무것도 볼 수 없는 사진을 나에게 보여주었소.

편지 277 아렌트가 야스퍼스에게

에반스톤, 일리노이, 1961년 2월 5일

친애하고 존경하는 분께—

오랫동안 편지를 보내지 못했습니다. 논의할 내용이 많아서 저는 어디서 시작할지 모르겠습니다. 우선 『원자폭탄과 인류의 미래』에 대해 말씀드리겠습니다. 이 책은 좋은 출발이며, 모든 신문에 서평이 실렸습니다. 매우 중요한 『타임Time』 잡지에는 추천된 저작들 가운데 이 책이 포함되어 있으며, 당신은 아마도 제가 동봉한 서평을 이미 받았을 것입니다.[177] 애석하게도, 『뉴욕 타임스 서평』[178]에 수록한 서평은 니버의 서평입니다. 이 서평은 매우 우호적이지만 책에 대한 이해를 조금도 보이지 않았습니다. 어제 저는 시카고에서 『토요일 서평Saturday Review』[179]에 서평을 게재한 모겐소[180]와 함께 이야기했습니다 — 분명히 매우 훌륭하고 합리적인 서평이지만, 저는 이것을 아직 보지 못했습니다. 이 책은 여기저기에 널려있고 모두가 읽고 있습니다.

---

176 Dolf Sternberger, "Schnucht nach der Unsterblichkeit," *Frankfurter Allgemeine Zeitung*(December 31, 1960), review of Arendt's *Vita Activa*.
177 서평은 다음과 같다. "Fate Is Not Blind," *Time* 77(January 27, 1961): 77-78.
178 *New York Times Book Review*(January 29, 1961), 6.
179 한스 모겐소(Hans Morgenthau, 1904~1980)는 이 당시 시카고대학교의 정치학 교수였다.
180 *Saturday Review*(February 18, 1961), 18.

출판 시기는 좋습니다. 케네디의 당선은 몇 주 사이 이곳의 분위기에 중대한 변화를 가져왔습니다. 그가 지금까지 수행한 일은 모두 매우 좋습니다. 문제는 그가 상황의 긴급성과 위험을 국민에게 이해시킬 수 있는지 여부입니다. 매우 중요하지만, 그가 모든 분야의 중대되는 무능력을 통제하고 부패를 중단시킬 수 있는지 여부입니다. 그가 적어도 상황이 어떤지를 알고 있다는 점은 사람들을 안심시키는 분위기를 제공합니다. 아이젠하워 시대와 관련하여 기이한 상황은 이렇습니다. 즉 정말 모든 사람은 모든 것이 최상의 상태라고 생각했습니다. 케네디는 지난 10년 동안 그런 일에서 전적으로 물러났던 지식인들을 정치 영역으로 다시 끌어들이는데 이미 성공했습니다. 워싱턴 취임식에 초청받았던 로웰[181](매우 유명한 미국 시인)은 저에게 다음과 같은 편지를 보냈습니다. 즉 세계는 다시 녹색이오. 많은 대학의 학생들 사이에서 이 새로운 분위기는 또한 돌기 시작했습니다. 저는 컬럼비아대학교 학생들 가운데 매우 재능있는 학생들 일부를 보기 시작했습니다. 그들은 철학을 버리고 정치이론을 통해 정치에 다시 흥미를 갖거나, 적어도 정치와 밀접한 관계를 유지하고 있습니다. 여기서도 정치학도들은 철학도들보다 훨씬 훌륭합니다. 이것은 오랫동안의 상황은 아니었지만, (철학이 쉴프[182]의 영향을 받았던) 이곳의 지역적 상황을 통해서 설명될 수 있습니다.

저는 지금으로서는 '작업'을 계속하려고 했습니다. 이곳에서 가장 중요한 사안은 『위대한 철학자들』입니다. 판테온출판사는 지금 책을 인쇄할 것이며 다음 가을 출판을 계획했다고 주장합니다. 이 계획은 저를 고민하게 했습니다. 쿠르트 볼프가 갑자기 6개월 전에 출판사를 떠났기 때문입니다. 출판사 측은 단지 그를 매우 분노하게 하는 식으로 쫓아냈습니다. 그는 저에게 알리겠다고 편지를 보냈지만, 어떤 세부 내용도 저에게 밝히지 않았

---

[181] 로버트 로웰(Robert Lowell, 1917~1977)은 이 당시 미국에서 가장 저명한 시인들 가운데 한 사람이었다.
[182] Paul A. Schilpp. 편지 113의 각주 464를 참조할 것.

습니다. 그렇지만 헬렌 볼프는 가을에 뉴욕에 있었고, 더 중요하게도 판테온출판사 측이 다른 대형 출판사와 교섭하고 있다는 상세한 내용을 저에게 말했습니다. 그들은 대형 출판사와 함께 자신의 인쇄물로 책을 출판할 수 있을 것입니다. 이것은 모두 철저하게 비밀에 부쳐졌습니다. 저는 이것에 대해 편지로 쓸 수 없었습니다. 저는 몇 달 동안 판테온출판사로부터 어떤 소식도 듣지 못했습니다. 다른 이유 가운데 그곳의 모든 일이 혼돈 상태에 있었기 때문입니다. 저는 연말에 볼프에게 편지를 보냈고 당신에게 편지를 보내라고 그에게 요청했습니다. 그는 자신이 "존 랙랜드"[183]인 한 당신에게 아무 말도 할 수 없다는 핑계로 거절했습니다. 그는 모든 일이 1월 말에 수습되리라 생각했지만, 저는 그로부터 아무것도 듣지 못했습니다.

그래서 저는 볼프에게 알리지 않은 채 당신에게 편지를 쓰기로 했습니다. 제가 보기에 가장 좋은 일은 그 책을 판테온출판사에 맡기는 것입니다. 볼프의 계획이 어떤 형태를 취하든, 그에게 그 책을 맡기는 것은 어떤 경우에도 6개월에서 12개월 지연되는 것을 의미할 것입니다. 판테온출판사에서 그 책을 담당하는 사람은 과거의 독일인이었던 볼프강 자우어랜더 씨입니다. 저는 지금까지 매우 기분 좋게 그와 함께 일했습니다. 판테온출판사의 현재 책임자는 거의 모릅니다. 역시 과거의 독일인입니다. […] 자우어랜더는 이곳에 있는 저에게 편지를 보냈고, 참고문헌 ― 여기에서 사용하기 위해 확대되어야 했습니다 ― 도 보냈으며 내년 가을을 출판 날짜로 잡았습니다. 그것은 물론 계획된 것보다 6개월 늦지만, 출판될 수 있습니다. 저는 이 사람들이 책에 특별히 예리한 관심을 가졌던 볼프 없이 책을 어떻게 시작할 것인가에 관심이 있습니다. 시카고대학교출판사는 홍보로 정말 중요한 업무를 수행했으며 분명히 이것에 상당히 노력했습니다. 볼프가 떠난

---

[183] 1199년부터 1216년까지 왕으로 재임했던 영국의 존 왕은 존 랙랜드로 불린다. 그는 일련의 성공하지 못한 원정과 교황 인노센트 3세와의 투쟁으로 가장 많은 영토를 잃었기 때문이다.

이후 판테온출판사가 책들을 출간하는 마음의 태세는 예전만큼 좋지 않았습니다. 이것에 대한 신뢰는 볼프보다 매우 유능한 그의 아내에게 돌아갑니다.

저는 아직 아이히만 재판에 관한 당신의 편지 두 통에 답장하지 못했습니다. 당신은 아마도 이것이 이번에도 다시 한번 3월 15일까지 연기되었다는 것을 알고 있습니다. 그리고 몇 주 전에 이곳 언론은 재판이 다시 5월로 연기될 수 있다고 보도했습니다. 재판은 굉장하겠지만, 아직 확정되지 않았습니다. 그렇게 되면 저는 재판 이전에 바젤에 잠시 들를 수 있을 것입니다. 저는 우선 모든 것이 끝났을 때 당신과 함께 이야기하는 데 매우 관심이 많습니다. 이 일은 실제로 저에게는 전혀 명백하지 않기 때문입니다. 저의 해적 이론은 통하지 않습니다. 해적의 정의를 적용시키려면, 해적이 사적 동기에서 벗어나 행동하는 것은 사실적으로나 법적으로 기본적입니다. 문제는 여기에 있습니다. 인류의 적이란 개념 — 누구든 인간다움에 반하는 범죄가 아니라 오히려 인류에 반하는 범죄로 번역한다 — 은 재판에 다소간 필수적입니다. 중요한 문제는 쟁점인 범죄가 일차적으로 유대인에게 자행되었다고 하더라도 유대인이나 유대인 문제에만 전혀 제한되지 않는다는 점입니다.

저는 우리가 이러한 점에서 기본적으로 합의하고 있다고 생각하지만, 이것들을 어떻게 표현하는가는 정치적으로나 법적으로 여전히 문제로 남습니다. 제 생각에, 우리는 이스라엘 국가에 대해서 동의하지 않습니다. 이스라엘 국가는 참으로 마침내 필연성에서 태어났지만, 전적으로 그 필연성에서 발생하지는 않았습니다. 그것은 이른바 유대인 문제, 즉 우리가 전혀 전적으로 합의하지 못한 문제에 영향을 미치는 수많은 문제와 연관됩니다. 제가 보기에 이 문제들은 이 경우에 고려될 필요가 없습니다. 저는 라본 사건[184]으로 훨씬 더 골치가 아픕니다. 이 사건은 구조상 제2의 드레퓌스 사건입니다.[185] 한 파벌은 자신이 사용한 방법을 은폐하기 위해 자신에 속하지 않는 사람에게 책임을 지게 합니다. 이스라엘 사람들은 물론 이른바 이상주의에 자극을 받았습니다. 그리고 문서(진짜 비밀이 모두 떨어졌을 때 가짜로 만든 것)를 독일인들에게 판매한 프랑스 작전 참모는 순수한 욕심으로 행동했습니다. 이 사건은 이 국가가 얼마나 썩었는가를 보여주고, 물론 궁극적으로 문제 전반에 책임을 지고 있는 이 구리온 씨는 얼마나 위험한 '이상주의자'인가를 보여주고 있습니다. 당신은 이 사건이 아이히만 재판과 아무런 관계가 없다고 말할 것입니다. 저는 그렇게 확신하지 않습니다. 라본 사건은 나라에서 분위기를 형성했기 때문입니다. 그러한 분위기에서 이 재판을 수행하는 것은 …

그래서 저는 아마도 운이 좋아서 이스라엘로 가기 전에 갈 수 있을 것입니다. 어떤 경우에도 저는 그곳에서 편지를 쓰지 않을 것입니다. 멋진 조건을 갖고 있습니다. 저는 많든 적든 제가 원하는 만큼 쓸 수 있으며, 무엇보다도 완성될 때마다 원고를 제출할 수 있습니다. 저는 잡지사 편집장과 실제로 매우 만족스러운 긴 대화를 나누었습니다.[186] 놀랍게도 지적이고 관대합니다. 제 계획은 이제 이곳에서(뉴욕에서 이틀 머물고) 비행기로 직접 갈 것이며 이후 4월 말이나 5월 초에 바젤을 거쳐 뉴욕으로 돌아올 예정입니다. 저는 뉴욕에서 집필할 것이며, 이후 하인리히와 함께 7월에 유럽으로 다시 갈 것입니다.

두 분에게 따뜻한 안부를 전합니다! 그런데 에르나는 어떤지요?

한나 올림

---

184 핀하스 라본(Pinchas Lavon, 1904~1976)은 이스라엘 정치인으로서 1950년부터 1955년까지 다양한 장관직을 맡았다. 전혀 노출된 적이 없던 비밀경찰 행위는 1955년 그의 몰락으로 이어졌다.
185 편지 43의 각주 129를 참조할 것.
186 윌리엄 숀은 『뉴요커』의 편집장이다.

편지 278 야스퍼스가 아렌트에게

바젤, 1961년 2월 14일[187]

친애하는 한나!

우리는 애초부터 주요 요지에 대해서는 완전히 일치했다오. 아이히만 재판은 인류와 연관되며 이스라엘 문제로 축소되지 않아야 하오. 유일한 문제는 이 문제를 다루기에 적절한 정치적·법률적 형식이 무엇인가 하는 것이오. 우리는 모두 대답이 막막하오.

누구든지 국제법 개념을 제안할 수 있다오. 그러나 당신은 국제법과 자연법이 모두 정상적인 재판 절차의 밑바탕을 이루는 법과 같은 의미의 법이 아니라는 점을 알고 있소. 재판 진행을 가능하게 하는 권력은 국제법과 자연법을 뒷받침하지 않으며, 재판의 결과는 전쟁 없이도 작용할 수 있소. 모든 술책을 알고 있고 나에게 최악의 인상을 준 세르바티우스[188]는 이스라엘에서 순전히 화젯거리를 위해 화젯거리를 독촉하며 법적으로 힘든 시간을 보내지 않을 것이오. 그는 법정의 권능에 의문을 제기함으로써 바로 시작할 수 있다오.

정치적으로, 우리는 국제연합 헌장에 마련된 재판소와 함께 국제연합과 헤이그 국제재판소를 가지고 있소. 나는 당신에게 보낸 첫 번째 편지에서 다음과 같이 단순한 공상을 제안했소. 즉 재판을 사실 심리로 축소하고, 판결을 내리지 않으며, 인류의 대표자로서 인류에 반하는 범죄를 판단할 권능을 지닌 법정을 위해 범죄인을 구금한다면(그리고 오늘날 국제연합은 그러한 권위라고 공언한다오), 내가 보기에 가장 진실한 행위는 수행되었을 것이며, 세상은 떠들썩했을 것이고, 유대인에게 자행된 대량 학살의 의미는 인식되었을 것이오.

---

187 야스퍼스가 분명히 부정확하게 1961년 1월 14일로 기록했다. 이 편지는 편지 277의 답장이기 때문이다.

188 세르바티우스 박사(1983년 사망)는 피고인 아이히만의 변호사였다.

내가 보기에, 당신은 아직은 더 나은 해결책을 생각해내지 못한 것 같소. 이런 이념에 대한 가능한 반대 의견은 많다오. 국제연합도 우선 적절한 재판소를 창설해야 하오. 국제연합은 자연법에 의지할 수 있다오 ― 국제연합은 실패로 인해 이 질문, 즉 비명을 지르는 질문을 인류에게 남겨 둘 수 있소. 내가 보기에, 그것은 이스라엘에서 "그 문제를 해결하는" 것보다 나을 것이오. 이런 식의 문제 해결은 다음과 같은 결과를 초래할 것이오. 즉 그 결과는 혼란스럽고 무한한 비난을 초래하기에, 자체로 엄청난 문제이며 추측하건대 유대인과 이스라엘에게는 불행할 것이오.

내 생각에 이스라엘은 이런 사유의 신중함을 입증하고 유대인다움을 보이는 것이 좋을 것이오. 아마도 이런 식의 소송 절차가 지닌 유일한 실제적 단점은 범죄인 아이히만이 언젠가 도피하거나 석방될 수 있다는 점이오.

당신이 재판 연기로 이스라엘로 가는 도중에 바젤에 들를 수 있다면 좋을 것이오. 나는 나눠줄 지혜가 없지만, 때론 대화 과정에서 누구도 이전에 생각하지 못한 것이 생긴다오.

당신은 나에게는 전적으로 생소한 라본 사건의 한 측면을 조명하고 있소. 나는 그 '범죄'를 어떻게 생각해야 할지 몰랐소. 뉴스 보도에 따르면, 그것은 별로 중요하지 않고 히스타드루트(이스라엘노동자조합)[189]가 진짜 문제였다오. 구리온은 "국가 내의 국가"를 해체하고 싶어 하고 자기 소속 당의 관여 때문에 이것에 힘들어하오. 내가 보기에, 라본은 대단히 지적인 사람인 것 같고, 구리온과 같이 유용한 모든 수단으로 활동하며, 구리온과 경쟁하면서 히스타드루트를 강화하고 조직을 더 엄격하게 하고 통합시키며 조직의 요구를 낮추기보다 오히려 고조시키고 싶어 했던 것 같소. 물론 나는 잘 모르지만, 수년 동안 히스타드루트와 벤구리온에 대해서 편견이 있었소(물론 나는 이스라엘에 대한 벤구리온의 생각을 전혀 인정하지 않았소).

---

[189] 라본이 사무총장을 맡았던 이스라엘노동단체.

나의 책에 대한 당신의 좋은 정보에 감사하오. 나는 당신이 시카고대학교출판사를 처음 추천한 때부터 이 모든 과정에 대해 일차적으로 감사해야 한다는 점을 알고 있소. 당신에게 더 많은 일이 발생했던 『위대한 철학자들』에 대한 우리의 행운은 지금까지 그렇게 크지 않았다오. 당신의 보고는 볼프를 위해 나를 슬프게 하오. 나는 책을 판테온출판사에 맡기겠다는 당신의 결정을 이해하오. 그렇지 않으면 책 출간은 더 오래 걸릴 것이오. 어쨌든, 나는 부분적으로 당신의 책이기도 한 이 책과 관련한 당신의 결정을 따를 것이오.

사진을 보내준 데 대해 역시 감사하오. 나는 그 사진들을 가끔 보며, 아내도 나와 함께 사진을 보기도 한다오. 당신의 사진은 좋구려. 우리가 알고 있듯이, 감수성·슬픔·용기가 드러나오. 삶에 대한 당신의 엄청난 긍정은 이 사진에는 두드러지지 않네요. 나는 사진에서 처음으로 대단히 가까운 친근감을 느끼며 하인리히를 본다오. 누구든지 지성, 회의론, 친절한 유머감각, 예리한 날카로움, 베를린 사람의 능력과 파괴 불가능성과 같은 중요한 것과 훌륭한 베를린 사람의 야만성과 같은 잔재들을 본다오. 사진을 나란히 놓으면, 이런 생각이 드오. 즉 그는 항상 이 민감성을 해치지 않는 게 항상 쉽다는 점을 알았을 리가 없소. 경계 너머 우리의 잔혹 행위는 다른 사람들의 인내를 요구하오. 나는 나 자신에 대해 알고 있소.

케네디는 취임 연설 이후에도 우리가 이전에 경험하지 못한 무엇인가를 우리를 위해서도 발산했소. 그것은 한 사람이 사물을 분명하게 보고, 할 말을 간단히 말하고 최고의 사람들로 자신을 둘러싸고 있으며, 자연적 믿음의 희망으로 살만한 가치가 있는 이유를 세계에서 느끼게 하고 싶은 희망이오. 그는 조건 없이, 아무런 거리낌 없이 "어떤 대가를 치르더라도" 자유를 언급한, 집권한 정치인들 가운데 첫 번째 사람이오. 아마도 그는 우리가 예상하지 못한 것을 내면에 가지고 있을 것이오. 그것은 한 사람의 말과 몸짓과 행위가 너무 설득력이 있어서 모든 사람이 더 많이 노력을 기울이고 진실의 가혹함에 더 개방적이기에, 그가 다른 사람들에게 용기를 준다는 사실이오. 우리는 그런 희망을 얼마나 많이 필요로 하는지!

도도[징어-마이어]와 그녀의 남편[에곤-징어]은 7월 가끔 바젤에 올 것이오. 당신은 7월 15일부터 31일(?)까지 스위스에 있을 것인지요? 우리는 그들이 어떤 날 우리와 함께 있을지 모르오. 기회가 된다면 도도에게 전화해 주겠소? 아니면 당신이 바젤에 얼마나 오래 있을지 — 가능한 한 오래 — 지금 결정해서 우리에게 편지로 알리면, 우리는 편지로 도도와 약속할 수 있소.

에르나는 일을 잘하고 있다오. 우리는 물론 그녀에게 인정을 베풀고 있소. 어려운 일과 불필요한 자극은 없소. 그녀는 기분이 좋으며, 그녀의 존재는 축복이오. 우리는 그녀에게 인정을 베풀기 위해서 당신이 하인리히와 함께 온다면, 징어 부부와 당신 부부에게 호텔에 머물 것을 요청할 것이오. 당신이 혼자 온다면, 기꺼이 우리와 함께 머물지요. 그것은 에르나에게는 별로 힘들지 않고 그녀에게 기쁨일 것이오. 우리 청소부는 에르나의 업무량이 증가하지 않도록 할 것이오.

이번 여름 나는 한 시간 동안 다시 한번 강의할 것이오.[190] 행정당국이 너무 기분 좋게 부탁하였기에, 거절하고 싶지 않소. 나는 이 최소한의 일로 9월 30일까지 완전한 봉급을 받을 것이며 쉽게 돈을 벌게 되었지만, 다른 학기를 위해 이런 약속을 하지 않기로 단호하게 결정했소. 이제는 강의에 관심이 없소. 때가 된 것 같다오.

따뜻한 안부를 전하며
야스퍼스

---

[190] 야스퍼스는 1961년 여름학기 동안 「초월성의 비법」이란 주제로 강의했다.

| 편지 279 | 아렌트가 야스퍼스 부부에게 |

에반스톤, 1961년 2월 21일[191]

친애하는 친구분들께―

이것은 생일 축하 편지입니다 ― 당신의 멋있는 장문의 편지에 답장하지 못했습니다. 매년 이맘때 저는 두 분이 태어나서 서로에게 가는 길을 찾았고, 이후 두 분이 이 독특한 삶을 확립했다는 게 얼마나 좋은가를 항상 생각합니다. 이곳은 저에게는 이제 두 번째 가정이 되었습니다. 제가 저 자신을 위해서 바라는 것과 별도로 당신에게 바라는 것 ― 이것은 오랫동안 우리와 함께할 것입니다.

당신도 아시듯이, 아이히만 재판은 연기되었습니다. 그러니 당신만 괜찮다면, 저는 이스라엘에 가기 전에 잠시 들를 것입니다. 물론 저는 그때가 정확히 언제인가를 아직은 말할 수 없습니다. 한 친구가 자신은 부활절 동안 로도스섬과 크레타섬에 있을 것이라고 저에게 편지를 보냈습니다. 그게 저를 즉시 유혹합니다. 그러나 저는 실제로 갈지 안 갈지 아직은 알지 못합니다. 그것은 또한 하인리히가 부활절 휴가, 즉 부활절 방학을 가질지에 달려 있을 것입니다. 그는 4월에 일주일 정도 쉴 것이지만, 그게 부활절과 일치하지 않을 수도 있습니다. 그것은 저의 결정을 쉽게 할 것입니다.

저는 뉴욕에서 도도 징어와 접촉할 것입니다. 그러나 상황을 정리하는 데 어려움이 없을 것이지만, 7월 15일 이전에 갈 것입니다. 어쨌든, 우리는 확실히 그곳에 동시에 체류하는 것을 피할 수 있습니다. 물론, 우리는 호텔에 머물 것입니다. 우리 둘이 당신을 방문할 줄은 꿈에도 생각하지 못했습

---

[191] 1961년 2월 15일 에반스톤으로 쓰인 우편엽서는 이 편지보다 먼저 보낸 것이었다. "당신도 아시듯이, 저는 하바나를 다시 한번 발견했습니다 ― 우리가 두 분에 대해 생각하고 있는 징표로서 ― 따뜻한 안부와 함께 아렌트로부터." 아래에 다음 내용이 첨부되었다. "과거가 다시 살아나는 것을 보니 멋있습니다. 행복을 빌며 ― 울리케 브뢰자우어."

니다. 저에게 징어의 주소를 보내주세요. 이제는 그 주소를 갖고 있지 않으며, 뉴욕에는 수많은 징어 부부가 있습니다.

행운을 빌며
한나 올림

편지 280 **야스퍼스가 아렌트에게**

바젤, 1961년 2월 26일

친애하는 한나!

쿠르트 볼프는 3일 전에 (당신의 책을 출간하는) 하코트출판사[192]와 계약을 체결했다는 사실을 나에게 말하려고 자기 아내와 함께 이곳에 왔다오. 이제 그는 '우리'의 책(당신의 편집 작업 덕분에 완성된 책)을 이 다른 출판사에 넘기고 싶어 할 것이오.

나의 응답은 이러하오. 즉 당신과 함께 문제를 논의하고 통상 당신의 조언을 들은 후에 출판 문제를 결정했소. 그러므로 나는 이런 변경에 대해 어떻게 생각하는지 우선 알고 싶다오(나는 이 문제에 관한 당신의 편지를 무시했고, 그는 그것을 나에게 새롭게 제시하도록 했다오 ─ 내가 당신으로부터 얼마 전에 알았다는 이해만으로도 그는 자신의 출판사와 결별하고 싶어 했다오).

나는 쿠르트 볼프와 그의 아내가 호감이 간다는 것을 알았소. 그는 매우 초라한 대우를 받은 것으로 보이오. 즉 이민자이고 적국의 외국인이었던 볼프와 현재 그렇게 고약하게 영향을 미쳤던 계약을 체결한 사람이 보여주었던 믿음의 위반이오.

그러나 우리가 함께 조정해야 하는 것 역시 업무 문제라오. 내가 만약 작가로서 나의 권리를 돌려달라고 요청하고, 그래서 지금까지의 비용(상당한 액

---

[192] 뉴욕의 하코트출판사.

수임)에 대해 법적 책임을 진다면, 나는 이로 인해 불안하게 된다고 했다오. 나는 그 위험을 기꺼이 감수하고 싶지 않네요.

쿠르트 볼프는 (자신이 이전에 언급한 것과 다소간 모순되는) 답장을 보냈다오. 두 출판사가 일단 계약으로 이적을 정리하면, 내가 할 일은 이것에 동의하는 것이오. 그래서 이제 판테온출판사 대신에 하코트출판사와 계약을 맺을 것이오. 나는 그가 이 문제를 한나와 논의하면 가장 좋겠다고 말했소.

그러자 쿠르트 볼프는 책 전체가 아니라 일부를 출판한다고 말했소. 하지만 그것은 다른 출판사에서 출판권의 양도를 방해하지 않을 것이오.

보다시피, 그 결정은 근본적으로 당신의 결정이오. 나는 **항상** 한나의 제안을 따른다고 **세심하게** 말했다오. 그래서 우리는 아직 탈출구가 있어요.

당신은 최근에 그 책이 출판될 시기와 관련하여 약간의 의문이 있다는 내용의 편지를 보냈지요. 당신은 판테온출판사가 좀 더 확실한 출판사라고 느꼈다오. 내가 보지 못한 새 계약서는 이 질문에 다른 답변을 하오?

이 모든 것은 단순히 우리가 논의한 것에 대한 보고서를 통해서 결정됐소. 물론 우리 사이의 결정은 전적으로 당신이 내린 결정이오. 나는 당신이 말하는 것을 실행할 예정이오. 나는 당신이 어떤 위험도 수반하는 업무 계약을 나에게 맡기지 않으리라는 점을 알고 있소.

만약 계약이 정상적이고 쉬운 방법으로 이루어질 수 있다면, 그리고 우리가 그 책을 볼프의 손에 맡길 수 있다면, 당신은 틀림없이 나처럼 기뻐할 것이오. 이 출판기획을 시작한 것은 그의 관심과 주도였기 때문이오.

그런데 쿠르트 볼프는 자신의 심장이 멈췄다 ─ 그의 박동은 30이오 ─ 고 나에게 말했다오. 이것은 매우 심각한 문제라오. 질병으로 인한 불가피한 장애가 그의 불성실한 상대방에게 그를 이용할 기회를 준 것 같소. 역겹다오! 그런 질병이 비록 때론 오랫동안 지속하더라도, 갑작스러운 죽음은 고려해야 하오.

아이히만 재판은 다시 연기되었소. 그렇다면 당신은 결국 바젤에 먼저 올 것이지요?

 오늘 히아신스 꽃다발이 다시 도착했다오. 게르트루트의 방은 꽃으로 만발하지만, 당신의 방은 중간에 있소 ─ 그리고 당신의 이름은 모든 방문자에게 밝혀졌소.

 우리 두 사람은 당신과 하인리히에게 따뜻한 안부를 전하오.

야스퍼스

편지 281 아렌트가 야스퍼스에게

1961년 3월 27일

친애하고 존경하는 분께!

 저는 의견을 결정하기 전에 하코트출판사의 사장과 함께 대화를 나누고 싶었기 때문에 일찍이 편지를 보내지 못했습니다. 당신은 어제 로카르노에서 이곳에 있는 저와 다시 한번 통화한 쿠르트 볼프[193]에게 보낸 제 편지의 동봉한 사본을 통해서 제가 변화를 꾀하고 계약에서 벗어나려고 노력하자고 강력히 촉구한다는 점을 확인할 것입니다.

 이유는 다음과 같습니다. 하코트와 볼프 사이의 계약서에는 쿠르트 볼프의 사망 시에 헬렌 볼프에게 그 조항이 효력을 유지할 것이라고 명시되어 있습니다. 이 부분에서 당신의 유보를 전제할 때, 이 조항은 저에게 상당히 중요해 보입니다. 계약서는 "양자에게 또는 어느 쪽에나" 유효합니다. 판테온출판사는 완선한 해제 상태에 있는 것 같습니다. 자우어랜더는 당신의 책에 책임을 맡은 그 출판사의 편집자였습니다. 그가 판테온출판사를 퇴직하면, 누구도 당신의 책에 관심이 없을 것입니다 ─ 매우 훌륭한 새로운 인

---

[193] 아렌트가 볼프 부부에게 보낸 1961년 3월 27일자 편지.

물이 그곳에 들어오지 않으면 그렇습니다. 그러나 저는 그런 취지로 아무 이야기도 듣지 못했습니다. 하코트출판사는 실제로 탁월합니다. 사장(요바노비치)[194]은 […] 재능 있고 매력도 있습니다. 그는 회사 내에서 정상에 오르기 위해 싸웠습니다. 그 결과 중 하나는 그의 편집자들이 많이 떠났고, 저자들 역시 이들과 함께 떠났다는 사실입니다. 예컨대, 저 역시 떠났습니다. 그러나 그는 이후 우아하게 처신했고, 저는 제가 그를 너무 좋아한다는 것을 알게 되었습니다. 그는 이제 어떤 정당성을 가지고 다음과 같이 말합니다. 즉 나는 한 저자를 잃었고 한 친구를 얻었다. 쿠르트 볼프 부부와의 계약은 두 당사자에게 매우 호의적이며, 볼프 부부와의 이 계약이 그에게 큰 의미가 있다는 것을 말해줍니다. 그는 에반스톤에서 저에게 전화하기도 했습니다. 그는 분명히 회사에 유럽 지부를 추가하고 싶어 합니다. 이것은 특별히 이 출판사에 대단히 중요한 사항입니다. 하코트출판사는 판테온출판사가 될 수 있는 것보다는 훨씬 더 크고 재정적으로 더 튼튼합니다. 이 출판사는 미국에서 대규모 출판사들 가운데 하나이며 몇 십 년 동안 단과대학 및 종합대학교에 교재를 공급하는 데 전문화하였습니다.

당신은 볼프에게 보낸 제 편지에서 세부 사항을 발견할 것입니다. 저는 아직도 이 […] 키릴 샤베르트출판사[195]를 잡을 수 있도록 당신이 가능하면 전보로 저에게 즉시 알려달라고 제안하고자 합니다. 물론 이것이 당신의 편지를 불필요하게 하지는 않을 것입니다. 그 외에도, 저는 당신이나 저에게 나타나지 않았을 세부 사항이 관련될 수 있었기에 이 편지의 초안을 작성하자는 쿠르트 볼프의 제안을 받아들일 것입니다. 볼프는 자신이 편지의 초안을 작성해서 우선 저에게 보내겠다고 전화로 이야기했습니다. 저는 대

---

194 윌리엄 요바노비치(William Jovanovich, 1920년 출생)는 1960년 하코트, 브레이스 앤드 월드로 다시 명명되고 1972년 하코트 브레이스 요바노비치로 다시 명명된 하코트 브레이스출판사의 사장이었다.
195 키릴 샤베르트(Kyrill Schabert, 1909~1979)는 볼프 부부와 함께 판테온출판사의 설립자이다. 그는 회사가 1961년 랜덤하우스출판사에 매각된 후에 사장이 되었다.

담에서 기획 전체가 볼프의 개인적인 관여 덕분이라고 주장할 것입니다. 저는 특히 여러 해 동안 그를 잘 알고 있었습니다. 게다가 ― 저는 이것을 강조하려고 합니다 ― 이 책의 출판 지연(판테온출판사는 여전히 이것을 설정하기 시작하지 않은 것으로 보입니다)은 이에 관심이 없음을 시사합니다. 게다가, 하코트출판사의 대학교재 부서는 출판사 자체를 특별히 적절한 출판사로 만듭니다. 그리고 하코트출판사는 마침내 저작 전체에 명백한 관심을 보였습니다. 그러나 쿠르트 볼프가 또한 샤베르트와 저의 대화가 적절할 것이라고 느낄 때만, 저는 이렇게 할 것입니다.

저는 저녁에 편지를 쓰면서 피곤하지만, 이 편지를 오늘 우편으로 부치고 싶습니다. 결국 이스라엘로 가는 길에 잠시 들릴 수 없을 것입니다. 하인리히는 부활절 휴가를 보낼 것이며, 재판은 11일에 시작될 것입니다. 그래서 저는 여기서 비행기로 직접 갈 것이고 4월 9일 예루살렘 킹 조지 거리 모리야호텔에 머물 것입니다. 3주 동안 체류할 것이며, 괜찮으시다면 이후 당신을 직접 만나러 갈 것입니다. 당신은 제가 볼프에게 보낸 편지에서 확인하겠지만, 하인리히가 어쨌든 6월 24일에 올 것이기 때문에, 저는 중간에 비행기로 다시 미국으로 돌아가기를 원하지 않습니다. 우리는 우선 로마와 소렌토로 가고 싶으며(저는 페스툼과 폼페이를 가본 적이 없습니다), 7월 10일경 스위스로 다시 갈 예정입니다. 이후 우리는 당신에게 맞는 모든 준비를 할 수 있을 것입니다. 저는 아직도 그사이에 취리히나 뮌헨에서 활동하기 위해 머무를지 확신할 수 없습니다. 취리히가 훨씬 멋있지만, 뮌헨에는 매우 좋은 노서관이 있으며, 이외에도 뮌헨 현대사연구소에는 누구든 아이히만 보고서를 작성하는데 필요한 모든 책이 있습니다.

저는 재판 이전에는 갈 수 없어 죄송하며, 이스라엘에서 과도하게 긴장한 분위기에 빠질까 봐 두렵습니다. 오늘 외교단 소속의 한 이스라엘 사람, 즉 품위 있고 지적인 사람은 토론에서 아이히만이 사형당하지 않을 수 있을 가능성을 언급했습니다. 그것은 더 많은 생명을 앗아갈 것입니다. 이스라엘에는 폭동이 즉시 일어나지 않는 마을이 없을 것입니다!

어쨌든, 우리는 약 4주 이내에 서로 만나서 함께 대화를 나눌 것입니다. 그리고 그사이에 대화로 저 자신을 위로할 것입니다.

> 따뜻한 안부를 전하며
> 한나 올림

편지 282 야스퍼스가 아렌트에게

바젤, 1961년 4월 1일

친애하는 한나!

나는 그런 좋은 이유로 당신이 추천한 출판사의 변경에 완전히 동의한다는 전보를 방금 보냈다오. 그래서 우리가 이 혼란에서 그 책을 구출하는 데 성공할 수 있다면, 나는 기쁘오.

나는 써야 할 편지 초안을 쿠르트 볼프로부터 기대할 것이오 — 아직도 누구에게 보내야 하는지 이해하지 못했소. 그것은 탁월한 합의라오. 그것을 정확하게 쓸 수 없었소. 나는 단지 내가 어떤 새 의무도 떠맡지 않으며, 그 책을 한 출판사에서 다른 출판사로 옮기는 과정에 어떤 역할도 하지 않는다는 것을 확인할 것이오. 이것을 담당할 기회를 얻지 않을 것이오. 그러나 나는 정확히 추정컨대 두 출판사와 쿠르트 볼프가 그것을 직접 진행할 것으로 생각하오.

우리는 당신들을 만나고 싶은데, 당신을 우선 만나고 이후 두 사람을 만나도 될 것이오. 도도와 그녀의 남편은 6월 4일부터 7일까지 여기에 있을 것이니, 만남은 없을 것이오.

당신이 이스라엘에서 어떤 경험을 할지! 당신의 암시들은 무섭구려.

나는 오랫동안 사양하다가 어제서야 스위스라디오방송국의 프랑스와 본디[196]와 대담하기로 합의했다오. 25분 대담이오. 여느 때처럼, 나의 '공상'

이오. 나는 당신의 이름을 거론하며 "인류Menschheit에 반하는 범죄"와 "인간성Menschlichkeit에 반하는 범죄(반인간적인 범죄)"라는 당신의 구별을 기꺼이 사용했소. 본디는 대담 내용을 출판하고 싶어 하오. 그는 내가 그에게 사전에 받아적도록 허락한 일곱 가지 질문을 제시했다오. 그런데 나는 세미나를 진행하는 교수같이 말했소. 어쨌든 그것은 내가 말한 대로 출판될 수 없다오. 나는 즉흥적으로 말할 때 문법상으로 오류를 범하고 지나치게 반복하며, 느릿느릿한 경향이 있소. 말하기는 글쓰기가 아니오. 그래서 나는 글로 옮긴 것을 수정하고, 이후 인쇄물 출판에 동의할 수 있는지 확인할 것이오. 당신의 이름이 언급되는 것을 원하지 않으면(두 용어 사이의 구별과 관련하여 오로지 언급함), 나에게 즉시 알려주시오. 그러나 나는 당신이 어떤 유보라도 할 것이라고 거의 상상할 수 없다오.

본디는 스위스라디오방송국을 위해 이스라엘에서 보내려는 일일 보고서를 위한 서문으로 대담을 의도했다오. 마틴 부버[197]는 같은 대담을 인정해달라고 요청을 받았으나 이를 사양했소. 본디는 이번 주말에 이스라엘로 떠날 것이오.

아이히만 재판은 우리 모두를 흥분시켰다오. 이 재판이 선정주의 문제는 아니오. 이것은 오늘날 정신의 삶의 주요 상징이 되오. 나는 오로지 한 가지가 두렵구려. 즉 이스라엘과 유대인들은 결과적으로 세계에서 나쁘게 평가될 것이오.

나는 우연히 할레비[198]를 만났다오. 어떤 구체적인 기만의 힘을 가지고 있지 않은 합리주의자이지요. 그는 나에게(몇 년 전 방문 당시) 품위 있는 사람

---

[196] 바젤라디오방송은 1961년 4월 9일 프랑스와 본디와의 대담 「아이히만 재판에 관한 카를 야스퍼스의 입장」을 방송하였다.
[197] 마르틴 부버(Martin Buber, 1878~1965)는 시온주의 신학자이며 사회철학자로서 1938년 팔레스타인으로 이주했다. 그의 저서 『나와 당신(I and Thou)』은 기독교와 유대교 사상가들에게 영향을 미쳤다.
[198] 베냐민 할레비는 아이히만 재판의 세 판사 가운데 한 사람이다.

이라는 인상을 주었소.

> 두 분에게 게르트루트와 함께 따뜻한 안부를 전하며
> 야스퍼스

편지 283   아렌트가 야스퍼스에게

1961년 4월 1일

친애하고 존경하는 분께,

당신의 전보는 방금 도착했습니다.[199] 그사이 볼프의 편지와 초안은 제 편지와 우편으로 엇갈렸습니다. 저는 편지 복사본을 보냈습니다. 하코트출판사의 요바노비치와 다시 전화로 통화했습니다. 제가 원래 의도했던 바와 같이, 그는 판테온출판사에 직접 가서 의도를 그들에게 알리지 말라고 저에게 조언했습니다.

저는 상황을 단순화하기 위해서 저의 입장 변경을 담은 볼프의 초안과 편지를 여기에 동봉할 것입니다.[200] 저는 출판사의 변경이 자기 설명적이라고 생각합니다. 저는 집에 없을 것이기에, 마지막 단락은 수정되어야 했으며, 하인리히는 주말에만 집에 있습니다. 판테온출판사와 합의가 이루어지면, 원고는 그곳에서 회수하여 하코트출판사로 직접 보낼 수 있습니다. 앞으로 보내야 하는 편지는 저에게 전달될 것입니다.

오늘은 여기까지입니다. 저는 우울한 상태에서 이 편지를 쓰고 있습니다. 우리의 아주 좋은 친구들의 어린 딸[201]이 방금 전화를 걸어서 자신이 두 명을 만나고 있고 안과 의사가 자신을 신경과 의사에게 보낸다고 말했기 때문입니다. 저는 부활절 이후 화요일에 그곳에 가야 합니다. 두 부모는 일

---

199   유고에는 발견되지 않는다.
200   쿠르트 볼프가 아렌트에게 보낸 1961년 3월 27일자 편지. 유고에는 그런 초안이 있지 않다.
201   아이렌 클렌보르트(Irlene Klenbort, 1943~1991)는 다발성 경화증에 걸린 것으로 밝혀졌다.

종의 세계 여행을 하고 있기 때문입니다. 저는 그 어린이를 좋아하며 이 일로 매우 불안합니다.

하인리히는 목요일 이후 부활절 휴가 동안 집에 있었습니다. 그래서 우리는 짧은 시간을 함께 보내고 있습니다. 저는 그가 어떤 옷을 가져가고 어떤 것을 가져가지 말아야 하는지, 어떤 여행 가방 등을 가져가야 하는지 그에게 들이대려고 노력하고 있습니다. 이것은 꽤 가망이 없는 일이며, 저는 방금 모든 것을 우리의 친절한 에스더(집의 청소부이며 친구인 여성)의 손에 맡기기로 했습니다. 그녀 자신이 하인리히를 관리할 수 있는지 볼 것입니다.

4월 9일 현재 주소는 예루살렘, 킹 조지 거리, 모리야호텔입니다.

따뜻한 안부를 전하며
한나 올림

편지 284 야스퍼스가 아렌트에게

1961년 4월 3일

친애하는 한나!

나는 기록 자체를 위해서 최근에 작성한 대담 내용을 당신에게 보낼 것이오. 이것으로 화내지 않기를 바라오.

도대체 당신은 이스라엘에서 무엇을 경험할지! 예감이 나쁜데, 그게 틀렸음이 증명되기를 바라오. 내 생각에, 누구든지 구체적인 상황에서는 아니지만, 일반적인 방식으로 사람들에게 많은 것을 요구할 수 있소. 어쨌든, 누구든지 이스라엘과 이스라엘 법정을 공격하지 말아야 하지만, 나는 불행하게도 아주 자연스러운 인간의 동기를 강조해야 한다고 생각하오. 다시 말하지만, 결국 이 일에서 놀라운 무엇인가 나올 것이오.

나는 여기서 세르바티우스가 아이히만이 특정한 이름을 거론하지 않는 '조건'을 내걸었다고 들었다오(나는 그것이 이런 조잡한 형태로 어떻게 참을 수 있는가를 거의 알지 못하오). 나는 이스라엘이 변호사비용을 지급할 것이라고 읽었소. 이제 그게 사실이 아니라고 듣고 있소. 세르바티우스의 변호사비용의 출처는 불명료하오. 가설은 이러하오. 즉 재판으로 위협을 받는 독일 사람들이 자신들의 이름이 거론되는 것을 막으려고 그를 매수했다. 나는 이것을 믿지 않소. 그러나 **만약** 그것이 사실이고 이스라엘 판사들이 정치적 이유로 이 사건에 속하는 **모든 것의 완전한** 노출을 회피한다면, 경악의 소리가 들려야 하오. 그러나 이 모든 것은 아마도 그 경우에 표면화되는 경향이 있는 어리석은 것들이오.

나는 벤구리온의 정치적 목적이 재판과 어떤 관계가 있는가를 충분히 이해하지 못했지만, 그 정치적 목적 때문에 곤란하오.

당신은 이제 대단히 바쁠 것이오. 그것이 우리 모두에게 공통된 운명에 영향을 미치지 않았다면, 어쨌든 매우 흥미롭다오. 당신은 그것을 확인해야 하오. 나는 할 수 없소.

우리의 따뜻한 안부와 모두의 건강을 바라며
야스퍼스

편지 285 **아렌트가 야스퍼스에게**

예루살렘, 1961년 4월 13일
라이히 펜션, 베이트 하케렘

친애하고 존경하는 분께!

대담에 감사합니다.[202] 저는 대담에 담긴 모든 사항에 동의하기에, 편지에서 이에 관해 아무것도 언급하지 않을 것입니다. 단지 우리가 사건에 대한 이런 관점을 가지고 어느 정도 홀로 서있으리라는 점을 두려워할 뿐입니

---

[202] 편지 282의 각주 196을 참조할 것.

다. 저는 매우 아름다운 위치에 있는 바로 그 펜션(주소 변경에 유의하세요! 본디가 저를 위해 이곳에 마련한 좋은 숙소입니다)에 본디와 함께 머물고 있습니다. 저는 본디 자신이 단지 원래 생각하는 것을 그로부터 알아내지 못했습니다.

재판에 관한 사항입니다. 당신은 신문을 통해 기본 사항을 모든 확인할 것입니다. 아이히만은 독수리가 아니고, 오히려 감기에 걸린 채 유리 상자 안에서 사실상 시시각각 희미해지는 유령입니다. 재판장 란다우[203]는 훌륭합니다! 세 재판관은 모두 독일계 유대인입니다.[204] 관련자들이 모두 독일어를 알고 있고 독일어로 생각하는 상황에서 히브리어로 말하는 희극이 벌어지고 있습니다. 다른 한편, 검사[205]는 전형적인 갈리시아계 유대인이며, 매우 냉담하며 계속 실수합니다. 아마도 어떤 언어도 모르는 사람들 가운데 한 사람입니다. 검사의 논고는 부자연스럽고 지나치게 법리적이며 엄청난 오류를 범하고 감정 때문에 중단됩니다. 검사는 사건의 전례 없음을 강조하는 대신에 무엇보다도 헤아릴 수 없을 정도로 지루하고 존재하지 않는 선례들에 초점을 맞추고 있습니다. 그는 사건에 대해 종종 언급하지만, 그가 밝힌 올바른 말들은 무관하게 사라집니다. 재판관들은 이미 상당히 조급해하고 있습니다. 란다우는 아마도 그 상황을 아직 통제할 수 있을 것입니다. 입담 좋고 유들유들하며 명민하고 간결하며 요령이 있는 세르바티우스는 자신이 원하는 것을 알고 있습니다. 저는 당신이 언급한 소문, 특히 크루프[206]와 관련한 소문을 여기서도 들었습니다. 소문은 물론 가능합니다. 그러나 이스라엘 정부가 20,000달러를 지급한 것은 확정된 사실입니다. 세

---

[203] 모셰 란다우(Moshe Landau, 1912년 출생)는 아이히만 재판을 주재한 이스라엘 대법원의 법관이다.
[204] 란다우 이외에 베냐민 할레비와 이자크 라베 판사가 있다.
[205] 기디온 하우스너(Gideon Hausner, 1915~1990)는 1960~1963년 이스라엘 검찰총장이었는데, 이로 인해 수석 검사를 맡았다.
[206] 알프리트 크루프 폰 볼렌 운트 할바흐(Alfried Krupp von Bohlen und Halbach, 1907~1967)는 1943년 이후 쿠르프공장, 즉 무기·군수품·중장비 제조업의 유일한 소유자였다.

르바티우스는 이게 아주 적다고 생각합니다.

　핵심 요지는 이러합니다. 즉 전반적인 상황은 아주 잘 조직되어 있어서 약간의 기적이 일어나지 않는다면 최종 판결 때까지 지속할 것입니다. 이 나라 이곳에 있는 사람이 모두 — 기소하는 검사들과 추정컨대 벤구리온을 제외하고 — 완전히 이해하고 있는 상황은 완전한 광기입니다. 저는 실질적인 목적이 무엇인지 알지 못하며, 이곳의 누구든지 이해한다는 것을 의심합니다. 검사가 자신이 시작한 대로 지속한다면, 그 재판은 이 악마 같은 재판의 아주 중요한 측면이 밝혀지지 않은 채 몇 달 동안 질질 끌 수 있었습니다. 예컨대, 유대인 부역, 특히 단체의 부역 따위입니다. 그사이 이 나라는 독일인들로 가득합니다. 프랑크푸르트 시장은 제가 묵고 있는 펜션에 체류하고 있습니다. 이 독일인들은 불유쾌한 과욕을 보이며, 모든 것을 도대체 가장 훌륭하다고 생각합니다. 제가 이렇게 말한다면, 당신은 몹시 역겨울 것입니다. 그들 가운데 한 사람은 이미 내 목에 팔을 두르고 울음을 터뜨렸습니다. 저는 그 이름을 잊었습니다.

　재판에 대한 국민의 관심은 인위적으로 촉발되었습니다. 무슨 일이 있는 곳이면 어디든 돌아다닐 '동양의orientalischer' 폭민들이 법원 앞에서 서성거리고 있습니다. 놀랍게도 3세에서 10세 사이의 어린이들도 많습니다. 제가 진정한 청년들에게서 들은 것은 아주 다른 이야기입니다. 그들은 이 일이 부모들의 일이라고 말합니다. 그것은 그들과 상관이 없습니다. 부모들이 관심이 있다면, 그것은 정당합니다. 표현되지 않은 사항입니다. 우리는 더 중요한 일이 있습니다. 오늘 법정은 개회하지 않기에, 저는 뉴욕을 떠난 이후 처음으로 늦게까지 잘 수 있었습니다. 펜션의 발코니에 앉아 햇볕을 쬐며 하루를 보냈습니다. 이날 저녁 저는 일부 미국인 동료들과 함께 모일 것입니다. 그리고 주말에 저는 아마도 가족과 함께 시골을 좀 여행할 것입니다.[207] 날씨는 좋으며, 아직도 오히려 쌀쌀하지만, 태양은 빛나고 따스하며, 시골은 제가 보았던 것보다 더 초록색입니다.

첫인상에 관한 사항입니다. 독일계 유대인 가운데 가장 훌륭한 분들인 판사들이 상석에 앉아 있습니다. 그들 아래 기소 검사들, 갈라시아인들이며 아직도 유럽인들입니다. 모든 일은 저를 섬뜩하게 하고 히브리어만을 말하며 아랍인같이 보이는 경찰에 의해 조직됩니다. 그들 가운데 아주 잔인한 사람도 있습니다. 그들은 어떠한 명령에도 복종할 것입니다. 그리고 문밖에는 마치 누구든 이스탄불이나 다른 일부 반쯤은 아시아적인 나라에 있는 듯한 동양의 폭민이 있습니다. 이외에도 예루살렘에서 이곳의 모든 합리적인 사람들에게 삶을 불가능하게 하는 곱슬머리 유대인과 카프탄 유대인[208]이 잘 보입니다. 가장 큰 인상은 물론 매우 가난해 보인다는 것입니다.

볼프의 편지에 대해서는 어떻게 했는지요? 저는 당신이 현재 그것을 보내지 않았으리라고 추정합니다. 당신이 지금까지의 비용을 가정하고 있는 것 같기 때문입니다. 저는 그 어떤 위험이 있다고 생각하지 않지만, 당신이 그사이 전화로 볼프와 함께 그것을 해결했다고 가정합니다.

이만 줄이겠습니다. 보고할 새로운 것이 있을 때 즉시 편지를 보내겠습니다. 이것은 그냥 첫인상일 뿐입니다.

따뜻한 안부를 전하며 곧 뵙기를 바라며
한나 올림

편지 286 **야스퍼스가 아렌트에게**

바젤, 1961년 4월 24일

친애하는 한나!

대단히 감사하오! 당신의 편지는 누구도 이곳 신문으로 얻을 수 없는 전

---

207 아렌트의 사촌 에른스트 퓌르스트(Ernst Fürst)와 그의 아내 카테(Kate, 결혼 이전 레빈).
208 페이스: 긴 머리카락을 가진 정통 유대인; 카프탄 유대인: 긴 코트를 입는 정통 유대인.

반적인 상황을 알려주네요. 당신은 상황을 구체적이고 확실하게 묘사하오. 상황은 확실히 당신이 묘사한 것과 같소. 세 명의 독일계 유대인[209]은 통제권을 갖기를 바란다오. 세계의 관심은 전적으로 쿠바,[210] 케네디, 흐루쇼프, 그리고 이제 드골[211]에 집중되어 있소. 나는 지난밤 그의 연설을 들었소. 거칠고 필사적인 비난 — 몰락 과정 — 은 모든 수단(그러나 그는 어떤 것도 언급하지 않은 채)에 호소한다오. 그리고 마침내 프랑스 사람들이여 나를 도와주시오! 그의 목소리는 이전 연설의 위력을 잃은 채 풀이 죽었다오. 그러나 그것은 아마도 전 주민을 동원하기 위해 프랑스에는 옳은 일이었소. 내 생각에 그는 성공할 것이오. 언젠가 (적어도 공산주의자들과 야만인들에 대항하는 일을 지원한) 프랑코[212]의 스페인과 마찬가지로, 라울 살랑과 모리스 샤를[213]의 프랑스 통제는 불합리할 것이오. 누구든지 실질적 가능성 — 매우 복잡한 가능성 — 을 고려한다면, 군대는 가장 극단적인 상황에서 병사들의 불복종[214]과 프랑스 국민 전체의 일치된 수동적 저항 때문에 분명히 실패할 것이오.

우리가 그 재판에 대해 그렇게 동의하니, 나는 기쁘오. 내 생각에, 우리는 당신이 반박한 나의 첫 번째 긴 편지 이후에 개념에서 서로를 바로잡았소. 아무도 이런 의미에서 어떤 진술도 공개적으로 하지 않았기 때문에, 나는 최소한의 명료한 결정도 없이 처음에 거절한 이후 이 대담에 기습적으로 나 자신을 끌어들였소. 그래서 그 대담이 취한 형식은 즉흥적이었다오.

---

209 세 명의 판사 — 란다우·할레비·라베.
210 미국 중앙정보국의 훈련을 받은 추방된 쿠바인들이 반카스트로 봉기를 진두지휘하기 위해 1961년 4월 피그만에 상륙하려는 실패한 시도였다. 케네디 대통령은 책임을 졌다.
211 샤를르 드골(Charles de Gaulle, 1890~1970)은 1959~1969년 프랑스 제5공화국 대통령이었다. 1961년 4월 알제리의 프랑스 장군들은 쿠데타를 시도했으나 실패했으며, 1958년 알제리에 수립된 반란 임시정부와 공식적인 교섭을 이끌었다.
212 이것은 스페인 내란 기간 공화주의 정부에 대한 반란 팔랑헤의 수장으로서 프란시스코 프랑코(1892~1975)의 승리를 암시한다.
213 라울 살랑(Raoul Salan, 1899~1984)은 알제리 쿠데타를 공개적으로 지지하고 이후 알제리 육군 비밀조직(OAS)을 이끈 프랑스 장군이자 정치인이었다.
214 야스퍼스는 "불복종" 대신에 "복종"을 썼다.

힘이 있고 아직도 젊은이 특유의 지성을 갖추고 있는 유대인으로서 당신이 공중 앞에서 이 이념을 발전시켰다면 얼마나 더 좋았을까. 지적인 독일 판사들도 모든 진상을 심문한 이후 이 시각에서 역시 문제를 고려했을 가능성이 훨씬 더 컸을 것이오.

나는 당신의 추천에 따라 판테온출판사에 즉시 편지를 보냈소. 내가 쿠르트 볼프와 전화로 이야기를 나눈 이후, 그는 새 출판사의 명의로 그리고 자신의 입장에서 그들이 비용에 책임을 지겠다는 서면 확인서를 나에게 제공했소. 이제 판테온출판사는 같이 가고 싶어 하지 않는다오. 나는 당신과 이야기할 기회를 가진 후, 추정컨대 5월 초에 나로부터 더 많은 내용을 들을 것이라고 그들에게 말하면서 당분간 이것들을 연기했다오.

우리는 당신의 방문을 기다리오!

따뜻한 안부를 전하며
야스퍼스

편지 287 아렌트가 야스퍼스에게

예루살렘, 1961년 4월 25일

친애하고 존경하는 분께!

말씀드릴 중요한 사항입니다. 오직 제가 5월 8일경 바젤에 가도 괜찮은지 여쭈어볼 뿐입니다. 도착 날짜는 하루 늦어질 수 있습니다. 저는 탑승할 비행기를 아직 검색하지 않았습니다.

이곳 상황은 계속 매우 흥미롭고, 때론 매우 인상적이며, 자주 굉장히 놀랍습니다. 저는 평소보다 더 많은 사람을 만나고 있으며, 어제 외교부 장관 골다 메이어[215]와 만나 밤늦게까지 대화를 나누었습니다. 그 이전에 친구의

---

[215] 골다 메이어(Golda Meir, 1898~1978)는 이스라엘 건국자이며, 외교부 장관(1956~1965)이고 수

동생인 법무부 장관 로젠[216]과 대화를 나누었습니다. 란다우 재판장도 만났습니다(그는 원칙적으로 언론과 대화하지 않기에, 이 대화는 우리 사이에 이루어졌습니다). 훌륭한 분입니다! 그는 점잖고 지적이며, 개방적이고 미국을 잘 알고 있습니다. 당신은 그를 상당히 좋아할 것입니다. 독일계 유대인 가운데 가장 훌륭한 사람이지요. 블루멘펠트가 그 만남을 주선했습니다.

저는 대학이 제공하는 오찬을 마치고 방금 돌아왔습니다. 두 차례의 세미나에 참석할 것이고 또한 선발된 학생 단체와 다시 만날 것입니다. 물론 이것은 매우 기쁩니다. 이번 주말 저는 가족과 함께 시골로 자동차 여행을 할 것입니다. 그러나 멀리 벗어나지 않아야 합니다. 저는 우리의 대화를 간절히 기다리고 있고, 이 온갖 두려움 속에서 당신이 존재하고 제가 당신에게 갈 수 있다는 것을 계속 생각하고 있습니다. 따라서 저는 곧바로 아주 평온해집니다.

쿠르트 볼프는 당신과 판테온출판사 사이의 왕래 서신을 저에게 보냈습니다. 저도 우리가 예상했던 것보다는 더 잘 벗어나리라고 생각합니다. 볼프 부부는 바젤에 가고 싶어 합니다. 바젤 방문은 실제로 가장 좋은 일일 것입니다. 따라서 우리는 모든 것을 논의할 수 있습니다.

하나 더 말씀드립니다. 제가 이번에 호텔에 묵는 게 아마도 더 좋겠지요? 그리고 에르나는 피페르가 항상 체류하는 호텔에 전화를 걸 수 없을까요? 저는 우매하게도 이름을 잊었습니다. 아우스트라세에 쉽고 빠른 연결선이 있습니다. 제가 보기에 그곳은 두 분에게 아주 조용하고 좋을 것입니다.

저에게 이곳으로 한 줄 적은 편지를 보내세요. 저는 이미 다른 주소를 가지고 있다고 편지로 당신에 보냈습니다. 다음 주 정확한 도착 시각을 편지

상(1969~1974)이었다.
216 핀하스 로젠(Pinhas F. Rosen, 1887~1979)은 1948~1961년 이스라엘 법무부 장관이었다.

나 전보로 보낼 것입니다.

두 분에게 따뜻한 안부를 전하며
한나 올림

편지 288 야스퍼스가 아렌트에게

바젤, 1961년 6월 8일

친애하는 한나!

나는 판테온출판사의 샤베르트 씨로부터 답장을 받지 못했소. 이제 당신은 또 이 일로 고생해야 할 것이오. 사람들이 침묵을 지키고, 수동적으로 저항할 때 어떻게 하는가? 나는 문제가 이제 정리되었기를 희망했기에 이와 관련하여 슬프네요.

당신이 떠난 이후 많은 일이 발생했소. 세계 상황은 점점 악화하고 있다오. 우리 정치인들은 걱정스러워 보인다오. 모스크바의 흐루쇼프는 모든 관련자의 박수 속에 인도네시아 출신의 아시아인들, 심지어 여성들과 춤을 추고 있소. 알제리인들은 (인정되어야 하는) 요구를 제기하고 있소. 아데나워[217]는 분별없게 진정시키는 발언(늘 그렇듯, 선거에 승리할 유일한 목적으로 독일인들에게 성실하지 못한 발언)을 한다오. 케네디는 군사력 증강을 시급하게 이루어야 하지만 이것만으로 충분하지도, 중요하지도 않다는 점을 분명히 알았소. 프로보스트 그뤼버[218]의 증언은 밝은 부분(정치적 함의가 없는 부분이기는 하지만)을 나타냈소. 그의 증언은 단순하고 진솔하며 완고하고, 꾸짖기나 심지어 비통한 기색은 조금도 없소.

아쉬톤은 내가 매우 기뻐한 편지, 즉 훌륭한 어조와 개인적이며 독일어

---

[217] 콘라트 아데나워(Konrad Adenauer, 1876~1967)는 1949~1963년 독일연방공화국 총리였다.
[218] 하인리히 그뤼버(Heinrich Grüber, 1891~1975)는 개신교 신학자이고 1945년 이후 베를린 메리교회의 주임 목사였으며 아이히만 재판 기간 중인으로서 증언했다.

로 쓴 편지를 나에게 보냈다오. 그는 쿠바 피그만 침공 실패의 결과에 소름 끼치고, "카드집처럼 무너지는" 케네디와 미국의 권위를 말하고 있소. 세상과 우리가 여전히 충격을 느끼고 있는 그 순간에 나는 그가 크게 과장하고 있기를 바라오. 나는 아주 빨리 케네디에 대한 신뢰를 철회할 준비가 되어 있지 않소. 이제 우리 모두의 운명은 그와 함께 놓여 있다오.

당신은 이스라엘에서 우리에게 왔을 때 자신이 만났던 많은 사람 그리고 경험했던 자극으로 거의 완전히 탈진했다오. 그리고 내가 포기했을 때, 당신은 가끔 나한테 인내심을 가져야 했소. 이제 나는 7월 당신과 남편의 방문을 기대하며, 너무 짧지 않기를 바라오. 이상하오. 나는 하인리히를 이미 잘 알고 있고 거의 그의 친구라고 생각하는데, 그런데도 우리는 여전히 서로를 전혀 알지 못하오. 나는 당신 남편을 만난다는 기대로 남편으로서 이미 우리를 가장 존경하는 한 인간, 즉 오랫동안 우리에게 느껴지는 존재이지만 어떤 상황에서도 평범함 위로 머리를 들고 독립성을 되찾은 사람으로서 한 인간을 만나게 되리라는 행복한 감정을 느낀다오. 『대학의 이념』[219]이 방금 출간되었기에, 나는 이것을 그에게 보냈소. 그는 그런 일에 정통하고 경험이 풍부한 사람이지만, 나는 그가 지금 이 책을 읽을 것이라고 기대하지 않소. 할 이야기가 너무 많구려. 우리는 많은 행복한 시간을 함께 즐깁시다!

당신은 곧 이스라엘을 여행하게 될 것이오. 그사이 아이히만은 자신의 또 다른 모습을 보여주었는데, 그중에는 개인적으로 잔인한 모습도 있었소. 관료적 살인을 수행한 그런 기능인은 결국 개인적으로 비인간적 특성이 없을 수 없소. 그가 '정상적인' 상황에서 범죄인이 아니었다고 하더라도, 그 비인간적 특성은 적절한 상황에서 표면화되오. 당신은 자신의 실재를

---

[219] *Die Idee der Universität: Für die gegenwärtige Situation entworfen von Karl Jaspers und Kurt Rossmann*, 2nd revised ed. (Berlin/Göttingen/Heidelberg, 1961).

나타내는 이 인간에 대한 상을 그리는 게 쉽지는 않을 것이오.

게르트루트와 함께 따뜻한 안부를 전하고, 즐거운 여행이 되길 바라며
야스퍼스

편지 289 아렌트가 야스퍼스에게

뮌헨, 1961년 6월 9일

친애하고 존경하는 분께!

당신의 편지가 방금 도착했습니다. 이스라엘 방문 일정이 아직 확정되지 않았기에, 저는 편지를 보내지 못했습니다. 이제 제가 17일까지 이곳에서 비행기로 이동하지 않고 24일 하인리히를 마중하기 위해 23일 저녁에 취리히로 돌아오는 게 거의 확실합니다. 아이히만의 '잔인성'은 다음 기회에 언급하겠습니다. 그의 잔인성은 입증되지 않았습니다. 이것에 대한 진술은 매우 신중하게 받아들여야 합니다.

저는 뉴욕에 있는 샤베르트에게 즉시 편지를 보내려고 했지만, 볼프가 12일 다시 취리히에 온다는 것을 알았습니다. 그래서 저는 그에게 편지를 보내 전화하라고 요청했습니다. 그는 우리가 고려해야 하는 것보다 더 많은 무엇인가를 잘 알 수 있습니다. 그의 전화를 받고 즉시 편지를 보낼 것입니다. 얼마나 성가신지요!

독일에 대해 보고할 사항이 많지만, 현재 저는 그렇게 하고 싶지 않습니다. 저는 학생들과 내화할 기회가 많았으며, 그들과 함께 그 문제를 논의합니다. 유일한 희망은 유럽연방이 처음에는 얼마나 작은지에 상관없이 해링턴[220]이 아주 잘 표현했듯이 "확장을 위한 연방"이라는 점입니다. 다른 국가들은 이후 동등한 권리를 가지며 이 연방에 동참할 수 있습니다. 젊은이들

---

[220] 제임스 해링턴(James Harrington, 1611~1677)은 영국 정치철학자이며 저자였다.

은 가끔 기뻐하지만, 실제로 무엇을 해야 할까요? 독일의 관점에서 볼 때 중요할 두 가지 사항만이 있습니다. 즉 두 독일에 관한 당신의 입장을 받아들이고 오데르-나이세 국경선을 인정하는 것입니다. 그러면 모든 게 다시 흐르기 시작하고, 누구든지 베를린에 대해 매우 다르게 말할 수 있습니다. 아데나워가 이것을 하지 않으려는 것은 아주 좋지 않습니다. 사회민주당이 이것 근처에 얼씬도 하지 않으리라는 것은 훨씬 더 나쁩니다.

케네디 — 아쉬톤은 단지 미국의 일반적인 분위기가 무엇인지, 그리고 무엇이 바뀔 수 있는지를 전달하고 있을 뿐입니다. 그러나 아쉬톤은 좋은 사람입니다! 저는 케네디가 정말로 자신의 몸과 신경에 의지할 수 없는 중병이 걸린 사람이라는 은밀한 두려움을 항상 품고 있었습니다. 그러나 이것은 아마도 헛소리일 것입니다. 그는 약간 그런 식으로 보입니다.

이곳의 삶은 매우 즐겁습니다. 좋은 근무 조건이고, 제가 항상 좋아하는 피페르가 저를 엄청나게 대접하고 있습니다. 아마도 그의 아내[221]는 더욱 그렇지요! 허리에 문제가 있는 미국인 친구[222]가 내일 도착할 것입니다. 결국 그 병은 유행하는 병일 뿐입니다. 그는 의사의 소견을 완전히 이해하는 것 같지 않습니다. 그러나 저는 확신하지 못합니다. 어쨌든, 메리 매카시는 모스크바에서 이곳으로 비행할 수 있습니다. 최선을 다하는 안첸[안네 바일]*은 오순절을 마치고 저와 함께 이곳에 있었습니다.

저는 이곳에서 윈프리트 마티니[223]를 몇 번 만났습니다 — 당신은 우리가 그에 대해 언급한 것을 기억해 낼 것입니다. 저는 그의 집에서 (마티니에게는 전혀 언급될 수 없는) 탁월한 인상을 주었고, 당신의 저서 『정신병리학』의 실질적인 제자인 클라우스 엔쉬 박사를 만났습니다. 저는 언젠가는 당신에게 편지

---

221 엘리자베스 피페르-홀트하우스(Elisabeth Piper-Holthaus, 1924년 출생).
222 메리 매카시는 허리 디스크로 어려움을 겪었다.
*   옮긴이_ 안첸은 아렌트가 '안네 바일'을 애칭으로 부르는 이름이다.
223 윈프리트 마티니(Winfried Martini, 1905년 출생)는 독일 언론인이었다.

를 쓰라고 격려했습니다. 제가 언급했듯이, 그는 좋은 인상을 주었습니다.

하인리히는 편지에서 대학 개혁에 관한 당신의 책이 도착했고 자신이 주말에 이것을 읽을 수 있기를 바란다고 밝혔습니다. 당신은 그를 만나는 일에 대해 아주 멋지게 편지를 보냈고, 저는 만남이 마침내 이루어지는 것에 대해 아주 기쁩니다.

제가 이스라엘에서 돌아올 때 즉시 바젤에 있는 당신에게 무조건 전화할 것입니다. 만약 하인리히가 24일 저녁이나 25일 아침까지 도착하지 않을 경우, 괜찮으시다면 잠시 들를 수 있습니다.

두 분에게 최선을 다하고 따뜻한 안부를 전합니다.

한나 올림

편지 290 아렌트가 야스퍼스에게

1961년 6월 16일

친애하고 존경하는 분께!

쿠르트 볼프는 전화했지만 보고할 특별한 것이 없었습니다. 그래서 샤베르트에게 보내는 제 편지 사본을 이 편지에 동봉합니다.[224] 이게 도움이 되길 바랍니다!

저는 내일 아침 떠나며, 하인리히는 24일 목요일 23시 20분이나 11시 20분에 도착하고, 추정컨대 공항에서 호위를 받으며 차에 탈 것입니다. 로카르노에서 온 친구 로버트 길벗이 그날 취리히에 올 것이기 때문입니다.

취리히에 도착하자마자 전화하겠습니다. 그날은 23일이나 24일일 수 있습니다. 두 가지 가능성을 고려합니다. 하나는 아테네를 경유하는 것입니다. 저는 금요일 아침 회의를 최대한 활용할 수 있기에 이를 선택할 수도

---

[224] 아렌트가 샤베르트에게 보낸 1961년 6월 16일자 편지.

있습니다. 아테네 자체는 말할 필요도 없지요! 따라서 저는 23일 밤이나 24일 아테네에서 보낼 것이며 오후까지 취리히에 도착하지 않을 것입니다. 이 경우 저는 바젤에 갈 수 없을 것입니다. 그러나 그것은 문제가 되지 않습니다. 우리는 하여튼 곧 서로 만날 것이지요!

제 주소는 다음과 같습니다. 23일까지는 예루살렘, 이든호텔이며, 24일부터 26일까지는 취리히의 발트하우스 돌더호텔입니다.

한 가지 사항을 더 말씀드립니다. 저는 다른 무엇을 해야 할지 잘 몰랐기 때문에 새 주소(전송처)로 당신의 주소를 많은 분에게 제공했습니다. 급한 일은 없을 것입니다! 저는 역시 이곳 사람들에게 22일 이후 도착하는 어떤 것이든 당신에게 보내야 한다고 언급할 것입니다.

이곳에서 실제로 매우 즐거웠으며 지극히 생산적인 시간이었습니다. 피페르가 저를 아주 상당히 지나치게 대접했기에, 저는 정말로 그것이 제 머릿속에 떠오르지 않도록 정말 조심해야만 했습니다. 그렇지 않았으면 보고해야 할 사항은 제가 미녹스 사진기를 소유하고 있고, 보는 모든 것을 사진으로 찍고 있다는 것입니다. 저는 이번에 당신과 함께 있을 때에도 그곳의 거의 모든 것을 사진으로 찍을 것입니다.

그때까지 모든 분에게 따뜻한 안부를 전하며!

한나 올림

편지 291 **야스퍼스가 블뤼허에게**

바젤, 1961. 7월 31일

친애하는 하인리히에게!

나의 수기 편지를 읽을 수 없을 것이오. 게르트루트가 이 편지를 베낄 것이오. 자네들이 떠난 이후로 우리 사이에 완전히 분명하고 자명한 것과 그렇게 드문 것이 내 안에 울려 퍼지고 있네요. 즉 관습에 얽매이지 않고 정확히 이름을 붙일 수 없는 대지 위에서 열리는 마음의 만남이오. 우리가 그 대지를 베를린이나 올덴부르크·독일·유럽·서양이라고 부른다면, 그 대지는 배경 면에서 많은 부분을 차지하고 양도할 수 없는 유산을 암시하지만, 여전히 적절하지는 않군요. 그 대지는 우리를 지지하는 더 깊고 확고한 기반이라오. 그리고 그것의 결과는 누구든 중대한 '오해'의 위험 없이 어느 것도 — 순간의 충동으로, 그리고 누군가 신선할 때, 또는 누군가 피곤하고 그 순간이 우리를 좌절시킬 때 — 말할 수 있는 것이오. 물론 우리는 잘 대비했고 기대했던 것을 발견했네요. 이제 내 생각에, 우리는 정신없이 또는 세계에서 건설하고 편안함을 느낄 수 있는 오랜 기반을 발밑에서 다시 개인적으로 느꼈네요. 그것은 나에게 특별한 힘을 주었네요. 우리의 삶, 여정과 활동이 그렇게 매우 다르기 때문이오. 자체 내에 항상 존재했던 공통 기반을 스스로 느꼈다면, 그 차이는 다행이라오. 우리가 젊은 시절에 만났다면, 아마도 자주 만날 수 있었다면, 우리는 현재보다 훨씬 더 격렬하게 논쟁했을 것이오. 이 논쟁은 젊은 시절 내 친구인 프리츠 추어 로에를 생각나게 했지요. 그는 1916년 사망했는데, 나는 화낼 정도로 그와 싸웠지요. 그러나 우리 모두 다음과 같은 점을 알았다오. 즉 침해는 없을 것이라는 겁니다. 우리는 화낸 이후에 마음을 가라앉히고 서로 귀를 기울일 것이기 때문이오. 우정은 더 강렬해지지요. 누구라도 다른 사람을 선도하고 싶어 하지 않고, 오히려 다른 곳에서 그와 함께 이끌려왔다고 느끼고 신뢰하기 때문이지요. 우리의 만남은 물론 그렇게 전혀 격렬하지 않은 채 그런 가능성을 단지 품을 뿐이었네요. 이와 반대로, 상황은 우리 사이 조용히 흘러갔네요. 즉 자네는 성숙하고 경험이 많은 사람이고, 이제 거의 옛날 사람인 나는 침착하다오. 우리에게 이제는 열리지 않는 가능성에 대한 회상만이 떠오를 수 있었다오.

비록 내가 함께한 짧은 시간 동안 자네의 교육 사업 계획과 내용을 배울 수 없었지만, 이것은 나에게 큰 감동을 주었다오. 이것은 나에게 보수적이며 현대적이라는 인상을 주었다오. 즉 천년을 통해 영구적으로 위대한 것에 기반을 두고 있을 뿐만 아니라 교육의 황폐화가 아니라 훨씬 더 심오한 교육의 목적을 지니고 있기에 보수적이고, 우리 사회의 맥락 내에서 학문 세계를 통해 편견을 드러내지 않은 채, 자네가 한 인간으로서 다른 사람에게 말하고 많은 사람, 아마도 다수의 사람에 내재한 그런 충동을 충족시키려고 노력하기에 현대적이오. 자네는 영혼을 바꾸고 기쁘게 하는 위대하고 도전적인 저작, 즉 위대한 사상가들, 시인들, 창조적인 사람들의 저작을 통해서 그런 씨앗이 자라도록 격려하고 있네요. 아렌트가 아주 종종 아름답고 감동적으로 언급했듯이 모든 인간이 새로운 시작이기 때문에, 현재 소멸해 가고 있는 우리 기술 세계에 인류, 일부 인간은 궁극적으로 자기 인식과 주장에 도달하고 기술을 (의혹의 순간에) 통제하리라고 희망할 수 있네요. 자네는 교육 계획에서 젊은이들이 인생의 초기에 위대한 사상을 알게 되는 것, 본질적인 것이 본질적이지 않은 것들의 덩어리에 의해 부서지지 않는다는 것을 보고 싶을 것이오. 이 젊은이들이 자네가 자신들에게 제시하고 있는 요구를 지각하고, 자신들에게 아무것도 덧씌우지 않는 선생을 볼 때, 이들은 자극을 받을 것이오. 자네 자신의 선택, 책임 그리고 구체적 삶의 경험으로 수행되는 고귀한 것에 대한 평생의 수용은 당신의 목표를 성취할 가능성을 자신에게 제공하지요. 자네의 학생들이 가르침에 대해 어떻게 생각하는지는 우리 손에 달려 있지 않네요.

  자네는 우리와 마찬가지로 사건의 정치 과정에 대한 거의 매일 새롭게 대두되는 두려움 속에 서 있을 것이오. 나는 최근 케네디 연설의 표현법과 취지를 매우 좋아했지요. 나는 그가 말하는 것보다 더 많은 것을 알고 있다고 추측하며, 부정확한 정보 — 우리 누구도 갖고 있지 않은 정보 — 때문에 틀릴 수 있다는 것을 두려워하네요. 케네디는 미국과 유럽의 재래식 병력을 대규모로 증강하고 싶어 하고, 이제 사람들의 희생을 요구하며 미래에 더 중대한 희생을 위해 그들을 대비시키고 있군요. 이 모든 것은 그를 신뢰하게 만들지요. 그러한 군비 증강을 가능토록 하려면 서구 세계의 생활 수준을 낮추어야 할 것이오. (그것은 전혀 필요하지 않을 수도 있지만, 그런데도 사람들은 그것을 받아들일 준비가 되어 있어야 하오. 모든 사람은 중요한 것, 즉 자유가 모든 것이라는 점을 깨달아야 하기 때문이오.) 그러나 베를린 문제의 경우 군비 증강은 너무 늦게 시작되고 있네요. 현재 상황은 전쟁이 발발한다면 미국이 즉시 폭탄을 사용해야 하고 그렇게 함으로써 절대적인 어둠 속으로 빠질 그런 상황이지요. 만약 엄청난 군비 증강이 이미 이루어졌다면, 심지어 패배한 측이 궁극적으로 폭탄을 사용해야 하더라도, 그림은 완전히 달라질 것이오. 현재의 군사력 상황은 베를린과 관련한 결정의 기반이라오. 식민주의적 사고가 과거의 일이 되고 있다는 모든 이야기를 설명하는 것은 소련 군사력의 그림자일 뿐이지요. 권리에 대한 케네디의 주장은 좋지만, 그는 어둠 속으로 발걸음을 감행해야 하는 권리와 전쟁의 결과를 안정화하기 위해 포기할 수 있는 권리(흐루쇼프의 문구를 사용하자면)를 구별해야 하오. 정치적으로 위선적인 연방공화국은 이런 구별이 이루어지는 마지막 장소라오. 그러나 연방공화국은 미국이 서명할 정도로 우매했다는 허상을 주장하지 않고 이를 생각하면서 미국을 지원해야 하오. 내가 보기에, 우리가 전적으로 어떤 희망을 유지하려면 어둠 속으로의 행진은 오직 두 가지 이유로만 위험을 감수해야 하오. 250만 명의 서베를린 사람들은 자유를 빼앗겨서는 안 되며, 동독 사람들은 연방공화국으로 이주할 가능성이 여전히 있어야 하오. 누구든지 베를린시를 고수할 필요는 없지요(그러나 그러면 베를린 사람들은 자신들의 재산을 갖고 서독으로 이사할 수 있어야 하오). 누구든지 동독을 사실상 위성국가로 인정할 수 있지만, 연방공화국은 국제적 감시 아래 자유 선거가 동독에서 실시된다는 조건에서만, 즉 동독 정부가 정당화될 때만 이것을 인정해야 하네요. 독일인들에 의해 희생되지 않아야 하는 독일인들이 동독에 있기 때문이지요 ― 물론 독일인들은 그들을 희생시킬 것이오. 그들은 더 나쁜 일을 했지요. 그들은 항의의 표시로 손 하나 까딱하지 않고 유대계 독일인들을 살인자들에게 내주었지요. 만약 흐루쇼프가 서베를린 사람들의 자유뿐만 아니라 장벽 구멍을 통해 이주할 동독 사람들의 자유도 포함하는 전쟁 결과의 안정화로 체면을 지킨다면, 전체주의 지배에 대한 복종은 반쯤은 살인에 대한 복종이라오. 나는 최근에 누군가가 흐루쇼프가 다음과 같은 원칙에 따라 행동한다고 말하는 것을 들었네요. 즉 "나의 것은 나의 것이다. 우리는 너의 것에 대해 협상할 수 있다." 이것은 물론 협상이 아니라 강탈이며, 누구든지 반대할 만큼 강력하지 않으면 참는 것이지요. 그리고 그렇게 되더라도 이 새로운 안정에 대한 빈틈없는 보장이 협상을 통해 달성될 수 있을지는 결코 확신할 수 없을 것이오. 그러나 그 시도는 독일의 허구(우선, 수도로서 베를린, 그래서 사물의 본성상 미래 전쟁의 위험을 나타내는 주장의 상징으로서 베를린)를 포기함과 더불어 나에게 필요한 것 같네요. 그래서 최악의 일이 발생한다면, 우리는 싸워야 할 유일한 이유가 무엇이고 왜 우리가 절대적 어둠을 감수해야 하는지를 분명히 할 수 있지요.

케네디의 주장에도 불구하고 당신이 최근에 제안한 대로 상황은 아마도 진행될 것이며, 나는 자네의 의견에 동의하네요. 즉 자유를 유지하고 보장하는 조약이란 구실 아래, 자유는 사실상 단계별로 파괴될 것이오. 나는 이런 전망이 나를 두렵게 한다는 점을 부정할 수 없네요. 케네디의 현재 군비 증강이 너무 늦었기 때문에, 이것은 불행하게도 한낱 전시 효과를 가질 것이며, 흐루쇼프는 베를린이 항복하지 않는다고 가정할 때 전쟁을 원한다면 그것에 속지 않을 것이오. 아니면 우리는 서독에 유리한 기본적인 군사적 사실에 무지한가요? 서독과 동독에 있는 사단의 숫자는 종종 언급되네요. 차이는 원자폭탄이 사용되지 않는다면, 러시아가 4주에서 6주에 유럽을 점령한다는 것을 암시한다는 것이오.

이것으로 충분하지요. 따뜻한 안부를 전하며.
야스퍼스

편지 292   야스퍼스가 아렌트에게

바젤, 1961년 8월 1일

친애하는 한나!

이제 나는 한 번에 자네들 가운데 한 사람에게만 편지를 쓸 것이오 — 이것은 다른 사람에게도 의미가 있을 것이오.

나는 자네를 위해 샤베르트 씨(판테온출판사)의 편지를 동봉할 것이오.[225] 그는 동의했다오. 나는 간단하고 우정어린 감사의 편지를 그에게 보냈소. 자네는 분명히 지금쯤 이것을 직접 들었을 것이오. 이제 자네는 원고를 넘기는 수고를 할 것이오. 나는 베라트 부인[226]이 도우리라고 기대하오. 그래서 다른 배려가 따를 것이지만, 새로운 골칫거리는 없기 바라오.

따뜻한 안부! 자네를 만나서 반가웠소 — 우리 둘은 중간에 서 있던 하인리히를 통해서 더 많은 이야기를 나눴다고 하더라도 그렇다오. 그것은 사람들의 특권적 지위와 아무런 관계가 없지만, 이 첫 번째 만남에 특이했소. 우리는 되풀이되길 바라오.

야스퍼스

편지 293   아렌트가 야스퍼스 부부에게

뉴욕, 1961년 8월 6일

친애하고 존경하는 분께! 친애하는 좋은 분께!

물론, 멋있었습니다! 누구든지 얼마나 많은 것을 기대하는지, 현실은 항

---

225   이 편지는 소실되었다.
226   샤를로테 베라트(Charlotte Beradt, 결혼 전 아론[Aron], 1901~1986)는 베를린에서 언론인으로서 활동했고, 1940년 이후 뉴욕에서 활동했다. 그녀는 젊은 시절 하인리히 블뤼허의 친구였고, 이후 아렌트의 친구가 되었다.

상 기대를 뛰어넘었습니다. 그렇게 오랫동안 저에게는 오랜 유럽 고향과 같았던 바젤과 당신의 집이 이곳의 우리 두 사람에게 속하며, 우리가 현재 기억에서 이것들을 불러올 수 있고, 제가 더는 이것들에 대하여 말할 필요가 없으며, 이것들이 단지 현존한다는 점은 기쁜 일입니다. 그리고 "자네라고 표현하라"는 당신의 제안 — 저를 겁주지 않고 거의 놀라게 하지 않았던 제안(하인리히는 어쨌든 쉽게 당혹스러워하지 않습니다) — 은 신뢰가 아무리 위대해도 친근감으로 한 단계 더 높아질 수 있다는 사실에 도장을 찍는 것 같습니다. 저는 두 분 사이의 유사성을 인식했지만, 이것이 자명해진 것을 확신하지 못했습니다. 모든 '외관'은 보시다시피 아주 다르기 때문입니다. 저는 가끔 실제로 매우 슬픈 방식이 아니라 오히려 재미있게 그런 "우리에게 더는 열리지 않는 가능성"에 대한 헛된 공상에 잠겼습니다. 저는 하인리히가 베를린의 주변부에 살았다는 사실을 가지고 아주 가끔 장난칩니다. 우리 네 사람이 처음으로 함께 탁자 주위에 앉아 있었고 모든 것이 매우 소박하며 전적으로 자연스러운 바로 그 순간에, 저는 계속 다음과 같이 생각했습니다. 이렇게 하면 좋구나, 정말 아주 좋구나. 그리고 완전한 자연스러움 속에서 실제로('객관적으로') 대단히 자연스럽지 않은, 우리가 함께하는 이런 전적으로 자연스러운 방식은 전혀 생기지 않을 수 있습니다. 그리고 저는 (안부를 전하고, 파리에서 일주일 내내 만났던) 안네 바일과 우정의 연대를 유지했습니다. 저는 하인리히가 1933년까지 로버트 길벗과 삶을 공유했고 이런 연대를 고수하는 모습을 보고 있습니다. 그렇기에 하인리히가 젊은 시절 힘들었고 당신의 삶의 순수하고 혼란스럽지 않으며 분명한 명료함을 보여줄 수 없었더라도, 그의 젊은 시절이 얼마나 좋았을지 제게 분명해집니다. 하인리히가 로카르노에서 파리로 왔을 때, 그는 정말 행복했고, 바젤과 로카르노에서의 경험 전반에 대해서 말했습니다. 그것은 우정의 축제였습니다.

저는 하이델베르크에서 곧장 편지를 쓰고 싶었지만, 타자기 없이 돌아다녔기에 그렇지 못했습니다. 학생들과 젊은 교수진(조교 등)과 만남은 기뻤지만 특별하지 않았습니다. '선의를 지닌' 사람들 ─ 뤼스토프 … ─ 은 지루합니다. 그들은 어떤 생각도 갖고 있지 않습니다. 멋진 새 부인[227]과 함께 있는 로스만은 이전보다 훨씬 더 좋습니다. 저는 그의 말더듬증을 걱정할 이유가 없다고 생각합니다. 자극 유발에 세심한 주의를 기울였습니다. 그것은 정말로 방해가 되지 않고 말을 더듬는 것도 아닙니다. 그러나 만약 그가 거기서 빠져나올 수 있다면, 제 생각에 그것은 그의 생명을 구할 것입니다. 분위기가 그를 지치게 하는데, 누구도 그것을 나쁘게 받아들일 수 없습니다. 그는 완전히 고립되어 있습니다. 당신이 무한히 활력을 갖고 실제로 싸움을 즐기지 않는다면, 당신은 그와 같이 살 수 없습니다. 바젤의 공기는 그에게 꼭 맞을 것입니다.[228] 그는 바젤에서 다시 한번 능력을 발휘할 수 있으며 어쨌든 자유로워질 것입니다. 그는 하이델베르크의 악독함에 무기력합니다. […] 그가 친구가 없으며, 자신들에 대해 모두는 아니지만 적어도 일부의 지혜를 가지고 있는 이곳 사람들 가운데 소수가 서로 관련이 없다는 점은 결정적입니다. 저는 또한 프랑크푸르트 출신의 지방 검사인 바우어,[229] 잘 알려진 바와 같이 아이히만을 독일로 송환하게 하고 싶은 사람을 만났습니다. 그는 대단한 사람은 아닙니다. 우선, 그는 유대인입니다. 그래서 업무 전반은 아무런 의미가 없습니다. 둘째, 그는 단지 또 다른 훌륭한 사회민주당원일 뿐입니다.

저는 결국 하이델베르크에서 프라이부르크로 갔습니다. 그것은 한 가지 이상의 측면에서 두드러진 시도였습니다. 우선, 카이저 씨[230]가 저를 자기

---

227 스잔 로스만(Susanne Rossman, 결혼 전 좀머펠트[Sommerfeld], 1920~1976).
228 외형상 로스만(편지 38의 각주 79 참조)이 바젤에서 자리를 얻을 가능성은 아렌트가 그곳에 머물렀던 시기에 논의됐었다.
229 프리츠 바우어(Fritz Bauer, 1903~1968)는 헤센주의 지방 검사였다. 그는 본의 연방정부에 범죄인인도 절차를 시행하도록 청원하였다. 그의 요청은 각하되었다.
230 조셉 카이저(Joseph H. Kaiser, 1920년 출생)는 국제법 전문가로서 1955년부터 프라이부르크대학교 교수였다.

집으로 초대했습니다. 제 생각에, 약 40세인 동성연애자(이게 저를 괴롭히진 않습니다! 그가 이것을 숨기려고 했던 것은 그저 재미있었습니다)는 자신이 짓고, 자신이 선택하고 크기를 줄인 카라라 대리석 바닥으로 완성된 매우 호화로운 별장에서 살고 있습니다. 그는 이곳에서 튀니지 출신 아랍인(아랍인들도 혼자 내버려 둘 수 없었던 앙드레 지드[231]를 비교하세요)과 함께 살고 있습니다. 그 아랍인은 집사를 연기해야 하지만 행동이 너무 뻔뻔스러워서 완전히 우스꽝스럽고 아무도 실제로 일어나고 있는 일을 무시할 수 없었던 사람입니다. 그런데 그 집주인은 이 기이한 가정을 정리하기 위해 잔디를 깎아주는 두 마리 진짜 살아 있는 양을 키웁니다. 그는 대학의 저명인사들을 초청했습니다. 그들의 부인들은 완전히 제정신이 아니었습니다. 그것도 지방적이었기에 매우 재미있었습니다. 그는 이곳에 학생들을 초청하여 무도회를 열었습니다. 집은 실제로 매우 잘 지어졌고 참 독특합니다. 그리고 그의 자격은 학문적으로 흠잡을 데가 없어 보입니다. 그는 틀림없이 수많은 훌륭한 교수들보다는 훨씬 상수上手일 수 있었습니다. 저는 그곳에서 재미난 시간을 가졌지만, 즐거움을 혼자 간직했다는 점을 인정해야 했습니다.

저는 다음과 같은 사건에 재미가 덜 했습니다. 저는 이런저런 때에 시내에 있을 것이며 하이데거가 저와 접촉할 수 있는지에 관한 편지를 그에게 보냈습니다. 그는 전화하지 않았습니다. 그것은 저에게 이상하다는 인상을 주지 않았습니다. 저는 그가 시내에 있는지 알지도 못했으며, 저와 함께 있던 사람들도 알지 못했기 때문입니다. 그러나 이후 이 일이 생겼습니다. 핑크[232]는 카이저가 자기 집에 초대한 사람들에 포함되어 있었습니다. 저는 젊은 시절부터 핑크를 알고 있었다고 카이저에게 말했었기 때문입니다. 저

---

[231] 앙드레 지드(André Gide, 1869~1951)는 다작하는 프랑스 작가이며 편집자로서 여러 편의 다소 간 자서전적인 소설에 자신의 동성연애에 대해 글을 썼다.

[232] 오이겐 핑크(Eugene Fink, 1905~1975)는 철학자이며 교육자였다. 그의 사상은 후설 및 하이데거의 사상에 가까웠다.

는 다음과 같은 이유로 이 말을 했습니다. 올여름 저는 핑크가 책임을 지고 있는 일부 대학 주간 행사에 초청을 받았으며, 초청장에는 핑크가 특별히 기뻐하는 등의 중요한 일이 있었기 때문입니다. 그리고 카이저는 핑크가 저에 대해 매우 '적극적으로' 언급했다고 말했고, 그래서 저는 왜 핑크를 초청하지 않느냐고 역시 말했습니다. 그래서 핑크는 저를 만나고 싶지 않다고 말하고 외견상 자신에게 그렇게 하는 것을 금지하는 하이데거를 명시적으로 언급하면서 초대를 '엄청나게' 거절하는 것 외에 무엇을 하는 걸까요? 왜 그럴까요? 저는 생각이 없습니다. 제가 전반적인 상황으로 내린 유일한 결론은 이렇습니다. 즉 핑크는 제가 거기에 있었고 저를 만날 것이라고 하이데거에게 말했고, 이후 하이데거는 자신이 그것을 원하지 않는다고 말했습니다. 핑크가 이것을 참았다는 것은 다른 일입니다. 이것은 게오르게 동아리에서 일어난 그런 종류의 상황처럼 들립니다.[233] 제가 실제로 방법을 알 수 없다고 하더라도, 그것이 당신과 아무런 관계가 없다는 점은 확실히 가능하지만 아직은 확실하지 않기 때문에, 저는 이것에 대해 자세히 말하고 있습니다. 1년 전에 하이데거는 자신의 최근 출판물에 글귀를 써서 저에게 보냈습니다. 저는 『인간의 조건』을 보냄으로써 화답했습니다. 그게 다입니다.

특히 그곳에서 조교, 객원 강사, 나이든 학생들과 토론이 있었습니다. 그들은 예외 없이 히틀러에게서 '운명'과 '역사의 필연성'을 찾으려고 했습니다. 물론 그들은 이것이 비스마르크나 마르크스 또는 니체나 헤겔에 뿌리를 두고 있었는지에 대해 의견을 같이할 수 없었습니다. 그들은 이 문제 자체에 대한 논의를 아마 너무 '피상적'이라고 거절했습니다. 히틀러는 분명히 그들에게 충분한 교육을 받지 못했던 것 같습니다.

---

[233] 슈테판 게오르게(Stefan George, 1868~1933)는 비교적인(소수만 이해하는) 독일 시인으로서 배타적인 문학단체, 즉 '게오르게 동아리'의 중심인물로 당시 예술과 사상에 상당한 영향을 미쳤다.

판테온출판사에 관한 사항입니다. 모든 일이 순조롭게 진행됩니다. 게리 그로스[234]는 내일 저를 보러 올 것입니다. 그는 실제로 저와 이야기하고 싶어 했습니다. 그래서 모든 것이 좋은 분위기인 것 같습니다. 저는 다른 방법으로 우편물을 처리할 수 없기에, 이번 주에 옛 비서[베르타 그루너]가 저를 위해 일할 것입니다. 그녀는 또한 원고를 받아서 하코트출판사에 가져갈 수 있습니다. 우리가 머무는 장소는 쾌적할 정도로 선선하기에 당분간 여기에 머물다가 아마도 2주 후에는 캣스킬[235]로 갈 것입니다. 제가 원하는 것은 단지 하나입니다. 마침내 집에 머물고 다시는 짐을 싸지 않는 것입니다.

우리는 특히 프랑스에 대해 상당한 관심을 두고 있습니다.[236] 파리에 있는 사람들은 또 다른 쿠데타가 있으리라고 거의 확신했습니다. 일이 잘못되면, 나토 전체가 무너질 수 있습니다. 게다가 독일에는 아무도 진지하게 고려하지 않지만 언젠가 진지하게 고려할 수 있는 이 모든 통일 대화에는 위험한 사태의 진전이 있습니다. 저는 베를린을 두고 전쟁이 일어나리라고 생각하지 않습니다. 즉 흐루쇼프가 전쟁을 원하지 않고 원할 수 없기에 그렇습니다. 이곳, 특히 파리에서 저는 러시아에 있던 적이 있고, 러시아어를 말하며, 그곳에서 자유롭게 움직일 수 있었던 몇 사람과 얘기했습니다. 그곳의 모든 일이 얼마나 형편없이 기능하는지 계속해서 저를 놀라게 합니다. 부패는 엄청나다고 합니다. 저는 그곳에 아직도 가까운 친척이 있고 상황에 실질적인 통찰력이 있는 어떤 사람을 통해 "모든 사람이 도둑질한다"고 들었습니다. 사람들은 한 나라를 설립하는 것보다 훨씬 쉬운 우주에서의 위대한 업적에 감명을 받았습니다. 중국에 대한 두려움은 확산하고 있

---

[234] 게랄트 그로스(Gerald Gross, 1921년 출생)는 이 당시 판테온출판사의 부사장이며 편집 주간이었다. 그는 이전에 하코트출판사의 출판 책임자이며 편집자였고, 이후 보스턴대학교 부총장이었다.
[235] 헤인즈 폴스(Haines Falls), 뉴욕. 편지 263의 각주 137을 참조할 것.
[236] 1961년 프랑스 장군들의 실패한 쿠데타 이후 프랑스의 정치적 상황은 매우 불안정했다.

고 중대한 요인입니다. 제 지속적인 느낌에, 흐루쇼프가 원하는 것은 현상을 유지하는 것입니다. 저는 아직도 베를린이 상실될까 봐 두렵지만, 서베를린 사람들은 당분간 상대적으로 영향을 받지 않는 삶을 부드러운 방식으로 영위할 것입니다. 서방이 자체의 제안을 하지 않으며, 연방공화국에 압력을 가하지 않고 연방공화국을 위선에 빠뜨리는 것은 실제로 재앙입니다 ― 다른 이유 중에서도, 서방은 전체 상황이 얼마나 위선적인지 깨닫지 못하고 있기 때문입니다. 그러나 프랑스에 대한 우리의 우려와 비교하면, 그 모든 것은 무관합니다. 그것이 파시스트적 모험으로 끝나면, 그땐 어떻게 될까요? 그것은 독일에서 즉시 산사태를 일으키지 않을까요? 제가 일찍이 생각했듯이, 흐루쇼프는 분명히 주요 강대국이 될 통합된 서유럽의 중대한 가능성에 직면한다면 전쟁을 감수할 수 있습니다. 현재 저는 이것을 믿지 않습니다. 그렇다 해도 그는 아마도 중국으로부터 후방을 보호하기 위해 어떤 종류의 동맹을 발전시키려고 노력할 것입니다. 그사이에 우리는 서방이 여전히 보유하고 있는 아프리카의 동맹국[237]을 잃을 것입니다. 게다가 튀니지 문제는 이스라엘에 일어날 수 있었던 최악의 문제입니다 ― 아랍 세계를 분열시킬 최후의 희망입니다. 러시아에 관한 한, 그들은 실제로 전쟁이 필요하지 않습니다. 상황이 이대로 계속 진행된다면, 어쨌든 모든 것이 그들의 손에 넘어가며, 그들이 해야 할 모든 것은 중국인들이 그들로부터 그것을 너무 많이 빼앗지 않도록 조심하는 것입니다. 예컨대 인도 사람들은 지극히 걱정합니다. (저는 파리에서 사촌(니우타 고쉬)와 이야기했습니다. 그녀는 캘커타에 살고 있으며 인도인과 결혼했습니다.) 러시아에서는 독일에 대한 증오가 물론 여전히 큽니다. 누구도 동독과 서독을 구별하지 않는 점은 흥미롭습니다. 이 경

---

[237] 1961년 7월 튀니지 군대는 비제르테의 프랑스 공군 및 해군 기지를 포위했다. 프랑스군은 포위를 풀었고, 양측은 국제연합의 휴전 제의에 합의했다. 자신이 이전에 유대 국가의 친구라고 표명한 튀니지 대통령 하비브 브르기바는 이제 이스라엘에 등을 돌렸다. 다음 자료를 참조할 것. *American Jewish Yearbook*(1962): 432-437.

우 '그 사람'은 신문사 편집인이지요! 저는 흐루쇼프가 동부 영토를 떠나는 독일인들을 보고 지극히 만족하며 그곳에 다른 정착자들을 보낼 수 있다고 생각합니다.

이 모든 것으로 충분합니다. 저는 이제는 신문을 보고 싶지 않습니다. 케네디는 저를 매우 불안하게 만듭니다. 저는 단지 그가 그 부담에 굴복하지 않기를 바랍니다. 하인리히는 집에 없으며, 저는 이 편지를 있는 그대로 보내서 더는 빈둥거리지 않도록 할 것입니다. 그가 아마도 곧 편지를 보낼 것입니다. 여행에 대한 그의 견해는 결국 바뀌었습니다. 제 생각에 우리는 곧 다시 갈 것입니다. 그리고 당신은 "너무 늙었다"고 생각하지 않아야 합니다. 당신은 아직 그 연세가 되지 않았기 때문입니다.

한나 올림

편지 294　아렌트가 야스퍼스에게

1961년 8월 18일

친애하고 존경하는 분께―

저는 하코트출판사가 그 책을 보유하게 되어 얼마나 기쁜가를 생각할 수 있도록 동봉한 편지[238]를 보냅니다.[239] 그러나 제가 이 편지를 돌려받을 수 있다면 아마도 좋았을 것입니다. 어제 저는 또한 요바노비치가 이미 전화를 한 쿠르트 볼프의 편지를 받았습니다. 요바노비치는 하코트출판사의 사장입니다. 영국 출판권에 관한 사항입니다. 언윈[240]은 관심이 있지만, 그 책을 축약해야 한다고 요청합니다! 저는 그것이 가능하다고 생각하지 않는다

---

[238] 유고에는 없다.
[239] 『위대한 철학자들』.
[240] 스탠리 언윈(Stanley Unwin, 1884~1968)은 런던의 알렌&언윈출판사의 공동소유자였다.

고 그에게 편지를 보냈으며, 당신이 그것에 동의하는 게 불가능함을 고려했습니다.

다른 사항에 관한 한, 저는 베를린 문제 때문에[241] 오늘 무거운 마음으로 편지를 쓰고 있습니다. 우리는 물론 진행되었던 것을 알 수 있었습니다. 그러나 이 상황은 여전히 현실을 더는 입맛에 맞게 만들지 못합니다. 저는 독일과 러시아의 직접적인 교섭이 있을 가능성은 충분하다고 생각하며, 아데나워가 과정을 바꾸기 시작했다는 특이한 인상을 받았습니다. 이곳의 누구도, 심지어 언론도 상황이 얼마나 심각한가를 깨닫는 것 같지 않습니다. 전쟁 위험이 거의 없는 것 같기 때문입니다.

요즘 어떻게 지내시는지요? 저는 연구에 복귀하려고 하며 『혁명론』 집필을 최종 마무리하려고 합니다. 며칠 동안 시골에서[242] 하인리히와 합류할 것입니다. 그는 아마 다음 주말에 집에 올 것입니다. 저는 몇 시간 동안 바젤로 건너뛰었으면 좋겠습니다.

따뜻한 안부를 전하며
한나 올림

편지 295 **블뤼허가 야스퍼스에게**

뉴욕, 1961년 9월 5일

친애하는 야스퍼스,

제가 다시 집에 왔을 때, 저는 그런 일이 일어날 수도 있었음을 저의 이해할 수 없을 것 같았지만, 현실은 그저 저를 비웃고 철학자들이 결코 어떤

---

241 베를린 장벽은 8월 13일 건설되기 시작했다. 이 장벽은 동독 주민이 서독으로 이탈하는 것을 막기 위해 건설되었다.
242 아렌트와 그녀의 남편은 8월 11일 헤인즈 폴스에 갔다. 편지 263의 각주 137을 참조할 것. 아렌트는 8월 18일부터 20일까지 뉴욕에 있었다.

의심도 하지 않아야 하는 내적 경험의 확실성에 주의를 환기하였습니다. 그런데 순수하게 실용적으로 볼 때, 경험을 바꾼 사건을 의심하는 것은 거의 인정되지 않습니다. 당신을 만나는 기회가 저에게 주어졌고 당신을 만날 수 있었으며 당신과 하나가 된 기분이었다는 점은 제 인생에서 몇 번의 거대하고 중대한 환희 가운데 하나였습니다. 저는 바젤에서 만년에 철학 시험을 치르려고 하였지만, 현실적인 진지함으로 치를 수 있었던 유일한 시험이라고 아렌트에게 농담으로 말했습니다. 그러나 매우 중대합니다. 철학 문제에서 전문가로부터 확인을 기대한다고 전혀 생각하지 않았던 제가 이제 당신의 격려를 받는다는 것은 멋있는 일입니다. 이 때문에, 저는 내일 훨씬 더 기쁜 마음으로 저 자신에 대해 좀 더 확신하며 바드대학의 학생들에게 돌아갈 것입니다.

이게 가능했다는 점은 사실입니다. 당신의 편지는 그게 어떻게 가능했는가를 확실하게 해줍니다. 그 "더 심오하고 확고한 기반을 명명하고자" 시도하겠습니다. 그것은 당신이 포월이라고 불렀던 것의 기반입니다. 포월은 사람이 향해 날아가야 하는 목표일 뿐만 아니라 비행을 시작할 수 있는 유일한 확고한 토양이기도 합니다. 여기에서 기원과 목표는 같습니다. 제 관점에서 볼 때, 우리는 자유와 진리를 위한 절대적인 공동 의지의 토양에서 우리 자신을 보고 이해합니다. 아니면, 온갖 형태의 정언명령에 대한 우리의 의견이 아무리 다르더라도, 우리는 절대자를 위한 절대적 충동의 토양 위에 있습니다.

부유한 소년이었던 당신과 가난한 소년이었던 저, 오랜 깊은 뿌리를 지닌 프리지아 사람인 당신과 자기 삶의 근거를 상실한 베를린 사람인 저는 학자인 당신과 반학문적 철학자인 저로서 서로에게 전혀 생소하지 않았습니다. 그리고 당신만이 그 격차를 줄이는 다리를 만들었습니다. 철학자들, 특히 독일 철학자들의 추상적인 자유에 아무런 관심이 없다고 당신에게 말했습니다. 거기에서 저는 사랑하고 수용하는 게 아니라 존경하고 배울 준비가 되어 있습니다. 저는 현실적인 자유에 대해 생각할 때, 칸트와 레싱 이후 오늘날 독일 철학에서 제가 듣는 이름은 당신의 이름입니다. (그리고 저는 구체적인 자유를 찾아 곤두박질친, 제가 좋아하는 필사적인 니체를 잊어서는 안 됩니다.) 그래서 당신은 심지어 독일 철학자도 어떻게 그 흔적을 걸어찰 수 있는가를 현대 독일인들에게 보였기 때문에, 우리는 공동의 기반뿐만 아니라 공동의 목표를 공유합니다. 즉 신체적으로 현실적인 자유와 개념적으로 현실적인 진리의 불가분성을 지지하는 것입니다.

정치적으로 그것은 (당신이 자유와 통일을 잘 구별하였기에) 자유로운 공화국과 그 원리의 지지를 의미하지만, (당신이 아데나워에 대한 인식을 잘못한 것처럼) 어느 특정 정부의 지지를 전혀 의미하지 않습니다. 물론, 우리는 당신만큼 충격을 받고 몹시 당황합니다. 그래서 저는 세심하게 정치에 대해 철학적으로 대화를 시작하고 싶습니다. 진리와 자유를 결합하는 것이 철학의 임무이듯이, 자유와 정의를 결합하는 것도 정치의 매우 힘든 임무입니다. 세상 사람이나 심지어 미국 학생들도 실제로 듣고 있지 않더라도, 우리는 가혹한 고뇌와 필요 속에서 사람들이 자유에 대해 적어도 언급하는 것을 듣고 싶습니다(케네디). 말이 그들의 눈에 거슬리게 되었고, 사람들은 너무 자주 말 뒤에 숨어있는 사회적 불의를 보고 있습니다. 이것은 현재 변하고 있지만 아직은 본질적으로 변하지 않으며, 사람들은 불신하며 자신들의 낡은 통찰력을 고수합니다. 사람들은 미국인 대중이 자본주의 이데올로기 주창자라는 것을 충분히 자주 확인하고 생각합니다. 가난한 사람들은 그것에 대해 많이 생각하지 않습니다. 사람들은 사회주의적 러시아 이데올로기를 훨씬 더 좋아합니다. 사람들은 아직도 사회주의 이데올로기 신봉자가 사회적 정의를 가져다주리라고 생각합니다. 사람들이 자유가 사회적 정의라는 언어적 장막 이면에서 파괴되고 있다는 것을 알기는 어렵습니다. 많은 사람은 여전히 자유가 무엇이고 자유가 자신들에게 어떤 용도가 있는지 모릅니다. 다른 사람들은 그것을 더 많은 빵으로 바꾸려고 대비하고 있으며, 궁극적으로 더 높은 산업적 삶의 기준으로 바꾸려고 대비하고 있습니다.

미국의 현실은 이렇습니다. 즉 이데올로기는 너무 자주 정치적 기회에 의해 결정되고, 정치는 너무 종종 경제적 이해관계에 의해 결정됩니다. 그리고 러시아의 현실은 이렇습니다. 즉 경제는 정치권력의 이해관계에 의해 결정되고, 정치는 이데올로기에 의해 결정됩니다. 끔찍한 상황입니다. 어떤 체제도 정의나 자유에 실제로 관심이 없고, 그래서 어느 쪽도 실제로 정치와 관련이 없기 때문입니다. 중립이 부도덕하다는 덜레스의 견해는 당연히 중립에 대한 케네디의 선전과 현저하게 다릅니다. 불행하게도, 중립이 옹호되고 있었을 때까지, 어느 국가도 미국과의 동맹에 더는 주목하지 않았습니다. 그리고 지금 물론 참석한 볼셰프[243]는 중립국의 이익을 위해 베오그라드에서 핵 불꽃놀이를 하고, 구두로 연단을 치기 시작했으며, 자신으로서는 중립이 비도덕적이라고 천명할 때가 이제 왔다고 그들에게 명백히 밝혔습니다.

그래서 저는 그런 암울한 분위기를 차단하기 위해 젊은이들의 교육으로 돌아가고 싶습니다. 저는 젊은이들 사이에서 위선에 대한 혐오와 증오가 증대되고 있다는 징후를 곳곳에서 그리고 이곳 미국에서 매우 명확하게 보고 있습니다. 형이상학적 관심 역시 더욱 증대되고 있습니다. 그들은 진리를 요구하고 있습니다. 만약 우리가 제대로 대응한다면, 우리는 아마도 그들에게 자유에 관심을 두도록 할 수 없을까요?

매우 도움이 되는 깨끗한 복사에 게르트루트에게 감사합니다. 제가 당신에게 말한 모든 것, 저의 기쁨과 감사는 그녀에게도 마찬가지입니다.

따뜻한 안부를 전하며
블뤼허 올림

---

[243] 아마도 '볼셰비키주의자'와 '흐루쇼프'를 결합한 신조어이다.

| 편지 296 | 야스퍼스가 아렌트에게 |

바젤, 1961년 9월 13일

친애하는 한나!

두 통의 편지를 보내줘서 고맙소. 나는 『위대한 철학자들』이 이제 출간될 예정이라서 기쁘오. 그리고 새 출판사가 그것에 대해 얼마나 기뻐하는지 읽을 수 있어서 기쁘오. 자네의 온갖 노력은 헛되지 않을 것이오. 나는 영어판 축약과 관련하여 자네의 견해를 공유하오. 쿠르트 볼프는 새 계약서를 나에게 보냈다오. 모든 것이 잘 진행되고 있네요.

하이데거의 행태에 관한 사항이오. 자네는 핑크의 편지를 읽었구려. 그러므로 누구든지 내가 갖고 싶어 하는 의혹을 가질 수 없다오. 하이데거는 1년 전에 나에게 보낸 편지에서 자네의 '관대함'을 대단히 칭찬했다오. 그의 침묵은 이제 그가 자기 아내[244]에게 굴복했다는 것을 의미하는가? 프랑크푸르트에서 자네의 찬사[245]가 이런 현재 행위의 유일한 이유라는 점은 작년에 그가 자네에게 자신의 저작을 보낸 이후 가능하지 않지만, 완전히 당혹스러운 그의 행태를 전제할 때 여전히 가능하오. 그의 동기에 대한 사유는 도움이 되지 않는다오. 이것은 단지 누구라도 어떤 분노도 무마시키지 않는 진부함으로 이끌 것이오. 자네의 경우 상황은 나에게 단지 추악하고 전적으로 어울리지 않는다는 인상을 줄 뿐이오. 사람들을 철저히 가혹하게 대하거나 매도하지 않는 누구에게나 베푸는 자네의 관대함은 이것에 대해 자네에게 일정한 거리를 제공할 것이오.

하인리히는 나를 감동시킨 편지를 보냈으며, 나는 지금은 여기에서 그에게 감사할 것이오. 우리의 편지는 현실을 확인하는 것이오.

---

[244] 엘프리데 하이데거-페트리(Elfriede Heidegger-Petri, 1893년 출생).
[245] 아렌트는 1958년 이것을 집필했다. 이때 야스퍼스는 독일 출판서적상협회가 수여하는 평화상을 받았다. 편지 229의 각주 23을 참조할 것.

9월 16일

나는 방문자들이 있었기에 이 편지를 접어 두어야 했소. 8월 6일자 자네의 아주 훌륭하고 상세한 편지는 답장으로 많은 것을 요구하오. 나는 하이델베르크에 있는 그 집에 대한 자네의 멋진 묘사와 그것에 수반되는 모든 것을 매우 즐겼소. 저속한 대학은 그런 것들을 그 한가운데 두어야 마땅하오. 그러나 나는 그것이 지적인 반응과 활력을 생산하는 결실 있는 분노를 일으킬 수 없다는 점이 두렵구려.

자네가 언급했듯이, 선의를 가진 사람은 왜 "재미없는가"?(뤼스토프 […]). 이런 선의를 지닌 업무는 특별한 일이오. 그것은 1920년대『프랑크푸르트 차이퉁』의 예에서 나에게 점차 명료해졌다오. 막스 베버가 시대에 너무 뒤떨어져서 혁명을 조롱했기 때문에, 나는 그 신문이 그의 글에 대한 출판을 중단했을 때만 그것을 실제로 의식하게 되었다오. 그 신문은 항상 더 많이 알려는 전통을 유지했지만, 동시에 항상 몹시 신중했다오. 우리가 오늘날 읽고 있는『프랑크푸르트 알게마이네 차이퉁』은 1920년대 당시『프랑크푸르트 차이퉁』과 마찬가지로 비열한 행위로 공개적인 거짓에 같은 죄가 있다오. 그러므로 지루함이오. 때론 슈테른베르거의 매력적인 에세이들(예컨대, 「크리스마스 때 여자들에 대하여」라는 에세이)이 있기는 하지만, 의미 있는 논의는 나타나지 않는다오. 이 사람들도 진리가 전혀 촉구되지 않는 곳에서 진리를 추구하는 열광적인 애호가들이오. 현재 예를 들자면 다음과 같소. 민주주의는 강력한 야당을 요구한다(정확히). 그러므로 오늘날 연방공화국은 두 개의 주요 정당으로 형성될 연립 정부를 갖지 않아야 한다(내 의견으로 현재 상황과 앞으로 4년은 안 되오).**246** 나는 사회민주당에 투표하고 싶지만 투표할 수 없소. 해외에 거주하는 독일인들은 공직으로 해외에 있는 사람들(대사관이나 영

---

246 자신의 저서에서 대연정에 대한 야스퍼스의 이후 반대를 참조할 것. Jaspers, *Wohin treibt die Bundesrepublik? Tatsachen, Gefahren, Chancen*(München, 1966): 261ff.

사관에 있는 말단 직원까지)을 제외하고 투표가 허용되지 않는다오. 즉 자진하여 해외에 있는 사람들은 투표가 허용되지 않는다오. 나는 영사의 승낙으로 레르라흐에서 수월하게 투표할 수 있었다오. 40,000명의 이탈리아인은 지난 이탈리아 선거를 위해 투표하러 스위스에서 고국을 방문했다오.

프랑스에 대한 자네의 우려는 확실히 매우 정당하오. 유럽의 위험은 매우 크구려. 알제리 상황은 어떤 해결책을 회피하는 것 같다오. 합리적인 교섭은 일어나지 않는다오. 프랑스인들 ─ 원하는 사람들 ─ 이 할 일은 유럽으로 돌아가는 것뿐이오. 그리고 프랑스가 새 출발을 하는 그들을 지원하는 것이오. 그러나 그것은 군 고위 장교들에게 너무 참을 수 없는 일이기에, 그들은 오랫동안 믿을 수 없었다오. 드골 자신은 명예라는 이 전통을 장려하는 데 도움을 주었으며 그 대변인이오. 그러나 내 생각에, 드골이 현실 세계에서 언제든지 예상할 수 있는 것을 인정했는데, 이는 그의 위대성이란 요소를 보여준다오. 그것은 현재 프랑스에서 발생하고 있는 것과 유럽이 경험하고 있는 다른 모든 고통을 구별하는 것이오. 유럽의 지평에서 적어도 한 명의 탁월한 사람이 있다는 게 얼마나 만족스러운 일이오. 드골의 지위가 나에게 아무리 생소하고 그가 아무리 다른 시대에 속하는 사람처럼 보여도, 나는 여전히 약간의 희망을 품고 그를 바라보고 있소. 드골은 아마도 불가능해 보이는 것을 성취할 수 있을 것이오. 그는 머뭇거리는데, 더는 머뭇거릴 수 없다오. 알제리 밖에 있는 주민들은 그와 함께 있다오. 결과가 어떻든 ─ 그가 승리하거나 패배하든 ─ 그것은 독일에서 발생하는 모든 것과 같이 존엄성의 상실을 의미하지 않을 것이오. 드골은 유럽을 위해 승리해야 하오. 나는 그를 동정하오. 그의 차분함과 용기는 강력한 요인이오. 운명은 그에게 가장 어려운 임무를 맡겼다오. 그 임무란 장교들보다 우위를 차지하고 아마도 새로운 군대를 건설하는 것이오.

그러나 이 모든 것에도 불구하고 베를린은 나에게 가장 큰 걱정거리로 보이오. 며칠 전 접근로에 대한 미국의 통첩은 나에게 탁월한 것으로 보였다오. 그러나 상황은 점점 더 명료해지고 있다오. 권리는 전혀 문제가 되지 않지만, 오히려 흐루쇼프가 강요(세계 전쟁의 위협)를 통해서 얼마나 많이 얻을 수 있는지. 흐루쇼프는 독재자로서 항상 마지막 순간에 뒤로 물러서 평화를 원하는 관대한 사람으로 보일 수 있다오. 케네디는 점점 허세를 부리는 것으로 보인다오. 그리고 그는 그렇게 쉽게 꽁무니를 뺄 수 없을 것이오. 중요한 측면에서 "뮌헨"[247]은 부적절한 비유라오. 뮌헨협정에서 프랑스와 영국은 자신들이 가졌던 것을 포기했다오. 이제 내가 보기에, 유일한 기회는 서방이 모든 것을 기꺼이 위험에 빠뜨릴 수 있는 한 지점에 매우 개방적이고 완전한 신뢰로 집중하는 것이오. 즉 서베를린 사람들의 자유라오. 그 밖의 모든 것은 내려놓을 수 있다오. 독일의 미래 수도로서 베를린, 통일, 연방공화국과 서베를린 사이의 정치적 관계, 베를린에서 만들어진 모든 선전, 서베를린의 미국 점령 지구 방송국RIAS,[248] 연방공화국 대통령궁, 베를린에 기반을 둔 연방공화국 조직. 그러나 연합군, 가장 중요한 미국군은 주둔해야 할 것이오. 베를린은 서방 강대국의 보호를 받으며, 자체의 어떤 외교부는 없지만 자유로운 국내 행정기관을 보유한, 국제도시가 될 것이오. 진정 멋있는 베를린 사람들은 개개인으로서 세계의 어떤 사람들보다 더 자유로울 것이오. 그들은 어떤 군 복무도 하지 않을 것이오. 국제연합이 본부를 베를린으로 이전한다면, 그것은 하늘이 그들에게 제공한 선물일 것이오. 한때 제국의 수도였지만, 그 대신에(그리고 결코 수도가 되지 않을 것이며) 베를린은 국제도시가 될 것이오. 베를린은 세상 속으로 나가 세상에서 끌어낼 수 있는 지적인 삶을 발전시킬 기회를 가질 것이오. 정치적으로, 베를린은 조금도 위협이 되지 않을 것이오. 베를린은 독특하고 중립적이며 국제화된 중심지 — 역사 속에 어떤 전례도 없는 전적으로 현대적인 현상 — 가 되는

---

[247] 대영제국과 프랑스가 체코의 주데텐란트에 대한 독일의 합병에 동의하는 1938년 9월 뮌헨협정.
[248] 미국 점령 지역의 라디오방송국.

역할을 새롭게 수행할 것이오. 접근로는 물론 확보해야 하오. 경제는 분명히 한동안 보조를 받아야 할 것이오.

나는 정말 자네 부부에게서 혁명론 책이 완성되어 가는 것을 상상한다오. 하인리히는 교육 활동을 지속하지요 ― 나는 "신학적인 저서"를 집필하고 있다오.[249]

할 수 있는 일이 없다는 것! 불평은 실제로 허튼소리이고, 또한 '지루하오' ― 그런데도 나는 그런 것을 단념하지 않았다오.

게르트루트와 함께 두 사람에 따뜻한 안부를 전하오.

야스퍼스

출판사의 편지를 동봉하오.[250]

아마도 나는 이 편지에 동봉한 내용을 하인리히에게 이미 편지로 보냈을지도 모르오. 그렇다면, 노년의 건망증을 양해하여 주시오!

편지 297   아렌트가 야스퍼스 부부에게

미들타운, 코네티컷[251]
1961년 11월 1일

친애하는 친구분들께―

하인리히는 매우 아팠습니다. 이 때문에 저는 편지를 보내지 못했습니다. 그는 아마도 저한테서 감염된 심한 감기로 바드대학에서 일주일 내내 강의와 세미나를 진행하며 견딘 심한 두통을 느끼며 집에 왔습니다. 이후 그의 상태는 더 나빠졌습니다. 의사들은 처음에는 어찌할 바를 모르다가(그

---

249   *Der philosophische Glaube angesichts der Offenbarung.* 편지 313의 각주 305를 참조할 것.
250   유고에는 없다.
251   편지 261을 참조할 것.

러나 종양을 추정하며) 진찰실에서 그를 검사했고 40년 전에 그가 머리를 맞았을 때 아마도 존재했었을 선천성 동맥류를 발견했습니다. 블뤼허는 아직도 지역의 가장 좋은 한 병원에 있으며, 저는 신경과 과장이 그의 진료를 개인적으로 담당하고 있다는 사실을 확인했습니다. 블뤼허는 정말 잘하고 있습니다. 그는 진짜 증상도 마비도 없었고 왼손에 약간의 둔감각증만 있었는데, 그것조차도 이미 사라졌습니다. 그의 호전은 어떤 치료로 인한 것이 아닙니다. 그의 병세는 금방 호전됐고, 병세가 악화됐을 때 의사들에게는 뜻밖이었습니다. 수석 신경과 의사는 동맥 조영술에서 동맥경화 징후가 발견되지 않았다고 우리에게 보고했습니다. 혈관은 훨씬 젊은 남자의 혈관입니다. 그러나 어떤 동맥경화증도 여전히 다른 사람들보다는 그에게 더 위험합니다. 병변은 분명하나 매우 작으며, 임상적 호전은 매우 빠르고 정말로 극적입니다. 그러므로 의사는 수술하지 말 것을 권고하고, 아주 단호하게 그렇게 했습니다. 그러나 약간의 위험은 있습니다. 의사는 파열의 원인이 무엇인지 확실히 말할 수 없습니다. 그는 그것이 경련이었다고 생각합니다. 그곳의 다른 의사들은 최근 연구 결과에 따라 동맥류를 포함한 모든 증상 발현이 감염으로 야기되었을지도 모른다고 생각합니다.

남편은 어느 정도 다시 그리 나쁘지 않게 느껴졌기에 전혀 개의치 않았습니다. 물론 저는 남편이 정말로 통상 3주 동안 누워 있어야 하며 바드대학으로 돌아갈 수 없다는 것을 분명히 전달하기 위해서 그에게 모든 진실을 말했습니다. 저는 또한 이런 질병의 경우 치명률이 50%라고 말했는데, 그의 반응은 이랬습니다. 흥분하지 말아요. 당신은 다른 50%를 망각하고 있다오. 그러나 우리는 간신히 병에 대한 약간의 의식을 그의 머리에 주입했습니다. 그것은 긴급히 필요했고, 훌륭한 유대인 의사들이 성취하기 어려웠습니다. 그들은 보통 훨씬 더 민감한 기질을 다루기 때문입니다.

저는 동맥류가 연막軟膜에 위치하여 있고, 이 경우는 지주막하 출혈의 하나라고 말하는 것을 잊었습니다. 다른 동맥류는 없는 것 같습니다. 저는 의

사들에 대한 몇 가지 변함없는 이야기를 할 수 있었지만, 이에 대해서는 미룰 것입니다. 수석 의사는 전적으로 일류 의사이며 위태로운 날 동안 정말 신경에 거슬린 일반적인 의학적인 수다를 늘어놓지 않습니다. 저는 이번 주부터 다시 이곳에 왔지만, 주말에는 정기적으로 뉴욕에 갑니다. 그리고 매일 보고를 받습니다. 뉴욕까지 약 2시간 정도밖에 안 걸립니다. 제가 현재 그곳에서 할 수 있는 일은 없고, 남편은 위로가 필요하지 않습니다. 그는 자신의 병실에서 책을 읽을 수 있고, 의사들과 대화할 수 있으며, 신경학에 매료되어 있습니다. 그밖에, 간호사들은 멋지고 예쁘며, 그는 이것을 즐깁니다. 병원은 컬럼비아의 대학 진료소이며 완벽하게 운영됩니다. 병원의 병실을 얻기 매우 어렵지만, 저는 이번에 이른바 인맥을 이용하는 것에 거리낌이 없었습니다. 저는 매우 불쾌한 감기에 걸렸기 때문에 당신의 9월 편지에 답장하지 못했는데 이제 답장을 하고자 합니다. 이제 완전히 정상으로 돌아왔습니다.

저는 쿠르트 볼프와 우편으로 계속 접촉했습니다. 그는 만하임이 제2판(미국판) 번역을 즉시 시작하기를 바랍니다. 우리는 여전히 이 책을 위해 에크하르트와 쿠자누스를 생각할 수 있습니까? 아니면 당신의 계획을 바꾸었는지요? 저는 그것을 알고 싶으며, 다음 독일어책은 어떻게 생겼는지, 그것이 얼마나 오래 걸릴지, 우리가 두 번째 권에서 아마도 다른 어떤 것을 포함해야 할지를 알고 싶습니다.

하이데거 — 물론, 그것은 가장 짜증나는 이야기입니다. 찬사는 그것과 관게가 없습니다. 저는 그 일이 있넌 이후에 다시 그와 연릭하고 있었습니다. 그리고 저도 그의 아내가 연관되어 있다고 생각하지 않습니다. 그것이 침묵이나 변명이나 유사한 것을 설명해 줄 것이지만, 그는 이전에 실제로 전혀 보이지 않았던 이런 공개적 적대감을 설명해주지 않을 것입니다. 제 설명 — 어떤 종류의 험담 가능성을 잠시 제쳐두고 — 은 이렇습니다. 즉 제가 작년 겨울 저서들 가운데 하나인 『활동적 삶』을 처음으로 그에게 보냈다는 점입니다. 제가 알고 있듯이, 그는 저의 이름이 공개적으로 나타나고, 제가 책 등을 집필한다는 것을 참을 수 없다고 생각합니다. 저는 평생 그의 눈을 속였으며, 말하자면 마치 그 어떤 것도 존재하지 않은 것처럼, 마치 그것이 그의 저작에 대한 해석에 있지 않은 한, 저는 언제나 셋까지 셀 수도 없는 것처럼 행동했습니다. 그런 다음 제가 셋까지 셀 수 있고 때로는 넷까지 셀 수 있다는 게 밝혀지면, 그는 항상 기뻐했습니다. 이후 저는 갑자기 이런 기만이 너무 지루해졌다고 느꼈으며, 그래서 정확히 일격을 당했습니다. 순간적으로 매우 화가 났으나 더는 아닙니다. 저는 갑자기 게임을 중단하는 것과 마찬가지로 부정행위에 대해서도 그럴 자격이 있다고 생각합니다.

그리고 이제 지난달에 정확히 개선되지 않은 정치적인 것에 관한 사항입니다. 저는 국제연합 도시로서 베를린이 말도 안 된다는 점을 우려합니다. 베를린 시민을 대피시키고 하노버와 프랑크푸르트 사이 어딘가에 새 베를린을 건설하는 것이 아니라면, 저는 어떤 해결책도 찾지 못합니다. 저는 베를린의 지위가 어떻게 유지될 수 있는가를 상상할 수 없습니다. 그리고 제 생각에, 베를린 사람들이 도시 전체에 장벽이 건설되도록 ― 건설을 막기 위해 소방서를 불러내고 소방 호스를 사용하는 대신에 ― 빨리 허용했다는 단순한 사실은 그들이 그것을 역시 알고 있다는 것을 보여줍니다. 제가 들은 바로, 케네디는 어떻게든 이 문제를 처리할 준비가 되어 있지 않습니다. 그는 얼버무리고 잊어버리고 지도력을 발휘하지 않으며, 자기 참모들의 손에 있는 축구공입니다. 참모들 가운데 일부는 훌륭하고, 다른 일부는 덜 훌륭합니다. 드골 ― 저는 그 역시 이 문제에 있어서 실패할 것을 두려워합니다. 그는 자신과 자신의 웅장한 말에 너무 많은 믿음을 두고 있습니다. 그러나 제가 잘못 알고 있는지도 모릅니다. 새로운 핵실험은 그 자체로 끔찍하게 위협적인 무엇인가를 가지고 있습니다. 우리는 곧 여기서 핵실험을 다시 시작할 것입니다. 신은 핵실험이 결국 우리를 어디로 데려갈지 알고 있습니다. 핵실험은 당분간 각 면이 얼마나 많은 막대기와 돌을 쌓았는지 서로에게 보여주는 어린이들의 게임과 같으며, 이런 강제력의 시위는 실제 전투를 대리할 것입니다. 천 메가톤급 폭탄을 가장 먼저 터뜨린 사람이 승자입니다. 저는 독일에서 처음으로 이른바 환상이 거품처럼 터지고 있다고 생각하지만, 이것들은 심지어 환상도 아니었습니다. 아무도 그것을 믿지 않으니! 이것은 외형상 지능 발달이 늦은 독일 학생이 다음과 같이 질문했던 때를 생각나게 합니다. 즉 우리 젊은이에게 우리의 환상을 지키게 하는 것이 더 좋지 않을까요? 이것은 그 상황과 완벽하게 일치합니다. 그렇지만 저는 다시 어떤 독일인에 대해서도 별로 좋은 말을 할 수 없습니다. 그들은 한스 에곤 홀투젠[252]을 이곳 독일문화원의 원장으로 보냈습니다. 이제 이 고귀한 영혼이 어느 시점에 나치 친위대에 있었다는 것이 밝혀졌습니다. 그런데 바보인 저는 그를 곤경에서 구하려고 하였습니다. 그러나 그는 분명히 저에게 잘못된 정보를 주었습니다. […]

당신은 이 편지로 제가 여전히 좀 지치고 있다는 것을 알 것입니다. 제가 정말 필요한 것은 아우스트라세에 있는 당신의 집에서 몇 시간 머무는 것입니다.

건강하시고, 우리 두 사람의 안부를 전합니다.

한나 올림

편지 298 야스퍼스가 아렌트에게

바젤, 1961년 11월 6일

친애하는 한나!

자네는 하인리히의 중병을 알리는 편지를 우리에게 보내기 이전에 상황

---

[252] 한스 에곤 홀투젠(Hans Egon Holthusen, 1913년 출생)은 작가이며 문학비평가였다.

이 개선될 때까지 기다렸군요. 현대 의학은, 도움이 되지 않을 때도, 자네와 우리 같은 사람에게 여전히 매우 좋다오. 우리는 무엇이 잘못인지 알고 싶네요. 자네는 원칙으로 이해하지만, 무엇이 실제로 일어났는가를 여전히 모르오. 즉 동맥류의 파열로 인해 더 이상의 파열이 있을 경우 이전보다 더 나은 보호막을 제공할 수 있는 흉터가 생겼는지 말하는 것이오. 하인리히의 자연스럽고 훌륭한 회복은 혈액의 흡수와 파열의 막힘만으로 설명될 수 있을 것이오.

자네는 그 병증의 해부학적 구조를 바로 명확히 했다오. 관련된 부위는 두뇌의 외부에 전적으로 놓여 있다오. 병증 재발이 있고 병원이 근처에 있다면, 그가 위중하더라도 수술은 가능할 것이오. 인정되지만, 뇌수술만큼 나쁜 것은 결코 아니오. 나는 동맥류가 아직 남아있고 어떤 식으로든 변화가 있는지 나중에 규명할 수 있으리라고 생각하오.

하인리히가 얼마나 무관심하고 신경학에 대해 조금 배우기 위해 이 기회와 경험을 이용하고 있는지 읽는 것은 멋지구려. 나는 한때 그의 열정을 공유했다오. 이 의학 분야는 온갖 복잡성에도 불구하고 눈에 띄게 분명하오. 상당히 높은 수준으로 발전한 이에 대한 우리의 지식은 아직도 여전히 이해할 수 없는 언저리에 머물러 있다오. 나는 이 분야의 현미경 사진을 보면서 항상 멀리 있는 은하수를 바라보는 방식을 느꼈다오. 우리는 항상 지식을 증가시키고 있지만, 실제로 '배후에 원인이 숨어 있는' 것에 점점 더 접근할 수 없는 방식으로 지식을 증가시키고 있다오.

우리 노인들은 자네 젊은이들이 그런 공격을 받아서는 안 된다는 점을 너무 쉽게 생각하오. 노인들이 하는 것은 얼마나 어리석은 추측인지! 우리는 자네의 긴 침묵이 자네가 중병에 걸렸음을 의미할 수 있다는 점을 전혀 생각하지 못했소. 나는 그것이 이번에 단지 암시에 지나지 않는 것으로 느끼게 한 운명에 감사하오. 종양에 대한 걱정 — 매우 논리적인 걱정 — 은 이제 지나갔다오. 그러나 상황이 발생했던 유리한 과정에도 불구하고, 나는 여전히 추가적인 보고를 간절히 바라오. 상당한 회복과 흉터 형성은 여전히 일어나야 하오.

하이데거의 행태에 대한 자네의 해석은 아주 이상하기에, 그 해석이 그를 아주 잘 알고 있는 자네에게서 나오지 않았다면, 나는 그것을 전혀 고려하지 않았을 것이오. 그는 오랫동안 자네의 저작들을 알고 있었음이 틀림없소. 모든 신문에서 그 저작들을 논의했으며, 하나가 다른 뒤를 잇고 있기 때문이오. 유일하게 새로운 것은 하이데거가 자네로부터 그 책을 직접 받았다는 점이오 ― 그런 다음에 그런 반응이지! 가장 신뢰할 수 없는 일들이 가능할 수도 있다오.

『위대한 철학자들』 제2권에 대한 사항이오. 나의 집필 기획은 우선 "계시에 직면한 철학적 신앙"이란 제목의 책을 마치고, 그다음 두 번째를 마치는 것이오. 그래서 나는 아마도 1962년 봄 이전에 이것을 시작할 수 없네요. 따라서 얼마나 빨리 진척시킬 것인가를 실제로 말할 수 없구려. 광범위한 예비 작업은 마쳤네요. 그러나 일관된 본문 ― 내가 이미 수행한 것에서 발췌한 자료에 기반을 두고 있는 ― 은 아직 작성되지 않았다오. 나는 현재로서는 쿠자누스와 에크하르트를 포함할 기획을 하지 않고 있다오. 우리는 제2권의 시작을 제1권의 결론 부분으로 삼으려고 기획하고 있다오. 이 마지막 절은 330쪽 분량이오. 두 번째 미국판이 첫 번째와 같이 분량이 많다면, 180쪽 미만인 독일어판의 쪽수는 이것에 첨가되어야 하오. 그것들은 제2권의 독일어판에서 나올 것이오. 나는 1962년 가을까지 그 180쪽을 원고로 준비할 수 있을 것이오.

나는 또한 자네의 베를린 해결책(질서 정연하고 평화적인 방식으로 휴대 가능한 모든 재화를 유지한 채 원하는 만큼 많은 베를린 사람들의 이주, 서베를린 사람들의 이주)을 고려했소. 일종의 새로운 베를린 형태의 중앙집중식 정착은 내게는 불가능해 보이오. 유일한 가능성은 연방공화국 전역으로 그리고 미국에서든 베를린 사람들이 개별적으로 가고 싶거나 수용되는 곳 어디서든 그들을 흡수하는 것이오. 특정한 독일 인종 유형으로서 베를린 사람들은 사라질 것이오. 나는 아직도 그것을 반대하오. 문제는 서베를린의 굴복 의지가 어느 시점에서 서방 세계에 정치적·도덕적 재앙이 될 것인가 하는 점이오. 어디엔가 그리고 때로는 의문이 있을 것이오. 예속 또는 폭탄. 물론 예속은 폭탄을 가져올 것이오. 아마도 나중에 러시아와 중국 사이의 전쟁에서 일어날 것이오. 우리가 폭탄을 피할 수 있는 유일한 방법은 서방 세계의 정신을 통한 방법이오. 그러나 우리는 상황이 더는 악화하지 않도록 해야 하오. 러시아에 굴복하는 것은 전 세계를 러시아 편으로 몰아가는 것이오. 우리는 이제 그것을 매우 선명하게 보고 있다오. 이 냉담한 네루[253]의 대화처럼 모든 훌륭한 대화는 단지 연막일 뿐이오. 현실에서 그들이 믿는 것은 모두 권력이오. 그들의 행태가 그것을 보여주네요. 그래서 나는 환상에서 벗어나 서베를린의 사실을 유지하는 것에 찬성하오. 우리는 그런 최소한의 존엄을 유지해야 하며, 이것 없이 자유로운 정치적 삶은 지속할 수 없네요.

케네디와 관련한 자네의 언급은 안 좋다오. 가까운 장래에 모든 것은 적절한 행태가 미리 측정될 수 없는 몇몇 순간에 좌우될 것이오.

8월 13일[254] 베를린에서. 내 견해로, 베를린 사람들은 권위를 갖고 있지 않지만, 서방 강대국들은 자네가 그 사실을 알고 난 후에 제안한 것처럼 베를린 경찰에 소방 호스를 사용하도록 의뢰할 수 있었다오. 그것은 나에게 탁월한 생각이란 인상을 주네요. 케네디를 포함해 모든 사람은 공포에 질리고 마비되었다오.

홀투젠은 피페르의 친구요. 피페르는 자네가 나에게 말한 것에 대해 알아야 하오.

---

[253] 네루는 이 당시 비동맹국가의 도덕적 지도자였다.
[254] 편지 294의 각주 241을 참조할 것.

하인리히에게 안부를 전해주오. 곧 그에게 편지를 쓸 것이오.

따뜻한 안부를 전하며
야스퍼스

게르트루트가 내일 편지를 보낼 것이오.

1961년 11월 7일

친애하는 한나!

　이 편지는 오늘 저녁 부치지 않은 채로 그대로 있었다오. 그사이 나는 자네가 방금 극복한 이 위험을 의료적 관점에서 더 충분하게 생각하려고 했다오. 의사들은 누구든지 실제로 알고 싶어 하는 것을 자네에게 말할 수 없다오. 그러나 누구든지 그럴 것 같지는 않지만 이와 같은 일이 다시 발생할 가능성에 대비해야 하오.

　내 생각은 이러하오. 출혈은 **언제** 멈출까? 즉 출혈한 혈액이 **언제** 동맥류를 닫을까? 얼마나 많은 피가 빠져나갔으며 고통을 일으킨 '혈액 종양'은 얼마나 큰가? 하인리히의 상태 호전은 출혈이 저절로 멈추었을 때 혈액의 재흡수를 통해 이루어질 것이오. … 그래서 하나의 질문은 다른 질문, 즉 의사들이 듣고 싶어 하지 않는 질문으로 이어져요. 질문에 대답하는 게 불가능하기 때문이오.

　그러나 다른 출혈의 징후가 있다면, 자네는 무엇을 해야 할지 알 것이오. 즉 누워서 완전히 정지하고 머리를 들어서 어떤 혈관 압력의 상승도 회피하며(관장의 도움으로 변을 보며) 이곳보다 미국에서 아마도 더 잘 알려진 의약(아드레논실이나 다른 혈액 응고 방지제)을 사용하오. 하인리히가 겪은 출혈은 확실히 예전만큼 심각해질 필요는 없었다오. 출혈은 그가 치료를 받을 때 아마도 멈췄을 것이오. 빠른 회복은 혈액의 흡수와 혈압의 감소에서 비롯됐다오. 따라서 우리가 더는 느낄 필요가 없다고 생각하는 두려움은 더욱 증대될 것이오. 그가 경험한 뇌에 가해지는 압력과 완전히 단단해져야 하는 흉터 때문에, 장시간의 휴식은 기본적이오.

두 사람에게 따뜻한 안부를 전하며!
야스퍼스

편지 299 아렌트가 야스퍼스 부부에게

미들타운, 코네티컷 1961년 11월 16일

가장 친애하는 친구분들께—

저는 여러 의사로부터 최종 의료 소견을 받았기에 바로 편지를 쓰고 있습니다. 상황은 우리가 기대했던 것보다 오히려 더 좋아 보입니다. 출혈은 최소 상태이고 빠르게 흡수되었습니다. 동맥류는 있지만, 전혀 나쁘지는 않습니다. 제대로 치유될 수 있다면, 발생 가능성은 약합니다. 다른 모든 상태 — 피 순환, 혈압, 심장 등 — 는 최선의 상태입니다. 위험을 무릅쓰고 수술하는 것은 미친 짓이었을 것입니다. 하인리히는 이미 일어나서 대단히 기쁘게 산책하러 나갔습니다. 그는 3주 동안 침대에 누워 있었음에도 전혀 허약해지지 않았습니다. 그리고 그는 평상시에는 쉽게 지치지도 않습니다. 수석 의사는 2개월 동안 조심하며 생활하고 모든 일을 잊으라고 조언합니다. 그가 회피해야 하는 유일한 것은 심한 육체 활동, 즉 당신이 하인리히에게 두 번이나 할 필요가 없는 충고입니다. 그는 자기 선조들이 한 가족에서 기대될 수 있는 그런 노선을 따라 모든 일을 했다고 항상 생각했기 때문입니다. 동맥류는 아마 경련으로 이어졌을 것입니다(사람들은 실제로 정확하게 알지 못합니다). 제가 보기에, 이 상황은 그가 평생 자율신경계의 결함으로 인해 경련을 겪었기에 그럴 것입니다. (그는 젊었을 때 6주 동안 설사를 했으며, 의사들은 그가 죽었다고 단념했습니다. 이에 대한 로버트 길벗의 반응은 다음과 같습니다. 즉 어차피 죽을 것이면 차라리 이탈리아로 여행가는 게 낫겠다. 그들이 행하였던 일 가운데 결과는 가장 즐거웠던 것입니다.) 의사들은 이런 경련과 관련하여 무엇인가를 할 수 있을 것입니다.

당신의 편지[255]는 저에게 큰 기쁨을 주었습니다. 저는 여기에 그 편지들을 지니고 있지 않습니다. 하인리히가 이것들을 보관하였습니다. 그는 전화로 전반적인 이야기를 저에게 알렸고, 저 역시 안도합니다.

헬렌 볼프는 뉴욕에 있고, 우리는 즐거운 오후를 함께 보냈습니다. 쿠르트 볼프는 더 좋아 보입니다. 혈전(저는 현재 독일어를 기억할 수 없습니다)은 부분적으로 스스로 용해되었으며, 그의 맥박은 상당히 더 강해졌습니다. 그녀는 저에게 제1권의 교정쇄를 보여주었는데, 이것은 저를 끝없이 기쁘게 했습니다. 마침내! 저는 바로 지금 만하임을 위해 제2권을 ― 번역 등을 선정하며 ― 대비하고 있습니다. 저는 이르면 내년 가을까지 독일어판 제2권의 일부를 기대할 수 없다고 그녀에게 말했습니다. 우리는 만나야 할 것입니다. 우리는 영어판에서 축소판을 이용하지 않을 것이기에, 책 분량에 관한 생각을 확보하는 게 어렵습니다. 물론 저는 단어 수를 셀 수 있었지만, 이것을 할 마음이 나지 않았습니다. 우리가 일단 만하임의 번역 원고를 확보하면, 우리는 상황을 알게 될 것입니다.

그렇지 않으면 보고할 내용은 실제로 없습니다. 저는 방금 『타임스』를 읽고 정치에 관심을 가질 기분이 아니기 때문입니다. 제가 정말 원하는 일은 당신을 방문하여 함께 이야기하는 것입니다. 이것을 갈망합니다. 그리고 제가 두 분의 편지를 ― 게르트루트의 글귀, "모든 육체는 풀이오. 그 모든 아름다움은 들녘의 꽃 같으니."[256] 이 글귀는 어려웠던 시절 제 머릿속을 계속 맴돌았습니다 ― 읽었을 때, 저는 동고동락하는 친구가 있다는 게 얼마나 멋있는가를 다시 한번 깨달았습니다.

그러나 여기에 좋은 것이 있습니다. 대학은 학문적으로 훌륭하며, 분위

---

[255] 야스퍼스의 마지막 편지에는 1961년 11월 6일자 편지, 즉 게르트루트가 아렌트에게 보낸 편지가 포함되었다.
[256] 이사야 40장 6절.

기는 매우 즐겁습니다. 저는 마키아벨리에 관한 훌륭한 세미나를 즐깁니다. 이만 줄이고 감사하며 따뜻한 안부를 전합니다.

한나 올림

편지 300 야스퍼스가 블뤼허에게

바젤, 1961년 12월 26일

친애하는 하인리히 블뤼허!

　최악의 상황이 끝난 이후에만 아렌트는 초기에 그렇게 설명할 수 없는 자네의 중병에 대해 우리에게 말한다오. 수개월 여유를 가진 후에, 자네가 증상 발현 전반을 잊을 수 있으리라는 점은 이제 명백해 보인다오. 말하자면, 우리의 놀람은 그 이후 나타났네요. 아렌트가 편지를 보냈을 때 행복한 결말은 확실했기에, 나는 — 파악하는데 오히려 늦었으며 — 자네가 겪었던 일의 완전한 충격을 단지 회고하면서 느꼈다오. 아렌트의 말에 대응하며 "여보 다른 50%를 잊었구려"라는 자네의 반응은 훌륭했지만, 상황은 자네나 우리에게 마찬가지요. 즉 만약 한 배우자가 죽어야 한다면, 그는 마치 혼자 있는 것처럼 평화롭게 지낼 수 없다오.

　자네가 9월에 보낸 우정의 편지는 여전히 나에게 큰 의미가 있다오. 나는 이 편지를 가끔 읽었고 지금 다시 한번 읽는다오. 우리가 출발점과 목표를 제공한 초월적 기반 덕택에 얼마나 하나인가를 반복할 필요는 없소. 대신에, 어쩌면 전혀 같지 않은 우리 사이의 차이에 대해 논평하겠소. 즉 내가 특정 정부인 아데나워 정부를 축복한 것은 나의 잘못이었소. 자네는 내가 이 정부에 축복을 내렸다고 말한 것을 잘못 알고 있구려. 나는 과거의 외교 정책에만 축복을 내렸다오. 즉 서방에 대한 명백한 약속, 러시아와 함께 진행한 통일 조치의 결과에 대한 인식, 특히 2년 전의 독일[257]을 위한 끔찍한 계획에 드러난 사회민주당의 민족주의적 우매함에 대한 충실한 저항을 지적한 것이오. 나는 결코 아데나워 정부 전체에 축복을 내리지 않았다오. 아데나워에 관한 나의 논문[258]은 이것을 명백히 보여주오. 그러나 자네는 한 가지 점에서는 옳다오. 그 어느 것도 철학사상의 영역에 속하지 않네요. 아마도 나는 이런 식으로 나를 변호할 수 있네요. 이것은 디온의 원정[259]에 대한 플라톤의 인정이나 "프레데릭 시대"[260]에 대한 칸트의 미화(대담한 방식으로 표현)와 같이 철학에 속하지 않는다오. 그러나 결국 나는 우선 내 시대의 한 인간이며 어쩌면 단지 부분적으로만 철학자요. 게다가, 위대한 철학자들은 진정 위대한 인물을 다루었다오. 그러나 나는 현실적인 실체에 관한 한 오히려 중요하지 않은 사람을 다루고 있지요. 그리고 누구든지 외교정책을 전적으로 검토할 수 있는 한, 현재 아데나워의 외교정책도 나에게 의심스럽다는 인상을 준다오. 나는 그가 수행하고 있는 일이 잘못되었다고 생각하오.

이 의심스러움은 세계 상황 전체에 대한 자네의 비관적인 평가에 있다오. 나는 자네가 언급하는 것에 이의를 제기할 수 없다오. 내 생각에, 자네는 서구와 동구 블럭의 상황 전체, 사실적인 통치 원칙, 이곳의 위선과 그곳의 엄청난 거짓말을 있는 그대로 보고 있다오.

케네디가 지금까지 수행한 일은 연설 — 당연히, 인상적인 연설 — 을 하며, 러시아에 공식 성명서를 보낸 것뿐이오. 그러나 그는 자기주장과 공존을 논리적이며 정직하게 하는 그런 방식으로 서구를 함께 끌어들이지 못했다오. 그것은 이제 이상적인 것으로 보이오. 즉 자유 세계의 공동 경제; 공

---

[257] 이것은 1959년 3월 18일 사회민주당의 "독일 계획", 즉 3단계 통일 계획(양 독일의 회의, 양 독일로 구성된 의회 평의회의 설립, 양 독일에 적용되는 통과된 법)이었다.
[258] 『자유와 통일』에서 「아데나워」에 관한 장(85-95쪽)은 「정치인 아데나워: 한 철학자의 필봉에서 비판적 평가」라는 제목 아래 1960년 11월 25일 『디 차이트』에 분리되어 게재되었다.
[259] 「일곱째 편지」, 350ff.
[260] "Was ist Aufklärung?" in Immanuel Kant, *Gesammelte Schriften, ed. Preussische Akademie der Wissenschaften* 22 vols. (Berlin, 1900-1942): 8, 40. 여기에서 칸트는 계몽주의 시대를 "프레데릭의 세기"라고 불렀다.

존, 즉 (자유로운 지적 교환을 유지하되) 동구와의 경제적 연대 단절; 오로지 합의와 연대에 기초하여 결합한 국가 및 국민에 대한 지원과 협력; "평화봉사단"[261]이나 선물도 아닌 모두의 이해관계에서 품위와 개방성. 케네디의 외교정책은 각각의 상황을 특별히 취급하는 것 같다오. 이 정책은 방향성이 부족한 것 같고, 이제 콩고[262]에서는 아마도 쿠바의 경우와 같이 지성적이지 못하다오. 미국 대통령 앞에 놓인 임무는 거의 인간의 능력을 벗어나는 것 같다오. 서구의 연대는 지금까지 그의 명백한 선의의 지도력 아래에서 계속 침식되었을 뿐이오. 그는 우리가 저서를 집필할 때와 같이 상당히 헛되게 연설하는 것 같다오. 연대는 자네가 편지에서 간결하고 의미 있으며 명료하게 공식적으로 밝힌 그런 위선을 줄임으로써 오로지 성취될 수 있다오. 그러나 여기에서 '더 많이'도 '덜'도 없고, 반전의 불가피성만이 있다오. 그래도 우리는 정치인 집단, 그리고 진리와 더불어 위선도 잘 받아들이는 대중에게 그들이 느끼는 것을 보여줄 수 있는 대통령, 즉 그들이 단지 희미하게 느끼는 것을 그들에게 명료하게 보여줄 수 있고, 그들이 실제로 원하는 바를 말할 수 있으며, 그래서 신뢰할 수 있는 개성 덕택에 자발적인 동의를 창출할 수 있는 대통령이 있다면, 이것이 가능하다고 믿는다오. 카리스마는 모든 새로운 순간에 대처할 수 있는 영원한 진리의 배경에 의해 알려진 순간의 소박함으로써 말과 행위, 용기와 신중함에서 명백해질 것이오. 이 카리스마는 한 개인의 기품이란 내면의 통합된 형태에서 보일 수 있으며, 다른 사람들은 이 개인에게서 자신들의 숨겨진 잠재성을 재인식할 수 있었다오. 페리클레스는 이것에 성공했고 언제나 그 잠재성의 징표라오. 그의 유일한 오류는 그를 계승하는 사람을 보거나 훈련하지 않았다는 점이

---

[261] 1961년 케네디 대통령이 세운 이 계획은 인간 및 경제 발전 계획을 돕고자 다른 나라에 봉사자들을 보냈다.
[262] 카탕가의 친서방적인 지역이 최근 독립한 콩고에서 분리 독립했을 때, 미국은 훨씬 중립적인 콩고 정부의 지원 요청을 거부했다.

었다오. 케자르와 오렌지의 윌리엄은 그것에 성공했다오. 요한 드 위트는 오로지 반쯤 이루었다오(그는 통찰력이 부족했고 군대 없이 외교술을 통해서만 자기 목적을 성취할 수 있다고 믿었기 때문이오). 크롬웰은 왜곡된 형태로 이 자질을 갖췄다오. 케네디는 표현할 수 있는 진리를 인식하는 데 많은 진전을 이루었다오. 이 모든 것에도 불구하고, 나는 여전히 그에게서 약간의 희망을 걸고 있네요. 누구든지 바로 어떠한 인간적 사실에서 희망을 걸 수 있는가?

나는 또한 베를린과 관련하여 점점 더 비관적으로 생각하고 있소. 서베를린의 자유가 보존될 수 있다고 생각했었다오. 그리고 여전히 이것이 가능하다고 생각하오. 그러나 이해관계에서 분리된 서방은 그 자유를 보존할 수 없을 것이오. 독일인들 자신이 이것의 장애라오. 사회민주당(슘페터[263])은 민족주의를 부활시켰기 때문이며, 아데나워가 표를 얻기 위해서지만 더 나은 판단에 반하여 떠맡은 것은 모든 합리적인 생각을 타락시킨다오. **필요한 것은 다음과 같을 것이오. 즉 독일의 모든 환상 포기, 서베를린에 현존하는 정치적 자유에 대한 제한, 베를린에 기반을 두고 있는 모든 선전 활동**(서베를린의 미국 점령 지구 방송국 등)**과 간첩 활동의 포기, 지금까지 본 적이 없는 지방 구조 아래서 번영하는 경제와 지적인 삶의 확대: 이런 자유를 원하는 연합국에 완전히 의존하는 독자성 없는 외교정책, 이 방향에서 어떤 조치의 처방, 그러나 검열 없는 자유로운 신문, 자체의 군대는 없으며 이에 따라 병역 의무의 면제**(극장을 제외하고 군복이 필요하지 않고 군복을 입지 않는, 지구상의 유일한 사람들), **그리고 군인정신의 제거, 이민 유입의 제한**(오늘날 세금 혜택이 있는 모나코의 경우, 자기 나라에서 군 복무를 회피할 수 있는 곳인 베를린의 경우), **평화로운 삶이 노넬, 즉 이것이 세계에 빛나는 본보기가 될 기회.** 물론 필요한 것이 온갖 형태의 부패와 극단으로 치닫는 단순한 쾌락주의와 함께 타락의 늪이 될 끔찍한 위험은 있다

---

[263] 쿠르트 슘페터(Kurt Schumpeter, 1895~1952)는 사회민주당 정치인으로서 신사민당의 설립자이고 "독일 헌법의 아버지" 중 한 사람이었다.

오. 그것은 독일어를 말하는 어디서든 영혼을 이 장소로 끌어들이는 자석과 같이 작용할, 정신에 의해 지배되는 자유로운 삶의 기회를 나타낼 것이오. 이런 기회가 속물적인 이득을 위해 낭비된다면, 모든 시도는 이제는 가치가 없을 것이며 정치적으로 단념될 수 있다오. 베를린 사람들은 군비축소가 언젠가는 이루어질 수 있는 세계를 위한 모델을 만들 수 있었다오. 세계는 군사적 이유 이외의 다른 이유, 즉 역사가 시작되었고 현재까지 계속되어 온 전쟁 시대에 존재했던 것만큼이나 영웅적인 것을 위해 살아야 한다오. 나는 이런 방향에서 상상하기를 좋아하며, 한나가 이런 독일 남성들, 아니면 어린이들에게 우호적으로 미소를 지었지만, 당신이 매우 다른 방식으로 역시 생각할 수 있었다고 상상한다오. […] 이것이 모두 허튼소리라면, 모든 서베를린 사람에게 가장 좋은 일은 2년 이내에 모든 동산을 휴대한 채 자유로이 떠나는 것을 보장하는 것이오. 압력은 없을 것이오. 선택은 개개인이 내리는 선택일 것이오 ― 그들은 연방공화국과 다른 나라로 이동하는 것이 허용될 것이오.

나는 상황이 아마도 다르게 해결되라라는 것 ― 자유의 구실이 러시아인들에 의해 완만하게 파괴될 것이라는 점 ― 을 말할 필요는 없다오. 우리가 여기서 몰락하게 된 것은 발을 질질 끌면서도 어정쩡하게 굴기 때문이오. 누구라도 어떤 위험을 감수하거나 기회를 포착하고 싶어 하지 않는다오.

그런데 우리가 함께 있다면 며칠 동안 지속할 수 있는 이런 논의는 이것으로 충분하오.

자네는 전통적인 새해 전야 연회를 열지 않을 것이오. 그것은 아렌트의 힘을 생각할 뿐만 아니라 우리가 어쨌든 거대한 규모로 어떤 것을 시도할 수 없는 상징으로서 좋다오. 당분간 소규모 개인적 규모에서만 좋다오.

두 분에게 좋은 새해에 건강과 일에 대한 즐거움을 바라며, 게르트루트의 안부도 함께 전한다오.

야스퍼스

나는 한나가 이 편지를 자네에게 읽어주게 해야 한다고 말해 미안하오! 크리스마스인 오늘 게르트루트가 편지를 쓰고 있을 때 이것을 기록하는 부담을 그녀에게 주고 싶지 않네요.

편지 301 아렌트가 야스퍼스 부부에게

1961년 12월 31일 토요일

친애하고, 친애하는 친구분들께—

저는 방금 하인리히에게 보낸 당신의 기분 좋고 상세한 편지가 도착한 날짜를 적어놓았습니다. 그는 저의 어떤 도움 없이도 편지를 읽을 수 있었습니다. 그가 답장할 것입니다. 그는 잘 지내고 있습니다. 처음에 그는 평소보다 더 쉽게 피곤해했지만, 몇 주 사이에 그것은 완전히 사라졌습니다. 이제 그는 2월 중순까지 휴가이며, 저는 그것으로 매우 즐겁습니다.

그사이에 아이히만 판결이 내려졌고, 저는 예루살렘으로부터 모든 자료를 얻었습니다. 다음 주부터 집필을 시작할 것이지만, 판결은 완전히 실망스럽습니다. 누구든지 법이 사람을 곤경에 빠뜨릴 때도 정의를 배분해야 한다고 고백하는 대신에, 그들은 법적으로 그냥 지나칠 수 있는 방식으로 상황을 제시했지만, 진실을 전혀 성찰하지 않았습니다. 아이히만의 최후 진술은 어떤 자기 과장도 없어서 호감이 안 가지는 않습니다. 세르바티우스 씨만이 여전히 화내고 있습니다. 그는 예루살렘에서 이 재판이 자신이 지금까지 경험한 재판 중에 가장 공평한 재판이었다고 말했으며, 이후 독일의 어떤 회의에서 이 재판과 연계된 유일한 형사 사건이 아르헨티나에서의 아이히만 납치라고 말했습니다. 그러나 저는 아직 최종 판결을 내리지 않았습니다. 자료를 아직 세심하게 살펴볼 수 없었습니다.

오늘 저는 새해에 맞춰서만 편지를 쓰고 있습니다. 우리 모두 자신이 원하는 것을 알고 있으며, 이것을 반복할 필요는 없습니다. 대신 저는 질문을 제기하고 싶습니다. 『혁명론』은 거의 완성됐습니다. 이 책이 적어도 여러 구절에서 아주 훌륭하다고 생각합니다. 특히 저는 유럽 사람들이 거의 별로 알지 못하는 미국에 관한 여러 가지 기본 사실을 분명히 말하는 데 성공한 것 같습니다. 이 책을 두 분에게 헌정하고 싶습니다. 괜찮으시겠습니까? 서두르지 않아도 됩니다. 당신께서 이에 대해 생각할 충분한 시간을 가질 수 있습니다.

저는 마음속으로 베를린에 대한 당신의 제안들을 계속 생각하고 있습니다. 저는 그 제안들이 매우 현실주의적이며 잘 수행될 수 있으리라고 생각하지만, 그 제안들을 위한 주도적 작업은 독일에서 나와야 할 것이며, 그런 일이 일어날 가능성은 전혀 없다고 봅니다. 로이터[264]는 누구든지 그러한 문제를 함께 논의할 수 있는 유일한 사람일 것입니다. (전적으로 옳지요! 하인리히)[265]

그런데 ― 부버를 선두로 하는 ― 수많은 독일인 초상화[266]와 관련하여, 하인리히는 우리가 스트라우스[267] 및 크루프와 같은 부류에 있는 것을 보고 매우 불쾌해 합니다. 당신의 묘사는 멋있습니다. (저는 우리가 당신과 함께 있을 때 찍은 사진들을 당신에게 곧 보낼 것입니다. 몇 장은 매우 좋습니다.)

저는 당신으로부터 많은 영향을 받았고, 당신의 강의를 들은 것 같으며, 진정 탁월한 사람인 글렌 그레이[268]라는 이름을 가진 철학 교수를 웨슬리언 대학교에서 만났습니다. 우리는 이곳에서 이웃이며 저녁에 반주를 함께 마시며 철학 일반, 특히 야스퍼스 철학에 관한 대화를 나눕니다. 저는 그가

---

[264] 에른스트 로이터(Ernst Reuter, 1889~1953)는 사회민주당 정치인으로서 1951년 베를린 시장이 되었다.
[265] 하인리히 블뤼허가 수기한 언급.
[266] Fred Stein and Will Grohmann, *Deutsche Portraits*(New York/Stuttgart, 1961).
[267] 프란츠 조셉 스트라우스(Franz Joseph Strauss, 1915~1988)는 이 당시 서독 국방부 장관이었다.
[268] 글렌 그레이(Glenn Gray, 1913~1977)는 저자이며 콜로라도대학의 철학 교수였다.

다소간 더 직접적인 인상을 얻을 수 있도록 그에게 "하이델베르크의 추억"[269]을 이야기하고 있습니다. 그는 독일 여성과 결혼하였고 독일어를 탁월하게 합니다.

따뜻한 안부를 전하며
아렌트 올림

편지 302 야스퍼스가 아렌트에게

바젤, 1962년 1월 5일

친애하는 한나!

자네의 편지가 방금 도착했다오. 처음에 불길해 보였던 하인리히의 질환은 지났구려. 그가 여전히 휴식할 휴가 시간을 가지니 좋다오.

자네는 새로운 저서를 우리 모두에게 헌정하기를 원하오.[270] 그것은 오랜 숙고가 필요하지 않네요. 자네가 우리 모두를 하나로 받아들이는 것은 옳고 적당하오. 누가 생각이나 했겠는지? 자네만이 했고, 나는 그것에 기쁘오. 자네의 제안이 또한 표현하는 것은 어쨌든 자네와 우리에게 어울리지 않았을 지적인 부채의 인정뿐만 아니라, 감히 공개적으로 모습을 보이려는 인간적인 연대이기도 하오.

게르트루트는 나와 함께 자네에게 감사하오. 그녀는 기분이 좋지 않은 편이오 — 이런 우울증은 젊은 시절부터 정기적으로 그녀를 괴롭혔다오. 무거운 부담이오. 나는 곧 호전되길 바라며, 이런 이유로 그녀는 '잠재력에' 더 기뻐하오.

게르트루트의 동생인 오토[271]는 최근 이스라엘에서 사망했소. 그는 2년

---

269 Karl Jaspers, "Heidelberger Erinnerungen," *Heidelberger Jahrbücher* 5(1961): 1-10.
270 아렌트는 자신의 저서 『혁명론』을 "게르트루트와 카를 야스퍼스를 위하여 — 존경, 우정, 그리고 사랑을 담아서."라는 내용으로 헌정했다.

전에 암종癌腫으로 수술을 받았다오. 올가을 폐의 전이가 나타났소. 오토의 형제들과 부인[272]은 그를 매일 응원했고, 훌륭한 가족 연대를 보였다오. 그의 병력을 담당한 의사는 훌륭했소. 나는 유대인 의사들만이 그와 같다고 생각하오. 즉 아주 현실적이고 유능하며 모든 순간 인간적이라오. 누구든지 이곳보다 이스라엘에서 더 좋은 치료를 받는다오. 게르트루트는 이 동생을 좋아했소. 즉 그녀는 어머니같이 오토와 프리츠를 키웠으며 이후에도 꾸준히 이들에게 관심을 가졌다오. 오토는 이 세상살이에 특별한 재능이 없었지만, 순수한 영혼이며 항상 눈치 있고 전적으로 신뢰할 만했으며, 회의론자이며 비관주의자였다오. 그는 종교를 아무렇지도 않게 여긴 모든 형제 가운데 유일한 사람이었소. 텔아비브에서 그는 많은 사람의 호감을 얻었다오. 100명 이상의 사람이 그의 장례식에 참석했으며, 그의 죽음 이후 일부의 개인적인 언사는 드물게 따뜻했다오. 게르트루트는 슬프면서도 오토가 간단한 증상 발현을 제외하고 끔찍한 신체적 고통을 면한 것에 안도했다오. 그는 2년 전에 방문했고 우리와 매우 가까웠소.

정치 현장에 새로운 것이 있는 것 같소. 러시아의 수소폭탄은 이른바 깨끗한 폭탄인 것 같소.[273] 이 폭탄은 방사능으로 오염시키지 않는다오. 나라와 대륙의 대규모적인 파괴는 모든 인류를 살육하지 않은 채 수행될 수 있다오. 러시아는 몇 개의 폭탄으로 유럽을 파괴할 수 있으며 방사능을 우려하지 않은 채 유럽을 점령할 수 있소. 미국이 이런 폭탄을 보유하고 있지 않거나 충분한 숫자를 보유하지 않는다면, 그것은 매우 안 좋을 것이오. 케네디가 대기에서 실험을 지속하는 것에 주저함은 그가 '깨끗한 폭탄'을 가

---

271 오토 마이어(Otto Mayer, 1887~1961)는 사업가였다.
272 프리츠(편지 220의 각주 1 참조)와 하인리히(1885~1973) 마이어. 에르나 마이어-다비트(1904년 출생).
273 수소폭탄은 높은 고도에서 폭발해서 방사성 물질을 지구 표면에 덜 방출하며, 따라서 원자폭탄보다 '더 깨끗하다'라고 믿어졌다.

지고 있지 않다는 것을 의미하는지?

아이히만 판결 이후 논거를 읽었을 때, 나의 반응은 자네와 같았소. '자연법'과 '실정법'을 이론으로 구별할 수 있었지만 소송 절차에서 그렇게 하지 못한 판사들에게 나타나는 혼동. 재판의 심각성은 시야에서 사라졌다오. 재판의 정치적 측면이 고려되지 않았기 때문이오. 1950년 또는 1951년 이스라엘 법은 법을 확립하는 주권 행위가 아니었다오. 국가 간의 법, 자연법은 이런 식으로 제정될 수 없소. 조약에 기초한 국제법은 존재하지 않는다오. 이런 관점에서 볼 때, 나의 대담[274]은 그 부분을 지적하지 않은 것 같소. 란다우는 그것을 해석하지 않았거나 이해하지 못했소. 아주 종종 예로 드는 영국법의 주요 역할은 이해할 만하다오. 그러나 우선 영국법은 영국의 관할권에 있는 영국민을 위한 법이고, 둘째 영국은 수 세기에 걸쳐 이 경이로운 현상을 만들었소. 즉 성문화 대신에 판례 체계, 지속적인 재공식화가 필요한 자연법에 기초한 법을 제정하는 활력, 정의를 구현하려는 위대한 법학자들의 정치 투쟁이오. 그것은 다른 어디에도 존재하지 않소. 누구든지 그것을 준거점으로 이용할 수 없다오. 오늘의 상황은 고대법과 관련이 있는 법률적 사유의 새로운 양태가 필요하오. 이 새로운 양태는 아이히만 재판에서 표현을 발견할 수 있었지만, 그렇지 않았다오. 그러므로 재판은 현실적인 사건이 아니라 단지 큰 이야깃거리였소. 이스라엘 판사들은 품위 있고 지적이지만 위대성과 철학을 갖고 있지 않다오. 애석한 일이오!

게르트루트와 함께 하인리히에게 따뜻한 안부를 전하며
야스퍼스

---

[274] "Karl Jaspers zum Eichmann-Prozess: Ein Gespräch mit François Bondy," *Der Monat*, no. 152(May 1961): 15-19. 편지 282를 참조할 것.

| 편지 303 | 아렌트가 야스퍼스 부부에게 |

1962년 2월 19일

친애하고, 친애하는 친구분들께―

이 편지는 벌써 보냈어야 하는 데 이제 보냅니다. 이것은 당신의 편지들[275]에 대한 답장이고 두 분을 위한 생일 편지입니다. 저는 며칠 전 독감에 걸린 채 강의 여행에서 돌아와 미련하게 의사에게 감기 항생제를 달라고 했습니다. 지금 저는 점점 더 흔해 보이는 알레르기 반응 중 하나를 겪고 있습니다. 자연계의 모든 것이 우리의 발명품에 어떻게 적응했고 지금 이것들과 싸우고 있는지 정말 놀랍습니다. 정말 신비로운 현상들 가운데 하나지요!

저는 당신 남동생의 죽음에 대한 슬픔을 함께 나눴습니다(그리고 제가 알고 있고 매우 좋아하는 당신의 처제[276]에 관한 좋은 소식을 알게 되어 매우 기쁩니다). '실존적' 관점이 아니라 인간적 관점에서 볼 때, 마치 세계가 점차 우리로부터, 즉 적어도 우리가 우리 자신이라고 부르는 세계의 그 부분으로부터 멀어지는 것처럼, 젊은 시절 질병에 영향을 받지 않은 한 사람의 정상적인 죽음이 자신에게 속한 다른 사람들의 죽음에 대비하는 것처럼 보입니다.

하인리히는 실제로 완전히 회복되어 바드대학으로 돌아갔습니다. 일주일 전 그는 배상금을 받았다는 소식을 들었습니다. 그들은 하인리히에게 직업상 손해배상금으로 가능한 최고액을 허락했습니다. 그가 지금까지 그렇게 오랫동안 정상적인 직업을 가지고 있었다는 점을 고려할 때, 그런 조치는 매우 적당합니다. 처음에 그는 아무것도 신청하고 싶지 않았습니다. 그것이 그에게는 어울리지 않았기 때문입니다. 그러나 이제 그는 실제로 우리(젊은 시절부터 친구였던 변호사[277]와 저)가 사실 자신에게 강요한 것에 매우 기

---

[275] 편지 302는 게르트루트의 편지가 포함되어 있다.
[276] 그 당시 악성 빈혈로 성공적으로 치료를 받고 있던 엘라 마이어.
[277] 헨리 졸키(Henry H. Zolki)는 1962년 사망했다.

뻐합니다. 아주 공짜로 선물을 받는 것은 좋은 일입니다.

『혁명론』집필은 기술적인 사항을 제외하고 완결되었습니다. 저는 당신이 헌사를 수용하리라는 것에 기쁩니다. 그러나 저는 시위에 들어가야 합니다. 즉 누구든지 하나가 시작되고 다른 것이 끝나는 곳을 실제로 더는 말할 수 없고 차마 말하지 않는 것은 인간적 연대와 밀접하게 연결되는 정신적 인식입니다. 그리고 제가 기억하는 한, 이것 또한 그렇게 된 것 같습니다. 그런데『위대한 철학자들』제1권은 3월에 출간될 것입니다. 그들은 매우 신속하고 정확하게 일을 수행하고 있습니다. 저는 매우 기쁩니다.

이곳에서 전쟁 문제에 대한 논의는 백악관 앞의 학생 시위 및 온갖 종류의 일과 함께 분출하였습니다. 날씨가 너무 안 좋았기에, 케네디는 아무튼 자신에 ― 정말 끔찍한 헛소리인 것 같은 계획된 실험 재개와 폭탄 대피소 사업[278]에 ― 반대하는 시위에 참여한 학생들에게 커피를 보냈습니다. 아데나워가 그런 행동을 취했을 것 같지는 않습니다. 중서부에 있는 많은 소규모 대학교와 대학에서 수행할 일련의 강의를 위한 여행은 매우 재미있었고 열병만 없었다면 상당히 즐길 수 있었습니다. 사실 저는 다시 집으로 돌아와 행복합니다. 누구든 어디에나 '시골의 정적'이 있으며, 미국을 좀 더 잘 볼 수 있는 집으로 돌아옵니다. 사람들은 이곳에서 재미와 즐거움으로 침식되지 않은 견고한 실체를 발견합니다. 가는 곳마다 독일계 유대인이 있습니다. 사람들은 어디서든 그들을 곧바로 보고 있습니다. 그들은 분명히 알아볼 수 있지만 그런데도 완전히 받아들여집니다. 그들이 사회에 속해 있다는 점은 저어도 다른 사람들의 마음속에는 의심의 여지가 없습니다.

새해 복 많이 받으시고 따뜻한 인부를 전합니다.

한나 올림

---

[278] 핵전쟁에 대비하는 대피소의 효율성을 둘러싼 논쟁이 있었다.

편지 304 야스퍼스가 아렌트에게

바젤, 1962년 3월 18일

친애하는 한나!

『위대한 철학자들』제1권[279]이 방금 … 하코트출판사로부터 도착했소. 쿠르트 볼프는 1주일 전에 나에게 한 권을 보냈다오. 이제 나는 자네가 이 책을 통해 보여준 노고와 배려를 다시 한번 알 수 있게 되었소. 즉 요약과 참고문헌, 물론 내가 알 수 없는 것, 번역 점검에 대해 자네에게 대단히 감사하오. 이것은 작은 일이 아니었소. 이 책은 이제 미국 독자들의 관심을 받겠지요? 『원자폭탄과 인류의 미래』의 초기 대성공은 금세 가라앉았다오. 한 책에 대한 초기의 반응 이후에만 따르는 관심의 제2파는 추정컨대 일어나지 않았다오. 이 책의 출판도 대단히 잘 되었소. 몇 년 동안의 기다림 이후 인쇄는 마침내 놀라울 정도로 빠르게 이루어졌소. 나는 이 책 이전에 협상하지 않았고 편지도 보내지 않았던 출판사에 감사하오. 쿠르트 볼프가 실제의 발행인이기 때문이오. (더럼햄) 모리츠 마나세[280]는 번역이 훌륭하다고 생각했소.

나는 책을 집필하고 있소.[281] 하인리히 바르트[282]의 기념논문집에 수록한 논문은 예상보다 이르며 완결되지 않았고, 상당 부분 잘못 쓰이기도 했다오. 나는 그 당시 마감일의 압박에 굴복했소. 그것은 새 책이 되었네요. 이제 나는 매일 집필하면서 희망컨대 5월 말이나 6월경 끝날 때까지 다른 어떤 것도 하지 않으려 하오. 나는 이것을 집필하고 있을 때 자네들 두 사람을 가끔 생각하오. 우리의 공통된 견해와 관련하여 편지에서 밝힌 하인리

---

[279] Karl Jaspers, *The Great Philosophers*, ed. Hannah Arendt, trans. Ralph Manheim, 1(New York, 1962).
[280] 에른스트 모리츠 마나세(Ernst Moritz Manasse)는 노스캐롤라이나대학교 철학 교수이다.
[281] *Der philosophische Glaube angesichts der Offenbarung.* 편지 313의 각주 305를 참조할 것.
[282] 편지 262의 각주 136을 참조할 것.

히의 짤막한 문장(··· 포월 ···)은 격려의 지속적인 근원이오.[283] 자네의 말하기 주저함과 그러한 것들에 대한 자네의 말하기 꺼림은 필요한 물음표를 만들지만 나를 낙담시키지 않네요. 나는 자네만큼 많이 모르지만, 우리의 무지가 어떻게 표현되었는지 그리고 그 안에 포함된 게 어떻게 표현되었는지는 하찮지는 않은 것 같소. ― 이 책에서 나는 극단적인 현실주의에서 조심스럽게 숨을 몰아쉬어야 하는 공기 희박한 분위기까지 사다리를 오르내리고 있다오. 나는 그 모든 것에 대해 어떻게 생각하는가를 결국 모른다오. 그러나 나는 어쨌든 그것에 전적으로 흡수되고, 게르트루트는 비록 관습적으로 세심하게, 때로는 상냥하게 참아주며, 어떤 때는 꽤 만족스러웠지만 나를 작업에 참여시켰다오. 우리는 모두 이 계획에 살고 있소. 이것은 우리의 일생을 결정하오.

방금 라디오에서 알제리를 위한 휴전 협정이 체결되었다고 발표되었소. 내 생각에 이제 일어날 일에 대한 끔찍한 예측은 정확하지 않을 수도 있소. 그렇게 오랫동안 논의되어 온 사건들에 대처하기 위한 준비가 이루어졌소. 물론 지속적인 평화와 조화는 없을 것이오. 만약 드골이 이것에 성공한다면, 그는 한낱 허풍떠는 인물이 아니라 위대한 정치인으로 나타날 것이오. 그는 대령급부터 모든 장교를 접견하면서 이들과 각기 개인적으로 상황, 즉 이 조치의 필요성과 목표를 논의했다고 하오. 지식인들은 비관주의를 퍼트리고 있소. 나는 이들이 이번에는 틀리기를 바라오.

두 사람에게 따뜻한 안부를 전하며
야스퍼스

---

[283] 편지 295.

| 편지 305 | 야스퍼스가 아렌트에게 |

바젤, 1962년 3월 27일

친애하는 한나!

베라트 부인의 오늘 보고서는 자네의 사고[284]에 관한 소식과 더불어 우리에게도 마음의 평화를 가져다주었소. 그러나 게르트루트와 나는 여전히 그 사고에 충격을 받았소. 이 중대한 사고의 현실은 우리에게 존재했다오. 삶의 경계선은 아주 가까워서 마치 잠시 어둠이 세상에 내려오는 듯이 보였다오. 그러나 한나는 여전히 생생하구려! 아내는 심연에서 자신의 머리를 들고 비록 모든 곳에서 손상을 입었더라도 전체의 일이 너무 과장되었다고 선언한다오. 자네가 아직도 생생하니 하인리히와 우리가 얼마나 좋은가! 충격받은 자네의 신체가 빨리 회복되길 바라오. 그런 일이 있고 난 뒤, 그것은 기적과 같다오.

예상하자면, 우리는 상황이 어떤지 하인리히로부터 소식을 들을 것이오. 자네는 편지를 쓸 수 없고 써서는 안 되오. 우리를 생각해주니 자네에게 감사하오. 아울러 우리는 신문을 통해서 듣는 게 아니라 가까운 사람을 통해서 제대로 알게 되었다오!

두 사람에게 따뜻한 안부와 건강을 바라며
야스퍼스[285]

---

[284] 편지 306을 참조할 것.
[285] "최초의 큰 놀람 이후 생명에 지장이 없다는 소식을 듣고 안도함. 게르트루트, 카를"이란 내용의 같은 날 전보는 이 편지보다 먼저 도착했다.

편지 306   아렌트가 야스퍼스 부부에게

1962년 3월 31일

친애하는 친구분들께—

저는 두 분의 전보를 받았을 때 샤를로테 베라트에게 소식을 두 분께 알리라고 요청한 저 자신을 자책했습니다. 그러나 이 빌어먹을 언론과 홍보로는 절대 알 수 없습니다. 저는 어제 병원에서 집으로 돌아왔고 그 편지를 제일 먼저 찾았습니다. 매우 기뻤습니다. 그리고 이제 저는 모든 일을 두 분께 빨리 알리겠습니다. 하인리히는 그사이에 편지를 보냈습니다.

몇 시간 동안 교통을 전면 차단했던 그 사고는 제가 탄 택시에 달려든 트럭 때문에 발생했습니다. 저는 책을 읽고 있었기에 트럭을 보지 못했고 계속 무의식 상태였습니다. 그러므로 머리 열상을 동반한 뇌진탕이지만 두개골 골절, 코뼈와 턱뼈의 골절은 없었습니다. 지금쯤 이미 꽤 정상적인 제 얼굴은 처음에 온통 새까맣게 변해 있었습니다. 게다가, 갈비뼈 9개가 부러지고 손목에 금이 갔습니다 — 그러나 제가 지금 타자기를 치려고 할 때, 그것은 저를 성가시게 하지 않습니다. 저를 담당한 무뚝뚝한 젊은 외과 의사가 바로 말했습니다 — 약간 끔찍하지만 아마도 심각하게 잘못된 것은 없을 것입니다. 그리고 그의 말이 맞습니다. 저는 수혈을 받아야 했습니다. 우리는 두 번째 수혈은 필요하지 않다고 결정했습니다. 저는 좋아하는 스테이크를 먹었습니다. 한쪽 눈은 약간의 타격을 당했는데, 그 부상은 외상에 불과했던 것 같습니다. 저는 이전과 같이 보고 읽을 수 있습니다. 뇌출혈과 내출혈은 없었습니다. 약간의 찰과상 역시 심각하지는 않습니다. 고통은 전혀 참을 수 없지는 않았지만, 코데인을 이틀 밤만 복용했습니다. 사흘째 되는 날 저는 어떻게 다리를 사용할 수 있는지 보려고 침대에서 기어나왔는데, 그 결과 어지럽지도 않고 약하지도 않았습니다. 의사는 적절히 주의하며 저를 일어나게 했습니다. 그때부터 모든 상황은 좋았습니다 — 어떤 형태의 합병증도 없었고, 무뚝뚝한 외과 의사도 뜻밖의 빠른 치유 과정에 놀랐습니다. 그들은 어제 저를 퇴원시켰습니다. 다른 이유들 가운데 하나는 그들이 그렇게 하지 않았더라면 제가 그들에게 달려들었을 것이기 때문입니다. 병원은 의료적으로 매우 훌륭하지만, 행정 및 간호사와 관련해서는 보통의 불결한 곳이었으며, 이외에도 지나칠 정도로 비쌉니다. 이곳 집에는 친절한 에스터가 있는데, 그녀는 저를 위해 가사를 돌볼 수 있고, 궁지에 몰리면 제가 직접 할 수 있습니다. 그러나 저는 아직은 안 됩니다. 전적으로 합리적입니다. 아직 일하지 않지만, 산책도 하고 책도 읽습니다. 영화 구경을 할 것이고 1주일 동안 편하게 지낼 것입니다.

지속적인 손상에 관한 한, 저는 물론 외양에 대해 주로 걱정합니다. 처음에 저는 잘못된 것으로 판명된 피카소처럼 보였습니다. 그러나 그것은 사라졌고, 이제 저는 일곱 색깔 무지개로 빛나고 두피 상처(서른 바늘땀)와 반쯤 깎은 머리 때문에 스카프를 써야 합니다. 이마에 흉터가 있고 한쪽 눈 위에 작은 흉터가 있습니다. 저는 외출할 때 검은 베일을 쓰고 아라비아 여인이나 베일로 얼굴을 깊게 가린 여자인 척합니다. 그리고 치아를 하나 잃었는데, 이것은 제 아름다움을 정확히 더하지는 않습니다. 추정컨대 그 모든 것이 몇 주 내에 다소간 정상으로 돌아올 것입니다. 망막박리와 다른 증세들은 여전히 치유 가능성이 있으나 있을 법하지 않습니다.

저는 처음에 두 분의 근심을 초래하였기에 이제 두 분을 안심시키기 위해 매우 자세하게 편지를 쓰고 있습니다. 그리고 가벼운 마음이며, 저는 살아 있어서 정말 행복하기 때문입니다. 제가 의식을 되찾고 무엇이 일어났는지 빨리 파악한 이후 처음 순간에, 마치 제 생명이 제 손에 달린 듯이 보였습니다. 완전히 평온했습니다. 제가 보기에 죽음은 아주 자연스러운 것 같았고, 비극이나 흥분해야 할 일이 전혀 아닌 것 같았습니다. 그러나 동시에 저는 스스로 이렇게 말했습니다. 즉 만약 내가 점잖게 죽을 수 있다면, 나는 실제로 이 세상에 머물고 싶다. 그 이후에 저는 사지를 뻗었고 마비되지 않았다는 것을 확인했습니다. 그리고 저는 빨리 앉아서 모든 것이 자연스럽게 진행되도록 했고, 하인리히의 주소를 알려주지 않아서 경찰에 들키지 않도록 했고, 누군가 베라트 부인에게 전화를 걸게 했으며 ─ 저는 전화번호를 기억하고 있습니다 ─ 모든 약속을 취소하게 했습니다. 그게 다였습니다.

저는 에르나에 대한 좋은 소식을 듣고 매우 안심했습니다.[286] 그녀에게 제 안부를 전해주세요. 『위대한 철학자들』의 예매는 정말 놀랍습니다. 예매는 이 출판사가 할 수 있는 일을 보여줄 뿐입니다. 이제 줄이겠습니다. 저는 역시 매우 걱정한 안네 바일에게 편지를 보내고, 불행하게도 첫날 저를 보고 그 모습에 울음을 터뜨렸던 미국인 친구 메리 매카시에게 몇 자 적은 편지를 보내야겠습니다. 그녀는 지금 프랑스에 있습니다.

저는 … 당신의 한 문장, 즉 "마치 어둠이 세상에 내려왔다"를 계속 생각하고, 감사드리며 이 문장을 잊을 수 없습니다.

아렌트 올림

덧붙여 말하자면, 잔느 헤르쉬를 만났고 그녀와 매우 멋있는 저녁을 보냈습니다.

편지 307 아렌트가 야스퍼스에게

1962년 4월 1일

친애하고 존경하는 분께 ─

프랑켈의 서평을 게재한 『뉴욕 타임스 서평』을 읽어보세요.[287] 이보다

---

[286] 게르트루트가 아렌트에게 보낸 1962년 3월 26일과 27일 편지는 다음과 같이 기록되어 있다. 에르나 뫼를르는 작은 수술 이후 잘 지내고 있으며, 요양을 위해 일주일 동안 집에 갈 것이다.

더 좋을 수는 없었을 것이고, 저는 이 책이 서평으로 알려지게 됐다고 거의 기꺼이 말할 것입니다. 헬렌 볼프는 이런 것들을 최대한 이용하는 데 매우 영리하기에 더욱 그렇습니다. 하인리히와 저는 작은 승리의 이중창으로 목소리를 높였습니다. 저는 더욱 기쁩니다. 서평자와 저는 몇 년 전에 공개 토론에서 머리를 맞댔고, 그에게 좀 거칠게 대했기 때문입니다. 그러나 그는 당신에게 화풀이하지 않았습니다. 당신은 실제로 이와 같은 일에서 앵글로색슨 전통에 의지할 수 있습니다.

두 분이 당신의 저서에 얼마나 관여하고 있는지를 게르트루트로부터 듣게 되어 기쁩니다.[288] 저는 에르나의 병환과 부재가 당신에게 큰 폐를 끼치지 않기 바랍니다.[289] 그녀는 곧 돌아올 것입니다.

저는 일이 계속 잘 되어가고 있고, 매일 조금씩 나아지고 있습니다.

모든 일이 잘되길 기원하며
한나 올림

편지 308 야스퍼스가 아렌트에게

1962년 4월 4일

친애하는 한나!

1914년 일로 생각하오. 이때 게르트루트의 수술 중 하나가 끝난 이후 우리는 중대한 국면이 지난 것을 알아서 매우 기뻤다오. 이때 그녀는 다음과 같이 말했다오. "당신은 대단히 기뻐할 수 있지만, 내가 끔찍한 고통을 겪고 있고 완전히 비참하다는 것을 알리는 편지를 프렌츠라우[290]에게 보내세요."

---

[287] "Makers, Shapers, and Agents Provocateurs in the World of Thought," Charles Frankel's review of Jaspers' *The Great Philosophers, The New York Times Book Review*, April, 1, 1962.
[288] 게르트루트가 아렌트에게 보낸 1962년 1월 27일자 편지.
[289] 편지 306의 각주 286을 참조할 것.

나는 자네가 상황을 가볍게 생각하고 "매일 조금씩 더 나아졌다"고 말했을 때 게르트루트의 말에 대해 생각하오. 거기에 차이가 있는가? 농담이오. 유대인과 그리스인은 격렬하게 불평하고 그것을 부끄러워하지 않는다오 — 로마인과 독일인 그리고 문명화되지 않은 사람들은 정반대로 행동한다오. 자네와 하인리히 그리고 나는 이 시점에서 치명적으로 잘못된 편에 속하오?

나는 그 책[291]에 대한 자네의 소식과 기쁨을 알게 되어 정말 기쁘오. 나는 8월에 다시 착수하려고 하는 제2권을 집필하는 데 대해 매우 고무적이고 새롭고 강한 의욕을 느낀다오. 빨리 진행할 수 있기를 바라오. 나는 준비 작업을 잘하고 있으며 아직 출판할 수는 없지만 이미 많은 쪽을 썼기 때문이오. 새로운 조교[292]가 곧 올 것이며, 나는 이 계획과 연관된 일을 그에게 주려고 하오.

쿠르트 볼프는 그 책의 출판 이전 이미 3,000부의 주문이 있었다고 나에게 편지로 알렸다오. 오늘 나는 도서 클럽이 가을에 그 책을 인수할 것이라는 말을 그에게서 들었소. 그들이 책을 인수하면, 나는 1,600달러를, 당신은 400달러를 받게 될 것이오. 나는 특별히 그게 광범위한 판매를 의미하기에 멋있다고 생각하오. 우리는 지금 당장 충분한 돈을 가지고 있소. 세계 경제의 호황은 또한 여기 언저리에 있는 우리에게도 약간의 여분을 싣고 올 것이오.

하인리히의 편지에 감사하오.[293] 두 분에게 진심으로 감사하며, 빨리 쾌유하기 바라오 — 그 공포가 자꾸만 나를 괴롭히오. 자네들은 올해 심연의 언저리에 있었소.

따뜻한 안부와 함께
야스퍼스

290　게르트루트의 부모가 살았던 도시.
291　*Die grosse Philosophen*.
292　한스 자너(Hans Saner, 1934년 출생)는 이 시기부터 야스퍼스가 사망할 때까지 그의 조교였다.
293　1962년 4월 1일.

편지 309   야스퍼스가 아렌트에게

1962년 4월 5일

친애하는 한나!

　자네의 보고서를 동봉한 3월 31일 편지는 오늘 바로 도착했소. 자네와 하인리히가 최근에 보낸 편지는 일찍이 도착했다오. 나는 이제야 전체의 구도를 분명히 알겠네요. 그것은 다시 한번 나에게 기적이라는 인상을 주오. 그렇게 많은 부상이 생겼는데, 그중 어느 것도 중요한 기능에 영향을 미치지 않았구려. 징후가 없다면, 그것은 나에게 의학적으로 불가능하다는 인상을 주오. 그래서 남은 건 자네의 아름다움에 대한 걱정뿐이오. 나는 걱정을 공유하오. 그러나 나는 자네의 숱 많은 머리카락이 머리 부분의 어떤 상처도 덮으리라고 생각하오. 눈 위에 있는 상처만이 남을 것이오. 그게 큰지? 상처가 형태에서 들쭉날쭉하지 않고 오히려 작고 장식적이면, 그것은 실제로 아름다움을 높일 수 있다오. 치아는 교체될 수 있소. 치과의사들은 마술을 걸 수 있다오. 나는 자네가 여전히 아름다운 상태로 남아있어야 한다는 것을 당연하게 생각하오. 그럴 것이오. 궁극적으로, 자네의 아름다움은 어떤 상황에서도 빛날 것이오. 그 아름다움은 주로 자네의 움직임과 시선과 표정에 있다오. 이 무서운 사건이 진행된 과정은 자네 내면에 있는 무엇인가를 파괴할 수 없는 것이 있다고 누구에게나 믿게 만들 수 있다오. 악마는 감히 자네를 할퀴기만 할 뿐이지 자네의 핵심까지 침투하지는 않는다오. 자네는 오랫동안 신체에 약간의 휴식을 제공하는 합리적인 경로를 따르는 것이 좋소. 약간의 휴식은 자네의 상처를 완전히 치유할 뿐만 아니라 충격으로부터 회복하는데 기본적이오. 몸은 친절하게 대할 것을 요구한다오. 그러면 몸은 기꺼이 우리를 섬기고 우리와 동일시하오. 우리가 몸을 노예와 같이 취급한다면, 몸은 저항한다오.

모든 일이 계속 잘 진행되기 바라며!
따뜻한 안부와 함께
야스퍼스

편지 310　야스퍼스가 아렌트에게

바젤, 1962년 7월 2일

친애하는 한나!

　잔느 헤르쉬와 헬렌 볼프는 자네의 인사말을 건네며 자네가 얼마나 기운찬지 말해주었다오. 터번이 잘 어울리오. 그들은 자네의 이마에 있는 상처에 대해서는 아무것도 언급할 수 없었소. 터번이 상처를 가리기 때문이오. 소식은 오히려 빈약했다오. 그들은 자네와 그들이 나눈 대화 내용에 대해서는 아무것도 나에게 언급하지 않았소.

　내가 원하는 것은 우리가 3주 동안 하이델베르크로 가기 전에 자네에게 안부를 전하는 것이오. 나는 원고[294]를 출판사에 보냈소. 여전히 하이델베르크에 있는 동안 교정쇄를 받고 싶구려. 뫼를르는 매우 좋은 편이오. 그녀는 톤바흐 마을을 대단히 기대하고 있다오.[295]

　나는 이제 '은퇴한' 지 1년이 되었네요. 즐겁구려. 그러나 노년에 어울리는 주제넘음과 절제 사이에서 망설이오. 주제넘음은 『위대한 철학자들』에만 집중하는 대신에 이런저런 계획을 맡도록 나를 계속 유혹하오. 예컨대, 10월에 50주년을 기념할 스위스 은행협회를 위한 강의를 들 수 있소.[296] 물론 나는 이 신사들에게 무엇을 말할 수 있고 말해야 하는가에 대해 우려하오. 제목을 「경제에서 자유와 운명」으로 제안했지요. 당분간 베를린 문제에 대한 에세이를 쓸 기회를 포기했소. 이제는 누구의 귀도 갖고 있지 않다고 점점 느끼오. 아마도 그것은 이제 대학에서 강의하지 않은 결과라오. 독일 정치인들은 사람들을 분노하게 만들고 있소. 기독교민주당이 여전히 아데나워를 대부분 지지하고 있다는 것은 아데나워 자신보다 이 사회의 잘못

294　Die philosophische Glaube angesichts der Offenbarung.
295　뫼를르의 부모가 살았던 흑림에 있는 마을.
296　야스퍼스는 1962년 10월 6일 「경제에서 자유와 운명」이란 주제로 연설하였다.

이 더 크다오.²⁹⁷ 항상 그래왔다오.

  자네는 곧 휴가를 즐길 것이구려. 자네들이 즐거운 주를 지내고 관조적인 활동이 있기를 바라오.

따뜻한 안부와 함께
야스퍼스

편지 311 **아렌트가 야스퍼스에게**

팔렌빌, [1962년 7월/8월]²⁹⁸

친애하고 존경하는 분께―

  우리가 이곳에 오려고 떠날 때 당신의 편지가 도착했고, 저는 하이델베르크에서 당신에게 인사 한마디를 보내기 위해 즉시 편지를 쓰고 싶었습니다. 여러 달이 지난 지금 저는 아이히만 저서의 집필에 완전히 몰입해 있습니다. 지금 논문은 생각이 없습니다. 제가 지금 보아야 할 것은 그 책이 너무 오래 걸리지 않는다는 점입니다. 하루 내내 타자기 앞에 앉아 있었다면, 저는 그 후에 어떤 일에도 힘을 모으기 어렵다는 것을 알게 됩니다. 그래서 지금 이것을 바젤로 보내려고 합니다. 저의 계산에 따르면, 당신이 하이델베르크에 체류했던 약 3주가 지났기 때문입니다. 저 자신이 매우 부끄럽습니다! 요즘 상황은 어떤가요? 당신은 현재 교정쇄를 검토하고 있는지요? 그것은 정말 끔찍한 작업이지요. 저는 혁명에 관한 책으로 그런 문제에 곧 직면해야 합니다.

  우리가 모든 나무와 돌뿐만 아니라 많은 폭포를 속속들이 알고 있는 이곳에서 일은 잘되어 가고 있습니다. 우리는 오래된 방갈로에 앉아서 부지

---

297 1961년 9월 연방의회 선거에서 기독교민주연합과 기독교사회연합은 절대다수를 획득하지 못했지만, 아데나워는 자유민주당과 연합 덕택에 총리로 선출되었다.
298 날짜 미상의 편지.

런히 일하고 있습니다. 그러나 매일 산책하고 수영합니다. 하인리히는 온갖 일을 하며 일주일을 지내기 위해 다음 주에 뉴욕에 갈 것이지만, 이후 다른 한두 주를 지내기 위해 이곳으로 올 것입니다. 그는 건강이 대단히 좋지만, 저는 우리의 아파트가 선선한 편이라고 하더라도 뉴욕의 열기 속으로 그를 보내고 싶지는 않습니다. 저는 상태가 좋으며, 머리카락이 아주 잘 자랐기에 터번을 벗어버렸습니다. 얼굴이 심하게 그을렸기에, 이마 위의 상처는 현재로서는 어렵게만 볼 수 있습니다. 그러나 그 외에 다른 것은 손상되지 않았습니다 ― 물론 보험회사들을 제외하면, 저는 이 보험회사들로부터 적은 이익을 취하고 싶으며, 이 일은 할 만한 가치가 있습니다. 실제로 "악마는 할퀴기만 했습니다."

그렇지요. 아데나워와 독일 전체는 이곳에서 아이히만 재판 이후 가장 나쁜 사람들을 천천히 제거하기 시작하고 있습니다. 믿을 수 없을 정도로 관대한 법원 판결은 나쁜 징조입니다. 제가 믿기로, 유대인 6,500명을 가스로 살해한 범죄에 단지 3년 6개월 정도의 형을 선고합니다. 우리는 이전에 ― 여성 살인자들[299]이 처벌되지 않았을 때 ― 그 모든 것을 본 적이 있습니다. 이른바 이 공화국은 실제로 마지막 공화국인 것 같습니다. 그리고 경제 성장은 결국에는 이러한 정치 문제를 해결하는 데 도움이 되지 않을 것입니다. 이곳 주식시장의 폭락[300]은 관련된 손실이 엄청나기에 놀라운 분위기를 바꾸는 데 큰 도움이 되지 않았습니다. 주식시장의 폭락과 관련하여 무엇인가를 이해하는 사람들만이 걱정합니다. 그렇지 않으면, 많은 사람은 불평하지 않고 허리띠를 졸라맵니다. 전반적으로, 사람들은 도박에서 손해를 보는 방식으로 그러한 손실을 감수합니다.

---

[299] 베흐미 법원(Femegericht)은 중세 시대 독일의 비밀 법원이었다. 바이마르공화국 초기에 명칭이 극우파의 정치적 살인자들에게 사용되었다. 이들 가운데 일부는 가장 우파적인 사법체계 덕택에 처벌되지 않았다.
[300] 당시 놀라운 것이었지만 일시적인 것으로 판명된 다우 존스 지수의 하락.

저는 이곳 어느 공식적인 오찬에서 카를 바르트를 만났습니다. 저는 그의 식탁 동석자였기에, 우리는 대화를 나눌 기회가 있었습니다. 떠들썩한 선전은 그에게 분명한 인상을 주었습니다. 그는 바젤에서 당신을 거의 보지 못한 것을 상당히 후회한다고 말했습니다. 그리고 내가 그곳에 있었다면, 왜 나는 그를 찾아가지 않았는가. 신체적이지는 않더라도 정신적으로, 그분은 저에게 매우 늙었다는 인상을 주었습니다. 그러나 저는 그분을 불쾌하게 생각하지 않습니다.

이제 저는 계획을 개략적으로 빨리 제시하고 싶습니다. 가을에 제가 해야 할 일은 2주일 동안 시카고에 가야 하는 것입니다. 저는 사고로 이 계획을 취소해야만 했었습니다. 그 이후 작년과 마찬가지로 학기 중에 웨슬리언대학교에 갈 것입니다. 저는 근처에 있지만 아주 많은 강의 요청을 수락했으며, 작업 계획으로 약간은 걱정을 합니다. 봄에 하인리히는 한 학기만 안식년을 갖게 되지만, 그렇게 되면 여전히 약 9개월의 휴가를 얻게 됩니다. 우리는 2월에 유럽을 방문할 계획인데, 우선 바젤, 다음엔 시칠리아와 그리스를 방문할 계획입니다. 저는 무엇인가 끼어들 것이라는 두려움 때문에 감히 이 계획을 언급하기 어렵습니다. 『예루살렘의 아이히만』은 그때쯤 완결되어야 할 뿐만 아니라 『혁명론』은 독일어로 번역되고, 이것의 영어판 교정본도 읽어야 합니다. 저는 『예루살렘의 아이히만』 출판 작업을 즐기고 있다는 점을 부정할 수 없더라도, 연구작업에서 벗어나는 진정한 휴식을 갈망합니다. 전화 없이 그리고 가사를 담당하지 않고 가을까지 이곳에 머무른다면, 저는 그 모든 것을 수월하게 관리할 수 있을 것입니다. 그러나 상황은 그렇지 않습니다.

두 분에게 따뜻한 안부를 전하며 —

한나 올림

편지 312 아렌트가 야스퍼스 부부에게

뉴욕, 1962년 9월 17일

가장 친애하는 친구분들께―

저는 얼마나 오랫동안 게르트루트의 편지[301]에 답장하지 않았는가를 확인하고 충격을 받았습니다. 우리는 8월 말에 뉴욕으로 돌아왔습니다. 하인리히는 9월 초 이후 (완전히 회복되어 상당한 활동에도 불구하고 피로 기색 없이) 대학으로 돌아갔으며, 저는 『예루살렘의 아이히만』 집필을 완료했습니다. 이것은 책이 되었습니다. 그러나 이것에 대단히 열성적이었던 『뉴요커』 측은 모든 것을 출간하기 원합니다 ― 돈을 벌기 위해 머리를 다른 방법으로 사용하려는 저의 계획은 분명히 헛수고가 될 것이기 때문에, 책 출간은 재정적으로 매우 좋을 것입니다. 보험회사들은 영구적인 부상에 대해서만 정말 많은 보험금을 지급하고, 저는 보여줄 것이 없습니다.

우선, 당신의 심장에 대해 알고 싶습니다. 관상동맥 경화증인가요? "다시 책상에 앉아"라는 문구는 마음이 매우 든든했습니다. 우리가 언제 다시 모일 수 있는지 두고 봐야 할 것입니다. 하인리히는 3월까지 이곳을 떠나기 원하지 않았습니다. 저는 우리가 그 축제에 참석할 수 있을 것으로 생각했습니다.[302] 물론 저는 혼자 가서 온갖 일을 하는 에르나를 도울 수 있습니다. 그 경우 오랜 방문에 대해서는 생각하지 않았습니다. 당신이 그것을 원하고 할 수 있다면, 우리는 왕복 여행을 위해 그것을 연기할 것입니다. 저는 그게 언제가 될지 아직은 말할 수 없습니다. 우리는 몇 개월 동안 돌아다니고 싶습니다. 먼 길이며, 우리는 어떤 날짜에도 구애받지 않습니다. 비행기 타는 것을 전혀 좋아하지 않는 하인리히는 선편으로 가기를 원합니다. 이탈리아 기선을 이용하는 남쪽 항로는 가장 타당할 것입니다.

---

[301] 게르트루트가 야스퍼스의 건강에 대해 알려준 1962년 8월 12일자 편지.
[302] 1963년 2월 23일 야스퍼스의 80회 생일.

이제 제가 집필하는 주요 이유를 말씀드리겠습니다. 저는 아이히만 재판 이전[303] 당신의 라디오 대담 원고, 즉 『모나트』에 역시 게재된 것을 찾느라고 온 집안을 샅샅이 뒤졌습니다. 책의 「에필로그」를 집필하기 위해 그것이 절실히 필요했습니다. 당신께서 그것을 저에게 보내주실 수 있는지요? 제가 그것을 분실했거나, 아니면 누군가 그것을 가지고 달아났을 것입니다. 그것을 발견할 수 없습니다.

저는 『계시에 직면한 철학적 신앙』을 열렬히 기대하고 있습니다. 그것이 언제 출간될지요? 만하임은 이미 『위대한 철학자들』 제2권을 번역하고 있습니다. 저는 이곳에서 2주의 평화를 누리겠지만, 이후 상황은 진지하게 진행될 것이며, 그것을 약간 두려워합니다. 처음 두 주는 시카고대학교에 갈 것이고, 이후 다시 웨슬리언대학교에 갈 것입니다. 이곳에서 저는 『니코마코스 윤리학』 세미나를 진행하고 싶습니다. 저는 그것을 기대하지만, 불행하게도 그사이에 대단히 많은 강의에 적응해야 합니다. 제가 봄에 모든 것을 취소해야 했기 때문입니다. 게다가 『혁명론』과 『예루살렘의 아이히만』 교정쇄가 있습니다. 그리고 우리가 여행을 가기 전에, 저는 『혁명론』의 독일어 번역을 마쳐야 합니다. 만약 제가 여행하기 전에 당신 집에 나타난다면, 아마도 저는 당신을 붙들고 긴 이야기를 할 것입니다.

저는 당신이 드골과 아데나워의 회동에 대해 어떤 생각을 하는지 알고 싶습니다.[304] 그 회동을 좋아하지 않았습니다.

행운과 따뜻한 소망을 바라며
한나 올림

---

[303] "Karl Jaspers zum Eichmann-Prozess." 편지 282의 각주 196, 편지 302의 각주 274를 참조할 것.
[304] 1962년 7월 드골과 아데나워는 랭스 인근에서 프랑스와 독일 군대의 대규모 행진을 열병하였다. 드골은 1962년 9월 처음 국빈으로 독일연방공화국을 방문했다. 이 기간 그는 독일 국민으로부터 열렬한 환영을 받았다. 이후 1963년 1월 우호조약이 체결됐다.

편지 313   야스퍼스가 아렌트에게

바젤, 1962년 10월 25일

친애하는 한나!

나는 오랫동안 자네에게 편지를 쓰려고 했소. 오늘 나를 재촉했던 것은 쿠르트 볼프가 일으켰던 작은 혼란이오. 나는 난다 안셴이 나의 새 책에 도덕적 권리를 가지고 있다고 쿠르트 볼프에게 말했소.[305] 그러나 나는 짐작건대 쿠르트 볼프에게 그랬던 것처럼 많은 책 분량이 그녀에게 장애물일 것으로 생각했소. 어쨌든 쿠르트 볼프는 교정쇄를 보고 싶었고, 나는 그것에 반대하지 않았소. 그사이 난다 안셴은 책 분량이 자신에게 문제가 아니었다는 점을 나에게 알렸다오. 그리고 나는 그것을 쿠르트 볼프에게 넘겼소. 지난주 난다 안셴에게 편지를 보내면서 (내가 두 번째 초안에서 개선한) 계약서 초안을 그녀에게 보냈고, 책을 그녀에게 우편으로 보내라고 피페르에게 요청했지요. 내가 그녀로부터 답장을 받기에는 너무 이르오. 물론 그녀는 첫 번째 거절에 대한 명백하고 분쟁 소지가 없는 권리를 가지고 있다오. 오늘 도착한 쿠르트 볼프의 편지는 그가 그 모든 사항을 잊었다는 점을 암시하는 것 같구려. 그는 자네에게 교정쇄를 보냈다는데(피페르가 자네에게 보내는 책을 기다리오 — 잠시 잊어버리오 — 자네가 자기 일을 방해할 필요는 없다오), 나는 왜 모르지. 오늘 피페르로부터 바로 사본을 받았다오. 일은 다소 느리게 진행되오. 공식적인 출판 날짜는 지난주였소. 난다 안셴의 출판사는 공매空賣 계약을 했다오. 그녀는 자신이 기꺼이 이런 형태의 계약을 수용하며 장문의 서류 형태를 요구하지 않는다고 나에게 말했소. 그녀는 이곳 바젤에 있던 자네 앞에서 이 모든 것에 기꺼이 동의했다고 하오. 그렇게 되면 자네가 그녀와 계약서 초안을 작성하기로 한 우리의 이전 합의가 무효가 될 것이오. 이 일

---

[305] Karl Jaspers, *Der philosophische Glaube angesichts der Offenbarung*(Münich, 1962).

에 자네를 연루시켜 다시 강요하지 않기를 바라오.

쿠르트 볼프 역시 ― 왜 그는 안되는지? 나도 그래! 나이! ― 『위대한 철학자들』 제2권에 대해 잊었다오. 나는 오래전에 에크하르트와 쿠자누스 원고를 보내지 않겠지만 독일어판 제2권 초반 부분을 보낼 것이라고 그에게 말했소. 나는 그것과 함께 그가 반복적으로 한 요청을 충족시켰소. 나는 쿠자누스를 연구하면서 12월 말에 끝나기를 바라오. 이 원고로 미국판 제2판은 적절하게 채워질 것이오. 따라서 「쿠자누스」는 독일에서 늦게 출간할 수 있소. 당분간, 우리는 「에크하르트」를 접어두고 시작해야 할 것이오. 내가 지금까지 취합한 자료는 충분하지 않구려.

그런데 난다 안셴은 아쉬톤이 나의 새 책을 기꺼이 번역하겠다는 의도를 나에게 편지로 알렸소. 그것은 참으로 훌륭할 것이오. 나는 이 모든 것에서 아무것도 나오지 않을까 두렵네요. 내가 보기에 그 책은 미국에서 관심을 끌 만한 형식이 아닌 것 같구려. 그러나 이것으로 충분하오!

자네는 얼마 전 내가 아데나워와 드골의 활동을 어떻게 생각했는가에 대해 질문했소. 그것은 아무 의미가 없는 것으로 밝혀졌다오. 그때 나는 그저 그것 때문에 짜증이 났소. 독일과 프랑스의 우정은 이익의 공동체로서 오랫동안 당연하게 여겨져 왔소. 즉 의식儀式으로 양국의 우정을 강조하는 것도 좋을 것이오. 이것은 드골의 선전 양식인 것 같소. 그러나 내가 보기에 영국의 철수와 양국의 우정을 연결시키는 것, 유럽뿐만 아니라 유럽 대륙,[306] 게다가 독일과 프랑스 사이의 특별한 연대를 강조하는 것은 나쁜 징조, 정치적으로 우매한 조치인 것 같구려. 나는 분노했소. 그러나 내가 언급했듯이, 전반적인 상황은 의미가 없다오. 게르트루트는 내 견해에 공감했소.

자네는 지금 무엇을 생각하고 있는가요? 화요일 이후 모든 것은 바뀌었다오.[307] 내가 보기에, 그것은 루비콘강을 넘고 있는 것 같소. 러시아 진격

---

[306] "대서양에서 우랄산맥까지"라는 드골의 유럽 개념.

의 중단은 어딘가에서 촉구되어야 했소. 케네디는 이것을 단순하고 정확하게 표현하고 있는 것 같소. 기다림은 행동보다 더 큰 위험을 수반하오. 그는 미국 국민을 뒤에 두고 있는 듯하오. 그 순간이 무르익은 듯하오. 그리고 남아메리카는 동의한다오. 물론 나는 두렵지만, 정치적 분위기에 만족하오. 나는 이번에 케네디 측의 어떤 서투른 태도도 아직 보지 못했고, 오히려 앵글로색슨족이 할 수 있는 진지함 때문에 뒷받침되는 주목할 만한 정치적 기교를 보았소.

나는 유럽의 반응에 몹시 실망했소. 사람들은 농담하고, 거만하게 명민하며, 세부 사항에 대해 말한다오. 이것이 모든 것을 건 모험이라고 느끼고 모든 사람이 그 뒤에 있어야 한다는 진지함은 여기에서 부족하오. 『프랑크푸르트 알게마이네 차이퉁』은 분명히 그런 사건을 이해할 능력이 없소. 첫날 신문에 실린 것은 특별한 일이 없다는 듯이 머리기사가 아닌 보도뿐이었고, 논평 한마디도 없었다오. 둘째 날 훌륭한 브루노 데샹[308]의 작은 기사 하나가 있었소. 상황의 중요성에 상응하는 전반적인 방향은 아직 없었으며 그 의미에 대한 성찰도 없었다오. 독일 사람들은 마치 중요한 일이 일어나지 않은 듯이 평온하오. 명확성을 위해 서방 세계의 기질을 소환할 기미가 보이지 않는다오. 아데나워는 즉시 솔직하게 지지를 표현했소. 나는 다시 한번 아데나워를 칭찬할 수 있다오. 그러나 그조차도 어떤 무게 있는 말도 하지 않았소.

사람들이 말하는 것은 변명의 여지가 없다오. 미국은 이제 수에즈 위기

---

[307] 1962년 10월 22일 케네디 대통령은 쿠바에 배치한 소련제 탄도미사일을 철수하고 발사시설을 해체하라고 요청했다. 그는 쿠바의 해군 격리조치를 내렸으며 미주기구와 국제연합 안전보장이사회에 지원을 요청했다. 두 초강대국 사이의 핵 대결은 즉각적으로 보였다. 10월 28일 흐루쇼프는 미사일을 철수하는 데 합의했고, 미국은 쿠바를 침공하지 않기로 합의했다. 위기는 1963년 1월 공식적으로 끝났다.

[308] Bruno Dechamps, "Der Mutt muß ernst genommen werde," *Frankfurter Allgemeine Zeitung*(October 24, 1962): 1.

에서 뉴기니 문제[309]와 관련된 네덜란드에 대한 압력과 나세르[310]에 대한 지속적인 지원에 이르기까지 유럽을 포기하면서 파종한 것을 지금 수확하고 있소. 영국의 분노는 외형적으로 대단하오. 오늘날 중요한 것은 이러한 미국의 이익도 유럽의 이익이라는 것을 확인하는 것이오. 미국과 유럽의 연대 부족은 좋지 않았다오(그러나 유럽에 대한 미국의 도움은 다른 부분에서 대단히 컸다오). 좋든 나쁘든 간에, 그리고 자신들에 대한 과거의 모욕에도 불구하고, 약소국들은 주요 강대국, 즉 미국과 절대적인 연대를 보여야 하오. 미국은 그들 자신의 방패막이이며, 그들의 존재는 미국에 의존하오.

모든 일이 그렇게 '대수롭지 않게' 보이고 일어난다는 점은 나를 슬프게 하오. 내가 바라듯이 외형상 불가능한 것이 발생한다면, 즉 러시아인들의 중단, 쿠바의 군사 시설 해체, 쿠바에서의 5,000명 기술자와 군사 요원의 철수가 있다면, 나는 도덕적으로 비참한 조건이 뒤따를 것을 두려워하오. 나는 지금 말과 행위에서 진정한 위상을 차지하고 있는 케네디를 의지하고 있소. 나는 그를 통해서만 실질적인 진지함을 볼 수 있지요. 그러나 그의 가장 어려운 과제가 앞에 놓여 있소. 그리고 그는 그것을 알고 있는 듯하오.

오늘 러시아 함선들이 퇴각했다는 소식이 들렸소. 봉쇄를 뚫으려는 시도는 없을 것이오(케네디가 '격리'라고 말하는 것은 꽤 옳은 듯하오. '봉쇄'는 중무기가 관련되었을 때만 옳소). 나는 보도가 확인되길 바라오. 그것은 제1단계일 것이오.

케네디의 다음과 같은 발표는 훌륭했소. 즉 자유는 최고의 가치가 있습니다. 우리 미국인은 항상 그 대가를 치를 준비가 되어 있었습니다. 그것은 명백한 이해와 더불어 결단의 적절한 태도입니다.

---

309 인도네시아는 1962년 초 이후 네덜란드령 뉴기니를 넘겨받으려고 했다. 국제연합과 미국의 중재 노력으로 1962년 10월 국제연합, 그리고 1963년 5월 인도네시아가 관리를 맡는다는 합의에 도달했다.

310 1956년 수에즈 위기 동안 이집트 대통령 나세르(Gamal Abdel Nasser, 1918~1970)는 운하를 국유화했다. 이스라엘이 이집트를 침공했을 때, 영국과 프랑스는 운하를 다시 장악하고자 전투에 참전했다. 미국은 철수를 지지했고, 소련은 개입을 위협했다. 이들은 국제연합군으로 대체되었다.

세계의 종말이 가깝다면, 우리의 첫 번째 관심은 자네요. 물론 숨을 장소는 없겠지만, 자네는 위험에 아주 가까이 있소. 국제연합이란 궁전은 뉴욕에 어떤 도피처를 제공할 것인가? 그러나 나는 아직 재앙을 기대하고 있지 않다는 것을 인정해야 하오. 누구든지 맡을 책임이 없는 관찰자로서 희망스러운 기회를 볼 수 있다오. 흐루쇼프는 자신이 기대할 수 있는 것을 알고 있소. 미국과 러시아 사이 일련의 적대 행위는 협상 과정에서 생각할 수 있다오. 그러나 두 당사자는 그러한 행위가 어떤 협소한 한계를 넘어설 수 없다는 것을 알고 있소. 나는 가설에 근거하여 미국이 쿠바를 점령한다면 러시아가 핵전쟁을 시작하지 않을 것으로 생각하오. 러시아가 베를린을 점령한다면, 미국은 핵전쟁을 시작하지 않을 것이오. 러시아가 "광범위한 전선에서 유럽을 공격했다면," 미국은 핵전쟁으로 대응할 것이오. 미국이 유럽 및 자체의 병력으로 위성국가를 해방할 수 있다면, 러시아도 비슷하게 행동할 것이오.

누구든지 이것을 앞뒤로 끝없이 계속할 수 있다오.

원한다면, 자네들의 분위기를 우리에게 알려주시오.

우리 두 사람은 자네들에게 따뜻한 안부를 전하오.

야스퍼스

편지 314 아렌트가 야스퍼스에게

미들타운, 1962년 10월 29일

친애하고 존경하는 분께—

당신의 편지는 난다의 방문 30분 전에 바로 도착했습니다. 그녀는 두 계약서를 휴대한 채 왔습니다. 물론 그녀는 이것을 이해할 수 없었습니다. 다른 능력은 말할 것도 없고 그녀의 독일어 능력은 그 일에 미치지 못합니다.

저는 당분간 당신이 제안한 바대로 했습니다 — 즉 이 일에 전혀 말려들지 않고 제대로 된 계약서를 하퍼출판사로 가지고 가서 무슨 일이 일어나는지를 보라고 했습니다. 개인적으로, 저는 당신이 요청했던 것을 얻으리라고 생각하지 않지만, 그렇게 해주면 좋을 것입니다. 출판사의 변호사들은 아마도 이 일에 참견할 것이고, 그렇다면 우리는 제가 조금 전에 제시한 제안으로 되돌아가야 할지도 모릅니다. 원고의 분량은 전혀 문제가 아닙니다. 피페르가 보낸 책은 아직 도착하지 않았습니다. 쿠르트 볼프가 당황하여 저에게 교정쇄를 보냈고, 하인리히는 이것을 받았습니다. 저는 어쨌든 집에 없었기 때문입니다. 그리고 이제 난다는 책을 요청할 것입니다. 그녀는 그것을 즉시 아쉬톤에게 보내야 하기 때문입니다. 계약서와 관련하여 아직 다른 문제가 있습니다. 제가 기억하는 한, 편집자로서 난다는 당신이 고려하지 않은 어떤 방식으로든 지분을 가질 자격이 있습니다. 그녀가 모든 것에 찬성하고 동의하는 이유 중 하나는 그녀가 무슨 일이 일어나고 있는지 이해하지 못한다는 점입니다. 또 다른 이유는 그녀가 그렇게 한다면 어떻게 반응해야 할지 모른다는 점입니다. 그러나 다른 측면에서 그녀는 아주 훌륭하고 품위 있는 사람입니다. […]

  그사이, 쿠바 미사일 위기는 다행히도 끝났습니다. 저는 이번에는 조금도 걱정하지 않았다는 점을 인정해야 합니다. 쿠바 미사일 위기가 전쟁에 이르지 않을 것이라 그만큼 확신했습니다. 그러나 이 결과가 실현되기 전에 몇 주 또는 몇 달이 지날 것이라고, 즉 러시아가 우선 함선을 다시는 파견하지 않고, 이후 쿠바에서 시설 건설을 중단하며, 마지막으로 모든 것을 해체하리라고 생각했습니다. 이것은 외교에서 새로운 양식인 것 같으며, 우리는 이것에 익숙해져야 할 것입니다. 이것은 항상 잘못될 수도 있지만, 아마도 흐루쇼프가 지휘봉을 쥐고 있는 한 그렇지 않을 것입니다. 우리가 케네디에 만족해야 할 모든 이유가 있습니다. 그는 다른 가능성이 남아있는 한 침략을 끈질기게 거부했기 때문입니다. 그의 주장은 이러합니다 ― 약소국에 대한 강대국의 공격은 보기에 흉하다. 이 주장은 매우 합당합니다. 그러나 이런 성공이 모든 것에 승리했음을 전혀 의미하지 않습니다. 현재 미국이 해야 할 중요한 일은 중남미에 대한 기본적인 재조정을 위해 이 상황을 이용하는 것입니다. 이것은 그 현실적인 기회입니다. 카스트로 씨[311]가 러시아 동맹에 대한 신뢰성에서 교훈을 얻었다는 점, 즉 러시아가 세계혁명정책을 수행하지 않고 단지 러시아 외교정책을 수행하고 있다는 점은 매우 중요합니다. 오늘날 중국인들의 쿠바에 대한 연대 시위와 관련한 간략한 보고서는 결국에 매우 흥미롭고 아주 위험합니다.

베를린 시민은 장벽이 건설되었을 때 소방서에 전화를 걸었다면 많은 소동 없이 모든 상황을 진정시킬 수 있었습니다. 제가 보기에 쿠바 사건은 이를 거의 입증하는 사례인 것 같습니다. 베를린 문제가 해결되지 못했다고 하더라도, 이것은 중요한 조치일 것입니다. 특히 독일인들이 마지막 스탈린주의자인 울브리히트 씨[312]에게 복종할 때 어떤 평정심으로 복종하는지 보는 것은 약오릅니다. 그 스탈린주의자는 러시아인들이 독일인들을 처벌하고 싶어 하기에 그저 거기에 앉아 있는 사람입니다. 독일인들은 정치와 어린이집이 같지 않다는 것을 이해할 수 없는 것 같습니다. 정치에서 정권에 대한 복종과 지지는 같은 것입니다. 저는 방금 젊고 지극히 재능 있는 법학자[313]의 편지를 읽었습니다. 그는 단지 23세나 24세였음에도 이곳에서 조교수 직을 받았으며, 곤경에 빠진 '조국'을 떠나는 게 어쩌면 옳지 않았다

---

[311] 피델 카스트로(Fidel Castro, 1927년 출생)는 쿠바 혁명군으로 독재자 풀헨시오 바티스타에 대항하여 성공적인 투쟁을 이끌었다. 그는 1959년 쿠바 수상이었다.
[312] 발터 울브리히트(Walter Ulbricht, 1893~1973)는 독일 공산당 설립자로 1960년부터 독일민주공화국 국가평의회 의장이었다. 그는 베를린 장벽의 건설을 명령하였다.
[313] 게르하르트 캐스퍼(Gerhard Casper, 1937년 출생)는 1966년 시카고대학교 법학대학원 교수가 되었고, 1979년 대학원장이 되었다. 편지의 주소는 친한 친구인 샤를로테 베라트로 되어 있었다(편지 292의 각주 226 참조).

는 이유로 독일에서 살려고 그곳으로 돌아갔었습니다. 그는 이미 이곳으로 돌아오기 위해 짐을 꾸리고 있다는 내용의 편지를 보냈습니다. 니더작센주의 난민 담당 장관인 쉘하우스 씨[314]는 오데르-나이세 국경선의 승인을 옹호하는 누구라도 대역죄로 형사법정에 기소되어야 한다고 공개적으로 요구했습니다. 『디 벨트』가 그를 비판하자, 분노한 독자들은 장관이 언론의 자유를 거부해서는 안 된다는 글을 기고했습니다. 젊은이는 다음과 같이 덧붙였습니다. "억압받는 사람들의 수호자는 항상 독일에서 찾을 수 있다."

저는 작년과 마찬가지로 가을학기 동안 다시 미들타운에 있으며, 여기에 온 지 2주가 되었습니다. 처음 2주는 시카고대학교에 있었습니다. 여기에서 혁명론 원고를 각기 2시간씩 4번 읽었고 정말 놀라운 성공을 거두었습니다. 이제 저는 이 교정쇄를 읽었고, 『예루살렘의 아이히만』 마지막 장을 집필하고 있습니다. 그사이에 사랑스럽고 민첩한 젊은이들과 함께 『니코마코스 윤리학』 세미나를 진행합니다. 할 일이 많지만, 이 모든 것을 즐기며 쉽게 지치지 않습니다. 제 강의에는 독일 학생들도 많습니다. 그들은 다른 국적의 학생들보다 빨리 미국화하고 너무 많아서 결코 그들을 고를 수 없습니다.

이곳의 분위기는 한순간도 동요하지 않았습니다. 사람들이 말하듯이, 국민은 케네디 뒤에 있었지만, 겁에 질리지 않았습니다 ─ 상당한 의견 차이와 공개적인 반대가 있었습니다. 아무도 비난받지 않았습니다. 그리고 이제 사람들은 어휴!라고 말하지만, 의기양양하게 소리치는 사람은 없습니다.

우리는 모두 경제에 대한 당신의 강의록을 매우 기쁘게 읽었습니다.[315]

314　에리히 쉘하우스(Erich Schellhaus, 1901년 출생)는 실향민동맹 의장단의 일원이며 니더작센주의 장관이었다.

315　Karl Jaspers, "Freiheit und Schicksal in der Wirtschaft," *Basler Nachricht*(October 8, 1962): 13-14.

우리가 모든 기본적인 문제에 동의하고 있음을 몇 번이고 확인하는 일은 매우 좋습니다. 저는 하나를 유보합니다. 당신의 출발점은 화폐 경제입니다. 제가 확신하지 못하지만, 화폐 경제는 이제는 전체 경제에서 그다지 중요하지 않습니다. 한편 다가오는 자동화이고, 다른 한편 사유 재산의 기업 재산으로의 전환이 중요합니다. 현재 미국에서 자유 기업, 자기 가정에서의 주인에 대하여 언급하는 것은 우매하고 위험스럽습니다. 아무도 모퉁이에 있는 식료품점보다 더 많은 것을 소유할 수 없습니다. 그 모든 것은 기업 재산이 되고 있습니다. 그러나 이것은 다음에 이야기하겠습니다. 늦었습니다. 저는 맛있는 포도주와 작은 초콜렛을 즐기며 여기에 앉아 있습니다 — 어제 뉴욕에서 모두 가져왔습니다. 주말에 여기에서 하인리히를 만납니다. 그는 할 일이 많기는 하지만 아주 건강합니다.

한나 올림

편지 315   야스퍼스가 아렌트에게

바젤, 1962년 11월 2일

친애하는 한나!

멋있다오 — 자네의 편지에 드러나는 생동감, 작업 능력, 삶의 기쁨.

쿠바는 다시 불확실성의 원인을 제공한다오. 케네디는 현재 우세한 러시안들이 설치한 모든 새로운 덫에 우연히 빠지는 것을 회피하기 위해서 망설임, 새로운 주장과 요구를 통해 완전한 경계심을 유지할 필요가 있다오. 만약 그가 남미를 하나로 묶을 수 있다면, 그는 성공할 것이오. 현재 미사일조차도 해체되지 않았소. 설비 대부분이 숨겨지지 않았다는 것을 확인하는 사찰은 확실히 대단히 어렵다오. 쿠바가 어떤 효과적인 사찰도 허용할 가능성은 없소.[316] 주권이오. 남미 자체가 침략을 결정하지 않는다면, 단순한 상황은 새로운 복잡성으로 인해 예견할 수 없소. 따라서 문제 전반은 이틀 내로 해결될 것이오.

쿠바와 베를린은 한 가지 주요한 측면에서 완전히 다른 것 같소. 러시아는 쿠바 침략을 중단시키기 위해 재래식 병력으로 아무것도 할 수 없었고, 미국은 베를린 침략에 대항해 아무것도 할 수 없다오. 러시아는 미국에 반대해 쿠바를 방어하고 싶다면 핵무기에 의존해야 할 것이오. 미국도 러시아에 반대해 베를린을 방어하고 싶다면 핵무기에 의존해야 할 것이오.

그러나 쿠바는 미국에 군사적으로 매우 위험한 고립된 전진 기지요. 베를린은 군사적으로 중요한 전진 기지가 아니오.

유럽의 광범위한 전선에 대한 러시아의 공격에만 핵무기를 사용한다는 미국의 전제가 현실이 되면 될수록, 베를린은 더 큰 위험에 직면할 것이오.

은행가를 위한 강의에 대한 자네의 논평에 감사하오. 자네가 말하는 자동화와 대규모 사업의 기업적 성격은 확실히 옳소. 화폐 경제가 "이제는 전반적인 경제에 중요하지 않다"는 주장은 후고 스틴스[317] 이후 확립되었다오. 인간과 삶의 방식, 항구성, 전통의 경우 화폐 경제는 매우 중요할 수 있소. 이 문제는 러시아와 우리의 경우 같다오.

나의 강의에 관한 생각에 기저를 이루지만, 이것과 관련한 재치 있는 것을 밝히는 지식을 갖고 있지 않기에 전혀 언급하지 않은 주요 요지는 경제의 변화라오. 현재까지 경제는 자본주의의 팽창과 분리될 수 없었지만, 이제 **모든 에너지를 내부로 돌리는 팽창 없는 경제**로 전환되어야 하며, 그런 경제에 적절한 경제적 정서는 발전되어야 하오. 우선 자유로운 서방(일본을 포함해)으로 제한된 변화는 우리의 생존에 중요하오. 팽창은 언젠가 끝나야

---

[316] 쿠바는 예정된 국제 검열에 대한 협력을 거부했다.
[317] 후고 스틴스(Hugo Stinnes, 1870~1924)는 1924년 법적으로 독립된 1,500개 회사와 거의 2,900개의 사업을 통제했다. 스틴스카르텔의 수장으로서 그의 강력한 지위는 수직적 통합과 주식의 극단적인 다양화를 통해 이뤄졌다.

할 것이오. 그리고 자유 속에서 이런 변화를 성취하는 것은 자유 자체의 구원 수단이 될 수 있었다오. 그런데, 이것은 모두 매우 모호하오. 나는 더 많이 중요한 것을 첨가할 수 있지만, 그것을 충분히 연구하지 않았소. 경제는 지평에서 제한되더라도 매우 정당하고 현실적인 업무라오.

11월 12일

친애하는 한나!

자네가 날짜로 확인할 수 있듯이, 이 편지는 옆으로 치워두었소.

나는 방금 자네의 편지를 다시 읽고 미국 혁명에 관한 자네의 책 내용이 학생들과 함께 그렇게 성공적임을 알게 되어 기뻤다오. 사실상 헌사 덕분에 이 책은 게르트루트와 나의 책이기도 하오.

자네가 난다 안셴과 관련하여 언급하는 것은 […] 이해되오. 그사이에 나는 아쉬톤 씨의 가능한 축약본에 관한 그녀의 다른 편지를 받았다오. 나는 아쉬톤 씨의 제안을 고려하는 데 동의할 것이고 아마도 그것을 수용할 것이라는 편지를 보냈소.

그녀는 출판사와 계약서에 관한 내용은 한마디도 쓰지 않았다오. 나는 그 점에 대해 다음과 같이 말했소. 즉 원한다면, 나는 이전에 작성한 일련의 문장으로 돌아갈 것이오. 동시에 나는 1962년 12월 31일을 선택안이 만기가 되는 날짜로 제안했소. 그게 공정한 제안이라고 생각하오. 쿠르트 볼프는 며칠 전에 그것을 원했다오. 나는 그것을 잊었는데, 이제 그녀의 침묵 때문에 그것을 언급하오.

여기는 비와 눈이 내리고 밖이 어두운 보통의 우울한 가을 날씨라오. 우리는 집에 머물러 있다오. 여기가 우리에게는 어울리고, 에르나도 마찬가지요. 에르나는 몇몇 멋진 연주회에 열광한다오. 오늘 그녀는 소설에 관한 일련의 첫 강의에 참여할 것이오. 그녀는 사전에 토론할 저작들,『예감과 현재 Ahnung und Gegenwart』와『늦여름 Nachsommer』[318] 등을 읽을 것이오. 매일 가정 전체의 분위기를 밝게 할 가사도우미요.

나는 금요일 대학교 행사에서 명예 의학박사 학위를 받을 것이오. 아직도 그것에 대해 기뻐할 만큼 단순하다오. 나의 배경은 인정받고 있으며, 나는 편안함을 좋아한다오. 실제로 소속 학부보다 의학부에서 더 편안함을 느낀다오.

따뜻한 안부를 전하며
야스퍼스

편지 316 **야스퍼스가 아렌트에게**

바젤, 1962년 12월 2일

친애하는 한나!

피페르는 자네가 2월 바젤에서 나와 함께 라디오 토론에 참석하기로 동의했다는 편지를 나에게 보냈다오. 이 토론은 「현대 정치에 관한 대담」 시리즈로 방영될 예정이오. 북독일 라디오 방송이오. — 그런데 그의 편지는 다음과 같이 계속되오. "대담 대상자의 자기 설명에 대한 녹음을 상상할 것이 아니라 오히려 그를 통해서 그리고 다른 사람과 만남을 통해서 현대사의 한 단면을 … 물론 야스퍼스와 함께 현대사의 다소간 철학적인 단면을 … 볼 수 있도록 해주세요." 그래서 이것은 대화가 아니라 결국에 대담이 될 것이오? 우리 사이 실질적인 대화는 유일한 가능성이오. 최근 나는 클라우스 하르프레히트와 통상적인 라디오 대담을 했으며,[319] 이것을 반복할 욕구는 없소. 유일하게 수용 가능한 접근방법은 현재 상황에 대한 정치 토론

---

318 *Ahnung und Gegenwart*(1815), by Joseph von Eichendorff; *Nachsummer*(1857), by Adalbert Stifter.

319 "Wie Erinnerung an das Erlebte zur Auffassung der Gegenwart führt." 이것은 다음 자료에 수록되어 있다. Karl Jaspers, *Provokationen: Gespräche und Interviews*, ed. Hans Saner(München, 1969):147-168.

일 것이오. 자네는 실제로 이 전반적인 일에 대해 어떻게 생각하고 있는지? 내 생각에, 자네는 우호적인 성품으로 다시 한번 거절하고 싶지 않았을 것이오. 그것이 어떨지 상상할 수 있는지? 우리 사이의 대화는 자그마한 화젯거리일 것이오. 현재 우리 둘은 독일에서 똑같이 잘 알려져 있다오. ― 그리고 독일에서 우리는 이름으로 "한나!" "카를!"이고 ― 그리고 견해에 상당히 일치한다고 느끼지만, 동시에 공식적인 독일에 절대로 불가능하다는 인상을 주며, 특수한 것, 즉 실험적 사유 활동에서 각기 다른 길을 선택하는 기본적인 견해를 갖고 있다오. 그게 무엇이라고 생각하오? 나는 자네로부터 의견을 들을 때까지 피페르에게 답장을 하지 않을 것이오.

피페르는 탁월한 출판인이오. 그러나 그의 직원들은 할 수 있는 한 나의 생일을 되도록 많이 상업적으로 이용하고 싶을 것이오. 나는 그들을 좀 멀리해야 하오. 가격이 32마르크인 나의 새 책(너무 비싸구려. 프랑크푸르트 도서전시회에서 그 책은 24마르크로 책정되었으며, 당시 이미 완성되었소)은 학생용으로 20마르크인 '값싼' 저서로 1월에 출간될 것이오. 그것은 나에게 불가능하다는 인상을 주는구려. 즉 불과 몇 주 전에 높은 가격으로 책을 산 구매자들과 아직도 더 비싼 판을 재고로 가지고 있는 도서판매상들을 고려할 때 그렇다오. … 염가판은 1년이나 2년 후에 발행될 수 있다오.

하인리히는 이 모든 것에 대해 뭐라고 말하는지?

두 사람에게 따뜻한 안부를 전하며
야스퍼스

나는 우리의 라디오 내담을 상상할 때 그것을 자네가 아닌 내가 질문을 제기할 멋있는 것으로 상상할 수 있소.

자네는 아직 나의 새 책을 받지 못했지요. 나는 오래전에 피페르에게 요청했소. 그들은 이번에 배송하는 데 다소 느리다오. 독일 수령자는 며칠 전에 그 책을 받았고, 나도 최근에야 받았소(몇 주 전에 받은 5부를 제외하면).

계약과 관련한 자네의 예측은 확실히 정확하며, 나의 단순한 생각은 복잡한 상황을 초래할 것이오. 자네는 2년 전[320]의 초안에서 높은 인세를 제안했지만, "비방하는"이란 이 귀찮은 단어가 또한 있었다오.[321] 불행하게도, 나는 초안을 작성할 때 자네의 초안을 주목할 생각을 하지 못했소. 이제 나는 그것을 다시 꺼내서 완벽히 받아들일 수 있는 몇 가지 추가사항을 제시할 수 있지만, 어떤 상황에서도 "비방하는"(이 점에서는 나는 "열광적이오")을 받아들일 수는 없소.

쿠르트 볼프는 즉석에서 내 계약서에 서명할 것이오. 물론 나는 난다 안센의 출판사가 언급하는 것을 관망할 것이오. 영어판 및 발췌본 등과 관련한 추가 조항을 거부하지 않을 것이오.

나는 아쉬톤이 책을 번역하고 싶다는 점이 멋있다고 생각하오. 그가 축약하기 원하고 내용에 대한 개관을 에세이 형태로(『원자폭탄과 인류의 미래』에서와 같이) 바꾸기 원한다면, 이번에 나는 그와 상의해야 할 것이오.

나는 자네가 편집할 『위대한 철학자들』 제2권에 수록할 「쿠자누스」를 집필하고 있다오. 이것을 즐겁게 진행할 것이오. 1920년대 예비 작업·발췌문·개요를 진행한 이후, 쿠자누스에 대하여 많이 집필했소. 이들 가운데 일부는 유용하고 독일의 상황과 함께 달라지는 그에 대한 정치적 평가를 바꾸기도 했다오. 생애 동안 정치적으로 여전히 적극적이었고 거의 계속 '열심히 했으며' 동시에 여가가 아니라 자신의 저작과 연계하여 그런 높은 수준의 철학을 발전시킨 다른 철학자는 아마도 없을 것이오. 그러나 나는 일찍이 평가했듯이 그를 철학자로서 높이 평가하지 않는다오. 그는 '고전' 철학자가 아니지만, 형이상학적으로 독창적이고 심오하오.

현재 독일은 『슈피겔』 문제 때문에 정신없는 곳이오.[322] 퇴폐한 출판물·

---

[320] 편지 269를 참조할 것.
[321] 보존되지 않은 계약서 초안은 외형상 종교적 감정을 손상하는 저자의 어떠한 의도도 부인하는 조항을 포함하였다.

정당·정부기관은 서로 싸우고 있으며, 매듭은 풀리기 어려운 것 같소. 전반적인 상황은 지극히 흥미롭구려. 국가는 그런 국가가 감당할 수 있는 무책임한 게임에서 스스로 타협한다오. 국가의 국내 정치적 삶은 1952년 일반 조약에 명시된 바와 같이 주권을 제한하는 마지막 조항에 따라 보호받기 때문이오.[323] 즉 폭동이나 공공 무질서가 걷잡을 수 없게 되면, 연합국은 개입할 권리를 갖는다오. 그리고 국가는 미국의 지원이란 기적으로 외부세계에서 보호를 받는다오. 실제적인 정치적 책임이 없고 국내의 정치적 자유를 지닌 존중받는 국가가 되는 실질적인 책임이 없는 국가는 퇴폐한 정당 과두제와 법률가 및 다른 전문가들의 지적 에너지에도 불구하고 전반적인 혼동의 장소가 될 것이오.

자네들에게 따뜻한 안부를 전하며
게르트루트와 야스퍼스

편지 317 **야스퍼스가 아렌트에게**

바젤, 1962년 12월 5일

친애하는 한나!

게르트루트가 자네와 은밀한 서신[324]으로 얻은 약간의 소식 — 그것은 정말 은밀하오 — 그리고 자네가 최선의 조건으로 시카고대학교에서 교수직을 받았다는 소식을 나에게 알려주었소.[325] 그 자리는 거의 중세 시대의 한

---

[322] 1962년 10월 10일 『슈피겔』은 전국적인 논쟁을 불러일으킨 가을 나토군 작전에 관한 기사 「단지 부분적으로만 방위 대비」를 실었다. 10월 27일 잡지사 간부들은 체포되었고 편집국은 수색을 당했다. 국방부 장관 조제프 스트라우스가 지시한 조치는 모반 혐의와 공직자의 수뢰 혐의에 기반을 두었다. 의혹은 근거 없음이 밝혀졌고, 스트라우스는 사임해야 했다.

[323] 1952년 5월 26일 본협약은 3개 서방 점령국에 의해 조인되었다. 이것은 1949년 점령법을 앞섰다.

[324] 게르트루트와 아렌트는 전후 초기 이후 가끔 편지를 주고받았다. 이 서신 교환은 1960년대 초반 더욱 활발했다.

직(閑職; sinecure)과 같소. 자네가 그곳에서 수행할 일은 인생에 어떠한 변화도 줄 필요가 없을 정도로 짧은 시간으로 한정되어 있다오. 나는 그게 매우 기쁘며 자네와 하인리히에게 축하하오.

나는 우리 사이의 서신이 전혀 없었던 듯이 쓰인 계약서를 난다 안셴으로부터 받았소. 그것은 교섭하는 방법이 아니오. 나는 간결하게 하려고 나의 답장[326]과 아쉬톤에게 보낸 편지[327] 사본을 보낼 것이오. 나는 이제 일들이 아직 제자리를 찾을 수 있을 정도로 그렇게 편지를 썼다고 생각하오. 자네가 겪었던 어려움은 헛되지 않아야 할 것이오. 나는 자네가 나와 동의하고 이 문제에 더는 많은 시간이나 에너지를 소비하지 않아야 한다고 느끼기를 바라오. 내가 보기에 모든 것이 명확하게 정리되어 있고, 출판사는 결정을 내릴 수 있소.

내가 편지로 자네를 공격하고 있네요. 양해하여 주기 바라오!

두 사람에게 따뜻한 안부를 전하며
야스퍼스

편지 318 아렌트가 야스퍼스에게

웨슬리언대학교, 1962년 12월 13일

친애하고 존경하는 분께―

오늘 마침내 저는 두 통의 편지에 대해 당신께 감사의 말씀을 드릴 수 있

---

[325] 아렌트는 1962년 11월 28일 게르트루트에게 편지를 보냈고 시카고대학교 측과의 계약에 대해 다음과 같이 말했다. "제가 당신에게 시카고대학교에서 '교수직'을 받았다고 말했는지요? 1년에 단지 1/4학기(8주 강의나 세미나 과정을 포함해 10주) 그리고 아마도 학생들을 지도하는 몇 주의 체류. 매우 좋은 봉급과 완전한 자유입니다. 저는 원하지 않으면 심지어 강의나 세미나를 하지 않아도 됩니다. 물론 저는 그곳에 체류해야 합니다. 그래서 저는 결국 교수가 되었습니다."
[326] 계약서 교정을 위해 안셴에게 1962년 12월 5일 제안서를 보냈다.
[327] 『계시에 직면한 철학적 신앙』의 영어 번역을 위한 가능한 축약본과 관련하여 1962년 아쉬톤에게 보낸 편지.

습니다. 크리스마스 휴가가 곧 시작되고, 저는 내일 집으로 갈 것입니다. 할 일이 너무 많아서 다른 일에는 전혀 시간을 내기 어렵습니다. 부분적으로 학생들이 저의 시간을 많이 빼앗았고, 부분적으로는 제가 동시에 출판하려는 두 권의 책, 『혁명론』과 『예루살렘의 아이히만』이 있기 때문입니다. 그사이에 클레멘스 폰 클렘페러[328]는 이곳 캠퍼스에서 아데나워의 외교정책에 대해 강의했습니다. 정말 반갑게도, 그 강의는 아데나워 정책에 대한 야스퍼스의 비판과 관련한 강의였습니다. 강의는 탁월했고 아주 강력했습니다. 저는 그가 아직 보지 못한 경제에 대한 당신의 논문[329]을 그에게 제공했습니다.

『슈피겔』 사건에 관한 사항입니다. "퇴폐한 출판물" — 이것은 사실로 입증되었습니까? 이 신문은 의심할 여지 없이 일종의 선정적인 3류 신문이지만, 또한 비판에서 전적으로 거침없고 정부의 부패(스트라우스 등)를 폭로한 유일한 기관입니다. 이 때문에 정부가 아우크슈타인과 알러스[330]를 법정에 세우는 것은 의심의 여지가 없습니다. 그리고 그사이에 그들은 적법한 절차 없이 재판 전에 감금되었습니다. 기소 자체에 관한 한, 제가 잘 알고 있는 젊은 변호사,[331] 즉 이곳 예일대학교에서 연구한 독일인은 문제의 『슈피겔』 호에는 자신이 『외교 문제』에서 이미 보지 못한 말은 하나도 없다는 내용의 편지를 저에게 보냈습니다. 그 모든 상황은 저에게 오시에츠키 사건[332]을 너무 고통스럽게 생각나게 합니다. 잡지사의 폭로를 틀어막고 정부

---

[328] 클레멘스 폰 클렘페러(Klemens von Klemperer, 1916년 출생)는 스미스대학 현대사 교수였다.
[329] "Freiheit und Schicksal in der Wirtschaft." 편지 314의 각주 315를 참조할 것.
[330] 『슈피겔』 간부들은 1962년 10월 27일 체포되었다. 루돌프 아우크슈타인(Rudolf Augstein, 1923년 출생)은 1946년 이후 『슈피겔』의 출판인이었다. 콘라트 알러스(Conrad Ahlers, 1922~1980)는 『슈피겔』의 편집자였다. 1968년 그는 독일 정부의 대변인이 되었다.
[331] Gerhard Casper. 편지 314의 각주 313을 참조할 것.
[332] 오시에츠키(Carl von Ossietzky, 1889~1938)는 『세계무대(*Weltbühne*)』의 편집장으로서 1931년 군사비밀을 적국에 넘겼다는 혐의를 받았고 18개월의 감옥형을 받았다. 그는 1933년 제국의회 방화사건 이후 다시 체포되었고 존네부르크 집단수용소, 이후 파펜부르크-에스터베겐 수용소로 이송되었다. 그 결과 그는 베를린 병원에서 사망했다.

에 대한 비판을 잠재울 목적 때문에, 그는 반역죄로 기소되었습니다. 저는 아데나워가 항상 더 사악하고 참을 수 없다고 생각합니다. 그리고 그 모든 일과 관련하여 가장 말도 안 되는 것은 사람들이 그를 제거하지 않는다는 점입니다. 하지만 그의 후임자는 없으며, 그것은 75% 그의 실수입니다. 그는 줏대 없는 사람만 참을 수 있습니다. 그것은 독일에 아주 안 좋습니다. 이제 아무도 당신의 주장 ― "탈나치화" 문제와 독일 통일 문제 ― 에 귀를 기울이지 않는 것은 자업자득입니다. 저는 가끔 이곳의 독일 학생들을 만납니다. 그들은 실패하거나, 아니면 "저는 일단 학위를 마치면 미국에 갈 것입니다"라고 말합니다.

"모든 능력을 내부로 전환하는 팽창 없는 경제"에 관한 사항입니다. 저는 이에 전적으로 동의하지만, 문제는 대단히 큽니다. 빈곤이 아시아에서 그리고 어느 정도 남미에서 지속하는 한, 산업 국가들은 이윤 없이 수출해야 할 것입니다. 그런 다음 아프리카의 발전이 있습니다. 간단히 말하면, 세계 경제, 혹은 더 정확히 팽창도 없고 팽창할 의도가 없는 세계 경제입니다. 그러나 일단 이런 능력 위주의 경제가 외부 시장 없이 내부로 방향을 틀게 되면, 이 경제가 단순히 너무 많은 힘을 가지고 있다는 것은 곧 명백해질 것입니다. 즉 그 부분에서 경제 성장의 이상을 포기하고 어떤 형태의 안정화를 실현하려는 시도는 중요할 것입니다. 그렇지 않으면, 소비재는 우리 모두의 종말일 것입니다. 현재 이곳에 신문 파업이 있어서 소식을 얻지 못합니다. 우리는 없이도 잘 지내고 있습니다.

라디오 담화에 관한 사항입니다. 그사이에 저는 피페로부터 다시 다음과 같은 이야기를 들었습니다. 1. 라디오 담화는 분명히 질문에 대응하는 '주장'이 아니라 '대화'와 관련된다. 그것은 획득해야 하는 기술이기에 저에게는 불가능할 것입니다. 2. 당신의 생일과 관련하여 이미 두 차례의 주요 방송이 계획되어 있으므로, 이 프로그램은 나중에 방송될 것이다. 3. 북독일 라디오 방송의 라인홀츠 씨[333]는 사전에 저를 만나고 싶어 하며 제가 함부르크를 거쳐 유럽에 오기를 원한다. 이분들이 정확히 무엇을 생각하고 있는지 이 모든 것으로 보아 저에게 분명하지 않습니다. 그러나 우리가 원하는 대로 이 프로그램을 진행할 수 있다면, 그것은 멋질 것입니다. 따라서 우리가 함께 이야기할 기회가 있기 이전에, 저는 라인홀츠 씨를 만나려는 간절한 욕구는 없습니다. 그가 저를 보고 싶다면, 그는 바젤로 와야 할 것입니다. 당신도 아시듯이, 저는 우리가 어떻게 해야 할지 막연한 생각만 가지고 있음에도 불구하고 이 모든 것에 찬성합니다. 저는 우리의 많은 대화를 되돌아보고 있습니다. 말하자면, 우리는 대화 과정 자체를 제시하는 어떤 방식을 발견하려고 노력해야 할 것입니다. 주제는 당신에게 달려 있습니다. 당신이 어떤 조건을 정하든 − 제가 당신의 이름을 언급하지 않고 "당신Du"만을 사용한다는 조건으로 − 저는 괜찮을 것입니다. 저는 또한 라디오를 위해서라도 "카를"이라고 말할 수 없을 것입니다. 그러나 당신이 "자네"가 적절하다고 생각했기에, 우리는 그것을 고수할 것입니다.

저는 난단 안셴으로부터 더 이상 아무것도 듣지 못했습니다. 당신이 언급한 대안에 대해 그녀가 이해하기를 바랍니다. […]

이제 남아있는 유일한 문제는 당신이 언제 라디오 담화에 참여할 것인지에 관한 결정입니다. 당신의 생일 이전 또는 이후, 그런데 우리가 여행에서 돌아온 여름까지는 아닙니다. 저는 당신의 생일 이전에 가기를 원하지 않지만, 그것이 필수적이지는 않습니다. 이번에는 모든 계획을 수용할 수 있습니다.

저는 『예루살렘의 아이히만』과 관련하여 피페르와 약간의 어려움이 있습니다. 한 독일 출판사가 맡는 것은 위험한 일일 수 있습니다. 그는 이 책을 세심하게 읽지 않았으며, 저는 영어를 제대로 아는 사람이 출판사에는 없다는 인상을 받았습니다. 어쨌든, 우리는 아직 계약하지 않았으며, 저는

---

333 프란츠 라인홀츠(Franz Reinholz, 1904년 출생)는 언론인이며 당시 북독일 라디오의 책임자였다.

번역 문제에 대해 매우 강력한 편지를 그에게 보낼 것입니다. 일단 상황이 이곳 『뉴요커』에서 발생하면, 다른 출판사들이 아마도 이것에 대해 문의할 것입니다. 그러나 확신하지 못합니다. 그것은 독일인들에게 전혀 적합하지 않을 것입니다. 저는 의견을 아주 솔직하게 언급했습니다.

두 분에게 따뜻한 안부를 전합니다.

한나 올림

편지 319   야스퍼스가 아렌트에게

바젤, 1962년 12월 19일

친애하는 한나!

12월 13일자 편지에 감사하오. 자네가 우리의 라디오 대담 구상이 멋있다고 생각하면, 나도 그렇소. 물론 우리는 원하는 방식으로 대담을 진행할 것이오. 서두르지 않아도 되오. 우리는 자네가 나의 생일 이후 이곳에 올 때 이 문제를 이야기할 것이오. 그런데 우리는 함부르크 라디오 방송이 우리의 제안을 수용할 것인지 알 것이오. 자네든 나든 라디오 방송국의 명령을 받지 않을 것이오. 나는 이분들과 친하게 지내는 것을 원칙으로 하지만, 그들이 권력을 필요로 하는 증상은 무시하오. 그들의 눈에 우리는 그들이 원하는 곳에 놓이고 쉽게 교체될 인형이오. 그러나 우리는 우리가 원하는 것을 할 것이오.

난다 안센이 다음과 같은 내용의 전보를 나에게 보냈다오. 즉 하퍼출판사는 모든 요지에 동의하며 계약서는 나에게 보내는 중입니다. 나는 계약서가 앞에 있을 때만 이것이 참인지 알 것이오.

나는 『슈피겔』이 "퇴패했다"고 언급했을 때 이 말의 의미를 좀 더 분명히 해야 하오. 『슈피겔』은 확실히 그것에 대해 비용을 치러야 한다는 점에서 어떤 이익에도 도움이 되지 않을 것이오. 『슈피겔』이 입막음을 위한 돈을 갈취한다는 — 그리고 이것은 **불가능할 것이오** — 징후는 없다오. 나는 "퇴패함"을 다음과 같이 생각하오. 즉 『슈피겔』은 관점도, 정치적 개념도, 방향도, 목표도 없다오. 『슈피겔』은 대중의 공격성, 노출과 선정주의의 필요성에서 생겨난다오. 장관들도 이것에 사로잡혀 있소. 『슈피겔』은 니힐리즘적이지만 추정된 '도덕적' 원칙으로 가장하고 있소. 『슈피겔』은 정치적으로 연관된 문제와 다른 사항의 '정체를 폭로하오.' 『슈피겔』은 편집자에게 보내는 '출간된' 편지에까지 퍼진 부정적이고 오만한 행동 양식을 발휘했다오. 품위·고귀함·내용도 없다오. 그러나 나는 돈벌이가 『슈피겔』의 주요 목적이라고 말하지는 않을 것이오. 사람들은 이 경우와 마찬가지로 다른 많은 경우에도 『슈피겔』이 얼마나 철저하게 작업을 수행하는지, 심지어 사소한 일에서도 정보를 수집하기 위한 예외적으로 조직화된 노력을 어떻게 수행하는지를 알 수 있소. 보편적인 비난으로 명성을 얻고, 사람들을 우스꽝스럽게 보이게 하고, 문제를 제기하고, 자신의 존재 자체가 그러한 부정에 뿌리를 두고 있다고 생각하는 것은 모두 어떤 종류의 삶의 환희를 제공하오. 그러나 내 견해로 자네의 다음과 같은 말은 전적으로 옳다오. 즉 『슈피겔』이 있다는 점이 연방공화국에 매우 중요하오. 우리의 모든 언론(『디 차이트』 역시)이 사실 은밀하게 협박을 받고 있고, 그래서 훌륭한 양식과 긍정적 전망으로 역할을 제대로 수행하지 못하기 때문에, 오늘날 민주주의에 긴급하게 요구되는 것은 사실 폭로, 확실하고 인과론적인 판단이오. 그런 까닭에 『슈피겔』이 있다오. 그리고 우리는 **이러한** 상황에서 요란하게 짖어대는 똥개가 없어지기를 바랄 수 없다오. 그러나 누구든지 그 개와 아무 관련이 없소. 예를 들겠소. 『원자폭탄과 인류의 미래』가 1958년 출간되었을 때, 피페르는 나에게 다음과 같은 내용의 편지를 보냈다오. 아우그슈타인[334]과 다

---

[334] 편지 318의 각주 330을 참조할 것.

른 두 편집자는 바젤을 방문하여 나와 대담을 할 수 있는지 피페르에게 질문했다오. 피페르는 나에게 대담하라고 강력하게 촉구했소. 대담은 3천 또는 4천 부 이상의 판매를 의미하기 때문이오. 나는 이것을 생각했소. 광고를 전혀 반대하지 않소. 광고가 없다면, 이 시대에는 존재하지 않지요. 그러나 **이러한** 종류의 대담은 나에게는 역겹구려. 나는 『슈피겔』과 다른 사람들의 대담에 관한 몇 편의 기사를 읽었다오. 방식은 항상 같았소. 즉 『슈피겔』의 대담 인물은 두드러지게 지적이고 박식하며, 약점을 발견해내려는 계획된 노력(3 대 1 구도), 테제를 설득력 있게 무너뜨린 답변에 대한 대응으로서 반어법의 무기, 화자의 주제에 충실한 대신에 담론의 다른 구도로 갑작스러운 도약. 나는 희미하게 기억할 수 있는 예들을 바탕으로 하여 그것을 혼자 그려보았고, 다음과 같이 생각했소. 즉 너는 사람들을 비웃고 그들이 취약해지는 것을 보려고 하는 대중의 이익을 위해 혀를 날름거릴 것이다. 무엇보다도 『슈피겔』의 대담 인물은 특별히 반응이 있는 말을 할 때 대담을 중단하고, 그다음 그에 대한 응답은 이루어질 수 없었다오. 나는 그와 같은 담론 양태를 '퇴패함'이라고 부르오. 나는 『슈피겔』이 이미 몇 차례 했던 그런 진흙탕 속으로 나를 끌고 들어가더라도 문제가 되지 않을지도 모른다고 혼잣말로 말했소. 그러나 내가 그들에게 손을 내밀어 자신들의 세련된 방법을 시험하려는 실험 대상guinea pig으로서 역할을 한다면, 나는 실제로 나 자신을 우스꽝스럽게 만들 것이오. 나의 대학이나 내가 사는 나라가 나에게 그런 대담에 참여하는 것을 요구한다면(피페르는 아님), 그것은 다시 다른 무엇이 될 것이오. 따라서 나는 '의무'를 수행할 것이며, 웃음거리가 되지 않을 것이오. **그런데** 나는 만남을 즐기기도 할 것이오. 그래서 나는 일에 과중한 부담을 느낀다는 유일한 이유로 친절한 답변을 해달라고 피페르에게 부탁했지요.

자네는 내가 다소간 세심하지 못하게 "퇴패한"이란 용어를 사용했다는 점을 알 수 있으며, 이제 내가 의도하는 것을 개략적으로 이해할 것이오.

"팽창 없는 경제" 그리고 "내부로 전환하는 힘"은 자네가 언급한 바와 같이 큰 문제라오. 이것들은 확실히 성찰을 통해 사전에 해결될 수 없다오. 정서를 형성하는 철학이 필요하고, 국민경제는 사용될 기술적 수단의 구상이 필요하며, 사회학은 집단정신에 전해지는 가능한 방법을 위해 필요하오. 우리는 만날 때 이에 대해 더 많이 논의하오. 여기에서 나는 건설이 가능해 보이는 것을 구상할 수 없네요. 세미나에서 때때로 경제학자들에게 관심을 가지려고 노력했소. 누군가 관심을 두기 시작한 것 같지만, 논쟁이 시작되자, 나는 그가 아무것도 모른다는 것을 알 수 있었소. 그는 현재 카를스루에공과대학교의 교수라오. 그게 우리에게 논의 주제라오(그러나 라디오 방송에서는 아니오).

피페르가 『예루살렘의 아이히만』과 관련하여 어려움을 야기하고 있다는 점은 짜증나오 ─ 당신의 주요 저서[335]가 계약으로 프랑크푸르트출판사에게 넘겨졌을 때와 마찬가지로, […] 『예루살렘의 아이히만』 ─ 그는 깊은 감명을 받았으며 오직 말하려는 긍정적인 말밖에 할 수 없었던 책 ─ 은 확실히 미국에서 출간되자마자 훌륭한 독일 출판사의 관심을 끌 것이오.

따뜻한 안부를 전하며
야스퍼스

---

[335] *Elemente und Ursprünge totaler Herrschaft*. 편지 172의 각주 124를 참조할 것.

제5부

편지 320-433
1963~1969년
'예루살렘의 아이히만' 논쟁 ~ 야스퍼스의 서거

『혁명론』·『예루살렘의 아이히만』 출간과 아이히만 논쟁 / 그리스 방문 / 케네디 암살 / 흑백갈등의 심연 / 시카고대학교(1963-1966)와 뉴스쿨(1967-1975) 교수 재직 / 아렌트와 가우스 대담 / 흐루쇼프 실각과 집단지도체제(1964) / 아데나워와 벤구리온 협상, 소멸시효 논쟁 / 『작은 철학 학교』 / 「진리와 정치」(1965) / 베트남전쟁과 반전운동 및 청문회 / 『연방공화국은 어디로 나아가는가?』(1966) / 『어두운 시대의 사람들』(1968) / 야스퍼스 서거(1969년 2월 26일) / 아렌트 추도사(1969)

편지 320   아렌트가 야스퍼스에게

미들타운, 1963년 1월 7일

친애하고 존경하는 분께,

 새해가 시작되었는데 연락이 없었다는 것이 부끄러운 일입니다. 저는 집에 있었지만 엄청난 곤경에 처했습니다. 『혁명론』의 조판 교정쇄와 함께 『예루살렘의 아이히만』 교정쇄를 검토하고 있었습니다. 게다가 수많은 방문객과 일상적인 알맹이 없는 수다가 있었습니다. 당신은 과로하는 사람은 없다고 하셨는데, 저는 매일 그것을 좌우명으로 읊었습니다.

 당신이 12월 19일 편지에서 언급한 라디오 대담에 관한 사항입니다. 당신도 피페르에게서 들었겠지만, 북독일 라디오방송은 우리가 실존철학의 시작으로서 당신 철학의 시작에 대해 이야기하기를 원한다네요. 그 사항에 대해 어떻게 생각하는지요? 저는 그것을 대담으로 전혀 상상할 수 없으며, 이 때문에 신은 제가 적임자가 아니라는 점을 알고 있습니다. 게다가, 그들은 제가 본디[1]와 자른트[2]와 함께 테이프를 듣고 자신들과 미리 대화하기 위해 함부르크를 거쳐 오기를 바랍니다. 저는 우리가 함께 대화하기 이전에 이런 종류의 예비 대화에 참여하는 게 부적절하다는 점을 피페르에게 알렸습니다.

당신이 『슈피겔』과 관련하여 언급한 내용은 모두 옳지만, 제가 보기에 지금은 검열을 통과할 것 같지 않습니다. 우리는 그것에 대해 말할 것입니다. 저는 아직도 마감 기한에 대한 압박감에 시달리고 있습니다. 그리고 이와 관련하여 가장 거슬리는 일은 제가 당신의 책을 그렇게 많이 훑어볼 시간이 없었다는 점입니다.

피페르는 분명히 약간 주저하고, 제가 보기에 꺼리며 『예루살렘의 아이히만』을 어쨌든 원합니다. 우리는 아직 계약하지 않았으며, 저는 실례를 무릅쓰고 이 문제를 그에게 상기시켰습니다.

난다 안센에 관한 사항입니다. 저는 그녀를 연회에서 만났고, 그녀는 완전히 들떠서 저에게 전보에 대해서 말했습니다. 모든 일이 잘 정리되기 바랍니다. 저는 그녀가 이번 일을 이해하고 있다는 인상을 받았습니다.

지금은 1월이고, 2월이 다가오고 있습니다. 그리고 질문은 이러합니다. 당신은 언제쯤 저를 기다리고 있나요? 저는 이곳에서 2월 20일경 비행기로 갈 생각을 했습니다. 만하임과 대화하기 위해 취리히로 직행하든지 파리를 경유하든지 할 것입니다. 호텔 예약 등은 아마도 이 시기에 어렵지 않을 것입니다. 저는 볼프가 항상 머무는 기차역 근처의 호텔을 생각하고 있었습니다. 라인호텔은 겨울에 그렇게 매력적이지는 않습니다. 게다가, 제가 부유해졌다는 점을 잊지 마세요. 『뉴요커』.³ 제가 갈 때를 설명하겠

---

1   1962년 프랑스와 본디와의 녹음된 대화, 1963년 2월 22일 북독일방송국이 「현대의 철학자」로 방송했다. 「정치에서의 철학자」는 『모나트』 제175호(1963년 4월) 22~29쪽에 게재되었다.
2   하인츠 자른트(Heinz F. B. Zahrnt, 1915 출생)는 신학 작가였다. 야스퍼스와 그의 대화는 1963년 2월 방송되었고 같은 해에 출간되었다. Karl Jaspers/Heinz Zahrnt, *Philosophie und Offenbarungsglaube: Ein Zwiegespräch*(Hamburg, 1963).
3   한나 아렌트, 「예루살렘의 아이히만」은 『뉴요커』(1963년 2월과 3월)에 5회로 나누어 게재되었

습니다.

> 두 분에게 안부를 전하며
> 한나 올림

저는 이것을 받아적게 했으며, 그 소녀는 독일어를 잘 모릅니다. 문장 등을 잘못 읽습니다. 미안합니다.

편지 321 야스퍼스가 아렌트에게

바젤, 1963년 1월 12일

친애하는 한나!

두 권의 책에 대한 즐거운 작업을 마친 후, 자네는 이제 그 사소한 것들에 사로잡혀 있다오. 그러나 유감스럽게도, 교정쇄는 읽어야 하오. […]

북독일 라디오방송의 라인홀츠 씨가 현재 자네에게 편지를 보냈소. 나는 우리가 2월 말에 이 문제를 논의하고 이후 그에게 소식을 보내겠다고 답장을 보냈소. 대담은 불가능하오. 방송국 사람들은 계획을 계속 새로 준비한다오. 연속 방송 프로그램은 「담화: 시대의 인물평」이라고 불린다오. 이 프로그램은 **어떤 인물**이든 허용할 정도로 일반적이오. 나는 농담으로 누구든지 시대가 물 한 방울에 담긴 태양과 같이 대화의 미세함에 반영될 수 있음을 의미하는 제목을 이해할 수 있다는 편지를 라인홀츠 씨에게 보냈소. 우리는 같이 제안한 것을 보아야 할 것이오. 라인홀츠 씨가 농행하고 싶지 않다면, 이곳 바젤에 있는 매우 유능한 메이어-구츠빌러[4]가 언제나 기꺼이 우리의 대화를 방송하고 이것을 독일 방송국들에 넘길 것이오.

고, 책의 형태(뉴욕, 1963)로 출간되었다.

4   폴 메이어-구츠빌러(Paul Meyer-Guzwiller, 1909년 출생)는 그 당시 바젤라디오스튜디오 책임자였다. 그와 야스퍼스는 전후 내내 친구였다.

난다 안셴의 출판사는 나의 조건에 대체로 기꺼이 동의하오. 그러나 하퍼출판사는 인세를 처음 15,000부에 7%로, 그 이상의 판매량에 대해 9%로 낮추었소. 출판사 측은 보상으로 선수금을 1,000달러로 올렸다오. 나는 그것에 동의했소. 한 가지 사항만이 미해결로 남아있소. 출판 날짜를 확정해야 하고, 책이 출판되지 않는다면(내가 제시한 한계, 즉 번역 18개월, 출판 15개월) 그 이후 권리는 나에게 반환된다오. 새로운 합의가 이루어지지 않는다면, 나는 선수금을 잃을 것이오.

자네가 올 것이라니, 나는 정말 매우 기쁘오. 여느 때처럼, 게르트루트와 나는 기관지와 심장이 정상적으로 작동하는지 아닌지의 관점에서만 그날[5]을 고대할 것이오. 축하 행사는 조용한 행사로 할 것을 약속하오. 80회 생일은 70회 생일과 다르다오. 일반 대중의 의식에서 볼 때 이 나이의 사람은 거의 이 세상 너머에 있다오. 그래서 지난 몇 년 사이에 많은 것을 상실했다오. 나는 쿠자누스에 관한 연구를 정말 즐기고 있소. 그러나 내 생각에 오래된 필기장에서 완전히 포착한 쿠자누스의 초상화는 새롭게 연구하면서 많이 바뀌었고, 그 세부 사항은 매주 계속 바뀐다오.

따뜻한 안부와 함께
야스퍼스

편지 322   아렌트가 야스퍼스 부부에게

뉴욕, 1963년 2월 8일

가장 친애하는 친구분들께―

저는 아직도 교정쇄를 검토하고 있습니다 ― 끝나지 않는『예루살렘의 아이히만』. 그사이에 저는 피페르와 함께 즐겁게 지내는데, 그는 지금 앞으로

---

[5] 야스퍼스의 80회 생일, 1963년 2월 23일.

나가고 싶어 하는 것 같지만 여전히 자신의 용기를 두려워합니다. 저는 이미 로울트출판사와 키펜호이어출판사로부터 제안을 받았습니다. 어느 쪽도 좋아하지 않습니다, 그러나 저는 물론 다른 출판사의 이름을 말하지 않은 채 피페르에게 발을 질질 끌지 말라고 말하면서 우호적인 위협을 보냈습니다.

그는 라디오 대담에 대해서 역시 편지를 보냈습니다. 그것이 매우 좋은 것 같지만, 저는 당신이 어떻게 생각하는지 모릅니다. 하인리히는 『계시에 직면한 철학적 신앙』을 읽고 있으며 아마도 곧 편지를 보낼 것입니다. 그는 이제 완전히 회복되어 활기 있고, 자신 일에 전념합니다.

제가 편지를 보내는 주요 이유는 당신에게 날짜를 제시하는 것입니다. 19일 이곳에서 비행기를 탈 것이며 20일 바젤에 도착할 예정입니다. 저는 21일까지 입맛이 반쯤 없을 것입니다. 하룻밤 잠을 자지 못할 것이기 때문입니다. 저는 이것을 좋아하지 않습니다. 생활에 관한 한, 이번에는 호텔에 묵겠다고 제안하고 싶습니다. 제 업무가 당신에게 방해가 될까 걱정입니다. 저는 전화를 해야 하고, 전화를 받을 것입니다 ― 이 일들이 모두 당신에게 완전히 불필요한 부담으로 첨가됩니다. 저는 그곳으로 가서 당신과 함께 있을 수 있으며, 늘 틈을 낼 것입니다. 반은 장엄하고 반은 비난받을 만하며 재원이 너무 많은 『뉴요커』가 쉼표를 바꿀 수 있는지 물어보기 위해 저에게 긴급 전화를 걸 가능성이 있습니다. 만약 제가 호텔에 없다면, 저는 그냥 가버려 연락이 안 될 수 있습니다. 그러면 쉼표는 바뀌지 않을 것입니다. 그렇다고 세상은 사라지지 않을 것입니다. 저는 오일러호텔에 편지를 보내 그들에게 저를 위한 방을 예약해달라고 부탁했습니다.

저의 다른 약속 사항입니다. 3월 6일 쾰른 라디오방송국에서 여행비용을 지급할 라디오 강연[6]이 있습니다. 강연을 미리 준비해야 합니다. 그 이후에

---

[6] 아렌트는 쾰른 라디오방송국에서 아이히만 책의 제1장을 낭독했다. 이후 다음 날 논쟁 또한 방송되었다.

는 일이 없습니다 ― 다만 만하임의 번역을 살펴봐야 한다는 것만 빼면, 그리고 그로 인해 제가 로카르노에 간다면, 그게 가장 좋을 것입니다. 헬렌 볼프가 그곳에서 저를 도울 수 있습니다. 하인리히는 3월 23일까지 이곳을 떠나지 않기로 했습니다. 그는 일에 열중하며, 일을 더 좋아합니다. 그는 아름다운 남쪽 항로를 따라 배를 타고 아테네로 바로 갈 것입니다. 4월 5일 저는 나폴리에서 그의 배에 함께 탈 것입니다. 우리는 5월 말이나 6월 초가 되어야 북부로 돌아갈 것입니다 ― 그리스에서 4주, 시칠리아에서 2주, 그 다음 이탈리아에서 또 2주 정도 있을 것입니다. 우리의 배는 6월 29일 프랑스 남부에서 돌아갈 것입니다. 우리는 여기에서 좀 여기저기를 둘러볼 생각입니다.

저는 교정본을 다시 검토해야 합니다. 날짜를 세고 있는데, 셀 수 없기에 항상 잘못 세고 있습니다. 그런데 볼프 부부가 당신의 생일을 위해 바젤에 오고 싶어 한다는 인상을 받았지만, 저는 감히 확신하지는 못합니다. 저는 못 들은 척했지만, 그것을 전달해야겠다고 생각했습니다. 로카르노를 방문한 이후 취리히에서 머물며 『혁명론』을 계속 번역할 생각입니다. 그런데 두 분이 원하면 가끔 갈 수 있습니다.

모든 따뜻한 소원, 그리고 곧 뵙길!
한나 올림

편지 323 아렌트가 야스퍼스 부부에게

스트라스부르크, 1963년 3월 30일

친애하고 존경하는 분, 친애하는 사모님께 ―

우리는 콜마르*에 있었으며, 저는 두 분에 동의합니다. 그뤼네발드[7]는

---

* 옮긴이_ 스트라스부르크 인근.

압도적이었지만 저를 차갑게 만들었습니다. **그러나** 숀가우어[8]는 'innig'(깊이 느낌)라는 단어가 독일어에만 존재한다는 것을 한꺼번에 일깨워주었습니다.

밤이 늦었군요. 안첸은 이미 잠자리에 들었습니다. 저는 더 많은 문화를 흡수하고 있습니다. 이곳 성당은 **매혹적입니다.**

진심 어린 안부와 함께
한나 올림

편지 324   아렌트가 게르트루트에게

아테네, 1963년 4월 14일

친애하는 분께!

당신의 편지에 감사합니다.[9] 이 편지는 저에게 큰 안심이 되었습니다. 제 생각은 여전히 아우스트라세로 돌아옵니다. 우리는 이전에 그렇게 오랜 시간 서로를 전혀 보지 못했습니다. 오로지 거기에 단조로운 나날의 작은 파편이 있었기에, 모든 것이 여전히 가까이 있는 것처럼 보입니다.

우리는 일주일 전 한밤중 이곳 파트라스에 도착했습니다. 저는 어떻게든 커피점 주인, 즉 크고 뚱뚱하며 가무잡잡하고 괴상하게 생긴 남자를 유인하여 우리를 그의 휘하에 두도록 했습니다 — 그곳에는 더는 이용 가능한 호텔 방이 없었습니다 — 그래서 우리는 보름달 아래 코린트만을 따라 4시간 동안 아테네로 차를 몰았습니다. 코린트만 자체가 엄청나게 아름다웠습

---

7   마트히아스 그뤼네발트(Matthias Grünewald, 대략 1500~1530)는 독일 고딕 미술가였다. 그가 제작한, 유명한 제단 쪽의 벽장식은 프랑스 콜마르의 운터린덴 박물관에 있다.
8   마틴 숀가우어(Martin Schongauer, 1445?~1491)는 콜마르에 미술학교를 세운 독일 조각가이며 화가였다. 그의 가장 유명한 그림은 코마르의 생마르탱 교회에 있는 「장미 정원의 마돈나」였다.
9   1963년 4월 6일자 편지는 무엇보다도 앓았던 야스퍼스가 회복되고 있었다는 것을 알린다.

니다. 그 이후로 장엄함의 연속입니다. 정말 피곤하지는 않았지만, 저는 오랫동안 쓰지 않았던 근육을 느끼고 있습니다. 어제 우리는 아이기나섬에 있었습니다. 산 정상에 있는 사원에서 섬 전체를 볼 수 있는, 아마도 가장 아름다운 경험이었을 것입니다. 우리는 떠나기 전에 다시 그곳에 가기로 결정했습니다. 더 긴 여행은 다음 주에 시작되지만, 우리는 그리스에서 일주일 더 머물며 5월 10일까지 이곳을 떠나지 않겠다고 결정했습니다. 이 결정은 우리가 시칠리아와 이탈리아에서 며칠을 덜 보낸다는 것을 의미합니다. 저는 6월 5일 바젤에 있는 크라프트호텔에 우리를 위한 방을 예약했습니다. 저는 당신에게 이 사항을 말하는 것을 잊었다고 생각합니다. 언제라도 예약을 변경할 수 있습니다. 그러나 호텔 직원은 그 시기에 바젤에서 중요한 것이 진행되며 예약 없이 8일 이전에는 방을 확보하는 게 어렵다고 저에게 말했습니다. 직원은 저에게 어차피 그 기간에는 빈방이 없어지기 때문에 언제든지 취소할 수 있다고 말하더군요.

우리는 머물 멋있는 장소를 발견했습니다. 크고 매우 쾌적한 방, 아무도 지금까지 이용하지 않은 매우 좋은 휴게실, 프랑스어와 독일어를 사용하는 일류 도서관을 갖추고 있고 손질이 잘 된 집, 프랑스어와 영어를 구사하는 매우 즐겁고 교육 수준이 높은 사람들.

『혁명론』은 좋은 평가를 받았습니다. 저는 신문이 출판을 재개한 첫날에 아주 묘하게도 게재된 『뉴욕 타임스』의 서평을 동봉할 것입니다.[10] 윌리엄 더글러스 대법관의 서평이 『워싱턴 포스트』에 역시 게재되었습니다 ─ '고전적 논문'입니다.[11] 이 서평은 저에게 매우 중요한 논평입니다. 비록 미국 제도를 검토하는 데 신경을 썼지만, 저는 절대적으로 확신하지 못했기 때

---

10 아렌트의 저서 『혁명론』에 관한 해리슨 솔즈베리(Harrison E. Salisbury)의 서평은 1963년 4월 1일자 『뉴욕 타임스』에 게재되었다.
11 윌리엄 더글러스(William O. Douglas)의 서평 「자유의 본질」은 1963년 3월 17일자 『워싱턴 포스트』에 게재되었다.

문입니다. 저의 해석은 가끔 매우 비정통적입니다.

다음 주에 저는 혼자 크레타에 갈 것입니다 ─ 하인리히는 크레타 문화에 대해 별로 관심이 없고 순수한 그리스 문화에 계속 빠져 있기를 원합니다. 그래서 우리(로테 베라트와 저)는 아테네 도서관에 그를 남겨 놓을 것이고, 돌아오면 그가 우리에게 모든 화병을 설명할 수 있기를 기대할 것입니다. 우리는 3일 동안 비행기를 타고 여행할 것이며, 그곳에 승용차를 가지고 있는 친구들이 있습니다.

이따금 저는 이 모든 것이 현실적이고 우리가 정말로 여기에 있다는 것을 확신시키기 위해 자신을 꼬집습니다. 우리는 저녁에 침대에서 신문을 읽습니다. 그렇지 않으면 우리는 안내서를 제외하고 아무것도 읽지 않습니다. 간단히 말하면, 우리는 신들의 '안락한 삶'을 즐기고 있습니다.

따뜻한 안부를 전하며
한나 올림

편지 325 **아렌트가 게르트루트에게**

아테네, 1963년 4월 28일

친애하는 분께―

저는 싸우다 지친 타자기와 계속 멈춰서는 타자기 리본과 씨름하고 있습니다. 우리가 펠로폰네소스에서 돌아와 내일 델포이 신전으로 향하려고 할 때, 당신의 편지[12]가 이곳에 있는 우리를 기다리고 있었습니다. 크레타섬의 정경은 참 아름답습니다. 그러나 빅토리아 여왕의 정신으로 복구된 크노소스 유적지는 실망이었습니다. 물론 파이스토스 궁전은 놀랍고, 이라클리온 박물관은 대단히 흥미롭습니다. 특히 꽃병들과 아주 작고 지극히 정교하며

---

12 게르트루트가 아렌트에게 보낸 1963년 4월 19일자 편지.

우아한 물건들 ― 문장紋章들과 보석들 등 ― 때문입니다. 마치 취향이 그곳에서 발견된 듯합니다. 그러나 우리가 이 문화에서 얼마나 보잘것없는 것들 ― 찢어진 조각들과 깨진 조각들 등 ― 을 가지고 있는지도 분명해집니다. 우리는 그곳에 3일 체류했습니다. 이것으로 충분했습니다. 반면에 아테네에서는 가장 긴 시간으로도 충분하지 않았습니다. 국립박물관은 무진장이며, 여기에 있는 유물들은 대작입니다. 오늘 우리는 오전 내내 화병을 보느라고 시간을 보냈습니다. 여기서 우리는 베를린에서 온 독일 교수 바이셰델[13]을 ― 아주 적절히 ― 만났습니다. 하인리히는 프닉스 언덕과 아레오파고스를 거쳐 아고라에서 아크로폴리스까지 장거리를 걸으면서도 전혀 피곤하지 않았습니다. 우리는 황홀하고 보는 것에 완전히 어지러웠습니다. 우리는 이제 책을 읽고 싶지 않습니다. 하인리히는 자신이 본 모습을 잊지 않을까 계속 걱정했습니다. 그러나 그는 전혀 그렇지 않습니다.

저는 가족들[에른스와 카테 퓌르스트 부부]과 전화로 상당히 길게 통화한 후에 결국 비행기로 이동하여 3일 동안 이스라엘에 머물겠다고 결정했습니다. 군에 복무하고 있는 꼬마 조카 에드나 퓌르스트는 휴가를 얻을 수 없으며, 저는 그녀를 보고 싶습니다. 그녀는 극도로 전화에 집착했습니다. 그녀를 여기서 보는 것이 좋았을 것입니다. 그곳에 친척이 있는 로테 베라트는 어쨌든 갈 것입니다. 그래서 우리는 함께 다시 비행기를 탈 것이며, 하인리히는 며칠 동안 이곳에서 주위를 돌아다니는 데 아주 만족합니다. 5월 11일 우리는 이곳에서 배편으로 브린디시로 떠날 것이며, 13일 저녁에 시러큐스에 있을 것입니다. 저는 아마도 이전에 이것을 당신에게 말했을 것이지만, 안전을 위해 다시 반복해 말합니다. 20일경까지 시러큐스 에트랑제 호텔에 체류하며, 이후 주소 없는 시칠리아를 여행하고, 그다음 로마에서는 아메리칸 익스프레스를 주소지로 합니다.

---

13 철학자인 빌헬름 바이셰델(Wilhelm Weischedel)은 당시 베를린자유대학교 교수였다.

한 가지 사항을 덧붙입니다. 하인리히는 방금 로카르노에 있는 친구[로버트 길벗]로부터 편지를 받았습니다. 알고 보니 하인리히는 우선 친구를 만나고 그다음 바젤로 가는 게 더 좋을 것 같습니다. 저는 안네 바일과의 만남을 위해 그 시간을 활용할 수 있습니다. 당신이 좋다면, 우리는 이번 달 중순까지, 즉 6월 12일에서 15일까지 도착하지 못할 것입니다. 우리는 라인의 크라프트호텔의 예약을 취소하거나 아니면 변경해야 하지만, 그게 문제가 되지는 않습니다. 당신이 어떻게 지내는지 알 수 있도록 시러큐스로 편지 한 줄 써서 보내주실 수 있지요.

당신은 에기나의 아파이아 신전의 그림을 보았는지요? 바세 신전만큼이나 아름답습니다.

우리는 "카를은 크레타섬에 갔을 것이고, 나는 아테네에 머물렀을 것이다"라고 말하며 많이 웃었습니다. 하인리히의 즉각적인 반응은 이랬습니다. 물론, 그분은 아직 젊고 호기심이 많습니다. 그렇지 않다면, 우리가 행복하고 말과 생각에서 당신과 함께 있다는 것을 제외하고 보고할 것이 없습니다.

한나 올림

편지 326   **야스퍼스가 아렌트에게**

바젤, 1963년 5월 2일

친애하는 한나!

자네의 편지는 감동적이오. 나는 자네의 "신들의 안락한 삶"을 대리로 살고 있으며 자네가 어떻게 그리고 무엇을 보았는지 상상으로 즐기고 있소. 나는 고전적인 것, 아테네에 집중하는 하인리히에 감명을 받았다오. 그는 아무것도 잊기를 원하지 않는다오. 우리의 행복은 인간의 진실·아름다움·

위대함이 보이는 곳에 놓여 있소.

  자네들의 방문은 언제나 환영이오. 자네의 "독일식 질서 있는 생활 방식"은 항상 우리에게 적당한 시기에 알려줄 것이오.

  게르트루트는 열흘 전에 다시 독감에 걸려 몸이 아프기에 어쨌든 편지를 보낼 수 없었소. 그녀는 이제 회복되고 있소. 나는 며칠 동안 걱정했네요. 그녀는 몸이 쇠약해져 거의 잠을 자며 식욕이 없어서 다음과 같이 말했다오. 그냥 이렇게 죽는 게 가능할까요? 그러나 상황은 하루 동안만 안 좋았소. 그리고 그날에도 심장과 혈액 순환은 좋았다오. 셋째 날 국부적인 기관지 폐렴은 상당했지만, 이것도 회복 중이오. 오늘 그녀는 지루하고 참을성이 없으며, 목욕실에서 씻기 위해 일어나려고 하며, 맥박이 110으로 돌아왔지만, 다시 빠르게 회복하고 있소. 그녀는 자제해야 하오. 내 걱정은 이제 끝났다오. 그러나 경험은 요양이 오래 걸릴 수 있다는 것을 보여주었소. 자네가 올 때쯤이면 — 자네의 방문 연기가 좋은 일이오 — 바라건대 그녀는 완전히 회복될 것이오. 우리는 베른슈타인 박사[14]와 함께 아주 행복하게 지내오. 자네가 떠난 후에, 그는 게르트루트의 심장 부정맥 때문에 검사했다오. 부정맥은 작은 분량의 강심제로 2주 후에 사라졌소. 뫼를르는 간호사처럼 훌륭했고, 보살피고 간병하며, 심지어 지저분한 일을 처리하는 데 있어서도 감동적이었다오. 게르트루트는 한때 다음과 같이 말했소. 나는 아직 식욕이 없지만, 요리가 너무 좋았기에 식사 시간에 식욕이 생겼네요. 아내는 메뉴를 직접 만든다오. 그녀는 아직 편지를 쓰고 싶어 하지 않는구려. 그녀는 자네에게 따뜻한 안부를 전하라고 나에게 요청하오. 오늘 오후 그녀는 처음으로 한 시간 동안 누워 있다가 일어날 것이오.

  이스라엘은 자네에게 위험하지 않을지? 그곳 상황은 다시 위험한 부분을 보일 것이오. 요르단이 나세르의 수중에 떨어지면, 미국이나 영국은 어느

---

14 아돌프 베른슈타인(Adolf Bernstein, 1918년 출생)은 1963~1969년 야스퍼스의 가정의였다.

것도 하지 않을 것이오. 미국인들은 왜 결국 국경선을 보장하지 않을까? 우리가 듣기로 이스라엘에는 분위기가 바뀌지 않았다오. 이스라엘 사람들은 용기 있고 자신감 있으며 강인함을 의식한다오. 자네의 인상이 어떨지 누가 알까? 자네는 바젤에서 그것에 대해 우리에게 이야기할 수 있다오.

하인리히의 말이 맞구려. 나는 아직 "호기심이 있지만 젊다오?" 나는 노년의 아름다움과 의무의 면제를 즐기기 시작했으며, 아직도 어쩔 수 없는 당혹감에 너무 괴로워하지 않는다오. 그러나 나는 마치 젊은 듯이 하인리히를 보기를 고대하오.

따뜻한 안부와 함께
야스퍼스

편지 327　야스퍼스가 아렌트에게

바젤, 1963년 5월 16일

친애하는 한나!

게르트루트는 일주일 동안 열이 없었고 이틀 동안 식욕이 돌아왔소. 우리의 믿을 수 없는 척도를 믿을 수 있다면, 그녀는 자신이 잃어버린 체중 12파운드 중 1파운드를 되찾은 것 같소. 그녀는 아직도 약하지만 매일 실제로 호전되고 있소. 자네가 바젤에 있을 때, 그녀는 다시 예전의 자기 모습을 되찾을 것이오 — 우리는 진정한 정당화로 희망할 수 있소. 나 자신은 다시 성상으로 돌아갔소. 자네가 지난번 나를 만나 함께 대화했을 때 슬픈 상태에 있었다오. 나는 그것 — 자네에게 그런 모습을 보인 것 — 을 끔찍하게 기억하고 있소. 나의 생일 **이전** 발열이 있었던 이후였다오. 아직도 열병으로부터 완전히 회복하지 못했고 축하 행사를 간신히 통과하여 최소한으로 필요했던 것을 말할 수 있소. 그런 다음 게르트루트와 함께 바로 병에 걸렸다오. 그래서 나는 대화하려는 실질적인 욕구를 갖지 못했고 대화에서 또렷한 정신을 드러내지 못했다오. 물론, 자네는 그것도 참을 수 있다오. 나는 그것에 걱정할 필요는 없소.

나는 자네의 『혁명론』을 읽을 용기가 없었소. 영어! 그러나 며칠 전에 책을 집어 올렸고, 그 언어가 전혀 영어가 아닌 듯이 더욱 열심히 책을 읽었소. 읽기를 끝내려면 아직 멀었소. 그러나 자네 의도의 기본 취지를 파악했소. 내 생각에 『혁명론』은 아마도 정치적 견해의 탁월함과 구성의 대가다운 특성에서 『전체주의의 기원』보다 우월하지 않지만 동등한 저서라오. 나는 그 저서에서 인위적인 것, 즉 억지스러운 합리적 주장을 느끼지 않지요. 즉 불필요한 왜곡을 찾을 수 없다오. 단일한 이념에 대한 자네의 표현은 나를 끌어당기는 강력한 흐름이오. 정치적 자유에 대한 자네의 통찰력과 이 영역에서 인간의 존엄을 사랑하는 자네의 용기는 훌륭하오. 나는 하인리히의 품성과 삶의 경험이 미친 영향을 느끼며, 이 책을 읽는 과정에서 두 사람을 생각하오. 나는 이 저서에 완전히 몰두하였소.

자네가 미국 건국 선조들에 대해 집필하고 그들의 의견을 전달하는 점은 나에게는 완전히 새롭다오. 이 책에서 자네는 미국인들이 자기 망각에서 눈을 뜨게 될 역사적인 발견을 하였을 것이오. "노동자·병사 평의회", "소규모 공화국"의 의미, 미국 혁명 이후 모든 혁명의 진실과 시작에 대한 비교와 등식화는 헝가리 혁명에 대한 자네의 논문에서 나에게 친숙했다오.[15] 이 논문은 나에게 주저함을 남겼다오.[16] 그러나 이제 나는 그 기회가 지금까지 항상 상실되었다고 하더라도 의미의 유사성과 자네가 그것들에서 본 기회를 확신하오. 자네가 내용을 묘사하는 과정에서 제시한 표현은 격려의 근원이오. 궁극적으로, 모든 것은 자네를 절망하게 하지 않는 비극에 대한 자네의 안목, 즉 인류 비극의 요소라오.

15　Die Ungarische Revolutionen und der totalitäre Imperialismus, 편지 234를 참조할 것.
16　편지 234를 참조할 것.

자네가 인용한 위대한 문헌은 자네가 이 책에서 밝히고 있는 것과 자네의 사유뿐만 아니라 태도에서도 근본적으로 아주 독창적인 것이 단지 임의적이고 개인적인 영감이 아니라는 사실을 여실히 말해준다오. 이 문헌은 자네에게 도움이 되고, 자네가 이런 안목의 소박성과 위대성에 통합하는 요소들을 소개한다오.

나는 계속 읽으며 한쪽도 건너뛰고 싶지 않소. 이것은 나에게 쉽다오. 나는 이미 중심적인 이념에 확고한 입장을 가졌다고 생각하기 때문이오. 나는 자네가 지금까지 모든 일에 정확하다는 의미로 읽고 있소. 내가 반대 의견을 가지고 있다면, 그것은 나중에 드러날 것이오.

자네는 이 책을 우리 두 사람에게 헌정했구려! 대단히 감사하오. ─

자네의 여행 가운데 가장 아름다운 부분은 이제 자네 뒤에 있소. 자네가 볼 다른 아름다운 것들에도 불구하고, 다른 모든 것은 그에 비해 다소간 옅을 것 같지요?

나는 가끔 자네의 책을 읽으면서 그리스가 자네를 위해 있다고 생각하오. 자네는 그리스인들 사이에서 조국이 없었다면 그 형태를 거의 찾을 수 없었을 것이며, 그들이 없었다면 미국 헌법의 경이로운 의미와 그 기원을 자네에게 느끼게 허용할 수 있는 시각을 발견할 수 없었을 것이오.

두 사람에게 따뜻한 안부를 전하며
야스퍼스

편지 328 **야스퍼스가 아렌트에게**

바젤, 1963년 5월 19일

친애하는 한나!

동봉한 편지는 시러큐스에서 되돌아 왔구려. 나는 다른 편지들이 로마에 있기 이전에 자네에게 도착했기를 바라오. 게르트루트는 일반적인 허약함,

심장 허약, 다소간 많은 수면 필요성을 제외하고 다시 신체적으로 회복되었소. 심리적으로, 그녀는 발작적인 우울증에 시달리오. 우울증에 걸리기 쉬운 사람들은 특히 독감에 걸린 후에 우울증에 걸릴 가능성이 크다오. 그러나 우리는 대체로 꽤 만족하오. 자네가 6월 중순 올 때쯤이면, 나는 우리 모두 '좋은 상태'가 되길 바라오. 나는 이미 자네들과 대화하고 있고, 대화하기를 고대하오.

나는 결코 깃발을 꽂지 않는 꾸준한 열정으로 자네의 책을 계속 읽고 있소. 나는 자네와 나의 꿈이 다른 것처럼 보일지라도 결국 실제로는 함께 하지 않는지, 어쨌든 같은 기반을 지니는지 궁금하오. 즉 자네의 저서가 그렇게 매혹적으로 보이는 정치적 자유에 대한 꿈은 이 세상 여기저기서 사상과 현실에서 나타났지요.

암허스트대학의 칼 뢰벤슈타인[17]은 어제 여기에 왔소. 그는 지적인 사람이지만 기본적으로 우매하고 실제로 토론이 불가능한 합리주의자라오. 물론 그는 모든 사람처럼 자네와 함께 이야기하기를 좋아할 것이오. 나는 안전을 위해 그에게 당신이 아마 여기에 잠시만 있을 것이라고 말했소. 그러나 자네는 아마도 자신의 저서 두 권에 대한 그의 판단에 관심이 있을 것이오. 그는 아직 『혁명론』을 읽지 않았지만 『뉴요커』에서 『예루살렘의 아이히만』을 보았다오. 그의 의견은 다음과 같소. "보고서로 역시 좋다. 지적인 책이지만, 초점이 없다." 어쨌든 그는 자네를 대단히 존중하오.

게르트루트와 함께 자네들 두 사람에게 따뜻한 안부를 전하며
야스퍼스

---

17 편지 37의 각주 74를 참조할 것.

| 편지 329 | 아렌트가 야스퍼스에게

로마, 5월 29일 - 타자로 작성하지 않음.
최선을 다할 것!

친애하고 존경하는 분께―

　우리는 로마에서만 당신의 편지 세 통을 받았습니다. 그래서 저는 호텔 측의 부주의에도 불구하고 크게 놀라지 않았습니다. 우울증도 이제는 지나갔습니다.

　우리는 아직도 우리가 본 모든 것에 압도당하고 있습니다. 시칠리아 ― 특히 시러큐스 ― 는 매우 아름답습니다. 우선 멋있는 도리스 양식의 기둥이 있는 기묘한 로마네스크 대성당, 그리고 광장의 타원형 곡선을 축소한 한 광장(우리가 로마에서 처음 저녁 식사를 한 곳)에 제가 지금까지 본 가장 아름다운 바로코 후기 양식의 건물 앞면 ― 간단히 말하면, 분명히 거기에 보이는 연속성의 증거입니다. 그다음 아그리젠토, 그리고 산속에 있는 웅장한 작은 극장, 손상되지 않고 완전히 보존된 팔라졸로 지방. 그리고 팔레르모에서 가장 위대한 것은 몬레알레 마을과 박물관입니다. 살리눈테 도시는 매우 흥미로운 폐허이고, 세제스타 도시는 매우 실망스럽습니다. 이제 마무리를 짓습니다. 그리스의 매우 위대한 유적 ― 파르테논 신전, 아파이아 신전, 바세의 아폴로 신전 ― 과 단지 비유될 수 있는 파에스툼입니다.

　당신은 우리 사이가 어떤지 알지요 ― 하인리히가 말하듯이, 우리는 슬럼프에 빠져 있습니다. 저는 여기서 파업을 했습니다. 제가 하고 싶은 것은 유물 수집품을 보고, 옷을 사며, 감파리 술과 포도주를 마시고, 많이 그리고 아주 잘 먹는 것입니다. 저는 몇 주 동안 거의 아무것도 읽지 않았습니다. 오로지 괴테의 『이탈리아 여행 *Italienische Reise*』만을 읽었습니다. 이것에 대해서는 말씀드릴 몇 가지 사항이 있습니다.

　저는 『혁명론』에 대한 당신의 승인이 얼마나 저를 기쁘게 했는지 말할 수 없습니다. 저는 당신이 그 저서를 좋아하지 않을 수 있다는 점을 우려했기 때문일 뿐만 아니라 당신이 쓴 모든 말은 제가 하려는 말의 핵심을 찌르기 때문이기도 합니다. 그런 위대하고 단순한 일이 위태로웠기에, 비극은 마음을 따뜻하게 하고 가볍게 합니다. 물론 아이히만의 경험, **그리고** 미국의 경험입니다. 미국(편지와 서평)에서 사람들은 약간 당황하지만 그런데도 만족합니다. 『예루살렘의 아이히만』은 엄청난 항의를 불러일으켰지만, 저는 다소 냉담합니다. 이스라엘의 상황입니다. 유일한 가족, 나와 매우 가까운 실제로 아주 훌륭한 '조카딸'[에드나 퓌르스트] — 나의 4촌[에른스트 퓌르스트]이며 젊은 시절 친구의 딸 — 은 저의 어린 시절과 젊은 시절을 다소간 실증하고 있습니다. 그녀는 19살의 어린 신출내기 소위이고, 신을 찬양하며, 또한 매우 예쁩니다. 우리는 마치 몇 년 동안 함께 있기라도 한 듯이 친하게 지냅니다.

저는 여기서 계속 편지를 보내고 있는데, 당신에게 날짜를 알려주어야 하겠습니다. 우리는 6월 4일 기차나 비행기로 여기에서 취리히로 갈 예정입니다. 로버트 길벗[하인리히의 친구]이 취리히에 올 것이며, 7일 저는 그 남자들을 그대로 두고, 코블렌츠 근처 크로넨부르크의 모임, 즉 장학재단의 지원을 받는 학생들의 모임에 갈 것입니다.[18] 15일경 우리는 바젤에 갈 예정입니다. 아마도 저는 일찍이 가겠지만, 당신을 혼란하게 하지 않을 것입니다. 저는 『혁명론』을 번역할 것이며, 서류를 정리할 것입니다. 어쨌든, 아마도 5일 취리히에서 당신에게 전화할 것입니다. 우리는 다시 발덴하우스 돌더호텔에 머물고 싶지만, 아직 예약하지 않았습니다. 저는 취리히에서 바젤호텔을 예약하는 데 대비할 것입니다.

따뜻한 안부를 전합니다. 편지를 보낼 수 있어서 좋습니다. 곧 뵐 것입니다!
사랑을 담아서 —

한나 올림

---

18 독일국가장학재단.

편지 330   아렌트가 야스퍼스 부부에게

프로방스, 1963년 6월 30일

승선하기에 앞서 안부 인사 몇 마디 적습니다. 파리의 일정은 너무 빡빡했고, 파업과 쏟아붓는 비, 오히려 끔찍했습니다. 여기도 역시 비가 쏟아붓고 있으며, 전경은 전적으로 기이합니다 — 우리는 바젤에 대해 생각하고 이야기합니다.

그리고 다시 돌아갑니다! 선상에서 편지를 보낼 것입니다. 이것은 당신이 알게 될 것입니다. 우리는 길을 잃은 것이 아닙니다.

따뜻한 안부를 전하며
한나 올림

편지 331   아렌트가 야스퍼스에게

뉴욕, 1963년 7월 20일

친애하고 존경하는 분께!

프랑스에서 보낸 너무 빠듯한 일정으로 인해 편지를 쓸 수 없었고, 배 위에서 타자기가 망가졌습니다. 우선 '공식적인 일', 즉 평화상에 관한 사항입니다.[19] 저는 매우 세심한 미국인 친구 메리 매카시와 그 문제를 간단히 논

---

[19] 1961년 야스퍼스는 국제 발찬 재단(Balzan Foundation)의 조사위원회에 참가하도록 권유받았다. 노벨상에 버금가는 발찬상은 1963년 평화 및 인도주의 목적의 촉진과 생물학·역사·수학·음악 분야의 주요 공헌자를 기리고자 1963년 수여되었다. 야스퍼스는 세계적으로 유명한 사람들만이 이 새로운 상을 위해 고려되어야 한다고 생각했고, 그에게 있어 뛰어난 인물이 평화상 후보로 지명되는 것은 특히 중요한 일처럼 보였다. 야스퍼스와 아렌트는 아마도 2월과 3월에 바젤에서 이 문제를 논의했을 것이다. 아렌트는 인종통합을 위해 활동한 개인(가능하다면, 남아프리카에서)이 수상해야 한다고 제안했다. 야스퍼스는 아렌트가 보낸 후보자(각주 22 참조) 자료를 받았을 때 결심했다. 즉 그는 인종통합을 활성화하려고 노력한 사람으로 존 F. 케네디와 로버트 케네디를 제안하고 싶었다. 그는 "두 번째 후보"로 트레버 허들스턴을 지명할 정도로 아렌트의 제안에 따라 행동했다. 평화상은 결국 교황 23세에게 수여되었다. 야스퍼스는 1963년 9월

의했습니다. 저는 남아프리카계 유대인 작가인 단 야곱슨[20]의 이름과 저작을 알며 존경합니다. 매카시는 야곱슨이 런던에 있으며, 우리가 그를 파리로 오도록 요청해야 한다고 저에게 말했습니다. 매카시는 야곱슨이 저에게 정보를 제공할 가장 좋은 사람이라고 생각했습니다. 그래서 우리가 그에게 전화했고 전화상으로 아무것도 말하지 않았더라도, 그는 하루 일정으로 파리에 왔습니다. 그는 저에게 예외적으로 좋은 인상을 주었으며 전적으로 정직하고 물론 개인적으로 이런 문제에 상당한 관심이 있었습니다. 그가 제안한 내용을 동봉합니다.[21] 그 문제 자체에 관한 한, 저는 다음 평화상은 인종 간의 평화를 이루려는 남자(또는 여자)에게 돌아가야 한다고 그 어느 때보다 확신하고 있습니다. 이곳 미국에서 모든 지옥이 사회적으로 풀려나고 있습니다. 상황은 제가 인식한 것보다 훨씬 더 안 좋습니다. 선의를 지닌 많은 사람은 매우 비관적입니다. 흑인을 위해 매우 적극적으로 활동하는 유대인 친구가 어제 다음과 같이 말했습니다. 즉 우리는 모두 길을 잃었어. 저는 그렇게 전혀 비관적이지는 않습니다. 많은 부분은 케네디 형제[22]가 시민권 법안[23]을 통과시키는 데 성공할지에 달려 있습니다. 이 법안은 문제를 해결하지는 못하겠지만, 진보를 위한 길을 열어줄 것입니다. 그러나 이 법안이 통과되지 않는다면, 우리는 여기에서 최악의 상황에 대비하는 게 좋을 것입니다. 이미 도시의 모든 구역이 이제는 백인들에게 안전하지 않으며, 시카고에서는 상황이 더 안 좋아 보입니다. 양측의 폭민은 파업할 기회를 기다리고 있을 뿐입니다. 매일 우리는 백인이 타고 있는 차가 격렬하게 총격을 가하며 흑인 구역을 통과하거나 흑인이 타고 있는 차가 격렬하게

17일자 편지에서 아렌트에게 정치학 분야의 상을 수여하도록 제안했다.
20 단 야곱슨(Dan Jacobson, 1929년 출생)은 1954년 이후 영국에서 살았던 남아프리카 소설가이며 단편 작가이다.
21 트레버 허들스턴, 알란 패턴, 그리고 넬슨 만델라에 관한 간단한 추천.
22 대통령 존 F. 케네디와 미국 검찰총장인 그의 동생 로버트 케네디.
23 민권법은 1964년 통과되었고, 선거권법은 1965년 통과되었다.

총격을 가하며 백인 구역을 통과하였다는 소식을 신문에서 읽고 있습니다. 그러나 이러한 것들은 여전히 개별적인 사례입니다. 나라는 크며, 경찰은 여전히 기능하고 있습니다. 그리고 저는 미국인에게 상을 부여하는 것이 실수라고 생각합니다. 유일한 가능성은 케네디 형제일 것이며, 그들은 실제로 가능성은 아닙니다. 그들은 집권하고 있기 때문입니다. 그것은 미국 정치에 직접 개입하는 모습으로 보일 것입니다. 남아프리카인들에 관한 한, 저는 야곱슨이 옳으며, 허들스턴[24]이 최선의 후보자라고 생각합니다.

이제 저는 남은 여행에 대해 말해주고 싶으며, 저와 두 분 앞에서 당신의 방을 볼 수 있고, 모든 것이 얼마나 평온하며, 그리고 모든 것을 말할 수 있도록 적절한 비율을 가정할 수 있는지 볼 수 있습니다. 그리고 각 개인에 대해, 특히 의견 차이가 있을 때, 같은 기준이 적용되고 모든 사람은 같은 기반에 서 있습니다. 저는 이것에 대해 계속 생각하며, 우리는 당신에 대해 가끔 이야기합니다. 그러나 그것은 명백합니다. 당신은 우리의 삶에서 너무나 확고한 자리를 함께 차지하고 있기에 마치 아파트를 통해 우리 옆을 걷고 있는 것 같습니다.

파리에 관한 사항입니다. 깔끔하게 청소한 도시는 원래의 색채를 다시 찾았고 이전보다 훨씬 더 멋있게 보이더라도 즐겁지 않습니다. 번영하고 있는 사람들은 마치 그 번영에 대한 믿음이 없는 것처럼 할 수 있는 모든 것을 낚아챕니다. 그들은 투자하지 않고, 기껏해야 모든 것을 절반만 하고(욕조는 있지만, 변기 등은 없는 욕실), 끊임없이 부진하고 항상 불평합니다. ─ 저는 택시에 앉아 있었고 창문을 제대로 닫지 않았습니다. 옆을 시나가는 운전기사는 이것을 지적할 만큼 친절했습니다. 엉뚱한 욕설, 왜 그는 남의 일에 참견하지요. 이 일은 오늘 발생한 세 번째 일입니다. 물론 문이 제대로 닫

---

24 트레버 허들스턴(Trevor Huddleston, 1913년 출생)은 제2차 세계대전 이후 남아프리카 흑인 빈민 지역에서 선교 임무를 수행한 영국 성공회 목사였다.

혀 있지 않았기 때문입니다. 그것은 부분적으로 당신이 저녁 요리를 하는 도중에 가스가 꺼질지 전기가 끊어질지 또는 — 진정한 파국을 말하자면 — 지하철이 파업할지 또는 공항이나 세관 경찰이 파업할지 당신에게 전혀 알리지 않는 미친 파업 전술의 결과입니다. … 그리고 모든 파업은 놀라움으로 다가오고 그저 짧은 시간 지속하기에, 대중 이외에 그 누구에게도 해를 끼칠 수 없습니다. 파업은 심각한 재정적 위협을 전혀 나타내지 않습니다. 이 체계는 광인들이 대량 신경증을 일으키기 위해 고안한 것입니다. 저의 미국인 친구 메리 매카시는 아름답게 꾸민 새 아파트에도 불구하고 자기 남편[25]의 재임명만을 꿈꾸고 있습니다. 그녀는 외국인으로서 프랑스어를 완벽하게 구사하더라도 자신을 편집증적으로 만드는 방식으로 대우를 받기 때문입니다. 오래 사귄 프랑스 친구는 나라가 내란 직전에 있다고 생각합니다. 저는 이를 믿지 않습니다. — 그리고 프로방스로, 그곳은 놀라울 정도로 아름다웠습니다. 아마도 우리가 본 아름다운 전경들 가운데 가장 매력적이었습니다. 저는 그곳에서 살고 싶습니다. 이곳 사람들은 파리 사람들과 매우 다릅니다. 그곳의 번영은 의미를 지니며 합리적으로 다루어집니다. 농부들은 마침내 이번만은 정말 좋은 결과를 얻고 있으며, 이를 마지못해 인정합니다. 유일한 문제는 그들의 자식들이 고향에 머물지 않고 파리의 큰 학교에 진학하며, 기본적으로 여전히 건전한 지방에서의 진정한 삶이 제대로 발전할 수 없다는 점입니다. 마침내 칸에서 우리는 매우 멋있고 호화로운 배를 탔습니다. 우리는 모두 즐겼지만, 또한 이것이 끝나는 것을 후회하지 않았습니다. 더는 아니고 한 주 정도는 충분합니다.

뉴욕의 제 아파트는 말 그대로 개봉되지 않은 우편물과 전달되지 못한 우편물로 온통 가득 차 있었습니다. 우편물은 대부분 아이히만에 관한 것들입니다. 우편물을 보낸 동기와 관련하여 저를 가장 흡족하게 한 편지들

---

[25] 제임스 웨스트(James West, 1914년 출생)는 파리에 있는 경제협력개발기구의 정보 책임자였다.

가운데 매우 흥미로운 몇 통은 겉보기에는 이해할 수 없어 보이는 유대계의 소동이란 점을 아주 분명히 해줍니다. 설명이 너무 간단해서 제가 그것을 직접 이해했어야 했습니다. 저는 그것을 알지 못한 채 해결되지 않은 유대인의 과거 사건 일부를 끌어냈습니다. 즉 과거 유대인평의회[26]의 일원은 어디서든, 특히 이스라엘에서 고위직, 때로는 정부의 최고위직을 맡고 있습니다. 설상가상으로, 제가 보고서에서 언급한 카스트너 사건은 제가 인식한 것보다 더 심각했습니다. 한 언론인이 이스라엘에서 고위직을 차지한 카스트너[27]를 나치에 동조한 혐의로 기소했습니다. 그는 명예훼손으로 고소했습니다. 첫 번째 재판 절차에서 할레비(이후 아이히만 재판을 담당한 세 명의 판사 가운데 한 사람)는 아이히만과 긴밀히 협력했던 카스트너가 "자신의 영혼을 악마에게 팔았다"고 판결하고, 그 언론인의 명예훼손을 무혐의 처리했습니다. 카스트너는 이 사건에 대해 항소했으며, 자신이 항소심에서 명예회복이 되지 않으면 "폭로하겠다"고, 즉 이 시기에 유대인협회[28]와 팔레스타인 정당 지도자들과의 연계를 밝히겠다고 말했을 것입니다. 그래서 그는 살해되었습니다. 제가 짐작했던 것처럼 헝가리 생존자들이 그를 살해하지 않았습니다. 어쨌든 사람들은 이스라엘 비밀경찰이 그를 살해했다고 합니다. 간단히 말하면, 우리는 독일과 마찬가지로 매우 비슷한 상황에 있습니다. 그러나 그것이 가능하다면, 이 사건에 대해 언급하는 것은 그곳보다 훨씬 더 위험합니다. 여기에서 저에 대한 저급한 수준의 완전한 비방전 — 제가 실제로 기술한 것과 정반대로 말했다는 일관된 주장 — 은 한창 진행 중입니다. 유대인 언론은 히우스너 검찰총장이 정부의 종용에 따라 상황을 달구려는 명백한 목적으로 미국에 왔다고 보도했습니다. 현재 서너 개의 거

---

26   나치는 제3제국 시기에 유대인 공동체의 관리자로서 활동하는 유대인장로평의회를 구성했다.
27   루돌프 카스트너(Rudolf Kastner, 1906~1957)는 나치 시기 헝가리 유대인의 지도자들 가운데 한 사람이었다. 이스라엘 법정은 그의 살해 이후 명단을 삭제했다.
28   편지 55의 각주 218을 참조할 것.

대 조직은 학문적 조수들이나 비서들의 전반적인 지휘를 통해 제가 저지른 실수를 찾아내느라고 분주합니다. 여론 조작을 통해 이루어질 수 있는 것과 가끔 높은 지적 수준이 있는 많은 사람이 어떻게 조종당할 수 있는가를 아는 것은 매우 유익합니다. 유대인들 사이에서도 독립적인 판단을 내리는 사람들이 매우 많지만, 한 친구가 드레퓌스 사건 때와 비슷하다고 말할 정도로 반응이 (연단에서 설교하는 랍비들과 함께) 반전되었습니다. 가족들은 중간에서 갈라져 있습니다! 저는 놀랐고 이와 같은 것을 전혀 기대하지 않았으며, 그것이 완전히 위험하다는 사실을 알았습니다. (사람들은 수단과 방법을 가리지 않고 저의 평판을 떨어뜨리고 있습니다. 그들은 저의 과거에서 자신들이 나를 붙잡을 수 있는 무엇인가를 찾기 위해 몇 주를 보냈습니다. 그들은 마침내 포기했지만, 이제는 다른 방식으로 진행하고 있습니다.) 제가 그것을 알았다면, 아마도 그와 같은 일을 정확히 처리했을 것입니다. 그리고 장기적으로는 그 독특한 유대인 쓰레기를 조금 쓸어내는 것이 아마도 유익할 것입니다.

다음 주 이후에 우리는 여느 때처럼 팔렌빌에 갈 것입니다. 우편물은 뉴욕에서 새 주소로 전송될 것입니다. 이곳은 매우 덥지만, 우리는 아파트에서 더위를 거의 느끼지 않습니다. 하인리히는 고통스러운 치과 치료를 했지만 그런데도 꽤 상냥합니다. 그는 저에 대한 공격에 화를 내는 경향이 있으며, 유대 민족에 대한 그의 견해는 항상 누구나 기대할 수 있는 것은 아닙니다. (농담으로 한 말입니다.)

몇 줄이라도 상황이 어떤지 편지로 곧 알려주세요.

모든 일이 잘되기 바랍니다—
한나 올림

편지 332　야스퍼스가 아렌트에게

바젤, 1963년 7월 25일

친애하는 한나!

　자네의 좋은 편지가 방금 도착했소. 자네는 정말 뜻하지 않게 매복에 걸려들었으며, 적은 자네를 공격하는 비열한 작전을 수행하고 있소. 나는 조금씩 걱정이 되기 시작했소. 자네가 많은 사람에게 극도로 아픈 곳을 건드렸고, 거짓말로 그들의 삶을 알게 했기 때문에, 그들은 자네를 증오하오. 나는 도둑을 현장에서 잡은 적이 있는데, 나를 바라보는 그의 시선을 아직도 느끼오. 즉 나는 그렇게 무서운 증오를 다시 경험한 적이 없다오. 자네가 전달한 것은 비록 책 속에 숨겨져 있지만 대부분 이미 알고 있는 것이었소. 작가로서 자네의 힘 — 레싱의 힘과 같이 — 은 이제 널려 알려지게 되었다오. 키르케고르가 소크라테스와 예수에 대해 언급했을 때, 진리는 죽었다오. 다만 그 일은 일어나지 않았고 앞으로도 일어나지 않을 것이오. 그러나 이 사람들은 자네에게 완전히 부적절하고 혐오스러운 꼬리표를 붙이고 있소. 물론 장기적으로 자네의 존재는 승리할 것이고 승리에서 빛날 것이오. 그러나 현재는? 나는 자네와 마찬가지로 여론을 조작하는 효과, 책을 읽지도 않은 사람들의 피상적인 판단을 보고 있소. 피페르가 책을 출간한 이후 독일에서 유사한 싸움이 시작된다면, 나는 무엇인가를 쓰고 싶을 것이오. 아무런 도움이 되지 않더라도 독일에서 작은 평판이라도 있는 사람이라면, 누구든 공개적으로 자네를 지원하려 모여들어야 할 것이오.

　이 일과 관련하여 피페르가 나에게 편지로 보낸 내용과 하이델베르크의 에밀 헨크[29]가 게르트루트에게 보낸 편지 중에서 내가 들은 내용을 말해줄

---

[29]　기업가인 에밀 헨크(Emil Henk, 1893~1969)는 히틀러에 저항한 사회민주당의 투사였다. 게르트루트는 위험에 처해 있던 시기 동안 그의 집에 숨어서 시간을 보냈다. 헨크는 하이델베르크대학교 복구에 적극적으로 참여했으며 야스퍼스 부부의 가까운 친구였다.

것이오. 피페르는 자네가 말하는 "저항운동가"를 좀 더 정확히 정의해야 한다고 생각하오. 나는 자네의 책에서 그 문장을 찾지 못했소. 여기에서 관련되는 사람들은 독일인이기 때문에, 같은 분노는 유대인들 사이에서도 가능할 것이오. 어쨌든, 나는 자네가 생각하는 저항운동가란 히틀러 정권의 몰락을 가져오기 위해 **적극적으로** 활동했던 사람만을 말하는 것으로 추측하고 있소. 히틀러 정권에 대한 완전한 부정과 이 정권 아래 일상의 고통은 드문 일이 아니었소. 대략적인 추측으로 독일에는 아마도 100,000명은 있었소. **상대적으로** 매우 적은 숫자이지만, **정말로** 매우 많은 숫자라오. 나는 그런 사람들, 즉 나의 친구들을 알았소. 자네가 말하는 용어의 의미로 모의했지만 행동하지 않은 사람, 즉 다른 사람들이 행동한 이후 새로운 시작을 준비하지 않은 사람은 저항운동가가 아니었소. 나치 기간 우리의 충성스러운 친구인 하이델베르크의 에밀 헨크는 1933년 같은 의견을 가진 사회민주당원들과 함께 조직을 유지하기 위해 가담했다오. 그는 1933년 한동안 투옥되었소. 그 당시 적어도 하이델베르크에서 상황은 여전히 비교적 관대했다오. 내 생각에 그는 조직도 없이 자기 친구들과 접촉을 유지했으며, 하우바흐[30]와 미에렌도르프,[31] 그리고 다른 사람들의 친구였소. 전쟁 기간에 나는 그로부터 이후 유명해진 많은 사람의 이름을 들었소. 그는 운이 좋아서 스스로 재난을 피했다오. 그가 관여한 사실이 발각되지 않았기 때문이오. 나는 그와 폰 데어 그뤠벤[32]을 통해서 게르스텐마이어[33]와 또한 트로트 추

---

[30] 테오도르 하우바흐(Theodor Haubach, 1896~1945)는 주요 사회민주주의자였으며 1933년까지 베를린 경찰청 공보실장이었다. 그는 야스퍼스의 제자이며 친구였다. 히틀러에 반대한 지식인 단체인 크라이자우 단체(Kreisau Circle)의 일원이었던 그는 7월 20일 지도자를 암살하려는 실패한 시도에 연루되어 사형당했다.

[31] 카를로 미에렌도르프(Carlo Mierendorff, 1897~1943)는 주요 사회민주주의자이며 운송노동자조합의 사무총장으로서 1933~1938년 집단수용소에 수용되었다. 그는 공습으로 사망했다.

[32] 편지 72를 참조할 것.

[33] 오이겐 게르스텐마이어(Eugen Gerstenmaier, 1906년 출생)는 신학자이며 정치인으로서 나치 기간 '고백교회'의 신자였고 1954~1969년 서독 연방의회 의장이었다.

졸츠 형제³⁴를 알게 되었소. 그들은 나를 방문했다오. 우리는 대화를 하는 동안 한마음이 되었지만, 그들은 나에 대해 아무것도 묻지 않고 자신들의 계획에 대해 아무것도 언급하지 않았소. 그들은 나의 병환에 대해 알았다오. **하우바흐**(그런데 1923년경 나의 지도를 받아 오히려 기이한 논문으로 박사학위를 받았지만, 실질적인 재능을 보인 사람)³⁵는 체포되기 직전에 하이델베르크에 있는 나를 방문했고, 우리에게 — 특히 게르트루트에게 — 지침을 제공했으며, 위험을 완전히 자각한 채 상황을 기술했으며(이것은 1944년 7월 말이었다오), 우리에게 메클렌부르크에 있는 친구와 즉시 도피할 생각이라고 말했소. 그는 도피하지 않았소. 그는 베를린에 있었을 때, 이제는 체포가 이루어지지 않고 있다는 것을 스스로 확신했기 때문이오. 그는 부주의로 죽었다오. 그는 암살 시도에 관여하지 않았고 사전에 이것에 대해 알지 못했지만 예정된 새 정부의 장관 명단에 있었으며, 새 정부를 위한 계획의 보조자라는 이유로 유죄 판결을 받았다오. 내 생각에 하우바흐는 1933년에도 1년 이상 강제수용소에 있었소. 그가 이후 나를 방문했을 때, 그는 그곳에서 겪은 자신의 경험에 대해 나에게 말하고 싶어 하지 않았다오. 그는 이것들을 생각하는 것만으로도 공포에 가득 찼다오. "그것에 관해 이야기하는 것은 이곳 당신의 방에 폭탄을 폭발시키는 것과 같은 것입니다."

하우바흐·미에렌도르프·헨크(모두 사회주의자)에게 국가 이익은 일차적이지 않았으며, 이들은 전쟁이 히틀러 독일에 좋지 않게 진행되기 시작했을 때도 자신들의 의견을 바꾸지 않았다오. 유대인 살해는 그들에게 핵심 문제가 아니었소. 그들은 유대인 살해를 다른 범죄 가운데 하나로 알았다오. 헨크와 하우바흐는 집단수용소에서 죽었소. 하우바흐는 사람들이 집단수용소에서 죽었다는 것을 자기 경험으로 알았소. 그는 수송 열차들이 가스

---

34   편지 57의 각주 224를 참조할 것.
35   Theodor Haubach, *Versuch einer Phänomenologie des ästhetischen Bewußtseins im Grundriss* (Heidelberg, 1923).

실로 직접 갔다는 것을 알지 못했다오. 그는 확실히 말했을 것이오.

자네는 이 전모全貌를 알 것이오. 나는 기억으로 그것을 확인할 수 있다오. 요구되는 것은 어떤 오해가 일어나지 않도록 저항운동가들과 관련한 공식적인 표현에서 가능한 한 정확해야 한다는 점이오. 에밀 헨크는 자신이 우리에게 편지로 쓴 내용을 자세히 말하지 않았지만, 『예루살렘의 아이히만』 영어판(또는 『뉴요커』의 게재 기사)에 대한 읽기에서 분명히 그런 오해에 도달했다오. 그는 자네의 저서에 근거해 판단을 내렸다오. 그런 사람들 — 나는 나치 기간에 그들의 품위와 도움을 주는 활동을 잊을 수 없소 — 은 사실 자신들이 공유한 반나치 입장에 대한 경험과 근본적으로 수동적인 계획(히틀러가 몰락할 날을 기대하는)에서 자신들의 삶의 가치를 찾았다오. 자신이 추구한 정치적 성공을 1945년 이후에도 완전히 거부한 에밀 헨크의 삶은 저항운동가였다는 입장에 자신의 기본적인 자기의식을 가지고 있소. 명료한 구분이 이루어진다면, 그들의 공헌은 의심할 여지가 없소. 그러나 자네가 밝혔듯이 활동이 기준이라면, 그들은 "저항운동가"가 아니오. 괴르델러[36]도 저항운동가가 아니오. 누구든 영웅주의가 아니라 운명의 비참한 광경을 상당한 정도로 볼 것이오. 헤닝 폰 트레슈코프(폰 그뢰버가 전쟁 중에 나에게 언급한 사람)[37]는 완전히 다른 유형의 사람이었소. 그는 우선 전쟁 **이전에** 폭탄 공격을 시도했고, 둘째 전쟁 상황으로부터 독일을 구제하는 수단으로서가 아니라 7월 20일의 모험을 독일의 수치와 범죄에 대한 속죄로 명백히 생각했다오. 그는 실패할 운명에 있다고 하더라도 행동을 주장했소. 그는 음모가 실패한 이후 전선에서 자살했다오. 나는 적어도 군부 내에서는 아니지만(내가 정확하게 기억한다면 백[38] 역시 오랫동안 히틀러의 살해를 준비했소) 그런 종류의 다른 사

---

36 카를 프리드리히 괴르델러(Karl Friedrich Goerdeler, 1884~1945)는 저항운동의 주요 사상가로서 히틀러 사후 제국 수상이 될 예정이었다. 그는 7월 20일 암살 계획과 연계되어 사형당했다.
37 헤닝 폰 트레슈코프(Henning von Tresckow, 1901~1944)는 독일군 장군참모장으로서 히틀러 암살 음모에서 동부 전선의 장교들을 이끌었다. 그는 자신과 다른 사람들의 계획이 실패했을 때 7월 21일 전선에서 자살했다.

례를 알지 못하오. 그리고 이러한 군인들은 1935년 히틀러의 손에서 군사력 증강을 인정했지만, 전쟁을 원하지 않았다오. 여기에서 상황은 작동하는 동기의 복잡성 때문에 복잡하지만, 그 동기는 궁극적으로 단순하오. 그러나 내가 보기에, 누구든 끔찍한 실수를 깨달은 이후에 희생할 의지에 있어서 그 위대성을 인정해야 하오(내가 추정한 바와 같이, 비록 내가 남아있는 지극히 희박한 문서를 통해 이런 통찰력과 '전향'의 증거를 가지고 있지 않지만, 스트레슈코프는 실천했다오).

단 야곱슨의 인상적인 계획에 감사하오. 나는 당분간 출처를 밝히지 않고 그것들을 통과시킬 것이오. 이것들에 대한 반응이 우호적이라면, 그 근거는 편지로 야곱슨에게 요청할 수 있소. 그 경우 나는 그의 이름을 언급할 수 있다고 생각하오.

그러나 나는 소규모 특별위원회에서는 아니지만 어떠한 실질적인 역할도 하지 않기로 했소. 내가 이 위원회에 참여할 수 없기에, 나의 상황은 특이하오. 그러나 의사소통은 할 수 있지요.

파리에 관한 자네의 보고는 얼마나 충격적이며, 흑인 문제에 관한 보고서는 얼마나 비관적인지요. 이제 처음으로 "인종"(민족이 아니라)이란 용어는 중국인에 대한 러시아의 비난을 통해서 러시아에서 사용되었다오.

그리고 현재 자네가 말하는 "자명한 것"과 무엇보다도 중요한 것에 대해서는 할 말이 많지 않소. 우리는 세계에 혼자 있지 않다오. 자네의 지난 방문은 여전히 우리에게 남아있소. 우리의 심신 상태는 더 좋소. 우리가 사유에서 자네에게 도달할 수 있고, 사네들 두 사람과 함께, 그리고 자네들과 가기 특별히 지칠 줄 모르게 내적인 대화를 진행할 수 있기 때문이오.

에르나의 어머니[39]는 체중이 많이 빠졌다오. 그곳의 훌륭한 의사는 솔선

---

38 루드비히 벡(Ludwig Beck, 1880~1944)은 1935~1938년 육군참모총장으로서 히틀러 타도를 계획한 주요 지도자들 가운데 한 사람이었다. 그는 7월 20일 계획이 실패하자 자살했다.

39 카롤린 뫼를르-조이프레(Karoline Möhrle-Zeufle, 1887~1963)는 1963년 7월 25일 사망했다. 야

수범하여 대장암을 진단했소. 그녀는 수술을 받았는데 둘째 날 사망했고, 어제 장례식이 있었다오. 에르나는 망연자실했소. 12시간이 지난 후에서야 그녀는 눈물을 몇 번 흘렸다오. 그녀는 모든 것 — 심지어 검은 드레스 — 을 생각했고, 보나[40]를 제외하고 어떤 사람도 보기를 원하지 않았으며, 톤 바흐로 갔다오. 그것은 그녀에게 닥칠 수 있는 가장 큰 타격이오.

우리는 보살핌을 받는다오. 그녀는 며칠 후에 돌아올 것이고, 이곳 가정을 어떻게 돌보는지 메디 가이텔[41]에게 보여줄 것이며, 8월 8일에 한 달의 휴가로 자기 아버지[42]에게 갈 것이오. 그런데 이르마[43]는 아버지와 함께 휴가를 보낼 것이오. 그는 같은 집에서 아들과 며느리[44] 그리고 손자들과 함께 살고 있다오. 그는 심장병이 심하며, 많은 시간 누워서 보내지만, 할 수 있을 때는 수년 전에 아들에게 넘겼던 소목업小木業 가게에서 모든 일이 제대로 되어 있는지 확인하기 위해 목재 공급과 기계를 검사한다오.

게르트루트의 귀와 심장은 변하지 않는구려. 다른 측면에서 그녀는 다시 완전히 활기를 느낄 만큼 기분이 상당히 좋다오. 그녀는 다시 한번 틀림없이 평생 가졌던 우울증으로부터, 독감의 결과로 고통을 겪었소. 그녀는 우울증에서 벗어날 때만 자신의 상태가 어떤지를 완전히 지각하오.

하인히리에게 안부를 전해주시오. 팔렌빌에서 몇 주 동안 즐거운 시간을 보내기 바라며!

야스퍼스

■ 스퍼스는 여러 날에 걸쳐 이 편지를 작성했음이 틀림없다.
40 마리 보나두러(Marie Bonadurer, 1905년 출생)는 에르나 뫼를르와 게르트루트의 내과 의사였다.
41 야스퍼스의 사촌 메디 가이텔(Medi Geitel, 테오도르 탄체의 가장 어린 딸, 편지 334의 각주 56 참조)은 하이델베르크에서 공부했으며 잠시 오스라세에서 집안일을 도왔다.
42 고트힐프 뫼를르(Gotthilf Möhrle, 1882~1963)는 가구제작 장인이었다.
43 이르마 뫼를르(Irma Möhrle, 1924년 출생)는 에르마의 자매이다.
44 빌리 뫼를르(Willi Möhrle, 1930년 출생)는 가구 제작자이며, 르레네 뫼를르-쉬멜즐(1930년 출생)은 그의 아내다.

주지사들이 자신들의 기대와 준비된 의제에 반대하여 인종 차별을 철폐하는 데 기본적인 지원(반대는 단지 세 표)[45]을 선언한 것은 멋진 일이오!

편지 333 아렌트가 야스퍼스에게

팔렌빌, 1963년 8월 9일

친애하고 존경하는 분께!

저는 최악의 순간에 보내준 당신의 멋있고 설득력 있으며 고무적인 장문의 편지에 답장하고 있습니다만, 언제 기회가 될지 몰라서 이제야 답장하려고 합니다. 림프 육종으로 앓아누웠던 뉴욕의 지인[46]이 갑자기 위급 상태(폐)에 있기에, 저는 급히 돌아가야 합니다. 그곳에는 그녀를 보살필 사람이 아무도 없기 때문입니다. 가족도 없고, 실제로 친한 친구들도 없으며 의사 등과 상담할 사람도 없습니다. 저는 그녀를 좋아하지만, 그녀는 저와 특별히 가깝지 않습니다. 그것은 모든 일을 단지 더 어렵게 할 뿐입니다. 그녀의 가까운 친구들은 모두 유럽에 있습니다.

당신은 전적으로 옳습니다. 마치 제가 정말 매복에 걸려든 것 같습니다. 당신은 이 싸움이 얼마나 공정한가를 다음 사항으로 알 수 있습니다. 『재건』은 저의 성명서를 게재하는 것마저도 거부했습니다. 이 나라에서는 완전히 드문 일입니다. 전형적인 특징은 이러합니다. 즉 제가 만약 문구를 사용하자면, 저를 비방했던 바로 그 사람은 어둠을 틈타 은밀하게 저를 찾아와 "당신은 고소해야 하며, 이것은 증오운동이고, 『재건』에 게재한 기사들은

---

[45] 야스퍼스의 언급은 부정확한 정보에 기반을 두고 있는 것 같다. 마이애미 회의에서 시민권 문제에 대해 합의에 도달할 수 없었던 주지사들은 최우선권을 부여하려고 했던 특별위원회 문제를 언급하기 위해 1963년 7월 23일 38 대 3으로 투표하였다.

[46] 마리아 뢰베(Maria Löwe, 1897~1963)는 베를린에서 도서관학을 연구했고 미국으로 이주한 이후 뉴욕의 영국공보원에서 사서로 근무했다.

'당혹스러우며', 경종을 울린다 — 이 모든 것은 『재건』 다음 호에 게재할 사람의 주장입니다!"라고 말합니다. 매우 기이합니다. 다른 한편, 컬럼비아 대학교의 랍비[47]는 유대인 학생들[48]에게 말하라고 저를 초청했습니다. 그 모임은 통상 소규모 동아리(특별히 여름에는 약 50명의 학생)입니다. 300명을 수용하는 강당에 500명이 있었고, 경찰은 500명 이상이 강당에 뛰쳐들어가는 것을 막았습니다. 저는 즉각적인 박수를 받고 짧게 인사말을 한 후에 길고 상세한 토론을 이끌었습니다. 그사이에 청중은 카드에 쓰인 질문지를 제출했습니다. 다른 방법이 없었기 때문입니다. 질문은 익명으로 했습니다. 그리고 어떠한 질문에도 단 한 번의 도발도 없었습니다. 나중에 긴 박수갈채가 있었고, 빠져나가는 데 어려움이 많았습니다. 50명 이상의 학생이 재빨리 이런저런 질문을 하려고 연단으로 올라왔습니다. 매우 기뻤습니다. 일부 질문은 탁월했습니다. 강의가 에어컨 없이 90도*의 열기에서 진행되지 않았다면, 모든 것은 더 즐거웠을 것입니다. 비슷한 다른 사례입니다. 제가 몇 년 사이에 소식을 듣지 못했던 한 시온주의자(하다샤),[49] 즉 오랜 지인이 저에게 다음과 같은 내용의 편지를 보냈습니다. **우리에게 돌아오시오**(그녀가 의도한 것은 유대인 삶). **우리는 당신이 필요합니다.** 매우 감동적이고 매우 소박합니다. 그런 다음에 여기 큰 유대교회당 협회의 한 홍보 담당자(중요한 직원)[50]와 같은 사례들이 있습니다. 이곳 랍비들은 설교단에서 저를 상대로 설교하고 있습니다. 그는 자신이 강의 여행의 대리인으로서 일했다고 말하고자 저에게 접근했으며, 강의당 1,000달러나 1,500달러의 사례비로 저에게 강의 여행을 주선했으면 좋겠다고 말했습니다. 그는 자신의 히브리 회중의

---

47 알베르트 프리들랜더(Albert Friedländer, 1927년 베를린 출생)는 1940년 이후 미국에서 살았다.
48 대화와 토론은 1963년 7월 23일 있었다.
* 옮긴이_ 섭씨 32도 정도.
49 여성들로 구성된 이 시온주의 단체는 팔레스타인에서 의료 봉사를 하고 미국에서 시온주의 이념을 발전시키고자 1912년 창설되었다.
50 이것은 미국 히브리 회중 연합의 정보 센터 책임자인 귄터 로렌스의 1963년 7월 24일자 편지다.

공식 편지지에 꽤 황당하게 쓴 편지를 보냈습니다. 달리 말하면, 전반적인 업무는 거의 전적으로 유급 직원들의 일이며, 그들은 유대 민족 사이에서 매우 큰 집단을 이제는 통제하지 못합니다. 역시 관련되는 사람들은 전적으로 늙은 세대입니다. 독일 상황과 유사한 것은 놓칠 수 없습니다.

저항에 관한 한, 당신과 피페르는 옳습니다. 제 말이 무슨 뜻인지 더 자세히 설명해 드려야 합니다. 핵심은 이러한 것 같습니다. 즉 이 사람들은 성공했을 경우를 예상한 공식적 선언에서 나치 범죄가 자신들을 개인적으로 방해했다고 하더라도 나치 범죄를 전혀 언급하지 않거나 단지 부차적으로 언급하거나 독일인에 대한 범죄로 언급합니다. 얼마 전에 이 동아리에 속하는 매우 공감적인 사람이 저에게 '다음과 같은 내용을 담은'* 편지를 보냈습니다. 만약 그들이 그렇지 않았다면, 그들은 내전을 감수했을 것입니다 ─ 그것은 물론 맞습니다. 그러나 그들이 국가적인 근거로 내전을 감행하려고 대비하지 않았다는 사실은 남아있습니다. 게다가, 힘러[51]가 알게 된 사실이지만, 나치 친위대 요원인 헬도르프 백작[52]이 연루되어 있으며, 결과적으로 그들은 기껏해야 일종의 궁정 혁명을 준비하고 있었습니다. 그러나 제가 보기에 누구든 7월 20일로 이어지는 이 저항운동을 이전의 사회주의자들(미에렌도르프)과 일부 보수주의자들의 반나치 운동으로부터 분리해야 합니다. 그 모든 것은 1938년에 말하자면 결말이 났으며, 소수민족의 실질적

---

* 옮긴이_이 부분은 문맥을 명료하게 하려고 첨가한 것임.
51 하인리히 힘러(Heinrich Himmler, 1900~1945)는 1929년 친위대(히틀러의 호위대)의 수장으로 임명되었고 1936년경 전국 정치 경찰 및 형사 경찰을 장악했다. 그는 "최종 해결책"의 주요 조직자였다. 1945년 그는 독일이 장악한 지역의 유대인 석방과 연합국에 대한 독일의 항복을 교섭하려고 노력했다. 히틀러는 이 때문에 그의 모든 보직을 박탈하고 그를 당에서 추방했다. 그는 영국 전범 수용소에서 자살했다.
52 아렌트는 "그라프 헬바흐"에게 편지를 보냈다. 아렌트의 아이히만 저서 독일어판의 한 문장(135쪽)이 보여주듯이, 그녀는 분명히 헬도르프를 의미했다. 또 편지 380을 참조할 것. 볼프 하인리히 그라프 폰 헬도르프(Wolf Heinrich Graf von Helldorf, 1896~1944)는 1933~1935년 포츠담 경찰서장이었고 1935년 이후 베를린 경찰 총수였다. 그는 7월 20일 히틀러에 반대하는 음모의 주요 인물이었고 교수당했다.

인 저항은 1936년 이후 거의 존재하지 않았습니다. 개개인이 집단에 속해 있었다고 하더라도, 완전히 다른 문제는 개개인의 비조직화된 활동입니다. 그들은 삶에 직면한 실질적인 위험을 무릅쓰고 할 수 있는 곳에서는 종종 지원했지만, 이것은 정치 문제가 아니라 인간성 문제입니다. 그들이 일단 정치적으로 행위하기 시작했을 때, 그들은 '인간적인' 또는 '도덕적인' 주장을 더는 제기할 수 없었습니다. 그리고 저는 이것이 단순히 장군들을 자기편으로 끌어들이기 위한 전술 문제(이것이 오늘날 그들에게 그렇게 보이더라도)가 아니었다는 점을 우려합니다. 제 견해로 누구든 단지 궁극적인 승리를 위해 대비한 조치와 선언을 실제로 목표로 할 수 있습니다. 예컨대, 괴르델러는 의심할 여지 없이 다른 사람들의 동의를 얻어 국가사회주의노동자당NSDAP의 폐지를 원하지도 않았지요! 그것은 비민주적이었을 것입니다. 제가 상황을 정확히 이해하고 있다면, 제 명제에 대한 유일한 설득력 있는 논거는 트레슈코프의 사례입니다 ― 저는 이것에 대해 거의 모릅니다. 저는 이것을 좀 더 세밀하게 검토해야 할 것입니다. 그러나 이 사람들을 정치적으로 한 집단으로 특징지은 것은 원칙 부재였습니다. 이 원칙 부재는 사회주의자들과 보수주의자들, 그리고 독실한 기독교인들의 연합 결과로만 설명될 수 없습니다 ― 마치 관련된 원칙들이 너무 이질적이어서 동의할 수 없는 것처럼 말입니다. 대신에, 정권 자체에 대한 저항이 그들에게 전혀 원칙이 되지 못했다는 설명입니다. 그들이 얼마나 많이 알았는가에 관한 한, 대답은 각 개인에 따라 아마도 다를 것입니다. 그러나 일반적으로 우리는 아마도 다음과 같이 말할 수 있을 것입니다. 즉 그들 대다수는 정권에 아주 많이 관여했거나 적어도 중요한 기능인들과 긴밀한 관계를 맺고 있었기에, 누구든 적어도 동부 전선에서 이제는 무엇이 비밀이 아닌 것을 알고 있다고 가정할 수 있습니다. 그들이 자신들이 알고 있는 것을 알고 있었다고 스스로 인정하고 싶었는지는 또 다른 문제입니다. 예컨대, 폴란드계 유대인의 근절이 1941년 여름의 "최종 해결책"에 속하지 않았지만, 전쟁 발발 직후 이미 합의되었다는 것은 매우 놀라운 일입니다. 이후 "최종 해결책"을 실행함으로써, 즉 심지어 독일계 유대인뿐만 아니라 모든 유대인을 포함함으로써 양심을 깨우친 사람들도 "최종 해결책"에 대해 조금도 이의를 제기하지 않았습니다. 제가 의미하는 것은 정치적 역할을 했던 모든 사람 ― 심지어 정권에 반대했고 히틀러 암살 기도를 은밀하게 준비했던 사람도 ― 이 말과 행위에서 전염병으로 오염되었다는 점입니다. 이런 의미에서 국가의 혼란은 속속들이 스며들었습니다 ― 이것에 오염되지 않은 사람들만이 자신들의 은신처에 굳건히 앉아 있던 사람들이었습니다. 당신은 그 숫자를 약 100,000명으로 추산합니다. 저는 이 추산이 옳다고 생각합니다. 그런 사람들 수만 명이 독일의 패전 이후 집권했다면, 현재 상황은 아마도 매우 달리 보였을 것입니다.

어떻게 지내시는지요? 에르나 어머니의 죽음은 얼마나 슬픈지요! 그녀에게 제 안부를 전해주세요.

저는 단 야콥슨으로부터 받은 장문의 편지가 있습니다. 그에게 답장하면 당신에게 그 편지를 전할 것입니다. 당신은 원하면 언제든지 그의 이름을 말할 수 있습니다. 그는 만델라[53](흑인)와 허들스턴(영국 선교사)에 관한 일부 자료를 저에게 보냈습니다. 저는 별도 우편으로 이 자료를 보낼 것입니다. 이 자료는 여기저기에서 관심을 끌지만 쉽게 구할 수 없습니다. 저는 이번 평화상[54]이 인종 간의 평화 필요성을 명시적으로 선언해야 한다는 의견을 여전히 가지고 있습니다.

두 분의 건강을 빕니다. 하인리히도 잘 있습니다. 그는 일부 새로운 강의

---

53 넬슨 만델라(Nelson R. Mandela, 1918년 출생)는 남아프리카 변호사이고 정치인이며 아파르트헤이트에 반대한 투사로서 1964년 종신형을 받았다. 그는 1990년 석방되고 세계 무대에서 투쟁을 계속했다.
54 편지 331의 각주 19를 참조할 것.

를 준비하고 있으며 기분이 좋은 상태입니다.

따뜻한 안부를 전하며
한나 올림

편지 334 야스퍼스가 아렌트에게

바젤, 1963년 8월 12일

친애하는 한나!

　랍비의 초청을 받은 강연에서 컬럼비아대학교 강당을 가득 채운 유대인 학생들로부터 받은 박수갈채는 참으로 훌륭하오 — 나는 자네가 학생들의 질문에 얼마나 강력하게 답변했는지, 그리고 자네가 얼마나 개인적으로 설득력이 있었는지 상상할 수 있다오. 자네는 스스로 유대인을 극복하고 있는 가장 훌륭한 유대인이오. 나의 걱정은 거의 사라졌소. 기능인들과 늙은 사람들은 이제 수백 명의 학생을 통해서 전달된 진실의 위력에 대해 아무것도 할 수 없다오. 적어도 장기적으로는 아무것도 할 수 없다오. 자네는 그 강의를 감수하지 않으면 안 되오. 자네는 그 승리를 완료해야 하오. 신체적 위험 없이 할 수 있다면! 자네는 조심해야 할 것이며 '경호원'이 있어야 할 것이오. 우리는 스프링어(출판인)의 아들[55]이 젊었을 때 그를 알았는데, 현재 미국의 교수(의학연구자)인 그는 시카고 폭력배의 공격을 받아 눈 하나를 잃었다오. 현재 내가 듣기로, 그는 독일로 복귀하여 자신이 이전에는 거부했던 생각, 즉 아버지 출판사에 결국 합류하는 것을 생각하고 있다오. 이게 그냥 지나가는 기분일 수도 있소. 나는 가치가 있기에 이 말을 하오. 즉 신체적 폭력의 위협 때문에 미국에 대한 두려움이오.

---

[55]　게오르크 페르디난트 스프링어(Georg Ferdinand Springer, 1924년 출생)는 의사이며 출판인으로서 전후 하이델베르크와 바젤에서 연구했다. 야스퍼스와 스프링어는 아마도 그때부터 알게 되었다.

자네가 더욱 세부적이고 더욱 훌륭하게 구별하여 독일인의 '저항'에 대해 집필하고 싶다니, 나는 매우 기쁘오. 자네도 알듯이, 나는 자네의 기본적인 견해에 완전히 동의하오. 독일인의 삶에 핵심적인 쟁점이 여기에서 관련되기 때문에, 사실상 — 아니면 독일인이 지금까지 그리워하지 않았던 삶에 대한 환상 — 최대한의 선명함이 중요하오. 출발점으로서 문서의 활용(미래 독일을 위한 모든 계획)은 논쟁의 여지가 없소. 자네는 발밑에 확고한 기반을 갖추고 있다오.

우리는 게르트루트가 1944년 내 삼촌인 테오 탄첸과 나누었던 대화에 대해 자네에게 말한 적이 있지요?[56] 삼촌은 젊은 시절부터 결코 '민족적'이지 않고 전적으로 확고한 민주주의자였으며, 현실적인 정치적 판단력을 갖고 있었소. (예컨대, 나는 스페인 내란 중에 그의 견해를 기억하오. 나는 공산주의자들에 대해 걱정했지만, 그는 자기 생각을 분명히 유지했다오. 즉 자네가 공산주의자와 함께해야 한다고 하더라도, 무슨 일이 있어도 프랑코를 반대하라는 것이오.) 어쨌든, 삼촌과 아내는 연합군 승리 이후 무엇을 해야 하는가에 대해 말하고 있었다오. 즉 테오는 자기 생각을 분명히 설명했소. 게르트루트는 이에 대응하여 당신은 유대인을 완전히 잊었군요! 하고 말했소. 그러자 테오는 당신이 옳다고 말했소. 헌법 제1조는 모든 시민은 동등한 권리 — 또는 그와 같은 것 — 를 공유한다고 규정하오. 이 주장은 자기 바로 앞에 게르트루트가 앉아 있어도 '건망증'의 정도를 보여주고 있다오. 이것은 전형적이오. 유대인들은 거의 아무에게도 관심이 없었다오. 하이델베르크대학교의 한 의학 교수[57]는 이비인후과 전문의였으며, 유대인 박해에 분노했고 할 수 있는 방식으로 그들을 도왔던, 조용하고 열정적인 나치 반대자였는데, 1945년 이후 게르트루트가 그에게 감사함을

---

56   테오도르 탄첸(1877~1947)은 야스퍼스 어머니의 형제로서 1919~1923년과 1945~1946년 올덴부르크의 수상이었고, 이후 니더작센주의 장관과 부수상이었다.
57   알프레트 자이페르트(Aflred Seiffert, 1883~1960)는 1942~1954년 하이델베르크대학교 병원의 이비인후과 과장이었다.

표시하자 그녀에게 다음과 같이 말했다오. "그러나 그것은 유대인 때문이 아니었습니다. 우리 모두 위험에 처해 있었습니다. 유대인은 사라질 첫 번째이지만, 남은 우리는 그 뒤를 따랐을 것입니다. 우매한 사람들만이 그것을 깨닫지 못했습니다."

트레슈코프와 관련하여 쉬라브렌도르프[58]와 젤러[59]의 마지막 편지와 서술이 있소. 나는 혼돈 속에서 아무것도 찾을 수 없구려. 불행하게도, 그 사람에 대해서는 알려진 바가 거의 없다오.

사람들이 어떻게 동부 전선에서도 아무것도 알 필요가 없었는지를 보여주는 한 사례는 1942년 최후에 집에 있었던 라트부르흐의 아들[60]이었다오. 중위였던 그는 이후 곧 살해되었소. 부모가 유대인과 정신질환자의 이송에 대해 그에게 말했을 때, 그는 다음과 같이 말했다오. "부모님은 무슨 헛소리에 빠져들고 있는가요! 그것은 진실이 아닙니다. 그것은 진실일 수 없습니다." 그는 크리미아 전선에서 복무했소.

자네는 내전의 위험과 함께 중요한 부분에 관해 언급하고 있군요. 내전은 심지어 나의 아버지를 포함해 모든 사람에게 말하자면 정치적 범죄 자체(독일의 역사적 사유의 전통에서 유래하는 이념)였다오. 그것은 내 아버지가 게르트루트에게 다음과 같이 언급했던 1934년의 대화에서 명백히 드러났소. "… 네가 원하는 것은 내전이네. 그것은 너의 요구의 결과일 것이네" - 게르트루트가 다음과 같이 말했다오. "물론 그것이 꼭 필요한 것이라면 - 결국, 한계는 있습니다." 내 아버지는 실제로 공포에 휩싸였다오.

---

58 파비안 폰 쉬라브렌도르프(Fabian von Schlabrendorff, 1907년 출생)는 변호사로서 다음 저서의 저자이다. *Offiziere gegen Hitler*(Frankfurt am Main/Hamburg, 1959). 그는 비행기에 폭탄을 설치함으로써 히틀러를 살해하려는 성공하지 못한 계획에서 트레슈코프와 함께 활동하였다.

59 Eberhard Zeller, *Geist der Freiheit: Der zwanzigste Juli* (München, 1954).

60 안젤름 라드부르흐(Anselm Radbruch)는 스탈린그라드 전투에서 전사했다. 그의 아버지 구스타프 라드루르흐(Gustav Radbruch, 1878~1949)는 법철학자이며 정치인이며 야스퍼스의 가까운 친구였다.

내 생각에 "정권 자체에 대한 저항이 전혀 원칙이 되지 않았다"는 자네의 공식적 표현은 정확한 일반화는 아니오. 그것은 괴르델러와 다른 많은 사람에게 적용되오. 그러나 하나의 통합적인 이념은 이랬다오. 즉 정권은 몰락해야 한다. '어떻게'와 '그렇다면 무엇?'이란 질문은 곧 갈라진다오. 우리가 만족할 만한 '프로그램'은 한 번도 나의 관심을 끌지 못했소.

자네는 사회주의적 반대자들(미에렌도르프와 다른 사람들)이 1933년 이후 최소한의 활동도 포기했다고 정확히 말하오. 필연적으로 그들은 방관자가 되었다오. 일찍이 1933년부터 마지막까지 군대를 통해 이끌어온 유일한 실제 경로라오.

내가 추정한 100,000명은 대부분 원래 행동가들이 아니오. 1945년 이후 우리는 모두 『변화』에서 서로 정치적 불평만을 하는 사람들이었소! 그들이 집권하지 못한 것은 그들 자신의 잘못이었소.

나는 히틀러에 대해 집필한 호이스의 1932년(!) 저작[61] 그리고 1934년(내가 아직도 그가 역설적이게도 인종 이론을 거부했던 매우 칭찬받은 언론인다운 약간의 시시한 주장에 대해 알지 못했을 때) 바덴바일러에서 나눈 그와 나의 대화 요지를 언젠가 자네에게 언급할 것이오. 그는 100,000명에 속하지 **않는다오**. 그리고 이것은 오늘날 독일에 있는 정치인 대부분에게도 타당하오. 누가 이 상황에 책임이 있는가? 이것을 허용하는 사람들, 주민, 100,000명, 공적인 목소리!

나는 단 야곱슨에게서 그의 이름과 함께 자네의 자료를 넘겨받았소. 또한 자네기 나에게 아직 보내야 하는 모든 것을 전달할 것이오.

자네가 알고 있는 아픈 지인은 자네의 도움 덕덕에 세상에서 외로움을 느끼지 않을 것이오. 이 현재 상황은 끔찍하다오.

두 사람에게 따뜻한 안부를 전하오.

---

61 다음 자료를 참조할 것. Theodor Heuss, *Hitlers Weg: Eine historisch-politische Studie über den Nationalsozialismus*(Stuttgart/Berlin/Leipzig, 1932).

하인리히는 자네가 한목소리로서 젊은이들을 동원하는 '선동가'가 되어 자신의 목소리를 내고 있다는 사실에 기뻐할 것이오. 그러나 그것 때문에 정말 위험을 무릅쓸 가치가 없네요.

야스퍼스

편지 335   아렌트가 야스퍼스에게

1963년 8월 18일

친애하고 존경하는 분께,

당신이 필요하다면, 저는 당신이 이것들을 손에 넣을 수 있도록 남아프리카 관련 나머지 서류들[62]을 동봉할 것입니다. 이 서류들에는 만델라의 법정 연설, 허들스턴의 저서,[63] 그리고 야곱슨이 저에게 보낸 설명 편지가 포함되어 있습니다. 당신이 그곳 사람들에게 제 이름을 보여주고 싶지 않으면, 당신은 잉크로 쉽게 읽을 수 없게 만들 수 있습니다. 저는 그 선택을 당신에게 맡기고 싶기에 그렇게 하지 않았습니다. 불행하게도, 저는 습관으로 그에게 보낸 제 답장 사본을 위해 야곱슨 편지의 뒷면을 이용했습니다. 그것은 문제가 되지 않습니다. 당신은 거기서도 이름을 읽을 수 없게 할 수 있습니다.

놀랄 만큼 신속하게 보낸 당신의 답장이 어제 도착했습니다. 그러나 저는 지금 답장을 보내지 않을 것입니다. 그것으로 특별히 서두르지 않기에 이것을 보통 우편물로 보내고 싶습니다.

따뜻한 안부와 함께
한나 올림

---

[62]   편지 331에서 언급한 자료. 유고에는 존재하지 않는다.
[63]   Trevor Huddleston, *Naught for Your Comfort*(London, 1956).

편지 336   아렌트가 야스퍼스에게

시카고,[64] 1963년 10월 20일

친애하고 존경하는 분께―

졸리의 책에 감사합니다.[65] 저는 『시온 장로 의정서』[66]의 원본을 잘 알고 있었지만, 그 책의 내용을 제대로 읽어본 적이 없었습니다. 놀라운 책입니다.

저는 보고할 만한 소식이 없어 오랫동안 편지를 보내지 않았습니다. 8월 말 무렵에 하인리히는 갑자기 심각한 순환 장애 문제가 생겼는데, 아마도 동맥경화성에서 비롯되었을 것입니다. 그는 현재 더 좋아져 평소와 마찬가지로 바드대학에 있습니다. 그러나 이것은 노년이 갑자기 지극히 명백한 현실이 된다는 것을 의심하게 했습니다. 제가 지금 당장 시카고에 가야 한다는 것은 언제나 문제를 더 쉽게 만들지는 않습니다. 우리는 열심히 전화합니다 ― 그러나 그것이 무엇인지요? 다른 한편, 재정적인 이유로 취소하는 것은 불가능했을 것이고, 마지막 순간에도 그렇습니다. 우리는 이 모든 비밀을 지키고 있습니다 ― 그것은 우리가 무엇보다도 그 누구와 이야기할 수 없다는 것을 의미합니다. 제약 의사인 알코플리는 그 상황을 알고 있습니다. 그가 당신을 만나려 할 가능성은 있습니다. 그는 매우 상냥한 사람이며, 우리에게 매우 헌신적입니다[…]. 누구든 적어도 그와 함께 이야기할 수 있습니다.

게다가, 아이히만 소동은 환상적인 비율로 계속 확대되고 있습니다. 그 모든 것이 이스라엘 정부와 (정부 주도의) 유대인 단체가 자신들의 노력을 배

---

64 편지 317의 각주 325를 참조할 것.
65 Maurice Joly, *Gespräche in der Unterwelt zwischen Machiavellin und Montesquieu oder Der Machiavelllismus im XIX. Jahrhundert*(1864)(Hamburg, 1948).
66 편지 41의 각주 101을 참조할 것.

가하려는 명분을 제공했다는 의미에서 컬럼비아대학교 강의에서 이룩한 저의 성공은 상처뿐인 영광이었습니다. 그러므로 현재 그들은 학계에서 저를 기피 인물로 만들고자 특별 임무를 맡은 에른스트 사이먼[67]을 이곳에 보냈습니다. 그는 대학가를 돌아다니며 모든 힐렐협회Hillel society에서 저에게 불리한 발언을 하고 있습니다. 힐렐협회는 랍비가 이끄는 모든 대학교와 단과대학의 유대인 학생 단체입니다. 사이먼은 지난주 시카고대학교에 모습을 드러냈습니다 ― 신뢰할 수 없는 거짓말을 하며 대단한 공격성을 드러냈습니다. 이곳 랍비는 전혀 행복하지 않았습니다. 그러나 그는 무엇을 할 수 있었을까요? 그 일은 뉴욕에서 그에게 강요되었습니다. 거절했다면, 그는 직업을 잃었을 것입니다. 새해를 맞이하기 몇 주 전에 반명예훼손연맹은 전국에 있는 모든 랍비에게 순회 편지를 보냈고(사람들이 이 사항을 저에게 말했습니다. 저는 그 편지를 보지 못했습니다), 저를 반대하는 설교를 하라고 그들에게 말했습니다. 그들은 이런 설교를 하지 않았지만, 여전히! 공개적으로 저를 지지한 사람들, 일차적으로 비유대인들은 우편물에 있는 편지와 함께 선전 자료를 얻을 것입니다. 편지는 이스라엘 '수상' 벤구리온이 보낸 것입니다. 그런데 여기에서 삽화 사진이 많은 큰 잡지인 『룩Look』은 7월 말에 이 전반적인 상황을 보도하려고 하였습니다. 『뉴요커』와 마찬가지로 저의 책 출판사는 제가 이에 대한 보도(몇 가지 조건 아래에서 서면 질문에 대한 응답)에 동의해야 한다고 생각했습니다. 그들은 이야기가 완전히 공정한 방식으로 처리되리라고 생각했습니다. 그러나 『룩』측이 그 이야기를 하러 왔을 때, 그들은 그것을 다른 기자, 즉 이미 저에 대해 반대하는 견해를 밝힌 유대인에게 맡겼습니다. 그리고 그는 질문들이 가득 찬 질문지를 저에게 보냈습니다. 저는 질문에 답변했지만, 저의 책 출판사는 협조하지 않는 게 좋겠다고

---

[67] 에른스트 사이먼(Ernst Simon, 1899~1988)은 1928년 이후 예루살렘의 히브리대학교의 교육학 교수였다.

생각했습니다. 유대인 단체들이 『룩』의 계획을 눈치채고 개입한 것은 제 마음에 의심의 여지가 없습니다. 이러한 일은 몇 가지 사례일 뿐입니다. 저는 마음대로 이를 증대시킬 수 있습니다. 이것은 인신공격의 고전적 사례입니다. 방법은 항상 같습니다. 그들은 사람들이 저의 실제 언급 내용을 찾아내지 못하도록 하려고 제가 전혀 언급하지 않은 사항들을 언급했다고 말합니다. 독일어판은 몹시 위험한 것으로 표현되고 있습니다. 제가 독일인들의 무죄를 입증한 것 같기 때문입니다. 함의는 이렇습니다. 배상금은 이제 손실을 당할 위험에 처해 있습니다!

이와 같은 조직적인 활동은 커다란 영향을 미칩니다. 항상 많은 사람이 시류에 편승하기를 ― 찬성하든 반대하든 ― 기다리고 있습니다. 그렇다면 어떤 이유에서든 저를 반대하는 사람들은 모두 단체를 통해 자신의 기회를 얻고 있습니다. 『뉴욕 타임스』와 같은 신문들은 제가 공격한 사람(무스마노와 같은 사람[68])이나 저를 공격한 사람들 가운데 책의 서평자를 선정했으며, 동시에 유대인들이 이끌거나 단체들이 접근할 수 있는 모든 잡지는 같은 일을 하고 있습니다. 이런 일은 다양한 형태를 취합니다. 평생 유대인 문제에 관심을 가져 본 적이 없는 유대인 문학인들이 '전문가'로서 등장합니다. 저를 지지하는 사람들은 사신(즉 친서)을 씁니다. 제 편에서는 누구도 감히 자신의 견해를 발표하지 못합니다. 그리고 이유가 있습니다. 아주 잘 조직된 폭민이 감히 무슨 말을 하려는 사람을 즉시 덮치기에, 그것은 대단히 위험합니다. 마지막으로, 모든 사람은 다른 사람들이 믿는 것을 믿습니다 ― 우리가 가슴 삶에서 경험하는 것과 같습니다. 그 옛날이야기는 전과 다름없이 사실입니다. 즉 적이 오고 있다고 거짓 소식을 전하고 결국 자신을 몰

---

[68] 마이클 무스마노(Michael A. Musmano)에 대한 아렌트의 비판을 이해하기 위해 『예루살렘의 아이히만』 192-94쪽을 참조할 것. 무스마노는 이후 공격하는 몇 편의 에세이를 출간했다. 다음 자료를 참조할 것. *Die Kontroverse: Hannah Arendt, Eichmann und die Juden*(München, 1964), 85ff., 114ff.

아내기 위해 벽으로 달려가는 경비원에 관한 이야기입니다.

당신은 제가 마치 매복에 걸려든 것 같다고 말씀했습니다. 그리고 이 주장은 전적으로 맞습니다. 회고해 보면, 모든 것이 함정이었음을 증명합니다. 저는 숄렘[69]과 편지를 주고받은 것처럼 그에게 선의로 대응했습니다. 그런 다음 그는 『노이에 취리히 차이퉁』과 『만남 Encounter』에서 이 야비한 이야기를 공공연히 외치려고 온갖 노력을 다했습니다. 제가 보기에 누구든 이 때문에 아직 거짓말의 전염병에 시달리지 않은 주민 계층을 감염시키는 것 외에는 아무것도 성취하지 못했습니다. 그리고 모든 사람이 협력합니다. 저는 어쩔 수 없습니다. 숄렘은 어떤 일이 있든 널리 알리려고 하며, 저는 저에게 악의가 없어 보였던 텔아비브 회보에 공개하리라고 추정했습니다. 그리고 그는 우선 이것을 했지만, 이후 그 편지들을 세상에 알리기 위해 자신의 모든 인맥을 활용했습니다.

제가 할 수 있는 일은 거의 없고, 어쨌든 효과가 있을 만한 일은 아무것도 없습니다. 이 사람들은 제가 자신들을 법정에 세울 수 없다는 것을 잘 알고 있습니다. 소송은 저를 재정적으로 파멸시킬 것이고, 그들은 엄청난 재정적·조직적 자원으로 쉽게 승소할 수 있을 것이기 때문입니다. 저는 다음 주 이곳 캠퍼스에서 연설할 것입니다. 그 결과 저의 반대자들은 자신들의 노력을 배가시킬 뿐입니다. 제가 모든 거짓말을 반박하고 싶었다면, 저는 그것에 모든 시간을 할애할 수 있었고 저를 도울 연구 조교와 비서들이 필요할 것입니다. 게다가, 저는 이 투쟁을 감당할 능력이 없다고 느낍니다. 이것은 그저 신경과민 문제도 아니고, 하인리히에 대한 걱정과 이 업무의 우연한 일치가 단지 저를 마비시키는 것도 아닙니다. 저는 공개적으로 저

---

[69] 숄렘을 이해하기 위해서는 편지 87의 각주 333을 참조할 것. 서간집은 텔아비브에서 『회보(Mitteilungsblatt)』 제33호(1963년 8월 16일)에 처음 출간되었고, 『노이에 취리히 차이퉁』(1963년 10월 20일)과 『만남』(1964년)에 재출간되었다. 이것은 또한 『논쟁』 207쪽 이후(앞의 각주 69 참조)에 포함되어 있다.

자신을 드러낼 수 없습니다. 이 소동에 대한 저의 혐오감은 저의 내면에 있는 모든 것을 압도하기 때문입니다.

마지막으로, 문제는 유대인 '기득권층'이 왜 이 문제에 그렇게 특별히 개입하고 그렇게 막대한 비용을 들이는지에 관한 것입니다. 그 대답은 유대인 지도부(이스라엘 국가 수립 이전 창설된 유대인협회)가 그 누구도 짐작하지 못했던 것보다 훨씬 더 더러운 빨래를 감추고 있다는 것 같습니다 — 어쨌든, 저는 그것에 대하여 많이 알지 못합니다. 제가 알 수 있는 한, 유대인 지도부와 유대인평의회 사이의 연대 관계가 연루된 것으로 보입니다. 그것은 카스트너 재판[70]에서 밝혀졌으며 재판 이후와 항소 재판 이전에 […] 카스트너가 살해된 이유인 것 같습니다. 그는 나치, 특히 아이히만과 가장 탁월한 협상자였습니다. 그는 유대인 여권 없이 유럽 전역을 여행하였으며 최고의 영예를 안았습니다. 전후 그는 힘러의 부다페스트 특별 사절인 베허[71]를 위해 뉘른베르크에서 매우 적극적인 서면 진술서를 제출한 이후 이스라엘에서 높은 지위를 얻었습니다. 그는 이스라엘의 한 기자를 명예훼손 혐의로 고소했지만 패소했습니다. 그는 항소했고, 마땅히 다음과 같이 말했을 것입니다. 즉 항소 재판이 같은 식으로 판명되면, 그는 "비밀을 누설할" 것이다. 그런데 그들은 저를 살해하지 않았습니다. 저는 누설할 어떤 비밀도 갖고 있지 않았기 때문입니다. 그들은 그러한 문제에 대해 자유를 누리는 사람들에게 무슨 일이 일어나는지 보여주기 위해서 단지 저를 본보기로 삼고 싶어 합니다. 저에게 보낸 편지와 제가 보낸 편지가 이스라엘의 검열을 거치지 않는 것도 전형적입니다. 편지들이 전혀 도착하지 않는지! 그들이 확신하는 사람들 — 히브리대학교 등 — 과 가족에게 보내는 편지들만이 통과됩니다.

---

70 편지 331과 331의 각주 27을 참조할 것.
71 쿠르트 베허(Kurt Becher)는 나치 친위대의 상급돌격대지도자였고 이후 연대지도자였다. 그는 전혀 명료하지 않은 방식으로 헝가리계 유대인의 추방에 관여했다. 그는 독일에서 아이히만 재판 기간에 피고의 증인으로서 증언했다.

그리고 모든 사람이 알듯이, 불행은 혼자 오지 않기 때문에, 저는 번역과 관련하여 피페르와 문제가 있습니다. 그는 저의 승낙으로 그란조프[72]에게 그 일을 맡겼습니다. 저는 그녀가 진짜 번역을 한 적이 없다는 것을 전혀 알지 못했습니다. 그녀는 쾰른 라디오방송국에서 일하며 좋은 사람입니다. 저는 처음부터 오직 일류의 번역자를 고려해야 한다고 피페르에게 말했습니다. 물론 이럴 때 우리의 좋은 피페르는 비용을 너무 많이 지출합니다. 현재 우리는 난처한 문제가 있습니다. 저는 앞의 세 장을 검토했고 이것을 완전히 수정해야 했습니다. 부정확한 독일어와 평소보다 많은 실수가 보입니다. 그란조프 부인은 뉴욕에 있는 베라트 부인에게 더 많은 것을 보냈습니다. 그런데 그것은 약간 불가능해 보입니다. 저는 제1장을 확인한 이후 피페르에게 다른 번역자를 찾으라고 요청했지만, 그에게 결정을 맡겼습니다. 물론 그는 그냥 있는 그대로 일을 내버려 두었습니다. 저는 1월까지 원문을 보지 못하지만, 이것을 사용할 수 없게 될까 매우 걱정됩니다.

친애하고 존경하는 당신께서 제가 왜 편지를 써 보내기 전에 그렇게 주저했는가를 이해할 것입니다. 제가 왜 당신과 두 분에게 짐을 지워야 하는지요? 그러나 제가 비록 편지를 보내려고 했다면, 저는 상황이 어떻게 돌아가는지 말해야 할 것 같았습니다. 저는 다른 사람과 그렇게 하지 않을 것이고, 제 생각에 겉모습을 반쯤 유지할 수 있을 것 같습니다. 저는 강의를 하고 학생들이 많습니다. 그리고 겉으로는 일이 정상적으로 진행되고 있는 것처럼 보입니다. 결국에 당신도 믿고, 우리도 믿듯이 진리는 알려질 것입니다. 그러나 이것은 신념입니다. 그리고 우리가 그런 날을 볼 정도로 살 것인가 하는 문제는 신념으로 답변하지 못합니다.

따뜻한 안부와 함께
한나 올림

---

[72] 브리기트 그란조프(Brigitte Granzow, 1926년 출생)는 쾰른의 서독일 라디오방송국의 책임자였다. 아렌트는 결국 번역본을 인정했다.

편지 337 야스퍼스가 아렌트에게

바젤, 1963년 10월 22일

친애하는 한나!

숄렘[73]에게 보낸 자네의 편지는 참되고 심오하고 솔직했다오. 자네는 많은 사람이 이미 자네를 이해하지 못하는 지점에 도달했네요. 숄렘은 확실히 아니오. 자네가 여전히 거기서 말할 수 있다는 것은 훨씬 더 좋구려. 이것은 나에게 시작이란 인상을 주오. 자네가 의도하지 않게 형성한 상황은 자네가 말하는 것보다 더 많은 것을 말하도록 유도하오. 자네는 최종적인 동기가 관련되는 곳에서 개인적으로 내향적인 것을 선호하며, 모든 것을 '객관적인' 것으로 바꿀 수 있다고 생각한다오.

이제 자네는 "근본적 악",[74] 즉 영적 인식에 반대하는 말을 했소. 자네는 "인간은 악마일 수 없다"는 칸트의 의견에 찬성하고, 나는 자네의 의견에 찬성하오. 그러나 괴테와 실러도 이해하지 못한, 매우 다른 의미의 "근본적 악"이 칸트에서 나온 것은 유감이오.[75]

이제 나는 『예루살렘의 아이히만』을 역시 읽고 싶고, 그래야 구체적으로 말할 수 있소. 모든 기본 동기에서 자네와 일치한다는 점을 미리 알고 있소. 그러나 누구든 비난을 들을 때, 자네가 무엇을 말했고 어떻게 말했나를 정확히 이해해야 하오.

「멀리서 온 소녀 Das Mädchen aus der Fremde」[76]에 관한 사항이오. 자네는 단

---

73 편지 336의 각주 69를 참조할 것.
74 아렌트는 숄렘에게 보낸 편지의 마지막 문장 다음에 다음과 같이 쓰고 있다. "저는 이제 악이 항상 단지 극단적이지만 전혀 근본적이지 않다는 것을 사실 확신합니다. 악은 심연이 없고 악마적인 차원을 갖고 있지 않습니다. 악은 전체 세계를 완전히 황폐화할 수 있습니다. 악은 곰팡이류와 같이 표면 위로 확산하기 때문입니다.
75 칸트는 『이성의 한계 안에서의 종교』의 첫 번째 절에서 "근본적 악"을 의무와 성향 사이의 관계 전도로 정의한다.
76 이것은 실러의 시 제목이다. 여기에서 야스퍼스의 인용은 아렌트의 방문 기간 아렌트 자신의 기

순한 — 우연한 — 방식이 아니라 새로운 방식으로 이것을 경험하고 있소. 하인리히가 자네 곁에 서 있으며 친구가 많다는 것은 좋은 일이오.

자네는 비방과 박수갈채의 전선 사이에서 좀처럼 만족을 느끼지 못할 것이오. 나는 자네가 거리로 나서 분명히 견뎌낼 수 있다는 점에 — 비록 피부가 전혀 두껍지 않은 자네의 숨겨진 영혼에 대해서도 약간 걱정되지만 — 기쁘오. 자네가 용기를 준 사람들이 어디든 있으며, 그들 가운데 나도 포함되오!

게르트루트는 따뜻한 안부를 함께 전하오. 그녀는 누구든 자네를 공격할 때마다 사나워진다오.

두 사람에게 안부를 전하며
야스퍼스

편지 338　**야스퍼스가 아렌트에게**

바젤, 1963년 10월 25일

친애하는 한나!

우리의 편지가 배달 과정에 엇갈렸구려. 자네가 편지로 알린 내용은 하인리히와 관련하여 우리를 걱정하게 하오. 나는 돌아오는 주에 알코플리를 기대하고 있소. 그가 암시적으로 밝힌 사항은 해롭지 않다는 인상을 주었소. 나는 어떤 모습도 떠올릴 수 없다오. 그것은 분명히 나이를 나타내는 징표이고, 그래서 두 사람에게 모두 부적절하고 너무 이른 것이오. 그것은 자네의 기분을 변화시킬 것이오. 나는 그것이 이제는 아무것도 아니고 내 여동생이 지난 10년 동안 경험한 증상이 하인리히에게도 증명되기를 바라

술과 연관된다. 아렌트는 종종 대화와 편지에서 자신을 "멀리서 온 소녀"로 언급했다. 예컨대, 1950년 2월 9일 하이데거에 보낸 편지에서 "저는 실제로 저의 실제 존재, 즉 외국에서 온 소녀와 같이 느낍니다"라고 밝혔다.

오. 내가 그녀에게 종말이 다가왔다고 결론을 내린 지 오래 지난 이후에, 그녀는 자신이 겪던 최악의 증상에서 벗어났다오. 그녀는 지금 꽤 생기가 넘치고 다시 게르트루트보다 더 건강하오. 그녀는 다음과 같이 말하오. 즉 심지어 노년에도 심각한 질병은 호전될 수 있네요! 그러나 이것은 모두 나의 이야기요. 대처하기 어려운 것, 즉 즐겁고 합리적인 삶의 방식으로 상쇄되어야 하는 것은 남아있다오.

자네에게 가해지는 박해는 끔찍하오. 자네가 기술한 바와 같이 그것은 확실하오. 즉 우리 상황, 서구 세계의 상황, 그에 대한 우리의 역할이 보이는 무시무시한 증세. 아무도 귀를 기울이지 않으면, 진실을 말하는 사람은 누구든 배척당한다오. 나는 자네의 명성을 파괴하려는 운동이 성공하지 못하리라고 확신하오. 자네의 저서를 읽는 사람은 누구든 자네의 사유, 진지함과 정직함의 높은 요소를 즉각 확신할 것이며, 더욱 읽으면서 그런 신랄함과 개인적인 자제력을 가지고 글을 쓰는 이 여성의 정의와 선함을 즉각 확신할 것이오. 나는 이것에 대해 의심하지 않소. 물론 자네는 이것을 여전히 경험하겠지? 나는 이것을 크게 의심할 수 없소. 자네의 모든 저작을 종합하면 전체적으로 설득력이 있다오. 『예루살렘의 아이히만』은 단지 그것의 일부지요. 나는 『예루살렘의 아이히만』을 처음부터 끝까지 읽기 시작했소. 처음 두 장만 해도 나에게는 격조 높게 보인다오. 사람들은 여기에서 진지한 격조를 들어야 하오.

『만남』의 최근호와 함께 도착한 우편물로 이 편지를 쓰는 게 중단되었소. 이번 호에서 나는 서평[77]을 찾았다오.(즉 게르트루트가 그것을 찾아냈는데, 나는 그녀에게서 그것을 빼앗아 읽었소). 자네가 서술한 바로 그런 문체라오!

여기서 드러난 것은 치명적인 타격을 입었다는 뿌리 깊은 감정이오. 나는 자네의 책을 읽는 과정에서 이것을 성찰하게 되어 감격하오. 나는 그것

---

[77] John Gross, "Arendt on Eichmann," *Encounter*(November 1963): 65-74.

이 전쟁 중에 시온주의자들과 나치 사이의 교섭으로 발생하는 가증스러운 일이 밝혀질 것이라는 두려움, 어쨌든 극소수의 사람들이 알 수 있는 것들에 의해 동기 부여되었다고 믿을 준비가 되어 있지 않소. 그것이 그랬다면, 사람들은 그런 상황에 대해 어느 정도 알았을 것이오. '유대 정신' 자체에 있는 중요한 것이 타격을 받았다오. 그리고 자네는 아마도 상황을 훨씬 더 악화시킬 것이오. 물론, 나는 볼 것이오.

게다가 여론을 형성하는 조직이 배후에 등장하오. 이 조직은 사람들에게 반응하는 화음을 일으켰기에 효과적이오. 만약 그렇다면, 일부 독일인이 나를 무시하며 내가 진짜 독일인이 아니라고 말하듯이, '유대인들'은 자네를 무시하며 자네가 진짜 유대인이 아니라고 말할 것이오. 그것은 그들에게 아무런 도움이 되지 않을 것이오. 자네는 다음과 같은 상황을 살아서 보지 못할 때가 올 것이오. 즉 유대인들은 현재 이스라엘에서 스피노자를 위해 하고 있듯이 자네의 기념비를 세울 것이며, 자네를 자신들의 사람이라고 자랑스럽게 선언할 것이오. 그렇다고 하더라도 얼마 전까지 증오로 가득 차 '반역자'에 대항해 유대교회당을 지지했던 코헨[78]이나 로젠츠바이크[79]와 같은 유대인들도 있을 것이오. 그러나 비록 단 한 명의 유대인도 감히 당신에게 공개적으로 동의하지 않는다고 할지라도, 그들은 전혀 '유대인'이 아닐 것이오.

게르트루트는 송금한 기부금이 자네를 박해하는 데 사용된다면 이스라엘로의 송금을 중단하고 싶다고 말했다오. 나는 한나가 그것을 원하지 않

---

[78] 헤르만 코헨(Hermann Cohen, 1842~1918)은 독일계 유대인 철학자이며 마르부르크학파 창시자다.

[79] 프란츠 로젠츠바이크(Franz Rosenzweig, 1886~1929)는 독일계 유대인 철학자로서 종교적 실존주의의 제안자였다. 야스퍼스는 다음 에세이들을 인용한다. Rosenzweig, "Einleitung in die Akademieausgabe der jüdischen Schriften Hermann Cohens" and "Über den Vortrag Hermann Cohens 'Das Verhältnis Spinoza zum Judentum,'" in Rosenzweig, *Kleinere Schriften*(Berlin, 1937): 299-350, 351-353.

으며, 결국 국가를 지원한다고 응답했소. 그래서 게르트루트는 계속 기부할 것이오.

완전히 다른 일에 관한 내용이오. 호흐후트의 『대리인』[80]은 여기서 큰 파문을 일으켰다오. 나는 그 책을 자네에게 보낼 것이오. 이틀 전 나는 호흐후트 및 다른 6명(가톨릭과 개신교 신자, 이들 가운데 프로브스트 그뢰버 참여)과 함께 라디오 토론에 참여했는데, 퀸즐리는 토론에는 참여하지 않은 채 사회자로서 역할을 했소.[81] 가톨릭 측에서는 증오가 상당했지만, 그밖에 대화는 우호적이었소. 나는 독학한(대학교육도 받지 않고 김나지움 졸업장도 없는) 30세의 독일인이 유대인 학살 문제에 열정적으로 관심을 가진 것을 보고 기뻤소. 그 젊은이[*]는 사실과 질문으로 가톨릭 교수[82](현대사와 최근 문제 전공)를 침묵시킬 정도로 상세한 지식에서 교수보다 훨씬 우월했다오. 그는 전혀 열광적이지 않았소(희곡의 마지막 장, 「아우슈비츠」에는 "하느님에게 드리는 질문"이란 제목이 있소). 높은 수준의 성찰에도 불구하고, 그는 기본적으로 순진하오. 그런데 그는 좋아 보이고 젊은이다운 열정과 단련된 지성으로 빛나고 있소. 내가 생각하기에 그는 다른 '독일인'이오. 그는 적뿐만 아니라 친구를 가지고 있다는 점을 제외하고 자네와 같은 대우를 받고 있다오. 연방공화국 정부는 (자네와 아주 간접적으로 거리를 두고 있는 벤구리온과 달리) 공개적으로 그와 거리를 두고 있소.

나는 자네의 저서를 완전히 읽었을 때 다시 편지를 보낼 것이오. 기다려주시오. 모든 게 오래 걸리네요.

자네들은 이제 자네가 세상에 보여주는 정면 뒤에 살고 있다오. 나는 마

---

[80] 롤프 호흐후트(Rolf Hochhuth, 1931년 출생)는 야스퍼스 부부와 지면이 있었다. 1963년 9월 24일 호흐후트의 『대리인』은 바젤 국립극장에서 공연되었다. 이 희곡은 교황 비오 12세와 가톨릭 교회가 제2차 세계대전 기간 유대인 박해에 수행하였던 역할에 대한 고발이었다. 10월 바젤 라디오스튜디오는 이 편지에서 언급된 각 종파간의 논쟁을 녹음했고 10월 11일 이를 방송했다. 이 토론과 이에 대한 야스퍼스의 기고를 위해 다음 자료를 참조할 것. *Basler Stadtbuch*(1965): 212-216.
[81] 아르놀트 퀸즐리(Arnold Künzli, 1919~2008)는 당시 바젤에 살고 있던 정치학자로서 사회자였다.
[*] 옮긴이_ 즉 호흐후트.
[82] 루돌프 모르제이(Rudolf Morsey, 1927년 출생)는 1970년 이후 현대사 교수다.

음속에 자네들과 함께 있소.

야스퍼스

우리는 쿠르트 볼프가 독일에서 사고로 사망했다는 소식을 신문에서 읽었소.

편지 339   야스퍼스가 아렌트에게

바젤, 1963년 10월 29일

친애하는 한나!

지난번 편지 이후, 자네의 저서와 관련한 어떤 소식은 너무 자주 소개되어 나도 외부의 영향으로 자네의 저서를 읽는데 용기를 얻었소. 나는 지금 제6장을 읽고 있으며 때로는 이후 나타날 것을 예측할 수 있다오. 나는 자네의 탐구가 얼마나 명확하게 문제의 핵심으로 가는지 또는 자네의 표현이 얼마나 놀라운지 말할 필요가 없소(자네의 비판자들은 그 후자의 요지에 이의를 제기하지 않고, 오히려 이것을 두려워한다오).

『프랑크푸르터 알게마이네 차이퉁』에 게재한 서평[83]을 편지에 동봉했는데, 이 서평은 자네가 언급하는 문제에 대한 상황을 약간 스칠 정도로 묘사한다오. 자네는 분명히 이것을 잘 알고 있소. 아마도 자네는 그것이 여기에서 보도되는 방식에 관심을 가질 것이오. 즉 나는 잘 알았다는 인상을 받았다오. 그 비평가의 의도는 좋소. 나와 같은 독자의 입장에서 볼 때 그의 판단은 부분적으로 자신이 제시한 자료와 어긋나오. 자네가 이 문제들에 대

---

[83] Paul Arnsberg, "Aus der Perspektive der Geborgenheit: Rezension von Ben Hechts Buch *Perfidy*(New York, 1963)," *Frankfurter Allgemeine Zeitung*(October 28, 1963). 벤 헤히트(1894~1964)는 미국 언론인이고 극작가이며 소설가였다.

해 논의하는 것은 자네의 저서에 있는 주요 쟁점들에 어울리지 않을 것이오. 그것들을 명료화하는 것은 다른 사람들에게 달려 있소. 헤히트는 서평자가 필요하다고 생각한 시도, 즉 건국의 역사와 건국을 향한 경로를 다시 집필하려는 시도를 방해하는 장애물을 놓았다오. 이것은 분명히 말도 안되오.[84] 그러나 이것은 **자네의** 주제가 아니오.

자네가 계속 침묵을 지키는 것은 분명히 자네가 **당분간은** 취할 마땅한 일이오. 숄렘에 대한 자네의 답변은 훌륭하며, 다른 답변 차원에서도(예, 크루프[85]) 곧 경험하는 자네의 답변도 훌륭하오. 그러나 이런 답변은 무의미한 노력이오. 그 수준에서 숄렘은 자네를 이해할 수 없고, 많은 사람도 자네를 이해할 수 없다오. 자네가 언급하는 몇 가지 사항에 의해 마비된 것처럼 보이고 자네의 사유 방식에 본능적으로 굴욕감을 느끼는 사람들은 이런 큰 소란을 일으킨다오. 자네는 이런 소란 속에서 의미 있는 발언권을 가질 수 없소. 다른 사람들은 지금 말을 해야 하오. 자네가 다시 말할 시간이 올 것이오 — 그것은 적어도 가능하오. 우선, 사람들은 자신도 모르게 계속해서 가면을 벗어야 할 것이오.

나는 알코플리의 방문을 기다릴 것이오.

따뜻한 안부와 함께
야스퍼스

내가 지금까지 읽은 자네의 저서에 대한 서평 몇 편에서 자네의 책 자체는 그저 무시되오.

『뉴욕 타임스』에 게재되지 않은 편지들은 어떻게 되있는지? 이 편시들

---

84 헤히트는 카스트너 재판의 법절차뿐만 아니라 유대인평의회와 유대인협회를 신랄하게 비판했다. 아른스베르크는 자신의 서평에서 헤히트가 믿을 수 없는 방식으로 많은 사항을 과장했으며 이로 인해 자신이 이스라엘 국가 건설의 역사를 다시 저술하는 데 필요하다고 생각한 어떤 시도에도 제대로 봉사하지 못했다고 언급했다.

85 사뮤엘 크루프(Samuel Krupp, 1892~1974)는 1963년까지 야스퍼스의 주치의였고 야스퍼스 서거 때까지 친구였다.

은 아마도 공개적으로 자네의 편을 들기를 원했을 것이오. 자네의 책을 담당한 출판사는 자네를 지지하는 목소리가 들리기를 원하지 않는지? 자네는 "『뉴욕 타임스』가 게재하지 않은 편지들"을 상기하오.

편지 340   야스퍼스가 아렌트에게

바젤, 1963년 11월 2일

친애하는 한나!

알코플리가 여기 왔소. 이제 나는 더 많이 알게 되었소. 자네는 세부 사항을 모두 알고 있다오. 그 사실들은 말로 다 표현할 수 없구려. 즉 일시적인 운동 감각 장애, 피로감, 정상보다 높은 수축 이완 혈압. 이것은 단순히 나이가 초래하는 것 이상이오. 나는 자네가 겪게 되는 것을 이해할 수 있소. 의심할 여지 없이 중요한 과정이 손상되기 때문이오. 규칙이 있소. 즉 대체로 초기 증세는 당연히 무서워 보일 수 있지만, 상황이 좋아지는 긴 시간이 뒤따르오. 따라서 사건은 잠정적인 상태로 나타나오. 적절한 식단과 생활 요법은 물론 필수적이오. 어느 정도 약물치료도 있다오. 자네가 모든 것을 혼자서 간직하고 있는 것은 좋다오. 하인리히가 그동안 어떻게 지냈는지 편지로 곧 알려줄 수 있는지? 그리고 그는 자기 일을 어떻게 조직하고 있는지? 그는 지금까지 해왔던 것보다는 더 좁은 범위에서 그 일을 유지해야 할 것이오. 6개월이 지나고 모든 것이 잘 되었을 때, 우리는 몇 주 더 마음을 놓을 수 있을 것이오. 시카고에서 자네의 일은 몇 주밖에 더 지속하지 않으리라는 느낌이오. 이런 시기에 헤어짐은 둘 다 고통스럽다오. 알코플리는 정말 호감이 가는 사람이오. 나는 하인리히를 "소크라테스의 일란성 쌍둥이"라는 그의 묘사가 마음에 든다오. 하인리히는 그를 실망하게 하지 않을 것이오. 그가 동맥류를 경험하면서 얻은 신경학적 지식은 그가 우울증 치료제에 희생되지 않게 할 것이오. 교과서에서는 일상적인 사례가 아니라 서술된 참담한 사례만을 발견하게 된다오. 그런 이유로 의학 초보자들은 일상적인 비정상을 끔찍한 질병으로 해석하오. 아아, 이 모든 것이 일상적인 비정상은 아니오! 아니면, 그럴 수도 있소?

나는 자네의 『예루살렘의 아이히만』을 꾸준히 읽고 있소. 이것은 나에게는 훌륭하오. 아이히만 초상화는 분명히 결정적인 묘사의 창조물이오. 두 세력 사이 긴장감이 감도는 재판 과정은 명료해진다오. 유대인과 나치의 협력이란 주제는 그저 한 주제일 뿐이오. 독일인이란 주제는 같은 비중을 가진다오. 나는 지금 반제회의를 밝힌 장을 읽고 있소. 저서는 비체계적이오. 즉 이것은 보고서로서 형태를 갖추게 되었고, 과거에 그랬던 방식에 대한 통찰을 조명하는 쪽으로 발전했다오. 그러나 나는 이 책에서 더 많이 느끼오. 즉 진실과 인간의 관조를 바라지만, 자네는 이것에 대해 명료하게 말하지 않는다오.

나는 자네가 침묵을 계속 유지해야 한다고 생각하오. 만약 내가 무엇인가를 써야 한다면, 나는 물론 자네에게 미리(신뢰로 그리고 자네의 비판을 위해) 보여줄 것이오. 아직 그렇게 할 준비가 되어 있지 않구려. 자네가 몇 가지 바람직한 증보 사항을 추가할 독일어편의 출판은 아마도 적절한 순간일 것이오.

두 사람 모두에게 행운이 있기를
야스퍼스

편지 341 야스퍼스가 아렌트에게

바젤, 1963년 11월 16일

친애하는 한나!

나는 자네만을 생각하든, 두 사람을 생각하든 불안하오. 이 몇 년 동안 소수만이 겪는 운명을 견뎌낸 후, 지적인 활력과 파괴할 수 없는 능력을 지닌 두 사람을 모두 보는 것은 아주 멋있었소. 이제 자네도 늙었소. 자네는 이것을 거부하고, 우리는 자네와 함께 있소. 알코플리의 보고서는 신경학적인 상태가 없다는 의미로 용기를 북돋는다오. 그러나 환자만이 운동 감각 장애를 감지할 수 있다고 하더라도, 운동 감각 장애(바닥을 걸을 때, 문의 손잡이를 잡으며)는 객관적인 증상이오. 나는 이게 사라졌기를 바라오. 그런지요? 생명을 위협하는 것은 아무것도 없다오. 고령은 부정할 수 없으며, 누구든 자신의 섭생에 필요한 변화를 배우고 받아들여야 하오. 이 새로운 조건 아래에서 자네의 행복한 삶은 계속될 것이고, 우리의 기쁨도 계속될 것이오.

"중대한 명예훼손(인신공격)"은 행복한 삶과 비교하면 이차적이며 매우 다른 것이오. 만하임[86]이 한때 하이델베르크에서 나에게 언급한 사항은 자네에게는 적용되지 않지요. 누구든 침묵보다 충격적인 비판이 더 낫다는 것을 적어도 알게 되오. 자네는 인간의 천박함을 용납할 수 없으며, 개인적으로 대중의 눈을 회피하는 것을 선호하오. 이제 자네는 두 가지를 동시에 경험하고 있소. 안네 바일은 다음과 같은 내용의 편지를 보냈소. **한나는 항상 그래왔습니다. 그녀는 무엇인가를 말합니다. 사람들은 충격을 받고 그녀를 통렬히 비난하기 시작합니다. 그리고 놀람이나 두려움으로 대응합니다. 그러나 그것은 현실입니다!** ― 나는 이제 자네의 저서를 처음부터 끝까지 읽었소. 이 책이 그 주제에 있어서 경이롭다고 생각하오. 이 책은 의도에서 진실에 대해 타협하지 않는 자네의 욕구를 증명한다오. 나는 사유 자체에서 이 책이 심오하고 절망으로 가득 차 있다는 것을 알게 되오. 자네는 저술 방식에서 문학적인 힘을 더욱 발휘한다오. 그리고 나는 안네 바일과 함께 생각하오. 즉 이런 책을 세상에 내놓는 행위가 "삶을 유지하는 거짓말"에 대한 공격 행위임을 알아차리지 못하는 것이 얼마나 순진한 일인가. 그런 거짓말이 노출되고 그러한 거짓말을 영위하는 사람들의 이름이 언급되는

---

[86] 사회학자 카를 만하임. 편지 57의 각주 225를 참조할 것.

곳에서 그런 사람의 존재 자체의 의미는 위태롭다오. 그들은 치명적인 적이 됨으로써 대응한다오. 나는 제1차 세계대전 기간에 한 사람의 얼굴에 드러난 모습을 회상하오. 그는 내가 도둑질로 사로잡은 하인의 남자 친구였소. 나는 조현병 환자들이 가끔 보여주는 겁먹고 악하고 적대적인 표정을 거의 연상시키는 이 무서운 표정을 최근에 에른스트 사이먼의 재촉으로 우리를 방문한 이스라엘 작가[87]의 눈에서 보았소. 그 모습은 다소 완화되었지만 무시할 수 없는 정상적인 모습에서 변형되었다오. 우리는 즐겁게 대화를 나누었소. 그는 자신이 속한 키부츠에 대해서 말하고 있었소. 그는 10년 전에 자신의 안전한 장소를 발견했던 선의를 지닌 남자였다오. 열정적이고 명료하게 사유하는 사람이오. 한 시간 지나서 나는 대화의 주제를 자네로 옮겼소. 그때 나는 그 표정을 보았소. 실제로 놀랐으며, 그를 정신과 의사처럼 대했소. 나는 아무런 공격도 하지 않은 채 자네의 책에 대해서 말했고, 대단한 존경을 표현했으며, 구체적인 요점을 언급했소. 내 말을 들은 그는 내가 그렇게 생각했다는 사실에 분명히 괴로워했지만, 내면적으로는 듣고 있지 않았다오. 그는 다음과 같이 요지부동이었소. 즉 우리는 유대인으로 공격받았으며, 우리 국가는 거부당했고, 우리의 시온주의는 경멸당했습니다. 그는 자네에 대해서는 아무것도 알지 못했지만, 자네의 책을 읽었다오. 나는 그를 천박한 사람으로 생각하지 않지만, 자기기만의 장막 뒤에서 사는 광신자로 생각하오. 누구든 그와 관련하여 그것을 수용한다면, 그는 희생을 치를 수 있는 진지한 사람인 것 같소. 그래서 우리는 그를 다시 초대했다오. 그와 같은 사람들은 내가 알고 싶은 것을 생생한 형대로 배울 수 있도록 나에게 보내졌다오.

한 비평가는 자네가 인간을 경멸했다는 내용으로 글을 썼지요. 그래서 며칠 전에 나는 이 사실을 에르나에게 말했을 때, 그녀는 큰 소리로 웃었

---

[87] 투비아 뢰브너(Tubja Rübner)는 히브리어와 독일어로 글을 쓴 시인이다.

소. 자네가 그것을 보고 들었어야 했소.

이제 자네는 자신이 전혀 원하지 않은 것, 즉 '공적인 삶의 위험'을 경험하고 있소. 자네는 그 위험에 빠져들었으며, 그 위험을 극복해야 할 것이오. 그 위험은 자네에게 고통을 준다오. 나의 '둔감함'을 빌어주는 것은 자네에게 도움이 되지 않는다오. 자네가 잠시 침묵을 유지하는 게 언뜻 보아 나에게 아주 적절하다는 생각이 드오. 나는 이제 중요한 것을 쓰고 싶지만, 어느 정도 그것에 부응할 수 있을지 걱정하오. 많은 사람은 주로 내가 말할 수 있는 것을 이해하지 못하는 수준에 있기 때문이오. 나는 삶에 대한 환상에 노출되었다고 느끼는 모든 사람에게 연대의 시작을 이미 느낀다고 생각하오. 유대인이 아닌 사람도 유대인의 현실을 그러한 빛에 드러나게 한 누구 — 이를 행한 자네와 같이 — 라도 자신의 적으로 인식한다오. 이것은 우리의 공통 운명이오. 자네는 나보다도 덜 경솔하고 덜 무모하며, 내가 갖고 있지 않은 문학적 능력을 지녔소. 우스운 일이지만, 자네는 한때 자신이 진실을 사람들에게 아주 조야하게 말한다고 나에게 말했다오. 이제 자네는 그런 조야함에서 나를 훨씬 능가했다오.

나는 여러 편의 서평(『만남』,[88] 『중류』,[89] 『새 이스라엘Das neue Israel』,[90] 그리고 에른스트 사이먼[91]의 에세이가 수록되어 있으며, 독일 유대인위원회에서 출판한 책자 『아이히만 재판 이후(Nach dem Eichmannprozess)』)이 있다오. 자네는 다른 것들을 나에게 보낼 수 있는지? 자네가 복사본을 가지고 있지 않다면, 나는 그것을 돌려보낼 것이오. 아니면 내가 가지고 있는 것은 충분한지?

---

[88] 편지 338의 각주 77을 참조할 것.
[89] Konrad Kellen, "Reflections on *Eichmann in Jerusalem*," *Midstream*(September 1963): 25-35.
[90] Eva Michaelis-Stern, "Tragt ihn mit Stolz, den gelben Fleck," *Das Neue Israel*(September 1963): 151-154; Meier Teich, "Ein Dikussionsbeitrag zu Hannah Arendts *Eichmann in Jerusalem*," *Das Neue Israel*, 154-159.
[91] Ernst Simon, "Hannah Arendt — eine Analyse," in *Nach dem Eichmann-Prozess: Zu einer Kontroverse über die Haltung der Juden*(London/Jerusalem/New York, 1963): 51-97.

내가 올봄에 자네와 함께 그렇게 즐거운 몇 주를 얼마나 적게 이용했는지. 나는 쇠퇴기에 있었고 여전히 자네의 『예루살렘의 아이히만』을 몰랐다오. 나는 이 책의 몇 쪽만을 보았었소. 이제 이 책이 제시하는 문제에 대한 확장된 대화는 나에게 매우 중요할 것이오.

나의 저작 『쿠자누스』는 거의 완결되었다오. 이것을 만하임에게 바로 보내야 하는지? 이것은 내가 기획했던 것보다는 더 오래 걸리오. 나는 줄일 수 있는 것을 알기 위해 한 번 더 이것을 읽을 것이오.

게르트루트는 자신의 분노에 변함이 없다오. 자네를 공격하는 사람은 조심하는 게 좋을 것이오. 자네는 그녀의 분노가 어떤지 안다오. 나는 논쟁에 중요하지 않은 개별적인 '실수들' — 베를린에서 레오 벡의 제목,[92] 루마니아에서 일련의 사건,[93] 안토네스쿠와 히틀러의 주도권[94] 등 — 에 대해 그녀를 진정시킨다오.

하인리히가 이제 어떤지 안부를 몇 자 적어 보내오!

자네와 하인리히를 사랑으로 생각하오.

야스퍼스

게르트루트는 린넨 옷장에서 자네에게 보낼 편지를 발견했소. 그 편지는

---

[92] 『예루살렘의 아이히만』 미국판에 있는 내용이다. "… 레오 벡 박사, 유대인과 이방인의 눈에는 '유대인 지도자'였던 이전 베를린의 최고 랍비." '유대인 지도자'는 아이히만의 하급자에 의해 냉소적인 별칭으로 사용되었기 때문에, '유대인 지도자'라는 명칭은 비판받았다. 다음 자료를 참조할 것. Adolf Leschnitzer, "So war Rabbiner Leo Baeck," in *Nach dem Eichmann-Prozess*, 25-30. 아렌트는 독일어판에서 이것을 생략했다

[93] 위에서 인용한 마이어 타이히의 논문은 수많은 오류의 원인을 루마니아계 유대인의 박해에 관한 아렌트의 기술 탓으로 돌린다.

[94] 이온 안토네스쿠(Ion Antonescu, 1882~1946)는 루마니아 장군이며 정치인으로서 제2차 세계대전 기간 국가 및 군대의 지도자였다. 그는 1946년 전범으로 사형당했다. 아렌트의 테제는 그의 통치 아래 정부가 나치가 그런 의도를 표현하기 이전에 대학살을 시작했다는 점이었다. 타이히의 논문(앞의 각주 90)은 "일찍이 1940년 5월 29일 독일-루마니아조약이 루마니아 정부의 가장 중요한 의무 가운데 하나로 유대인의 처형을 규정했다"(157쪽)고 증명한다. 야스퍼스는 추정컨대 이것은 루마니아계 유대인의 박해에 대한 주도권이 안토네스쿠보다 히틀러로부터 나왔을 가능성이 훨씬 크다는 것을 의미한다고 해석했다.

틀림없이 너무 늦어져 자네에게 도착하지 못했을 것이오. 우리는 모두 늙은이가 되고 있소. 건망증이 있고, 쉽게 피곤하고, 짜증은 나지만 심한 불평은 하지 않는다오. 그러나 우리는 삶을 즐기고 있소.

나는 온갖 불평에도 불구하고 아직도 각각 30분씩 13차례 텔레비전 방송을 하느라고 고심하고 있다오. 「철학적 사유의 작은 학교」라오.[95] 이 방송은 '대중'에게 다가가기 위한 시도일 것이오. 이것은 텔레비전을 통한 일종의 대학교라오. 나는 책상에 앉을 것이오. 이곳 우리 집에서. 나는 이것을 하고 싶다오. 이것은 『위대한 철학자들』에 대한 작업에 도움이 될 것이오. 출연료는 25,000마르크라오.[96]

내가 너무 지나쳤나?

편지 342   야스퍼스가 아렌트에게

바젤, 1963년 11월 22일

친애하는 한나!

나는 자네에게 편지를 퍼붓고 있소. 어쩌면 자네는 그것들을 모두 받지 못했을 수도 있다오. 그러나 이제 나는 자네와 하인리히에게 몇 마디 내용을 보내야 할 것이오. 나는 바로 지금 케네디를 공격한 사건에 대해 듣고 있소.[97] 라디오에서 뉴스 속보가 연이어 쏟아지네요. 그는 생사의 갈림길에 서 있다오. 누군가 다음과 같이 말했다오. 러시아인들이 이 배후에 있다면 … 게르트루트의 직접적인 반응은 이러하오. 아니라오. 그것은 인종 문제일 것이오. 링컨 사건이 다시 시작된 건가?[98] 그러나 이제 완전히 다른 결과인

---

[95] 바바리아 텔레비전방송국은 1964년 가을 이것을 연속하여 방영하였다.
[96] 모든 텔레비전 방영권에 대한 일회성 사례금.
[97] 케네디는 1963년 11월 22일 총격을 받고 사망했다.

지? 나는 중대한 일이 일어난 것 같다는 느낌이 들고, 다음에 무엇을 기대해야 하는가를 아직 이성적으로 알 수 없소.

크루프가 방금 전화했고, 그다음 에른스트 레비[99]가 전화했다오 ― 모두 충격받았다오. 나는 반응이 신경과민이라고 생각하지 않네요.

두 사람에게 안부를 전하오! 게르트루트도 함께 전하오.

게르트루트와 야스퍼스

편지 343 아렌트가 야스퍼스 부부에게

시카고, 1965년 11월 24일

친애하고 존경하며, 사랑하는 분들께―

저는 케네디 대통령의 암살로 야기된 충격 속에서 여전히 편지를 쓰고 있습니다. 우리는 몇 날 동안 라디오 옆에 앉아서 무시무시할 뿐만 아니라 가뜩이나 완전히 안개에 싸인 소식 보도에 귀를 기울이고 있습니다. 라디오에서 방금 말하였던 이 지하세계의 인물, 즉 혐의자[100] ― 누구든 그가 정말 우연히 잡혔거나, 더 나쁘게도 우연히 잡힌 것이 아니라는 의심을 하지 않을 수 없는 사람이며, 댈러스 경찰에게 잘 알려져 있었다(그들과 좋은 관계를 유지하고 있었다?)는 의심을 하지 않을 수 없는 사람 ― 의 살인은 모든 것을 더욱 악화시켰습니다. 그리고 이런 전혀 근거 없는 ― 아마도 희망컨대 ― 의심에 사로잡혀 있다 보면, 누구든 가장 중요한 일, 즉 한 사람의 죽음을 잊게 됩니다. 저는 하인리히와 계속 전화했습니다. 그는 다음과 같이 말했습

98　링컨 대통령은 로버트 E. 리 장군의 남부 연합군이 항복한 지 5년 후에 암살되었다.
99　에른스트 레비(1881~1968)는 변호사이며 1928~1935년 하이델베르크대학교 로마법 교수로서 야스퍼스의 동료였다. 그는 미국으로 이주했지만 은퇴하면서 여러 해 동안 바젤에서 살았다.
100　케네디를 암살했다고 혐의를 받았던 리 하비 오스왈드(Lee Harvey Oswald)는 1963년 11월 24일 댈러스에서 나이트클럽 주인인 잭 루비에 의해 총격으로 사망했다.

니다. 케네디를 암살한 총탄은 정말로 국내 정책과 외교 정책의 모든 것을 균형 있게 유지하는 중심, 즉 사물의 중심을 강타한 것 같으며, 이제 모든 것이 공중누각처럼 무너질 수 있는 것 같소. 젊은이들과 흑인들이 가장 깊은 영향을 받았다는 점은 매우 분명했습니다. 우리가 모두 점심을 먹고 있을 때 그 소식이 발표되자, 이곳 클럽의 급사들과 모든 학생은 아주 공개적으로 울었습니다. 저 혼자만이 아니었습니다. 메리 매카시는 주말에 뉴욕에서 이곳에 왔습니다(당신은 『프랑크푸르터 알게마이네 차이퉁』[101]에 실린 그녀에 관한 기사를 저에게 보낼 만큼 친절했으며, 그녀는 동시에 매우 유명해졌습니다). 그녀는 몇 주 동안 미국에 있었지만, 모레 비행기로 파리로 돌아갈 것입니다. 우리는 요즘 일 때문에 이전보다 더 가까워진 것 같습니다. 그녀는 방금 비행기를 타고 뉴욕으로 돌아왔습니다. 그녀는 실질적인 진상 조사를 주장하려는 비당파적 인사들로 구성된 위원회를 만들고 싶어 하기 때문입니다. 텍사스주는 이미 그 사건이 종결되었다고 발표했습니다. 즉 텍사스주는 어떤 결정적인 유죄의 증거도 — 유죄의 증거가 실제로 존재하는 경우에! — 공개하지 않은 채 사건을 종결했습니다. 저는 보비 케네디(검찰총장)가 자기 형의 암살을 해결하기 위해 가능한 모든 일을 하지 않으리라고 상상하지 않습니다. 그러나 그는 현재 아직도 권력을 가지고 있을까요?

린든 B. 존슨은 나쁜 사람은 아니지만 평범한 사람입니다. 그는 영리한 전술가이지만, 편협하고 기본적으로 아무것도 이해하지 못하는 사람입니다. 아마도 그는 배울 수 있지만 아프고 심장병이 있습니다. 그는 임시적인 해결책이며, 모든 사람은 지금부터 차기 선거에 대해서만 생각할 것입니다. 두 차례의 살인과 대중에게 정보를 제공하지 않으려는 명백한 시도와 함께 텍사스 이야기 자체는 경찰국가의 사건처럼 들립니다. 모든 것을 감

---

[101] Sabina Lietzmann, "Amerikas Blaustrumpf Nr. 1." *Frankfurter Allgemeine Zeitung*(September 16, 1963).

시하지 않고 볼 수 있는 거대한 건물을 떠난 대통령 경호실의 무능함은 마치 동화에서 나온 것 같습니다.

하인리히에 관한 사항입니다. 그는 이전보다 더 훌륭하게 학생들을 가르치고 있는 것 같습니다. 메리 매카시는 바드대학 교수였습니다. 학생들은 하인리히가 매카시의 오랜 친구임을 알고 기뻐했습니다. 매카시는 이 사실을 나에게 말했습니다. 학생들은 하인리히가 모든 강의에서 항상 최고라고 말했습니다. 그러나 이것은 그가 훌륭하다는 것을 의미하지 않습니다. 그는 이전과 마찬가지로 현재도 상당한 피로, 열정의 에너지 부족에 대해 불평합니다. 그의 운동 신경 장애는 거의 사려졌으며, 아마도 신경학적 증세였을 것입니다. 그의 혈압은 역시 다시 정상입니다. 제가 보기에, 그는 분명히 심각한 우울증을 앓고 있는 것 같습니다. 메리는 물론 학생들이 언급한 것을 하인리히에게 말했습니다 ― 하인리히는 그 어떤 것도 듣지 못할 것입니다. 그런데 그는 학교에 가서 훌륭한 수업을 합니다. 저는 볼 것입니다. 저는 화요일에 며칠 머물고자 뉴욕으로 갈 것입니다. 여기는 추수감사절이 될 것이고, 우리는 모두 며칠 쉬게 될 것입니다. 저는 또한 그를 다시 의사에게 데려가야 합니다. 그는 그것을 주저합니다. 부분적으로 그것은 그에게 너무 벅차기 때문입니다.

아이히만 문제는 순조롭게 진행되고 있습니다. 저는 약간의 조작을 거친 영어 서평 몇 편을 당신에게 보낼 것입니다 ― 아마도 히브리대학교 탈몬[102]의 서평과 이스라엘 정부와 가장 긴밀한 관계에 있는 이사야 벌린[103]의 서평일 것입니다. 저는 이곳 캠퍼스*에서 매우 성공적으로 강연했습니다. 컬럼

---

[102] 야곱 탈몬(Jacob L. Talmon, 1916년 출생)은 폴란드 출신 유대인 역사가로서 1960년 이후 예루살렘 히브리대학교 교수였다.
[103] 이사야 벌린(Isaiah Berlin, 1909년 출생)은 영국 정치학자이며 철학자로서 1957년 옥스퍼드대학교 사회정치학과 교수가 되었다.
* 옮긴이_ 시카고대학교.

비아대학교에서보다 학생이 더 많았습니다. 강연 내용은 녹음되었습니다. 아주 많은 학생이 들어갈 수 없었기 때문입니다. 이후 랍비는 그날 저녁 힐렐협회 회관에서 여러 번 이야기를 들려주었습니다. 랍비는 에른스트 사이먼이 다음 날 아침 그에게 사과했다고 말했습니다. 그는 별 성과를 거두지 못했습니다. 학생들은 오히려 흥미를 잃고 혐오감을 느꼈습니다. 이곳 캠퍼스에서 저를 반대하는 유일한 사람은 레오 스트라우스이며, 그는 어쨌든 그렇게 했을 것입니다. 아주 이상하게도, 이 대학교에서 저의 위상은 오히려 상승했습니다. 그리고 현재 뉴욕에서 진행되고 있는 것은 소규모 모임에서 일어나고 있습니다. 물론 모임 내에서 분위기는 울부짖는 폭도들의 분위기입니다. 이와 관련하여 심각한 것은 모든 비유대인이 지금 제 편에 서 있고, 단 한 명의 유대인도 저와 함께 있더라도 감히 공개적으로 저를 옹호하지 않는다는 점입니다. 매우 잘 알려진 미국 시인이며 좋은 친구인 로버트 로웰은 이곳에 있었고 저에게 이것들을 이야기했습니다. 그는 유대인이 아닙니다. 저는 그를 알게 된 지 여러 해 만에 처음으로 그가 유대인에 대해 비판적으로 언급하는 소리를 들었습니다.

　당신은 다음과 같이 언급했습니다. "여기에서 드러나는 것은 치명적인 타격을 입었다는 뿌리 깊은 감정이오. 유대 정신 자체에 있는 중요한 것이 타격을 입었다오." 그것은 전적으로 옳습니다. 이곳의 이스라엘 영사가 강의 이후 저에게 접근했으며, 우리는 여러 시간 함께 대화했습니다. 그는 반복해 다음과 같이 말했습니다. 당신이 말하는 것은 물론 옳습니다. 우리는 그것을 알고 있습니다. 그러나 당신은 유대인으로서 "적대적인 환경에서" 이것을 어떻게 말할 수 있습니까? 저는 다음과 같이 말했습니다. 내가 알고 있는 한, 나는 적대적인 환경에서 살지 않았습니다. 그러자 그는 말했습니다. 그러나 당신은 어떠한 비유대적인 환경도 적대적이라는 점을 알고 있습니다. 제가 유대인과 비유대인 사이의 분리에 대해 언급한 것은 용서할 수 없으며, 제가 그런 분리가 심지어 더 용서할 수 없다는 점을 존중하지 않은 점은 용서할 수 없습니다. 히틀러와 아우슈비츠로 인해 두 가지가 다시 흉흉해졌습니다. 즉 고대의 인류에 대한 증오 *odium generis humani*와 고대의 무시무시한 공포였습니다.

    11월 16일 보낸 당신의 편지는 처음 뉴욕으로 우송되었다가 목요일에 비로소 이곳에 있는 저에게 도착했습니다. 저는 편지를 읽었을 때 두 분이 없었다면 무엇을 할 것인가!를 생각했습니다. 이스라엘 작가[104]는 아마도 당신을 설득하기 위해 당신에게 보내졌을 것입니다. 그것은 물론 중요하지 않습니다. 그는 아마도 사이먼에게 보고하도록 명령을 받았을 것입니다. 그는 전혀 전형적이지 않습니다. 젊은 유대인들 사이에서도 광신도를 발견할 수 있습니다. 이곳 제 강의에는 몇 명의 유대인 학생이 있습니다. 저는 그들과 대화를 나눌 수 있으며, 그들은 자신들이 다소간 제 의견에 동의한다고 강조했습니다. — "실수"에 관한 사항입니다. 사실만으로 구성된 이런 종류의 책에서 언제든지 예상할 수 있습니다. 그러나 루마니아와 불가리아는 그런 오류에 포함되지 않습니다! 연합배상기구[105]는 『재건』을 통해 그 신화를 낳았습니다. 다른 몇 사람이 했듯이, 저는 『재건』에 오류를 교정하는 내용의 편지를 보냈지만, 『재건』측은 우리의 수정사항을 보도하는 것을 거부했습니다. 『재건』에 정보를 보낸 사람 — 제 생각에 메이 씨[106] — 은 동시에 자신의 주도로 자신이 로빈슨 형제[107]와 다른 사람들의 증오 캠페인에 얼마나 역겨웠는지 편지로 밝혔으며, 그리고 그런 종류의 박해가 큰 우려를 불러일으켰다!는 점을 알렸습니다. 이런 표리부동은 이 모든 관

---

104 투비아 뢰브너. 편지 341을 참조할 것.
105 이 단체는 독일 배상금 지급을 청구한 극빈 유대인을 대표하고자 1948년 설립되었다. 본부는 프랑크푸르트에 있었다.
106 쿠르트 메이는 연합배상기구의 수장이었다. 편지 359의 각주 178을 참조할 것.
107 야콥과 네헤미아 로빈슨은 아렌트의 『예루살렘의 아이히만』을 반박하는 기사를 기고했다. 다음 자료를 참조할 것. *Die Kontroverse: Hannah Arendt, Eichmann und die Juden*(편지 336의 각주 68): 223-232.

심사에서 믿을 수 없을 정도로 특징적으로 나타납니다. 전문가들의 냉소주의는 신념을 벗어납니다. 그들은 이것을 당연한 일로 간주하며 이것에 잘못이 없다고 생각합니다. 그들은 자신들이 저를, 특히 『예루살렘의 아이히만』을 얼마나 '존중하는'지 저에게 알렸지요! 그런데 제가 물론 이게 어떻게 가능하지라고 말할 때, 그들은 다음과 같이 말하더군요. 그러나 당신은 이제 실제로 이해해야 합니다 … 저는 당신에게 그와 같은 이야기들을 차례로 들려줄 수 있습니다. 그러나 그것은 역시 따분합니다.

저는 방금 라디오에서 오스왈드의 살인이 텍사스 경찰과 당국의 손에서 벗어났다는 소식과 법무부(당시, 로버트 케네디 법무장관)가 그 사건을 전혀 '종결'로 간주하지 않는다는 소식을 들었습니다. 이것은 여전히 조사가 있으리라는 실질적인 보장은 아니지만, 여전히 전혀 없는 것보다는 훨씬 낫습니다. 기자들이 항의한 것 같습니다. 감사하게도, 이곳 언론은 힘을 가지고 있습니다. 텍사스주에 관한 한, 저는 그저께 어디에서나 표현된 의견을 공유합니다 — 이 국가는 기원으로 되돌아가야 합니다.

텔레비전 방송은 멋있습니다. 변호하는 게 건강에 유익하다면, 당신은 꼭 해야 합니다. 당신은 그런 식으로 꼭 '다수'와 통할 것이며, 다수는 대중은 아닙니다 —『쿠자누스』 집필의 완결을 축하합니다. 그럼, 원고를 먼저 만하임에게 보내주세요. 이후 그는 원본과 함께 번역본을 저에게 보낼 것입니다. 제 생각에 헬렌 볼프는 마침내 1월 미국에 올 것입니다. 그녀는 매우 평온하고 사랑스러운 편지를 보냈습니다.

저는 뉴욕에서 돌아오자마자 곧 하인리히가 어떻게 지내는지 편지를 보낼 것입니다. 그때는 주말쯤일 것입니다. 노후에 대한 불평은 무엇인지요? 새로운 불평은? 당신의 편지는 좋게 들리지만, 신은 '늙음'을 제외하고 모든 것을 알고 있습니다. 우리가 멀리 떨어져 사는 게 얼마나 끔찍한 일인지!

당신은 로스만의 약속에 대해 편지로 알린 적이 없습니다. 저는 대단히 알고 싶습니다. 안첸의 언급 — 물론, 그녀는 어쩌면 옳습니다. 그것은 본질에서 항상 그래왔던 방식입니다. 그것을 제외하고 공적인 맥락에서 상황은 매우 다릅니다. 그리고 저는 물론 순진합니다 — 편지로 썼듯이, 저는 할 수 있는 한 정확하고 사실에 의해 충분히 뒷받침되는 것을 제시하는 것 이외에는 다른 어떤 것도 생각하지 않았습니다.

사랑을 담아
한나 올림

편지 344　아렌트가 야스퍼스 부부에게

1963년 12월 1일

친애하고 존경하며, 좋아하는 분들께,

　저는 방금 뉴욕에서 돌아왔습니다. 여기서 두 분의 편지를 찾았습니다. 우리는 모두 정확히 같은 느낌이 있습니다 — 끔찍한 일이 일어났습니다. 그리고 아직 전혀 설명되지 않은 똑같이 끔찍한 동반 상황 — 드와이트 맥도널드(당신은 그의 잡지『정치학』을 통해서 우리가 다시 처음 만났다는 것을 회상합니다)는 다음과 같이 썼습니다. "우리가 사는 나라는 어떤 나라인가(텍사스가 그 일부라고 가정하면서). 과테말라로, 어떤 문명화된 장소, 아마도 콩고로 이주하자" — 은 지나가는 시간마다 그 모든 끔찍한 사건을 더 불길하게 보이게 합니다. 현재의 제 느낌은 새 정부가 정말로 이 문제를 해결하려고 노력하리라는 점입니다. 이런 노력이 성공할지는 — 경찰이 타락했을 뿐만 아니라 버치협회[108]의 지지자들로 넘쳐나는 텍사스에서 — 다른 문제입니다. 어쨌든, 그 결과가 어떨 것인가를 평가할 수 있기까지는 몇 주 아마도 몇 달이 걸릴 것입니다. 마치 이 나라의 얼굴에서 가면이 갑자기 벗겨진 것 같습니다. 그

108　로버트 웰취(Robert H. Welch)가 1958년 설립하고 존 버치(John M. Birch, 1918~1945)의 이름을 단 초보수주의적인 비밀결사이다. 이 단체는 공산주의와 투쟁한다는 명분으로 이 단체가 인정하지 않은 개인이나 단체에 대해 비방적인 반대 운동에 관여했다.

리고 우리는 이 정도로 있으리라고 추측되지 않았던 잠재적 폭력과 명백한 살의(殺意; Mordlust)의 심연을 그 배후에서 보고 있습니다. 남부에서는 평등을 위한 투쟁에서 흑인들을 편드는 사람들을 공산주의자라고 부르는 것이 받아들여지고 있습니다. 그것은 실제적인 열쇠입니다. 저는 텍사스대학교 학생들이 말하는, 오히려 "깜둥이를 사랑하는 대통령에게는 그런 일이 일어난다, 그것은 깜둥이를 사랑하는 모든 사람에게 일어나는 것!"이라고 절규하는 소리를 들었습니다. 그리고 초등학교 학생들은 소식을 들었을 때 거칠고 자발적인 박수갈채로 반응했습니다. 위태로운 것은 공화국의 존재 이상도 이하도 아닙니다. 그러나 제정신의 힘은 강하며, 이 살인은 결국 사람들을 정신차리게 할 것입니다. 텍사스 출신의 사람이 케네디의 후계자가 될 것이라는 주장은 신념을 넘어서 역설적입니다. 케네디 여사는 훌륭하게 처신했으며, 지금 돌이킬 수 없을 정도로 사라진 것은 모든 게 다시 제자리로 돌아가더라도 이 완전히 새로운 분위기, 즉 "케네디 방식" — 예술과 과학에 대한 개방성, 정신의 삶에 대한 존중, 지식인들에게 영향을 미치거나 이용하지 않은 채 정치 영역에서 그들에게 목소리를 제공하려는 의식적이고 일관된 시도 — 입니다.

하인리히에 관한 사항입니다. 저는 그에 대해 좀 더 편하게 느끼고 있습니다. 그가 마침내 의사에게 갔는지 보기 위해 집으로 날아갔습니다. 그는 2개월 전보다 더 좋아 보입니다. 우리는 동맥류에 걸렸을 때 진료해주었으며 이후에 관심이 많은 같은 신경과 의사를 만나러 갔습니다. 그는 철저하게 검사했고, 신경학적 중세가 전혀 없으며, 자기 소견으로 조기 동맥경화의 징후도 없고, 조기 노화의 징후도 없다고 생각합니다. 하인리히는 왼손에 가벼운 운동 감각 장애 — 단지 주관적으로만 찾아낼 수 있는 정도 — 가 있습니다. 이는 그가 긴장할 때 스스로 느끼게 됩니다. 객관적으로, 그는 "기적적으로 회복했습니다." 의사는 병원에서 피로 증상에 대해 후속 검사 — 혈액 검사 — 를 하고 싶어 합니다. 아마도 하인리히는 의사가 생각하지 않은 약간의 당뇨병이거나, 가능하다고 생각하는 약간의 빈혈일 것입니다. 그러나 그것은 휴가까지 기다릴 수 있습니다. 혈압은 정상(140 : 80)입니다. 의사는 하인리히가 혈관을 확장하는 이런 약물을 계속 복용하는 것에 반대했습니다. 그는 발에 나타나는(양발에 간헐적으로 나타나는) 신체적 이상이 6년 전에 한 번 발생했던 것과 같은 약간의 신경염 때문이라고 생각합니다. 이런 증상은 사라졌고, 객관적인 소견은 없습니다. 알코플리가 당신에게 편지를 보낼 것입니다. 하인리히는 검사 직후 의사와 이야기했습니다. ― 그는 분명히 우울합니다. 아이히만 사건의 자연스러운 결과입니다. 그는 또한 이 문제로 이 몇 사람에게 강한 어조로 말할 수도 없습니다. 그는 제가 관심이 있는 곳에서는 정말 구식의 신사입니다. 그러나 그는 또한 자신이 이제는 젊은 남자들과 싸울 준비가 되어 있지 않다는 점을 깨달아야 합니다(하느님께 감사하지요!!). 그리고 그는 평생을 지나온 시간에 대한 의식 없이 영원한 현재를 살아왔기에, 아마도 자신이 나이를 먹어가고 있다는 것을 처음으로 깨달았을 것입니다. 정신적으로, 그는 좋은 상태입니다.

호흐후트에 관한 사항입니다. 감사합니다! 저는 당신 집에서 그 책[109]을 손에 잡았지만, 지금까지 그 책을 실제로 읽지 않았습니다. 『로세로바토레 로마노 L'Osservatore Romano』의 첫 번째 반응은 이렇습니다. 만약 호흐후트가 옳다면, 교황은 히틀러나 친위대가 아니라 유대인의 학살에 책임이 있습니다. 이 반응은 『예루살렘의 아이히만』을 읽는 사람에게 똑같이 나타나는 그런 왜곡입니다. (항상 손에 넣기 쉬운 것처럼 보이는) 같은 오래된 전술입니다. 즉 사람들은 하시도 않은 허튼소리를 남 탓으로 돌립니다. 그러면 사람들은 진짜 문제를 회피하기 위해서 헛소리 외에는 아무것도 논의하지 않을 것입니다. 그 책은 매우 공감적이지만 불행하게도 문학적 가치는 별로 없습니다. 호흐후트가 옳다는 점은 의심의 여지가 없습니다. 결국, 바티칸 당국은

---

[109] Rolf Hochhuth, *Der Stellvertreter*(Hamburg, 1963). 편지 338의 각주 80을 참조할 것.

1920년대 공산주의자들뿐만 아니라 악시옹 프랑세즈[110]도 파문했습니다. 오직 히틀러와 인종주의만이 전혀 비난받지 않았지요! 인종주의가 진정한 이단이라는 것은 순전히 신학적 관점에서 명백해야 합니다. 세례성사가 유대인을 기독교인으로 만들 수 없다면 — 세례를 받은 유대인들조차 공식적인 보호를 받지 못했다는 사실은 그들이 할 수 없다는 것을 보여줍니다 — 교회는 스스로 파산했다고 선언하는 편이 나을 것입니다.

이곳 시카고 사람들은 유대인이 호흐후트에 반대하여 가톨릭교도와 힘을 합쳤다고 저에게 말하고 그의 희곡이 반유대적!!이라고 주장하고 있습니다. 유대인은 가톨릭교도와 함께 이곳 희곡 상연에 반대했습니다. 그리고 하인리히스 브나이 브리트[111](반명예훼손연맹 배후에서 이곳의 저에 대해 반대 운동을 주도하는 매우 강력한 단체)의 한 회원이 자신은 호흐후트의 명제를 '반박할' 것이며 교황의 개입이 상황을 단지 더 악화시킬 것이라는 내용을 게재한 『타임스』를 읽었다고 저에게 전화로 말했습니다. 이 모든 것의 배후에는 두 가지 동기가 있습니다. 첫째, 유대인과 바티칸 당국 사이의 관계는 현재 매우 좋으며, 유대인은 적절한 때에 감사하는 모습을 보여주고 싶어 합니다. 둘째, 모든 관료 사이에 이익 공동체가 있습니다. 즉 아무도 그 문제를 아주 자세히 보는 것에 관심이 없습니다. 그래서 오는 정이 있으면 가는 정이 있습니다.

저는 2주 이상 이곳에 머물 것이며 할 일이 터무니없이 많습니다. 설명하기에는 따분합니다.

에르나에게 안부 전해주세요.

사랑을 담아
한나 올림

---

110   프랑스 왕당파에 의해 1898년 형성된 이 운동의 독일 혐오 및 반유대주의 이데올로기는 "통합 민족주의"를 촉구했으며, 운동원들은 의회민주주의에 투쟁하며 군주정을 재도입하기를 희망했다.

111   "언약의 후손들." 이 단체는 미국으로 이주한 독일계 유대인 이민자들에 의해 1843년 설립되었으며, 윤리와 자선이란 목적에 헌신하는 독립단체였다.

편지 345 **야스퍼스가 아렌트에게**

바젤, 1963년 12월 13일

친애하는 한나!

   자네가 보낸 두 통의 편지는 하인리히에 대해 걱정하고 괴로워하는 우리에게 축복이었소. 나는 자네에게서 더는 소식을 듣지 못했기에 자네가 우리를 '보호하고' 싶어 했다는 것을 걱정했다오. 알코플리도 최근 보고를 받은 적이 없소. 강사로서 하인리히의 영향력은 그의 가르침이 주는 힘과 학생들이 그에게서 느끼는 진지함이며, 나에게 생생하게 나타나오. 아마도 그의 병환과 자네에 대한 우리의 걱정은 모두 우리를 괴롭히지 않을 경우 정신 활동을 강화하는 그런 종류의 걱정이오. 자네의 자세한 보고에 감사하오. 이제 나는 비록 무슨 일이 일어났는지 전혀 가볍게 여기지는 않지만, 자네에 대해 생각하면서 다시 기분이 좋구려. 벨 소리가 똑똑히 들렸다오.

   이스라엘 작가(그의 이름은 뢰브너인가 뭐 그렇다오)가 다시 여기에 왔소. 물론 자네의 책 주제가 곧 언급됐다오. 좋은 대화였소. 우리 모두 충분히 이야기했고 독백을 하지 않았기 때문이오. 그는 분명히 호의적으로 접근할 수 있음을 증명했고, 개방적이었으며, 나를 신뢰하는 것 같았소. 그는 자네의 책과 관련하여 판단을 유보하기 시작했다오. 그는 단지 이스라엘 신문에 게재한 발췌문에 기초해 이 책을 알았다오. 나는 그의 실망과 걱정을 느끼오. 그는 자네와 같이 유대인 성서 전통에 뿌리를 두고 있지만, 약간 다르다오. 그러나 그는 일부 사람들이 고향을 찾은 것에 대해 느끼는 자랑스러운 만족감이 부족하오. 우리가 다음에 모이면, 그는 나에게 자신의 현실 세계인 키부츠와 이곳에서 발생하는 명백히 해결하기 어려운 문제들에 대해 말해주고 싶어 하오. 이번에는 광신적인 흔적은 전혀 없었소. 아마도 나는 지난번에 그에게 부당했을 것이오(나는 자네에게 "악한" 표정이라고 말했다오). 그가 자네의 책을 좀 더 잘 알게 된 이후에 여전히 이것에 반대 의견을 제시하더라도,

나는 그가 자네의 적으로 남아있을 것으로 생각하지 않는다오. 우리는 알 것이오. 나는 낙관적이오. 게르트루트는 함께 있고 싶지 않았고 감기로 변명할 수 있었기에 참석하지 않았다오. 이와 같은 대화는 두 사람 사이에서만 이루어지오. 그녀의 분노는 젊은 작가(물론 작가라고 주장하지 않은 사람이오. 그나저나, 이 명칭은 에른스트 사이먼이 붙인 것이오)를 방해했을 것이오.

이제 나를 슬프게 하는 문제라오. 나는 골로 만이 자네를 상대로 매우 가혹한 서평(『새 전망Neue Rundschau』)[112]을 게재한 것으로 알고 있소. 이 잡지를 주문했지만, 아직 받지 못했소. 로스만이 그것에 대해 알린 것은 나쁘기에, 나는 이를 어떻게 생각해야 할지 모르오. 나는 로스만이 한 말을 읽은 이후 누워서 우울한 환영을 몸에 내맡겼다오. 우리는 서로 가장 격렬하게 반대할 때조차도 서로를 하나로 묶어야 할 연대를 침해함으로써 스스로 자유를 파괴하고 있는 것일까? 맹목적인 악의로 공격하는 세력이 우리 가운데 나타나고 있는가? 그가 글을 쓰고 싶어 하고 아마도 아름답게 쓸 수 있을 것이며 이 재능을 발휘할 수 있는 자료를 찾고 있기 때문만이 아니라, 그가 진실을 찾고 있고 전달할 가슴 아픈 경험, 즉 자신을 말하지 않았으나 어떤 사람들이 비난하는 문체에 숨겨져 있는 경험에서 얻은 것이 있기도 하며, 자네를 빈정대고, 차갑고, 무정하며, 아는 체하며, 염세적이라고 하기 때문에도, 그런 연대는 (정말 진지하게 받아들여지지 않는 그들 사이의 온갖 말다툼에도 불구하고) 누군가 글을 쓸 때 전면에 나타나는 문인들의 사이비 연대에 자리를 내주고 있는가(나는 몇몇 서평에서 이와 같은 것을 읽었소. 나는 골로가 말한 것을 정확히 알지 못하지만, 분명히 이것은 이런 순서에 따른 것이오)?— 서투른 문체를 양해하시오. 이 긴 문장은 문법적으로도 맞지 않다오. … 에른스트 마이어가 생각나는군요. 우리는 매우 심각한 의견 차이를 보였지만, 전혀 깨지지 않은 무엇인

---

[112] Golo Mann, "Hannah Arendt und der Eichmann-Prozess," *Neue Rundschau* 74, no. 4(1963): 625-633.

가가 남아있었다오. 아마도 나보다 그에게 더 감사할 것이오. 나는 그것에 대해 의심하지 않는다오. 막스 베버가 생각나오. 우리의 관계는 결코 궁극적인 시험대에 오르지 못했소. 나는 가끔 의심이 들지만, 특별히 경청하려는 그의 의지를 상기하고, 의심은 하지 않지만 정말 모르겠소. 무엇인가 그에게 숨겨져 있었소. 그리고 나는 과거를 되돌아보면서 여전히 다른 사람들에 대해 생각했다오. 한나가 우리 사이의 연대를 파괴할 수 있을까? 우리는 매우 자주 그리고 중요한 문제에 대해 의견이 달랐다오. 아니면, 적어도 그렇게 보였다오. 아니, 나는 스스로 말했소. 그것은 불가능하지. 그런 의심조차도 받아들일 수 없다오. 의심은 **모든 것**이 충돌하는 지점으로 이어지고, 그런 다음 잘못을 저지르는 것은 의심하는 사람 자신이기 때문이오. 알다시피, 나는 골로 만에 대한 소식이 나에게 어떤 충격을 주었는지 알리오. 그러나 골로 만과 나 사이에 껄끄러운 일이 있소. 이런 순간에 누구든 최근 이런 사건의 조짐과 같아 보이는 과거로부터 많은 순간을 기억하오. 이것이 나를 괴롭게 한다오. 나는 그를 대단히 좋아했으며 아직도 그를 대단히 좋아하오.

이 모든 것 이면에는 기본적인 큰 의문이 있소. 결국 '정신'과 관련하여 그렇게 중요한 것은 무엇인가(나는 여기서 내 철학에 대한 확신을 발견하오. 나는 오늘날까지 정신이 무엇인지 말하는 데 그리 성공하지 못했소)? '문필가의 태도', 즉 진리보다 거짓말과 더 관련이 있는, 부패할 수 있지만 강력한 이 힘은 무엇인가? 우리는 얼마나 허약한가! 우리의 능력은 통찰력을 확산시키기에는 충분하지 않다오.

내 생각에 자네는 이런 소란이 이제는 자신의 내적인 삶을 방해하지 않도록 놔둘 필요는 없다오. 자네는 이제 그게 뭔지 알고 있소. 그리고 내가 충분히 이해할 수 있는 하인리히는 그 패거리를 때려눕히겠다고 위협하기보다는 웃어넘기는 것이 더 나을지도 모르오. 우리 '사람들'에게는 아직도 원시적인 본능이 남아있다오. 나는 이것을 매우 높게 평가하지만 더는 너무 진지하게 받아들이지 않는다오. 우리의 충성심은 다른 방식으로 모습을 보인다오.

알코폴리는 나에게 다음과 같이 말했소. 즉 하인리히는 "악의 평범성"이란 문구를 제안했으며, 이제는 그 제안에 대해 자책하고 있다네요. 자네는 남편의 생각으로 인해 비난을 감수해야 하기 때문이라는군요. 아마도 이 전언은 잘못되었거나 나의 기억에서 왜곡되었을 것이오. 나는 악의 평범성이란 문구가 훌륭한 영감이고 책의 부제로서 적격이라고 생각하오. 핵심은 악 자체가 아니라 이 악이 평범하다는 점이오. 나는 숄렘에 대한 자네의 반응에서 이 점을 표현하는 것에 대해 전적으로 만족하지 않았다오.[113] 악이 무엇인지는 아이히만을 특징짓는 자네의 문구 이면에 나타난다오. 그리고 그 질문은 실제로 우리가 아마도 적절하게 답변할 수 없을 질문이오. 편지에서 밝힌 자네의 대답은 나에게 너무 전투적이며 동시에 너무 나약하다는 인상을 주었소. 물론 자네가 여기 있었다면, 우리는 서로 즐겁게 바로 이 문제에 대해 열띠게 논쟁했을 것이오.

나는 약간의 변화가 있었지만, 이전에 했던 방식으로 두 사람에 대해 생각할 수 있어서 행복하오. 약간의 변화란 운명의 신이 자네의 문을 더 세게 두드렸고 자네의 삶의 질이 나이가 들어감에 따라 자네가 이전에 별로 생각하지 않았던 영역에서 덜 안전해졌다는 점이오. 그것은 아마도 하인리히 — 그리고 추정하건대 자네도 — 가 그렇게 훌륭한 강의를 하는 이유일 것이오.

애정을 가지고
야스퍼스

---

113 편지 337의 각주 74를 참조할 것.

편지 346 야스퍼스가 블뤼허에게

바젤, 1963년 12월 13일

친애하는 하인리히!

  자네는 침묵하고 있지만, 한나를 통해서 역시 나에게 말하고 있다오. 아마도 자네는 할 말이 많지 않다고 생각할 것이오. 자네는 그렇지 않으면 그렇게 영리한 본성이 자신의 야만적인 무작위성을 느슨하게 하는 그 어리석은 현상들에 감명받는 것을 거부한다오. 이 현상들이 좁은 범위 내에서 유지되고 있고 자네가 참으로 위협적인 어떤 것에도 직면하지 않기 때문에, 우리 존재의 실제적인 핵심인 중요한 영혼은 스스로 만족하다고 선언할 수 있다오. 내 생각에 에피소드는 본성의 나쁜 측면이 좋은 측면만큼이나 현실이라는 점을 자네에게 상기시키려는 단지 피상적인 작은 언쟁이었고 즐거운 경고였다오. 그것은 우리에게 불멸성을 부여하지 않는다오. 나는 한나와 알코폴리로부터 자네에 관한 그런 좋은 이야기를 듣게 되어 행복하오. 그러나 자네의 친구로서 자신에 대해 생각하는 사람에 대해 완전한 침묵을 지키지 마시오.

야스퍼스

편지 347 야스퍼스가 아렌트에게

바젤, 1964년 1월 29일

친애하는 한나!

  우리는 12월 29일자 자네의 친절한 편지를 받고 기뻤소.[114] 자네는 이전 편지에서 "저는 이런 논쟁을 감당할 수 없습니다"[115]라고 밝혔다오. 그러나

---

114 유고에는 없다.

이번 편지에 드러난 침착한 어투는 자네가 이전과 같은 식으로 고통을 겪지 않는다는 것을 나타내오. 그 무렵에 그것은 문인·정치인·유대인·독일인과 같은 공중에게 표면적이기도 했다오. 그동안 몇 사람은 공개적으로 —『뉴욕 타임스』에 보낸 첫 편지에서처럼 — 자네 편에 섰다오.[116] 자네가 반대하지 않는다면, 나는 「사유의 독립성에 대하여」[117]라는 주제로 소책자를 쓰려고 생각하고 있소. 나는 생각이 떠오를 때 이따금씩 메모를 할 것이지만, 13차례의 강의가 이에 대한 집필을 방해하오.

피페르는 자네가 그란조프 부인의 번역문을 가지고 있다는 내용의 편지를 오늘 보냈소. 나는 자네가 몇 절, 특히 "독일의 저항운동"에 관한 절을 확장하는 것에 관하여 생각하고 있소. 우리는 여기에서 이것에 관해 이야기했고 또한 이것에 대해 서신을 주고받았지요. 다른 형태의 저항이 어떤지에 대한 명료한 언급은 온갖 당혹스러운 논의를 불필요하게 할 것이오. 자네는 유일한 사례로서 레크-말레체벤과 나[118]에 관한 견해를 수정하지 않을 것인지? 내 기억이 맞다면, 자네는 10만으로 추정한 것에 동의했다오. 이것은 물론 임의적 숫자라오. 즉 30만이나 5만이 될 수도 있다오. 며칠 전 슈테른베르거는 레크-말레체벤이 뮌헨의 테오도르 헤커[119] 동아리에서 높이 평가받지 못했었다는 정보를 나에게 자진하여 제시했다오. 여하튼 그가 정치적 이유로 집단수용소에 수용되었는가에 대해 의혹이 있었소. 그런 소문은 믿을 수 없소. 아마도 테오도르 헤커도 아닐 것이오. 자네의 귀가 레

---

115 편지 336을 참조할 것.
116 *The New York Times Book Review*(June 23, 1963): 4-6.
117 야스퍼스는 최종적으로 제목을 「사유의 독립성에 관하여」로 정하였다. 그는 만년에 이 책을 연구했으나 결국 끝을 맺지 못했다.
118 프리드리히 레크-말레체벤(Friedrich Reck-Malleczewen, 1884~1945)은 물리학자이고 작가이며 다카우에서 살해되었다. 그에 대한 아렌트의 평가를 위해서는 다음 자료를 참조할 것. *Eichmann in Jerusalem*, 91, 97쪽(미국판), 138쪽(독일어판). 앞의 책에서는 레크-말레체벤과 야스퍼스는 국가사회주의 운동과 전혀 관계가 없는 소수의 예외적인 개인 가운데 두 사람으로 언급되었다. 뒤의 책에서는 이 문장의 표현은 완화되었다.
119 테오도르 헤커(Theodor Haecker, 1879~1945)는 문화 및 종교 분야의 철학자였다.

크-말레체벤의 책에서 거짓된 어투를 들어주지 않았다면, 자네가 읽은 것은 결정적이오. 이런 두 이름을 유일한 이름으로 인용하는 것은 일부 사람에게 이상하거나 기이한 인식이라는 인상을 주오. 나는 국가적 동기가 중요하다는 자네의 기본적인 설명이 옳다고 생각하오. 그런 식이었네요. 골로 만이 자네[120]를 반박하려고 괴르델러의 편지에 담긴 긴 인용문을 인쇄한 것은 그가 저지르는 것을 알지 못했던 낮은 속임수라오. 그런데 괴르델러는 히틀러가 몰락한 이후 당분간의 계획에서 마다가스카르에 유대인 국가를 상상했었다오. 독일계 유대인들은 물론 이를 선택할 수 있었소. 아니면 그들이 원했다면, 그들은 독일에 남아있을 수도 있지! 얼마나 무례하고 생각이 없는지, 그리고 **당시에는**! 나는 리터의 책[121]이 훌륭하다는 것을 알게 된 점을 말해야 하오. 그는 훌륭한 학자로서 자기 입장에 반대되는 모든 사실을 제시했기 때문이오. 괴르델러에 대한 골로 만의 존경은 자기 자신의 의도, 즉 괴르델러에 대한 저주와 완전히 반대되오. 이것은 나에게 마이네케의 『세계시민과 민족국가 Weltbürgertum und Nationalstaat』[122]를 연상시킨다오. 마이네케는 이 책에서 나와 같은 독자들에게 비스마르크 시대의 국가에 대한 자신의 긍정을 부지중에 약화시킨 자료(예컨대, 그나이제나우[123]와 다른 사람들)를 높은 수준에서 제공했소.

두 사람에게 따뜻한 안부를 전하며
게르트루트와 야스퍼스

하인리히는 그동안 의사에게 진찰을 받으러 간 적이 있겠구려. 우리는 아무 소식도 듣지 못했기 때문에, 모든 게 잘 되었다고 생각하나요?

---

120 Golo Mann, "Hannah Arendt und der Eichmann-Prozess," *Neue Rundschau*, 630.
121 Gerhard Ritter, *Carl Goerdeler und die deusche Widerstandsbewegung*(Stuttgart, 1954).
122 Friedrich Meinecke, *Weltbürgertum und Nationalstaat: Studien zur Genesis des deutschen Nationalstaates*(München/Berlin, 1907).
123 아우구스트 나이트하르트 그나이제나우(August Neidhardt von Gneisenau, 1760~1831)는 프로이센의 장군이었다. 야스퍼스는 추정컨대 마이네케의 책에서 제8장을 언급하고 있다.

편지 348 아렌트가 야스퍼스에게

뉴욕, 1964년 2월 19일

친애하고 존경하는 분께―

저는 저항운동에 관한 동봉한 자료[124]를 보낼 수 있을 때까지 편지를 쓰고 싶지 않았으며, 이제 날짜가 2월 19일 ― 정확히 제가 스위스에 있던 1년 전, 이때 아름답고 잊을 수 없는 애정·존경·사랑의 홍수가 두 분에게 밀려왔습니다 ― 이라고 알고 있습니다. 마치 엊그제 같습니다. 올해 당신의 생일은 더욱 차분할 것이며, 배달원들은 큰 봉투에 담아 전보를 집으로 가져오지 않을 것입니다. 제가 지금 거기에 얼마나 있고 싶은지요. 제가 지금 취리히에 히아신스를 주문할 수 있는 사람이 없었다는 점은 실제로 저를 애태웁니다. 저는 에르나에게 그런 부담을 지우고 싶지 않기에 여기서 주문할 것입니다. 그리고 『취리히 차이퉁』의 구독을 갱신하고자 합니다. 그리고 저는 당신과 우리가 바라는 것을 말할 필요가 없습니다.

아마도 당신은 동봉한 자료를 보고 생각하는 바를 저에게 알려줄 수 있을 것입니다. 저는 많은 자료를 읽었습니다. 유일하게 유용한 사람은 동정심이 없고 놀라울 정도로 객관적인 리터입니다. 그렇지 않으면, 무슨 말을 할 수 있겠습니까? 괴르델러는 자신의 한 비망록 가운데 한 단락에서 독일 국민은 모든 것에 관해 많이 알고(위험은 없다는 것을 의미한다. 우리는 언제든지 쿠데타를 일으킬 수 있다) 있다고 언급하며, 다음 쪽의 다른 단락에서 독일 국민은 도무지 알지 못한다고 언급합니다. 만약 그들이 그랬다면, 상황은 그들이 처한 유감스러운 지경에 이르지 못했을 것이기 때문이랍니다(그는 누구나 할 필요가 있는 일은 발생한 것을 공식적으로 밝히는 것이고 모든 사람이 저항운동을 지지하리라는 점을 입증하고, 또한 독일 국민의 결점을 감추기 위해 이것을 언급합니다). 정확히 똑같은

---

[124] 유고에는 없다.

일이 헨크에게서 나타납니다.[125] 예컨대 당신이 저에게 보낸 비망록에 나타납니다. 첫 쪽에서 헨크는 비밀경찰이 7월 20일 할 일이 전혀 없었다, 즉 그들이 아무것도 몰랐다고 말합니다. 그리고 다음 쪽에서는 다음과 같이 말합니다. 비밀경찰은 처음부터 자신들이 필요한 것을 가지고 있었다! 말레체벤에 관한 사항입니다. 책[126]은 그 자체로 말합니다. 누구도 그것을 날조할 수 없었습니다. 소문은 아마도 비밀경찰 측의 빈번한 명예 훼손으로 돌아갈 것입니다. 비밀경찰은 물론 정치적 이유로 체포하는 것을 선호하지 않았고 그래서 온갖 혐의를 꾸며댔습니다. 저는 그것을 믿지 않으며, 어떻게 해서든 상관없습니다. 실제로 약간 축약된 형태의 영어판에 있는 것을 좀 더 자세하게 제시하는 것 외에는 아무것도 할 수 없었습니다. 책의 맥락에서 볼 때 이것은 부차적인 쟁점이거나 상황이기 때문입니다. 헨크가 주장하듯이, 아무도 히틀러 암살 시도를 대비하는 사실을 몰랐다는 것은 단순히 사실이 아닙니다. 이것은 스톡홀름에서는 주지의 사실이었으며, 힘러가 많이 알고 있었다는 사실은 수없이 증명되었습니다. 이 모든 사항은 당혹스러운 일입니다. 저는 다시 당신의 이름을 언급했지만, 당신이 그 현상을 부적절한 것으로 생각한다면 우리는 그것을 쉽게 공격할 수 있습니다. 저는 당신에게서 소식을 들을 때까지 이 자료를 피페르에게 보내지 않을 것입니다.

저에 대한 야단법석은 여기서 평정을 되찾았으며, 사람들은 대신 호흐후트를 쫓을 준비를 하고 있습니다. 저는 『헤럴드 트리뷴』에 기사를 게재했습니다.[127] 경건한 가톨릭교도는 모두 호흐후트를 지지합니다. 스펠만을 따

---

[125] Emil Henk, *Die Tragödie des 20. Juli 1944*(Heidelberg, 1946).
[126] Friedrich Percyval Reck-Malleczewen, *Tagebuch eines Verzweifelten*(Lorch, 1947).
[127] Hannah Arendt, "*The Deputy*: Guilt by Silence?" *New York Herald Tribune Magazine*(February 23, 1964): 6-9. In German: "Der Stellvertreter in USA," *Neue deutsche Hefte*, no. 101(September/October, 1964): 111-123.

르는 가톨릭교도들[128]은 문자 그대로 (저에 대해 반대운동을 전개한) 유대인반명예훼손연맹이 호흐후트에 대한 공격을 준비하도록 내버려 두었습니다. 그리고 그것이 가능하다면, 그곳의 신부(神父; Herr)가 뻔뻔스러운 거짓말로 꾸며낸 것은 그들이 아이히만 문제에서 생각해 낸 것을 능가합니다. 저에 관한 한, 대학들은 저를 구출했습니다. 저는 가는 곳마다 — 지난주 예일대학교 법학전문대학원, 이곳 인근 대학들 등 — 박수갈채를 받았으며, 학생들의 요청과 강의 수요는 아주 많았습니다. 그래서 우리는 지장본(紙機本; paperback) 출간을 서둘러야 합니다. 이외에도, 이곳에서 높은 권위를 지닌 일종의 프랑스문화원, 즉 미국예술아카데미는 저를 회원으로 선출했습니다.[129] 이 단체는 저와 같은 사람에게는 일반적으로 허락되지 않습니다. 학자들은 없고 오로지 예술가·시인·소설가들만이 있습니다. 그들은 물론 "그저 재미로 aus reiner Daffke" 저를 회원으로 선출했습니다(당신이 그것이 의미하는 바를 알고 있다고 추정합니다. 아니면 게르트루트는 설명할 수 있습니다).

헬렌 볼프는 몇 주 동안 여기 있었고 우리를 여러 차례 방문했습니다. 저는 그녀를 매우 좋아합니다. 저는 당신의 『쿠자누스』[130]를 읽었습니다. 대단히 훌륭합니다. 헬렌은 번역을 맡길 목적으로 그 책을 즉시 다시 가져갔습니다. 그 대신 그녀는 『세 편의 에세이 Drei Essays』[131]에서 당신의 막스 베버 관련 논문을 저에게 남겼습니다. 그녀는 이것을 출판하고 싶어 합니다. 우리는 이것에 약간의 문제에 맞닥뜨렸습니다. 헬렌과 만하임도 매우 민족주의적으로 느껴지는 문장으로 어려움을 겪었습니다. 저는 그것을 확인했고 관심을 불러일으키는 유일한 구절이 다음과 같다고 생각합니다(참고문헌

---

[128] 당시 미국의 보수주의적 가톨릭교회의 대변인이었던 추기경 프란시스 조셉 스펠만(Francis Joseph Cardinal Spellman, 1889~1967)의 추종자들.
[129] 편지 155의 각주 74를 참조할 것.
[130] Karl Jaspers, *Nikolaus Cusanus*(München, 1964).
[131] Karl Jaspers, *Three Essays: Leonardo, Descartes, Max Weber*, trans. by Ralph Manheim(New York, 1964).

은 독일어판[132]입니다). 즉 24-26쪽 "세계역사에서 독일의 임무", 또한 33쪽의 첫째 단락 마지막 문장, 34쪽 "단치히에 감히 발을 들여놓는 첫 번째 폴란드인은 총알을 맞을 것이다." 당신은 서론에서 다음과 같이 언급합니다. 즉 "오늘날, 모든 정치는 실제로 막스 베버가 이용할 수 있는 지적 시각 밖에 놓여 있는 새로운 역사적 전제에 좌우된다."[133] 저는 제가 언급한 세 구절에서 각기 조금 다른 방식으로 표현하면서 이것을 반복할 수 있다면 좋겠다고 생각합니다. 아니면 서문에서 당신은 이 이념을 세 구절에 묶을 수도 있을 것입니다. 어떻게 생각하는지요?

지난 두 달 동안 우리는 당신이 말하는 우리의 "멋진 삶"을 여기서 이끌어 왔습니다. 하인리히의 신체검사 결과는 아무것도 나오지 않았습니다. 알코플리와 저는 증상 발현이 두뇌의 경련으로 야기되었다고 확신합니다. 두뇌의 경련은 객관적으로 검증될 수 없으며 어떤 손상도 남기지 않은 채 지나가는 것 같습니다. 어쨌든, 그의 건강은 좋은 편이며, 그는 지적으로 최고 상태에 있습니다. 그는 사람에 대해 조바심하지만, 그렇지 않으면 일상의 일에 더는 짜증을 내지 않고 피곤하지 않습니다. 그의 우울증도 사라졌습니다. 물론 저는 이제는 오랜 기간 멀리 벗어나 있지 않아야 합니다. 그러나 그것을 어떻게 관리할 수 있는지요? 시카고대학교에서는 저를 수용하기 위해 여러 가지 준비를 했습니다. 제가 어떻게 돌아서서 그들을 회피해 나갈 수 있을까요? 우리의 재정 문제와는 거리가 멉니다. 저는 예일대학교로부터 이제는 어떤 소식도 듣지 못했습니다. 그들은 계속 기다리지 않을 것입니다. 제가 시카고대학교에서 가지고 있는 것을 여기서 가지고 있고 시카고대학교 학생들이 저를 기대하지 않는다면, 저의 모든 문제는 해결될 것입니다. 그동안 시카고대학교의 이른바 제 상관 — 학부의 과장, 실

---

[132] Karl Jaspers, *Max Weber: Politiker—Forshcer—Philosoph*(München, 1958). 각주 22의 26을 참조할 것.
[133] *Max Weber*, 7.

제로 학과장 — 은 하인리히를 만났고 그들은 바로 친구가 되었습니다. 그렇다고 상황이 조금이라도 더 수월해지지는 않습니다. 오늘 하인리히와 저는 비판이 당신을 파괴하겠다고 위협할 수 있지만(어쨌든 정말 아주 무시무시하지 않지만), 실제로 당신을 망쳐놓는 것은 찬성의 표현이라는 결론에 도달했습니다. 그 대신에 이 나라는 정말 아주 큽니다.

저는 정치에 대해 많은 글을 썼지만, 그 어느 것도 고무적이지 않습니다. 케네디는 죽도록 허락되지 않았어야 하며, 론칼리[134] 역시 그렇습니다. 한 친구가 자신은 호흐후트의 희곡을 읽었다고 로마에서 편지를 보냈고, 누군가 그에게 무엇을 해야 하는지 물었습니다. 그는 다음과 같이 답변했습니다. "누구든 진실에 대해 무엇을 할 수 있는가?" 다른 한편, 아데나워는 (이탈리아 대사에게) 호흐후트에 대해 언급했습니다. "그는 백치야! 그는 공산주의자라오."

안녕히 계십시오. 건강하세요!

모든 소원을 빌며
한나 올림

편지 349   야스퍼스가 아렌트에게

바젤, 1964년 3월 1일

친애하는 한나!

나는 곧 자네에게 답장을 보내고 싶다오. 그러나 오늘은 이 한 가지만 언급하여 지체되지 않도록 할 것이오.

---

[134] 안젤로 쥬세페 론칼리(Angelo Giuseppe Roncalli, 1881~1963), 교황 존 23세. 아렌트는 『교황 요한 23세: 영혼의 일기(Johannes XXIII: Geistliches Tagebuch)』(프라이부르크, 1968), 361-372쪽의 발문을 집필했다. 이 논문은 이전에 다음 자료에 게재되었다. "Der christliche Papst," Merkur 20, no. 4(April 1966): 362-372. 이 논문은 또한 아렌트의 『어두운 시대의 사람들』에 게재되었다.

나는 자네의 부연 진술 ― 독일인 저항운동 문제에 관한 진술 ― 이 훌륭하다고 생각하오. 동의하오. 가혹하지만 사실이오. 특히 이 책의 틀에서 지면 제약은 더 많은 것을 허용하지 않는다오. 본훼퍼,[135] 폰 트레초프, 그리고 다른 사람들은 면밀한 연구를 받을 자격이 있소(나는 그들에 대해서는 많이 알지 못하오. 검토를 통해 비록 탈정치적이지만 적극적인 요소들이 드러나리라고 생각하오). 리터에 대한 자네의 활용은 훌륭한 반어법이오. 누구든 '객관성'에 전념하고 거짓 진술을 원하지 않으며 자신들의 가치 판단에 거스르는 정보를 포함하기에 ― 아마도 가끔 전혀 예감하지 못하여 마음의 무거운 짐을 풀어서 ― 이런 역사가들을 대체로 칭찬해야 하오.

나의 이름은 남아있어야 하오. 골로 만이 이미 이름을 언급했기 때문이오.[136] 반대자들은 자네가 바꾼 것을 점검할 것이며, 삭제하는 것은 추가하는 것보다 더 위험할 것이오. 더욱이, 나는 완전히 안심하지 않더라도, 자네가 나에게 제공한 이 기회를 명예로 생각하오.

우리는 하인리히의 건강검진의 음성적 결과에 기쁘네요.

오늘은 이만 빨리 줄이오. 따뜻한 마음을 담아
야스퍼스

편지 350 　야스퍼스가 아렌트에게

바젤, 1964년 3월 24일

친애하는 한나!

너무 오래 기다리게 하고 방금 받아 적은 편지를 동봉하여 『막스 베버』와 관련한 수정 부분을 보내 미안하오. 나는 이 수정 부분들로 자네의 의구

---

[135] 디트리히 본훼퍼(Dietrich Bonhoeffer, 1906~1945)는 개신교 목사이고 신학자이며 저항운동 지도자였으며 플로센뷔르크 집단수용소에서 처형되었다.
[136] Golo Mann, "Hannah Arendt und der Eichmann-Prozess," 630.

심이 불식되기를 바라오.

첫째, 서론에 있는 전체 단락을 원본에 덧붙인 새 단락으로 대체할 것이오. "바젤 1958과 1964"는 또한 서문의 끝부분에 첨가되어야 할 것이오.

둘째, 여기에 동봉한 짧은 에세이를 추가하자고 제안하고 싶소. 이 에세이의 출처는 잘린Salin 기념논문집이오.[137] 나는 일부 사항을 바꾸었고 다른 사항을 삭제했소. 이것은 이미 나의 막스 베버 소책자에 언급되었기 때문이오.

나는 13회분 텔레비전 프로그램의 마감일을 지킬 수 없을지도 모른다는 걱정으로 압박을 받고 있다오. 나이를 느끼고 있다는 점을 인정해야 하오. 그래서 유감스럽게, 다른 모든 것을 미루거나 그냥 내버려 두었소. 그러나 그것은 자네가 계속 의구심을 가질 때 그 의구심을 알리지 말아야 한다는 것을 의미하지 않으며 내가 자네의 요청을 변경하지 않으리라는 것을 의미하지 않는다오. 막스 베버에 내재한 개인적 요소들이 그런 시대의 숙명적인 정치적 위상에 조응한다는 사실을 전제할 때, 정치적 사유에서 막스 베버를 그런 독특한 위상으로 고양하는 것은 아마도 다소간 옹호될 수 없을 것이오. 나는 그런 조응을 현상의 하나로만 고려하오. 청년 막스 베버가 범독일연합[138]에 참여했을 때, 그는 완전히 다른 생각을 가졌다오. 그는 그것을 매우 빠르게 다시 떠났소. 그는 결코 다른 단체들에 가입할 수 없었소. 프리드리히 나우만의 국가사회주의연합[139]과의 명백히 진정한 친화성은 현

---

[137] Karl Jaspers, "Bewerkungen zu Max Webers politischen Denken," in *Antidoron: Edgar Salin zum 70. Geburtstag*, ed. E. von Beckerarth et. al.(Tübingen, 1962): 200-214. 에드가르 잘린 (Edgar Salin, 1892~1974)은 경제학자이고 사회학자로서 1924~1927년 하이델베르크대학교 교수였으며, 이후 야스퍼스는 바젤에서 하이델베르크대학교의 그를 알았으며, 잘린은 바젤대학교에서 야스퍼스의 교수 임용에 주된 역할을 했다.

[138] 범독일연합은 독일 민족의식을 고취하고, 해외에서 독일 문화에 대한 의식을 향상하며, 독일을 위한 역동적인 대외정책과 식민지 정책을 형성하고자 1891년 설립된 정치단체였다.

[139] 프리드리히 나우만(Friedrich Naumann, 1860~1919)은 노동자들이 국가, 민족, 그리고 "사회적 군주정"을 지원하도록 국가와 경제 분야에서 민주적이고 사회적인 개혁을 실현하기 위해 국가사회주의연합을 창설했다.

실에서 그가 끊임없이 당을 교육하고 이것으로부터 자신을 당으로부터 방어했던 상황이었다오. 그는 어디에도 어울리지 않았소. 그에게 나타나는 지속적인 자기모순을 지적하기란 쉽다오. 그가 자네와 같다는 점에서 그 자기모순은 결국 합당하오. 그 모든 것에도 불구하고, 나는 기본적인 철학적 입장에서 막스 베버와 하나가 아니지만, 우리를 분리하는 것이 실제로 무엇인지 말할 수 없소. 나는 항상 상세한 특성에 관한 대화에서 그와 합의에 도달할 수 있었지만, 그의 좌절의 심연은 내가 감지한 그런 형태의 심연이오. 즉 나에게 부과되지 않은 것이 그에게 부과되었네요. 그는 내가 갖고 있지 못한 폭발적인 힘을 갖고 있었다오. 학문과 연구 분야에서 그는 아마도 키르케고르와 니체가 견뎌야 했던 것만큼 견딜 수 없는 것을 견뎌야 했소. 그가 자신의 열정적인 학문적 생산성에 대해 얼마나 무관심했는지 놀랍다오. 나는 그가 정치인으로서 역할을 할 수 있었다는 점을 생각하지 않소. 그는 어떤 순간엔가 너무 신뢰하거나 너무 기사도적이었을 것이기에, 아마도 바로 실패했을 것이오. 실질적인 위기에서 그는 아마도 자신이 가장 좋다고 깨달은 것을 행할 수 없었을 것이오.

따뜻한 안부를 전하며
야스퍼스

게르트루트와 나의 안부를 하인리히에게 전해주오.

자네의 외면적인 삶에서 전반적인 비판적 소동은 오히려 이것으로부터 손상되었기보다는 결국 자네의 위신에 오로지 보탬이 되었다오. 그러나 자네는 내면직 삶에서 약간 혹독한 실망을 참아내야 할 것이오.

나는 힐베르크[140]가 공개적으로 자네를 지지한다고 읽었소. 그게 옳은지? 자네는 잠시 그의 서평을 나에게 빌려줄 수 있는지?

---

[140] 편지 351의 각주 145를 참조할 것.

편지 351　아렌트가 야스퍼스에게

뉴욕, 1964년 4월 20일

친애하고 존경하는 분께―

저는 게르트루트가 보낸 특이한 편지봉투에 헨크[141]에게 보내는 답장을 동봉합니다. 저는 당신이 그의 편지를 보았다고 추정하는데, 아니더라도 이 편지는 그가 한 달 전에 게르트루트에게 보낸 편지와 한 마디도 틀리지 않게 거의 같습니다. 그는 분명히 훌륭한 동료이지만 매우 영리하지는 않습니다. 그리고 이런 종류의 언어 ― "죽은 친구의 명예" 등 ― 는 제 신경을 거슬리게 하지만, 사람들은 그것을 더 알아채지 못하는 독일에서 분명히 그것에 그렇게 익숙해져 있습니다. 그런데 제가 언급한 저항단체의 인사는 훨씬 전에 히틀러와 함께 자폭을 시도했지만 실패한 악셀 폰 뎀 부세[142]입니다. 그는 다음과 같이 말했습니다. (나를 의미하는) 당신은 이런 사람들의 용기를 과대평가합니다. 암살 시도는 실패했으며, 실패해야만 했습니다. 이 시도의 모든 참여자는 그가 7월 20일 저녁에도 여전히 살아있을 것이라는 보장을 원했기 때문입니다. 그러나 이것은 실제로 우리 둘만의 비밀입니다! 그는 자신에 대해 저에게 아무것도 말하지 않았습니다. 저는 단지 이후에 다른 사람으로부터 그것을 알았습니다. 자신이 누구인지 제가 꿈에도 생각하지 못했음을 분명히 알아챘습니다. 그는 저에게 보낸 편지에서도 모든 직함과 '폰von'이란 표현을 쓰지 않았습니다. 우리는 주로 유대인 문제, 반유대주의, 시온주의 등에 관해 이야기했습니다.

이제 다른 사항을 말씀드리겠습니다. 피페르가 저에게 요청했듯이, 저는

141　아렌트가 에밀 헨크에게 보낸 1964년 4월 19일 편지.
142　악셀 프라이헤르 폰 뎀 부세(Axel Freiherr von dem Bussche, 1919년 출생)는 군 장교이며 독일 저항운동의 일원이었다. 언급된 계획은 그가 히틀러에게 새로운 스타일의 장교 코트를 선물하는 것이었다. 폭발물을 코트 주머니에 숨긴 그가 지도자를 겨냥했을 때, 폭발물을 폭발시키려 했다. 기회는 전혀 생기지 않았다. 그는 이후 전투에서 심각하게 상처를 입었다.

『예루살렘의 아이히만』 독일어판 서문을 집필했습니다. 그리고 저는 복사본을 당신에게 보내라고 피페르에게 요청했습니다. 저는 이 모든 일로 당신에게 부담을 지우는 것을 싫어하나 당신의 조언이 필요합니다. 당신은 몇 주 전 3월에 보낸 편지에서 이름을 짓는 것에 주저하는 — 당신이 말하길 "나는 전혀 편안하지 않소" — 것처럼 보였습니다. 우리는 저항단체에서 당신의 이름을 삭제할 수 있습니다. 골로 만과 같은 사람이 하는 말은 실제로 저를 덜 괴롭힐 수 없었습니다. 작년에 저는 부러움으로 둔한 사람의 명망을 높여줄 외피를 만들었습니다.

피페르는 거창한 계획을 가지고 있습니다. 그는 주말에 여기에 올 것입니다. 그는 9월에 개최되는 도서전시회와 이후 행사 — 기자회견, 본디 및 에른스트 쉬나벨[143]과의 라디오 대담 그리고 『슈피겔』과의 대담 — 를 위해 저에게 독일에 가기를 권합니다. 저는 그것이 더 불안합니다. 저는 이런 종류의 일에 소질이 없고, 재담을 빨리하지 못하며, 함정에 쉽게 빠집니다. 무엇보다도, 이런 종류의 일을 분명히 싫어합니다. 어떻게 생각하시는지요?

저는 원래 괜찮으시다면 6월에 잠깐 들르려고 생각했습니다. 그러나 이제 그렇게 할 수 없습니다. 어느 대학이 저에게 명예법학박사 학위를 수여하겠다는 엉뚱한 생각을 해냈기 때문입니다.[144] 매우 이상합니다. 그러나 출판사는 제가 그것을 거절할 수 없다고 말합니다. 그러면 대학은 모욕감을 느낄 것이기 때문입니다. 그리고 이 일은 바로 6월 중순에 있습니다. 5월에는 갈 수 없습니다. 이때 저는 다시 시카고에 있을 것이며, 7월에 하인리히는 학기를 끝낼 것입니다. 그는 집에 있을 것이고, 저는 그때 집을 떠나고 싶지 않습니다. 9월에는 가능하지만, 도서전시회는 없지요? 어떻게

---

[143] 에른스트 쉬나벨(Ernst Schnabel, 1913년 출생)은 작가이며 당시 북독일 라디오방송국의 세 번째 라디오 프로그램과 자유-베를린방송국을 담당한 편집자였다.
[144] 1964년 6월 13일 동미시간대학교는 아렌트에게 명예법학박사 학위를 수여했다.

생각하시는지요?

저는 힐베르크가 제 편으로 나온다는 소식을 들어본 적이 없습니다. 그는 유대인의 '자살 충동'에 대해 헛소리를 하고 있습니다. 그의 저서[145]는 정말 훌륭하지만, 단지 책에서 사실들을 이야기하고 있기 때문입니다. 일반 문제와 역사 문제를 다루는 서론은 형편없습니다. (양해하세요 — 제가 누구에게 편지를 쓰고 있는지 잊었습니다. 그러나 이제 말했으니, 저는 그대로 두겠습니다.)

막스 베버에 관한 장은 아직도 우리를 불편하게 합니다. 헬렌 볼프는 당신이 지적한 것보다 더 많이 중복된다는 점을 발견했습니다. 그래서 우리는 오늘 오랫동안 회의를 했습니다. 저는 이것을 정치인으로서 막스 베버에 관한 장 이후 부록으로 사용하고 그 날짜를 기록하자고 제안했습니다. 따라서 이 책은 베버의 정치에 관한 논의를 종결지을 것이며, 이것이 최선인 것 같습니다. 헬렌 볼프는 이곳의 독자들이 막스 베버는 국가사회주의에 대해 무엇을 언급했느냐는 질문에 관심을 가질 것이라고 걱정합니다. 그녀는 잘못 알고 있습니다. 그것이 바로 학생들이 질문하는 것입니다. 모든 일이 잘될 것입니다. 그녀는 대단히 신뢰할 만하며 모든 일에 대해 저에게 묻습니다.

로스만의 상황은 어떤가요?[146]

텔레비전 강의는 어떻게 진행되고 있나요?

저는 막스 베버에 관해 이야기하고 싶습니다 — 방금 편지를 다시 읽었습니다.

만날 때까지, 그리고 곧 이루어지길 바랍니다! 1년 전 우리는 그리스에서 돌아다녔고, 이후 당신을 뵈러 갔습니다.

행복하시기 바라며
한나 올림

---

145 Raul Hiberg, *The Destruction of the European Jews*(Chicago, 1961).
146 쿠르트 로스만(Kurt Rossmann)은 야스퍼스의 후임이 될 후보자들 가운데 한 사람이었다.

편지 352 야스퍼스가 아렌트에게

바젤, 1964년 4월 25일

친애하는 한나!

　이 편지는 싫증 난 것을 없앨 것이오. 나는 12일 전에 며칠 동안 열병으로 기관지확장증의 오한이 있었다오. 열이 나왔다가 다시 올라오는구려. 이 증상 발현이 놀람의 원인은 아니었소. 그러나 내 상태는 작년 자네가 나를 보았을 때와 같다오(주제넘게 설명하자면, 통상 수준 이하요).

　나는 에밀 헨크에 대해 편지를 쓸 필요가 거의 없소. 자네가 전적으로 옳소. 게르트루트는 감사하는 곳에서 영원히 감사하는군요. 게르트루트가 자네에게 보낸 편지봉투를 에밀 헨크에게 보낸 이유는 이렇다오. 즉 게르트루트는 이전에 헨크에게 자네의 주소를 두 번 보냈는데, 헨크는 계속해서 주소를 요구했다오. 그가 게르트루트에게 보낸 편지에서 말한 것 이상으로 자네에게 말할 내용이 없다는 점은 실망스럽소. 게르트루트는 그가 자네에게 몇 가지 새로운 사실을 알려줄 수 있기를 바랬소. 죽은 친구는 아마도 내가 잘 알았던 하우바흐일 것이오. 하우바흐는 암살 기도 이후 7월 22일 우리 집에서 헨크와 함께 있었다오. 우리는 위험을 논의했지요. 하우바흐와 헨크가 매우 감동적으로 내 아내를 걱정하자, 게르트루트는 곧 화제를 다음과 같이 돌렸다오. 하우바흐는 어떻게 자신을 보호할 수 있었을까? 하우바흐는 사전에 그 암살 기도를 알지 못했더라도 상당한 위험에 처하게 되었소. 하우바흐는 동의했다오. 그는 메크렌부르크에 있는 친구들과 숨어 지낼 계획을 했지만, 더 이상의 체포가 이루어지지 않았다는 점을 확신했기에 그 계획을 실행하지 않았다오. 그는 단순한 부주의로 체포되었고, 그때 그가 견뎌낸 것은 끔찍했소. 헨크는 사정을 완전히 알았다오. 그의 운명에 대한 모든 동정심은 정당화되었소. 그러나 그는 '영웅'이 아니었소. 아, 온갖 고통![147]

헨크는 전쟁 중에 특히 군사적 상황과 관련하여 나를 많이 지원했고, 근거에 기초해 매우 영리하게 예측했다오. 누구도 다른 사람과 거의 말할 수 없던 때, 그리고 거의 모든 사람, 심지어 라드브르흐와 같은 친구들(디벨리우스와 알프레드 베버는 **유일한** 예외였소)도 독일의 승리를 희망하던 그런 때, 헨크의 예측은 훌륭했지요. 미국인들이 하이델베르크에 도착하던 날 그리고 미군 병사들이 모든 엄호를 이용하면서 여전히 조심스럽게 전진하던 때, 몇 명의 군복 입은 젊은 독일 병사들이 공원의 정원 너머 나무 뒤에 몸을 숨기고 있었소. 정오 12시에 헨크는 우리와 함께 있으며, 창문을 열고 악을 썼다오. "미치지 마라. 총을 내려놓고 항복하라!" — 병사들은 즉시 그렇게 했다오. 그러나 헨크는 이후 곧 자신의 민족적 마음을 발견하면서 미국인들을 저주하기 시작했소. 게르트루트는 두려워하며 "얘기 좀 하지요. 그들은 우리를 모두 해방시켰어요!" 그래서 이 주제에 대한 논의는 바로 금기시되었소. — 그러나 이것으로 충분하오.

훌륭하오. 자네가 폰 뎀 부세에 대해 말해야 했던 것! 물론 나는 그것을 혼자 간직할 것이오. 그런 사람들이 침묵하는 것은 유감스러운 일이오. 그들은 아마도 자존감에서 그렇게 하오. 그들은 자신을 자랑하고 싶지 않기 때문이오. 그들로서는 고귀하지만, 공중에게는 나쁘오.

막스 베버의 장에 대한 자네의 생각이 고맙구려. 해결책은 나에게 좋은 것 같소. 헬렌 볼프가 중복 때문에 일부를 더 많이 삭제하고 싶다면, 그녀는 내락을 받는다오. 헬렌 볼프가 마지막으로 여기 왔을 때, 우리는 모두 그녀를 매우 좋아했소. 우리는 그녀가 겪은 심한 타격을 가능한 한 동정했고, 현실적인 공감으로 그녀에게 이끌렸소. 그러나 그때 우리는 진정한 동정심으로 그녀에게 이끌리게 되었다오. 그녀는 자유로우며 단순하고 매우 감동적이고 엄하게 자신과 말했으며, 뜻한 대로 살며 그 때문에 오로지 분

---

147   편지 332와 332의 각주 29와 30을 참조할 것.

명히 매우 사랑했던 남편 옆에서만 있겠다는 자신감을 가졌다오.

이제 주요 사항에 대해 언급할 것이오. 『예루살렘의 아이히만』 그리고 이와 관련한 모든 것이오.

나는 서문의 내용이 훌륭하다고 생각하오. 이 서문은 적절한 분위기를 유지한다오. 문학적 관점에서 볼 때, 약간의 변화는 아마도 자네의 설명을 더 효과적으로 만들 수 있을 것이오. 독자는 자네가 처음에 만들어낸 긴장과 명확하고 유익한 설명 이후에 그 서문이 마침내 효과를 내지 못하고 잊히는 듯한 생각을 가질 수 있소. 주제를 더 명료하게 분리하면 이 결점을 피할 수 있을 것이오.

자네는 3쪽에서 새로운 주제의 소개를 나타내기 위해 빈칸을 남겼소. 내 생각에 자네는 몇몇 다른 부분에서도 빈칸을 남길 수 있다오. 즉 5쪽의 첫 부분 "재판의 보고서에서 …"

7쪽 중간 "외견상 더 복잡하며…"라는 부분은 연결문장이지만 처음 두 칸은 공백이오… 제목, "어떤 형태의 범죄…"는 다른 주제와 마찬가지로 우연인 듯하게 보이지 않아야 하지만, 서문이 이제 이전에 언급된 어떤 것보다 훨씬 더 세심하게 취급할 새롭고 중요한 주제로서 명료하게 눈에 띄어야 한다오. 이것은 여기서부터 단 하나의 초점이오. 7쪽에서 15쪽의 내용은 이것과 연관되오. 아이히만은 시야에서 완전히 사라진다오. 이 부분에 담긴 내용은 자네의 책이 논의하는 가장 중요한 사항에 속하오. 서문의 비율은 적당하지 않아요. 만약 자네가 7쪽의 중간에 있는 연결문장 대신에 명백한 절을 설정하면 그런 결점은 해결될 것이오.

그러나 아마도 내가 틀렸을 수 있소. 단지 직접 수정한다면, 수정의 효과 ― 약간의 수정이며 빠르게 할 수 있다오 ― 는 분명해질 것이오. 나는 그렇게 멀리 가리라고 … 추정하지 않는다오.

"그리고…"로 시작하는 마지막 단락은 추후사유인 것 같소. 이와 더불어 자네는 (이 부분에 있는 내용이 모두 그를 언급하고 있다고 하더라도) 7쪽 이후 언급되지 않은 아이히만으로 되돌아온다오. 마지막 단락은 다시 한 칸의 여백을 줌으로써 자네가 여기에 부여할 비중을 지녀야 하오. 그 단락은 더 이상 있을 필요가 없소. 재판에 관한 한, 자네의 주요 의도가 여기서 한 번 더 명료해진다는 점은 분명히 해야 하오.

자네는 정말 선생님답게!라고 말할 것이오. 그렇다고 하지만, 그는 자기가 하고 싶은 일을 할 수 없다오. 그것은 확실히 사실이오. 나는 책임 문제에 관한 언어가 더 명확해지는 것을 보고 싶다고 말할 때(여기서 나는 『책임 문제[Schuldfrage]』에 드러나듯이 나 자신의 노력에 편견을 가지고 있다오), 다시 선생님 역할을 할 것이오. 나는 죄책감Haftung이 쟁점인 곳에서 책임Verantwortumg을 말하지 않을 것이오. 의미에 관한 한, 자네의 의견에 동의하오. 다만 나 자신의 구도가 머리에 박혀있소(이 경우 "네 가지 유형의 범죄"). 그러나 나는 자네가 여기서 어떤 변화를 꾀할 필요가 없다고 생각하오.

독일어판에 내 이름을 남겨주오. "나는 아주 편안하지 않다"는 나의 문장은 내가 이 상황에서 골로 만에 대해 어떻게 처신해야 하는가와 상관이 있다오. 그가 자네를 감히 취급했던 방식에 견줄 때 나의 연관성은 중요하지 않지만, 나는 이 상황을 역시 나에 대한 도발로 느낀다오. 이 노골적인 무례함은 보복성 타격을 요구하오.

피페르는 자네를 위해 큰 광고 노력을 기울이기를 원하네요. 나는 근본적으로 항상 그것을 지지하오. 오늘날 광고를 이용하지 않는 것은 그저 우매할 것이오. 지적인 공중, 즉 100년 전의 작가가 편안함을 느꼈던 '지식 계층'은 이제는 없소. 우리는 개개인에게 어떻게 접근할 수 있는가를 알아야 하오. 즉 우리는 '대중'에 관심을 가져야 하오. 그러나 당연히 각각의 개별적인 경우를 세심하게 고려할 필요가 있다오. 자네가 대규모 학생 모임이나 어떤 형태의 회의 또는 레싱상 수상식과 같은 행사에서 연설할 때, 나는 언제나 기뻤소. 자네가 기자회견과 『슈피겔』 대담과 같은 방식으로 떠맡고 싶은 것은 있다오. 자네는 거기서 단지 자신의 본능을 따라야 할 것이오.

문제는 누구든 자신의 악의, 어떤 효과를 얻으려는 의도에 드러내고 싶은가의 문제라오. 이런 문제에 대한 나의 초기 사유 가운데 일부를 공유하구려. 『자유와 재통일』에 관한 나의 텔레비전 대담[148] 이후, 몇몇 교수(헤르츠펠트,[149] 가다머, 다른 사람들)의 참여로 원숙해진 베를린 우파 단체는 바젤에 있는 나와 대담하러 오길 원했다오. 나는 신체적으로 대담을 할 수 있었지만 거절했소. 막스 베버는 아마도 수락했을 것이오. 나는 선의가 명백히 없고, 내가 다른 모든 사람에 대해 혼자인 전투에 참여하고 싶지 않다오. 『자유와 재통일』이 출간된 이후, 『슈피겔』 측의 세 사람이 바젤에 오길 원했소. 피페르는 대담을 수락하라고 나에게 대단한 압박을 가했다오(대담은 "적어도 4,000부" 이상의 판매 효과를 의미한다오).[150] 나는 다시 사양했소. 처음부터 악의를 품고 있었기 때문이 아니오. 세 사람이 한 사람의 의사에 반해서 대담을 자의적으로 끝내고 자신들이 출간하고 싶지 않은 것을 녹음테이프에서 삭제한다면, 나는 선풍을 일으키려고 나를 찾아와 자네가 말하듯이 나를 위해 덫을 놓았을 사람들과 맞서 싸웠을 것이기 때문이오. 내가 생각했듯이, 누구든 자신들이 무방비 상태인 사람들을 상대해서는 안 되고, 자네가 말한 내용을 줄일 수 있으며 그리고는 자신들이 의도한 대로 쓸 수 있는 사람들을 상대해서는 안 된다오.

라디오 대담은 다른 문제지만, 오로지 한 대담자하고만 상대해야 하오. 본디는 이 능력이 있음을 증명했다오. 잔느 헤르쉬는 꽤 오래전에 나에게 이렇게 말했소. 즉 본디는 골로만이 옳다고 생각했다오. 내가 말하고 있던 사람이 자네가 아니었다면, 내가 자네에게 한 이 말은 고자질이었을 것이

---

148 대담의 주제는 '오직 자유 — 그러나 그것에만 달려 있다'이다.
149 한스 헤르츠펠트(Hans Herzfeld, 1892~1982)는 역사가이며 1950~1960년 자유베를린대학교 교수였다. "우파 기관"이란 문구는 추정컨대 라디오자유유럽과 관련된다.
150 야스퍼스가 『원자폭탄과 인류의 미래』 출간 이후 대담에 참여하라는 피페르의 요청과 관련하여 비슷한 이야기를 한 편지 319를 참조할 것.

오. 나는 쟌느가 전달한 그 보고가 절대적으로 정확한지 모르오. (당시 그녀는 견해를 갖고 있지 않았다오. 그녀는 자네의 책을 아직 읽지 않았기 때문이오.) 누구든 본디가 말했을지도 모르는 것을 너무 중요시해서는 안 될 것이오. 자네는 그와의 대화에서 일반 대중이 알아야 하는 점을 그들에게 전달할 수 있소. 그 때문에, 본디는 충분히 총명하고 예의 바르게 행동할 것이오.

자네가 요청했기에, 나는 기자회견, 『슈피겔』 대담, 패널 토론을 회피하려고 하겠지만, 본디와의 라디오 대담을 수락할 것이오.

로스만에 관한 사항이오. 대학 당국은 만장일치로 그를 반대한다오. 시의 '교육위원회'는 만장일치로 그를 찬성한다오. 하인리히 쇼케[151]는 그를 찬성한다오. 최종 결정을 담당하는 시평의회는 아직도 불확실하오. 평의회는 전체 평의회 위원(7인 위원)과의 개별 대담을 위해 로스만과 다른 후보, 즉 취리히 출신의 메이어[152]라는 사람(1948년에 출간된 라이프니츠에 관한 두꺼운 저서[153])을 초청하고 싶었기에, 그들은 각 후보를 개인적으로 알게 되었다오. 나는 대학 당국의 문건에 "야스퍼스 패거리"에 관한 언급이 있다는 것을 들었소. '교육위원회'는 주민들에 의해 직접 선출되며 교육체계 전반에 책임을 지고 있소. 대학만을 담당한 행정당국이라오. 로스만의 반대자들은 마지막 순간에 "스위스인, 외국인이 아님"이란 구호를 끌어들였다오. 그래서 일은 순조롭게 진행된다오. 로스만이 지위를 확보한다면, 그것은 쇼케와 대학에 반대하는 대중적 대표자들 때문일 것이오. 물론 이것은 우리 둘만의 비밀로 해주구려.

텔레비전 강의는 불확실하오. 나의 질병이 모든 것을 방해했소. 강의 내용을 그냥 다 쓸 수 없다오. 강의는 그들이 나에게 시간을 줄 수 있는지에 달려 있을 것이오. 나는 강의하고 싶지만, 아니더라도 불행하지 않을 것이

---

151 피터 쇼케(Peter Zschokke, 1898년 출생)는 바젤슈타트주의 교육부 수장이었다.
152 루돌프 W. 메이어(Rudolf W. Meyer, 1907년 출생)는 취리히대학교 철학 교수였다.
153 Rudolf W. Meyer, *Leibniz und die Europäische Ordnungkrise*(Hamburg, 1964).

오. 이는 본질적인 문제로 대중 속의 개개인에게 도달하려는 시도라오. 소수만 이해하는 활동으로서 철학은 미래를 갖고 있지 않으며, 오늘날 사람들의 심각함을 정당하게 대하지 못한다오. 나는 하인리히의 도움으로 아마도 너 빨리 앞으로 나아갈 것이오. 우리의 의도는 같지만, 우리의 의미는 같지는 않다오.

우리가 적어도 올해에 볼 가능성은 우리 모두에게 희망스러운 전망이오.

두 사람에게 따뜻한 안부를 전하며
야스퍼스

자네는 내 수기에서 내가 얼마나 피곤한가를 알 수 있을 것이오. 양해하기 바라오! 나는 다른 때에 하인리히의 멋있는 그리스 사진과 관련한 편지를 보낼 것이오. 이제 따뜻한 감사의 말만 전하오.

자네의 명예법학박사 학위를 축하하오. 그것과 예일대학교 법학전문대학원의 강의는 미국인들이 법률적 원리를 담은 자네의 사유를 파악했다는 것을 보여준다오. 『전체주의의 기원』에서 시민권에 대한 자네의 경이로운 논의는 충분한 증거라오! 자네는 시민권을 이미 획득했소.

편지 353 **아렌트가 야스퍼스에게**

시카고, 1964년 5월 14일

친애하고 존경하는 분께!

당신의 편지는 제가 메인에서 조지아로 여행하기 위해 뉴욕을 떠나기 전에 마침내 도착했습니다. 저는 사고로 인하여 강의와 모든 보강(補講; Nachzahlung)을 포기해야 했습니다. 여행을 마치고 이곳으로 직접 왔습니다. 여기서 저는 대단히 즐기고 있는 칸트 세미나를 진행하고 있습니다. 『위대한 철학자들』에 수록된 「칸트」와 함께 「윤리 형이상학의 정초」는 저의 유일한 보조

자료입니다. 저는 세미나를 마치고 방금 집에 왔습니다. 가을학기에 저는 『판단력비판』에 대해 강의를 진행하고 싶습니다. 칸트 읽기는 저에게 많은 기쁨을 주고 있습니다.

저는 헨크로부터 더 이상 아무것도 듣지 못했습니다. 확실히 거기서 할 수 있는 일은 아무것도 없습니다. 저는 거짓말이 인간 본성에서 '부도덕한 부분'이라는 것을 전혀 믿고 싶지 않았지만, 점차 자기기만이 담당한 역할을 깨닫기 시작합니다. 저는 헬렌 볼프로부터 막스 베버 논문의 번역본을 받았으며, 그것을 검토하고 다시 돌려보냈습니다. 그것은 제가 보기에 훌륭하지만, 전반적인 사항을 세심하게 검토하지 못했습니다. 저는 단지 번역이 만하임에 의해 이루어지지 않았기에 이것을 말합니다. 저는 헬렌 볼프를 상당히 좋아합니다. 그녀는 생계를 유지하기가 힘듭니다. 그녀는 어떠한 환상도 갖지 않은 채 자기 남편을 매우 사랑했습니다. 저는 그녀의 남편 사랑을 항상 높이 평가해 왔습니다.

『예루살렘의 아이히만』 서문에 관한 사항입니다. 당신이 말씀하는 것은 전적으로 옳지만, 저는 교정쇄를 받을 때까지 당신이 제안한 수정 사항을 검토할 수 없을 것입니다. 저는 피페르에게 주의를 환기하려고 그에게 편지를 쓰고 있습니다. 신기하게도 '죄책감'이란 용어가 그냥 저를 벗어났습니다. 그렇게 정확하게 읽고 특별히 제안해주신 당신에게 **매우 매우** 감사합니다. 당신의 제안에 조급한 마음으로 편지를 썼습니다. 그리고 저는 조급함이 점차 작아졌다는 것을 의식했지만, 조급함은 종종 저에게 일어납니다.

이제 피페르의 거대한 광고 계획에 관한 사항입니다. 작성된 질문지를 미리 제공하고, 즉 질문 내용이 저에게 어울리고, 나쁜 의도를 질문에 직접 드러내지 않은 것을 확인한다면, 저는 기자회견에 참여하기로 — 당신의 편지가 도착하기 이전 — 반쯤 동의했습니다. 기자회견이 실제로 있을지는 미지수입니다. 『슈피겔』 대담에 관한 사항입니다. 저는 당신의 견해에 완전히 동의합니다. 그 외에도 누구든 질문에 담긴 선입견을 확인해야 합니다. 다른 모든 것은 제외되거나 대담은 단축됩니다. 피페르는 그것을 이해했습니다. 라디오 대화는 가능성으로 남아있지만, 본디와는 하지 않겠습니다. […] 하지만 당신을 만날 때 더 많이 알게 될 것입니다.

로스만에 관한 사항입니다. 이 일은 어떻게 끝날까요? 대학이 그를 원하지 않는다면 그가 직위를 갖는 게 좋은지요? 아니면 대개 그렇듯이 기정사실에 빨리 적응할 것인가요?

객원 강사로서 예외적으로 훌륭하고 유능한 사람은 앨버트 볼스테터[154]이며 이곳 시카고대학교 교수입니다. 그는 여러 해 동안 전쟁과 관련한 문제를 자문하고자 정부를 위해 일했습니다. 그는 당신의 『원자폭탄과 인류의 미래』에 매우 심취했습니다. 그는 당신이 과학자들을 이해하고 이곳과 유럽의 과학자들이 말하는 허튼소리를 이해하는 유일한 사람이라고 말했습니다. 저는 그가 저의 『혁명론』에서 당신의 책에 대한 언급을 발견했기 때문에 저 자신이 매우 자랑스럽습니다. 그는 수학자로서 연구를 시작했으며, 이후 수학 논리 연구에 노력을 기울이기 시작했습니다. 게다가 그는 평소와 달리 즐겁습니다. 우리는 매우 친해졌으며, 이런 관계에 잘 알려진 역사학자인 그의 부인도 포함됩니다. 저는 그가 시카고대학교 교수로 취직하기를 매우 바랍니다.

안첸은 코이레가 사망했다는 소식을 전했습니다. 저는 당신이 그를 알았는지 모릅니다. 우리의 오랜 친구입니다. 슬픕니다. 저는 그가 뇌졸중으로 많이 늙어버린 후인 1년 전 파리에서 그를 만났습니다. 그때 안첸은 코이레가 뼈암을 앓고 있다고 편지를 보냈습니다. 아주 고맙지요.

제가 나탈리 사로트를 알게 되었다고 당신에게 말했는가요?[155] 프랑스

---

154   앨버트 볼스테터(Albert Wohlstetter, 1913년 출생)는 1965~1980년 시카고대학교 교수였다.
155   나탈리 사로트(Nathalie Sarraute, 1902년 출생)는 러시아 태생 프랑스 작가였다. 다음 자료를 참조할 것. Hannah Arendt, "Nathalie Sarraute," *The New York Review of Books*(March 5, 1964).

소설가이며 러시아계 유대인입니다. 옛날 집에 온 것 같이 그녀가 편하게 느껴졌습니다. 우리는 처음부터 아주 잘 맞았습니다. 그녀는 미국에 푹 빠졌습니다. 이런 열광은 저에게 당신을 생각나게 했습니다. 그녀는 항만 노동자 호퍼가 방금 정치학과 교수로 임명된 버클리캠퍼스에 있었습니다. (저는 몇 년 전에 그에 관한 내용의 편지를 당신에게 보냈습니다.[156] 그는 당신의 책을 읽었고, 우리는 좋은 친구였기 때문입니다.) 그는 노동조합에 관한 내용을 학생들에게 말할 것입니다. 호퍼는 이전에 부두에서 일했지만, 지금은 나이가 많이 들어 부두에서 일할 수 없습니다. 부두 일은 역시 그에게는 어려우며, 대학은 그를 위해 정규직을 제안했습니다. 나탈리 사로트는 그 일로 매우 감명을 받았습니다. 소르본대학교에서는 그런 일이 있지 않았을 것입니다!

그러나 저는 계속 재잘거립니다. 5월 30일까지 이곳에 있다가 이후 뉴욕으로 돌아갑니다.

최선을 다하겠습니다―
한나 올림

편지 354 **아렌트가 야스퍼스에게**

팔렌빌, 1964년 7월 23일

친애하고 존경하는 분께,

저는 그렇게 오랫동안 당신으로부터 어떤 소식도 듣지 못했습니다. 그러나 아주 기쁘게도 『쿠자누스』가 도착했습니다. 저는 헬렌 볼프로부터 원고를 받았지만, 지금까지 이것을 읽을 수 없었습니다. 원칙상 원고를 살펴보지 않는 하인리히는 이 원고를 바로 읽기 시작했습니다. 여느 때처럼 우리

---

in German, *Merkur* 17, no. 8(August 1964).
156 편지 165를 특별히 참조할 것.

는 두 권 — 한 권은 피페르가 보냈습니다 — 을 받았기에, 기꺼이 각기 밑줄을 그으며 읽을 수 있습니다.

우리는 유난히 더운 여름을 이곳에서 보내고 있고, 그래서 비교적 일찍 캣츠킬로 도피했습니다. 이곳 역시 매우 덥지만, 매우 아름답고 평화로우며, 밤에는 항상 선선합니다. 우리가 골드워터 사건,[157] 완전히 자발적이고 광적인 흑인 폭동과 국민의 변화된 분위기로 매우 동요하고 있다는 것은 당신에게 놀랄 일이 아닙니다. 골드워터는 바보지만 이 점에서 위험한 인물입니다. 그는 민권법안 — 사유재산 및 어린이를 어떤 학교에 입학시킬 것인가를 통제하는 권리 — 의 진짜 아픈 부분에 손을 얹었습니다. 무엇보다도, 흑인들 사이의 운동은 점차 인종주의 색채를 띠고 있습니다. 우리는 백인들의 조언을 받아들이지 않을 것입니다. 즉 적이 필요한 우리 친구들인 백인들과 함께, 세계 인구의 80%는 유색인이며, 우리는 왜 미국에서 지배하지 않아야 하는가? 등. 이런 종류의 일을 추진하는 사람들은 젊은 흑인들(다수가 비행 소년들)뿐만 아니라 존경받는 지식인도 있습니다. 할렘가에서 12세 어린이의 80%는 제대로 읽을 수 없습니다! 그리고 뉴욕과 시카고의 거리에서 벌어지는 범죄 행위는 정말 무시무시합니다. 지난 몇 년 동안 이루어진 모든 개선과 진보는 하룻밤 사이에 버려질 수도 있습니다. 골드워터가 당선될 가능성이 있다는 것은 꽤 분명해 보입니다. 무엇보다도 — 전혀 언급되지 않은 부분 — 케네디의 암살 문제는 해결되지 않았습니다. 확실해 보이는 유일한 것은 그 인물이 오스왈드일 수 없었다는 점입니다. 그러나 워런 위원회의 보고서[158]는 물론 반대 입장을 주장할 것입니다.

---

[157] 베리 골드워터(Barry Goldwater, 1909년 출생)는 1953~1964년, 1968~1987년 미국 애리조나주 상원의원으로서 1964년 공화당 대통령 후보였다. 그는 극단적 보수주의자로서 선거에서 린든 존슨에게 패배했다.
[158] 얼 워런(Earl Warren, 1891~1974년) 대법원장이 이끄는 대통령위원회 보고서는 오스왈드가 케네디 대통령의 암살에 유일하게 혐의가 있다고 생각했다.

오늘은 9월 방문을 위한 좀 더 구체적인 제안을 하고자 편지를 쓰고 있습니다. 피페르는 17일경에 저를 독일에 데려가길 원하며, 저도 이것과 별도로 15일과 20일 사이 언젠가 진행되는 바바리아라디오방송의 초청을 수락했습니다. 제가 그 이전에, 달리 말해 9월 전반에 당신을 방문할 수 있다면, 그것이 저에게는 최선일 것입니다. 그게 어떨지요? 그런데 저는 피페르와 끝없는 문제를 겪고 있습니다. [⋯] 이제 그는 『예루살렘의 아이히만』을 오로지 지장본으로 출판하고 싶다고 갑자기 결정했습니다 ― 아무도 모릅니다. 물론 저는 동의하지 않을 것입니다. 일찍이 그는 소송에 관한 변호사의 비망록을 저에게 보냈습니다. 그것만으로도 저는 괜찮습니다. 그러나 당신은 이 비망록을 보았어야 합니다. 매 쪽을 넘길 때마다 아이히만 밑에서 활동했고 지금 독일 구치소에 수용되어 있고, 자신들의 '명예'가 손상되었다고 느끼는 기결수들, 즉 나치 범죄인들에 대한 고려 사항으로 가득 차 있습니다. 나치 동조자들의 문서는 완전히 환상적이고 아주 명료합니다 ― 그러나 피페르출판사의 어떤 직원도 지적하지 않는 것 같군요! 저는 그가 이것을 인식하지 못한 채 자기 출판사에서 일하는 그와 같은 사람을 고용하고 있다는 느낌이 있습니다. 비망록은 목적이 뚜렷하지 않고 혼란스럽습니다. 그들이 추정컨대 완전히 나태하여 제 책에서 단 한 가지도 바꾸지 않았다(저는 바로 교정본을 가지고 있습니다)는 사실은 남아있습니다.

시내가 여전히 견디기 어려울 정도로 덥지 않다면, 저는 8월 중순(15일경)에나 뉴욕으로 돌아갈 생각입니다. 하인리히는 좋은 편입니다. 우리는 좋습니다. 즉 낮에는 연구하고 저녁 산책하러 나가 주막집 주인을 알고 있고 (여행객이 아닌) 지역 주민들이 다니는 마을 주막을 잠깐 들러서 술을 마십니다. 마을의 젊은이들은 춤을 추러 이곳에 들리고, 주막 주인은 자신의 어린 시절부터 알았던 소녀들과 함께 춤을 춥니다. 그리고 만약 젊든 늙든 누군가가 나쁘게 행동을 하면(예컨대, 마을 사람들의 수다가 알리면), 그는 주막 주인으로부터 심하게 질책을 당합니다. 그다음 주막 주인은 다시 숙녀들과 춤을 추거나 한 순배의 술을 돌리라고 주문함으로써 좋은 감정을 유지합니다. 그는 마을의 품행에 정말 좋은 영향을 미칩니다. 온갖 혼란 속에서도 그것을 보는 게 좋습니다.

곧 편지를 쓰세요! 따뜻한 마음으로
한나 올림

저는 『쿠자누스』를 바로 즐겨 읽습니다. 이것은 이런 혼란의 시기에 저에게 큰 위안입니다.

감사드리며, 안부를 전합니다.

하인리히 올림

편지 355 야스퍼스가 아렌트에게

바젤, 1964년 7월 27일

친애하는 한나!

긴 침묵에 변명의 여지가 없네요. 나는 텔레비전 '강의'에 잡혀 있었다오. 모든 게 완만하게 진행되오. 자네에게 말할 긴급한 것은 없었기에, 편지 쓰는 것을 연기했소.

자네는 칸트 세미나에 관한 편지를 보냈소. 복잡한 사유에 필요한 평화가 아직도 가능하니 얼마나 좋고 멋진지! ― 그리고 자네가 칸트를 선택한 것도 훌륭하오.

자네의 편지는 염려하는 덕택에 더욱 생생하게 방금 도착했소. 하인리히[159]는 마을의 풍습에 좋은 영향을 끼치는구려. 그래서 그것 역시 오늘날에도 여전히 가능하오. 나는 기쁘오.

---

[159] 이것은 야스퍼스의 입장에서 오해이다. 하인리히 블뤼허가 아닌 주막 주인은 마을의 도덕을 주시한다.

피페르에 관한 자네의 견해는 확실히 정확하오. 우리는 오랫동안 그것을 알았다오. 그런데도 누구든 로볼트출판사나 피셔출판사와 함께 일하기를 원하지 않는다면, 그는 여전히 출판인들 가운데 가장 즐거운 사람이오. 그는 일주일 전에 여기 왔소. 자네와 관련하여 말하면, 자네의 저서를 출판한다는 전망에 흥분과 즐거움뿐이라오!

나는 한 방문자로 방해를 받았다오. 게르트루트는 내 책상에 있는 이 편지를 보고 연필로 메모를 남겼다오.[160] 이제 나는 계속할 것이오.

피페르는 자네를 위하며 자네와 함께 큰 규모로 광고하고 싶어 하오. 자네는 이 문제에 대해 편지를 보냈다오. 충분한 확약으로 − 그래서 본디는 관여하지 않을 것이오 − 나는 그게 훌륭하다고 생각하오. 자네는 무방비 상태인 노골적인 나쁜 의도에 직면하지 않는 한, 나타나는 어디서든 극복하지요. 나는 독일에서 자네의 저서에 큰 기대를 걸고 있소. 이 책은 아마도 더 큰 불안을 불러일으킬 것이오. 우리는 진리에 대한 독일 학생들의 요구에 대해 점점 더 자주 듣는다오. 그들은 자신들이 기만당하는 것을 더는 원하지 않지요.

나는 9월에 자네에게 원고를 보여줄 수 있으면 좋겠소. 이미 자네에게 그 의도를 언급했지요. 애석하게도, 그럴 수 없을 것이오. 겨우 비망록을 취합했을 뿐이고, 집필은 시작도 하지 못했소. 즉 사유의 독립성, 그리고 범례로서 자네와 자네의 저서에 대해서는 집필도 하지 못했소. 모든 게 나에게는 느리게 진행되오. 나는 텔레비전 강의가 쉽지 않다는 점을 알고 있소. 그리고 쿠자누스에 관한 라디오 대담으로 강의와 관련한 작업은 중단되었소.[161] 내가 대담에 필요한 것을 모두 알았다고 하더라도, 그것을 준비하는

---

[160] 게르트루트의 비망록은 다음과 같이 기록하고 있다. "사랑하는 한나, 당신이 존재한다는 걸! 9월 초는 우리에게 멋지게 어울린다오 − 그때쯤 모든 방문자는 가버리고, 에르나는 9월 중순까지 휴가를 가지 않을 것이오! 우리는 아직도 집안일을 수월하게 한다오. 마감일이 걸려 있는 많은 일들 − 그러나 마지막으로 했으면 좋겠다오. 두 사람을 고려하여!"

[161] Karl Jaspers, "Nikolaus Cusanus: Vortrag zum 500. Todestag," broadcast by Radio Studio

데 여전히 3일이 걸리오. 이후 나이의 무기력이 나에게도 나타나오. 나는 은퇴하고, 그 순간의 정신이 지시하는 것을 하고 싶네요. 현재 그것은 셰익스피어 읽기라오. 영국방송공사BBC가 나의 강의를 좋아할 것이기 때문이오. 방송사 측은 나의 저서 『진리에 대하여』[162]에 소개한 『햄릿』에 관한 몇 쪽을 언급하면서 아주 주목할 만한 멋있는 편지를 보냈소. 그러나 나는 정말 거절해야 할 것이오. 이런 유혹받는 자극, 즉 강렬한 충동은 정력 소모이니, 그런 경우 제쳐두지요. ─ 의무감이 시들 때면, 그런 충동은 위험하오. 나는 『템페스트』에 다시 완전히 매료되었소. 이것은 가장 멋지고 신비스러운 철학을 담고 있다오. 비록 내가 이것을 기록할 수 있다고 하더라도, 나는 셰익스피어의 심오함을 성취할 수 없을 것이오. 그러나 이 작품을 이야기하고 해석하며, 그런 다음 나 자신의 해석을 거부하는 것은 다시 나에게 큰 기쁨을 주오.

나는 11월 골드워터의 당선이 가능해 보인다는 말을 자네에게서 처음 듣고 있다오. 나는 우리의 신문 보도로 판단할 때 그저 반대 결과를 믿는다오. 물론, 미국인들은 조지프 매카시를 경험하여 알았다오. 미국인들은 다시 자유로워지는 게 그렇게 쉽지 않을 수 있는 상황에 놓일 수 있었다오. 나는 아직 그것을 감히 생각할 수 없소. 그것은 우리에게 삶을 가능하게 하는 모든 것의 붕괴를 향한 제1단계일 것이오. 자네가 여기 있을 때, 우리는 함께 논의할 것이오. 자네는 호흐후트를 통해 워런 대법관에게 보내는 편지[163]를 나에게 보냈소. 한 개인이 보낸 훌륭한 편지라오.

나의 건강은 좋으며, 그 몇 주 동안 그렇게 즐거웠을 수 있던 것보다 훨씬 더 좋으며, 그리고 나는 우리 모두를 실망시켰지요.

나는 하인리히에게 따뜻한 안부를 전하오. 그를 종종 생각하오. 그는 오

Basel, August 10, 1964.
[162] *vom der Wahrheit*, 936-943.
[163] 유고에는 없다.

늘날 사람들 사이에서 기둥이오. 그게 나를 편안하게 하오.

누구도 그가 어떤 책을 쓰고 싶어 하지 않는다는 것을 그에게서 잘못 받아들일 수 없지만, 만일 그가 자신이 철학적 궤변들을 기록하기만 한다면, 나는 그것들 가운데 일부를 그에게서 직접 들을 것이오!

나는 우리의 대화와 자네를 다시 볼 기회를 기대하오.

여느 때와 같이 따뜻하게
야스퍼스

한 사진작가가 여기 있었다오. 그는 『별 Stern』을 위해 일하는 모세스[164]라 불리는 사람이오. 그의 작품 사진들은 맨 처음 『별』에, 그다음에는 『매그넘 Magnum』과 『너 Du』, 그리고 1965년 책 형태로 선보일 것이오. 의욕적이고 유능한 젊은이(내 생각에 40세가량)라오. 내가 자네를 언급했을 때, 그는 즉시 다음과 같이 말했소. 물론 훌륭하지만, 그녀와 연락이 되지 않네요! 나는 자네가 독일에 올 것이라고 그에게 말했다오. 그는 자네가 사진을 찍을 수 있도록 허락할 것인지 그리고 자네를 어디서 만날 수 있는지 묻고자 자네에게 편지를 보낼 것이오.

편지 356 **아렌트가 게르트루트에게**

팔렌빌, 1964년 8월 12일

친애하는 벗에게!

당신의 편지는 방금 도착했습니다. 저는 피페르가 기획한 다양한 행사의 날짜와 관련하여 그와 서신을 계속 주고받기에 편지를 보내지 못했습니다.

---

[164] 스테판 모세스는 잡지 『매그넘』의 『1964년 연간호(Jahresheft 1964)』에 수록할 사진을 찍기 위해서 그 당시 독일 작가들을 방문하고 있었다.

이런 행사는 모두 뮌헨·프랑크푸르트·바덴-바덴에서 9월 15일 이후 진행되기에 일주일 정도 걸릴 것입니다. 그래서 저는 9월 2일 이곳에서 비행기를 타고 3일 저녁이나 4일 아침 바젤에 도착할 것으로 생각합니다. 금전 문제로 취리히에서 하루 보내야 하기 때문입니다. 이후 저는 14일까지 머물 것입니다. 저는 15일에는 뮌헨에, 17일에는 프랑크푸르트에 있을 것입니다. 짧은 시간 머물 것입니다. 시카고대학교 세미나가 10월 초에 시작되기 때문입니다. 저는 아마도 안첸의 새 아파트를 구경하기 위해 브뤼셀을 거쳐 23일 귀국 비행기를 탈 것입니다. 이런 계획이 좋은지 즉시 알려주세요. 이 계획이 당신에게 어울리지 않으면, 저는 6일을 앞당기려고 노력할 것이며, 즉 4~5일 앞당겨 9일에 왔다가 다시 귀국 길에 올라 29일까지 집으로 돌아가지 않을 것입니다. 우리가 평화로운 10일을 함께 보낼 수 있다면 저에게는 더 좋을 것입니다. 제 경험에 따르면, 출발과 도착 날짜는 단지 절반밖에 되지 않습니다.

저는 텔레비전 방송이 즐겁고 시청하고 싶습니다. 그것이 언제 방송될까요? 이곳에서 우리는 처음으로 매우 좋고 평화로운 몇 주를 보낸 후에 지금은 매일 방문객들을 맞이하고 있고 약간 정상 상태를 벗어나 있습니다. 모두 좋은 친구지만, 한 번에 너무 많습니다. 저는 실제로 칸트 이외에 다른 것은 읽지 않습니다. 대단히 재미있습니다! 저는 강의를 준비하고 『혁명론』을 계속 번역하고 있습니다.

우리는 인신공격과 다른 재미있는 주제들에 대해 상세히 이야기할 것입니다. 『재건』은 다른 무엇보다도 프로이트 학사들이 말하는 남근 선망에 대해 저를 비난하기 때문에 재미있습니다. 이제 저는 독일인들이 무엇을 생각해 내는지 그리고 그들이 어떤 새로운 이념을 가질지 알고 싶습니다.

그러나 진지하게 — 남편께서 자신이 이 모든 것에 관한 무엇인가를 쓰고 싶다는 점을 편지로 쓸 때마다, 저는 명예 때문에 얼굴을 붉히고 그분이 이른바 이 토론에 말려들 수 있다는 두려움에 창백해집니다. 그것은 때때로 정말 매우 지저분합니다. 그러나 지금 저는 얼굴이 붉지도 창백하지도 않고, 마침내 우리가 다시 만날 수 있다는 것에 형언할 수 없을 정도로 행복하고 안심할 뿐입니다.

따뜻한 안부를 전합니다.

한나 올림

추신. 뉴욕으로 편지를 보내세요. 우리는 일요일에 집으로 갈 예정입니다.

편지 357 **야스퍼스가 아렌트에게**

바젤, 1964년 8월 17일

친애하는 한나!

오늘 아침 자네의 편지 덕택에 최고의 기분으로 그 뒤에 있었던 텔레비전 촬영에 참여했소. 자네가 열흘 동안 여기에 있을 것이라니 멋지구려!

내가 보기에, 피페르는 자네의 광고 홍보를 조직하는 훌륭한 일을 하고 있소. 자네는 가는 곳마다 적대적인 문제에 직면하더라도 사람들을 설득시킬 것이오. 그 사실은 자네가 믿을 만하다는 것이오. 오늘날 얼마나 드문 일인가!

부탁할 게 있소. 자네는 전쟁 시절에 집필한(『메노라(*Menorah*)』라는 잡지에 수록한) 논문 「시온주의 재고찰」[165](또는 이와 유사한 것)을 가져와서 읽을 수 있도록 빌려줄 수 있는지? 나는 자네가 작년 여름 확보한 『뉴욕 타임스』[166]의 두 호(신문사가 수록한 무스마노의 기고문[167]과 다른 모든 편지)를 다시 보고 싶구려.

---

[165] 편지 38의 각주 81을 참조할 것.
[166] *The New York Times Book Review* of May 19 and June 23, 1963.
[167] Michael A. Musmanno, "Man with an Unspotted Conscience: Adolf Eichmann's Role in the Nazi Mania Is Weighed in Hannah Arendt's New Book," *The New York Times Book Review*(May

자네와 하인리히에게 따뜻한 안부를 전하오.

야스퍼스

나도 하인리히와 얼마나 이야기하고 싶은지!

편지 358　아렌트가 야스퍼스 부부에게

1964년 8월 22일

친애하는 친구분들께!

　두 분[168]의 편지는 내면의 여행 열풍뿐만 아니라 이 여행에 대한 큰 기대를 불러일으켰습니다. 저는 9월 2일 항공편을 예약했습니다. 3일 취리히에 도착할 것입니다(애석하게도 밤에 출발하는 항공편만 있습니다). 제가 피곤하면 바젤로 갈 것입니다. 아니면 모든 것을 처리하기 위해 오후까지 취리히에 머물 것입니다. 제가 3일부터 14일까지 크라프트호텔에 머물 수 있는지 알아봐 주시겠습니까? 그게 가능하지 않다면, 저는 오일러호텔이나 로터 옥센호텔에 머물 수 있습니다. 「시온주의 재고찰」과 『뉴욕 타임스』 등을 휴대할 것입니다.

곧 볼 때까지, 다정하게
아렌트 올림

　　19, 1963).
[168]　편지 357은 같은 날짜로 게르트루트가 아렌트에 보낸 편지가 동봉되어 있다.

편지 359   아렌트가 야스퍼스에게

1964년 9월 29일

친애하고 존경하는 분께,

　브뤼셀에서 당신의 목소리를 듣게 되어 훌륭했습니다. 브뤼셀 역시 좋았습니다. 안첸과 저는 브뤼허*에 갔으며, 다음날 저는 겐트(놀라운 얀 판 에이크의 그림)에 갔다가 이후 마침내 거의 텅 빈 비행기로 매우 안락하게 뉴욕의 집으로 돌아왔습니다. 이곳의 모든 상황은 좋습니다. 하인리히의 일은 잘 되고 있습니다. 저는 약간 분주하지만 심한 편은 아닙니다. 일요일 시카고로 비행기를 타고 갈 것입니다.

　저는 결국 복사할 수 없었던 서류를 동봉하여 이 모든 것을 당신에게 보냈습니다. 어쨌든, 이 서류는 확실히 등기우편으로 안전하게 도착할 것입니다. 첫째, 유대인 단체들의 지원과 협력으로 이곳 운동의 실질적인 선도 단체인 반명예훼손연맹[169]의 자료를 동봉합니다. 또한 […] 그가 이 자료를 저에게 보낼 때 쓴 편지를 보냅니다. 그는 저에게 내부 비망록을 제공했고, 저는 그에게 보낸 답장을 동봉합니다.[170] 그의 이름을 비밀로 해주세요. 어쨌든 그사이에 그들은 그를 쫓아냈지만, 저는 아직도 그의 이름을 언급하지 않았습니다. 둘째, 지그프리트 모제스[171]의 편지 두 통을 보내드립니다. 그는 퇴직한 예루살렘의 고위 정부 관료이며, 또한 뉴욕·런던·예루살렘에 지사를 두고 있는 독일계 유대인 연합, 즉 레오 벡 연구소의 소장입니

---

*　옮긴이_ Brugge; 벨기에 도시.
169　1963년 3월 11일과 27일 반명예훼손연맹의 내부 비망록은 아렌트의 『예루살렘의 아이히만』을 불신하는 지침과 자료를 포함하였다.
170　날짜는 1963년 4월 10일이다.
171　지그프리트 모제스(Siegfried Moses, 1887~1974)는 1936년 팔레스타인으로 이주하였고, 1949~1961년 이스라엘 국가의 검사관을 역임한 독일계 시온주의자였다. 1963년 3월 7일과 24일자로 된 아렌트에게 보낸 밀봉된 편지는 『뉴요커』에 게재한 아렌트의 아이히만 기사를 둘러싼 유대인들의 분노에 대해 언급하고 있다.

다. 당신이 아시듯이, 그는 저의 오랜 지인입니다. 3월 24일 편지는 제가 바젤에서 그와 나눈 오랜 대화를 언급하고 있습니다. 그는 최근 유대인평의회와 전쟁 이전 수행한 지원 사업을 더욱 엄격하게 구별할 것을 요청했습니다. 저는 35쪽[172]에 이 효과에 대한 설명을 추가했습니다. 셋째, 저는 유대인센터 강연홍보국의 회람을 당신에게 보내드립니다.[173] 당신은 이 회람에서 무스마노와 유대인 단체가 얼마나 긴밀하게 활동했는가를 알 수 있습니다. 마지막으로, 『재건』[174]의 신문 기사와 『재건』에 전혀 게재되지 않은 저의 회신[175]을 보냅니다. 『재건』은 이 논문과 관련하여 편집자에게 보내는 다른 독자편지들[176]을 게재했습니다. 이 편지들은 메이[177] 씨의 설명을 신랄하게 비판했고, 『재건』은 메이의 설명도 게재하지 않았습니다. 어쨌든, 제가 보내지 않은 것은 1963년 5월 하우스너[178]의 뉴욕 방문에 관한 기사입니다. 저는 정리되지 않은 서류 더미에서 그것을 발견할 수 없기 때문입니다. 이 보고서에는 하우스너 씨가 『예루살렘의 아이히만』 때문에 미국에 왔다고 명백히 적혀 있습니다. 제가 기억하는 한, 그 보고서는 『데일리 뉴스』에 실려 있지만, 제가 틀릴 수도 있습니다.

제 생각에, 우리는 이미 님펜부르거출판사가 모제스의 선동으로 『예루살렘의 아이히만』에 대해 반기를 들었던 소책자와 관련하여 언급했습니다.[179] 저는 미카엘 프로인트(킬대학교의 역사학자)에게서 편지를 받았습니다. 저는 이 편지를 확인한 후에 이런 문제에 조금이라도 관심이 있는 어떤 사

---

[172] 이것은 『예루살렘의 아이히만』 독일어판의 쪽수이다.
[173] 날짜는 1963년 5월 24일이다.
[174] 『재건』, 1963년 7월 26일.
[175] 쿠르트 메이의 주소로 보낸 아렌트의 1963년 7월 29일자 공개서한.
[176] 예컨대, 불가리아에서 유대인의 추방이 없었다는 아렌트의 진술을 확인한 에르노 란다우의 편지이다.
[177] Kurt May's article in *Aufbau* of July 26, 1963. 편지 343과 343의 각주 106을 참조할 것.
[178] 이스라엘 검찰총장 기디언 하우스너. 편지 285의 각주 205를 참조할 것.
[179] *Die Kontroverse: Hannah Arendt, Eichmann und die Juden.*

람이든 거의 소책자를 받았다고 결론을 내렸습니다.

저는 서점의 판매 거부 운동과 관련하여 피페르출판사의 직원과 전화했습니다. 이 사항은 비밀이 아닙니다. 서적상들은 이 책을 판매하고 싶지 않다고 출판사의 대표자들에게 말하고 있습니다. 아주 기이한 일입니다.

소원과 안부를 담아서
한나 올림

편지 360 | 야스퍼스가 아렌트에게

바젤, 1964년 10월 4일

친애하는 한나!

나는 며칠 전 가우스[180]와 자네의 대담 자료를 받았다오. 자네는 내가 그것을 읽고 얼마나 기뻐했는지 상상할 수 있을 것이오. 대담에서 드러난 자네의 모습은 분명하고 설득력이 있소. 이 대담을 듣고 자네를 보는 사람은 누구나 자네를 회피할 수 없을 것이오. 심지어 자네의 적대자도 대담에서 자네에 대한 반대 주장을 발견하려고 시도하지만 실패하더라도 대담에 영향을 받을 것이오. 다른 누가 자네가 감히 현시하는 이런 개방성을 유지하는가? 누구라도 자네의 자발성 — 미세하고 미묘한 차이와 자네의 즉흥적인 관찰 — 이 전적으로 진정하지 않다고 말할 수 없을 것이오. 자네가 여기서 보이듯이, 누가 오늘날 완전히 자신에게 의존할 수 있는지!

그리고 마지막으로 기대하지 않았지만, 자네가 나에 대해서 말하고 나에게 말한 것을 읽었다오. 자네가 여러 해 전에 그 말을 했지만, 이제 자네는 그것을 공개적으로 말하고 있구려. 그 말은 이렇다오. 즉 그것은 바로 자네

---

180 독일 제2 텔레비전(ZDF)은 〈인물평(Zur Person)〉 프로그램의 목적으로 「무엇이 남는가? 모국어가 남는다」라는 주제 아래 귄터 가우스와의 대담 기록을 1963년 10월 28일 방송하였다. 이것은 이후 출판되었다.

가 어떻게 한때 나를 보고 들었는가에 관한 말이고, 자네가 어떻게 나를 통해서 자신에게 올 수 있었던 것 — 모든 학생도 마찬가지였지만, 대부분 그러지 못했던 것 — 의 견지에서 자기 교육을 수행하고자 나를 선택했는가에 관한 말이오. 자네는 내가 한 것을 "자신을 이성으로 인도했음"이라고 하였다오. 누구든 칸트를 알아야만 '이성'이란 단어에 포함된 것을 알 수 있지요.

그런 몇 마디 말은 자네의 프랑크푸르트 찬사 연설의 확장이오. 한 사람이 공적인 삶을 살았다면, 평생에 공개적으로 존재의 가치를 확인하는 증인의 말을 듣는 것은 누구에게나 주어지는 귀중한 행운이오. 찬사와 비난은 보통 사람을 무관심하게 만든다오. 이것들의 효과는 이것들이 누구에게서 오느냐에 달려 있소. 나는 그런 선물을 받을 때마다 감명을 받았고, 약간 부끄러움을 느끼오. 친구인 에른스트[181]는 한때 공개적이지만 매우 신중하게 나에 대해 언급했다오. 그런데 루트비히 쿠르티우스[182]는 약간 비장하지만, 여전히 믿을 만하며 또한 정직한 객관성을 지니고 있소. 자네와 함께라면 그것은 다르오. 자네는 훨씬 젊은 편이오. 자네는 에른스트와 같이 신중할 필요는 없으며, 쿠르티우스와 같이 나를 멀리서 볼 필요는 없소. 그런데 자네는 교수로서 나의 삶이 헛되지 않았다는 점을 나와 동시대 사람들에게 입증한다오. 그리고 나는 자네 자신, 자네의 존재, 자네의 연구를 통해서 이후에 얻은 다른 모든 것에 대해 더는 말하지 않을 것이오.

브뤼셀에서 온 자네의 전화는 이 행복한 몇 주 동안 아주 좋았소. 이제 자네는 시카고에 있고 칸트의 『판단력비판』을 강의하고 있지요. 자네는 다른 것들을 독일인들에게 맡긴다오. 나는 자네가 켐프너[183]에 대해 언급한

---

[181] 야스퍼스가 여기서 에른스트 마이어의 특별한 연구를 염두에 두고 있는지 또는 마이어의 모든 철학적 저작이 야스퍼스에 대한 세심한 존경으로 이해될 수 있었다는 사실은 불명료하다.

[182] Ludwig Curtius, *Deutsche und antike Welt: Lebenserinnerungen*(Stuttgart, 1950): 365ff. 다음 자료도 참조할 것. *Torso: Verstreute un nachgelassene Schriften*(Stuttgart, 1957): 289-301. 이것은 야스퍼스의 50회 생일에 즈음하여 1933년 2월 21일 쿠르티우스가 쓴 편지와 연관된다.

것을 이후 『디 차이트』[184]에서 읽었다오. 즉 켐프너는 "자신이 완전히 백치임을 보였다." … "아렌트 부인은 멋졌다. 지위나 성을 막론하고"(내 생각에 기자는 이것을 생각한다. 켐프너가 세계적인 법학자이고 남성이라는 사실을 막론하고), "그녀는 목표를 설정하고 때때로 명중하며 이 나라에서는 흔히 볼 수 없는 감동적이고 극도로 예리한 지성의 진실성을 보였다. 수수방관하며 이미 명료하지 않은 양심을 지닌 누구든 다음과 같이 결심을 했다. 나는 정말 이 여성의 저서를 읽어야 한다."

자네가 가는 곳마다, 청취자들은 자네의 주장과 언어의 위력을 회피할 수 없다오. 적대감은 차츰 사라지는구려. 그러나 이제 나는 다른 걱정거리가 있소. 즉 『프랑크푸르트 알게마이네 차이퉁』[185]에 반쪽 분량의 서평이 실려 있소. 자네의 책, 그리고 관련된 주제에 관한 다른 세 권의 책(모든 것을 가장 낮은 공통분모로 끊임없이 뻔뻔하게 축소하는 것)이라오. 서평은 거의 전적으로 유대인 문제에 초점을 맞추었고 독일 문제에는 실제로 관심을 두지 않았소. "독일인에 대한 그녀의 판단은 아주 신랄하다 — 심지어 저항운동을 한 사람들도 가끔 다른 사람들과 묶였다." 나의 두려움은 독일에 관한 한 자네의 책이 은밀히 무시되지만 동시에 정중하게 지적된다는 점이오. 그것은 가장 안일한 것이오. 자네가 아주 명백하게 여러 쪽에 분산하여 밝힌 내용을 논의하고 **총체적으로** 그것에 초점을 맞추는 것은 서평자에게 위험하기 때문이오. 서평자는 공정하지 않은 것을 쓴다면 자존심을 버리거나, 아니면 자신의 언론인 경력이 달려있는 폭넓은 대중을 불쾌하게 할 것이오. 1945년 이후 무시됐던 모든 일을 만회하는 것은 대단한 용기가 필요하오.

---

183 로버트 켐프너(Robert M. W. Kempner, 1899년 출생)는 독일 태생의 미국 법학자이며 정치학자로서 1945~1946년 나치 고위 관료를 재판한 뉘른베르크 국제군사법정의 미국 측 검사였다.
184 *Die Zeit*(September 25, 1964).
185 Friedrich Karl Fromme, "Die Banalität des Bösen: Zur deutsche Ausgabe von Hannah Arendts umstrittenem Buch in *Eichmann in Jerusalem*," *Frankfurter Allgemeine Zeitung*(September 29, 1964).

물론 슈테른베르거는 말하고 싶어 한다오. 용기라니, 무슨 말이야! 아무도 삶Leben · 생명Leib · 재산에 해를 끼칠 위협을 받지 않는다오! 우리는 좋아하는 무엇이든지 쓸 수 있다오! 두고 봅시다. 침묵은 끔찍하고 전에 없던 나쁜 징조라오. 진실에 대한 두려움은 증대되고 있다오. 나의 최근 경험이 그것을 증명한다오. 나는 「독일이란 무엇인가?」[186]라는 주제로 연이은 강의를 할 것이라고 쾰른 라디오방송국에 밝혔소. 아마도 자네는 이것을 기억할 것이오. 나에게 찬사와 존경이 쏟아졌다오. 이후 나는 우선 쾰른방송국에 원고를 보내고 이후 바젤에서 녹음하자는 제안을 받았다오. 깜짝 놀라 물었소. 왜? 나는 대화 내용을 즉시 녹음하고, 그들은 녹음테이프와 함께 원고를 받을 것이오. 대답은 이러했소. 나는 '기존 절차'를 준수하도록 요청받았소. 나는 불신하며 녹음테이프에서 아무것도 편집하지 말 것을 요구했소. 나는 원고가 승인된 후에 만들어진 녹음테이프에 대해 그것을 확신했소. — 물론, 나는 정중하게 참여하기를 거부했다오.

게르트루트와 나는 매일 조용하고 행복하게 살고 있소. 자네가 여기 있을 때 게르트루트가 경험했던 우울증 증세는 다시 완전히 사라졌소. 그녀는 자연스러운 균형을 다시 찾았고 어떤 일에도 자신을 탓하지 않는다오. 그녀는 평생 이런 변화, 유전적 유산의 결과를 경험했다오. 유전적 유산이 지닐 수 있는 영향에 대해 측정한 이 결과는 가벼운 방식으로 나타났으나 매우 좋지 않았다오. 그러나 좋고 건강한 시간은 항상 돌아온다오. 그런데 노후에 대한 불평은 중요하지 않아 보이오.

나는 자네의 책에 관한 계획된 소책자를 부담감 없이 그리고 노년의 평온 속에서 — 쓰려고 시도할 것이오. 나의 비망록이 쌓여간다오. 내가 자네의 책에 몰두하는 것은 고무적이오. 그러나 반복해 말하자면, 나는 할 수 있을 것을 아직 모르오.

---

[186] 「독일이란 무엇인가?」는 1965년 7월에 방송되었다. 편지 377의 각주 265를 참조할 것.

자네는 철학자이기를 원하지 않는다오. 우리 누구도 철학이 무엇인지 정의하지 않기 때문에, 나는 "철학자가 아님"이 정말 무엇을 의미하는지 물어야 하오. 이것은 리케르트가 한때 나에게 말한 것을 상기시킨다오. "막스 베버의 사상을 철학으로 바꾸는 것은 당신의 좋은 권리지만, 그를 철학자로 부르는 것은 허튼소리요."

게르트루트와 나는 두 사람에게 따뜻한 안부를 전하오.

야스퍼스

자네의 서류뭉치가 방금 등기우편으로 도착했소. 나는 일단 더 이상 필요하지 않으면 다시 등기우편으로 보낼 것이오. 그리고 자네가 나를 위해 남겨둔 다른 문서도 나중에 보낼 것이오.

편지 361 **야스퍼스가 아렌트에게**

1964년 10월 16일

친애하는 한나!

방금 모스크바에서 온 소식이오.[187] 나는 자네의 책과 자네를 연구하는 데 완전히 마음을 두고 있다오. 나의 존경은 비판을 포함하오. 내 생각에 비판은 은연중에 자네 자신의 비판이며, 나는 이것을 단지 명시적으로 말할 뿐이오. 자네와 이야기할 수 있어서 좋구려. 내가 자네의 책을 상세히 고려하면 할수록, 그것은 나에게 점점 더 탁월하게 보이오. 그러나 나의 원문은 아직 완성되지 않았고 많은 비망록만 있다오. 나는 그것이 성공할지 알지 못하오. ― 그리고 이제 이 소식! 게르트루트는 "완전 무혈"을 첫 번째

---

[187] 1964년 10월 니키타 흐루쇼프는 수상과 공산당 제1서기의 직위를 상실했다.

로 언급했소. 그러나 최고 소비에트는 현재 그 이상의 권위를 가지고 있다오. 흐루쇼프나 어느 다른 개인이 이제는 권력을 갖고 있지 않기 때문이오. 상황은 안정화되고, 후계자 투쟁은 없다오. 소집단의 독재는 마침내 폭군을 대체한 것으로 보이오. 흐루쇼프는 왜 물러나야 했는가? 그것은 그에게 뜻밖의 일로 다가왔을 가능성이 크지요. 여기에는 러시아와 중국의 관계도 역할을 했을 가능성이 크지요.[188] 그러나 중국에 대한 러시아의 정책은 어떻게 바뀔 것인가? 러시아인들은 결국 우리에 반대해 중국인들과 연합하고 그 과정에서 스스로 함정에 빠질까? 나는 그것을 믿을 수 없소. 그 사람들은 그렇게 멍청하지 않다오. 그러나 그들은 아마도 '가정als ob'처럼 행동할 것이오. 나는 미국인들이 두려워하고 이제는 확실히 골드워터를 선출하지 않을 것으로 생각하오. 러시아-중국 동맹의 위협이 현실이 될 때 악의 없는 낭만주의는 시든다오. 하지만 전체 사건은 누구도 사용하지 않기를 원하는 원자폭탄 자체와 같이 '가정'이오. 그것은 내 마음을 편하게 해주지 않는다오. 몰상식한 현실은 과거에 그랬듯이 '가정'이란 그런 형태에서 형성되오. 나는 마음이 불편하오. 우리는 다시 서양 세계(기독교 종교와 백인에 역사적으로 기반을 둔 러시아를 포함해)에서 연대의 성장으로 보였던 것과는 거리가 멀다오.

나는 자네의 책들에 관심을 두고 있소. 누구든 무력한 상태 — 일생 계속 반복되고 때때로 무의식적으로 나타나는 상태 — 에서 할 수 있는 더 좋은 일은 무엇인가?

자네와 하인리히에게 게르투르트와 함께 따뜻한 안부를 전하오.

야스퍼스

---

[188] 흐루쇼프가 권좌에서 물러나는 것은 중국의 관점에 볼 때 소련과의 관계를 개선하기 위한 필요조건이었다.

편지 362 아렌트가 야스퍼스에게

시카고, 1964년 10월 25일

친애하고 존경하는 분께!

　이곳의 저를 기쁘게 하는 첫 번째 일은 당신의 편지입니다. 이 편지는 제가 이곳에 온 첫날과 몇 주를 밝게 해주었습니다. 저는 가우스 대담 기록 자료를 못 받았는데(어쨌든 아직은 아님), 하느님은 이유를 알지요. 당신이 그것을 좋아하니 안도합니다. 저는 너무 자연스럽게 이야기했다는 느낌이 있습니다. 가우스를 대단히 좋아하기 때문입니다. 그러나 일반적으로 저는 독일에서의 제 존재가 많은 변화를 주었는지 의심스럽습니다. 예컨대, 『슈피겔』의 대변자가 (기자회견[189]) 당시에 그곳에 있었고, 추측건대 명목상 매우 매혹되었습니다. 그러나 이후 『슈피겔』은 서평을 할 다른 사람을 선택했는데, 아마도 프랑크푸르트에 있었던 바로 그 남자, 조제프 불프[190]라는 사람일 것입니다. 그는 완전히 유대인 단체의 휘하에 있는 사람입니다. 그러니 당신도 알듯이, 이른바 권력이 중요합니다. 아마도 당신은 『재건』의 기자회견 보고서를 보았을 것입니다. 『재건』 측의 사람은 초청받지 못했으며, 보고서는 서명되지 않았습니다. 아마도 켐프너[191]가 그것을 집필했을 것입니다. 그는 초대받지 않은 채 나타났으나 단지 저의 항의로 머물도록 허락을 받았습니다. 피페르는 그를 쫓아내고 싶었습니다.

　여기에서 용무는 완전히 노동으로 전락할 위험이 있습니다. 그런 이유로 저는 아직 글을 쓰지 않았습니다. 당신이 저와 철학에 대해 말씀했는데, 저는 그것을 보고 웃어야 했습니다. 제가 원하고 말하는 것은 여기서 저에게

189　아렌트가 1964년 프랑크푸르트 도서전시회에서 피페르와 함께 진행한 기자회견.
190　조제프 불프(Joseph Wulf, 1912년 출생)는 독일계 유대인 역사가로서 1967년 국가사회주의 연구를 위한 국제문서센터의 책임자가 되었다. 알렉산더 미취리히가 서평을 게재했다. *Der Spiegel* 19, no. 5(January 27, 1965): 78-79.
191　편지 360의 각주 182를 참조할 것.

조금도 도움이 되지 않습니다. 철학과 학생들은 그저 나타납니다. 일부는 우리에게 몰래 들어오려고 합니다.[192] 그들은 자신들이 저와 함께 연구하고 배우려는 것을 미국인다운 솔직함으로 저에게 설명합니다 — 그리고 그것이 바로 그것입니다. 저는 그들을 철학과로 다시 보낼 수 없습니다. 그곳은 그들이 온 곳이기 때문입니다. 그래서 저는 여기 앉아서 『순수이성비판』을 가르치고, 내년 봄 여기에 있을 4주 동안 스피노자에 대해 짧은 시간 강의하기로 약속했습니다. 일찍이 공지한 강의와 별도로, 저는 역시 칸트 세미나와 플라톤 세미나(『고르기아스』)를 담당합니다. 그러나 그것은 전혀 대학의 잘못이 아닙니다. 그리고 학생들의 관심은 감동적이고 고무적입니다. 학생들은 정말 우수하고, 그들의 토론은 존경할 만한 수준입니다.

슈테른베르거는 저에게서 두 집 떨어진 곳에 살고 있으며, 그와 함께 있으면 일이 아주 즐겁습니다. 그러나 당신이 아시듯이, 그 역시 『예루살렘의 아이히만』에 전혀 동의하지 않습니다. 우선 그는 제가 왜 이와 같은 일에 빠져들게 되었는가를 정말 이해하지 못합니다. 그의 강의는 괜찮지만 훌륭하지는 않으며, 그는 무엇보다도 학생들의 토론 형식에 약간 깜짝 놀랍니다. 독일의 학생들은 아마도 교수들과 토론이 아닌 강사들과 토론에서 그런 분위기를 유지했습니다. 그는 두 번째 강의를 훨씬 더 잘 준비했습니다. 그는 매우 유연합니다. 우리는 자주 만나며, 식당에서 함께 식사합니다. 우리의 우정은 온전합니다. 그런데 그의 영어 실력은 훌륭하며, 그는 나쁜 (독일인의) 행동 방식으로 눈에 띄지 않습니다. 그는 대단히 훌륭한 관찰자로, 본래 높은 수준의 언론인다운 재능을 지녔습니다.

이제 마지막으로 흐루쇼프에 관한 사항입니다. 저는 나중에 글을 쓸 것이며, 우리는 지금 조금 더 알고 있습니다. 제가 보기에, 현재 가장 두드러진 사항은 오래된 수법이 더는 적용되지 않으며, 모든 당사국(프랑스에서 폴란

---

[192] 아렌트가 1963년 가을 이후 소속되어 있던 시카고대학교 사회사상위원회.

드까지)이 러시아 방식을 더는 참지 않으리라는 점입니다. 이런 일은 처음 있는 일입니다 — 프랑스는 모스크바에서 무엇이 진행되고 있는가를 알아내기 위해 그곳에 사절단을 보내기도 했습니다. 사람을 하루하루 "역사의 쓰레기통으로" 사라지게 하는 것이 이제는 가능하지 않습니다. 흐루쇼프는 분명히 국무부처럼 자신의 임박한 몰락을 의식하지 못했습니다. 국무부는 모든 '전문가'의 지식에 의존하고 흐루쇼프의 지위가 이제 과거만큼 전혀 안전하지 않다고 결론지은 상세한 분석 보고서를 출간했습니다! 당신이 흐루쇼프가 그런 견해에 전적으로 동의하리라고 특별히 염두에 둔다면, 그것은 정말 재미있습니다. 물론 유혈 사태는 중요한 부분이 아니지만, 흐루쇼프의 축출은 역시 유혈 사태는 없이 이루어졌습니다. 이번의 차이점은 중상모략이 더는 통하지 않았다는 점입니다!

당신은 후계자들 사이의 투쟁이 아니라 과두정(집단지도체제)으로의 변화를 보고 있습니다. 그것은 가능하지만, 우리는 여전히 그것을 알 수 없습니다. 수슬로프[193]는 배후일 수도 있습니다. 그가 공격을 주도했고, 제가 아는 한 그가 원래 투철한 스탈린주의자이기 때문에 그럴 가능성도 있습니다. 이제 그들은 의도하는 것을 순수한 이데올로기적 관점에서 행하고 싶어 합니다. 그들은 '이단자들'을 권좌에 줄줄이 올릴 수 없습니다. 그래서 그들은 흐루쇼프의 편을 들며 스탈린 치하에서는 일이 걷잡을 수 없게 되었다고 말해야 하거나, 아니면 정반대로 흐루쇼프를 진짜 악당이라고 선언하고 스탈린을 복권시켜야 합니다. 그러나 그것은 분명히 이제는 가능하지 않은 바로 그런 일입니다. 비러시아적 정당들과 위성국들이 그런 일이 일어나도록 내버려 두지 않을 것이기 때문입니다. 그러나 러시아인들이 스탈린을 복권시키고 싶지 않다면, 그들은 정말 곤경에 처하게 됩니다. 레닌 이후로

---

193 미하일 수스로프(Mikhail A. Suslov, 1902~1982)는 소련에서 중요한 공산주의 이데올로기 신봉자였다. 그는 스탈린, 흐루쇼프, 그리고 브레즈네프 치하에서 정부 직을 맡았다.

한 명이 다른 사람의 권좌를 찬탈했지요!

이데올로기적 관점이 아닌 현실적인 관점에서 누구든 그 이면에 있는 것을 그저 추측할 수 있지요. 제 생각에 그것은 중국과 관련이 있을 것 같습니다. 그것은 정말 러시아가 직면하는 가장 어려운 문제이고 어디서든 정당을 분열시키려고 위협하는 문제이기 때문입니다. 그리고 중국에 관한 한, 흐루쇼프는 사실 스스로 일관되지 못한 정책을 추구했습니다. 한편 그는 균열이 일어나도록 내버려 둘 준비가 되어 있었고, 그래서 동북아 지역의 전쟁 위험을 더욱 초래했으며, 다른 한편 그는 소비재 생산을 증대시키고 삶의 수준을 높이기 위해 무기와 중공업 예산의 지출을 줄이려고 했습니다. 그리고 이것은 특별히 중국과의 어떤 가능한 갈등에서 중대한 요인이 될 재래식 비핵 군사력을 희생하면서 수행되어야 했습니다. 그래서 저는 군부가 진정 우려했고 항의에 들어갔을 가능성이 크다고 생각합니다. 우리는 1957년 마지막 주요 정당 숙청 기간에 흐루쇼프가 이미 최고회의 간부회에서 불신임 투표에 직면해 있었다는 점을 잊지 않아야 합니다. 그를 구원한 유일한 일은 군대가 그를 지지했고, 전체회의에 참석할 수 있도록 그의 추종자들을 비행기로 모스크바까지 수송할 군용기를 그에게 마련해주었다는 점이었습니다.

우리는 본능적으로 유사하게 생각하는 경향이 있으며, 이보다 더 잘못된 것은 없을 것입니다. 예컨대, 흐루쇼프의 후계자들이 세계 — 즉 공산권 — 에 다음과 같이 단순히 선언할 수 있다고 생각했을 때, 그들은 틀렸습니다. 즉 흐루쇼프는 헛되고 우매하며(잘 기억해두세요. 저는 독일어 번역을 모르지만, 그 형용사들은 스탈린에 대한 흐루쇼프의 연설에서 바로 발췌되었습니다), 그리고 모든 사람은 흐루쇼프와 같은 사람이 이전에 있었다는 점을 잊었을 것입니다. 그가 자유에 작은 균열을 열었다는 점은 의심의 여지가 없는데, 그 결과는 무엇이었을까요? 더 이상 원래대로 되는 건 아무것도 없었습니다. 그는 국제적 차원의 모든 역사가 붕괴 직전에 있다고 느껴져서 실각했습니다 — 그리고 흐루쇼프의 반대자들이 성취한 것은 그 붕괴의 속도를 높이는 것이었습니다. 우리는 전체주의 정부의 두 번째 결정적인 패배, 그리고 이번에는 이를 초래하는 외부의 힘이 필요하지 않은 패배를 목격할 수 있는지요?

그러나 우리가 비슷하게 생각하고 싶다면, 우리는 처음부터 당내 갈등이 당 외부의 요인에 의해 결정되었다고 고려해야 합니다. 스탈린은 경찰을 통제했기에 트로츠키[194]를 물리쳤습니다. 흐루쇼프는 군부를 자기편으로 끌어들였기에 승리했습니다. 우리는 군대나 경찰이 이 마지막 쿠데타나 궁정 혁명에서 역할을 했는지 알지 못합니다. 저의 첫 번째 가정과 달리, 경찰이 배후에 있을 수 있었습니다. 독일 기술자[195]에 대한 독가스 공격은 그 그림에 맞을 것입니다. 그것은 확실히 경찰의 암살 시도였으며 흐루쇼프의 베를린 방문을 원하지 않았던 사람들에 의해 취해진 시도였습니다. 경찰은 어쨌든 흐루쇼프를 좋아할 수 없었습니다. 그가 경찰의 권력을 상당히 축소했기 때문입니다. 그래서 소련 내의 스탈린주의자들은 경찰의 도움에 기댈 수 있었습니다.

완전히 순전한 추측입니다. 당신이 이것을 종이 위에 적는다면, 모든 것이 우매해 보입니다. 제가 당신과 함께할 수 있다면 그렇게 말할 것입니다. 그렇다면 좋겠지요!

그러나 이것이 미국의 선거에 영향을 미친다는 당신의 주장은 옳지 않습니다. 이런 종류의 어떤 일이 일어나기 이전에 존슨의 승리는 확실했습니다. 그리고 그 이유는 단지 골드워터가 스스로 자신을 멸시했기 때문입니다. 환상적인 일이지요! 어떤 경우든 누군가를 사실 실각시킬 정도의 어리석음이 있다는 점을 아는 것은 위안이 됩니다. 그러나 이곳의 위험한 세력, 특히 흑

---

194 레온 트로츠키(Leon Trotsky, 1879~1940)는 러시아 혁명가로서 레닌 치하에서 다양한 정부 부서에서 근무했다. 스탈린이 레닌을 계승한 이후, 그는 권좌에서 제거되고 1929년 소련을 떠나라는 명령을 받았다. 1940년 그는 추정컨대 소련 첩보원에 의해 망명 중인 멕시코에서 암살되었다.
195 1964년 9월 초 36세의 호르스트 쉬비르크만(Horst Schwirkmann)은 모스크바 주재 서독대사관의 불법 도청을 막는 책임을 맡은 반간첩 요원으로서 겨자 가스에 공격당해 심하게 중독되었다.

인 문제와 연계된 사람들이 여전히 우리와 함께 있다는 점은 위안이 되지 않습니다. 골드워터는 그들을 동원할 수 없으며, 아마도 다른 사람이 할 수 있을 것입니다. 민권운동 전체는 위기에 처해 있습니다. 미시시피주에서 유죄 선고를 받은 살인자들이나 방화범들은 사형될 수 있지만, 이후 그들은 자신들의 행동이 도발되었다는 정당한 이유로 보호관찰을 받으며 다시 즉시 감옥에서 풀려났네요!! 올여름 세 명의 젊은 민권노동자의 살인자들에 대한 재판에서 검찰 측의 증인들(흑인들)은 체포되어 기소되었지만, 피의자들은 석방되었네요![196] 그리고 워싱턴 당국은 손가락 하나 까딱하지 않네요! 존슨이 재선되자 다소간 더욱 적극적일지 여부는 결과를 속단할 수 없습니다.

저는 편지 쓰는 것을 마치고 연구로 돌아가야 합니다. 하인리히가 방금 전화했으며 따뜻한 안부를 전합니다. 그는 모든 게 좋습니다. 기분 좋게 연구합니다. 매우 만족한 것 같습니다. 우리는 여기서 멋진 가을을 즐기고 있습니다. 햇빛과 선선한 날씨 그리고 공기도 아주 신선합니다. 그러나 올해 혹독한 가뭄으로 나무들은 이미 헐벗었네요!

소원과 더불어 잘 지내세요!

한나 올림

편지 363   야스퍼스가 아렌트에게

바젤, 1964년 10월 29일

친애하는 한나!

어제저녁 우리는 가우스와의 대담에 나오는 자네를 보았소. 센트 루이스

---

[196] 미시시피주에서 민권을 위해 활동했던 세 명의 젊은이 ― 마이클 쉬워너, 앤드루 굿맨, 그리고 제임스 채니 ― 는 1964년 8월 4일 살해된 채로 발견됐다. 연장된 법정 절차 이후에 공격에 참여한 7명은 범죄로 유죄 판결을 받고 최고 10년의 징역형을 선고받았다.

의 바일 부인[197]의 동생은 마인츠에서 가져온 텔레비전을 갖고 있으며, 우리는 그의 집에서 시청했다오. 나는 자네의 원고로 내용을 잘 알고 있으므로, 그 내용은 놀랄 일이 아니었소. 그러나 나는 텔레비전 방영을 다르게 그렸다오. 그것은 좋지 않았소. 즉 방향을 변경하여 계속 달라지는 카메라 각도, 말하자면 해부학적 시연에서처럼 가끔 목 근육에서 경련을 일으키는 자네를 대단히 근접 촬영할 때 드러나는 '짜증난 듯한' 얼굴 모습, 다시 방향 전환 — 그리고 아름답지 않은 모습. 가우스가 전혀 전면의 모습을 보이지 않았다는 사실은 상황을 더욱 악화시켰다오. 그런데 텔레비전에서는 흔히 볼 수 있는 얼굴과 팔의 확연한 희끗희끗함. 그러나 이 모든 것에도 불구하고 내가 여러 해에 걸쳐 표정을 보는 데 익숙해졌기 때문에, 자네의 표정은 때론 고결하고, 때론 긴장되고 다소간 불안하게 보인다오. 즉흥적인 언행은 순수했고 그래서 신뢰할 만하오.

철학과의 고별[198]은 농담이지만, 그에 대한 자네의 선언은 진지했다오. "정치이론"은 경제이론이나 물리이론과 같아 보이는구려. 이론 경제학과 실용 경제학 사이에는 차이가 있었다오. 오늘날 사람들은 정치과학에 대해 언급하오. 철학적으로, 그 모든 것에 대해 정돈되어 있지 않다오.

자네가 그런 진술을 한 것으로 즉시 벌을 받는 것은 좋은 일이오! 자네의 학생들은 자네에게 철학을 요구하고 있으며 당연히 그렇게 할 권리가 있다오. 현재 자네는 『판단력비판』을 강의하고 있고, 다음 학기에 스피노자를 강의할 것이오. 나는 그것과 관련하여 즐겁소. 자네가 스피노자의 모든 측면을 고찰하면, 자네는 그가 정치에 대한 그런 적의를 갖고 있지 않다는 것을 알 것이오. 그런데 자네는 그런 적의를 칸트 이외의 모든 철학자의 탓으

---

197 페르난데 바일-블룸(Fernande Weill-Blum, 1908년 출생)은 야스퍼스 가정의 오랜 친구였다. 그의 동생 안드레 블룸(André Blum, 1909년 출생)은 가축 상인이었다.
198 가우스와의 대담 첫머리에 아렌트는 자신이 "철학에 마지막 작별을 고했다"라고 언급하며 이제 자신의 연구 분야를 "정치이론"으로 생각했다.

로 돌리네요. 나는 거의 반대 견해를 주장하려고 하오. 그들 모두 정치에 대해 매우 진지하며, 에피쿠로스를 제외하고 정치를 자신들의 관심에 생소하다고 간주하지 않는다오. 에피쿠로스는 자네가 의도하는 것의 범례를 제공하오. 회의론자들(그들 모두는 아님)을 제외하면 그렇다오.

자네가 슈테른베르거에 대해 밝힌 것은 내가 그에 대해 생각하고 있는 것을 확인해 준다오. 나는 단지 연방공화국과 관련된 그의 적응과 근본적인 오해 때문에 계속 짜증이 날 뿐이오. 그러나 자네는 그런 관계로부터 어떤 것도 기대하지 않는다면 그와 즐겁게 지낼 수 있소. 그와의 대화는 거의 항상 '관찰'의 피상적인 허풍을 낳지만, 때론 관찰에 더 중요하오(예컨대, 대화는 선거와 선거에서 사용되는 기법과 관계가 있다오).

자네는 러시아에 대해 상세하게 글을 썼소. 내가 최근에 자네에게 편지를 보냈을 때, 나는 기사 제목 이외에 어떤 것도 읽지 않고 게르트루트에게서 짤막한 이야기를 들었소. 그사이 소식은 우리의 지식을 증대시키지 않았다오. 추측이 더 많소.

수슬로프는 오랫동안 앓았던 결핵으로 심각하게 아프다오. 현대 의학은 아마도 그를 치유할 것이지만, 시간이 오래 걸릴 것이오.

세계 상황에 대한 추측이 아닌 사실은 나에게는 이런 것 같소.

러시아는 중국과 사이가 좋기를 원한다면 중국을 지원해야 할 것이오. 러시아는 중국을 지원하면 자신의 최대의 적을 배양할 것이오. 그러나 그것은 단지 불가피한 갈등을 지연시킬 것이오.

러시아는 현재 재래식 무기로 유럽을 침략할 수 있다오. 현재 미국이 제일의 무기로 원자폭탄을 사용하지 않을 것은 분명해졌고, 러시아가 직접 위협을 받는다면, 그것이 얼마나 멀리 갈 수 있는지 실험할 수 있다오. 아마도 베를린 공세를 재개하고, 베를린을 점령하고, 이후 … 더욱 진행할 것이오.

자네가 오랫동안 관찰했듯이, 민족공산당들과 러시아 사이의 연대 해체는 현실이오. 나는 그게 지속한다는 자네의 희망을 공유하오. 나 역시 이런 운동이 지극히 중요하다고 생각하오. 이런 운동은 공산주의의 실존적 전제에 대한 균형추 구실을 하오. 이런 운동은 세계 어디서든 서로 결합하여 있다고 느껴진다오.

그리고 이제는 누구나 무한히 만족할 수 있는 추측으로 돌아가지요. 군대는 궁극적으로 모든 상황의 배후에 있는 중대한 물리력이오. 군대는 현재의 집권한 지도자를 유지하오. 군대는 배후에 남아 있다오. 그러나 군대는 어떻게 되어 가고 있는지? 늘 그렇듯, 군대는 더 크고 더 강력해지고 자체 목적을 위해 국가 전체를 이용하고 싶어 한다오. 마지막 전쟁이 과거로 더 멀어지고 주민 가운데 젊은 층이 이것을 더욱 망각하면 할수록, 마침내 엄청난 힘을 이용하며 퇴역에서 불명예스러운 존재를 영위하지 않으려는 군대의 충동은 더욱더 증대될 것이오. 유럽은 결국 한낱 반도, 즉 아시아에 있는 여러 반도 가운데 하나의 반도와 같다오. 러시아인들은 지구 전체를 주시하고 자신들의 몫같이 보이는 것을 원한다오. 나는 주민 전체가 아니라 위기 시에 주민을 마음대로 쓸 수 있는 군대를 생각하오. 전쟁에서의 승리에 대한 국민의 관심은 군대의 관심과 일치하기 때문이오. 모든 것이 그것에 반대되는 것 같소. 즉 저항적인 위성 국가, 경제 상황, 중국의 위협이 그렇다오. 그러나 그 어느 것도 중요하지 않을 순간이 올 것이오. 나날이 모든 사람은 미칠 것이오. 여전히 주저하는 사람은 살해될 것이오. 사회민주주의자들은 전쟁 채권[199]을 승인할 것이오(아니면, 현재 상황에서 공산주의자들은 어디서든 러시아가 원하는 것을 할 것이오). 『베를린 타게블라트』와 『보시셰 차이퉁』은 갑자기 뉴스 검열을 스스로 지지할 것이오. 그것은 전시 국민의 '사기'를 유지하는 데 본질적이기 때문이오.[200] 그러나 나는 그것이 모두 무관하고

---

199 관점에서 평화주의적이었던 사회민주당은 1914년 제국의회에서 오랜 논쟁 이후 부르주아 세력이 제안한 전쟁 채권, 당 내부의 위기를 초래한 조치를 승인하기로 투표했다.
200 『베를린 타게블라트』(1872~1939)와 『보시셰 차이퉁』, 또한 베를린 일간지(1911년 이후, 그러

단지 또 하나의 잘못된 역사적 비유이기를 바라오.

나는 이것이 전체주의의 첫 번째 큰 패배라는 자네의 견해를 공유하고 싶소. 그러나 또한 그게 희망적 사유일 수 있다는 점을 두려워하오!

그런데 역시 브레즈네프와 코시긴[201]이 새 지배자라면, 그들의 전기와 인상학으로 판단할 때 우리는 그들로부터 무서워할 아무것도 갖고 있지 않은 것 같소. 그들은 '합리적이게' 보인다오.

나는 자네와 저서에 관한 에세이를 계속 집필하고 있다오. 비록 내가 이전에 개요와 비망록 형태로 모든 것을 확보하고 있더라도, 나는 아직도 이것을 관리할지 모르오. 작은 책자라오!

피페르는 『슈피겔』을 위한 서평을 집필하고자 했던 사람[조셉 불프]에 관해 나에게 이야기했소. 피페르가 하듯이 서평을 읽은 『슈피겔』은 내가 기사를 쓸 것이라면 그것을 사용하지 않는 것을 선호한다오. 나는 그렇게 하는 것을 거절했소. 우선, 나는 끔찍한 기사를 쓴다오. 둘째, 나는 단순한 주장에 힘을 낭비하고 싶지 않고 스스로 작업하고 있는 에세이를 평가절하하고 싶지 않다오. 셋째, 연방공화국의 독일인들이 이것에 관해 써야 하오. 그들이 생각하는 것을 보여주고 그들의 의견을 숨기지 않도록 하지요. 그리고 나는 『슈피겔』에 있는 기사를 통해서 보는 유일한 위험, 조심스러운 완전한 침묵, 때늦은 맥빠진 비평을 바꿀 수 없다오. 내가 그것과 관련하여 전적으로 어떤 것을 할 수 있다면, 나는 다시 한번 자네의 명제들에 초점을 맞추고, 그것들을 확인하고 그것들을 위해 더 많은 지원을 제공하는 논문으로 그 작업을 할 것이오.(지금까지 나는 단지 두 문장을 위해 그것을 했다오. 숄 형제[202]

나 1917~1934년 다른 명칭 사용)은 전통적인 자유주의적 신문이었다. 이 신문들은 다른 독일의 부르주아 언론과 같이 제1차 세계대전 기간에 뉴스 보도의 제한을 실천하고 지지하였다.

201 1964년 흐루쇼프가 권좌에서 실각한 이후, 레오니드 브레즈네프(Leonid Brezhnev, 1906~1982)는 공산당 중앙위원회의 제1서기로 지명되었다. 알렉세이 코시긴(Aleksey Kosygin, 1904~1980)은 수상이 되었다.

202 조피 숄(Sophie Scholl, 1921~1943)과 한스 숄(Hans Scholl, 1918~1943)은 뮌헨대학교 학생 저

와 아이히만의 "세계관적" 증거 서류와 처형).

물론 충분하오! 나의 수기가 이제 자네를 상당히 짜증나게 할 것이오.

하인리히에게 따뜻한 안부를 전해주오. 그가 좋은 상태라니 즐겁소. 나는 이러한 모든 정치적·철학적 사항과 관련하여 그와 매우 이야기하고 싶다오.

나는 자네 학생들, 그리고 이들과 자네의 철학하기로 큰 기쁨을 누리기 바라오!

게르트루트의 안부도 전하오.

야스퍼스

편지 364 야스퍼스가 아렌트에게

바젤, 1964년 10월 30일

친애하는 한나!

방금 피페르출판사의 뢰스터 박사[203]에게 전화를 받았소(피페르와 그의 부인은 그리스에 있다오). 피페르의 참모는 자네의 대담을 시청했다오. 뢰스너는 그들이 모두 대담에 깊이 감동했으며, "잊을 수 없네요"라고 말했소. 처음에 모든 사람은 그런 일이 가능하다는 것에 경탄하며 그저 묵묵히 앉아 있었소. 뢰스너에 따르면, 가우스 씨는 다른 「질문과 답변 속의 인물평」 가운데 어떤 것에서도 그런 것을 경험해 본 적이 없다고 말했다오.

나는 이것을 자네에게 즉시 이야기하고 싶었소. 대담의 영향에 대한 나의 관심은 예상과 어긋났고, 나는 대담이 매우 기쁘오. 그것이 나의 판단에

항운동 단체인 백장미단의 지도자들이었다. 두 사람은 비밀경찰에 의해 고문당하고 교수형을 당했다.

[203] 한스 뢰스너(Hans Rössner, 1910년 출생) 박사는 당시에 피페르출판사의 편집장이었다.

영향을 미친 것은 분명하오. 나는 너무 많이 원하며 자네를 잘 아오. 내 관점에서 볼 때, 텔레비전 방송국은 자네를 나쁘게 대우했소. 그러나 내가 어제 쓴 편지에서 그것은 시각적 효과에만 적용되었소.

 책의 판매 부수는 6,000~7,000권이오. 뢰스너는 책이 "점점 강세를 보인다"고 말했다오. 인쇄 부수는 10,000권이었소. 판매 부수가 10,000권에 육박함에 따라, 피페르는 제2판을 즉시 출간할 준비를 한다오. 나는 더 많은 부수를 기대했소. 독일은 침묵을 유지한다오. 그곳 사람들은 양 떼가 되어가고 있고 우스꽝스러운 일에만 관심이 있구려. 그리고 그곳의 문인들은 두려워하오. 자네의 책에 대한 슈테른베르거의 '의견'은 한 의견일 뿐만 아니라 아마도 그곳 문단의 '정신'에서 나온 것이오.

우리 부부가 자네 부부에게 따뜻한 안부를 전하며
야스퍼스

편지 365 아렌트가 야스퍼스 부부에게

1964년 11월 29일

가장 친애하는 친구분들께—

 추수감사절 주말을 맞아 화요일 집에 잠깐 다녀왔습니다. 누구든 어떤 일을 할 재정적 수단을 가져야 합니다. 저는 하인리히가 기분 좋은 것을 알았을 뿐만 아니라 집에 갔기에 매우 기뻤습니다. 우리는 멋있게 외출하여 잘 먹고 잘 마시고 수다를 떨며 하루를 보냈습니다. 아주 태평하고 편인했습니다. 시카고에서의 생활은 매우 좋지만, 작업 때문이 아니라 언제나 그랬듯이 뭇사람의 주목을 받기 때문에 아주 힘듭니다. 그리고 그것은 우리의 좋은 돌프 슈테른베르거 때문에 더욱 그렇습니다. 그러나 저는 그와 아주 잘 어울립니다. 그는 저와 같은 교수회관에 머물고 있으며, 우리는 항상 서로 만납니다. 저는 그것에 익숙하지 않습니다. 오늘 저녁 그곳으로 갈 것

입니다. 2주 후면 저는 집에 계속 있을 것입니다.

현재 제 앞에는 당신의 좋은 편지 두 통이 놓여 있습니다. 저는 글을 쓸 수 없었고, 할 일이 너무 많았습니다. 재미있기는 하지만 긴장감이 끊이지 않는 것도 아닙니다. 저는 특히 방법 영역에서 많이 배웠습니다. 당신은 항상 그 부분에 약간 부족하다고 생각했습니다. 우리는 그것에 관해 이야기해야 할 것입니다.『판단력비판』과 연계하여 그렇습니다. 역사와 정치학을 위한 가능한 개념적 구조에 관한 사항입니다. 그리고 판단에 기초한 정치에서 대리적 사유도 그렇지요.

당신은 저를 조명하는 책을 집필하고 있습니다. 제가 생각할 수 있는 것은 '온통 뒤죽박죽인 세상'뿐입니다. 물론 독일에 있는 사람들은 여전히 침묵을 지키고 있습니다. 그들은 '신중하며' 다른 사람의 티눈을 밟고 싶어 하지 않습니다. 저는 몇 통의 좋은 편지를 받았습니다. 그러나 모두 여성들이 보낸 편지입니다! 이상하지요. 매출은 꽤 좋을 것입니다. 그 책은 2주 동안 가장 잘 팔리는 책 목록에 올랐지만, 그것은 큰 의미가 없습니다.『슈피겔』업무는 잘 처리되고 있는 것 같습니다. 미첼리히[204]가 서평을 쓰기로 되어 있습니다. 좋습니다. 그는 독립적이기 때문입니다. 저는 이런 일 이외에 어떤 소식 — 베를린대학교에 관한 이야기를 제외하고 — 도 거의 듣지 못합니다. 저는 항의서한을 동봉함으로써 당신에게 그 이야기를 쉽게 알려줄 수 있습니다.[205] 대학교 총장에게도 편지를 보냈습니다. 예루살렘대학교의

---

[204] 알렉산더 미첼리히(Alexander Mitscherlich, 1908~1982)는 정신분석가이며 작가로서 1960~1976년 프랑크푸르트암마인의 지그문트프로이트연구소의 소장이었다. 서평에 관해서는 편지 362와 362의 각주 190을 참조할 것.

[205] 아렌트가 자유베를린대학교의 란트만 교수에게 보낸 1964년 11월 27일자 편지의 내용은 다음과 같다.
"며칠 전에 나는 자유베를린대학교에서 '히브리대학교 친구들'이 조직하고 당신이 사회를 맡았던 논쟁의 보고서를 받았습니다. 논쟁의 주제는 나의 저서 『예루살렘의 아이히만』이었습니다. 이 보고서에 따르면, 슐로모 아론슨은 나에 대해 다음과 같이 언급했습니다.
그는 나를 개인적으로 알았다고 합니다. 즉 나는 20세까지 유대인인 것을 몰랐다. 나는 어떤 민족에도 속하지 않는다고 말했다. 유대인이라는 사실과 함께 '나는 오늘날까지 타협하지 못했다.'

아론슨 씨는 분명히 대학교를 방문했고 저를 개인적으로 이해하지 않은 채 제 책을 이해하는 게 불가능하다고 말했습니다. 저는 평생 그를 본 적이 없습니다. 그런데 그는 자신의 목적에 맞는 것은 무엇이든 지어냈습니다. 그것은 모두 정말 재미있습니다.

러시아에 관한 사항입니다. 중국인들과의 말다툼은 즐겁게 진행되며, 마오쩌둥이나 저우언라이[206]는 다음과 같이 말했을 것입니다. 즉 흐루쇼프는 마르크스-레닌주의 교의의 실질적인 배신자이고, 스탈린은 중상모략을 당했다. 모두 논리적입니다. 그러나 러시아인들은 이제 그런 노선을 유지할 수 없습니다. 이 모든 것은 정말로 제 추측에 아무것도 더 이상 작동하지 않는 러시아 관료주의의 믿을 수 없는 무능함으로 귀결됩니다. 저는 흐루쇼프의 실각 배후에 군대가 있으며, 아마도 경찰도 마찬가지일 것이라는 데 동의합니다. 저는 경찰이 위험하다고 생각합니다. 저는 러시아 군부가 전쟁을 원하지 않는다고 생각하지만, 중국을 우려하며 핵폭탄을 사용하지 않은 채 공격을 막아낼 수 있는 충분한 재래식 무기를 원한다고 생각합니다. 당신은 리처드 뢰벤탈의 『흐루쇼프와 세계 공산주의 Chruschtschow und der

---

[206] 저우언라이(Chou En-lai, 1898~1976)는 중국 공산당의 설립자이며, 1949년부터 중국 수상이었다.

"나는 이에 응하여 다음과 같이 말합니다. 나는 그를 본 적이 없습니다. 나는 7세부터 학교에서 유대인 종교교육에 참여했으며, 휴일에는 학교에 가지 않고 유대교회당에 갔습니다. 이외에도 나의 할아버지 막스 아렌트는 나의 고향인 쾨니히스베르크의 유대인 회중의 회장이었습니다. 나는 '내가 어떤 민족에도 속하지 않는다' 또는 '나는 유대인이라는 사실과 함께 오늘날까지 타협하지 못했었다'라고 말한 적이 없습니다. 그 반대로, 나는 언제나 1933년 이전부터 내가 유대 민족에 속한다는 것을 강조했습니다.
분명히 아론슨 씨는 또한 이스라엘 국가에 대한 나의 견해를 논의했습니다. 내가 받은 보고서에 따르면, 이 주제에 대한 그의 진술은 나의 인격에 관한 것만큼이나 많은 것을 포함하고 있습니다. 그것들은 완전한 조작입니다.
게다가 쉐플러 박사는 유대인평의회가 1933년(?) 현실에 직면하기로 했기 때문에, 분명히 내가 '유대인평의회를 상대로 전반에 걸친 주장을 제기했다'고 주장했습니다. 이것은 1933년 유대인평의회가 존재하지 않았기에 허튼소리일 뿐만 아니라 거짓이기도 합니다. 내가 말한 것은 이렇습니다. '물론 정권 초기 단계에 이런 협상은 유대인평의회의 이후 부역과 전혀 다릅니다.'
이러한 것은 사실의 오류 또는 의견의 차이가 아니라 노골적인 거짓말이기 때문에, 나는 기록을 바로 세우기 위해 효과적인 조치를 취해주기를 당신에게 요청합니다."

Weltkommunismus』(콜마르출판사 1963년 출간)를 알고 있는지요! 저는 지금 영어판[207]을 읽고 있습니다. 일부 내용은 매우 지적이고, 충분한 정보에 근거하고 있습니다. 약간의 시간적 여유가 있다면, 특별히 중국에 관한 부분을 검토하세요. 뢰벤탈은 연로한 마르크스주의자입니다. 이후 그는 이주하여 『옵저버*Observer*』 등에서 활동하는 매우 유명한 영국 언론인이 되었습니다. 제 생각에, 그는 현재 독일 베를린으로 복귀했습니다. 그가 부화한 마르크스주의의 껍질 조각들이 아직도 여기저기 그에게 붙어 있지만, 그것이 논란거리는 아닙니다. 그는 적나라한 사실을 많이 알고 있기 때문입니다.

호흐후트는 당신을 만나러 출발하기 직전에 편지를 보냈습니다 — 그는 가슴이 두근두근해서 말했습니다. 그 사람의 일은 어떻게 되어 가고 있나요? 그리고 자네[208]와의 관계는? 우리는 언제 다시 들를 수 있을지 얘기하고 있었습니다. 하인리히의 학기는 6월 말에 끝납니다. 우리는 이후 잠시 들를 수 있습니다. 어떻게 생각하시는지요? 돌이 제트기일지라도, 그것은 정말로 근거리일 뿐입니다.

최선을 다하고 건강하세요!

아렌트 올림

편지 366 **야스퍼스가 아렌트에게**

1964년 12월 23일

친애하는 한나!

자네가 6월에 '짧은 거리Katzensprung' 여행을 기획하고 있다니 우리는 얼

---

[207] Richard Lowenthal, *World Communism: The Disintegration of a Secular Faith*(New York, 1964). 그는 1908년 출생하여 1947년 영국 시민이 된 독일인 정치학자였다. 1961년 이후 그는 베를린 자유대학교 오토주어연구소에서 가르쳤다.

[208] 편지 308의 각주 392를 참조할 것.

마나 좋은지! 그래서 칸트, 『판단력비판』과 '방법'에 관한 논의가 있을 것이오. 나는 이것을 기대하오.

나는 전에 자네와 함께 매일 생각하고 자네에 대해 생각해본 적이 없다오. 일은 천천히 진행되오. 나이·건망증·피로에 대해 아주 종종 한탄했소. 이것을 반복할 필요는 없구려. 그런데 나는 많은 자료, 특히 독일 '저항운동'에 관한 자료를 읽어야 하오. 저술이 책이 되네요 — '교수'는 그 외에는 할 수 없을 것 같소. 책은 2부로 구성될 것이오. 제1부에서는 주제와 이것이 독일에서 초래할 관심을 전제할 때 자네 보고서의 영역을 넘어설 주제를 소개할 것이오. 제2부에서는 자네의 사유 양태, 이에 대한 비판 그리고 자네 자신을 소개할 것이오. 모든 장에 필요한 자료는 충분하오. 나는 이것들을 어떻게 모두 하나로 합쳐야 할지 아직 모르겠소. 나는 열정으로 사람들에게 인상을 주고 신뢰할 수 있는 방식으로 자네를 정확하게 부각하고 싶으며, 또한 인생의 끝자락에서 나 자신을 우롱하고 싶지 않소.

현재 나는 율리우스 레버[209]에 관한 장문의 장을 집필하고 있다오. 자네는 저항운동에 참여한 소수만을 한쪽 정도로 밝히고 있지만, 나는 세밀하게 언급할 것이오. 위대성과 진실을 담지한 소수의 인사는 독일 저항운동에 대한 자네의 특징화로 비로소 제대로 널리 알려졌다오. 나는 하인리히 덕분에 레버를 계속 생각하오. 내가 믿기로, 그는 하인리히의 사람이오. 그 책[210]은 절판되었소. 나는 도서관에 소장된 한 권을 빌렸소. 그 책에는 보고서뿐만 아니라 문서도 포함되어 있다오. 레버는 그 책으로 정당하게 평가받지 못하고 마치 많은 사회주의자 가운데 한 명인 것처럼 취급되오. 그는 마지막 해에 슈다우펜베르크[211]와 친구였소. 그들은 정말 '대장부'였고 서로

---

[209] 율리우스 레버(Julius Leber, 1891~1945)는 사회민주당 정치인이고 국가사회주의 초기 반대자였으며 히틀러 저항운동의 지도자였다. 그는 반역죄로 교수형당했다.
[210] *Ein Mann geht seiner Weg: Schriften, Reden und Briefe von Julius Leber*(Berlin, 1952). 친구들이 이 책을 출간했다.

이해했다는 것을 제외하고 공통점은 없었다오. 슈타우펜베르크는 괴르델러가 아닌 레버가 수상이 되기를 원했고, 레오 벡은 이를 긍정적으로 이해했소. 그러나 레버는 삶에서 항상 겸손했고 수상직을 원하지 않았다오. 그는 내무성과 경찰력을 증강하고 싶어 했소. 그의 생각에 경찰력은 중요했고, 그는 그것을 할 수 있다고 느꼈다오. 그것은 괴상하게 들리오. 그러나 나는 나에게 쾌감을 주는 공기를 발견하오 ― 내 말은 레버와 함께라면. 나는 슈타우펜베르크와 함께 모든 것에도 불구하고 아주 멀리 떨어져 있는 나 자신을 발견하오. 그 사람만(레버는 별도로 하고)이 진정한 용기와 결단력을 지녔다는 점이 나에게 깊은 인상을 주오. 나는 문제 전체에 대한 자네의 견해가 우리 시각에서 볼 때 옳다고 생각하오. 자네의 선도적 입장을 따르면서 몇 가지 밝은 부분을 구제할 것이오. 자네가 이것을 읽을 때 만족하고 동의하기를 희망하오.

그러나 내가 자네에게 있는 사유의 독립성을 설명할 책에 대해 생각할 때, 이러한 것은 나에게 약간 관계가 없는 세부 사항인 것 같소.

우리의 시대가 끝나네요. 권력 숭배는 현재 연방공화국에서 확산하고 있다오. 비판은 가장 격렬할 때조차도 해가 없소. 의견의 무게는 예전처럼 크지요. 우리는 제1차 세계대전과 1945년 이후 누렸던 자유를 용납할 수 없었소.

우리는 에르나 그리고 그의 동생 이르마와 함께 크리스마스를 축하할 것이오. 우리는 그날들이 다른 날들처럼 조용하고 평범한 과정을 밟도록 할 것이오. 요즈음은 매우 즐겁소. 막스 베버[212]는 윌리엄 펜[213]을 염두에 두고 고령의 매우 느림 ― 적어도 우리의 쇠퇴가 온화하고 유순하고, 악의적인

---

[211] 클라우스 쉔크 그라프 폰 슈타우펜베르크(Claus Schenk Graf von Stauffenber, 1907~1944)는 예비군 총참모장이었으며, 1944년 7월 20일 암살 음모의 주요 조직자였다. 그는 이 계획과 연계되어 사형당했다.

[212] Max Weber, *Gesammelte Aufsätze zur Religionssoziologie* 1(Tübingen, 1920): 563.

[213] 윌리엄 펜(William Penn, 1644~1718)은 펜실베이니아 식민지를 건설한 정치적으로 종교적으로 영향력 있는 퀘이커교도이다.

형태를 취하지 않는 양태 ― 을 언급했다오.

자네의 집은 신년에 다시 손님들로 가득 찰 것이오.

행복하기를 바라며!

따뜻하게, 야스퍼스

내가 아마도 자네의 방문 때까지 자네가 나에게 빌려준 문서를 보관해도 좋을지? 나는 아직도 필요로 하는 장에 도달하지 못했다오.

편지 367 **아렌트가 야스퍼스 부부에게**

1964년 크리스마스

가장 친애하는 친구분들께―

새해에 간단한 인사입니다!

꽤 오랫동안 두 분의 소식을 듣지 못했습니다. 두 분께 모든 일이 잘되었으면 좋겠습니다. 저는 2주 동안 다시 집에 있었으며 약간 나태해졌습니다. 그렇지만 쿠자누스 원고를 교정하며 매우 즐겁게 연구하고 있습니다. ― 만하임의 번역은 매우 좋습니다. 헬렌 볼프는 이것을 가을에 출간하고 싶다고 말했습니다. 그들은 지금 『세 편의 에세이』[214]를 준비하고 있습니다. 그런데 이 책은 인쇄 및 제본을 포함해 모든 측면에서 잘 출간될 것입니다.

여기에서 보고할 특별한 것은 없습니다. 우리는 좋은 편이며 아주 평화로운 삶을 즐기고 있습니다. 다음 주에는 더 큰 소동이 있을 것입니다. 많은 친구가 올 것이기 때문입니다. 내일 우리는 (함부르크 출신인) 게르하르트 캐스퍼[215]의 결혼식에 참석할 예정입니다. 그는 한때 당신을 방문했고, 당

---

[214] Karl Jaspers, *Three Essays: Leonardo, Descartes, Max Weber*(New York, 1964).
[215] 편지 314의 각주 313을 참조할 것.

신은 그를 매우 좋아합니다. 저는 그의 폭풍 같은 연애에 대해 말한 것으로 생각합니다. 그런 연애는 건장한 함부르크 사람에게서 거의 기대하지 못했을 것입니다. 이제 새 신혼부부는 행복하게 지내고 있고, 제 어머니가 말씀하고자 했듯이 사랑이 어디에 떨어지든, 그것은 큰 충돌을 일으킬 것입니다. 그사이에 신랑은 버클리캠퍼스에서 조교수가 되었으며, 신부는 이곳 의과대학원을 마칠 예정입니다. 그들은 이곳에서 결혼식을 올릴 것입니다. 우리의 친구인 베라트 부인이 연회를 주최하겠다고 매우 친절하게 지원했는데, 그들은 모두 이곳에 가족이 없기 때문입니다. 우리는 진짜 가족이 아니지만 입양되었고, 그것은 모두 매우 재미있습니다.

행운을 빌고 잘 지내길 바라며, 가능하다면 우리에게 간단한 소식을 전해주세요.

따뜻한 안부와 함께
한나 올림

편지 368　야스퍼스가 아렌트에게

바젤, 1965년 1월 8일

친애하는 한나!

크리스마스 편지 고맙네요. 자네도 내 저서 『쿠자누스』와 관계가 있소. 번역이 잘되어 기쁘며, 이 문제로 자네에게 많은 일이 부과되지 않기를 바라오. 자네는 책을 조금 좋아하는 것 같구려.

나는 아직도 독일의 '저항운동'에 관한 문헌에 몰두하고 있소. 자네는 이 토론을 진행하고 있고, 독일에서 이 소식을 들어야 하오. 자네의 판단은 문제의 핵심을 찌른다오. 나는 그것들을 해명하고 있지요. 여기에서 신중한 사람은 숄 형제와 율리우스 레버가 정말 순수한 광원(光源; Lichtpunkt)임을 더욱 선명하게 볼 것이오. 나는 자네의 판단에 악영향을 미치지 않은 채 벡과

슈타우펜베르크를 올바르게 평가하려고 노력할 것이오. 우리는 트레스코우에 대해서는 조금만 알고 있다오. 괴르델러는 너무 우매하고 터무니없어서 시간을 낭비할 수 없소. 그런데 일반적인 요지는 '양심'과 '품위'라오. 여기에서도 자네가 본질적인 것을 제대로 알아맞혔지만, 자네의 공식적인 언급은 아마도 훨씬 더 정확하게 이해될 수 있을 것이오. 일은 천천히 진행되오. 내가 자네의 짧고 급한 나팔 불기의 지속 가능성을 유지하는 데 성공한다면, 그 소리는 더 잘 들릴 수 있고 문제를 회피하는 사람들은 웃음거리가 될 것이오!

크리스마스 직전에 게르트루트는 병에 걸렸고, 밤에 매우 갑자기 떨고 맥박이 셀 수도 없게 뛰었다오. 훌륭한 베른슈타인 박사가 며칠 동안 바로 아내에게 페니실린을 투여했고, 아내는 심장이 약하고 여전히 떨지만 이제 다시 호전되었네요. 아내는 아직 집 밖을 나가지 못했지만, 기분은 좋소. 아내는 따뜻한 안부를 전하오.

잘모니 부인[216]은 자동차 사고를 당했고, 상황은 끔찍했소. 그녀는 심각한 손상 없이 떨어져 나갔지만, 갈비뼈가 부러지고 여기저기에 약간의 열상이 있소. 그녀는 쾌유할 것이지만 약간의 시간이 필요하오.

그녀의 사고 때문에 크리스마스 이후 내 우편물이 쌓이고 있다오. 결국, 나는 퇴임을 생각하오. '중요한 일들'이 쌓이도록 놔두려고 하기도 하오. 그런데 나는 도움을 구하는 것에 대해 알아봐야 할 것이오.

따뜻한 마음으로
야스퍼스

---

[216] 마드렌느 잘모니-후버(Madeline Salmony-Huber, 1926년 출생)는 잘모니(H. A. Salmony)의 아내(편지 184의 각주 162 참조)이며 여러 해 동안 야스퍼스의 비서였고 야스퍼스 부부의 좋은 친구였다.

편지 369   아렌트가 야스퍼스에게

1965년 2월 19일

친애하고 존경하는 분께!

저는 왜 그렇게 오랫동안 편지를 보내지 못했는지, 그리고 이것이 이제 생일 편지가 되어야 하는지 스스로 이해할 수 없습니다. 저는 방금 마이어-구츠빌러[217]에게서 피터 위스[218]와 당신의 라디오 대담에 관한 편지, 그리고 당신이 소멸시효에 관한 대담[219]에 동의했다는, 『슈피겔』측의 편지를 받았습니다. 말하자면, 그것이 저를 움직이게 했습니다. 당신이 『슈피겔』과의 대담에 동의했기에 대단히 기뻤으며 안도했습니다. 법무부 장관[220]의 언급은 정말 한심할 뿐만 아니라 분노를 유발하기도 했습니다. 그런데 그 끔찍한 억양 — 결국 우리는 모두 범속한 사람이고, 비슷한 존재입니다 — 은 내용과는 완전히 별도로 완전히 충격적입니다. 저는 『디 차이트』에서 베노 폰 비제의 「과거 극복에 대한 소견」[221]을 읽었습니다. 제 생각에도 이것은 뻔뻔스럽습니다. 아둔한 상투어가 이어졌습니다. 우리는 때때로 이 세대 전체가 이미 소멸했는가 하고 생각합니다. 우리가 이제는 이 위선적인 쓸데없는 말에 귀를 기울이려고 하지 않듯이, 저는 베노에게 편지로 그가 '시대정신'이 아니라 시대정신에 대한 두려움에 굴복했다는 점을 상기시켰습니다. 게다가 그것을 인정하는 것이 훨씬 더 멋있을 것입니다. 이것은 답변

---

[217] 편지 321의 각주 4를 참조할 것.
[218] "Eichmann in Jerusalem: Ein Gespräch über das gleichnamige Buch von Hannah Arendt mit Peter Wyss," broadcast Feburary 14, 1965, by Radio Studio Basel.
[219] "Für Völkermord gibt es keine Verjährung," interview with Rudolf Augstein, *Der Spiegel*(March 10, 1965): 49-71.
[220] 리히하르트 예거(Richard Jäger). 소멸시효에 관한 논쟁 중 그의 진술을 위해서는 다음 자료를 참조할 것. *Protokolle des Deutscheen Bundestages*, 170th session, March 3, 1965, and 175th session, March 25, 1965.
[221] Benno von Wiese, "Bemerkungen zur 'unbewältigten Vergangenheit,'" *Die Zeit* 19, no. 52(January 1, 1963): 9-10.

으로서 정말로 계속되는 지껄임이며 모욕적인 말투였습니다. 절망적입니다. 그래서 저는 한 학생의 매우 지적이고 공감적인 이 서평을 보내준 당신에게 특별히 감사합니다.[222] 그와 같은 것은 정말 사람들을 즐겁게 합니다. 당신은 과거라는 주제에 관한 괴팅겐 학생 잡지를 보았는지요?[223] 역시 고무적인 측면도 있습니다. 독일 교수들은 이 시점에서 정말 공황상태에 빠졌음이 틀림없습니다. 독일의 젊은이들은 마침내 솔직하게 말하는 듯하며, 이 우매한 죄의식 고백을 그만두었습니다. 별로 즐겁지 않습니다. 그리고 위험이 없지는 않습니다. 교수들이 자신들을 보호하는 대신에 동료들의 과거를 기웃거리며 서로를 비난하기 시작한다면, 그것은 대단히 즐거운 광경도 아닐 것입니다.

저의 개인적인 어려운 상황 가운데 다른 하나는 유감스럽게도 돌프 슈테른베르거입니다. 그러나 이것은 혼자만 알고 계세요! 그는 시카고대학교에 취직하려고 결심했지만, 그곳의 전망은 거의 없습니다. 그가 정말 예외적이었다면 대학은 그에게 자리를 제안했을 것이지만, 그것은 사실이 아닙니다. 그곳 사람들은 모두 그에게 평소와 다름없는 찬사를 보냈고, 아주 친절했습니다. 그것이 이 나라의 습관이며, 그는 그것을 이해하지 못했습니다. 이제 그는 저를 끌어들이기 위해 전력을 다하고 있습니다. 저는 짧은 초청강연을 그에게 주선해 주었습니다 – 그는 그것을 매우 원했고, 그래서 왜 안 될까요? 아무도 이것을 기대하지 않았습니다. 이제 그는 저에게 자신의 책들 가운데 하나를 헌정하고 싶다는 편지를 보냈습니다. 그러나 저는 그것을 원하지 않습니다 – 특별히 이와 관련해서는 아닙니다. 게다가, 그는 아이히만 문제에서 세 편에 서는 것을 공식적으로 두 번이나 거절했습니

---

[222] Manfred Müller, "Von der Banalität des Bösen," *Diskus: Frankfurter Studentenzeitung*(Dezember 1946): 4.

[223] *Politikon: Göttinger Studentenzeitschrift für Niedersachsen*, n. 9(January 1965), published essays and documents on this topic under the heading "Universität in Dritten Reich."

다.『프랑크푸르트 알게마이네 차이퉁』은 그에게 자신들을 위해 서평을 기고해달라고 요청했고, 피페르는 내 기자회견을 진행해달라고 그에게 요청했습니다. 그는 두 제안을 즉시 거절했습니다. 그는 '신중한' 태도를 보였습니다. 그러나 말씀해 주세요. 어떻게 하지요? 저는 파노프스키[224]를 상기했습니다. 그는 그림(회화; Bild)에 대한 견해를 요청받자 다음과 같이 말했습니다. "내가 진리를 말해야 했다면, 나는 거짓말을 해야 할 것이다." 물론, 저는 거짓말을 하고 싶지만, 무슨 말을 해야 할지 난감합니다.

그것들은 모두 제가 당신을 괴롭히는 것을 매우 즐기는 어리석은 세부 사항들입니다. 이제 당신의 편지가 더 마음에 듭니다. 독일의 저항운동에 관한 내용입니다. 저는 괴르델러에 관한 당신의 견해를 완전히 공유하지는 않습니다. 그는 운동의 이른바 지적인 지도자였습니다. 그것은 결코 그의 과거 잘못을 씻지는 못할 것입니다. 제가 아는 한, 그는 성공적인 전복 시도 이후 무슨 일이 일어나야 하는지에 대해 구체적으로 제안한 유일한 사람입니다. 크라이자우 단체[225]의 환상은 그렇게 간주할 수는 없습니다. 만약 쿠데타가 성공했다면, 연합군은 괴르델러나 그의 계획을 처리해야 했을 것입니다. 물론 그런 계획은 "우매하고 우스꽝스러웠지만", 그런 계획 이면의 어느 다른 계획은 존재하지 않았고, 그것은 저에게 중요한 것 같습니다.

저는 당신의 편지를 읽고 당신이 독일에 관한 책의 내용을 따라 무엇인가를 계획하고 있다고 결론을 내렸습니다 — 아니면 제가 틀렸나요? 물론 완전히 다른 형태이지만 여전히 그 기본 방향을 유지하고 있습니다. 저는 매우 궁금합니다. 무엇보다도『슈피겔』대담을 우선 보는 것입니다. 당신이 대담한다는 게 아주 기쁩니다.

저는 저 자신만을 탓할 수 있는 공개 강의를 위해 할 준비가 많습니다.

---

[224] 에르빈 파노프스키(Erwin Panofsky, 1892~1968)는 독일계 미국인 예술사가로서 1935년 이후 프린스턴대학교에서 가르쳤다.
[225] 저항단체는 1942년 설립되었고 회합 장소인 질레시아의 영지의 이름을 붙였다.

'도덕' 문제 — 제가 작년 칸트로부터 배운 것을 확장한 것 — 또는 제가 배웠다고 생각하는 것입니다. 그러나 제 학생들보다 소화하기 쉬운 형태로 말이죠. 하인리히는 학기 초에 대비해 다음 주 바드대학으로 떠납니다. 그에게는 일이 아주 잘 되어가고 있습니다. 그는 새 학기를 앞두고 있습니다. 저는 너무 많은 일을 떠맡은 그가 조금 걱정되지만, 어느 때처럼 제가 할 수 있는 일은 아무것도 없습니다. 어쨌든, 그는 건강합니다.

당신의 『위대한 철학자들』은 이곳 대학에서 더욱더 주목을 받고 있습니다. 그것은 모든 방면에서 주목을 받습니다. 개별 인물, 특히 칸트에 관한 별개의 지장본이 크게 필요합니다. 학생들은 현재 형태의 책이 너무 비싸서 이 책을 살 수 없습니다. 저는 전혀 알지 못하는 캘리포니아대학교 학생으로부터 최근에 받은 편지를 동봉합니다.[226] 저는 그 편지에 매우 감동했지만, 이 학생이 정말 완전히 정상적인지 확신하지 못합니다. 그가 동봉한 '서류'는 이상하게 초지일관하지 못하지만 진정한 재능을 보여줍니다. 그에게 해줄 조언이 있는지요? 당신도 아시듯이, 그는 독일어를 배우고 싶어 하며, 그것이 그에게는 어렵지 않을 것입니다. 그가 대학을 졸업했을 때 그를 어디로 누구에게 보내야 하는가요? 저는 또한 당신에게 흥미로울지도 모르는 『뉴욕 타임스 서평』[227]에서 발췌한 오래된 기사를 동봉합니다.

제가 또 무엇으로 당신들 — 두 분 — 을 귀찮게 해드릴까요? 저는 강의가 재미없습니다. 가는 곳마다, 강의실은 꽉 찹니다. 그것이 싫습니다. 연회에 갈 때 유명인사라는 꼬리표가 붙습니다! 모든 것이 지나갈 것이지만, 지금으로서는 끔찍합니다! 저는 모든 접근 경로가 차단된 동물처럼 느껴집니다 — 더 이상 저 자신이 될 수 없습니다. 아무도 저를 있는 그대로 받아들이지 않을 것이기 때문입니다. 모든 사람이 더 잘 압니다. 출구만이 열려

---

[226] 1965년 1월 27일 에드윈 마손(Edwin T. Mason)의 편지.
[227] 편지 307의 각주 287을 참조할 것.

있고, 그래서 저는 아무 데도 가지 않거나, 그렇게 되면 바로 다시 떠납니다. 어느 것도 더 재미없습니다. 그것은 전혀 우매하지 않은 유대인 신학교 총장[루이스 핀켈슈타인]이 제 친구에게 말한 것과 같습니다. 즉 "이 바보들은 그녀를 유명하게 만듭니다." 웃기는 일이지만, 웃고 싶은 충동은 곧 사라집니다.

여기에서 일어나는 가장 흥미로운 일은 버클리캠퍼스의 학생 소요입니다.[228] 이것은 시민권 운동, 즉 수십 년 만에 처음으로 학생들이 정말로 무엇인가를 해야만 했던 기회에서 비롯되었습니다. 그리고 그들은 사실 가장 큰 기쁨으로 많은 일을 했습니다. 그들의 단체는 훌륭합니다. 버클리캠퍼스 학생들은 자신들이 성취하려고 시작한 것을 모두 성취했고, 이제 멈출 수도 없고 멈추고 싶어 하지도 않습니다. 악의나 광분 때문이 아니라 단순히 피를 맛보고 효과적으로 행동하지 않는 것이 어떤 것인지를 알았기 때문에, 그리고 이제 그들이 목표에 도달했기 때문에, 그들은 다시 집에 가고 싶어 하지 않습니다. 학생운동은 정확히 참된 정치적 삶의 핵심을 찌르기 때문에 현상에 실질적인 위험을 나타냅니다. 저는 오직 제퍼슨과 함께 신념 ceterum ceneo[229] — 모든 사람이 공적인 문제에 목소리를 내는 소규모 공화국인 구(區; ward) 또는 평의회 체계 — 을 말할 수 있습니다. 그렇지 않으면, 이곳의 다른 모든 주요 도시는 진짜 정글이 되어갈 것입니다. 지하철은 이제 안전하지 않으며, 거리도 승강기도 마찬가지입니다. 기이한 상황입니다. 청소년 범죄는 국가적 재난의 규모를 나타내고 있습니다. 누구도 무엇을 해야 할지 모릅니다. 저는 가끔 학생들이 동원되어야 한다고 생각하지만, 무장하지 않은 채 마약 중독자들과 어울리라고 그들에게 요구할 수 없습니다. 이것은 진정 가장 긴급한 행위를 요구하는 문제입니다.

---

[228] 1964년 캘리포니아대학교 버클리캠퍼스 학생들은 대학교 결정에 발언하며 소수민족 학생에 대한 차별을 종식하기 위해 캠퍼스에서 적극적으로 활동할 권리를 얻으려고 시위했다.

[229] "As for the rest, I am for …"

당신은 게르트루트의 질병과 그녀의 호전 상황을 편지로 알렸습니다. 그와 같은 소식은 항상 저를 두렵게 하며, 이후 저는 두 분이 함께 있다는 사실에 기쁨과 감사함을 느낍니다. 잘모니 부인은 다시 호전되었는지요?

당신의 생신을 진심으로 축하합니다.

한나 올림

저는 슈테른베르거를 재고했습니다. 그를 지원하는데 동의할 것입니다. 그것은 가장 단순합니다. 저는 그의 후보직을 반대할 객관적 이유가 없습니다. 반대로, 우리는 대단히 많은 일에 합의하고 있습니다. 그리고 마지막으로 그가 진정으로 악의가 없는 사람들과 함께 살고 일하는 것을 얼마나 매우 즐겼는지 보는 것은 정말 감동적입니다. 이 일로 폐를 끼쳐서 죄송합니다. 그러나 이제 저는 이 편지를 다시 쓰고 싶지는 않습니다.

편지 370 **야스퍼스가 아렌트에게**

바젤, 1965년 2월 28일

친애하는 한나!

히아신스와 초콜릿의 형태로 자네의 친절한 생일 소원에 대하여 간단한 감사의 말을 전하오! 내 손은 글쓰기를 원하지 않는구려. 글쓰기는 몇 주 동안 나를 괴롭혔던 류머티즘 고통을 악화시키기 때문이오. 게르트루트는 한때 다시 매우 갑작스럽게 오한으로 시작된 '기간지 폐렴'의 두 번째 발작에서 회복되었디오(신단은 나에게는 전혀 분명하지 않소). 그러나 나는 이 편지가 불만 목록이 되기를 원하지 않는다오. 우리는 실제로 노년기에 꽤 잘 살고 만족하오.

나는 크리스마스 이후 『예루살렘의 아이히만』에 대한 나의 책을 쓰지 않앉소. 다시 곧 할 수 있기를 바라오.

그사이에 나는 몇 번의 '담화' 또는 대담에 유혹당했네요. 그것은 훨씬 수월하오. 지난주 「소멸시효」라는 주제로 『슈피겔』의 아우그슈타인과 대담을 했소. 나는 류머티즘 때문에 전날 밤 제대로 자지 못했으며, 대담은 특별히 잘 진행되지 못했소. 그러나 결국 나의 대담 부분을 더 훌륭한 문장 형태로 향상시킬 수 있었소. 『슈피겔』측은 속기사와 타자수를 남겨서 이 작업을 도와주었다오.

나는 놀랍도록 작고 당당한 남자, 예리한 지성과 엄청난 양의 정보를 가진 아우그슈타인에게 깊은 인상을 받았기 때문에 그 대담이 유난히 흥미롭다는 것을 알았다오. 그는 심지어 자신의 『슈피겔』에서도 전적으로 독립적인 완전히 '현대적인' 사람이오. 오후에 나는 다른 두 시간 동안 그와 개인적으로 대화를 나누었소. 그는 정보에 매우 자유로웠다오. 나는 질문을 받기만 하고 거의 말하지 않았다오. 이후 그것에 관해 이야기할 것이오. 반대로, 나는 사람을 신뢰한다고 말할 수 없소. 그러나 그에 대한 나의 태도는 판단을 정지한 상태로 남아있다오. 나는 그와 같은 사람을 전에 만난 적이 없소. 나는 그와의 친근감을 감지한 것 같으며, 그런 다음 심연을 감지한 듯하오.

나는 한 가지 창피한 것을 발견했고, 그것이 글을 쓰는 주요한 이유라오. 아우그슈타인은 자네의 편지에서 인용했고 자네가 다음과 같이 말한 것을 이야기했소.

자네는 종지부를 찍을 필요성이 이후에 생긴다는 점을 이해했을 것이오. "그녀는 지금 종결이 이루어졌다면 유대 민족이 언젠가 그것을 이해할 수 있다는 점을 의심한다오. 그러나 세계 여론은 아마도 한 가지 조건 아래에서 다음과 같은 점을 확신할 수 있을 것이오. 즉 만약 문제가 이미 종결되었다면, 독일의 동부 국경 문제, 오데르-나이세 국경선의 인정과 주데텐란트의 회복을 지껄이는 사람들에 대한 강력한 행동에 관하여 종결을 요청하지요."

나는 누구든 국경선 문제와 전쟁범죄와 관련한 소멸시효 문제를 "종결"이란 범주 아래로 끌어들일 수 없다는 말로 응답했소.

나는 다만 그 직후에 이 대담 부분이 출판을 위한 것이 아니라고 말했다오. 자네의 편지는 사적인 편지였고, 우리는 자네 앞에서만 이 문제를 논의할 수 있소.

그래서 그 부분은 삭제될 것이오. 내가 명백히 인정한 것만을 『슈피겔』이 출판할 수 있도록 규정되어 있었기 때문이오.

선풍적인 요소를 대담에 소개하려는 아우그슈타인의 시도는 나의 불신을 증대시켰소. 아마도 1958년부터 대담을 정중하게 거절한 내가 과연 옳았을까? 나는 이 일이 어떻게 될 것인지 볼 것이오.

나는 '슈피겔 문제' 이후에도 상황이 변했다는 것을 근본적으로 느꼈소. 어떻게든 우리는 아우그슈타인과 '연합했다오.' 그리고 『슈피겔』은 대중매체로서 삽화가 든 모든 잡지와 『디 차이트』보다 훨씬 더 효과적이오.

자네의 '여행'을 상상하오 — 자네가 말하는 방식과 미치는 영향은 나에게 기쁨을 주는구려.

우리 둘은 두 사람 모두에게 가장 따뜻한 축원이 있기를 바라오.

야스퍼스

편지 371 아렌트가 야스퍼스에게

1965년 3월 14일

친애하고 존경하는 분께!

저는 『슈피겔』 대담[230]을 계속 읽으며 저를 더 기쁘게 할 수 있는 어떤 것

---

[230] 편지 369의 각주 219를 참조할 것.

도 아마 없으리라고 생각합니다. 그것은 아름답게 밝혀졌고, 이제 정부와 의회가 얼마나 어리석게 행동하는지 거의 중요하지 않습니다(그 문제는 여기서 거의 주목을 받지 않으며, 저는 여전히 의회 논쟁에 관한 어떠한 독일 논문도 읽을 수 없었습니다). 당신의 목소리는 모든 것을 언급하고 모두를 대변하는 목소리입니다. 대화의 어조는 바로 이 대담을 믿을 수 없을 정도로 강력하게 만들며, 정치적으로 최근에 가장 강력한 것으로 만듭니다. 독일이 정치적·도덕적 늪에 빠져들더라도, 그것은 유지될 것입니다.

특별한 사항에 관한 것입니다. 아우그슈타인은 탁월한 대담자입니다. 독일에서[231] 재판을 받는 사람들의 '정당성'에 관한 그의 반대는 심각합니다. 그리고 그는 이런 문제에서 이스라엘의 역할에 대해서도 옳습니다.[232] 당신은 아마도 아데나워와 벤구리온이 아이히만 재판과 관련하여 진행한 협상에 대해 읽었을 것입니다.[233] 저는 그런 합의가 있었다는 것을 항상 확신했고, 일찍이 그랬듯이 지금도 벤구리온이 아이히만을 납치했다는 점을 항상 확신했습니다. 이스라엘에 대한 배상금 지급은 종결되었고, 이스라엘은 더 많은 배상금 — 차관이나 무기 형식 — 을 받아내고자 독일에 압력을 가하고 싶었기 때문입니다. 벤구리온이 취한 조치는 이해할 만합니다. 그의 주장은 이랬습니다. 즉 우리의 존재는 위태롭다. 그러나 그는 이후 아데나워에게 현재의 독일 정부를 당혹하게 하지 않도록, 즉 글로브케와 비아론[234]

---

[231] 아우그슈타인은 대담에서 다음과 같이 말했다. "나의 지식으로 나치 시대 판사와 검사는 단 한 명도 형사재판에 직면하지 않았으며", 그로 인해 "범죄에 대한 처벌의 정당성은 단지 모호하다"(53쪽).

[232] 아우그슈타인은 심지어 글로브케와 비아론과 같은 사람들(아래 각주 234 참조)의 직책의 연속성을 용서하는 유대인 단체, 이스라엘, 다른 국가들도 "의심스러운 입장에"(53쪽) 놓였다는 견해를 표현했다.

[233] 1960년 3월 뉴욕에서 아데나워와 벤구리온 사이에 회담이 개최되었다. 벤구리온은 이후 무기를 포함한 거래가 이루어졌다는 주장을 부인했다(1965년 3월 31일 『슈피겔』 참조). 이 주제에 관한 공식적인 서류는 존재하지 않는다. 아이히만은 1960년 5월 11일까지 체포되지 않았다. 아렌트가 여기서 어떤 신문 기사를 언급하는지 불명료하다.

[234] 한스 글로브케(Hans Globke, 1894~1973)는 정부 법률가이며 시민권 문제 전문가로서 1935년

등을 언급하지 않도록 재판을 진행하겠다고 약속했습니다. 이스라엘은 현실 정치를 펼치고 순전히 선전 목적을 위해 '도덕적 요구'를 이용합니다. 유대인들이 해외에서 동원한 큰 압력이 없었다면, 독일인들이 당시 상당한 액수의 배상금을 전혀 지급하지 않았으리라는 점은 잊어서는 안 됩니다. 그러나 당신은 올바르게 바로 제쳐두었고, 연방정부의 존재에 초점을 맞추었습니다. 그것은 문제의 실질적인 핵심이기 때문입니다. 그리고 거기서 유감스럽게도 사람들은 태도의 급격한 변화에 대한 가장 희미한 징후가 없다고 말해야 합니다. 아데나워는 오로지 사리사욕으로 정책을 추진함으로써 아주 신중하게 그 방향에서의 어떤 운동도 차단했습니다. 그는 다음과 같이 마음속으로 생각했습니다. 즉 국민 대다수는 동참했고, 따라서 죽은 듯이 누워 있는 것입니다. 그런 것에서 발생하는 최대의 위험은 세계 여론에 영향을 미치는 유대인에게서 나옵니다. 그래서 우리는 그런 유대인의 영향력을 차단하기 위해서 할 수 있는 모든 일을 할 것입니다. 심지어 하인리히 뤼프케도 아데나워 아래에서 자신의 서명[235]을 감히 거부하지 못할 것입니다. 정말로 결정적인 것은 독일의 이른바 좌파 야당, 즉 47단체[236]와 이 모든 야당 지식인들은 이 관점에서 정부를 괴롭히지 않았다는 점입니다. 이들은 자본주의와 착취에 대해 지껄이고, 신이 무엇을 알고 있다고 지껄였습니다 — 전적으로 위험하지 않은 것입니다. 그러나 그들은 국가기구의 나치당을 공격하지 않았고, 국경 문제에 대한 논의를 재촉하지 않았으며 재통

뉘른베르크 인종법에 관한 논평의 초안을 작성하였고 더 많은 유대인법을 위한 기조를 제공했다. 아데나워 정부에서 그는 1953~1963년 국상으로 임명되었으며 이후 차관으로 재임했다. 프리드리히 카를 비아론(Friedrich Karl Vialon, 1905년 출생)은 변호사였으며, 히틀러 치하 유대인 재산 몰수를 조직한 부서, 즉 오스트란트 제국위원회 재정부의 책임자였다. 그는 아데나워 정부에서 연방경제협력부 차관이 되었다.

[235] 하인리히 뤼프케(Heinrich Lübke, 1894~1972)는 1953~1959년 농경제학자이며 정치인으로서 식품농업산림 연방 장관을 지냈다. 에르하르트 정부 시절 카를 크라이펠스(Carl Creifels, 1907년 출생)는 연방 판사로 임명되었다. 뤼프케는 크라이펠스가 나치 법무부에서 재직했기 때문에 임명에 서명하기를 거부했다.

[236] 1907년 형성되었고 전후 시대 저명한 독일 작가들의 일부를 포함한 비공식적인 작가·비평가협회.

일 문제에서 당신과 연대를 선언하지 않았습니다. 즉 그들은 자신들의 급진적인 색채와 외침에도 불구하고 정치에 참여하지 않았습니다.

저는 아우그슈타인에 대한 당신의 불편함을 공유하지만, 『슈피겔』은 정말 이 몇 년 사이에 점점 더 유일한 반대파였던 것 같습니다(실수로, 그렇죠?). 그리고 제가 아우그슈타인에게 불편함을 느낀다면, 저는 공적인 삶에 역할을 하는 다른 독일인에 대한 감정이 상당히 더 부정적이라고 말을 덧붙여야 합니다. 한동안 저는 그와 결탁하고 있다고 느꼈습니다. 그는 누구보다 많은 일을 했습니다. 저는 사실 그에게 '사적인' 편지를 썼습니다. 저는 독일인만이 원칙적으로 이 문제에 대해 말해야 하거나 할 수 있다고 생각했고 지금도 그렇습니다. 그는 종결에 대한 저의 언급을 오해했습니다. 저는 역설적이게도 왜 전면적으로 나서지 않느냐는 맥락에서 도발적인 발언으로 그것을 의미했습니다. 저는 그것을 대가성으로 의도하지 않았습니다. 그는 소급입법에 대한 저의 언급도 완전히 이해하지 못했습니다. 저는 법무부 장관이 소급효에 대한 논쟁 뒤에 숨어 있었다고 언급했습니다. 그러나 사실은 이 모든 범죄인이 소급해서 재판을 받고 있다는 것입니다. 그들이 그런 범죄를 저지를 당시에 그런 범죄가 법에 의해 처벌될 수 없었다는 것은 전혀 문제가 없기 때문입니다. 특별법이 제정되지 않은 독일에서, 사람들은 마치 형법이 특정 범주의 사람들, 살인이 허용되거나 심지어 명령을 받은 사람들에 대해 폐지되지 않은 것처럼 행동하고 있습니다. 이 거짓말은 이제 자승자박이 되고 있습니다. 사람들이 유대 민족에게 저지른 범죄에 관한 이스라엘 법에 대해 느낄 수 있듯이,[237] 그것은 여전히 뉘른베르크 재판에 비해 큰 진전입니다. 로젠은 명백히 다음과 같이 언급했기 때문입니다. 예, 우리는 사실 여기에 소급효를 지닌 법을 가지고 있습니다.

---

[237] 이스라엘 형법에서 사형은 이스라엘에서 폐지되었지만, 이스라엘 국민에 반하는 범죄를 위해 계속 시행되었으며, 그 상황에서 소급 적용되었다.

세계 여론에 관한 당신의 말은 아마도 가장 두드러질 것입니다.[238] 그 말은 「독립선언서」의 제퍼슨을 회상하게 합니다. 애석하게도, 독일 사람들은 여기에서 자신들이 복종해야 하는 외국의 압력만을 보고 있습니다. 그들은 무기력하기 때문입니다. 그것은 최악의 분노를 초래하기 때문에 매우 위험합니다. 일반적으로 제가 보기에 − 다른 지표들에 근거하여, 특히 대학들에서 − 전쟁이 끝난 지 20년이 지난 지금에야 독일에서는 상황이 중대한 단계에 이르고 있는 것 같습니다. 제1세대의 무고한 사람들은 감히 목소리를 내지 못합니다. 전직 나치당원들이 너무 심각하게 위험에 내맡겨지지 않았다면, 그들은 확고하게 자리 잡았고 진정한 반대파는 너무 위험했기 때문입니다. 그러나 지금 다가오는 세대는 더 많은 것을 실행할 여유가 있습니다. 간단히 말하면, 지금 20대는 심각하게 위험에 내맡겨지지 않은 40대를 상대하고 있습니다. 그래서 젊은이들은 입을 여는 위험을 감수할 수 있고, 기성세대를 끌어당길 수 있습니다. 그들은 제가 속한 세대의 충격을 받은 사람들이 아닌 40대입니다. 그래서 제 생각에 지금 독일인들에게 다시 언급하는 것은 보람이 있습니다. 몇 년 전만 하더라도 민족주의적인 기류가 훨씬 더 심하고 공격적이었던 것은 사실입니다. 그러나 이것은 한 가지 핵심입니다. 즉 오늘날 대화할 수 있는 정말 괜찮은 사람은 소수입니다. 당신은 그들을 침묵하는 소수라고 부릅니다. 물론 그들은 항상 거기에 있지만, 정치적으로 그것은 충분하지 않습니다. 그러나 이제 침묵하는 소수는 약간 소리를 내기 시작합니다.

저는 연방의회[239]에서 논쟁이 어떻게 되었는지 모릅니다. 좋은 상황이 아

---

[238] 야스퍼스는 아이히만의 인류에 반하는 범죄에 대한 견해에서 이스라엘이 순수하게 국가 사법 능력을 발동한 것이 너무 제한적이라고 생각했다. 그는 다음과 같이 언급했다. 즉 "새로운 정신의 틀이 전 세계에 형성되고 있으며, 하나는 단순한 의견 이상의 것에 바탕을 두고 있다. 그것은 만약 내가 완전한 의미에서 그것을 이해한다면 새로운 기준으로 그것을 판단해야 할 만큼 아주 심각한 태도를 나타낸다."
[239] 소멸시효에 관한 논쟁은 1965년 3월 10일 시작되었다. 3월 25일 연방의회는 1945년 5월 8일부

니라고 추정합니다. 조바심내지 마세요! 중요한 것은 당신이 말한 것과 말하는 방식입니다.

  이제야 저는 원래 시작하려고 했던 것을 알게 되었습니다 — 당신 형수님의 안 좋은 소식 말입니다.[240] 매우 매우 슬픕니다. 대부분은 당신 때문이기도 하지만 저 혼자서도 그렇습니다. 저는 당신의 집에서 그녀를 단 한 번 만났습니다. 그녀를 매우 좋아했으며, 언젠가 그녀를 다시 만날 것이라고 항상 생각했습니다. 그녀는 같이 웃기에 너무 재미있었습니다. 이제 사모님이 완전히 회복되었기를 바랍니다. 류머티즘으로 인한 고통은 짜증나지요. 아, 우리가 좀 더 가까이 함께 살았다면 얼마나 좋을까요!

따뜻한 안부와 함께
한나 올림

편지 372   **야스퍼스가 아렌트에게**

바젤, 1965년 3월 23일

친애하는 한나!

  2월 19일자 훌륭한 장문의 편지와 『슈피겔』 대담에 대한 3월 14일자 신속한 대응 편지는 회신을 요구하지만, 나는 아직 글을 쓸 수 없다오. 손 부위의 근육 류머티즘이 매우 아프고 하찮지 않은 질병에서 회복 중이기 때문이오. 낮에 잠을 많이 자며, 연구는 불가능하오. 그러나 자네는 옳구려. 나는 적어도 자네에게 보낼 중요한 것을 받아적게 할 수 있으며, 잘모니 부인은 받아적을 정도로 친절하오.

  우선 불가피한 고통을 담은 편지요. 『슈피겔』과 대담 직후 나는 심한 직

터 1949년 12월 31일까지 종신형으로 처벌할 수 있는 나치 범죄에 대해 25년 제한의 시작 날짜를 변경한 법을 통과시켰다.

[240] 1965년 2월 28일 편지에서 게르트루트는 아렌트에게 엘라 마이어의 죽음이 임박했다고 언급했다.

장 출혈을 경험했소. 처음에는 너무 심해서 수혈이 필요했다오. 이후 현대 의학의 도움으로 출혈은 줄어들었고, 일주일 이후 출혈은 완전히 멎었소. 이제 일주일 이상 출혈은 없지만, 근육 류머티즘이 심해졌다오. 그 결과, 움직임은 대부분 고통스러웠소. 류머티즘이 여기저기로 이동하고 어느 부위에서 다시 사라질 것이오. 출혈 중에는 류머티즘은 요통의 형태를 띠었다오. 이제 그 부위의 고통은 사라졌소. 나는 적어도 지금 일어나 긴 의자에 누워 있다오. 게르트루트는 건강이 비교적 좋은 상태이고, 우리는 모두 기분이 좋고 결국 은퇴할 때 더는 기대해서는 안 된다고 생각했다오. 그 진단은 대장에서 곁주머니증(게실증; diverticulosis)의 결과로 출혈이 발생한다는 1959년의 진단과 같을 가능성이 매우 크다오. 다행스럽게, 과거에 찍은 진단 소견의 엑스레이는 여전히 이용할 수 있었소. 유일한 차이점은 그 당시의 출혈이 피상적이었다는 것이오. 시각적으로 출혈은 무서웠지만, 출혈량은 많지 않았다오. 이번에 출혈량은 정말 생명을 위협하지 않았지만, 거의 비슷했소. 암일 가능성은 없다오. 나는 자네를 위해 그 진단에 대한 모든 이유를 검토할 필요가 없으며, 누구든 결코 100% 확신할 수 없다오. 그러나 출혈 자체를 제외하고 관심을 일으킬 다른 징후는 없소. 매우 중요하게도, 체중은 줄지 않았소. 식욕과 다른 기능은 모두 최상의 상태라오.

그러나 나는 현재 이런 비활동 상태는 전혀 좋아하지 않소. 자네의 책에 관해 쓰고 있는 책을 너무 마무리하고 싶지만, 1월 이후로 더는 집필하지 못했다오. 나는 하고 싶은 것을 마음속에 간직하오. 내가 필요한 자료는 대부분 준비되어 있지만, 모양을 만들고 다듬어야 하오. 실제의 텍스트는 비망록으로만 남아있고 종합해야 하오. 자네는 다음 사례에서 내가 얼마나 멀리 가고 있는지 알게 될 것이오. 현재 나는 볼테르와 그에 관한 글을 읽고 있다오. 그 사람을 존경하오. 한편, 그는 투기로 큰 부를 축적하고, 이 덕택에 페르니 성의 작은 왕자처럼 다스리며, 작은 마을을 만들고 시계공장을 설립했다오. 그는 그 일로 시간과 에너지를 거의 소비하지 않았으며,

자신의 저작으로 수익을 남기지 못했소. 그의 넘치는 힘은 예외적이오. 생각의 풍부함, 명확한 표현의 힘, 효과를 창출하는 본능, 프랑스 취향에 대한 감정은 모두 주목할 만하오. 그러나 나는 이제 그에게 데카르트와 유사한 점이 있다고 생각하오. 데카르트가 근대 과학과 학문을 뒤죽박죽 흩어놓고 그 위대성을 박탈하는 사고방식을 계속 대변하듯이, 볼테르는 기본적으로 가능한 한 비인간적이고 현실에서 저급한 그런 문필가의 태도를 근대 인문학에서 대변한다오. 그러나 도덕주의의 어조, 장대한 표정, 저항의 목소리 등은 오늘날까지 나타나듯이 정당화된다오. 누구도 내 생각에 데카르트와 관련하여 발견하는 것을 아직 이해하지 못했소. 예를 들어 토마스 만이 속한 문필가 유형이 의미하는 바를 이해하는 것은 더욱 어렵다오. 내가 왜 이 문제로 시간을 할애하는가? 내 생각에 자네에게 반대했던 모든 이질적인 세력 가운데 이와 같은 유형의 문필가들은 사전 합의 없이 바로 그 자체로 결합하여 자네에게 공동으로 저항한다오. 나에게 중요한 요소들 가운데 하나는 자네가 이런 유형의 문필가들과 아무 관계가 없다는 점이오. 뭐, 나는 이것을 작별인사로만 말하겠소. 이 기획은 당분간 보류되네요. 그것이 어떨지 아직 말할 수 없구려. 그것은 완전히 실패일 수도 있고, 출판되지 않은 채로 남아있을 것이오. 그것은 아주 안 좋을 것이오.

   자네는 미국에서 강의 여행과 불편함을 편지로 쓴다오. 물론 자네는 자신을 닮은 사람dopplegänger을 계속 만날 것이오. 그는 자네가 아니라 사람들이 만나기를 기대하는 아주 다른 인사라오. 유일한 해결책은 자네가 개인적으로 나타나는 것이오. 그 경우에 닮은 사람은 어쩔 수 없이 슬쩍 자취를 감춘다오. 그러나 상황은 묘하오. 아마도 공적인 삶에서는 항상 그러할 것이오.

   자네가 『슈피겔』 대담이 마음에 들었다니 다행이오. 대담은 어느 정도 우연히 이루어졌다오. 아우그슈타인이 요청하지 않았다면, 나는 그것에 대해 생각하지 않았을 것이오. 그리고 그가 여느 때와 같이 피페르를 통해서 요청했을 때, 나는 자네와 『슈피겔』에 대한 자네의 논평에 대해 생각했소. 나는 게르트루트와 함께 하루 동안 곰곰이 생각했고, 이후 관련된 위험을 완전히 의식한 채 동의했소. 나는 상황이 이곳에서 어떻게 전개될지 모르오. 소멸시효의 특별한 측면에 대한 자네의 정치적 논평은 나 자신의 견해와 완전히 일치하네요. 오늘 그것을 검토하지는 않을 것이오.

피페르는 13차례 텔레비전 강의록으로 구성한 나의 소책자, 즉 『작은 철학 학교』[241]를 자네에게 보냈다오. 나는 물론 『슈피겔』 대담과 독일 정치보다 텔레비전 강의록을 더 좋아하오. 주변적이고 우연적인 것들이 세상을 떠들썩하게 만들고 우리가 진정 중요한 것만을 오직 어느 정도 남겨 놓고 있다는 점은 이상하오. 피페르는 판매에 관해서는 웅대하게 구상하고 있소. 그는 초판을 11,000부를 찍었고, 4,000부는 이미 1차 분배로 판매되었소. 그러나 애석하게도 그것은 많은 것을 의미하지 않는다오.

몇 년 동안 나는 알지 못하는 사람으로부터 편지를 받고 있으며, 심지어 최근에 더 많이 받았다오. 그것은 내 생각에 엄격히 이상적인 것을 말한다오. 그런데 어떤 사람들은 그것이 분명히 잘못되었다고 말하니, 나는 더 잘해야 하오. 다른 한편, 다른 사람들(나는 방금 스톡홀름의 이민자 여성으로부터 이런 종류의 편지를 받았소)은 이렇게 말하오. 즉 나는 우리가 해야 할 일을 당신에게서 듣고 싶은데, 당신이 우리에게 말할 수 없는 것을 알고 있습니다. 그러나 그녀는 여전히 쾌활하고 체념하지 않을 것이오.

그리고 즐거운 항목으로 끝을 맺겠소. 나는 오후에 편지를 받았소. "당신은 유대인 노예Judenknecht, 반역자, 교활한 파충류라오!" — 그와 같은 것이 나를 화나게 만든다고 말하는 것은 잘못이지만, 그와 같은 사람이 있음을 확인하는 것은 끔찍하오.

게르트루트 역시 두 사람에게 따뜻한 안부를 전하오. 나는 텔레비전 강

---

[241] Karl Jaspers, *Kleine Schule des philosophischen Denken*(München, 1965).

의가 하인리히로부터 공감을 받기를 바라오. 이것들이 자네를 약간 지루하게 할 수 있다는 게 걱정이오. 하지만 그 이유는 자네가 이미 나를 알고 있기 때문일 것이며, 이런 일들이 모두 자네에게 너무 명백할 것이기 때문이오. 나는 다른 편지를 곧 받아적게 하고 싶다오.

따뜻한 안부와 함께
야스퍼스

편지 373 아렌트가 야스퍼스에게

1965년 4월 13일 수령[242]

친애하고 존경하는 분께,

시카고로 떠나려고 할 때 당신의 편지가 도착해서 저에게는 큰 위안이 되었습니다. 며칠 전 저는 출혈이 멈췄다는 내용의 게르트루트 편지[243]를 받았습니다. 아직도 공포가 엄습하고 있지만, 매우 이상하게도 곁주머니증은 식이요법으로 아주 잘 관리되는 매우 흔한 질환입니다. 제가 아주 이해할 수 없는 것은 곁주머니증이 조기의 비슷한 진단 소견이었다는 점을 고려할 때, 당신이 왜 몇 년 동안 식이요법을 하지 않았는가 하는 점입니다. 저는 손에 류머티즘으로 아픈 적이 없지만, 류머티즘을 경험했습니다. 2년 동안 오른쪽 팔을 완전히 움직일 수 없었으며, 눈에 띄지 않도록 온갖 요령을 스스로 배웠습니다. 그런데 어느 날 그 증세는 사라졌습니다. 누구도 이유와 방법을 모릅니다. 그게 당신을 매우 아프게 하면 — 그게 특별히 손에 나쁘다면 — 누구든 코디존 연고를 생각했나요? 저는 사용해 본 적이 없지만, 그것이 도움이 될 것입니다.

---

242 야스퍼스가 날짜 미상의 편지에 연필로 기록한 날짜.
243 1965년 3월 24일.

어제 당신의 『작은 철학 학교』를 받았습니다. 그리고 하인리히가 방금 저에게 말했듯이, 한 권이 뉴욕에 도착했습니다. 제 책은 헬렌 볼프가 보낸 여분입니다. 제가 지금까지 읽은 것은 모두 사랑과 죽음에 관한 장들입니다. 사랑에 관한 장은 전적으로 새롭고, 당신이 이전에 이와 관련하여 쓴 것들 가운데 제가 기억하는 어느 것보다도 더 진실합니다. (저는 여기에 어떤 책도 가지고 있지 않으며 쪽을 서로 대조할 수 없습니다.) 저는 제1장도 읽었습니다. 대단히 생생하며, 다른 어느 것보다도 훨씬 더 구체적이고 직접적입니다. 이것은 사람들에게 대단한 감명을 줄 것입니다. 이것은 마력 없는 철학이며("제가 저의 경로에서 마법을 제거할 수 있으며/그 간교한 말장난을 영원히 잊자···"),[244] 당신이 여기에서 쓴 것과 비교할 때 모든 개념어는 일종의 마력입니다. 당신의 책은 믿을 수 없는 순수성을 가지고 있으며, 제가 즉시 더 이상 읽지 않는 유일한 이유는 제가 마침내 이 편지를 쓰고 싶은 것이며, 저는 무슨 일이 일어나는지 전혀 모르겠습니다 — 즉 학생들. 하인리히는 자신이 책을 즉시 읽고 싶다고 언급했고, 일요일(전화료가 낮아질 때) 우리는 이것을 주제로 토론할 것입니다.

하인리히는 아직도 저를 괴롭히는 거의 우연적인 사고에 대해 저에게 말했습니다. 자기 옆의 택시 기사가 심장마비로 무릎에 넘어져 그 자리에서 죽었을 때, 하인리히와 한 동료는 공원 도로에서 택시를 타고 있었습니다. 아무 일도 일어나지 않은 것은 기적입니다. 하인리히는 운전자의 발을 가속페달에서 떼어낼 만큼 움직이지도 못했기 때문입니다. 그러나 아무 일도 일어나지 않았습니다. 후유…

저는 당신이 문인들의 질문에 대해 무슨 말을 해야 할지 매우 기대하고 있습니다. 애석하게도, 그것은 매우 특별히 유대인 문제이지만, 물론 우연일 뿐입니다. 저는 볼테르를 읽은 적이 없습니다. 당신은 그가 궁극적으로

---

[244] Goethe, *Faust II*, verses 11404-11405. 이 행들에 대한 아렌트의 회상은 괴테의 말과 약간 다르다.

옹졸하다고 말합니다. 그러나 제가 보기에 여기서 지성 — 그리고 어느 정도 실질적인 지성 — 이 오물로부터 직접 발흥한다는 점은 몹시 거슬리는군요. 저는 어렸을 때부터 종종 혼자 생각했습니다. 즉 정말 이런 사람들과 무엇을 공유할까? 그러니까, 에르나 또는 착한 에스터보다 훨씬 덜합니다. 말 그대로 말입니다. 순수한 기술적 시각에서 볼 때, 핵심은 '총명한 생각'인 듯합니다. 당신이 어느 정도의 재능을 가지고 있다면, 총명한 생각을 가질 수 없는 것은 전혀 없습니다. 그리고 당신이 어느 다른 사람의 명령으로 총명한 생각을 가지더라도 일단 그것을 가지면, 그것은 '나의 총명한 생각'이 됩니다. 카를 크라우스[245]는 1933년에 다음과 같이 말했습니다. "나는 히틀러라는 주제에 대한 어떤 총명한 생각도 가지고 있지 않다."[246] 문학인에게서 나온 그 말은 주요한 진술입니다. 저는 때때로 유대인들조차도 허락만 받았다면 히틀러를 따라갔을 것이라고 암시하기 위해 그것을 인용합니다. 그렇다면 누가 함께 가지 않았을지 어떻게 말할 수 있을까요? 크라우스가 비록 유대인이 아니었다면, 그는 확실히 그렇게 하지 않았을 것입니다. 그러나 아도르노[247]는 확실히 그렇게 했을 것입니다 — 정말, 주의하세요! 그는 심지어 자신이 단지 반쪽 유대인이라는 이유로 노력하기도 했지만, 그것을 해낼 수 없었습니다. 이 모든 것에 대해서 저를 그렇게 괴롭게 하는 것은 현실로부터의 소외, 즉 사람들이 자신들의 총명한 생각을 위하여 현실을 무시하는 것입니다.

이제 다른 문제에 관한 사항입니다. 당신은 베를린대학교 교수인 마이클 란트만[248]을 알지요? 저는 그와 심술궂은 싸움을 벌였습니다. 그는 히브리

---

[245] 카를 크라우스(Karl Kraus, 1874~1936)는 오스트리아 작가이며 대단한 풍자 작가였다.
[246] Karl Kraus, *Die Dritte Walpurgisnacht, in Werke*(H. Fisher edition), vol 1, 3rd ed.(München, 1965): 9. 아렌트의 인용은 크라우스의 말의 순서와 약간 다르다.
[247] 테오도르 비젠그룬트 아도르노(Theodor Wiesengrund Adorno, 1903~1969)는 철학자이며 사회학자이고, 프랑크푸르트학파의 주요 학자였다. 편지 399 각주 363과 364를 참조할 것.
[248] 마이클 란트만(Michael Landmann, 1913~1984)은 1950년 이후 자유베를린대학교의 철학자로

대학교 우회友會의 회장이며 『예루살렘의 아이히만』에 대해 선동 ― 그 자체로 저를 괴롭히지 않는 일 ― 을 했습니다. 그러나 이 모임에서 이스라엘의 한 학생이 일어서서 다음과 같이 주장했습니다. (a) 독자는 자신이 나와 나의 '이력'을 개인적으로 알 때만 그 책을 이해할 수 있었다. (b) 그는 그런 독자였고, 다음 사항을 알았다. 즉 (1) 나는 20세였을 때까지 유대인이었다는 것을 알지 못했고(나의 할아버지는 이스라엘에 있는 모든 사람이 알고 있는 회중의 대표였다), (2) 나는 그 사실로 화해한 적이 없다고 말했다. 따라서 저는 란트만 씨가 이런 뻔뻔한 거짓말을 정정해야 한다고 그에게 요구했습니다. 물론 저는 이 사람을 전혀 모릅니다. 그는 자신이 참가했던 강의에서 저를 "알고 있다"고 주장합니다. 란트만 씨는 분개하여 거절했고 자신을 중요하게 보이고 싶어 하는 이 병적인 거짓말쟁이의 뒤에 완전히 숨어 있습니다. 그는 6쪽 분량의 편지를 보냈습니다. 그는 이 편지에서 근거가 전혀 없는 것을 주장했습니다. 이제 란트만은 당신을 이것으로 끌어들이고 있습니다. 그는 자신이 저를 역시 알고 있다고 말합니다. 저는 그가 기억나지 않습니다. 당신이 제 기억을 되살려 주실 수 있나요?

『디 차이트』에 "풍자적인" 잡지 『뉴요커』에 관한 두 편의 훌륭한 기사가 실렸습니다.[249] 저는 이것들을 동봉하지만, 당신은 첫 번째 기사의 서두만을 읽으셔야 합니다. 그것은 골로 만의 행태를 설명해주는 것 같습니다.[250] 『뉴요커』는 사람들이 골로 만에게 그것이 좋은 홍보라고 말할 때까지 그를

서 바젤 기간 야스퍼스의 첫 번째 조교였다. 아렌트와 란트만 사이의 논쟁을 위해서는 편지 365의 각주 205를 참조할 것. 이에 관한 문서는 워싱턴의 의회도서관에서 볼 수 있다.

[249] Richard Schmid, "Avantgard in Biedermeierstil: *The New Yorker*. Porträt einer ungewöhnlicher Zeitschrift," *Die Zeit*, numbers 12, 13(March 26, April 2, 1965).

[250] 슈미트는 다음과 같이 밝히고 있습니다. 『뉴요커』는 1941년 12월 토마스 만의 문학적 개요서를 출판했다. 몇 통의 편지가 보여주듯이, 골로 만은 그 문체와 어조에 짜증이 났다. 많은 미국인이 그 기사가 헌사로 고려되었다고 그에게 확신시켰을 때, 그는 비로소 '진정했다.' 그는 이와 관련하여 아그네스 메이어에게 보낸 편지에서 『뉴요커』를 "풍자적인 잡지"로 언급했고, 이후 아렌트의 아이히만 기사에 대한 비판에서 이 용어를 사용했다.

많이 분노하게 그의 인물평을 게재했습니다. 그의 분노는 곧 사라졌습니다. 골로 만은 분명히 그의 아버지가 괴테라고 생각하지 않는다는 말을 들었습니다 — 그래서 일격에 파리 두 마리가 사라졌습니다.

마지막 사항입니다. 저는 7월 2일 모반자들에 관한 볼프강 그레츠[251]라는 사람의 희곡을 받았습니다. 제 견해로 그 희곡은 훌륭하며, 정말 진실입니다. 저는 그 희곡이 세부적인 면에서 정확한지 모릅니다. 현재 그 희곡은 뮌헨 소극장에서 공연되고 있으며, 저는 그것을 당신에게 보내라고 그레츠를 격려하고 싶습니다. 저는 그가 감히 그것을 할 수 없다고 생각합니다. 호흐후트 · 가우스 · 아우그슈타인 · 그레츠 — 독일에서 생명이 있습니다. 그것은 사람들에게 희망을 줍니다. 손자들은 아들들보다 더 훌륭합니다(47단체).

여기에서 모든 것은 이제 친숙한 과정을 따르고 있습니다. 훌륭한 학생들입니다. 스피노자 및 루소 세미나가 있습니다. 저는 『위대한 철학자들』 덕택에 이해하기 더욱 수월했습니다. 이제 때때로 진정 그에게 매혹됩니다. 저는 루소를 좋아하지 않지만, 누구든 그를 알아야 합니다. 그는 정치적으로 아주 중요합니다 — 저는 방금 베트남에 대한 우리의 정책에 반대하는 학생 시위 모임에서 왔습니다. 몇몇 동료들과 함께 갔습니다. 전반적인 상황은 대단히 합리적이었고 열광적이지는 않았습니다. 사람들이 너무 붐벼서 통과하기가 힘들었습니다. 아무도 비명을 지르지 않았습니다. 아무도 연설하지 않았습니다. 그것은 대중집회 방식이었습니다. 진정한 토론과 보고. 매우 인상적입니다.

따뜻한 안부를 전하며
한나 올림

---

[251] 볼프강 그레츠(Wolfgang Graetz, 1926년 출생)는 독일 작가였다. 언급된 희곡은 그의 저서 『모반자(Verschwörer)』(München, 1965)였다.

편지 374 야스퍼스가 아렌트에게

바젤, 1965년 4월 17일

친애하는 한나!

받아적게 한 다른 편지라오.

하인리히가 다치지 않고 공원 도로의 그런 상황에서 벗어났다는 점은 정말 기적같이 보인다오. 이제 그는 자네와 같이 기술 시대의 몰렉신과 접촉했지만, 사로잡히지 않았네요. 다행하게도, 그는 가까스로 그 손아귀에서 벗어났구려. 누구든 종교가 요구하고 받은 제물의 숫자로 종교의 중대함을 판단한다면, 기술은 지금까지 존재한 가장 강력한 종교라오 — 케기[252]는 한때 교수 휴게실에서 그런 관찰을 했다오.

나는 자네가 시카고대학교에서 이루고 있는 그런 성공에 대해 매우 기쁘오. 즉 가장 훌륭한 선생이고 "가장 정상적인 사람"[253] — 물론 이것은 문제의 핵심이오. 사람들은 그것이 그렇게 드물다는 것을 보고 끊임없이 괴로워하오.

우리는 항상 사람들이 합리적이라고 가정하오. 이것은 우리의 큰 실수를 초래하고, 그다음에 우리의 가혹함을 초래하오. 그러나 자네가 나보다 그것에 훨씬 덜 민감하네요. 자네는 구체적인 상황에서 특정한 개개인에게 동정심을 갖는구려. 그러나 자네가 최근에 쓴 편지는 훨씬 적극적인 측면이 있소. 즉 미국에서 베트남 정책과 관련한 대중집회에서 그 이유는 가능하오. 그와 같은 집회가 정보와 토론을 제공하고 선동 없이 진행된다는 점은 훌륭하오. 다시 말하면, 그들은 미국인들이오. 우리는 그들에게 희망을 걸어야 하오.

---

[252] 베르너 케기(Werner Kaegi, 1901~1979)는 1935년부터 바젤대학교의 스위스 역사가이며 교수였다.
[253] 야스퍼스는 분명히 유고에 보관되지 않은 편지에서 이 문구를 인용하고 있다.

5일 전에 게르트루트는 고열로 또 발작을 일으켰다오. 둘째 날 그녀의 같은 폐 부위에서 악설음이 들렸다오. 그녀는 어제 이후 고열이 없어졌는데, 아마도 페니실린 주사의 결과일 것이오. 그녀는 지금 한 시간째 일어나 있는데, 남은 불만은 몸이 약하다는 것뿐이오. 우리는 그녀가 다시 발진을 일으키지 않도록 조심해야 할 것이오. 그녀가 무력감을 느낄 수 있는 만큼 우울해하며, 적어도 우리 둘이 함께 있는 한 빨리 쾌활하고 낙관적이오 ─ 나의 류머티즘은 차도가 없다오.

자네 둘이 8월에 올 수 있다는 소식을 듣게 된 것은 우리의 영혼에 좋은 일이오. 비록 그 직전까지만 해도 게르트루트에게는 모든 것이 여전히 음산하게 느껴졌지만, 그녀는 이 소식을 들은 직후에 기분이 좋아졌다오.

자네는 『작은 철학 학교』에 관해 친절한 의견을 담은 편지를 보냈지요. 하인리히 역시 그것에 기뻐하는구려. 자네는 헬렌 볼프와 함께 미국에서 그 책의 출간 기획이 성공하기를 원하오. 건전한 인간 정신이 전혀 절제를 잃지 않았음에도 불구하고, 이런 종류의 철학하기는 종종 절제를 잃을 듯이 공격할 것이오. 미국에서 그런 철학책을 읽을 수 있게 하는 것이 가능한지? 그렇다면 나는 매우 기쁠 것이오. 전반적으로 보아 미국은 우리에게 가장 중요한 요소이기 때문이오. 러시아와 중국에서 성공할 가능성은 아직 우리에게 너무 불명확해서 우리는 그것을 믿을 수 없다오.

아마도 우리가 모였을 때, 자네들은 모두 구체적인 내용에 대해 더 많은 것을 말할 것이오. 자네가 첫 번째 강의와 관련하여 언급한 것은 매우 좋소. 즉 "마법은 전혀 없다오." 나는 사변적인 사유에서 마법을 제거하는 데 이바지하고 싶지만, 그 힘을 훼손시키지 않은 채 그렇게 하고 싶소. 즉 나는 압도할 수 있는 그 힘이 줄어들기를 보고 싶지만 이런 식으로만 조명될 수 있는 내밀한 진리의 힘을 보고 싶지는 않다오. […]

"풍자적인 잡지"에 관한 기사가 실린 『디 차이트』를 보내준 데 대해 감사하오. 나에게는 매우 중요하오. 그것은 나에게 많은 것을 분명하게 해주네요.

그러나 이제 훨씬 더 중요한 것에 관한 사항이오. 나는 볼프강 그레츠의 희곡에 매우 흥미가 있을 것이오. 젊은 작가가 그 희곡을 나에게 보내고 싶어 하는지를 전혀 확신할 수 없다오. 그러나 그가 원한다면, 그에게 요청하시오. 나는 현재 이 문제에 합리적으로 충분한 정보를 갖고 있소.

하인리히는 기본적인 지식에 관한 강의를 좋아하지요?[254] 그것은 내가 중요하게 생각하는 문제라오. 나는 『철학』이 출간된 1931~1932년 겨울학기에 처음 그것에 대해 강의를 했다오.[255] 중대한 진전을 이루었다는 것을 알았소(또는 상상했소). 그것은 나에게 큰 힘을 주었소. 『철학』은 또한 아직 완결되지 않았소. 나는 연구를 계속할 수 있었다오. 이제 나는 모든 마법을 제거하기 위해 이것에서 논리적 도구(칸트, 선험적으로 논리적인 도구)를 찾는다오. 물론 이 도구는 지식이 다른 출처에서 유용할 때만 사용할 수 있소. 15년 전에 나는 초안을 잡은 책을 기획했다오. 즉 일종의 자료 모음집(열쇠 보관함 열쇠; Clavis clavium)이었지요. 이후 나는 그것을 내버려 두었다오. 누구도 심지어 세미나에서 이런 생각에 대응하지 않았소. 따라서 나 자신을 확신할 수 없었소. 내 생각이 결국 잘못된 것인가? 나는 그렇게 생각하지 않지만, 『진리에 대하여』에서 이런 이념의 광범위하고 덜 훌륭한 설명은 내가 실제로 이전에도 했듯이 누구에게나 이런 열쇠를 사용하고 고무시키는 방식으로 주제를 완성하지 못했다오.

그러나 이제는 충분하오. 게르트루트와 함께 두 사람에게 따뜻한 안부를 전하오.

야스퍼스

254　The third lecture in *Kleine Schule des philosophischen Denkens*.
255　1931~1932년 겨울학기 기간에 야스퍼스는 일주일에 4시간씩 논리학을 강의했다. 그는 이 강의에서 처음으로 자신의 포월 양태와 진리 양태 이론을 제시했다. 이 이론은 이후 근막론으로서 『철학적 논리학(*Philosophische Logik*)』의 핵심이 되었다.

나는 부활절이라서 오늘까지 이 편지를 타자로 정리하지 못했소. 게르트루트는 그사이 원기를 회복했지요.

크리스티안 짐머[256]가 오늘 여기에 왔다오. 그녀는 자네가 얼마나 유명해졌는가에 대해 우리에게 이야기했소. 그러나 또한 자네의 다른 주요 저서 때문이오. 그녀는 자네의 책을 읽은 약방의 약사와 대화를 나누었다오. 그 약사는 그녀가 한나 아렌트냐고 물었소. 그녀는 자네의 사진과 너무 닮은 것 같았다오! 나는 아첨할 생각은 없으며, 그것은 젊은이가 잘 보지 못한다는 것을 보여준다오.

편지 375 아렌트가 야스퍼스에게

1965년 5월 28일

가장 사랑하는 친구분들께—

다시 쓸 가치가 거의 없습니다 — 하느님께 감사합니다. 오늘 우리는 9월 7일에 로테르담에서 돌아오는 배편을 예약했습니다. 하인리히는 네덜란드를 모르며, 우리는 떠나기 전에 네덜란드를 구경하며 며칠을 보내고 싶습니다. 에르나가 8월 8일까지 돌아오지 않을 것이기 때문에, 제가 보기에 우리는 휴식을 취하고 정상적인 일상을 다시 유지할 기회를 당신에게 드리기 위해서 15일까지 도착하지 않을 것입니다. 저는 며칠 일찍 갈 수도 있습니다. 하인리히는 친구인 로버트 길벗을 다시 만나기 원하며, 아마도 훌륭한 첫 부인인 나타샤[257]에게 파리에서 취리히로 오라고 요청할 수 있습니다. 저로서는 메리 매카시를 보고 싶습니다. 그녀는 8월에 이탈리아에 있을 것

---

[256] 크리스티안 짐머(Christiane Zimmer, 1902년 출생)는 후고 호프만슈탈의 딸이며, 인도학자 하인리히 짐머와 결혼한 이후 야스퍼스 부부의 친구가 되었다.
[257] 나탈리 예프로이킨(Natalie Jefroikyn)은 하인리히 블뤼허의 두 번째 아내였다. 아렌트는 그의 세 번째 아내이다.

이고, 또한 취리히나 이탈리아의 거주지에 있을 것입니다. 8월에는 아무 일도 일어나지 않아서 다행입니다. 그래서 저는 갑자기 어떤 일에 대처하지 않아도 될 것입니다.

피페르는 여기에 있고 두 분의 상황을 우리에게 말해주었습니다. 당신의 류머티즘은 아스피린과 살리실에 의해서만 악화하는 신경염일 수 있는지요? 이곳에 있는 제 친구들도 많이 류머티즘이 있고, 저는 그게 얼마나 고통스러운지 알고 있습니다. 이곳에서 류머티즘은 성공적으로 비타민 B1으로 치료됩니다.

그레츠는 저항운동에 관한 자신의 희곡을 보냈는가요? 아니면, 저에게 바로 편지를 보내세요. 제가 가지고 있는 책을 보낼 것입니다 — 최종본은 아니고 등사판 원본입니다. 당신이 저와 같이 『슈피겔』에서 보았듯이, 신사는 감옥에 있으며, 분명히 도둑질을 공개할 수밖에 없고, 소외된 젊은이 같이 바깥보다 감옥에 있는 것이 훨씬 좋고 더 안전하다고 느낍니다. 어떤 것도 저를 전혀 괴롭히지 않습니다. — 독일 작가들: 그들은 모두 현재 여기에 있습니다. 저는 그라스와 존슨을 알게 되었습니다.[258] 만날 때 그 사항을 당신에게 말할 것입니다. 그리고 엔젠스베르거[259]는 다가오고 있습니다. 공통감각의 부족은 종종 사람을 좌절하게 만드는 데 충분합니다.

정치적으로, 우리는 걱정되고 역겹습니다. 저는 대통령이 임명하는 교육위원회에 참석하기 위해 워싱턴에 있었습니다. 여기에서 언급된 허튼소리는 기술할 수 없었습니다. 의장은 더 이상 생각이 없었기 때문에 실험실에서의 삶이 지루하다는 것을 알았던 저명한 물리학자였습니다. 그의 이성노그를 떠난 것 같습니다. 우리가 모두 이 무분별한 바보짓을 지원하고자 세

---

[258] 귄터 그라스(Günter Grass, 1927년 출생)는 독일 작가, 예술가이며 47단체의 회원이었다. 우베 욘존(Uwe Johnson, 1934~1984)은 이후 아렌트의 친구가 된 독일 작가였다.
[259] 한스 마그누스 엔젠베르거(Hans Magnus Enzensberger, 1929년 출생)는 독일 작가이며 47단체의 다른 회원이었다.

금을 냅니다! 하나의 유일한 희망은 전국에서의 강력한 반대, 사람들이 자신의 견해를 표현하는 방식, 완전한 대담무쌍입니다.

당신을 뵐 때 더 많이 말하지요.
따뜻한 안부와 함께
한나 올림

편지 376 야스퍼스가 아렌트에게

바젤, 1965년 5월 29일

친애하는 한나!

나는 이렇게 오래 지난 후에 최소한 인사라도 하고 싶었소.

나의 몸 상태에 관한 사항이오. 그동안 나는 할 수 있는 최선을 다해 나 자신에게 알렸다오. 상당히 많은 검사가 이루어졌소. 나에게 일어나고 있는 일은 몸 자체가 감염을 일으키지만(때때로 나타나는 체온상승), 박테리아와 아무런 관계가 없는 물질을 생산한다는 것이 이제 분명해졌소. 따라서 신체는 이러한 물질에 대항하는 항체를 생성하오. 항체는 피에 존재하오. 항체는 6주 전에 몸 안에 존재했고, 이제 다른 두 연구소가 같은 항체의 존재를 다시 확인했다오. 이 질병의 근원은 알려지지 않았소. 질병 자체에 맞서기 위해 어떤 약물치료도 없지만, 증상의 치료에 도움이 되는 것이 있는 것 같으며, 나는 지금 이것들을 사용하고 있다오. 지금까지 폰스탄, 다음 주는 부타콜리딘, 그 이후에는 코티존을 투여하오. 특히 출혈과 감염에 대한 저항력 저하가 우려되는 경우, 이 모든 약물은 내재적 위험이 있다오. 달리 말하면, 나의 만성적 질병의 관점에서 가장 곤란한 약물들이오. 그리고 치료의 수준은 사람이 기꺼이 실행할 위험의 정도에 의해 결정되오. 질병은 분명히 지금까지 정도와 고통의 심각성 측면에서 진행되고 있소. 미국인들은 분명히 사례의 25%에서 질병이 발생하는 만큼 빠르게 사라질 수 있거나 적어도 주요한 차도가 일어날 수 있음을 보여주는 통계를 모으고 있다오. 그 질병은 치명적인 것으로 간주되지 않는다오. 그러나 그것이 유도할 수 있는 몸 상태는 정확하게 편하지 않소. 그것은 내가 옷을 입고 있을 때 하지만 항상 내 팔로 무엇인가를 해야 할 때마다 무력감을 느끼게 한다오. 또 다른 증상, 그것이 그것이라면 일주일 동안 지속했다오. 즉 항상 피곤하고 가끔 낮에는 잠들었다오. 낮과 밤이 서로 닮아가고 있소. 주관적인 관점에서 볼 때, 밤은 더 오래 가오. 작업은 현재로선 불가능하오. 나는 기록도 할 수 없다오. 그러나 매일 즐길 거리가 많소. 종이에 적지 않는 명상은 가치가 크다오. 세계는 나에게 너무나 많은 방식으로 오기 때문에, 나는 여전히 매우 만족하오. 한 예를 들자면, 이 류머티즘 발발 초기 몇 주 동안 나는 「독일은 무엇인가?」라는 라디오 대담 자료를 썼으며 이것을 최근에 개작하고 발전시켰다오. 나는 그들이 그것을 방송하고 싶어 하지 않을까 두려워하면서 (독일 쾰른방송국에) 그것을 보냈소. 언어는 매우 절제되어 있지만, 내 생각에 그것은 독일 연방공화국이 의존하고 있는 독일의 기본 견해에 대한 명확하고 철저하게 설득력 있는 거부라오. 특히 내가 기한을 이틀이나 초과했기 때문에, 나는 그것을 수용하지 않은 어떤 형태의 변명을 예상했소. 그래서 무슨 일이 있었나? 이 문제를 담당한 젊은 문학 편집자는 매우 열정적인 편지를 보냈다오. 그는 내가 언급한 것에 완전히 합의하지 않았지만, 이것이 공개적으로 방송되어야 한다고 생각했소. 그는 이 에세이가 진정한 인상을 줄 것이라고 느꼈다오. 게다가 그는 나의 수수료를 갑자기 1,000마르크에서 3,000마르크로 올렸소. 그러니 라디오방송국에는 여전히 많은 자유가 남아있으며, 생각하고 싶어 하는 사람이 여전히 있고, 문필가는 나와 연대감을 느낄 수 있을 것이오. 그것이 나를 매우 기쁘게 하오. 그러나 나는 두 사람이 이 대화에 어떤 말을 할 것인지 아직 모르오. 대화가 요구한 질문에 대한 대답이 불가능하기에, 그것이 할 수 있는 일이란 분위기를 형성하고 관련된 많은 사실을 인용하는 것이오.

호흐후트는 그레츠와 새로운 작품에 관한 기사를 게재한 『슈피겔』의 한 호를 나에게 보냈다오.[260] 자네는 나에게 보낸 편지에서 이 작품을 언급했지요. 자네는 이에 대해 긍정적인 견해를 밝혔소. 애석하게도, 그레츠는 나에게 이 작품을 보내지 않았소. 나는 이 기사에 근거하여 약간 관심을 가졌다오. 사람들은 루트비히 벡의 진술에서 밝혀진 것으로 인해 관심을 쏟을 수 없다오. 벡의 표현은 정확성과 차별화를 상실했소. 벡은 희곡에서 자신이 하지 않은 바로 그것을 비난하고, 대신에 "모든 진영을 단결시킬" 모든 일을 시도하고 모든 수단을 동원해 쿠데타를 일으키려고 시도한다오. 나는 다른 이유로 벡의 지지자가 아니오. 그러나 여기서 표현 형식의 무모함을 느끼네요. 물론 그것은 희곡에 있으며, 나는 아직 그 희곡에 판단을 내릴 수 없고, 한 가지만은 언급할 수 있소. 즉 율리우스 레버를 제외하고(그리고 물론 이런 맥락에 속하지 않는, 일찍이 1942~1943년의 훌륭한 숄 형제를 제외하고), 이 저항운동가들은 모두 우유부단한 태도로 일관했고, 명확한 어느 한쪽의 입장에도 도달하지 못했다오. 그리고 그들 가운데 일부는 틀림없이 영리한 생각과 훌륭한 인격을 매우 진지하게 갖추고 있으면서도 자신들이 진정 무엇을 수행하고 있었는지 알지 못했다오. 그들은 자신들의 삶을 의식적으로 희생시켰소. 그것을 모두 적절하게 표현하기란 매우 어렵구려. 정치적으로, 그런 몇 가지 예외를 고려하며 저항운동가들에게 경의를 표하는 것은 재앙이오. 이 경의는 민족주의적 전통과 관련되며 이 전통을 영속화하오.

어제 나는 자네의 도움으로 대화할 수 있는 받아쓰기 기계를 샀다오. 그것이 어떤 가능성을 제공하는지 알고 싶소. 불명확하고 경구적이지만, 결국에는 기반으로 사용할 수 있을 텍스트가 생겼다오. 인간적인 차원에서 나에게 친절하고 총명한 생각으로 도우러 오는 자네는 나에게 용기를 주네요. 2주 전에 한 문인이 파리에서 왔소. 그는 잡지 『현실 Réalités』[261]에 『원자

---

[260] "Graetz: Bombe aus Butzbach," *Der Spiegel* 19, no. 18(April 28, 1965): 142-147.

폭탄과 인류의 미래』와 관련하여, 그리고 내가 이 책으로 벨기에에서 받은 상[262]과 관련하여 일종의 홍보 기사를 게재하고 싶어 한다오. 나는 읽을 수 있는 프랑스어로 질문을 받았고, 그것에 대한 나의 반응을 테이프에 녹음했다오. 자녀와 파리 출신 문인에 따르면, 그것은 잘 되었소. 그러나 물론 거기에는 내가 오랫동안 제시하지 않은 생각은 하나도 없으며, 모든 것이 결코 익숙한 지형을 떠나지 않았소. 지금 나는 단지 농담으로 이것에 대해 약간은 이해하며, 자녀가 옳을지도 모른다는 것을 인정하오. 나는 여전히 수다를 떨 수 있다오.

이 모든 것은 좀 음울하게 들리오. 그것이 우리의 기분을 기술한다고 생각하지 않기를 바라오. 에르나는 훌륭하오. 현실적이고, 감상적이지 않으며, 생각으로 가득 차 있고, 항상 쾌활하오. 게르트루트는 사랑하는 사람이 고통받을 때 참을 수 없는 경향이 있음에도 불구하고 나에게 합리적이라는 인상을 준다오. 우리는 보청기에 감사하며 서로 대화하고 함께 많이 웃을 수 있네요.

이 편지를 받아쓰고 있는 잘모니 부인은 올 때마다 우리에게 기쁨이오. 그녀는 공허한 문구에 전혀 만족하지 않는다오. 항상 도움을 준다오. 나는 그녀가 없다면 이와 같은 편지를 받아적게 할 수 없소. 다른 사람이 있을 때 당황할 것이오.

이제 나는 사실 수다의 결과가 무엇인가를 알고 있소. 잉크와 글쓰기의 번거로움 때문에, 나는 심리적 압박을 받았을 것이오. 이의 없이 두 사람에 대한 오랜 신뢰로 이 편지를 보낼 것이오.

게르트루트와 함께 따뜻한 안부를 전하며
야스퍼스

---

261 Karl Jaspers, "Sommes-nous sûrs que la guerre soit impossible? Un entretien avec le Socrate de notre temps par Guy Valaire", *Réalités*, no. 236(September 1965): 70ff.
262 1965년 야스퍼스는 리에주가 수여하는 국제평화상을 받았다.

추신. 5월 28일 자네의 편지가 도착했다오.

우리가 서로를 볼 수 있다는 것이 놀랍구려. 그 전망은 나를 행복하게 하오.

나는 그레츠의 원고를 꼭 갖고 싶구려. 어쨌든 그런 배경을 지니고 있고 그런 내면적 기질을 지닌 사람이 주시하고 중요하다고 생각한 것은 흥미롭소. 물론 그가 숙고했는지 어떤지는 결국 중요하지 않소. 그러나 누구든 우선 그의 숙고가 정말 중요하지 않은지 알아야 하오.

자네는 투손의 월라프에게서 나의 저서 『니체』[263] 번역본을 받았는지? 일주일 전 그는 그 책을 자네에게 보냈다는 내용의 편지를 나에게 보냈다오. 아마도 자네는 몇 문장을 읽고 번역이 어떤지 확인할 수 있었을 것이오. 번역이 훌륭하다면, 나는 월라프가 헬렌 볼프와 함께 『작은 철학 학교』의 가능한 번역자가 아닐지 궁금하오. 그의 열정은 감동적이고, 그는 정직한 미국인인 것 같소. 가장 심오한 것에 감동하는 사람은 환호하고 교수로서 가르치고 겸손하오. 물론 그는 지금 자신의 중요한 기획인 이 번역이 최고의 성공을 거두기를 간절히 바라고 있소. 책은 800부만 출판되었지만, 곧 재판에 들어갔소. 주요 출판사 — 이름을 잊었다오 — 는 지장본으로 이것을 출판하고 싶어 한다오.

어제 나는 베른슈타인과 함께 류머티즘 전문의와 상담했소. 만성 관절염의 진단이 확인됐다오. 나는 머리부터 발끝까지 검사를 받았소. 그는 왼쪽 손등에 부은 것 외에 왼쪽 무릎이 부은 것을 발견했다오. 그 치료는 일련의 실험으로 계획되어 있는데, 내 나이와 다른 질병에 맞는 주의를 기울여 이루어졌소.

---

[263] Karl Jaspers, *Nietzsche: An Introduction to the Understanding of His Philosophical Activity*, trans. Charles F. Wallraff and Frederick J. Schmitz(Tucson, 1965).

편지 377 아렌트가 야스퍼스에게

팔렌빌, 1965년 6월 11일

친애하고 존경하는 분께―

　당신의 정확한 전언에 대단히 감사합니다. 이제 저는 비록 여기서 당신의 상황에 관한 더 많은 정보를 모을 수 없다고 하더라도 당신의 상태가 어떻고 얼마나 안 좋은지를 명확히 느낄 수 있습니다. 통증이 더 심해진 것은 확실하지 않지만, 저는 당신이 그것을 견뎌내고 그것이 어떻게 되어가는지 묘사하는 침착한 안정성에 대한 감탄으로 가득 차 있습니다. 진리에 대한 모든 사랑, 그리고 우선 사람이 태어났다는 사실에 대한 모든 감사는 틀림없이 선과 악의 관점에서 현실에 여전히 충실함에서 나옵니다. 저는 이미 그곳에 있기를 바라며, 또한 우리가 당신의 하루에 남은 시간을 대화하면서 보낼 수 있었으면 좋겠습니다. 다른 한편, 약물치료가 아마도 도움이 될 것이고, 그렇지 않으면 당신은 자동적인 병세 퇴조를 경험하는 사람에 속합니다.

　저는 그레츠의 희곡을 당신에게 보냈고, 그것에 대해 무어라고 말할지 궁금합니다. 특징적인 인상을 주었던 편지 한 통[264]을 역시 동봉했습니다. 저는 당신의 라디오방송 연설에 대한 기대로 가득 차 있습니다.[265] 제가 알기에, 방송국 사람들은 지금까지 독일에서 단연코 가장 신선합니다 ― 세심하고 비판적이며, 충분한 정보를 갖고 있고 용기도 있습니다. 저는 왜 그들이 모두 그 분야에 종사하게 되었는지 모르겠습니다. 그들과 별도로, 항상 나아지고 있는 『슈피겔』이 있습니다. 『슈피겔』은 당신의 재산 개념을 잘 활용한 호흐투트의 글[266]을 출간했습니다. 저는 드골에 관한 긴 분량의 에세이

---

[264] 그레츠의 희곡이나 편지는 유고에 보관되어 있지 않다.
[265] 「독일이란 무엇인가?」는 독일 쾰른방송국에 의해 방송되었고, 다음 자료에 재출간되었다. Karl Jaspers, *Hoffnung und Sorge*(편지 383, 각주 279 참조): 346-365.
[266] Rolf Hochhuth, "Der Klassenkampf ist nicht zu Ende," *Der Spiegel* 19, no. 22(May 26, 1965); later in *Krieg und Kassenkrieg* rororo 1455(Hamburg, 1971): 28-44. 재산 개념에 대해서는

를 방금 읽었습니다.²⁶⁷ 유감스럽게도 저는 아우구슈타인이 전적으로 옳다고 생각합니다. 정확히 있는 그대로입니다. 근본적으로 엄청난 사기입니다. 그리고 연방공화국에 관한 한, 이제 우리는 그것에 관해 이야기를 나눌 필요가 없습니다. 공화국의 쇠퇴는 얼굴에 쓰여 있습니다. 종교학교를 위한 사회민주주의! 모든 사람은 강력한 사람이 나타나기를 기다리고 있습니다.

『니체』에 관한 사항입니다. 지장본의 출판권을 원하는 출판사는 하퍼출판사입니다. 정말 훌륭한 출판사입니다. 그 출판사의 철학 담당 편집자가 당신의 주요 저서 가운데 어떤 것이 아직도 번역되지 않았는지 저에게 질문했기에, 저는 이 사항에 대해 들었습니다. 즉시 3부작 『철학』을 추천했습니다. 그는 또한 출판사 대표자들 가운데 한 사람이 하이데거를 방문했다고 저에게 말했습니다. 하이데거는 "대화 과정에서 야스퍼스가 대단히 중요한 저작으로 생각하고 있는 『계시에 직면한 철학적 신앙』의 번역본을 출간하라고 우리*에게 촉구했습니다." 저는 당신이 그 상황을 알아야 한다고 생각했습니다. 아마도 그것은 당신을 기쁘게 할 것입니다. 즉 아주 신기하게도, 난다 안센이 편집하는 연작으로 발행되고, 하퍼출판사가 역시 출판할 책입니다. 제가 편지를 주고받는 사람은 프레드 비크입니다. 저는 그가 출판권과 관련하여 당신과 접촉하리라 생각합니다.

저는 월요일 뉴욕의 비정상적인 더위를 피해서 우리의 휴양지로 왔습니다. 하인리히는 아직도 작업하고 있습니다. 그는 완전히 탈진해 다소간 탈수증세를 보인 채 주말을 이용해 어제 저녁 바드대학에서 왔습니다. 이곳은 선선하고 좋은 여름입니다. 우리는 산책하고 수영합니다. 애석하게도, 하인리히는 2주 동안 대학에 머물러야 합니다. 그는 지금 숲속으로 사라졌

    33-34쪽을 참조할 것.
267 Rudolf Augstein, "Die Zierge des Herrn Seguin: Charles de Gaulle und sein Gaullismus," *Der Spiegel* 19, no. 24(June 9, 1965): 40-63.
* 옮긴이_ 출판사 측.

고, 이 편지는 우체국으로 보내야 할 것입니다. 그렇지 않으면, 편지는 월요일까지 보내지 못합니다.

계획된 치료 과정이 이제 시작되었다는 것을 알게 되어 다행입니다.

행복을 빌며
한나 올림

편지 378 **야스퍼스가 아렌트에게**

바젤, 1965년 6월 17일

친애하는 한나!

6월 11일 자네의 좋은 편지에 몇 줄 적어 답장을 보내오.

나는 그레츠의 저작을 읽었고, 자네의 의견과 같소. 그는 분명히 핵심을 파악했다오. 이런 음모자들의 혼동과 실수의 주요 이유는 그들의 의도에 기초한 자기기만에 있었소. 그레츠는 또한 만약 연방공화국이 미래를 갖기 위해서는 상황이 어떻게 되어야 하는지, 즉 그 모든 것에 관한 명확한 설명이 오늘날 중요하다고 분명히 생각하오. 결국에 그레츠는 벡이 옳았음을 보여주었소. 그레츠에 관한 기사는 나를 헷갈리게 하였소. 그러나 이 모든 것에도 불구하고 나는 희곡을 별로 좋아하지 않네요. 내가 보기에 기본 생각은 이미지 과잉에서 그 힘을 잃는다오. 그 모든 이미지는 문학에서 진정한 형태로 존재하오. 이런 세부 사항을 다시 듣는 것은 때때로 지루해지네요. 중요한 것은 거의 비중이 없소 — 예컨대, 비츠레벤[268]과 벡 사이의 오랜 논쟁은 세부적으로 보존되지 않았고, 그들은 이 논쟁에서 충돌했고 헤어졌다오. 벡에서 드러나는 것은 그의 용기뿐만 아니라 당시 더는 거의 정

---

[268] 에리히 비츠레벤(Erich von Witzleben, 1881~1944)은 퇴역한 독일 야전사령관으로 1944년 7월 20일 히틀러 반대 계획의 음모자로 처형되었다.

상적으로 존재하지 않은 것 같은 병사의 침착성·명쾌성·충성심·단순성을 통해서 실체를 가지고 있소. 또한 벡이 동료들에게 질문하고 그들에게 소리치지 않았고, 결국 비극적인 위상과 같은 것을 성취하고 결국에는 남아있는 멋진 자유라오. 슈타우펜베르크는 히틀러가 아직 살아있다는 것을 확실히 알았을 때 다른 사람들에게 계속 거짓말을 했다오. 벡은 명령이 내려졌을 때마다 히틀러의 죽음이 확인되지 않았고 그의 파멸이 도덕적으로 사멸했기에 유일한 본질적 임무로 존재했다고 언급되어야 한다고 요구했소. 벡은 거짓말하기를 원하지 않았고, 실패가 정말로 확실했던 마지막 위기에서도 거짓말을 하지 않았소. 그것은 기본적인 생각과 아무런 관계가 없으며, 단지 벡의 개인적인 지위를 나타낸다오. 나는 이 일련의 장면에서 전체 희곡이 몽타주로서 매우 잘 되어 있다는 것을 알았소. 아마도 내가 열정과 분위기, 호흐후트가 가진 모든 것을 찾지 못했다고 말하는 것은 너무 지나친 듯하오. 그러나 7월 20일 사건에 관한 그레츠의 매우 명료한 이해는 예외적이오. 또 나는 이 작품이 심리학적 개념에 지원을 받는 일차적으로 합리적인 과정의 산물이라고 생각하오. 그는 자네의 저서『예루살렘의 아이히만』을 읽었고 여기서 자신의 핵심 요지를 발견했다오. 그것이 그의 예술적 성과를 축소하지는 않는다오. 또한 자네의 책을 읽은 것이 그에게서 이미 준비된 과정을 촉발한 촉매제였을 수도 있지요. 여기에서 쟁점은 우선순위가 아니라 통찰력 이면에 존재하는 동기라오. 나는 이 작품을 존중하지만, 이것에 호감을 느끼지 않소. 자네가 올 때까지 내가 원본을 갖고 있을지? 아니면 에르나는 이것을 다른 곳으로 보내야 하는지? 내가 이것을 호흐후트에게 전해도 될지?

나는 하이데거의 논평에 대해 기쁘네요. 그는 나의 책을 논의했던 일군의 신학자들과 함께 지난겨울 여기 왔다오. 나는 우연히 진행된 상황에 대해 중요한 것을 들었지만 단 한 가지만 지적하오. 하이데거는 나의 상징 개념을 이해하지 못했소. 내가 보기에 현재 하이데거와 관련하여 호소력이 있는 것이 있소. 나는 이것을 경험했고 향수와 두려움으로 그것을 다시 생각하오. 그에게는 중요한 것, 즉 실질적인 것이 있지만, 자네는 그와 함께 아무것도 의지할 수 없다오. 그리고 놀라운 일이 발생하오. 자네는 내가 하이데거에 관한 짧은 책을 얼마나 쓰고 싶은지 알고 있소.[269] 그 중심에는 오늘날 비어있는 만큼이나 좋은 방, 즉 형이상학이 있고, 누구든 그 안에서 하이데거를 만나게 될 것이오. 그런데 그 수준에서 형이상학적 입장과 자신을 노골적으로 드러내지 않는 세력의 출현 사이에 불균형이 있다오. 그리고 거기서부터 그의 논쟁의 의미, 논쟁의 사실적 측면, 전기적 세부 사항에 이르기까지 그의 삶의 실천에 있어서 결과를 알고 있다오. 그러나 나는 그것을 더는 언급하지 않겠소. 적어도 자네와 사유의 독립성에 관한 책을 끝낼 수 있다면 행복할 것이오. 지금 전망은 좋지 않지만, 누구든 정말 확실히 알 수 없다오.

  나는 다른 이야기를 해야 하네요. 정확히 7일 전에 나는 또다시 심한 출혈을 겪었고, 지금도 그 출혈로 인해 쇠약해져 있다오. 하지만 놀랍게도 이번에는 그 과정이 달랐소. 베른슈타인은 출혈이 시작하자마자 와서 필요한 주사를 놓았다오. 나는 출혈이 시작된 지 12시간이 지나서야 마지막 주사를 맞았소. 이후 크루프와 베른슈타인이 즉시 수혈을 주장했지만, 수혈은 마지막으로 4일째까지 이뤄지지 않았다오. 그 결과 출혈은 시작된 지 9시간 만에 완전히 멈췄고, 다시 재발하지 않았다오. 출혈은 때때로 수혈과 함께 발생하오. 아무도 이유나 방법을 모른다오. 어쨌든, 나는 다행이오. 어떤 날 나는 공적인 삶의 업무와 관심에서 손을 떼는 것처럼 느끼네요. 그러니 내가 좀 더 나은 하루를 보낸다면, 일종의 봄이 다시 내 안에서 어느 정도 활성화되는 것 같소. 에르나의 배려와 근면은 감동적이오. 그녀는 모든

---

269 그러한 저작을 위한 비망록은 유고로 출판되었다. Karl Jaspers, *Notizen zu Martin Heidegger*. ― 편지 92의 각주 365를 참조할 것.

것을 담당했고 여자 청소부를 감독하고 음식을 준비하며 적절하게 쾌활한 분위기를 형성한다오. 나는 그것을 말로 표현할 수 없다고 하더라도 그녀와 철학적 친근감을 느낀다오. 내가 게르트루트에 대해 말할 필요는 없구려. 그녀는 내 시대의 즐거움이오. 그녀 자신의 불만은 사소하지는 않다오. 그녀는 일주일 전에 이곳 계단에서 넘어졌소. 그녀는 심하게 상처를 입지 않았지만, 부은 무릎은 아직 완전히 낫지 않았다오.

자네는 나의 저서 『니체』와 지장본에 대해 편지로 알렸지요. 나는 자네가 이 사실을 확인시켜주어 기쁘구려. 자네는 번역본 자체를 받았는지? 월 라프는 이에 관한 편지를 보냈다오. 그가 훌륭한 번역자라면, 그가 헬렌 볼프와 함께 『작은 철학 학교』를 맡을 가능성이 있는지?

난다 안센이 가지고 있는 책과 관련한 사항이오. 나는 계약이 체결된 이후 어떤 소식도 듣지 못했소. 아쉬톤은 나에게 줄이자는 제안서를 보내려고 했다오. 지금까지 나는 그로부터 아무 소식도 듣지 못했소. 그가 아마도 너무 긴 유예 기간을 받았기 때문에, 나는 전반적인 일이 그와 함께 시들어 가고 있는 것 같아 우려되오. 그 당시 나에게 거의 매주 편지를 보냈던 난다 안센은 이제 완전히 침묵을 지키고 있네요. 자네가 뉴욕에 있을 때 그 두 사람에게 전화해서 좀 재촉해 줄 수 있는지?

게르트루트와 함께 두 사람에게 따뜻한 안부를 전하며
야스퍼스

편지 379 　야스퍼스가 아렌트에게

바젤, 1965년 7월 5일

친애하는 한나!

하퍼출판사에 보낸 자네의 제안서는 대단한 성공이었다오. 나는 프레드 위크로부터 편지를 받았소. 그는 『계시에 직면한 철학적 신앙』을 출판하고

싶어 하오. 그러나 그는 난다 안셴이 오랫동안 그 출판사와 그 계약서를 확보했다는 사실을 모르오. 나는 이제 명백히 잊은 계획에 어떤 조치를 취하기 바라오. 그의 계약서에 따르면, 아쉬톤은 1964년 10월에 번역본을 넘겨야 했다오. 나는 위크 씨에 보낸 답장 사본을 동봉하오.

나 자신에 관해 상세하게 이야기하지 않을 것이오. 코티존은 나에게 상당한 안도감을 주었다오. 의사는 이제 가능한 가장 작은 복용량과 장기적인 안도감을 제공할 약물의 조합을 결정하려고 노력하고 있소. 나는 몇 달 동안 집 밖에 나가지 못했소. 대부분 시간을 긴 의자에 누워 보낸다오. 나는 자네의 방문을 고대하고 있어서 그 전망의 즐거움이 벌써 나에게 밝아지고 있다오. 그때 나는 자네에게 할 말이 있는 모든 것을 알려줄 것이오.

게르트루트와 함께 두 사람에게 따뜻한 안부를 전하며
야스퍼스

편지 380   아렌트가 야스퍼스 부부에게

1965년 7월 6일

가장 친애하는 친구분들께—

당신이 와중에 쓴 놀라운 편지. 명랑한 기분과 평정심이 빛을 발하고, 이 모든 세월의 멋진 고요함이 빛납니다. 저는 당신 손이 나아졌고 결국 그 고통이 약물에 반응했다고 추측하고 있습니다. 우리는 여기서 매일 당신에 관해 이야기하고, 제 생각은 매시간 바젤과 아우스트라세를 맴돕니다.

제가 그곳에 있을 때 그레츠에 관해 이야기할 것입니다. 아마도 저는 그 사이 받은 편지를 또 가지고 갈 것입니다 — 항상 교도소가 반송 주소로 적법하게 기록되어 있습니다. — 저는 벡에 관해 많이 알지 못합니다. 저는 그레츠가 헬도르프를 핵심 인물로 만들고 그를 사실상 '영웅'으로 만들었다

는 사실을 좋아했습니다. 제가 같은 방식으로 그를 보기 때문입니다. 제 생각에 우리는 그 밖의 것에 관하여 상당히 많이 일치합니다. 이것들 가운데 어느 것도 예술 작품이 아니지만, 이것은 보도 기사로 훌륭하며 제 견해로는 잘 되었습니다. 그리고 이것은 진리를 말하는 시작입니다. 여기에는 제가 좋아하는 이데올로기로부터의 자유와 감상성은 없습니다. 그레츠는 새로운 유형의 사람이며, 오시에츠키와 같은 사람보다 더 훌륭합니다. 저는 오시에츠키의 개인적 용기에 대해 아무리 감탄해도 항상 참을 수 없다고 생각했습니다. 다행히 그레츠에 없는 것은 그 엄청난 확신의 어조입니다.

하이데거의 언급에 관한 사항입니다. 저는 그가 바젤에서 어떤 형태로든 그렇게 언급했을 것 같지 않다고 생각하지만, 당신에게 전달된 유일한 사항이 불쾌한 언급이라고 생각합니다. 러시아계 유대인 배경을 가진 프랑스 작가인 나탈리 사로트는 이곳에 있는 저에게 오직 미국에서만 사람들이 뒤에서 하는 칭찬을 전한다고 말했습니다. 다른 한편, 그녀는 프랑스에서 모든 적대적 언급이 놀라운 속도로 당신에게 되돌아온다고 말했습니다.

헬렌 볼프는 이미『작은 철학 학교』의 번역자를 확보했습니다. 몇 달 전에 저는 그녀에게 월라프를 제안했습니다. 저는 난다 안셴과의 업무를 설명할 수 없지만, 전화로 그녀와 통화하려고 노력합니다 — 제 생각에 그녀는 현재 뉴욕에 없습니다. 이제 저는 뉴욕에서 이틀 동안 우리의 낙원을 막 떠나려고 합니다.

우리 둘이 두 분의 건강을 빌며
한나 올림

편지 381 아렌트가 야스퍼스 부부에게

팔렌빌, 1965년 7월 25일

가장 친애하는 친구분들께―

정말 안심되는 것 같은 두 분의 편지[270]에 감사합니다. 내일 저는 뉴욕으로 돌아가지만, 그곳에서는 편지를 쓸 기회가 거의 없습니다. 그사이에 피페르는 이른바 자기 동료들 가운데 한 사람을 통해 쾰른에서 혁명을 주제로 카를로 쉬미트[271]와 라디오 대담을 하라고 저를 설득했습니다. 그들이 그리 가능성이 크지 않은 그곳에 저를 바로 가두지 않는다면, 저는 약 3일 동안 메리 매카시를 만나기 위해 쾰른에서 이탈리아로 직접 비행기로 이동하고 싶습니다. 하인리히는 저와 함께하기를 원하지 않습니다. 그는 취리히에 가는 것을 선호합니다. 오늘 편지를 쓰는 유일한 이유는 두 분에게 우리의 방문 날짜를 알리는 것입니다.

우리는 7월 31일이나 8월 1일 비행기 편으로 뉴욕에서 쾰른으로 갈 예정이고 6일까지 머물 것입니다. 이후 저는 이탈리아로 갈 예정이고, 하인리히는 취리히 발트하우스 돌더호텔로 갈 것입니다. 늦어도 10일이나 11일경에 취리히에 도착해 바로 전화하겠습니다. 우리는 라인강 인근 크라프트호텔을 예약했습니다. 하인리히는 23일까지만 예약했습니다. 이후 그는 일주일 동안 친구인 로버트 길벗과 함께 하기를 원합니다. 두 분이 좋으시다면, 저는 월말까지 머물 생각입니다. 우리가 승선한 배는 9월 7일 로테르담을 떠나며, 우리는 하인리히가 아직 보지 못한 네덜란드에서 며칠 보내고 싶습니다.

이번에는 피페르와 제대로 된 일이 없었습니다. 그래서 저는 유럽에 있

---

[270] 편지 379 이외에 1965년 7월 2일과 9일 게르트루트의 편지 두 통이 있었다.
[271] 카를로 슈미트(Carlo Schmid, 1896~1979)는 국제법 교수이고 1967~1972년 연방의회 부의장이었다.

는 동안 『혁명론』의 교정쇄를 읽어보려고 합니다. 정말 그렇게 끔찍하지는 않을 것입니다.

저는 항상 아주 훌륭하게 작업할 수 있는 이곳에서 두 차례의 강의록을 많은 분량의 에세이로 재작업했습니다. 애석하게도, 그것을 영어로 작성했습니다. 저는 그것들을 당신에게 부과하는 것을 주저합니다. 하나는 진리와 정치에 관한 에세이이며,[272] 실제로 아이히만 논쟁의 부산물입니다. 누구든 정치에서 진리를 말해야 하고 단순히 말할 수 있을까요? 다른 하나는 브레히트에 관한 에세이이며,[273] 우리의 긴 논쟁과 연관됩니다. 좋은 시는 좋은 시입니다.

저는 자녀 가족이 두 분과 함께 있다는 것을 알게 되어 기쁩니다 ― 제 생각에 그들이 두 분의 '기숙생들'이지만, 단지 기숙생들만이 아닙니다. 때때로 우리는 자식들에게 큰 행운이 없고 손자들을 기다려야 합니다. 그것 역시 멋있습니다. 저는 자녀를 볼 수 있기를 정말 기대하고 있습니다. 저는 그의 사유 양식과 양태가 예외적으로 공감적이라고 생각합니다. 그에게 안부를 전해주세요.

이제 어떤 일이나 다른 일이 잘되지 않거나 바뀌어야 할 경우를 대비해서 저에게 연락할 수 있는 곳이 어딘가 하는 의문은 남습니다. 저는 쾰른의 브리스톨호텔에 머물 것으로 추정합니다. 피페르와 제가 기차에서 만난 친구 질켄스에게 우리를 위해 예약을 해달라고 요청했습니다. 그러나 저는

---

[272] Hannah Arendt, "Truth and Politics," *The New Yorker*(February 25, 1967): 49-88; reprinted in Hannah Arendt, *Between Past and Future*(New York, 1968): 227-264. In German: "Wahrheit und Politik," in *Philosophische Perspektiven: Ein Jahrbuch*, ed. R. Berlinger and E. Fink, 1(1969): 9-51; reprinted in *Hannah Arendt, Wahrheit und Lüge in der Politik*(München, 1972): 44-92.

[273] Hannah Arendt, "What Is Permitted to Jove," *The New Yorker*(November 5, 1966): 68-122; reprinted in Hannah Arendt, *Men in Dark Times*, 207-249. In German: "Quod licet Jove… Reflexionen über den Dichter Bertolt Brecht und sein Verhältnis zur Politik," *Merkur* 23, no. 6(June 1960): 527-542, and no. 7(July 1969): 625-642; reprinted in Hannah Arendt, *Walter Benjamin, Bertolt Brecht: Zwei Essays*(München, 1971): 63-107.

아직 이것을 확신할 수 없습니다. 가장 간단한 일은 제가 두 분에게 전화하는 것입니다 ― 그러나 저는 두 분을 번거롭게 하고 싶지 않습니다. 자녀가 거기에 있다면, 아마도 그가 전화를 받을 것입니다. 저는 당신을 소파나 책에서 끌어내는 생각을 싫어합니다. 그러나 어떻게든 전화할 것입니다 ― 그게 바로 저이기 때문입니다.

곧 뵐 때까지! 모든 행운과 소망과 안부를 담아

한나 올림

추신. 당신이 아마도 들었듯이, 아쉬톤은 번역본을 제출했습니다. 번역본 제출이 늦어질 수도 있다는 말을 듣고 매우 놀랐습니다. 그는 기한을 **단지** 1년밖에 넘기지 않았습니다.

편지 382 아렌트가 야스퍼스에게

뉴욕, 1965년 9월 20일

친애하고 존경하는 분께―

우리는 집에 돌아온 지 거의 일주일 되었으며, 내일 학기가 시작됩니다.[274] 이번 학기를 쉬고 있는 하인리히는 어쨌든 일이 잘되어 가는 것을 보기 위해 일주일 전에 바드대학으로 바로 갔습니다. 저는 이번에 이곳에 다시 정착하기는 특히 어렵다는 것을 알게 되었습니다. 저는 정말 아직도 당신과 함께 있고, 여기 타자기에 앉아 있는 것은 저의 그림자일 뿐입니다. 두 분 가운데 한 분은 당신이 어떤지, 고통이 어떤지 말해줄 수 있는 편지를 저에게 보내주실 것이지요. 저는 이를 생각하며 기대합니다.

---

[274] 아렌트는 1965~1966년 가을학기 동안 코넬대학교에서 가르쳤다.

쾰른 상황에 대해 당신에게 말씀드려야겠습니다. 쾰른은 제가 보기에 바젤보다 훨씬 더 먼 옛날로 돌아간 것 같습니다. 그곳은 완전한 실패였지만, 장학재단 이사 때문이 아니라 ― 비록 다소 적대적이긴 했지만 ― 떼를 지어 나타난 학생들 때문입니다. 2년 전에 저는 과거 장학생들의 결사를 설립하는 구상을 제안했습니다. 장학재단 이사와 학생들은 매우 열정적이었지만, 이후 어떤 일도 하지 않은 채 2년 동안 그 구상에 대해 언급했습니다. 쾰른에서 명백해진 첫 번째 일은 이렇습니다. 즉 그들(이사가 아니라 학생들)은 모두 그것이 학생 단체가 아니라 과거 장학생들의 결사였다는 점을 잊었습니다. 그들은 두 사항이 완전히 다르다는 점을 분명히 하지 않았습니다. 둘째, 이사를 포함해 누구도 재단의 관료조직이 아니라 학생들이나 과거 장학생들이 전반적인 일을 종합해야만 모든 일이 의미 있을 수 있다는 점을 이해하지 못했습니다. 분위기상으로 저를 지지하는 학생들은 이사에게 극도로 공격적이었습니다. 그들은 이사가 새로운 생각에 개방적이지 않다고 비난했습니다. 이사는 그럴 만한 이유로 이것이 의미하는 추가 작업에 주저했습니다. 저는 그들이 재단 행정부서에서 필요한 것은 우편물을 보낼 주소뿐이라고 말했습니다. 확실히 재단은 그것을 거부하지 않을 것입니다. 이후 당신은 약간의 재원 ― 재단이나 (더 좋다면) 사적 재원 ― 이 필요합니다. (모임에 참석한 질켄스의 친구 몇 명 ― 법조인·사업가·의사 ― 이 있고, 그들이 직접 기부하고 추가적인 재원 확보에 참여할 것인지는 전적으로 명료했습니다. 학생들은 그것을 전혀 알아채지 못했습니다.) 물론 그들은 주소를 확보할 수 있었습니다. 그러나 학생들은 실제로 아무 이유 없이 이사에 대해 여전히 공격적이었습니다. 그들은 위에서 명령하거나 권고하지 않은 일을 스스로 할 수 있다는 생각을 전혀 하지 못했습니다. 하인리히와 제가 그들에게 할 수 있다고 몇 번이고 말한 후에도 그랬습니다. 그들은 어리석거나 나쁜 의도를 가지지 않았고, 단지 완전히 무력하고 초조했습니다. 그들은 모두 20대 초중반이었지만 어린이들과 같습니다. 그러자 다음과 같은 불만이 터져 나왔습니다. 장학생들은 같은 대학에서 연구하고 재단의 대표가 그들을 돌보는 한에서 서로를 잘 알고 있을 뿐입니다. 그들은 다른 대학의 주소가 없고 그들에게 무슨 일이 일어나고 있는지 전혀 알지 못한다고 정당하게 불평했습니다. 예컨대, 쾰른 일행은 폴란드 여행을 계획하고 있었고 튀빙겐 일행 역시 여행을 계획했습니다 — 그러나 어느 일행도 상대방의 계획을 알지 못했습니다. 모든 장학생은 원칙상 연례모임에 참가할 자격이 있습니다 — 뮌헨의 어떤 일행도 쾰른에서 진행되는 것을 알지 못하고, 그 반대도 마찬가지라는 것을 제외하면 그렇습니다. 장학생이 다른 대학을 방문하면, 그는 그곳의 다른 장학생들을 찾을 방법이 없습니다. 이외에도 다른 사항이 있습니다. 간단히 말하면, 일이나 이데올로기와 관련이 없는 한 전혀 작동하지 않는 독일인의 유명한 조직력입니다. 저는 그들이 이런 점에서 자신들의 집을 전혀 정돈할 수 없으리라는 느낌을 받았습니다. 재단은 개인의 재능을 장려하기 위한 매우 좋은 기관이지만, 정치적으로 결코 아무것도 되지 않을 것입니다. 무기력하지요—

네덜란드는 매우 아름다웠습니다. 웅장한 박물관뿐만 아니라 무엇보다도 나라와 국민이 그렇습니다. 여전히 무모한 번영은 아니고 사회의 모든 계층에서 건전한 재정적 안정을 누립니다. 자위더르해 인근에 있는 모범적인 노동자 거주지와 공학의 웅대한 위업이 있습니다. 사람들은 거기서 다음과 같이 말합니다. 하느님은 세계를 창조했고, 네덜란드인은 현실을 정확히 반영하는 네덜란드를 창조했습니다. 그들은 계속해서 새롭고 비옥한 땅을 되찾고 매우 멋있는 농장에 농부들을 정착시켰습니다. 그게 프리슬란트주 전체입니다. 그리고 경이로움 가운데 경이로움이 있습니다 — 작업이 여전히 힘들더라도, 이런 땅으로 이주하여 농사짓고 싶어 하는 사람들의 대기 목록이 있습니다. 사람들은 아직도 들녘에서 손으로 소들의 젖을 짜고 있습니다. 독일인들에 대한 증오는 여전히 강렬하며, 이 평화롭고 합리적인 나라에서 네덜란드인들이 자신들을 압도하는 무리에 대해 얼마나 소름끼치고 절망적이었을지 상상하는 것은 쉽습니다. 그들은 독일인을 영국인들보다 훨씬 더 잘 알고 있지만, 가능하면 그것을 말하지 않으려고 노력합니다. 저는 네덜란드 지식인들로 구성된 완전히 다른 두 단체에 있었습니다. 우리는 영어로만 대화했고, 그들이 무엇인가를 이해하지 못하면, 저는 그것을 독일어로 통역했습니다. 그들은 모두 저와 마찬가지로 독일어를 이해했습니다. 그들은 도움에 감사했으며, 대충 독일어 한두 문장을 말하고, 다시 영어로 말했습니다. 이런 대화는 개인적인 대화에서도 그랬습니다. 종업원들은 늘 그렇지는 않지만, 가끔 독일 손님들에게 다소 뻔뻔스럽게 냉소적으로 비꼬았고, 그렇지 않으면 그곳에서는 통용되지 않는 무례한 어투를 드러냈습니다.

  귀국하는 도항渡航은 아주 좋았습니다. 아주 쾌적한 선실에 있었습니다. 그러나 그곳에서 역시 모든 것은 소박한 편이었습니다. 그들은 거기서도 절약합니다. 음식은 정말 형편없었습니다. 평상시에 그런 음식은 일등석에서 전혀 제공되지 않습니다. 우리는 괘념치 않았습니다. 하인리히는 불평했으며, 우리는 최고의 프랑스 적포도주를 많이 대접하는 것에 위안을 얻었습니다. 그리고 소설을 읽었습니다. 저는 버지니아 울프의 소설을 읽었습니다. 당신은 아마도 이것을 모르실 것입니다. 매우 좋으며, 대단한 문학적 재능, 몇 가지 측면에서 기묘하고, 항상 독창적입니다. 그사이에 전화가 여기저기서 울리기 시작했고, 저는 이 지나치게 긴 편지의 수다를 접어야만 합니다. 그런데 자녀가 생각납니다. 저는 아직도 록펠러 재단의 케네스 톰슨과 연락이 되지 않았습니다. 그래서 다음 주까지 그것을 연기해야 합니다. 그때 즉시 소식을 보낼 것입니다.[275]

최선을 다하며
한나 올림

---

[275] 아렌트는 자녀가 록펠러 재단의 장학금을 얻도록 도우려고 했다.

편지 383   야스퍼스가 아렌트에게

1965년 9월 말[276]

친애하는 한나!

오늘 편지를 받아서 좋았다오. 물론 우리는 아름답지만 그다지 예측할 수 없는 현실 세계에 함께 있지요. 자연의 법칙은 확실하고, 인간은 더 확실하오. 가장 확실한 것은 존재하나 어찌 되었건 간에 그렇게 객관적이지 않으며, 계약이나 상호 합의를 통해서 존재하지 않지요.

쾰른 상황에 관한 자네의 보고는 끔찍하오. 물론 그것은 나에게 큰 관심거리였소. 그리고 멋있는 네덜란드에 대한 자네의 인상. 그렇지 뭐.

자네가 여기 있을 때 보았듯이, 내 상태는 많이 달라졌소. 일을 할 수 없을 때가 다시 있었다오. 손과 팔의 불편으로 편지를 쓰지 못했소. 그러나 주요 문제는 피로라오. 보고하기에는 너무 지루하오. 우여곡절이 있다오. 때때로 나는 '휴식을 취하고', 이때 나는 최근에 그랬듯이 예컨대 손가락 마디와 손목에 주사 형태로 **더 많은** 코티존을 투여받는다오. 그 부위의 국소적인 통증은 이틀 동안 사라지고, 오랜 기간 경미하게 유지되오. 그렇지만 몸에 흡수된 코티존은 모든 고통을 줄이고 활력을 증가시키지요. 오늘이 그런 경우라오. 알다시피, 나는 자유롭게 글을 쓸 수 있소. 때때로 의사들은 나에게 더 나은 날들을 갖게 해주고 자신들이 어떤 피해도 주지 않기를 바라오. 모든 우여곡절을 보고할 가치는 없소. 전반적으로, 우리의 분위기는 좋다오. 그리고 개선 가능성은 있지요. 현재 게르트루트는 좋은 상태라오.

나는 자네가 잘 아는 논문[277]을 페스 씨[278]를 통해 복사했고, 다시 한번 충

---

276   아렌트가 날짜 미상의 편지에 수기로 쓴 날짜.
277   "Die Bundestagsdebatten über die Verjährung von Morden des NS-Staates."
278   빌리 페스(Willy Feess, 1927년 출생)는 철학을 연구하였고 수년 동안 야스퍼스의 '기술 조교'였다. 이후 그는 내과 의사가 되었다.

분히 검토한 이후 그것을 아우그슈타인에게 보냈다오. 이제 나는 연방공화국에서 삶의 경향과 양상에 관한 마지막 논문을 집필하는 중이오. 이것이 나의 마지막 정치 에세이가 될 것이오. 그러나 집필은 대단히 느리게 진행되오. 그다음 사유의 독립성을 실현하는 자네에 관한 책, 이후 헤겔을 시작으로 위대한 철학자들을 집필할 것이오. 두고 봅시다.

내 여동생이 여기 있다오. 옛 분위기를 떠올리게 하는 친숙한 존재라오. 우리는 과거와 현재의 올덴부르크에 관해 이야기하는 것을 즐기며, 좋은 것을 많이 발견하오.

1945~1965년 정치에 관한 작은 분량의 책[279]은 거의 완성되었소. 나는 이 저작을 여기저기 읽었고, 근본적으로 이것에 기뻤다오. 20년 넘게 항상 같다오. 의도에서 틀리지 않았지만 절제하며 표현하였소. 귀에 거슬리는 어조는 거의 없다오. 그러나 나는 아아! 몇 년에 걸쳐 자신감이 줄어드는 것을 느끼오. 그것은 이제 역시 의지 활동으로 유지되오. 우리는 **모든** 좋은 가능성을 포기하도록 내버려 둘 수 없지요. 1945년과 1946년 분위기는 얼마나 달랐는지. 우리는 틀렸소. 일부 내용은 이제 나에게 순진하다는 인상을 주네요. 그러나 그것은 오늘날에도 같소. 나는 아직도 '순진하오.'

하인리히에게 안부를 전해주오. 나는 그가 휴가 중에 자신의 계획에 상당한 진전을 이루고, 간단한 형식으로 철학적 진리의 기본 요소를 표현하는 것에 자신의 생생한 관심을 유지하기를 바라오. 하인리히는 그것을 할 수 있으며, 그것은 훌륭한 일이 될 수 있을 것이오. 우리의 장황함과 대조되오.

자네는 전적으로 일에 몰두하고 있고 '철학자'로서 학생들에게도 충분히 그렇게 하지요.

게르트루트와 함께 따뜻한 안부를 전하며
야스퍼스

---

[279] Karl Jaspers, *Hoffnung und Sorge: Schriften zur deutschen Politik 1945~1965*(München, 1965).

편지 384   야스퍼스가 아렌트에게

바젤, 1965년 10월 7일

친애하는 한나!

자네는 가끔 최소한 간단한 소식이라도 듣고 싶어 할 것이오. 게르트루트는 건강하고, 나는 다시 더 좋은 시기에 있다오. 내 상태의 이런 변화는 꾸준히 발생하오. 자네는 그것을 직접 안다오. 나는 지금 특히 아픈 관절 부위에 주사를 맞고 있고 좋은 결과를 얻고 있소. 때때로 아침과 오후에 한 시간씩 일하오. 그런데 피곤하지만, 대체로 아주 만족하오.

오늘 나는 맥밀런출판사로부터 저자의 찬사와 함께 로빈슨의 책[280]을 받았소. 그 책은 『예루살렘의 아이히만』보다 더 두껍고 얼핏 보아 대단히 지루하지만, 나는 그것을 끝까지 읽고 자세히 연구해야 할 것이오. 그 책은 당신의 책을 짓누르고 파괴하려는 거대한 바위처럼 보이오. 그 책은 잘못된 전제에 기반을 두고 있는 것 같네요. '오류'를 교정하자. 그것들은 종종 자네에 대한 그뢰버의 증오로 가득 찬 논문[281]에 있는 주장과 비슷하오. 즉 아렌트는 쾨니히스베르크에서 태어났다. 이런 종류의 '오류'는 이런 맥락에서 무엇이든 중요하지 않다오. 이것은 자네가 쾨니히스베르크에서 성장했다는 중요한 정보를 제공하오. 예컨대, 그 오류는 다른 맥락에서 자네가 미국 시민권을 취득하는 것과 관련이 있을 수 있지요. 중요한 것과 관련한 이해의 부족은 이 책을 그렇게 지루하고 유익하지 않게 만드는 것이오. 하지만 어쩔 도리가 없지요. 나는 그것을 읽어야 할 것이오. 자네는 그것에 대

---

[280] Jacobson Robinson, *And the Crooked Shall be Made Straight: The Eichmann Trial, the Jewish Catastrophe, and Hannah Arendt's Narrative*(New York, 1965).

[281] Heinrich Grüber, "Hannah Arendt: Report in Jerusalem," in *Die Kontroverse: Hannah Arendt, Eichmann und die Juden*, 235-239. 야스퍼스의 문구는 부정확한 기억에 기반을 두고 있을 수 있다. 유고에 있는 일부 저작에서 야스퍼스는 그 작품에 대해 비판을 가했지만, 그 비판은 객관적이며 그뢰버에 대한 존경을 반영한다. "증오에 찬 기사"에 관한 언급은 없으며, 그 문구는 그뢰버의 논문의 어조와 내용을 거의 기술하지 않는다.

해 어떻게 생각하오?

나는 자네에게 보낸 히틀러의 질병에 관한 책을 갖고 있었소.[282] 자네는 나처럼 "모든 것을 알려고" 하오. 이 책은 한 스위스 정신과 의사가 집필하는 방식으로 쓰였다오. 그 방식은 끊임없는 반복, 많은 신경질적인 세부 사항이오. 결과는 이러하오. 즉 히스테리의 흔적도 아니고, 항상 의심스러웠던 정신병자의 성격에 대한 진단도 아니오. 대신에, 확실히 히틀러 만년의 파킨슨병, (독감으로 인한) 뇌염腦炎 무기력증의 결과로 인식되는 수십 년 전의 파킨슨병의 증상이오.

이 현상은 제1차 세계대전 말 (빈의 에코노모[283]에 의해) 발견되었고, 히틀러의 증세가 같은 것으로 인지될 수 있는 그런 식으로 기술됐다오. 이 뇌염 자체는 증명되지 않았소. 히틀러는 12살 때 이것에 감염되었음이 틀림없소. 이것은 그럴듯하게 보이게 만들어졌다오. 이것은 마비에 버금가오. 만약 그것이 증명될 수 있다면, 비록 그것이 증명될 수 없더라도, 매독 감염이 있었을 것이오.

만약 히틀러가 형사재판을 받게 되면, 그는 노골적인 광기를 주장할 수 없을 것이지만, "정신 능력 감소"는 주장할 수 있었다오. 저자는 자신의 요지에 대해 분명하오. 즉 히틀러는 죄를 짓지 않았고, 독일 국민은 그를 따랐소. 그 책은 철저하고 의학적으로 잘 다듬어졌다오. 나는 그 책이 의학적으로 확실하다고 생각하오.

게르트루트와 함께 두 사람에게 따뜻한 안부를 전하오.

야스퍼스

---

[282] Johann Reckenwald, *Woran hat Adolf Hitler gelitten? Eine neuropsychiatrische Deutung*(München/Basel, 1963).

[283] 콘스탄틴 알렉산더 프라이헤르 폰 에코노모(Constantin Alexander Freiherr von Economo, 1876~1931)는 오스트리아 신경학자였다.

글쓰기는 아직도 잘되지 않는다오. 그래서 나의 수기는 평소보다 더 나쁘오. 자네는 이 일부를 해독할 수 있을 것이오. 양해하오!

편지 385   **아렌트가 야스퍼스에게**

1965년 10월 23일

친애하고 존경하는 분께—

편지에 감사드립니다. 저는 당신의 피곤함에 마음이 어수선합니다. 그곳에 있을 때는 그것을 거의 알아차리지 못했습니다. 피곤함은 밤에 잠을 잘 수 없는 데서 오는 것인지, 고통에 지쳐서 오는 것인지요? 그리고 코티존 투여는 도움이 되는지요? 이런 치료는 여기서는 많이 이루어지고 있고 가끔 결과가 좋지만, 항상 일시적이지요. 저는 게르트루트가 아주 완전히 회복되었다는 사실을 알고 매우 안심했습니다. 제가 바젤에 있을 때, 그 상태는 매우 분명했습니다.

제일 중요한 자녀에 관한 사항입니다. 록펠러 재단의 반응은 매우 우호적이었습니다. 제가 예상했듯이, 그들은 스위스를 위한 재원을 가지고 있지 않습니다. 스위스는 저개발 상태도 아니고 미국에 전쟁을 선포하지도 않았습니다. 알고 보니 심각한 실수였습니다. 그러나 재단은 일반적으로 저개발 국가들, 즉 라틴아메리카·아시아·아프리카에만 재원을 제공하고 있습니다. 그러나 그들은 어쩌면 특별히 당신의 추천서[284]가 지닌 큰 비중의 관점에서 예외를 둘 수 있었습니다. 그들은 자녀가 (제가 알고 있는) 제네바의 자크 프레이몽[285]이나 독일의 폭스바겐 재단과 아직 연락하지 않았는지

---

[284] 자녀의 논문 「칸트의 영구평화론」에 대한 야스퍼스의 평가.
[285] 자크 프레이몽(Jacques Freymond, 1911년 출생)은 스위스 정치학자로서 1955~1958년 제네바 국제연구대학원 원장이었으며, 1958~1977년 제네바대학교 국제관계사 교수였다.

물었습니다. 어쨌든, 그들은 편지뿐만 아니라 가능한 개인적인 방식으로도 자녀와 접촉할 것입니다.

로빈슨에 관한 사항입니다. 저는 그 책이 출판되었다는 사실을 전혀 몰랐습니다. 그 책이 출간된 지 2년 6개월이 지났습니다. 물론 그들은 그 책을 의도적으로 저에게 보내지 않았습니다. 저는 지금 그 책을 확보했지만, 아직 읽어보지 못했습니다. 방금 『뉴욕 서평』측과 이야기를 나누었습니다. 그들은 저에게 책에 대한 긴 분량의 서평을 요청했습니다. 그리고 저는 의심할 여지 없이 시간이 좀 나는 대로 서평을 집필할 것입니다.

조지 어그리[286]가 어제 여기에 왔습니다. 그는 저에게 전화로 당신의 독일어 편지를 읽어주려고 했습니다. 읽어준 편지는 당신이 손으로 쓴 편지를 읽는 것보다 이해하는데 더 어려웠습니다. 그러나 어그리는 그 편지를 즉시 잘 번역했고, 당신은 곧 그에게서 소식을 듣게 될 것입니다. 그는 이런 '대화'에 대해 매우 즐거워하며, 자기가 유럽으로 가서 당신과 이야기하는 것이 좋은 생각이라고 생각하느냐고 물었습니다. 저는 그의 독일어 실력이 훨씬 좋았다면 즉시 승낙했을 것입니다. 통역사들은 일을 제대로 하지 못합니다. 그의 아내는 독일인입니다. 어떤 것은 해결될 수 있습니다. 그는 풍부한 생각을 가지고 있습니다. 그는 단지 미국인들에게 독일인들이 우주 탐험에 중요한 역할을 하도록 하자고 제안했을 뿐입니다. 또 다른 나라들, 특히 독일인들에게 제안했지만, 에르하르트[287]는 핵무장에 참여하지 않으면 자신을 위해 보여줄 무엇인가를 가지고 있을 것입니다. 저는 장학생들과의 경험에 관해 어그리에게 이야기했습니다. 그는 해안의 모래알처럼 많은 자발적인 단체를 위해 (병원에서 훈련하는 의사들처럼) 실습직원으로 여기서 활동하는 사람들에게 장학금을 제공하는 재단을 설립해야 한다고 말

---

[286] 조지 어그리(George Agree, 1921년 출생)는 그 당시 의회효율성제고전국위원회의 사무총장이었다.
[287] 르트비히 에르하르트(Ludwig Erhard, 1897~1965)는 1963~1966년 독일연방공화국 총리였다.

했습니다. 그곳의 사람들은 다른 사람의 발을 밟지 않고, 또한 논쟁과 공격성 없이 상황을 어떻게 움직이게 하는가를 배울 것입니다. 그 역시 논쟁과 공격성에 주목하지 않았고 이것을 무력감의 자연스러운 결과로 생각합니다.

이제 슬픈 소식을 알립니다. 미국 시인이며 친구인 자렐[288]은 자살했습니다. 그는 제가 이전에 본 적이 있다면 믿을 수 없을 정도로 민감하고 매우 총명하며 재치 있는 동화 속의 인물이었습니다. 그는 더 이상 삶을 감당할 수 없었습니다. 저는 그가 가르쳤던 대학교에서 강의했고 저를 믿을 수 없을 정도로 매력적이고 재치있는 방식으로 소개했던 지난 2월에 그를 마지막으로 보았습니다. 현재 여기에서 아마도 가장 훌륭한 시인인 로웰은 저에게 더욱 세부적인 보고를 하고자 내일 오기로 했습니다. 제가 영어 시를 이해하는 모든 것은 자렐의 덕택입니다. 그는 몇 년 전 한 번에 몇 시간씩 저에게 큰 소리로 읽어주었습니다 — 그의 작품이 아니라 '고전'이었습니다. 로웰과 자렐은 친한 친구였으며, 대단히 관대한 사람들입니다. 로웰의 이름은 20년 전에 자렐에게서 처음으로 나왔는데, 자렐은 그때 이미 잘 알려져 있었습니다. 그리고 그는 항상 저에게 다음과 같이 말했습니다. 자신을 믿으시오, 로웰은 미국의 진정한 시인입니다. 저는 아닙니다.

신문들은 오늘 틸리히가 심장병으로 사망했다고 보도했습니다. 그는 결코 저와 가까이 있지 않았지만, 이제 저는 늙은 "양고기 다리"*가 이제는 나타나서 엄청난 양의 적포주를 마시고 기분 좋게 집으로 비틀거리며 가지 않는다는 것을 슬프게 생각합니다. 그는 기본적으로 분별력이 없는 어리석은 사람이었지만, 이것은 바로 진정한 '기독교 정신'과 묘한 방식으로 연결되어 있었습니다. 지난 몇 년 동인 저는 그가 누군가에 대해 나쁘게 말하는 것을 들어본 적이 없습니다. 심지어 그는 자신의 적에 대해서도 나쁘게 말

---

[288] 란달 자렐(Randall Jarrell, 1914~1965)은 시인이고 소설가이며 비평가였다.
* 옮긴이_ 우리가 그를 불렀듯이; 긴 다리를 가진 사람.

하지 않았습니다.

그러나 우리가 감사해야 할 다른 것들이 있습니다. 하인리히의 친구, 테드 와이스는 이곳에서[289] 잘 알려진 시인이며 다른 시집을 출간했습니다. 그는 이 시집에서 두 편의 가장 훌륭한 시[290]를 하인리히에게 헌정했지만, 또한 그를 묘사하고 있습니다. 즉 말하는 방식, 존재 방식, 사람들에게 영향을 미치는 방식과 외국어를 다루는 방식을 묘사하고 있습니다. 저에 관한 — 제 사유 양태에 관한 — 멋있는 부분도 있습니다.[291] 하인리히에 관한 시는 놀라울 정도로 통찰력이 있습니다. 몇 년 전에 자렐은 이곳 대학에 관한 매우 재미있는 단편 소설을 썼습니다.[292] 그는 여기서 하인리히와 저를 물론 다른 이름으로 불후화했습니다. 우리는 정말로 여기서 이상한 동물이고, 얼마나 공명정대하고 따뜻하게 주목을 받고, 우리를 이해하고 우리의 소외감을 느끼지 못하게 하려고 얼마나 대단한 의지를 보였는지!

자녀와 호흐후트 그리고 에르나 — 필히 순서대로는 아닙니다 — 에게 안부를 전해주세요. 자녀와 호흐후트를 통해서 마치 바젤의 집 주변에 또 하나의 사랑스러운 땅이 생겨난 것 같습니다.

두 분에게 따뜻한 안부를 전합니다.

한나 올림

---

[289] 테오도르 와이스(Theodore R. Weiss, 1916년 출생)는 시인이며, 1964~1969년 바드대학의 영문학 교수였다.
[290] "Two for Heinrich Blücher" and "A Satyr's Hide," in *The Medium*(New York, 1965): 50-54.
[291] "The Web, for Hannah Arendt," *The Medium*, 40-41.
[292] Randall Jarrell, *Pictures from an Institution: A Commedy*(New York, 1954).

편지 386 아렌트가 야스퍼스에게

뉴욕, 1965년 12월 5일

친애하고 존경하는 분께,

저는 오랫동안 당신의 소식을 듣지 못해서 걱정했습니다. 그리고 산더미 같은 일, 의무 등에 파묻혀 있었기에 오랫동안 편지를 보내지 못했습니다. 그것이 제가 이 편지를 받아쓰게 하는 이유입니다. 제발 오해하지 마세요.

피페르가 당신의 정치에 관한 저작을 보냈습니다. 제게 그 일부는 친숙하며, 제가 알지 못하는 부분을 아직 읽을 수 없었습니다. 저는 크리스마스 휴가 때까지 모든 것을 연기해야 합니다. 그러나 연방의회의 소멸시효 논쟁에 대한 당신의 분석은 어떻게 되었는지요? 저는 그것이 『슈피겔』에 소개되었으리라고 생각하지만, 여기서 그것을 보지 못했습니다.[293]

저는 이곳에서 라케르라는 사람이 『뉴욕 서평』[294]에 게재한 서평과 함께 로빈슨의 책에 대한 저의 반응을 오늘 당신에게 보낼 것입니다.[295] 다른 유일한 서평은 『헤럴드 트리뷴』에 게재한, 저에게 우호적인 서평입니다.[296]

두 분에게 따뜻한 안부를 전합니다 — 크리스마스 휴가 때에 편지를 보낼 것입니다.

한나 올림

---

[293] 이 기사는 『슈피겔』에 게재되었지만, 이후 출판되었다. "Zweites Stück," in *Wohin treibt die Bundesrepublik?*

[294] 『뉴욕서평』(1966년 1월 28일)에 게재한 "만만찮은 로빈슨 씨" 원고는 「만만찮은 로빈슨 씨: 반론」이란 제목으로 출간되었다.

[295] Walter Laqueur, "And the Crooked Shall Be Made Straight," *The New York Review of Book* (November 11, 1965).

[296] 이것은 오류임이 틀림없다. 로빈슨의 책에 대한 서평은 『헤럴드 트리뷴』에 게재되지 않았지만, 서평은 『뉴욕 타임스』(1965년 12월 20일)에 게재되었다.

편지 387 야스퍼스가 아렌트에게

바젤, 1965년 12월 10일

친애하는 한나!

내가 그렇게 오랫동안 편지를 보내지 않은 것은 정말 용서할 수 없는 일이오. 몇 주 전에 자네의 마지막 편지에 대한 답장[297]과 동시에 어그리 씨가 보낸 편지(내가 감동적이라고 생각한 세부 사항에 주의와 관심을 기울이며 나에게 보낸 편지)에 대한 훨씬 긴 답장을 보냈다오. 나는 세 번째 편지와 함께 두 통의 편지를 잃어버렸소. 내 나이? 처음 몇 줄의 서투른 잉크 자국도 그것을 설명해 주네요.

그리고 예전에 머릿속에 있던 것을 다시 쓸 것이오. 주요 사항은 하인리히를 위한 두 편의 시라오. 나는 한 시인이 하인리히를 보고 자신이 본 것을 표현할 수 있다는 것이 멋지다고 생각하오. 우리가 위대한 인물들과 비교해 볼 수 있다면, 하인리히가 자신의 삶을 형성해 온 방식은 소크라테스와 암모니오스 삭카스(오리게네스와 플로티노스의 스승)의 틀에 있다오.[298] 그것은 다른 사람들이 알려주지 않는 한 우리가 아무것도 알 수 없는 개인적인 영향이오. 그러나 오직 소크라테스만이 자신의 플라톤을 발견했고, 다시는 그런 일이 일어나지 않았다오. 충동은 하인리히로부터 자네에게 도달했소. 나는 그것을 보내는 데 실패하지 않았다오. 그러나 내가 보기에 플라톤의 사상이 소크라테스 없이 구체화할 수 없었던 것처럼, 자네의 사상은 하인리히가 없었다면 현재의 모습이 될 수 없었을 것이오. 이러한 충동을 바꿀 수 있는 것은 다른 종류의 생산성이오. 하인리히는 내가 그에게서 느끼는

---

[297] 야스퍼스의 유고에는 "잃어버렸기에 보내지 않음"이라고 연필로 기록한, 1965년 11월 22일 아렌트에게 보낸 편지가 있다. 이 "잃어버린" 편지에 담긴 모든 주제는 편지 387에 더욱 상세하게 담겨 있기에 이전 편지는 여기에서 제시하지 않는다.

[298] 암모니오스 삭카스(Ammonius Sakkas, 대략 175~242)는 알렉산드리아 철학자이며 신플라톤주의의 창시자였다.

사랑과 별개로 나에게 깊은 인상을 주었지요. 우리에게 시집을 보내며 두 시가 어느 쪽에 있는지 알려주기 바라오. 그러나 물론 시간이 있을 때 그렇게 하오.

자네 편지의 분위기는 오랫동안 나에게 남아 있소. 사람들이 자네를 너무 따뜻하게 받아들일 정도로 자네 배경과 본성에 이런 '무엇'이 없었다면, 자네가 편안함을 느낄 수 있는 세계에서 자네의 생소한 존재에 대한 표현을 두고 하는 말이오. 그런데도 그런 표현은 얼마나 훌륭한지! 자네의 친구인 시인과 다른 친구들과 같은 사람들은 단지 미국에서만 존재하는 것 같소. 나는 그렇게 활기차고 현실적이며 세계에 긍정적이고 삶의 환희로 가득 찬 자네에게 있는 슬픔의 보이지 않는 그림자를 다시 생각했소. 또 사물이 작동하는 방식에 대한 자네의 통찰력을 생각하오. 이 통찰력은 기본적으로 비관적이지만, 자네의 규범인 인간성의 위대성에 의해 조명된다오. 수천 년 동안 존재한 이 실재는 자네의 영감이오.

자네의 시인 친구들 가운데 한 명의 자살은 자네에게 심각한 충격으로 다가왔구려. 누구라도 모르오 — 그런 행동에 직면하여 정말 어쩔 줄 모르오. 그리고 누구라도 정신의학적 설명과 그것을 이해할 수 있게 하려는 시도에 저항한다오. 그 자살은 우리의 가장 큰 존경을 받을 만하고 우리의 판단을 받지 않도록 해야 하오. 그의 행동은 가장 위대한 자기 통제력 중 하나가 될 수 있소. 다른 피조물이 아닌 인간만이 그것을 할 수 있소.

발터 무슈크[299]는 우체국 창구에 있을 때 심장마비로 이곳에서 갑자기 죽었다오. 그의 죽음은 기이하게 나에게 영향을 미쳤지요. 그는 죽기 이틀 전에 나에게 자신의 새 책을 가져다주기 위해 여기에 왔다오.[300] 우리는 마치 가까운 친구같이 이야기했소. 우리는 수년 동안 서로 보지 못했고 가끔 편

---

299 발터 무슈크(Walter Muschg, 1898~1965)는 스위스 문학비평가이며, 1936년부터 바젤대학교 교수였다.
300 Walter Muschg, *Studien Zur tragischen Literaturgeschichte*(Bonn/München, 1965).

지를 주고받았을 뿐이었소. 그는 독일 문학의 종말과 독일 연구의 종말에 관해 이야기했소. 1920년대에는 여전히 마지막 위대한 인물들, 즉 카프카와 브레히트가 있었소 — 그는 호프만슈탈·릴케·게오르게도 역시 언급했지요! 오늘날에는 아무도 없구려. 스위스 사람들로서 자신이 완전히 속했다고 느낀 독일 정신의 파멸에 대한 이런 자각은 그의 저서『비극적인 문학사 *Tragische Literatur-geschichte*』의 이면에 있는 추진력이었소.[301] 그는 자신이 경험한 것을 우리 시대의 모든 실패에서, 즉 단지 우리의 정치적 파국의 공포가 아니라 대규모적인 차원에서 생각했다오. 무슈크는 절제력이 부족했으며, 이상하고 놀라울 정도로 완고할 수 있었다오. — 그러나 그는 삶의 기본적인 경험을 통해 자신의 저작을 인도하고 저작에 영감을 불어넣은 사람이었지요. 그가 죽었을 때, 나는 이것을 비로소 깨달았다오.

자네는 자녀를 대신하여 록펠러 재단에 문의했구려. 나는 미국인의 우호적인 태도에 따라 기회를 열어 놓는 것이 정말 정중하게 거절하는 방법일 뿐이라는 것이 두렵다오. 그러나 나는 희망을 완전히 버리지 않은 것에 동참하오. 자녀와 그의 가족은 모두 우리에게 기쁨이오. 자녀의 어머니는 죽었다오.[302] 그녀는 무서운 암에 걸렸으며, 그녀의 죽음은 길고도 어려웠다오. 그녀는 신자였고, 자기 교파의 경건한 일원이었고, 아들과 가까웠다오. 그녀의 질병이 무엇이고 그녀가 이제 죽어야 했던 것은 그녀에게 아주 명백했소. 그녀는 아들에 관한 관심에서 마지막 날에 아들에게 다음과 같이 말했소. 즉 나는 어떻게 철학만 가지고 죽을 수 있는지 이해할 수 없어! 그러나 그녀는 자기 아들을 개종시키려 노력한 적이 없고, 선교사의 열정이나 편협함의 흔적은 조금도 없었다오. 그녀의 교회 목사가 오기를 원했을 때, 그녀는 동의를 얻으며 다음과 같이 말했소. 목사는 성경에서 나에게 읽

---

301 Walter Muschg, *Tragischen Literaturgeschichte*.
302 프리다 자너, 결혼 전 게르버(Frieda Saner, née, Gerber, 1898~1965).

어줄 것이지만(그녀는 거의 진심으로 그것을 알았소) 어떤 것도 설명하지 않을 것이야. 자녀는 매우 슬프나 대단히 활동적이오. 그는 여전히 마지막 사소한 일까지 가족을 돌볼 시간이 있다오.

로빈슨에게 보낸 자네의 답장은 오늘 도착했소. 나는 앞부분만을 읽었소. 답장의 서두는 멋있게 시작되네요. 타격에 타격, 흥미롭구려. 자네는 그를 죽이고 있는 것 같소. 결국에 독자에게 남아있는 것은 없을 것이지만, 완벽하게 검시된 시체라오.

나는 놀랍게도 좋다오. 고통은 더는 거의 지각되지 않는구려. 더 중요하지만, 나의 기본 건강은 다시 좋고, 열은 사라졌소. 나는 자네가 방문했던 몇 주 동안보다 훨씬 더 좋소. 다시 작업할 것이오. 그러나 걷기는 여전히 어렵네요. 아주 허약하오. 며칠에 한 번씩 몇 걸음씩 걸을 뿐이오. 게르트루트는 좋다오. 나이에 따른 신체적 허약함은 느껴지며 때때로 귀찮다오. 그러나 정신은 여전히 생생하오. 그녀는 대단히 활기차게 대답하오.

또한 두 사람에게 아내의 따뜻한 안부를 전하오.

야스퍼스

편지 388 **야스퍼스 부부가 아렌트에게**

바젤, 1966년 1월 15일

친애하는 한나!

오랫동안 소식이 없었네요. 내 마지막 편지를 읽기 너무 어렵지 않았는지? 특별히 몰두할 급한 일이 없더라도 편지를 쓸 시간이 없을 정도로 바쁜지? 나는 자네의 시인 친구가 하인리히에 관해 쓴 두 편의 시를 부탁했다오 — 내 필체는 아마도 해독할 수 없었을 것이오. 자네가 알다시피, 나는 이번에 더 열심히 노력했소. 내 상태가 참을 만하기에 점점 더 좋아지고 있다오.

나는 『판단력비판』과 스피노자에 관한 자네의 강의를 상상하오 — 자네에게 몰려드는 학생들, 학생들에게 조언하고 그들의 질문을 듣는 자네. 그리고 이외에도 자네는 아마 외부 강의도 여전히 하겠지? 훌륭하게도, 이 모든 활동!

세계 상황은 끔찍하오. 베트남·인도·인도네시아·로디지아 문제가 그렇소. 그 모든 문제가 너무 비현실적이고, 관련된 사람들은 너무 고집불통이오. 모든 것이 큰 파열로 이어지고 있는 것처럼 보이오. 미국과 러시아가 서로 전쟁을 하고 싶어 하지 않기 때문에, 큰 파열은 일어나지 않네요. 원자폭탄은 우리의 보호 수단인지? 만약 미국과 러시아가 다른 모든 나라로부터 원자폭탄을 멀리하기 위해 동맹을 맺는다면!

오늘 나는 피페르에게 원고[303]를 보냈다오! 상당히 오래 걸렸소. 『슈피겔』에는 전혀 어울리지 않소. 나는 그것과 관련하여 약간 불편하오. 나는 연방공화국과 관련하여 그렇게 명백하고 가혹하게 글을 쓴 적이 없네요. 나는 개인적인 추문으로 치닫게 하고 싶지 않소. 그러나 독일 정치에 대한 나의 마지막 말을 쓰고 싶은 열망은 나를 제지하지 못하게 했소. 이제 나는 더 좋은 일, 즉 사유의 독립성과 관련한 자네를 조명하는 책을 집필하는 일에 관심을 가질 것이오.

게르트루트는 나만큼 좋지는 않다오. 그는 건망증, 일하는 동안의 현기증, 어색함, 잦은 피로로 고통받는다오. 나이 든 탓이오. 그러나 그녀는 특히 저녁에 생기 있고 활기 넘친다오. 그녀의 공감 능력은 오히려 고조되고 그 자체로 고통의 근원이 된다오. 중요한 인간 문제에 대한 그녀의 판단은 변하지 않네요. 그녀의 청력은 계속 나빠지고 있지만, 우리는 대체로 함께 행복하다오. 모든 사람이 우리에게 보이는 친절과 뫼를르가 그렇게 훌륭하게 배려하고 모든 필수 사항에 대해 생각하는 방식에 감사하오.

이것은 단지 인사말 한마디일 뿐이고, 자네로부터 편지 몇 줄이라도 끌

---

[303] 『연방공화국은 어디로 나아가는가?(Wohin treit die Bundesrepublik?)』의 제1-2부.

어내려는 희망을 보내는 편지라오.

우리 둘이 두 사람에게 따뜻한 안부를 전하며
야스퍼스

추신. 내가 거의 잊었던 더 중요한 한 가지 사항이오. 자네의 저서 『혁명론』[304]이 피페르출판사로부터 왔소. 우리는 모두 자네의 헌사에 기뻤소. 그게 얼마나 멋있는지! — 나는 이제 한 자리에서 그 책을 다시 꼼꼼히 읽고 있소. 내가 보기에 그 책은 통찰력의 깊이와 표현의 명확성이 매우 뛰어나고, 그리고 그 책이 정치를 끌어들인 인간의 고귀함이란 요소가 가장 중요한 듯하오.

의회 논쟁에 관한 많은 분량의 내 논문은 『슈피겔』에 게재되지 않았다오. 아우그슈타인은 이것을 칭찬했지만, 이 논문은 현재의 형태로 출간될 수 없다오. 그는 "약간의 작은 변화가 필요한 전부"라고 썼소. 나는 그가 바꾸는 것을 허락할 수 있을까? 그는 봄에 출간하기를 원하오. 나는 그에게 허락했소. 그러나 피페르는 3월에 그 논문을 출간할 것이오. 연방공화국[305]에 관한 나의 마지막 논문은 거의 완결됐소. 타자기로 친 원고는 150쪽 이상이오. 이 논문은 확실히 『슈피겔』에는 어울리지 않는구려. 나는 그곳에서 출판하기를 원할 때 다른 형식을 취해야 하오. 그것을 할 수는 없다오. 나는 그 책이 출간된 이후 그와 함께 『슈피겔』을 위해 대담을 할 수 있다고 그에게 제안했소.

그것은 나의 마지막 정치적 진술일 것이오. 이것으로 충분하오. 나는 이미 헤겔에 관심을 갖고 있다오. 그러나 그 이전에 한나 아렌트 책을 집필하려고 노력하오.

어그리 씨는 좀 더 길게 인내해야 할 것이오. 나는 그가 해야 할 말이 매

---

[304] Hannah Arendt, *Über die Revolution*(München, 1965).
[305] 『연방공화국은 어디로 나아가는가?』의 제3부.

우 유익하다는 것을 알았다오.

[게르트루트의 수기 비망록]

나에게는 상황이 아직 그렇게 나쁘지는 않군요! 시력이 나빠지는 것은 당연하지만, 나는 "태어날 때의"[306] 법에 따라 계속 따라다녀요.

나는 이제 독일 정치에 관한 원고를 타자기로 치지 않아도 되어서 기뻐요. — 그리고 나는 아직도 "나라가 없는 것"에 익숙하지 않네요. 그러나 "1년을 약속할 수 있다"[307]라고 한때 나에게 말했던 남자가 일하면서 좋은 응원으로 내 삶을 밝게 해주며 노년기에 여전히 내 옆에 있다는 것은 너무 놀라워요. 믿어지지 않을 정도예요.

뉴욕에서 있었던 외부 사건들 때문에 무슨 문제라도 생겼는지요? 로테 발츠가 투자로 코르푸에 집을 짓고 있어요. 그녀가 올 것으로 예상해요.

자녀 부부와 좋은 친구가 되었고, 아이들은 즐거워했지요.

당신과 하인리히에게 따뜻한 안부를 전하며
게르트루트

편지 389   아렌트가 야스퍼스에게

1966년 1월 16일

친애하고 존경하는 분께!

물론, 저는 여기서 상당한 불안과 과중한 노동 때문에 그렇게 끔찍하게 오랫동안 편지를 쓰지 못했습니다 — 편지 쓰기를 과로라고 할 수는 없을 것 같습니다. 특히 비행기가 도대체 날지, 어디에 착륙할지 누구든지 결코

---

306 괴테의 「원초적인 말, 오르페우스 풍으로(Urworte, Orphisch)」의 인용문.
307 야스퍼스는 수술로 치료할 수 없는 만성적인 기관지확장증으로 고통을 받았기에 자신이 장수하지 못하리라고 생각했다.

알 수 없는 겨울철에, 이 끊임없는 왕복 비행은 당신이 생각한 것보다 더 힘이 많이 듭니다. 그러나 지금까지 날씨에 운이 좋았습니다. 저는 크리스마스 휴가 때 약간 탈진한 채 집에 왔고, 그리고는 크리스마스 혼잡이 일어났습니다. 또 저는 자녀가 록펠러 재단 사람들에 관한 저의 장문의 편지를 당신에게 보여주었다고 생각했고 그러기를 바랬습니다. 이상하게도, 저는 그에게서 아무 소식도 듣지 못했지만, 그가 제 편지를 받지 못했다는 것을 상상할 수 없습니다. 그는 또한 프로인드[308]와의 만남이 어떻게 진행되었는지를 저에게 편지로 알리지 않았습니다. 저는 프로인드가 유럽으로 떠나기 전에 전화로 대화를 나누었습니다. 그리고 그가 뉴욕으로 돌아올 때까지 저는 아무 소식도 듣지 않을 것입니다.

저는 연방공화국에 대한 당신의 "가혹함"과 관련하여 매우 기쁩니다. 물론 저는 그것이 현재 약간의 실질적인 성가심을 초래할 수도 있다는 점을 이해할 수 있습니다. 저는 그 구조의 잠정적 성격과 아데나워의 실수를 만회할 가능성이 없음을 너무 확신하고 있기에, 그런 명백한 태도를 밝히는 당신을 보고 안심이 됩니다. 물론, 세계 상황은 미친 듯하며, 존슨에 대한 저의 신뢰도 별로 크지 않습니다. 여기서 저에게 위안을 주는 것은 이런 비정상적인 베트남 정책에 대한 매우 강력한 반대입니다. 그러나 그것은 가장 작은 것입니다. 그 반대가 어떤 의미에서 정확하기에 아주 무서운 것은 우리가 세계에서 "최강대국"이라는 주장입니다. 아마도 세계의 지배에 대한 주장이 아니라 케네디가 그렇게 강력하게 경고한 팍스 아메리카나에 대한 주장이 그에 내포되어 있기 때문입니다. 우리는 "최강대국"으로 남지 않을 것입니다. 중국은 가까운 미래에 일류의 주요 강대국일 것이며 물론 아시아에서 결정적 영향력을 가질 것입니다. 미국인들은 자신들이 그런 종류의 영향력을 갖거나 중국과 그런 영향력을 공유할 것인가요? 중국, 그리고

---

[308] 제럴드 프로인드(Gerald Freund, 1930년 출생)는 록펠러 재단의 부소장이었다.

아마 다른 어느 나라도 이 미치고 더럽고 무의미한 전쟁에 큰 관심을 갖고 있지 않을 것입니다. 그리고 제가 보기에 중국은 미국이 아니라 일차적으로 시베리아 때문에 러시아에 위협인 것 같습니다. 저는 상황이 핵무기를 사용하는 전면전으로 전개될 것으로 생각하지 않습니다. 그리고 우리는 보병으로 전쟁에 승리할 수 없습니다. 우리는 정복하려는 지역을 점유하고 장악할 수 없기 때문입니다.

하인리히에 관한 시가 있는 책은 오래전에 당신에게 보냈습니다(그의 이름은 아이! 끔찍하게 철자가 틀립니다 – 'Blücher'는 여기에서 'Bleucher'로 쓰입니다). 아마도 그것은 그사이에 도착했을 것입니다. 저는 크리스마스 직전에 그것을 보내게 했습니다. 그리고 저는 정신질환자의 살해에 관한 책에 대해서는 아직 감사의 말씀을 드리지 못했습니다.[309] 배우면 배울수록 모든 것이 더 끔찍해집니다.

로빈슨 문제는 앞으로 본격적으로 진행될 것입니다. 제가 우선 당신에게 보낸 것은 잡지에 게재하는데 분량이 많습니다. 『뉴요커』는 그것을 확보하고 싶어 하지만, 저는 공격당한 잡지에 그것을 게재하고 싶어서 분량을 줄였습니다. 출판된 자료를 당신에게 보냈습니다.[310] 무엇보다도, 그것의 취지는 분량의 축소로 선명하게 되었습니다. 저는 지금까지 공격받은 단체들로부터 아무 소식도 듣지 못했습니다. 제가 부분적으로 그런 단체들의 고용자들과 기득권층의 다른 대표자들로부터 비공식적으로 들은 것은 매우 긍정적입니다. 저는 또한 로빈슨의 책이 청구회의[311](독일이 이스라엘에 배상금을 보상하고, 이를 문화적 목적에 사용함)에 의해 철저하게 지급되었다는 것을 알았습

---

309 Gerhard Schmitt, *Selektion in der Heilanstalt 1939~1945*, with a foreword by Karl Jaspers(Stuttgart, 1965).
310 편지 386의 각주 294를 참조할 것.
311 독일에 대한 유대인 물질 청구회의. 헤이그에서 진행된 협상에서 13개 유대인 단체의 연합은 이스라엘에 살지 않는 유대인의 이익을 대변했다. 협상은 1952년 9월 10일 룩셈부르크배상협정으로 이어졌다.

니다. 유대출판협회³¹²조차도 인쇄 비용에 기여하고 싶어 하지 않았습니다. 네 명의 서투른 '연구원들'이 이 쓰레기통에서 2년 내내 정규직으로 근무했습니다. 요약하자면, 아마 아무도 원고를 다 읽지 않았을 것이고, 그래서 아무도 그 책이 내부 모순으로 가득 차 있다는 것을 알아보지 못했을 것입니다. 로빈슨 씨와 같은 직장에서 활동하는 저의 보증인은 전체 비용이 160,000 달러에서 200,000달러 사이라고 생각했습니다. 저는 기득권층이 스스로를 변호할 생각조차 하지 않을 것이지만 로빈슨을 포함해 모든 사항이 조용히 시야에서 사라질 것이라는 느낌이 들었습니다. 물론 그것이 가장 현명한 일이겠지요.

저는 코넬대학교 강의³¹³와 왕복 비행과 별도로 뭔가 이상한 일을 하고 있습니다 ─ 아마도 제가 당신에게 이미 말했을 것입니다. 저는 박사학위 논문 「성인 아우구스티누스의 사랑 개념」³¹⁴을 라틴어가 아닌 영어로, 그리고 철학적 속기술을 배우지 못한 사람들이 이것을 이해할 수 있는 방식으로 고쳐 쓰고 있습니다. 그것은 이상합니다 ─ 한편 이 작품은 아주 먼 과거의 일지만, 다른 한편 저는 여전히 저 자신을 인식할 수 있습니다. 저는 말하고 싶었던 것을 바로 알고 있으며, 아직도 아우구스티누스의 문장에서 라틴어를 유창하게 읽을 수 있습니다. 이 일은 갑자기 저에게 다가왔습니다. 몇 년 전에 제정신이 아닌 출판인이 수천 달러로 저로부터 출판권을 획득했으며, 저는 출판권을 넘겼습니다. 그 모든 일이 저에게는 너무 무의미한 것처럼 보였습니다. 즉 저는 출판인이 어쨌든 파산할 것이고(그 일은 사실 발생했습니다), 재정 파탄에서 약간 이익을 볼 수 있다고 확신했습니다. (매우 비노녁적이고? 그래서 비웃어노 좋지요!) 어쨌든, 저는 원죄로 처벌받았습니다. 제가 예견하지 못한 것은 맥밀런출판사가 파산한 출판사의 자산으로부터 일정

---

312   유대인 종교·역사·문학에 관한 책들을 펴프리고자 미국에서 1888년 설립된 단체다.
313   편지 382의 각주 274를 참조할 것.
314   아렌트의 박사학위 논문, 아우구스티누스의 사랑 개념. 편지 10의 각주 17을 참조할 것.

한 권리를 사들일 것이기 때문입니다. 그래서 저는 여기 있습니다. 그들은 정말 유용하지 않은 (아쉬톤의) 우아한 번역본을 저에게 보냈습니다. 원문 자체를 고쳐 써야 했기 때문입니다. 그래서 저는 현재 수정작업을 하고 있으며, 그 일이 좀 기쁘기도 합니다.

우리는 괜찮습니다. 그리고 이유 중 일부는 당신의 기분이 나아졌기 때문입니다. 게르트루트는 그런 쾌활한 편지를 보냈습니다. 저는 올여름에 찍은 몇 장의 속성 사진을 보낼 것입니다. 두 장은 자녀의 자제들 사진입니다.

모든 것이 당신의 번역본과 함께 여기에서 매우 잘 진행되고 있는 것 같습니다. 저는 위크를 알게 되었습니다. 이전에 전화로만 그와 대화했습니다. 『철학적 신앙』은 이제 출판될 예정입니다. 저는 아쉬톤과 긴 대화를 나누었고, 그를 설득하여 몇 부분을 빼냈으며, 다른 부분에 대해서는 당신과 상의하라고 권유했습니다. 그가 그것을 했으리라고 추정합니다. 『철학』은 또한 그렇게 방대하고 (훌륭한) 텍스트로 완성될 수 있는 한 빨리 출간되어야 합니다. 그리고 헬렌 볼프는 이번 달에 제 검토를 위해 『작은 철학 학교』를 기대하라고 말했습니다. 애석하게도, 『위대한 철학자들』 지장본은 가을이나 이번 봄까지는 출간되지 않을 것입니다. 어쨌든, 이것들은 현재 이용할 수 없으며, 저는 정말 코넬대학교에서 이것들을 이용할 수 있습니다. 현재 그곳에서 가르치고 있습니다. 하나는 마키아벨리에서 마르크스까지 포함하는 정치이론 강의이고, 다른 하나는 20세기 정치 경험이란 제목의 세미나입니다. 상황은 잘 진행됩니다. 저는 4월에 시카고대학교로 돌아가야 하지만, 그사이 몇 달의 실질적인 평화가 있을 것입니다.

저는 이 편지도 급하게 쓰고 있습니다. 몇 분 사이에 비행기에 탑승해야 합니다. 다음 주가 지나면 줄곧 집에 있을 것입니다.

따뜻한 안부를 전하며
한나 올림

편지 390   야스퍼스가 아렌트에게

바젤, 1966년 1월 25일

친애하는 한나!

　매우 고맙소! 자네의 편지는 특히 겨울에 중요한 일과 여행의 부담을 반영하오.

　자네는 며칠 전 자네의 편지에 대해 나에게 말했으나 편지를 보여주지는 않았다오. 그는 자신이 오래전에 자네에게 편지를 보내며 이야기를 주고받았다고 이제 말했소. 그러나 나는 그 문제로 그에게 압박을 가하지 않은 채 그가 자네에게 너무 늦게 편지를 보냈다고 추측하오. 그의 어머니는 몇 주 전에 사망했지요. 그는 어머니가 병환에 있는 동안 — 암, 수술, 느린 죽음 — 정신적·신체적 압박을 받고 있었다오. 그의 저서 집필은 지연되었소. 그는 집필을 가능한 한 빨리 끝내야 하오. 잘모니는 자신이 도울 수 있는 일을 수행하고 있소. 자네는 그의 가장 훌륭한 학생일지도 모르오.

　자네가 정치 — 베트남 — 에 관해 말하는 것은 유감스럽게도 옳소. 내 기억에 따르면, 케네디는 참모 회의에서 베트남 문제와 관련하여 내가 아직도 철수할 수 있나요?라고 질문했다오. 이제 질문은 바뀌었소. 즉 미국은 어떻게 철수할 수 있는가? 상황은 그들에게 끔찍하오. 나는 우리 유럽인들이 입을 다물어야 한다고 생각하오. 전쟁 반대와 평화 압력은 미국에서 아주 강렬하오. 우리가 모두 존재와 상대적 안보를 빚지고 있는 국가에 대한 존경을 표시하는 것은 마땅하오. 오로지 중국만이 방해가 되오. 러시아는 이미 비밀 동맹을 맺고 있지만, 이것을 말하거나 이에 따라 행동할 수 없다는 것을 알고 있기에 아마도 평화를 선호할 것이오. 만약 존슨이 국제연합의 관리 아래 다음과 같이 투표를 제안한다면 어떻게 될 것인지?

　1. 북베트남과 남베트남은 모든 외국군이 철수하기를 원하는지.
　2. 국제연합 관리 아래 의회 선거.

3. 미국은 선거 결과를 존중하기로 동의한다.

내가 보기에 이것은 미국의 체면 상실을 막을 것이오.

그러나 그런 계획에 대한 구상은 얼마나 수월하고, 구상의 실현은 얼마나 어려운지. 나는 현재 인쇄되고 있는 연방공화국에 관한 나의 제안서에 대해서도 같은 방식으로 생각했소. 위신·권력·감정이 경기에서 영향력이 클 때, 단순하고 합리적인 해결책은 효과가 있지 않다오. 나는 비스마르크가 1888년경에 어떻게 독일이 영국과 동맹을 맺고 의회를 통해 이를 공개적으로 비준하고 세계에 공표하도록 솔즈베리[315]에게 제안했는지에 대해 읽고 있소. 독일은 함대를 만들지 않을 것이오. 비스마르크는 이 동맹이 알려졌다면 세계 평화가 장기적으로 보장될 것이라고 주장했다오. 솔즈베리는 원칙상 동의하면서 의회의 다수파가 그 구상을 동의하지 않고 대신에 자신을 공직에서 추방할 것이라고 말하면서 당분간 그 제안을 거부했다오. 그러나 그는 더 적절한 계기를 희망했소. 나는 그 해를 잊었네요. 1890년 직후라오. 솔즈베리는 그 구상이 이제 실현될 수 있다고 확언했다오. 카프리비, 외무장관 뷜로, 그리고 황제는 그를 거절했소.[316] 황제는 자신의 함대를 원했다오. 그리고 그것이 역사가 가는 방식이오. 비스마르크의 삶은 대단히 흥미롭소. 그는 독일에서 모든 악한 세력을 이용했고 당시 독일인들을 훨씬 더 나쁘게 만들었기에 내가 지지할 수 없는 인물이오. 그러나 그는 외교정책에서 전술적 천재이고 먼 미래를 똑똑히 보았다오. 그런데 그는 언제나 평화의 길을 걷고 있었소. 그는 1870년 이후와 마찬가지로 유럽의 평화를 위해 끊임없이 일하고 독일의 필요가 충족되었다고 선언했다오. 그

---

[315] 로버트 아서 탈보트 솔즈베리(Robert Arthur Talbot Gascoyne-Cecil, 1830~1903)는 솔즈베리 제3대 후작으로 당시 영국 외무장관과 수상이었다.

[316] 레오 그라프 폰 카프리비(Leo Graf von Caprivi, 1831~1899)는 독일 장교이며 정치가이고 비스마르크의 뒤를 이어 수상이 되었다. 베른하르트 퓌르스트 폰 뷜로(Bernhard Fürst Bülow, 1849~1929)는 독일 정치가이고 외교관으로서 1897~1900년 외무장관, 1900~1909년 제국 수상이었다. 빌헬름 2세(Wilhelm II, 1859~1941)는 1888~1918년 독일 황제이며 프로이센 왕이었다.

의 큰 실수는 어떤 군주 밑에서도 자신을 불굴의 존재로 여기고 그 불패 근성에 의존하는 것이었소. 그는 쫓겨난 이후 (예나에서) 의회민주주의를 찬성한다고 공개적으로 선언했다오. 한 사람이 얼마나 큰 차이를 만들 수 있는지! 그런데도 그가 나라의 의회 교육자가 아니고 동시에 최고의 본성을 구현하지 않는다면 얼마나 사소한 차이인가요.

보내준 시에 감사하오. 나는 여전히 그 시와 함께 나의 길을 느끼고 있구려. 이 시를 번역하기 위해 사전을 이용해야 할 것이오. 기본 정조에서 자네를 위한 시를 충분히 느끼고 있다오. 훌륭하오! 나는 아직도 하인리히를 위한 시를 이해하지 못했소. 이해할 것이오.

라케르와 로빈슨에 대한 자네의 반응은 간단히 말해 설득력 있고 충격적이오. 라케르가 반응에 뭐라고 말할 수 있을까? 번거롭지 않다면, 그의 반론을 보내주기 바라오.

나는 지난주 자네가 나에게 제공한 서류들의 도움으로 조직적인 박해의 이 드라마를 — 자네가 사용했던 것보다 더 많이 온갖 적절한 인용문을 이용하여 — 재조명했소. 이제 더 많은 것, 특히 하우스너의 미국 여행을 추가할 수 있었소. 얼마 전 — 내가 한쪽에 둔 지 꼭 1년 — 다시 책을 쓰기 시작했소. 이 드라마는 단지 하나의 짧은 장이오. 모든 것이 내 마음속에 있다오. 나는 구체적인 형태로 개요서와 비망록에 적어두었지만, 그것을 끝낼 수 있을지 어떨지 모르겠소. 그것은 자네의 사유와 일반적으로 가능성으로서 사유의 독립성을 보이는 것이오. 그것은 단지 자네에 관한 책은 아니오. 나는 자네가 나에게 이 책에 관한 생각을 주었고 내가 여기에서 추구하고 있는 생각의 흐름이 자네에게서 뿜어져 나온다는 의미에서 자네를 사실 오용하고 있다오. 이 순간 나는 그것에 대해 열정적이오. — 지난 며칠 사이 다시 오른손에 통증이 있었다오. 오늘 저녁 주사를 맞을 것이고, 그게 도움이 될 것이오. 그 외에는 좋구려.

로빈슨의 책에 대한 재정 지원은 흥미롭소. 그것이 출판될 수 없다는 것은 유감이오. 위험한 출판사가 그와 같은 책을 출판한다는 게 어떻게 가능한가에 대한 자네의 의문은 여전히 풀리지 않고 있다오.

나는 『성인 아우구스티누스의 사랑 개념』과 관련한 자네의 작업에 매우 기쁘오. 거의 40년이 지난 후 자네가 자신과 하나가 될 수 있고 자네가 지금 더 잘 말할 수 있으며 당시에 의도한 것을 인식할 수 있다니 좋소. 그런데 신학자 헨드릭 반 오옌[317]은 몇 년 전에 자네의 『성인 아우구스티누스의 사랑 개념』을 이곳에서 세미나의 기본 자료로 사용했다오.

이상하게도 비크는 내가 몇 주 전에 서명했지만, 출판사는 아직 서명하지 않은 계약서를 나에게 돌려보내지 않았다오. 나는 그의 기억을 더듬어 보았소. 아쉬톤은 나에게 편지를 보냈다오. 그를 자유롭게 도와주어야 할 것 같구려. 그는 번역을 너무 잘해서 나는 그가 제안한 일부 내용의 삭제를 받아들였소. 제목에서 '직면하여angesichts'는 '그리고und'로 대체할 것이오.[318] 명백히 이것은 오로지 언어학적으로 수용할 수 있는 해결책이오. 이것은 핵심을 모호하게 하며, 바라건대 어떠한 실질적 오해를 초래하지 않을 것이오.

자네는 내가 생각했던 것이 아니라 마키아벨리에서 마르크스에 이르기까지 강의하고 있지요. 그래서 이 강의는 철학이 아니라 정치철학이며. 확실히 훌륭할 것이오.

따뜻한 안부와 함께
야스퍼스

---

[317] 헨드릭 반 오옌(Hendrik van Oyen, 1898~1980)은 1948년부터 바젤대학교 조직신학 교수였다.
[318] 독일어 책 제목 『계시에 직면한 철학적 신앙(Der philsosophische Glaube angesichts der Offenbarung)』은 『철학적 신앙과 계시(Philosophical Faith and Revelation)』(샌프란시스코, 1967)로 번역되었다.

편지 391 아렌트가 야스퍼스 부부에게

뉴욕, 1966년 2월 19일

친애하는 친구분들께,

　이것은 두 분에게 보내는 생일 축하 편지입니다. 저는 두 분이 계속 건강하시고 우리가 서로 다시 만나기를 기대합니다 ─ 더 이상 무슨 말을 할 수 있을까요? 당신과 아우그슈타인의 대담은 여기서 매우 좋은 평가를 받았습니다. 당신은 그 대담이 『슈피겔』의 실수 때문에 『논평』[319]과 『중류』(시온주의 단체의 출판물)에 같은 달에 게재되었다는 것을 아마도 아실 것입니다.[320] 로빈슨의 저서에 관한 서평, 즉 그저 정확히 긍정적이고 오히려 아주 우스꽝스러운 서평이 『중류』의 같은 호에 게재되었습니다. 저는 편집자(슐로모 카츠, 경솔한 사람)가 연방의회 논쟁에 관한 당신의 분석도 게재하고 싶어 한다는 것을 알고 있습니다. 그 잡지와 친분이 있는 제 지인에게 당신의 논문에 관해서 말했습니다. 『논평』측이 역시 그 논문에 관심이 있다면, 저는 그것을 오히려 그들에게 제공하려고 하지만, 그렇지 않으면 『중류』측에 물론 제공할 것입니다. 제가 그들과 사이가 나쁜 것에는 신경 쓰지 마세요.

　비크가 하퍼출판사에서 전화했습니다. 『철학』을 출판할 모든 준비가 완벽하게 되어 있으며, 아쉬톤은 바로 번역을 시작할 것입니다. 그는 더 많은 번역료를 청구했습니다 ─ 당연히 그렇게 되어 있습니다. 비크는 스프링어출판사와 접촉했습니다. 아쉬톤은 정말 훌륭합니다. 저는 그가 당신에게 『철학적 신앙』에 수록할 자신의 서문을 보냈다고 생각합니다.

　라케르의 반응은 너무 짧고 약해서 그것을 보내는 데 어려움을 겪을 가

---

[319]　Karl Jaspers, "The Criminal State and German Responsibility: A Dialogue," trans. W. J. Dannhauer, *Commentary* 41, no. 2(February, 1966): 33-39. 이것은 축약본이다.
[320]　Karl Jaspers, "No Statute of Limitations for Genocide: A Conversation with Karl Jaspers," trans. H. Zohn, *Midstream* 12, no. 2(1966): 3-18. 완결본.

치가 없었습니다. 어떤 다른 사람이 글을 썼습니다. 이제 저는 그들에게 답장을 보낼 것이며, 일단 그것이 출판되면 주고받은 모든 편지를 당신에게 보낼 것입니다. 아마 일주일 정도 걸릴 것입니다. 인쇄물에서 노출할 수 없는 재정 지원에 관한 사항입니다. 저는 무스마노가 『뉴욕 타임스』에 자신의 서평을 게재하는 대가로 연합유대인항소연맹[321]으로부터 별도의 사례비를 받았다는 사실을 믿을만한 정보통에게서 들었습니다. 희한하지 않습니까? 유대인들은 정말 제정신이 아닙니다. 여기에서 품위 있는 사람은 그런 짓을 하지 않습니다. 결국, 우리는 프랑스에 살고 있지 않습니다.

베트남에 관한 사항입니다. 우리는 여전히 관심이 많습니다. 당신은 아마도 풀브라이트가 의장을 맡은 상원 외교관계위원회에서 진행된 토론에 대해 들었을 것입니다.[322] 어제 딘 러스크[323]는 7시간 동안 철저한 심문을 받았습니다. 우리는 하루 내내 텔레비전으로 청문회를 시청했습니다. 청문회는 믿을 수 없을 정도로 흥미진진했고 높은 수준에서 진행되었으며, 매우 인상적이었습니다. 저는 이런 일이 어느 다른 나라에서 일어나는 것을 거의 상상할 수 없습니다. 딘 러스크의 주장에서 핵심 요지는 베트남에서 중단되어야 하는 이 터무니없는 세계혁명 사상이었습니다. 그 주장 이면에는 아마도 원칙상 정당화될 수도 있지만 여기서는 부적절한 중국에 대한 솔직한 두려움이 있습니다. 제 생각에, 위협을 받는 나라가 미국이나 남아시아(예컨대, 인도)가 아니라 러시아·호주·뉴질랜드라는 사실은 말할 것도 없습니다. 그러나 우리는 정말 그것을 알 수 없으며, 케넌과 가빈 장군[324]의

---

[321] 이것은 유대인 미국 자선단체의 기금을 확보하기 위해 1939년 뉴욕에 설립된 단체다.
[322] 윌리엄 풀브라이트(J. William Fulbright, 1905년 출생)는 5선의 상원의원으로 이 당시 상원 외교관계위원회 위원장이었다. 그는 베트남전을 반대한 상원의원의 한 사람으로 전국 논쟁을 확대하고자 텔레비전으로 방영되는 이 청문회를 이용했다.
[323] 딘 러스크(Dean Rusk, 1909년 출생)는 1961~1967년 국무장관이었다.
[324] 조지 케넌(George F. Kennanm, 1904년 출생)은 미국 외교관이고 역사가였다. 제임스 가빈(James M. Gavin, 1907년 출생)은 미국 장군이고 외교관이었다.

"봉쇄"이론은 매우 호소력 있게 들릴 수 있지만, 실제로 실행될 수 없습니다. 전반적인 사실과 관련한 최악의 상황은 우리가 아시아에서 지상전을 수행할 능력이 전혀 없다는 것입니다. 그런데도 우리는 바로 그것을 하려고 합니다. 저는 정말 제3차 세계대전을 예상하지 않지만, 가끔 저도 모르게 긴장되기도 합니다. 어제 텔레비전 방송과 관련하여 한 가지 더 언급합니다. 이 기술적 장치는 이 대중 시대에 다시 민주주의에 의미를 불어넣습니다. 이것은 이전에는 전혀 가져보지 못했던 의미입니다. 즉 전 주민이 이러한 심의에 참여할 수 있으며, 가장 직접적인 방식으로 참여하도록 초대받습니다. 텔레비전은 여기저기서 아주 분명한 영향을 미치고 있습니다.

하인리히는 다음 주 바드대학으로 돌아갈 것이고, 저는 약 한 달 내로 시카고대학교로 갈 것입니다. 저는 정말 방랑하는 학자가 되었습니다. 코넬대학교에서의 강의는 아주 잘 진행되었습니다. 저는 성적을 매길 의무가 없는 학생들의 보고서 몇 편을 방금 읽었습니다(훌륭한 두 명의 조교가 있습니다). 그들은 정말 중요한 것을 배웠고, 그게 이 늙은 선생을 행복하게 합니다. 저는 시카고대학교에서 윤리학의 기본 문제와 같은 것(이것을 좀 더 우아하게 표현했습니다)을 강의할 것이며, 이미 그 전망에 대해 적절히 긴장하고 있습니다. 하인리히는 "도덕적 공백"에 관한 일종의 상급 세미나를 진행하고 있으며 기본 교과서로 당신의 저서『원자폭탄과 인류의 미래』를 사용할 계획입니다. 이번에 저는 당신의 저서『니체』를 주로 사용할 것입니다. 지금은 영어로 사용할 수 있어서 다행입니다. 그 밖에는, 저는 오래된 책『성인 아우구스티누스의 사랑 개념』을 다시 복구하려고 작업을 계속하였으며, 지금은『전체주의의 기원』신판 서문을 집필해야 합니다. 이것은 (양장본으로) 재판될 것이며, 저는 그사이에 출간된 이 주제에 관한 문헌을 검토해야 합니다. 많은 독서를 위해 이것을 만들고 있습니다. 이것은 저에게 아무런 해를 끼치지 않지만, 저는 가끔 불평해야 합니다. 저는 타고난 게으름 성향을 전혀 만족시킬 수 없습니다.

우리는 이미 당신을 만나러 다시 가는 것에 대해 생각하고 있습니다. 당신을 찾는 일은 어떤지요? 9월이 우리에게 가장 좋을 것입니다 — 이유를 설명하는 것은 아주 장황합니다. 저는 10일경에 이곳을 떠나 10월 1일 돌아와야 합니다. 어떻게 생각하는지요?

모든 행운을 빕니다!

한나 올림

친애하는 좋은 분께 — 혼자 외출하지 마세요. 지나치지 마세요. 저는 당신이 『혁명론』을 좋아한다니 기쁩니다.[325] 이것은 구식의 책인 것 같습니다. 이 책을 좋아하는 사람은 많지 않습니다.

또 다른 추신. 친애하고 존경하는 분께. 하이데거에 관한 『슈피겔』의 보도에 대해 어떻게 생각하는지요?[326] 저는 이것을 전혀 좋아하지 않습니다. 사람들은 그를 평화롭게 내버려 두어야 합니다. 그런데 저는 아도르노 진영이 전반적인 일을 상정하고 조직화했다는 느낌이 듭니다.

편지 392 아렌트가 야스퍼스에게

1966년 3월 2일

친애하고 존경하는 분께—

록펠러 재단의 프로인드 씨가 어제 다시 저에게 전화했습니다. 저는 그때까지 그로부터 아무 소식도 듣지 못했습니다. 자녀는 매우 호의적인 인상을 주었으며 칸트에 관해 이야기했고, 모든 것이 좋아 보입니다. 프로인

---

[325] 이것은 게르트루트 야스퍼스가 편지 390에 첨부한 장문의 기록에 대한 반응에 있다. "애석하게도, 나의 영어 실력은 내가 시작(詩作)과 같은 책을 읽을 만큼 충분하지 않지만, 『혁명론』은 내가 기쁘게 읽은 대작이오."

[326] "Mitternacht einer Weltmacht," *Der Spiegel*, no. 7(February 7, 1966): 110-113.

드 씨는 대학을 통한 학술지원금 혜택을 제안했습니다. 그것은 재단이 관습적으로 운영하는 방식입니다. 즉 항상 기관에 재원을 제공하되 개인에게는 간접적으로 지원하는 방식입니다. 그것은 바젤대학교가 그 재단에 형식상 신청하여야 한다는 것을 의미합니다 ─ 프로인드는 다음과 같이 말했습니다. "두 문장이면 충분합니다" ─ 그리고 그것은 자녀가 이후 자신에게 제공되는 기금을 매달 받는다는 것을 의미합니다. 액수는 2년 동안 매년 5,000달러가 될 것입니다. 프로인드는 자신이 이것을 관리할 수 있다고 생각했습니다. 자녀는 잘모니가 추천서를 보낼 의향이 있다고 프로인드에게 말했기 때문입니다. 그것은 대학에만 가능할 것입니다. 당신의 추천서는 록펠러 재단 사람들이 필요로 하는 모든 것이기 때문입니다. 자녀는 아직 받지 못했다면 이것을 분명히 설명한 프로인드의 편지를 받을 것입니다.

제가 오늘 편지를 보내는 유일한 이유는 만약 이 특정한 계획이 어떤 문제를 일으킨다면, 다른 가능성, 예컨대 미국에서 자녀에게 직접 제공하는 연구기금이 있다고 말하는 것입니다. 그러나 록펠러 재단은 그런 접근법을 좋아하지 않으며, 프로인드가 그것을 승인받기가 훨씬 더 어려울 것입니다. 프로인드는 자신이 자녀에게 보낸 편지에서 이 다른 가능성을 언급하려고 했다는 점을 전화상으로 저에게 약속했지만, 저는 그가 그것을 진행할지 완전히 확신하지 못합니다. 프로인드는 정말로 자신이 한 일과 그 문제가 어떻게 되었는지 보고하는 것 이외에는 저에게 전화할 긴급한 이유가 없었습니다. 저는 프로인드가 자신의 제안에 대안이 있지만, 자신이 그 대안에 불편하다는 것을 저에게 알리고 ─ 그리고 저를 통해서 자녀에게 알리고 ─ 싶었다는 느낌이 들었습니다. 달리 말하면, 자녀는 가능하다면 대학의 제안에 따라 행동해야 하지만, 이것이 양자택일의 유일한 길이라고 추정하지 않습니다.

프로인드는 다시 저에게 가장 좋은 인상을 주었습니다. 우리는 제가 약간 스칠 정도로 관련되는 다른 사례에 관해 이야기했습니다. 그것은 기금을 자동으로 연장하지 않기에 재단을 맹렬하게 비난한, 재능이 있으나 약간 미친 작가와 관련됩니다. 그가 너무 버릇없이 굴어서 저는 그 일에 더는 관여하고 싶지 않았습니다. 프로인드의 반응은 감동적이었습니다. 그의 말에 따르면, 중요한 것은 그 사람이 돈을 가지고 있어야 했고, 그래서 재단은 그를 위해 기금을 갱신하려고 노력해야 한다는 것이었습니다. 그는 재단이 사람들에게 평생 연금을 제공하지 않는다는 것을 이 사람에게 분명히 했고, 저는 이에 대해 감사했습니다. 그것은 그냥 오해였고, 그게 다였습니다. 프로인드는 그것에 대해 완전히 공평했습니다. 매우 기쁩니다.

급하게 편지를 썼습니다. 두 분에게 따뜻한 안부를 전합니다.

한나 올림

편지 393   **야스퍼스가 아렌트에게**

바젤, 1966년 3월 9일

친애하는 한나!

자네는 『슈피겔』에 게재한 하이데거에 관한 기사를 요청하였지요. 그것은 대부분 내가 보기에 매우 정당한 질문 — 하이데거의 정치적 판단과 행위의 기반이 그의 철학에서 발견될 수 있는가? — 을 제기한 것처럼 보이는 책[327]에 대한 서평이었소. 나는 책을 주문했으나 아직 받지 못했다오. 이 경우 나는 "하이데거를 평화롭게 내버려두라"는 것은 바람직하지 않다고 생각하오. 그는 훌륭한 사람이고, 그 자신의 나치 전력에 대한 변명을 원하는 모든 사람이 의지하고 싶어 하는 사람이오. 그의 행동의 중요성은 나에게 연방공화국의 현재 정치에 작은 영향을 미치지 않는 것 같소.

---

327   Alexander Schwan, *Politische Philosophie im Denken Heideggers*(Köln/Opladen, 1965).

이것은 개인 문제가 관련되는 다른 이야기네요. 『슈피겔』은 이 책에 대해 논평을 했을 뿐만 아니라 몇몇 추악한 소문들에 대해서도 압박을 가했다오. 게르트루트가 유대인이라는 이유로 하이데거가 우리를 더 이상 보러 오지 않았다는 주장은 진짜 조작이오.[328] 그런 순간에 『슈피겔』은 예전의 나쁜 습관으로 되돌아가오. 나는 연방공화국에 관한 책에서 『슈피겔』에 대해 매우 긍정적인 견해를 취했고, 나는 여전히 그렇게 할 수 있다고 생각하오.

게르트루트가 유대인이라는 것은 하이데거가 했듯이 확실히 그의 행위의 이유는 아니었다오. 그러나 하이데거가 1933년 5월 우리를 마지막으로 방문하고 떠났을 때, 그는 게르트루트에게 지극히 무례했고 작별인사도 하지 않았다오. 그 이유는 내가 크게 불신하며 조심스럽고 간접적으로 말했지만, 게르트루트는 자기 방식대로 자신의 마음을 매우 공개적이고 직접적으로 말했기 때문이오. 나는 그런 경우 게르트루트에 대한 그의 무례함을 잊어본 적이 없소. 참 이상하게도, 게르트루트 자신은 그것을 잊었다오. 아마도 끔찍한 전반적 상황을 전제할 때, 그것은 그녀에게 중요하지 않았던 것 같기 때문일 것이오. 나는 그가 1945년 이후 밝힌 이유, 즉 그가 부끄러워했다[329]는 이유를 변명으로 생각하오. 사실은 게르트루트와 나는 그에게 더는 관심이 없었소. 프라이부르크대학교 생물학 교수이며, 우리의 친구인 프리드리히 오엘커스[330]는 나의 60회 생일 이전에 내 생일이 다가오고 있으며 자신이 좋은 소망을 보낼 계획을 준비하고 있다고 하이데거에게 말했다오. 하이데거는 나에 관하여 매우 감성적으로 말하며, 물론 긍정적으로 말했다오. 그는 자신의 말을 실행하지 않았소.[331] 그는 내가 대학 직책을 박탈

---

[328] 편지 391의 각주 326에 인용된 하이데거에 관한 『슈피겔』 기사는 이것을 명료하게 주장하지 않지만, 이것이 사례일 수 있다는 점을 시사한다.
[329] 하이데거는 1950년 야스퍼스에게 보낸 편지에서 자신이 야스퍼스 방문을 중단한 이유가 "그곳에 유대인이 살고 있기 때문이 아니라 단지 부끄럽기 때문이다"는 것이었다.
[330] 프리드리히 오엘커스(Friedrich Oehlkers, 1890~1971)는 1932년 프라이부르크대학교 교수가 되기 이전에 튀빙겐대학교와 다름슈타트기술대학교에서 강의했다.

당했던 1937년에 한마디도 하지 않았소. 나는 우리가 이런 개인적인 일들을 어떤 근본적인 의미로 해석해서는 안 된다고 생각하오. 그냥 일어나는 일이오. 그런 일은 적어도 나의 경우 사적 영역에서 중대한 의미를 가지며, 결과도 가지고 있다오. 그러나 『슈피겔』이 밝힌 그런 상투어는 지나친 단순화라오. 나는 1945년 이후 상황이 1933년 이후와 똑같았다고 말하고 싶소. 하이데거는 우리와 헤어질 계획이 없었소. 그냥 일어난 일이오. 나는 1945년 이후로 그를 다시는 만나지 않겠다고 결심하지 않았다오. 의도하지 않게, 그냥 그런 식으로 일어났소. 두 상황의 사정은 매우 어려운 것이 사실이오. 두 경우 모두에서 의도하지 않았지만 일어난 일의 성격에 유사점이 있소.

나는 그가 객관적으로 수행한 것에 대해 다른 시각을 갖고 있다오. 반유대주의자가 전혀 아니기에, 그는 때때로 브록[332]과 같은 사람을 보호하고 싶었을 때 그랬듯이(덧붙이자면, 거의 모든 예전의 나치스가 했듯이) 유대인들에게 매우 잘 행동했다오. 그리고 유대인 프렌켈[333]과 관련하여 괴팅겐에 보낸 공식 서한에서 드러나듯이, 나치가 그랬던 것처럼 그는 편지를 썼을 때 때때로 나쁘게 처신했다오. 후설에 대한 그의 행태는 나치에 대한 복종의 다른 사례라오. 그 모든 것이 옳고 그름에 대한 사라지는 감각의 항목에 속하오. 아마도 그는 그런 감각을 전혀 갖고 있지 않았으며, 만약 그랬다면 말하자면 우연히 그런 감각을 갖고 있었을 것이오.

나는 『슈피겔』에서 방금 하이데거의 반론을 읽었소.[334] 그 반론이 짜증

---

[331] 1943년 12월 하이데거는 "자네의 60회 생일에 때늦은 선물, 행운을 빌며. 마틴 하이데거"라고 적어넣은 책, 『진리의 존재에 대하여(*Vom Wesen der Wahrheit*)』를 야스퍼스에게 보냈다.

[332] 베르너 브로크(Werner G. Brock, 1901~1974)는 독일계 유대 철학자이며 1931~1933년 프라이부르크대학교 사강사였고 영국(케임브리지)으로 이주했다. 그는 전후 프라이부르크대학교에서 교육을 재개했다.

[333] 에두아르트 프렌켈(Eduard Fränkel, 1888~1970)은 1931년 프라이부르크대학교 교수가 되기 이전 키일대학교와 괴팅겐대학교에서 강의를 담당한 고전문헌학자였다. 그는 영국으로 이주했고 옥스퍼드대학교 라틴문헌학 교수였다.

나고 품질이 없다는 것을 알았소.

『슈피겔』은 자네가 인정한 형식으로 의회 논쟁을 분석한 나의 글을 게재하지 않았소. 이제 이 잡지는 자신의 계획대로 나의 글을 편집할 수 없을 것이오. 물론 독자들에 대한 『슈피겔』의 감각, 독자들에게 기대할 수 있거나 관심을 끄는 것은 자체의 성공에 부분적으로 영향을 미친다오. 아우그슈타인이 내 글을 명명했듯이, 나의 "형광 투시법적 검토"는 『슈피겔』을 효과적으로 만드는 틀에 맞지 않는다오. 나는 그것에 반대하지 않고 실제로 그것을 찬성하오. 4월 중순 언젠가 『슈피겔』은 연방공화국에 관한 내 책의 세 번째 장에 긴 분량의 내용을 2회분으로 출간할 것이오. 나는 그게 기쁘오. 이것은 동시에 그 책에 대한 약간의 홍보를 의미하오. 그 원문에 담긴 나의 주장은 분명히 간단하고 즉시 이해할 수 있으며, 역시 이목을 끌기도 하오. 즉 의회 국가에서 정당 과두제, 정당 과두제에서 독재, 계획된 비상사태법과 "내부의 비상사태"를 통해 군대의 계속적 증강과 대다수가 그런 식으로 계획하지 않은 채 궁극적으로 동독과 전쟁으로 이어지는 모든 경향의 결합으로 이어지는 '합법적' 경로라오. 연방공화국의 군대는 이미 너무 비대해졌소. 폴 고트샬크는 몇 달 전에 이탈리아 신문에서 독일 장군이 소규모 모임 연설에서 다음과 같이 말했다는 기사를 읽었다오. 즉 우리는 평화적인 방법이든 전쟁으로든 동부 지역을 되찾을 것이다. 애석하게도, 그는 나에게 신문을 보내지 않았소. 나는 세 번째 장에서 그 문장을 포함하고 싶었다오. 내가 보기에 장군들이 그런 생각을 마음속에서 뒤집고 있다는 것은 의심할 여지가 없는 것 같소. 이 장은 그런 기능성을 암시하오.

나는 2주 동안 작업을 할 수 없었다오. 열과 고통, 전신 쇠약감으로 또 발병을 일으켰소. 주사와 관련된 위험 때문에 한 달에 한 번밖에 맞을 수 없는데 두 차례 맞은 이후, 나는 다시 기분이 훨씬 좋아졌소. 그러나 나흘 후

---

334   *Der Spiegel* 20, no. 11(1966): 12.

에 효과는 점차로 약해지네요. 상황이 다시 나빠지기까지는 시간이 좀 걸렸으면 좋겠소. 나는 이제 일을 잘하고 있다오.

나는 여기까지 이 편지를 받아적게 했소. 그사이에 자네에게 보내는 프로인드의 편지가 도착했다오. 어조와 내용에서 훌륭하오. 대학 측은 총장의 서명을 받아 프로인드에게 편지를 보낼 것이오. 평의회의 교섭이나 결정은 요구되지 않는다오. 나는 평의회가 그렇게 할지도 모른다고 걱정했소. 누구도 총장의 편지를 아직 보지 못했소. 나는 모든 것이 정돈되어 있기를 바라오.

나는 자네가 9월에 다시 우리를 방문한다고 생각하니 기쁘구려. 아마도 우리는 다시 한번 그것을 준비할 것이오. 자네는 우리 둘 다 변했다는 것을 알게 되겠지만, 노후인 우리에게 인내심을 가질 것이오.

최근 몇 주 동안 나의 연구 작업은 잘 진행되지 않았소. 그러나 적어도 무엇인가는 이루어지네요. 나는 골로 만을 철저하게 연구해왔고 그의 저작을 거의 모두 읽었소. 그것은 자네에게 많은 관심이 없을 것이지만, 연구계획에서 어느 정도 명확성을 얻는 것이 나에게는 중요하오. 책은 아직 형태를 갖추지 않았소. 이것은 우연한 기회에 조립된 다양한 주제의 이상한 모음집처럼 보일 수 있다오. 내가 생각하듯이, 이 모음집은 모든 종류의 대표자들과 그들이 직면한 반대 세력들의 독립적인 사유를 드러내는 데 중점을 두고 있소. 여기서는 동시대인들을 고려할 것이오. 나는 그들을 통해 이런 현상을 경험했기 때문이오. 이들 가운데 나에게 개인적으로 가장 중요한 사람들은 익명으로 남겨질 것이오.

나는 9월에 원고를 자네에게 보여줄 수 있다면 좋겠소. 그러나 결과는 분명하지 않소. 최근 며칠 사이에 또다시 상황이 좋지 않게 흘러갔다오. 오후인 지금 나는 손에 약간의 통증이 있기는 하지만 기분이 좋으며 글을 쓸 수 있소. 그러나 나는 다시 곧 누울 것이며 골로 만의 책을 읽을 것이오. 나는 그와 그의 운명에 감명을 받는다오. 그것을 정당화하는 것은 수월하지 않소. 내가 보기에 그것은 객관적인 의미를 갖는다오. 평생 젊은 당대인들과의 경험이 지니는 중요성은 과대평가될 수 없소.

막스 베버도 포함될 것이오.

언제나 누구도 진정 성취하지 못한 독립성의 기적을 탐구할 것이오.

게르트루트와 함께 두 사람에게 따뜻한 안부를 전하오.

야스퍼스

어제 나는 헬렌 볼프로부터 『위대한 철학자들』 제2권을 받았소.[335] 우선 나는 자네에게 감사해야 하오. 이제 자네는 지극히 힘든 이 편집 업무를 마무리했네요. 나는 그 책을 지금 미국에서 그렇게 멋진 형태로 구할 수 있어서 기쁘오.

편지 394　아렌트가 야스퍼스에게

뉴욕, 1966년 3월 26일

가장 친애하고 존경하는 분께,

저는 시카고대학교에서 2달 동안의 강의를 위해 출발하기에 급하게 편지를 쓰고 있습니다. 보내주신 편지에 대단히 감사하며 당신과 게르트루트에게 몇 자를 적습니다.

로빈슨에 관한 논문을 위해 주고받은 공개 서신[336]을 동봉합니다. 재미있는 일은 제가 제 마음을 공개석으로 밝혔을 때 모든 유내인 단체로부터 연설하고 회의에 참석하라는 등의 초대를 받았다는 점입니다. 그리고 몇몇

---

[335] Karl Jaspers, *The Great Philosophers*, ed. Hannah Arendt, trans. Ralph Manheim, 2(New York, 1966).
[336] *The New York Review of Books*(March, 1966).

초대장은 제가 비판하기 위해 지목하고 이름을 붙인 단체들로부터 오고 있습니다. 또 『예루살렘의 아이히만』 히브리판은 마침내 이스라엘에서 출간될 것입니다. 저는 유대인과 저 사이의 전쟁이 끝났다고 생각합니다.

저는 당신이 또 다른 발병으로 어려움을 겪고 있다는 소식을 듣고 매우 슬픕니다. 이번에는 주사의 효과가 그렇게 빨리 사라지지 않기를 바랍니다. 우리는 9월 방문 계획을 그달 중순이나 그보다 다소 일찍 실행할 것입니다. 저는 이 계획을 생각하며 고대합니다.

그리고 오늘 저는 편지를 쓰는 것도, 심지어 받아쓰게 하는 것도 좋지 않습니다.

따뜻한 안부와 함께
한나 올림

편지 395　아렌트가 야스퍼스 부부에게

시카고, 1966년 4월 18일

친애하는 친구분들께—

편지에 감사합니다.[337] 이 빌어먹을 고통! 만약 당신이 하루에 한 번만 건강 상태를 물어보도록 허락한다면, 저는 얼마나 자주 물어봐도 될까요? 그것을 어떻게 계산해야 하는지 정말 모르겠습니다. 헬렌 볼프가 뉴욕에서 하인리히에게 전화했고 하인리히가 전화로 저에게 그 소식을 전달했기에, 저는 이미 몇 가지 소식이 있습니다. 『위대한 철학자들』 제2권은 이곳 모든 서점에 진열되어 있으며, 당신은 분명히 『뉴욕 타임스』의 서평을 받았을 것입니다.[338] 저는 새로 출간한 당신의 책을 받지 못했습니다 — 피페르

---

[337] 유고에는 보관되어 있지 않다.
[338] 서평의 서지사항은 다음과 같다. J. Collins, *The New York Times Book Review*(April 10, 1966).

출판사는 신뢰할 수 없습니다.³³⁹ 시카고대학교출판사는 추정컨대 이미 이것과 관련하여 당신에게 편지를 보냈을 것입니다. 그들은 정치에 관한 당신의 다른 책들을 출판했기에, 이것을 그들에게 보내는 것은 아마도 이치에 맞을 것입니다. 번역자는 항상 문제입니다. 아쉬톤이 최고 번역자라는 것은 의심의 여지가 없지만, 그는 책을 번역해야 하며, 그를 혼란스럽게 하지 않는 것이 좋습니다.

자녀가 저에게 편지를 보냈습니다. 매우 기쁩니다. 그리고 저는 당신의 비관론에도 불구하고 제가 옳았다는 것을 알게 되어 매우 자랑스럽습니다 — 단지 친절하게 거절하는 방법일 뿐입니다. 저는 이미 알고 있었습니다. 프로인드 씨가 저에게 감사한다!라는 말을 전하고자 바로 편지를 보냈기 때문입니다(미국인의 예의가 큰 인상을 준 자녀에게 그것을 말해주세요. 이 경우, 당연히 그렇습니다).

저는 시카고대학교에서 처음 몇 주는 아주 바빴기에 오랫동안 편지를 보내지 못했습니다. 1년 동안 이곳에 오지 않았기에 많은 일이 쌓여 있습니다. 게다가 저는 청강생뿐만 아니라 이른바 학점을 이수하는 아주 많은 학생이 참여하는 거대한 강의 과정을 진행합니다. 학점 이수 학생들은 모두 필히 에세이를 제출해야 합니다. 생각만 해도 지칩니다. 그들은 종종 분량이 결정적인 요소라고 생각하는 소위 대학원생들이기 때문에 더욱 그렇습니다. (저는 여기에 도착했을 때, 일부는 행간이 없는 700쪽 분량의 원고 — 믿거나 말거나 — 가 책상 위에 있는 것을 발견했습니다. 재능있는 사기꾼일 뿐입니다. 그러나 그는 '우리' 학생들 가운데 한 사람이기 때문에, 저는 그것을 읽어야 했습니다.) 저는 기본 교과서로 당신의 책을 가지고 소크라테스로부터 니체까지의 기본적인 도덕적 명제에 대해 강의를 하고 있으며 니체에 관한 세미나를 진행하고 있습니다. 마침내 그 책이 영어로 출간되었다는 것은 현실적인 대안이 되었습니다. 강의 과정(토론 그

---

339 Karl Jaspers, *Wohin treibt die Bundesrepublik?*

룸과 함께)과 세미나의 학생들은 우수하지만, 그것은 저 역시 많은 수고를 해야 한다는 것을 의미합니다. 그들은 자신들에게 추천한 무엇이든 열심히 읽으며, 당신은 문제시하여 감시하듯 주시합니다. 저는 그것을 좋아합니다. 그리고 면담 시간과 박사 과정 시험과 다른 허드렛일 등이 있습니다. 간단히 말해 저는 '교수'입니다. 게다가 클럽에서 조용히 앉아 있을 수 있는 저녁 시간이 거의 없는 끊임없는 사회적 의무들이 있습니다.

『위대한 철학자들』에 관한 사항입니다. 당신은 출판사의 멍청이들이 저를 속표지와 책 겉장에 올려놓은 것을 보았을 것입니다. 저는 즉시 항의했습니다. 헬렌 자신은 아무 잘못이 없는 것 같습니다. (추정하건대) 그 이유는 그들이 『전체주의의 기원』 신판을 출간할 것이라는 점입니다. 저는 이를 위해 새로운 서문을 쓰고 있습니다. 아마도 그들은 이 계략으로 저를 되찾을 수 있다고 생각합니다. 아니면 그런 멍청한 짓을 했겠지요. 제가 편지를 쓸 때 얼굴이 붉어졌다는 사실에서 지적할 수 있듯이, 그것은 저를 정말 화나게 했습니다.

저는 하이데거를 다음에 구할 것입니다. 당신은 그에 관한 이 책을 읽었는지요?[340] 저는 그것을 모릅니다. 당신은 반유대주의가 문제가 아니었다고 스스로 말했습니다. 그러나 그에 대한 비난은 다른 부분이 아닌 그 부분에서만 나오고 있습니다. 아무도 당신이 말한 것에 대해 조금도 눈치채지 못합니다. 그렇다면 저도 증명할 수는 없지만, 저는 무대 뒤의 실제 인물이 프랑크푸르트의 비젠그룬트-아도르노[341] 무리라는 것을 꽤 확신합니다. 그리고 그것은 기괴합니다. 비젠그룬트(반쪽 유대인이며 제가 아는 가장 혐오감을 일으키는 사람 중 하나)가 나치에 동조하려고 했던 일이 폭로되었기(학생들이 그것을 발견했지요) 때문에 더욱 기괴합니다. 몇 년 동안 그와 호르크하이머[342]는 독일

---

340 편지 393의 각주 327을 참조할 것.
341 편지 373의 각주 247을 참조할 것.
342 막스 호르크하이머(Max Horkheimer, 1895~1973)는 철학자이며 프랑크푸르트학파의 설립자들

에서 자신들을 반대하는 사람은 누구든지 반유대주의자라고 비난하거나 비난하겠다고 위협했습니다. 정말 역겨운 무리들, 그런데도 비젠그룬트는 재능이 없는 것은 아닙니다. 저는 그에 대해서 한번 당신에게 말했습니다.

47단체는 그사이에 여기 도착했습니다. 저는 오랫동안 그것에 대해 생각한 이후 모든 초대를 사양하기로 했습니다(미국인들과 같이 독일인들은 저를 오라고 요청했습니다). 그들은 아마도 여기서 베트남에 관해 꽤 소란을 피울 것입니다. 저는 이 문제에 있어서 우리 정부에 전적으로 반대하기 때문에 불편한 신세가 될 수밖에 없습니다. 그러나 이런 것들을 다루는 독일식 방법 — 저는 앞으로 일어날 일에 대해 미리 보기로 했습니다. 헬렌 볼프는 저에게 다음과 같이 말했습니다. 즉 그 단체의 회원인 클라우스 바겐바흐[343]는 이 나라의 실업률은 20%라고 자신에게 말했답니다! 그녀는 실제 수치가 실린 신문을 그 남자에게 보냈습니다(나는 그것이 3.5%라고 생각한다오. 실제로 더는 노동력에 통합될 수 없는 사람들보다 조금 더 많은 수치라오). 그러자 바겐바흐는 다음과 같이 응수했습니다. 자신이 더 잘 알며, 그런 수치들은 모두 조작되었다고요.

그리고 다시 한번 『예루살렘의 아이히만』을 다시 언급하겠습니다. 며칠 전에 저는 랍비인 아서 헤르츠베르크 박사[344]로부터 동봉된 편지를 받았습니다. 그는 이곳 기득권층의 주요 인물이며, 당신이 아시듯이 자신의 행진 명령에 따라 저를 공격했습니다. 이 변명은 불행하게도 보이는 것만큼 좋지 않습니다. 저는 그가 이 편지를 보낸 유일한 이유가 그의 공식적 지위가 바뀌었다는 점을 아주 확신합니다. 그들은 불쌍한 로빈슨 노인을 이 미치광이 사업에 빠지게 한 후 뜨거운 감자처럼 떨어뜨렸습니다. 어쨌든, 저는 이것이 희극의 끝을 의미한다고 생각합니다. 적어도 유대인 단체에 관한 한 그

가운데 한 사람이었다.
343   클라우스 바겐바흐(Klaus Wagenbach, 1930년 출생)는 작가이며 출판인이었다.
344   아서 헤르츠베르크(Arthur Hertzberg, 1921년 출생)는 1924년 미국으로 이주했다. 그는 이 당시 컬럼비아대학교 역사학 교수였다.

렇습니다. 사적으로, 그것은 아마도 전혀 끝나지 않을 것입니다 — 결국, 그들은 '지식인'인데, 이해관계의 대표자들보다 훨씬 더 나쁜 품종입니다.

마지막으로, 자녀에 관한 사항입니다. 그는 저축하지 말고 아내[345]가 일을 좀 더 쉽게 할 수 있도록 해야 합니다. 이것이 훨씬 더 중요합니다. 물론 미래를 위한 것이지요.

따뜻한 안부와 함께
한나 올림

편지 396   야스퍼스가 아렌트에게

바젤, 1966년 4월 29일

친애하는 한나!

잘모니 부인은 자네에게 보내는 편지를 기꺼이 다시 받아쓸 만큼 아주 친절하오. 자네는 시카고에서 편지를 보냈지요. 우리는 자네의 소식을 듣게 되어 행복하오. 자네가 마치 늙을 수 없는 것처럼 만족스러운 학생들과 함께 철학적 주제를 연구 대상으로 하는 교수로서 확실히 근면하게 '훌륭한 연구'를 하는 자네를 보았을 때, 나는 더욱 기분 좋소. 자네는 한때 소크라테스에서 니체까지 윤리의 기본 내용에 관한 강좌의 계획을 언급했소. 누구든지 자네의 책들에서 그 조짐을 발견하오. 이것은 중요한 문제요.

물론 자네가 니체 세미나에서 나의 책을 출발점으로 이용한다니, 나는 기쁘구려. 얼마 전에 이 책을 검토했고(예전보다 지금 기억에 더 많이 의존하며), 이 책이 특히 진리에 관한 장에서 독자에게 현기증을 느끼게 해야 한다고 생각했소. 이것은 당면한 문제에 관련되기는 하지만, 때때로 고통스럽구려. 나는 최근 몇 년 사이 막스 베버를 더 잘 그리고 더 깊이 이해하게 되었고

---

[345] 엘리자베스 자너-쉬밤베르거(Elisabeth Saner-Schwammberger, 1933년 출생).

또는 그렇게 생각하기 때문에, 니체와 키르케고르를 다소 다른 눈으로 보고 있소. 그들은 모두 완전히 비슷한 표현으로 정직성을 조장했다오. 두 사람 모두 막스 베버가 이해한 것을 지지할 수 없었소. (그들은 막스 베버보다 훨씬 우월한 방식으로 시적이나 언어적으로 표현할 수 있었다오). 니체는 자신의 반형이상학적 의도에도 불구하고 영원회귀, 힘에의 의지의 형이상학, 초인의 이념을 고수했고, 키르케고르는 기독교 신앙을 부조리, 즉 '독창적인' 개념 형성에 의거한 신앙으로 해석하는 세련된 개념적 구조를 고수했다오. 변증법적 신학은 이 개념적 구조에서 존속하며 이것에 홀렸다오. 말하자면 이 신학은 키르케고르가 한때 이 개념적 구조 전체를 시적인 구조로 선언했고 회복할 수 없는 교회에 대한 공격을 시작했다는 사실을 숨겼다오. 그리고 니체의 형이상학을 진지하게 받아들이는 사람들은 영원회귀에 관한 그의 문장(나는 잘못 생각할 수도 있다)을 잊고 있소. 그러나 두 사람이 정직의 결과로서 자신들에 대한 회의에도 불구하고 그것에서 확고한 기반을 발견했다는 사실은 남아 있소. 이것은 막스 베버와 매우 달랐소. 그는 무한한 정직에 대해 진심으로 진지했소. 그것이 그를 절대적 내면의 혼돈, 강자들 사이의 투쟁에 완전히 마음을 터놓고, 은밀한 속임수를 쓰지 않고 열정적으로 살며 자신과 고투하며 목표가 없는 전형적인 현대인으로 만든 것이오. 그는 모든 학문이 인생을 내적으로 충만시키는 데 전적으로 불충분하다고 생각했소. 그는 일반적으로 간과되는 구약의 그러한 측면, 즉 우리가 하느님을 동맹자, 자비로운 입법자뿐만 아니라 악의 현전, 악마로서 경험하는 그러한 측면을 파악했소. 막스 베버와 같이 이론적으로 사유할 뿐만 아니라 이런 인간적 실존을 실현하는 사람은 놀라운 높이에 도달할 수 있지만 단지 순간적일 뿐이오. 모든 것은 의문시되고 있소. 그래서 평생 죽음에 대한 갈망, 자살 생각에 대한 경향. 리카르다 후흐[346]는 그를 행위자로 생각했다오. 몸젠 가

---

[346] 리카르다 후흐(Richarda Huch, 1864~1947)는 독일의 운문·소설·비평 작가였다.

문의 젊은이는 최근 막스 베버의 정치[347]에 관한 중요한 책을 집필했으며(많은 새로운 자료를 담고 있어 중요함), 자신의 정치적 사유를 구체적 판단에서 나타나는 모순의 결과로 돌리고, 그를 제국주의의 대변자, 그리고 그의 사유 양태로 인해 히틀러를 위한 길을 마련한 사람으로 특징화했다오. 막스 베버 탄생 100주년인 작년에 사람들은 하찮은 세부 사항들로 끝없이 바쁘게 움직였고 이 사람에 대한 진정한 인식을 전혀 보여주지 못했소. 나는 '독립적인 사유'와 연계하여 이에 대해 많이 생각하오. 나는 자네의 저작을 논의하면서 이것의 의미를 조명하려고 하오. 그러나 현재까지 나는 수많은 주제로 나 자신을 빠져들게 했거나, 아니면 지금 (피로와 고통 때문에) 연구를 완전히 중단했소. 나는 비록 때때로 기록을 제외하고 몇 주 동안 어떤 진전도 이루지 못했다고 하더라도 책의 집필을 완료하고 싶고 모든 희망을 포기하지 않았소. 그러나 막스 베버로 다시 돌아가겠소. 그가 비록 천재가 아니고 니체와 키르케고르보다 열등했다고 하더라도, 그는 그 영원한 청소년들과 의심스러운 인물과 비교되는 단지 한 사람이오. 그리고 그것은 물리적으로도 마찬가지요. 그 세 사람은 모두 병자였지만, 막스 베버는 달랐소. 그는 마비나 정신분열증을 앓지 않았지만, 아직 진단되지 않은 어떤 것으로 고통을 받았다오. 그는 자신의 삶에서 생물학에 어떤 식으로든 기반을 둔 기초 단계들을 경험했소. 즉 에너지와 생산성의 정점, 그리고 더 이상 읽을 수조차 없는 완전한 붕괴를 경험했다오. 그의 생애 마지막 해에 — 우리는 하이델베르크에서 그의 마지막 방문 기간에 그를 만났다오. 사망하기 2달 전 — 그는 '조증'에 걸렸으나 완전히 단련된 상태였소. 그는 문장과 개념이 그렇게 명확하고 끊임없는 연속성과 힘으로(『경제와 사회』의 그 유명한 170쪽이 이 것을 보여준다오) 자신의 펜에서 흘러나오지 않았다고 말했소. 그는 믿을 수 없을 정도로 다작을 했으며 어느 학생도 잊을 수 없는 강의를 했다오. 그는

---

[347] Wolfgang J. Mommsen, *Max Weber und die deutsche PolitikK 1890~1920*(Tübingen, 1959).

계속 정치적 여행을 하고 있었고 연설을 했다오. 그는 빛을 발하며 동시에 고통을 받았소. 그리고 그 고통은 끝이 없는 것 같았소. 그는 만약 살아 있다면 아마도 또 쓰러졌을 것이오. 그리고 마지막에 의식적으로 죽어가고 있었으며 완전히 침착하고 후회의 흔적도 없이 참된 것은 진리라는 말을 남겼다오. 나는 아직도 그가 집안의 이상한 부정직함에 대해 말할 때 우리 거실에서 게르트루트 앞에 서서 발끝으로 몸을 일으키며 열정적으로 말하는 것을 볼 수 있소. 게르트루트가 알프레드 베버에 대한 질문으로 정곡을 찔렀기 때문이오. 그는 어두워진 후에 떠나면서 나에게 마지막 말, 바로 출판되었던 『세계관 심리학』[348]과 관련하여 항상 나를 격려했던 말을 했다오. 나는 이전에 그것에 대해 말했소. 마치 그는 자신의 삶이 모든 한계를 벗어났던 몇 달 동안 아무것도, 심지어 가장 작은 인간의 예의조차 잊지 않은 것 같았소. 그건 그렇고, 자네는 『이성과 실존』의 제1강의 「키르케고르와 니체의 역사적 의미」를 학생들에게 읽게 하는지? 윌리엄 얼은 미국에서 『이성과 실존』[349](원래 눈데이출판사가 출판했고 여전히 잘 팔리는 책)을 번역했다오.

자네는 47단체 모임에 가지 않은 것이 좋을 듯하오. 자네는 분명히 곤란한 상황에 놓이게 될 것이오. 그 단체 전체는 나에게 자기과시(잘난 체하는 행동)의 한 형태라는 인상을 주오. 실제로 아직 개별적으로 크게 도움이 되지 않는 사람들은 전체적으로 자신에게 어떤 가치를 부여하려고 노력하고 있다오.

---

[348] 『세계관 심리학』 제1판에 야스퍼스가 끼운 복사본에는 손으로 쓴 기록이 있다. "1920년 4월 베버는 마지막으로 우리 집을 떠났으며, 그는 문 앞에서 떠날 때 어스름 속에 있는 나에게 다음과 같이 말했다. '자네의 책은 여기저기서 이것을 섭렵하도록 사람들을 유혹한다오. 나는 아직 그 모든 것을 읽지는 않았다오. (물론!) 그것은 매우 가치가 있다오.' 중단. '나는 자네가 생산적이기를 바라오. — 나는 다른 기회에 자네의 책에 대해 논평할 것이오.' (일찍이, 우리가 함께 이야기하고 있을 때, 그는 자신이 자신의 마지막 저작에서 내 이름을 두 번 그리고 왜를 언급했다고 나에게 말했다."

[349] Karl Jaspers, *Reason and Existenz: Five Lectures*. 편지 223의 각주 14를 참조할 것.

나는 랍비의 편지를 대단히 즐겁게 읽었소. 환상적이오. 자네의 대의와 인격에 얼마나 조용한 승리인가! 물론 그 편지는 공개서한이 될 수 없소. 나는 물론 필자의 이름을 삭제한 채 편지를 복사할 수 있다고 생각하오.

아도르노에 관한 사항이오. 자네는 현재 편지에서 쓴 것과 같은 맥락에서 그에 대해 언급했소. 만약 학생들이 그가 나치에 환심을 사려고 했다는 것을 증명할 수 있다면, 그들은 왜 그것을 공개적으로 알리지 않는지? 그들은 다른 교수들에게도 (예컨대, 베노 폰 비제가 어리석을 정도로 한심한 자신의 변명을 늘어놓았던 본에서) 그렇게 했다오. 그것은 여러 대학에도 매우 중요했을 것이오. 아도르노는 연방공화국에서 권위자가 되고 대단히 존경받고 있는 듯하다오. 정말 사기라오. 내가 그에 대해 읽은 바에 따르면, 나는 진지하게 고려할 가치가 있는 것을 발견하지 못하오. 심지어 가능한 모든 각도에서 상황을 검토하고 그가 가장 위대한 지혜의 유리한 점을 가정하는 탁월하고 대단히 박식한 저작에서도 발견하지 못한다오. 그러면서도 그는 진지하게 인정되오. 나는 그에게 금방 싫증이 나네요. 그런 잡동사니 같은 것들과 생각나는 모든 것은 참을 수 없구려.

알다시피, 나의 건강은 나에게 불평할 실질적인 이유가 없소. 나는 조용히 읽고 잡담하며 받아쓰게 할 수 있소. 잠깐만이라오. 약간의 고열과 함께 나타나는 피곤함은 아마도 약물치료로 줄일 수 있는 고통보다 내 일에 더 큰 지장을 줄 것이오. 그리고 게르트루트와 내가 행복하지 않은 날은 하루도 지나지 않는다오. 그렇게 늙어가는 것은 정말 좋은 일이오.

나의 새 책은 어제 출간되었소. 우편으로 책 두 권을 자네에게 보내라고 피페르에게 요청했소. 피페르가 여러 신문과 방송에 교정쇄를 이미 보냈기에, 책이 출간되기 전에 논평이 달리기 시작했소. 논평은 전적으로 부정적이었다오. 나는 또한 입소문을 타고 반응을 얻고 있소. 모든 사람이 나를 반대하오. 예컨대 가우스와 같이 비판적인 젊은 언론인들과 작가들도 반대한다오. 나는 나의 사유 방식이 그들에게 어울리지 않는다고 생각하오. 그것은 이미 존재하는 널리 퍼져있는 반감과 같소. 나는 그 모든 것이 어떻게 될지 간절히 바라고 있소. 그 반응들이 실제로 어떤 것인지 아직 자세히 알지 못하오. 그 모든 것이 약간 불안하다고 생각하오. 나는 아무런 반응도 없이 이 신사분들을 그냥 내버려 두지 않기 위해서 기록과 생각을 모으고 있소.

게르트루트와 함께 자네 부부에게 따뜻한 안부를 전하오.

야스퍼스

5월 8일

나는 이 편지를 쓰고 즐거운 며칠을 보냈기에 더 좋아진 것을 느끼오. 이제 다시 한번 자네의 모든 책을 읽을 것이고 이제 전반적인 것을 더 잘 파악한다고 생각하오. 그리고 나는 비망록과 발췌문을 작성하고 있소. 내가 집필하는 데 성공한다면, 우리는 내 책에서 서로 이야기할 것이오.

편지 397 **아렌트가 야스퍼스에게**

시카고, 1966년 5월 21일

친애하고 존경하는 분께—

학생들의 연좌 항의가 시작되기 직전에 당신의 책[350]이 도착했습니다. 저는 즉시 그것을 똑바로 읽었고, 밤늦게까지 깨어 있을 정도로 그것에 매료되고 몰두하게 되었습니다. 다음날 편지를 쓰고 싶었습니다 — 그러나 저는 학생들로 인해서 아무것도 얻지 못했습니다. 하인리히는 저에게 다음과 같이 말합니다. 즉 이 책은 한 독일인이 독일에 대해 집필한 가장 용감한

---

350 *Wohin treibt dei Bundesrepublik?*

책이오. 어쨌든, 이 책은 훌륭한 책이며, 대담하고 공정합니다. 이 책은 비록 이 시대의 사건에 아주 깊이 뿌리를 두고 있더라도 계속 읽힐 것입니다. 특히 이 책은 엄청난 활기를 제공합니다. 이 책은 약간 진기한 최종적인 것을 지니고 있습니다. 이 책에 있는 모든 것은 똑같이 중요성과 무게를 지니지만(아마도 선거에 관한 부록을 제외하고), 비상사태법에 관한 부분은 당면한 정치에 결정적으로 중요합니다. 저는 이 책이 독일에서 좋은 평가를 받지 못할 것이라고 상상할 수 있습니다. 당신은 자신의 '사유 방식'이 독일인들에게 어울리지 않는다고 말합니다. 애석하게도, 그것은 사실입니다. 그리고 그들에게 어울리지 않는 것은 당신이 구체적으로 사유한다는 점입니다. (저는 47단체의 회원인 어떤 클라우스 바겐바흐라는 사람과 매우 즐거운 저녁을 보냈습니다. 그는 카프카[351]에 관한 탁월한 전기를 집필했으며 현재는 출판인입니다. 바겐바흐의 정치적 판단의 틀에 박힌 특성은 믿을 수 없습니다. 아직 너무 어리고 이미 아무것도 배울 수 없습니다. 언제나 편견을 지지하는 모습을 보이고, 더 이상 구체적이고 사실적인 것을 수용할 수 없습니다.) 그리고 그런 의미에서 그것은 매우 '비독일적인' 책입니다. 이런 지식인들 사이에 만연하는 아우그슈타인에 대한 일반적인 거부는 또한 본에 대한 이런 맹목적인 저항에 전형적입니다. 그가 어떤 이데올로기적 의제도 추진하지 않기에, 그들은 그를 불신합니다. 아우그슈타인에게 유리하게 말하는 바로 그것입니다. 가우스에 관한 사항입니다. 저는 이미 가우스가 대연정을 선호했다는 점을 알았습니다. 그리고 이것은 물론 중요한 쟁점입니다. 당신이 말하는 것은 모두 놀랍게도 이해를 돕고 완전히 사실입니다. 당신의 책에 대한 반감의 상당 부분은 정치적인 것에 대한 이해의 완전한 부족과 정치적인 것을 다루는 데 나타나는 난감함에서 생겼습니다. 그래서 이 사람들은 반대 의견을 취하는 순간 즉시 불쾌한 공격성에 빠지게 됩니다. 그리고

---

[351] Klaus Wagenbach, *Franz Kafka: Eine Biographie seiner Jugend, 1883~1912*(Bern, 1958); *Franz Kafka in Selbstzeugnissen und Bilddokumenten*, rororo Bildmonograhien, no. 91(Reinbek, b. Hamburg, 1964).

놀랍게도 판단력의 결핍입니다. 주요 서평이 출간되는 곳을 저에게 알려주시면 고맙겠습니다. 그러면 피페르에게 서평들을 저에게 보내라고 할 수 있습니다. 작품은 매우 중요합니다.

아마도 우리는 가을에 니체에 관해 대화를 나눌 수 있을 것입니다. 당신의 책은 엄청난 도움이 됩니다. 제가 세미나에 참여하는 학생들에게 니체와 키르케고르[352]에 관한 당신의 강의를 때늦게 소개했을 때 ─ 저는 단지 그것을 잊었습니다 ─ 알고 보니 학생들은 모두 그것을 이미 알고 있었습니다. 기뻤습니다. 제가 이곳 대학에서 강의하는 동료들로부터 배운 것처럼, 학생들은 누군가의 표현대로 "야스퍼스의 상당 부분"을 획득했습니다. 그리고 그들은 일찍이 대학의 마지막 학년 때에 일차적으로 ─ 그리고 이것은 당신에게 특별한 기쁨을 줄 것입니다 ─ 역사와 과학철학을 가르치는 사람으로부터 이것을 획득했습니다.

당신이 분명히 신문에서 읽은 이곳의 학생 소요는 정말 매우 유익했습니다. 학생들과 관련된 모든 것을 상세하게 논의하는 학교 행정당국은 제가 납득할 수 없는 이유로 병역의무 문제와 관련된 정확한 대학정책에 대해 침묵을 유지했고 학생들에게 기정사실을 제시했습니다. 학생들은 이 모든 문제를 먼저 철저한 토론을 거치도록 하는 것 그 이상을 요구하지 않았으며, 몇 차례의 시도에도 불구하고 대학 행정당국을 그런 토론에 참여시키려고 설득할 수 없었을 때 명백히 의견을 말해주고 행정 건물을 점거하겠다고 결정했습니다. 행정당국에는 매우 지적이고 훌륭한 한 사람이 있었기 때문에 ─ 그는 정점에 있습니다. 그는 유대인이기에 총장이 아닙니다. 그러나 그는 진정 총장이며 모든 사람은 그것을 알고 있습니다 ─ 모든 일이 잘 끝났습니다. 경찰은 진입 요청을 받지 않았고, 학생들은 위협을 받지 않았습니다. 3일 후에 그들은 자발적으로 해산했고, 온 시간을 토론하며 보냈

---

[352] First lecture in *Vernunft und Existenz*.

고 모든 의회 규칙을 엄격하게 준수했습니다. 말하고 싶어 하는 사람들은 모두 기회를 얻었습니다. 모든 사람의 목소리가 들렸고 누구도 야유를 받지 않았습니다. 모든 제안은 규칙에 따라 이루어졌습니다. 간단히 말하면, 학생들은 어느 순간에도 폭민이 아니었습니다. 거의 450명의 학생이 밤낮으로 갑자기 기거했던 건물 자체 — 그들은 바닥에서 잠을 자고 오렌지와 샌드위치를 먹었습니다 — 는 나무랄 데 없을 정도로 청결했고 언제나 질서 정연하게 유지되었습니다. 몇 시간마다 학생들은 짐을 챙기고 청소했습니다. 그리고 그들이 다시 건물을 떠나겠다고 결정했을 때 — 주로 그들이 그렇지 않았다면 대학, 즉 "우리 대학"에 돌이킬 수 없는 해를 끼쳤을지도 모르기 때문에 — 그들은 지치고 굶주린 채 반나절 동안 그곳에 머물면서 모든 것이 그들이 느낀 대로 남아있었다는 것을 알았습니다. 상당수의 교수진 — 그러나 행정당국의 인사는 거의 없었습니다 — 은 가혹한 조치를 요구하고 있었습니다. 그리고 대학이 실제로 경찰을 불러 학생들을 체포하게 한 다음 대학에서 쫓아내는 것처럼 잠시 보였을 때, 학생들의 방법을 전혀 인정하지 않았으나 그들과 함께 체포될 것을 심각하게 고려했던 젊은 선생들이 있었는데, 그들 가운데 (행정당국의) 대학 학장이 두드러졌습니다. 저는 공식적으로 관여하지 않았으나 항상 학생들과 이야기해야 했으며, 검거된 건물을 여러 차례 방문하고 그곳에 있는 개별 학생들과 대화했습니다. 학생들은 저와 의논하기 위해 한밤중에 저에게 전화했습니다. 어쨌든 그들 대부분은 수업시간에 나타났으나 생기가 있다기보다 오히려 활기가 없었습니다. 물론 저는 학생들에게 가능한 한 건물을 떠나야 하며 그렇지 않으면 중대한 좌절을 겪을 것이라고 계속 말했습니다. 가장 괄목할 만한 일입니다. 이전에는 지도자들이 없었으나 이후 지도자들이 나타났습니다. 일련의 행위를 인도하고 절대적 권위를 지닌 매우 재능 있는 20세의 유대인 소녀는 일차적으로 모범적인 질서에 책임을 맡았습니다. 그 이후 사람들은 학생들에게 정책 결정권을 부여하지 않으면서 그들에게 직접 영향을 미치는 모든 문제에 목소리를 낼 수 있도록 하려고 어떤 새로운 기관이 필요한지 분명히 밝히려고 머리를 쥐어짜고 있습니다. 단지 소수만이 이것을 요구하고 있고, 이것은 효과가 없을 것입니다. 그러나 진정으로 유능한 학생들의 압도적 다수가 청취권을 요구하고 있습니다. 그리고 저는 그들이 얻기를 바랍니다.

저는 두 분이 흥미로울 것 같아서 이렇게 자세하게 이야기했습니다. 이곳의 학기는 곧 끝날 것입니다. 31일 비행기로 집에 갈 것입니다. 매우 피곤합니다. 열이 나는 독감에 걸렸고 처음으로 병 때문에 수업을 취소했습니다. 제가 늙고 있네요! (저는 즉시 "당신의 학생들로부터"라는 메모와 함께 사랑스러운 꽃다발을 받았으며, 앞에서 언급했고 우연히 제가 아프다는 소식을 들었던 행정당국의 그 지적인 사람으로부터 다른 꽃다발을 받았습니다.) 하인리히는 더 심했습니다. 그는 학기 중에 대상포진에 걸렸습니다. 그런데도 그는 계속 작업을 했기에 대상포진은 정말 그를 쇠약하게 만들었습니다. 이제 그는 호전되었습니다.

저는 9월 방문에 대해 생각합니다! 따뜻한 안부와 함께

한나 올림

편지 398   야스퍼스가 아렌트에게

바젤, 1966년 6월 27일
7월 8일, 나는 이 거짓말을 너무 오래 했네![353]

친애하는 한나!

나는 아직도 5월 21일 자네의 친절한 편지에 답장을 보내지 못했네요. 나는 계속 피곤하지만 최근 몇 주 동안 전혀 건강하지 않았다고 말할 수는 없다오. 이 외에도 너무나 많은 일이 정치를 통해 나에게 쏠리기에, 나는

---

[353] 수기 비망록.

그런 일에 대처할 수 없었고 지금은 모든 일에 철저하게 신물이 난다오. 나는 그저 영구적으로 이런 정치를 그만두려고 하지만 — 게르트루트는 오랫동안 나에게 정치를 해달라고 요청했다오 — 물론 공개적으로 그것을 말하지 않는다오. 이 정치적 글쓰기는 유혹적이며, 모두 철학보다 훨씬 수월하오. 이것은 사람의 내적 심신 상태의 수준을 낮춘다오. 행위하는 정치인, 이것은 중요하오. 그러나 이런 글쓰기는 나에게 충분할 것이오.

시카고대학교 학생 소요에 관한 자네의 설명은 나에게 많은 인상을 남겼소. 자네가 그런 상황에서 말하며 참여하는 것은 바람직하오. 자네의 훌륭한 정치적 저작은 철학이오. 그 책들은 내가 한동안 빠져들었던 그런 종류의 글이 아니오. 누구든 이런 방식으로 혼란에 빠진다오. 사슬은 끊어지지 않소. 누구나 라디오와 언론에 바람직한 재산이 된다오. 그러나 그것도 흥미로운 경험이었소. 나는 곧 대담을 다시 한번 할 것이오. 이번에는 스위스인(알레만)[354]과 대담할 것이오. 나는 이번에 틸로 코흐[355]에 매우 실망했소. 이에 대해서는 나중에 자네에게 말할 것이오.

모든 것에도 불구하고, 두 사람이 나에게 보낸 칭찬은 매우 만족스러운 일이었소. 이 계획은 결국 보람이 있었소.

나의 책은 현재 몇 주 동안 이곳과 연방공화국의 가판대에서 가장 잘 팔리는 책의 제1위였다오. 그러나 이 책에 대한 실질적인 관심은 아주 적다오.

---

[354] "Wohin treibt die Bundesrepublik? Ein Gespräch mit Fritz René Allemann," broadcast July 24, 1966, by Radio Studio Basel; published in Karl Jaspers, *Provokationen*, 197-213. 편지 316의 각주 319를 참조할 것.

[355] 틸로 코흐(Thilo Koch, 1920년 출생)는 『연방공화국은 어디로 나아가는가?』 출판 이후 라디오로 야스퍼스와 대담했고, 비상사태법에 관한 논쟁 동안 타협을 선호한 "그런 잘 모르는 사람들"에 대한 야스퍼스의 공격과 거리를 두었다. "나는 당신이 이 사람들 가운데 독일 연방하원 의원들도 포함하고 있다고 생각하며, 죄송하지만 바젤에서 이 우레와 같은 비난이 나에게는 너무 지나치다고 생각하네요, 교수님." 야스퍼스는 이런 말을 이기적으로 간주했으며, 아마도 이름으로 공격받는 정치인들에게 호의적 태도를 취하려는 시도로 간주했다. 다음 자료를 참조할 것. Karl Jaspers, *Antwort: Zur Kritik meiner Schrift "Wohin treibt die Bundesrepublik?"* (München, 1967): 115-116.

지금까지(두 달) 30,000부가 조금 안 되오. 그에 비해 피터 밤의 『알렉산더 Alexander』[356](전혀 나쁘지는 않은 호감이 가는 구식의 책)는 첫 달에 100,000부(나의 책은 20,000부)가 팔렸다오. 아우그슈타인은 나에게 보낸 편지에서 그것을 매우 정확하게 밝혔소. 그가 말하길, 우리는 노가 물속에 닿지 않도록 외륜(外輪)을 움직이는 쳇바퀴 위의 쥐와 같다오. 자네는 분명히 울브리히트[357]가 선동하려고 한다는 소식을 들었지요. 그것은 내 책에 대한 약간의 홍보를 만들어냈지만, 나는 전혀 교제에 말려들지 않았소. 나는 12쪽 분량의 그의 편지에 대한 답장[358]을 동봉하오. 나는 방금 전반적인 사건을 다루며 울브리히트의 계획과 관련한 나의 마지막 말을 포함하는 에세이를 『디 차이트』에 보냈소.[359]

나는 하인리히의 대상포진 사례가 매우 골치 아팠다는 점을 확신하오. 경험으로 알게 된다오. 고통과 더불어 과열과 피로가 쇠약하게 만든다오. 자네는 젊은 사람에게도 가능한 독감으로 집에 머물며 "저는 늙어가고 있다"라고 편지로 밝혔소. 자네는 올해 확실히 60세라오. 나는 정확한 날짜를 기억할 수 없소. 자네는 그 날짜를 축하하거나 성찰하고 싶지 않는구려. 아니면 내가 10년 전 파리에서 자네의 50회 생일을 위해 편지를 보냈을 때인 것 같소. 그래서 나는 지금 침묵을 지키겠지만, 한 가지 말할 것이오. "늙었다"는 자네에게 적용되는 말이 아니라오. 자네가 80세에 이르면 아마도 예외겠지만, 자네의 활력은 전혀 시들지 않을 것이오.

게르트루트는 늙어가고 있고, 우리 둘이 함께 그렇다오. 그녀는 건망증

---

356 Peter Bamm, *Alexander oder Die Verwandlung der Welt*(Zürich, 1965).
357 동독 국가평의회에서 울브리히트는 『슈피겔』에 게재한 『연방공화국은 어디로 나아가는가?』의 출판 이전 초록에서 인용했고, 이후 독일민주공화국에서 책을 금지시켰다. 1966년 6월 초 그는 장문의 편지를 야스퍼스에게 보냈고, 『벨트 안 존탁(*Welt an Sonntag*)』(1966년 5월 8일)에 게재한 야스퍼스의 기사 「기회는 소비된다」를 언급하였다. 아렌트는 이 기사에서 동서독 사회당 사이 토론을 옹호하였다. 야스퍼스는 편지의 수령을 인정한 것에만 대응하였다. 그는 편지 교환이 선전 목적으로 악용될 수도 있다는 점을 우려했다. 그는 자신의 다음 저서에서 공식적으로 대응했다. *Antwort: Zur Kritik meiner Schrift "Wohin treibt die Bundesrepublik?"* 151-167.
358 수기의 비망록에는 "미안하오, 현재 그것을 찾을 수 없소"라는 내용이 있다.
359 Karl Jaspers, "Kein deutsche Dialog," *Die Zeit* 21(July 1, 1966).

이 있소. 사물을 기록하는 그녀의 능력(기억력이 아님)은 줄어든다오. 그것은 매우 불편하오. 그런데 그녀는 현기증과 나약함에 따라 점점 더 불안정해지네요. 그러나 그녀의 영혼은 본질적인 미묘한 차이에도 이전보다 더 수용적이고 민감하다오. 그녀는 때론 화내고 세상에 대해 수세적이오. 우리는 어린 시절의 삶에 대해 서로 이야기하며 보낸다오. 전에도 그렇게 했지만 성급하게 했을 뿐이오. 이제 우리는 세부적이고 성찰하며 이에 관해 이야기하오.

나훔 골드만은 브뤼셀에서 개최되는 유대인세계회의를 위한 나의 "말씀"을 원하네요. 주제는 독일인과 유대인이오.³⁶⁰ 나는 그것을 사양하고 싶지 않으나 그것을 쓰는 데 어려움을 겪고 있소. 전반적인 일과 관련하여 불편함을 느끼오. 자네가 여기 있다면, 자네는 내 원고를 교정할 수 있을 것이오. 그러나 이제 시간이 없구려.

나는 별도의 봉투에 정리하지 않은 서류함에서 뽑은 몇 편의 서평을 보낼 것이오. 그것은 거의 가치가 없다오. 내가 중국에 대해 언급한 것은 어디서든 부정확하게 보도되고 있소. 아우그슈타인도 나를 오해했다오.

자네의 영향력 덕택에 시카고대학교출판사, 즉 헬렌 볼프 다음으로 내가 가장 좋아하는 출판사는 『연방공화국은 어디로 나아가는가?』를 위한 계약서를 나에게 보낼 것이오. 나는 기쁘다오. 헬렌 볼프와 다른 세 명의 출판인이 이후 이 책에 대해 문의했소. 놀랍소!

야스퍼스

추신. 나는 베노 폰 비제의 편지를 동봉할 것이며,³⁶¹ 나중에 이것을 돌려주면 고맙겠소.

---

360 "Grussbotschaft von Karl Jaspers zur Fünften Plenartagung des Jüdischen Weltkongresses," in *Deutsche und Juden*, Edition Suhrkamp 196(Frankfurt, 1967): 109-121.
361 야스퍼스가 여기에서 언급하고 있는 것을 결정하는 것은 불가능하다.

그런데 나는 시카고대학교출판사에 약간 실망했다오. 그들은 나에게 **삭제한 부분이 전혀 없는 인쇄된 계약서**(예컨대 나의 모든 미래 책과 다른 불가능한 조건에 관한 선택권)를 보냈다오. 이제 나는 그들이 나의 삭제 부분을 받아들일지 보아야 할 것이오.

편지 399 아렌트가 야스퍼스에게

뉴욕, 1966년 7월 4일

친애하고 존경하는 분께―

저는 몇 주 동안 당신에게 편지를 쓰고 싶었으나 아무것도 할 수 없었습니다. 아파트를 개조하고 있었고, 그게 저에게는 좋은 일이었기 때문입니다. 그 뒤에 더위가 이곳에 찾아왔습니다. 개조 기간에 제가 피신시킨 하인리히는 다시 돌아왔습니다. 모든 게 정돈되자, 저도 원기를 회복했습니다.

잊기 전에 언급할 사항입니다. 저는 아도르노에 대한 당신의 질문에 대한 답변을 아직도 당신에게 빚지고 있습니다.[362] 1933년 나치 정권과 제휴하려는 성공하지 못한 그의 시도는 프랑크푸르트 학생신문 『원반*Diskus*』[363]

---

[362] 편지 373, 395, 396을 참조할 것.
[363] *Diskus: Frankfurter Studienzeitung* 13, no. 1(January 1964): 6: 클라우스 쉬레더(Claus chr. Schroeder)가 테오도르 아도르노에게 보낸 공개서한(편지 373의 각주 247 참조)이다. 쉬레더는 아도르노가 월간지 『음악(*Die Musik*)』에 게재한 서평 「제국청년지도자의 공식 게시판」의 저자인지 질문했다. 테오도르 베젠그룬드 아도르노는 그 문제의 남성합창단을 위해 몇 편의 새로운 저작을 논평했고, "시인"이 "아돌프 히틀러, 지도자"에게 헌정한 책, 같은 제목을 단 발두르 폰 쉬라흐의 시집, 헤르베르트 뮌첼의 연가곡 「박해받는 사람들의 깃발」을 찬양했다. 서평은 사무적이지만, 오늘날에도 나치에 아부하는 일부 문구를 포함하고 있다. 아도르노는 분명히 일부의 시가 대량 학살을 옹호했다는 사실에 신경쓰지 않았다. 쉬레더는 다음과 같은 사실을 설명하라고 아도르노에게 요청한다. 쉬레더는 『미니마 모랄리아(*Minima Moralia*)』에 있는 설명, 즉 아우슈비츠 이후 독일에서 시를 쓰는 것이 불가능하다는 사실을 "아우슈비츠 이전 당신이 그런 기이한 노래를 인정했다는 사실"과 어떻게 조화를 이룰 수 있고, 당신이 어떻게 "나치 반유대주의의 비인간적 대학살에 관해 독일 젊은이들에게 활기를 불어넣을" 도덕적 권위를 주장할 수 있는가를 설명하라고 아도르노에게 질문했다. 쉬레더는 다음과 같이 썼다. 전후에 아도르노는 "1934

에 의해 발견되었습니다. 그는 말로 표현할 수 없을 정도로 애처로운 편지로 응수했지만,[364] 이 편지는 독일인들에게 많은 감명을 주었습니다. 실제로 파렴치한 측면은 유대인 가운데 반쪽 유대인인 그가 자신의 친구들에게 알리지 않은 채 이 조치를 당연히 취했다는 점입니다. 그는 어머니가 이탈리아인임(아도르노 대 비젠구른트)이 자신에게 도움이 되기를 바랐습니다.

오늘은 주로 독일 상황을 조명한 책을 언급할 것입니다. 저는 몇 가지 반응만을 보았습니다. 한편 대중의 반감에, 다른 한편 그 책이 가장 잘 팔리는 책의 제1위에 올라 있다는 사실에 놀랐다고 말해야 합니다. 당신도 아시겠지만, 지극히 적대적이고 저급한 서평이 이곳 『뉴욕 서평』[365]에 역시 게재됐고, 런던의 『업저버』의 본 특파원인 닐 애셔슨이 서평을 게재했습니다. 저는 이것에 대해 더는 쓰고 싶지 않습니다. 우리는 곧 이 문제를 논의할 기회를 가질 것입니다.

당신은 시카고대학교출판사가 저에게 책의 서문을 집필하라고 요청했다는 점을 알고 있습니다. 모든 일이 여기에서 혼란스럽지 않다면, 저는 서문을 집필할 것입니다. 물론 저는 '야스퍼스'가 이것에 동의했다면 집필하겠다고 응답했고, 모리스 잉글리쉬[366]는 당신이 동의했다고 저에게 편지를 보

년과 이후 독일에서 발생했던 것으로 협회를 통해 유죄로 선고받은 모든 사람을 비난했다(예컨대, 나는 하이데거에 대한 당신의 주장을 언급한다)." 아도르노는 지금껏 내내 서평의 저자가 자기라는 것을 비밀로 유지했다.

[364] 『원반(Diskus)』의 같은 호에 쉬레더의 공개서한에 대한 아도르노의 반론이 이어졌다. "나는 그 서평을 게재한 것에 대해 깊이 후회한다." 특별히 "그것은 쉬라흐의 시를 다루고 있으며 괴벨스의 문구"를 이용하였기 때문이다. 이후 그의 변명이 나타난다. 그는 다음과 같이 언급한다. 그는 "자신의 작품과 삶을 평가하는 데 있어서 그런 무차별적인 선고에 어떤 무게를 주어야 하는지 결정하기 위해서 독자의 정의감에 맡기고 싶다. … 나의 저작에서 연속성을 의식하는 사람은 누구나 아마도 나를 하이데거와 비교할 수 없다. 하이데거의 철학은 핵심에 있어서 파시스트적이다." 추정컨대 아렌트를 분노하게 만든 것은 아도르노의 부정한 전술이었다. 즉 괄호 문구로 나치에 환심을 사려고 선택하고, 이후 (완전한 문장으로) 자신의 말이 그런 의도를 의미하지 않았다고 주장하며, 그리고 자신을 더 좋게 보이기 위해 죄책감을 느끼는 사람을 가리키는 전술이다. 아도르노는 자신의 편지에서 그것을 "기술할 수 없을 정도로 한심한" 문서로 만드는 회피의 논리를 이용한다.

[365] *The New York Review of Books*(July 7, 1966).

냈습니다. 여기 사람들이 독일에 대해 제대로 알지 못하기 때문이 아니라면, 그들이 왜 그것을 필요로 하는지 저에게는 전적으로 명료하지 않습니다.

아쉬톤은 어제 여기에 있었습니다. 감사하게도, 그는 번역을 담당하는 데 동의했고 가을에 작업을 마치기로 계획하고 있습니다. 저는 부록을 요약하는 것에 대해 생각했습니다. 하지만 그때 우리 둘은 그것이 모든 면에서 유감스러운 일이라고 느꼈으며, 아쉬톤은 제가 보기에 매우 좋은 제안을 제시했습니다. 그는 독일에서 새로운 서문을 첨가하여 출판한『책임 문제』와 함께 여기서 출판된 두 절을 별도의 책으로 보고 싶어 합니다.[367] 그는 자신이 이것을 하퍼출판사에 '추천할' 수 있다는 점을 확신합니다. 우리는 모두 소멸시효 논쟁이 정말로 그 책에 속하거나, 아니면 어쨌든 이것과 함께 출판될 수도 있다고 생각합니다. 당신은 그 구상에 대해 어떻게 생각하는지요? 물론 우리는 시카고대학교출판사의 동의가 필요합니다. 이 출판사는 책 전체에 대한 선택권을 갖고 있기 때문입니다. 시카고대학교출판사가『책임 문제』신판을 출판하려고 할 수 있습니다. 이 출판사가 동시에 야스퍼스의 책 두 권을 출판할 수 없기에『책임 문제』출판을 연기하려는 것을 제외하고, 저는 그것에 대해 이의를 제기하지 않을 것입니다. 어떻게 생각하는지요? 저는 아쉬톤이 당신에게 직접 편지를 보낼 것으로 추정합니다. 그는『철학』의 번역을 착수함으로써 이 책 번역 작업이 지연되지 않을 것이라는 점을 당신에게 편지로 알릴 것입니다.

저는 아쉬톤이 번역을 끝낼 때까지 서문을 집필하지 않을 것입니다. 제가 영어본을 갖고 있다면, 서문 집필은 저에게 더 수월할 것입니다. 그것은 또한 제가 서문을 집필하기 전에 우리가 서로 만날 수 있는 큰 이점이 있습니다.

---

[366] 당시 모리스 잉글리쉬는 시카고대학교출판사의 고참 편집자였다.
[367] 1962년 야스퍼스는『책임 문제』의 새 후기를 집필했다. 이 후기는 그 저작이 모음집『독일 정치의 생활 문제(Lebensfrage des deutschen Politik)』와『희망과 우려(Hoffnung uns Sorge)』에 재간되었을 때 이용되었다.

당신은 아우슈비츠 재판 절차에 관한 보고서, 즉 아테네움출판사가 출판한 『프랑크푸르트 알게마이네』의 재판보고서 모음집을 알고 있지요?[368] 이 보고서는 주로 명령 아래 전적으로 자행되지 않은 잔학행위를 기록하고 있기에 정말 끔찍합니다. 저는 영어판 서문을 쓸 예정이기에 이것을 언급합니다.[369] 무슨 말을 해야 할지 잘 모르겠습니다.

이제 다른 문제에 관한 사항입니다. 아마도 당신은 저의 손해 배상 신청서와 관련하여 한때 제가 하이델베르크대학교의 교수 자격을 취득할 가능성을 밝힌 편지를 기억할 것입니다.[370] 그 당시에 그런 신청서는 모두 거부됐습니다. 이제 몇 가지 보완 규정이 최근 공개되었습니다. 저의 변호사[371]는 이에 근거해 우리가 예전 신청서를 다시 제출해야 한다고 저에게 말합니다. 제가 연금을 받는다는 것은 큰 이익일 것입니다. 이곳의 독일 영사관은 이런 종류의 배상 문제에 대한 진정한 전문가로 이 변호사를 저에게 추

---

[368] Bernd Naumann, *Auschwitz: Bericht über die Strafsache gegen Mulka und andere vor dem Schwurgericht Frankfurt*(Frankfurt am Main, 1965).

[369] Bernd Naumann, *Auschwitz: A Report on the Proceedings Against Robert Karl Ludwig Mulka and Others Before the Court at Frankfurt*, trans. Jean Steinberg, introduction by Hannah Arendt(New York, 1966).

[370] 편지 249의 각주 99를 참조할 것. 1966년 7월 야스퍼스는 짤막한 추천서를 다시 한번 썼다. 그는 이 추천서에서 아렌트가 교수자격 시험에 합격할 가능성이 거의 확실하다는 점을 단호하게 강조했다. 편지 내용은 다음과 같다.
"한나 아렌트-블뤼허는 1933년 교수자격을 인정하는 일반적 관례, 특히 교수자격을 인정받을 그녀의 전망이 그 당시 어땠는가에 대해 논평함으로써 1955년 11월 9일 나의 진술에 대해 자세히 밝혀달라고 나에게 요청했다.
교수자격 시험에 합격하는 기본 요건은 교수자격 논문이 후보자로 지명된 교수에 의해 승인되어야 하는 것이었다. 나는 아렌트 박사의 경우 박사학위 논문을 지도했기 때문에 그 교수였다. 나는 그녀가 독일을 떠나기 이전 당시 박사학위 논문 ― 라헬 파른하겐 전기 ― 을 읽었다. 그 논문은 결론을 제외하고 완벽하게 완결되었고, 아렌트 박사는 그 논문이 나의 완전한 승인과 일치한다는 점을 알았다.
전 교수진의 승인은 두 번째 단계였다. 내가 통과시킨 어떤 논문도 교수진에 의해 거부된 적이 없다.
모든 실제적인 목적을 위해 교수자격 시험은 이 지점에서 보장된다. 이후 콜로키움은 실제로 시험이 아니지만, 오히려 이름이 보여주듯이 후보자와 교수진 사이의 토론이다. 내가 그런 콜로키움에 참여한 몇십 년 동안 단 한 명도 이 부분에서 '실격하지' 않았다."

[371] Randolph H. Newman, 1904~1975.

천했습니다. 저의 변호사는 4년 전에 자살했습니다.[372]

사안이 저에게 알려주듯이, 상황은 이러합니다. 교수자격이 실제로 보장된 그런 사람들이 이런 새 규정에 따라 인정받을 가능성이 있습니다. 변호사는 이것을 시도하기 위해 당신의 다른 편지를 필요로 합니다. 그는 초안을 마련했고, 저는 그가 초안을 작성한 대로 당신에게 보낼 것입니다. 그것은 당신이 그것을 현재의 형태로 서명해야 한다는 것을 의미하지는 않습니다. 그는 당신이 라헬의 전기를 잘 알고 있다는 점을 매우 중요하게 생각합니다. 당신은 제가 당시 안네 바일에게 그 전기를 당신에게 가져다 달라고 했던 것을 기억할 것입니다. 심사위원 교수들은 교수자격 논문에 책임을 진 교수가 그렇게 요청하면 통상 후보자를 인정했다는 당신의 진술은 역시 중요하지만 제 눈에는 더 의심스럽습니다. 당신이 곧 아시겠지만, 변호사는 이것을 소극적으로 표현했습니다. 즉 당신이 이미 승인한 교수자격 논문은 심사위원단에 의해 거부된 적이 없었습니다. 저는 콜로키움이 실제로 시험이 아니었다는 점을 변호사에게 말했습니다. 그러나 그것은 역시 논쟁할 만한 지점일 수 있습니다. 만약 당신이 간단히 서명할 수 있는 것을 알게 된다면, 저는 그 편지 3부를 동봉하여 보낼 것입니다.

이곳은 아직도 지독하게 덥지만, 우리 아파트는 쾌적할 정도로 시원합니다. 하인리히는 자신의 논문을 교정하고 있습니다. 그의 작업이 끝날 때, 우리는 팔렌빌로 가서 8월 말까지 보낼 것입니다. 우편물은 뉴욕 팔렌빌 체스넛 론 하우스 또는 그저 우리의 뉴욕 주소로 히여 보낼 수 있습니다. 모든 일이 잘되길 바랍니다. 그리고 제가 이 편지를 받아쓰게 했다는 점을 오해하지 않기 바랍니다. 저는 우리가 피신할 수 있도록 며칠 안에 모든 일을 마무리해야 하며, 시간이 조금 촉박합니다.

---

372   편지 303의 각주 278을 참조할 것.

그 사이에 온도계는 100도*를 훨씬 넘겼고, 우리 아파트조차 견딜 수 없습니다. 저는 피신할 것이고, 하인리히는 모레 아침에 따라올 것입니다.

어떠신지요? 에르나의 휴가는 어떻게 되었는지요? 그녀가 없는 동안 당신은 어떤 준비를 할 것인지요?

『연방공화국은 어디로 나아가는가?』에 대한 마지막 한 가지 촌평입니다. 우리는 선거 결과에 대한 결론의 언급을 아마도 삭제해야 할 것입니다. 이곳의 누구도 그것을 거의 이해하지 못할 것입니다.

따뜻한 안부를 전합니다.
한나 올림

편지 400 **야스퍼스가 아렌트에게**

바젤, 1966년 7월 11일

친애하는 한나!

자네의 편지에 즉시 답장을 보낸다오. 자네가 생활에서 겪는 불안정한 상황 — 아파트 개조, 뉴욕의 지독한 기후 조건 — 은 편지에서 뚜렷하오. 자네는 팔렌빌에서 어느 정도 실질적인 휴가가 필요하고, 자네가 지나치게 떠받드는 하인리히도 함께 휴가가 필요하오.

우선, 추신에 관한 사항이오. 이것은 기초로서 나에게 매우 도움이 되오. 이것은 법적으로 중요한 요지가 무엇인가를 나에게 보여주었다오. 그런데도 나는 한 가지 이유로 내 문체를 조금 살리고, 다른 이유로 하이델베르크의 상황을 조금 더 명확하게 보이며 현실과 일치시키기 위해서 추신을 다시 썼소.

추신이 자네의 요구를 충족시키지 못한다면, 나는 기꺼이 그것을 다시

---

* 옮긴이_ 섭씨 37도 정도.

쓸 것이오. 그 경우에 자네의 교정 사항과 함께 그것을 나에게 다시 보내주기 바라오. 문제는 중요하기에 최대로 세심하게 교정하는 게 가치가 있다오. 그것은 자네의 노후를 위해 몇 가지 보완적인 안전을 의미할 것이오.

나는 『뉴욕 서평』을 보지 못했소. 자네는 그것에 대해 나에게 말할 수 있다오.

나는 출판사가 자네의 서문을 원할 것으로 추정하오. 자네는 미국에서 매우 잘 알려진 인사라오. 내가 독일에서 자네의 책을 위해 과거에 했듯이, 자네는 나의 책을 출판하는 데 도움을 줄 수 있다오. 자네는 서문 때문에 애 많이 쓰는구려. 이것은 내가 반대하는 유일한 것이오.

아쉬톤의 제안(『책임 문제』와 아우구스타인의 대담, 그리고 다른 책에 있는 연방의회 논쟁)은 나에게 훌륭하다는 인상을 주었소. 『책임 문제』는 꽤 오래 전(내가 믿기로 1946년)에 다이얼출판사에서 출판됐으며, 추정컨대 절판된 이후 오래 지났다오(그렇지 않았다면 나는 신판 소식을 들었을 것이오). 그러나 우리는 아마도 그들에게 확인해야 할 것이오. 나는 아쉬톤의 편지를 이미 받았소. 곧 답장을 보낼 것이오 ― 모든 제안 사항이 매우 마음에 든다오.

나는 『프랑크푸르트 알게마이네』에 실린 많은 기사를 이미 읽었기에 아우슈비츠에 관한 책을 다시 읽고 싶지 않소. 그것은 견딜 수 없고 상상할 수 있는 그 어떤 것을 넘어선다오. 누구든 그것을 깨달아야 할 것이오. 게르트루트는 그것을 모두 읽었다오. 그 책이 유발한 분위기에서 그녀를 자유롭게 하기란 거의 불가능했소.

우리는 좋다오. 자네가 알고 있는 나이에 대한 불만은 우리에게도 있소. 나는 지난번 주사 효과로 아직도 혜택을 받고 있으며 어려움 없이 편지를 쓸 수 있다오.

에르나는 휴가 중이오. 자녀 부부는 작년 초에 우리와 함께 지내자고 제안했소. 우르줄라와 어린 슈테판은 여기 있소.[373] 나이 든 두 아이는 조부모와 다른 친척과 함께 있다오.[374] 레니[375]는 일주일 동안 도움을 주고자 내일 네덜란드에서 올 것이고, 그런 다음 여자 청소부들이 (일요일은 제외하고) 매일 이곳에 온다오. 어린이들은 게르트루트에게는 실제로 기쁨이지만 역시 상당히 피곤하게 한다오. 그러나 아내가 이 어린이들에게서 얻는 기쁨은 그녀에게 더욱 중요하오.

『연방공화국은 어디로 나아가는가?』 서두 전체 — 9월 선거 관련 내용 — 는 물론 삭제되어야 한다오.

따뜻한 안부를 전하며,
야스퍼스

나의 책에 관한 다른 사항이오. 대단한 일이 있었소. 울브리히트(독일민주공화국)는 12쪽 분량의 긴 편지를 나에게 보냈소. 나는『디 차이트』[376]에 (편집진이 제공한 우매한 문장 제목으로) 에세이를 게재했다오. 그것에 대해 두 사람에게 이야기할 것이오. 지난 몇 주 동안 독일의 온갖 마지막 지방 신문마다 내 이름이 기사 상단에 실렸다오. 나는 신문을 읽은 모든 독일인이 현재 내 이름을 알고 있다고 상상할 수 있소. 물론 이제는 모두 끝났지요. 일체의 부대 상황에 대한 이상한 경험이었다오.

편지 401   아렌트가 야스퍼스 부부에게

팔렌빌, 1966년 8월 10일

친애하고 존경하는 분, 좋은 분께—

이 편지는 이미 오래전에 쓴 것입니다. 이곳의 우리는 잘 지내고 있으며,

---

373   우루줄라 자너(Ursula Saner, 1963년 출생); 스테판 자너(Stefan Saner, 1965년 출생).
374   클라라 자너(Clara Saner, 1957년 출생); 요한나 자너(Johanna Saner, 1960년 출생).
375   아이레네 마이어(Eirene Mayer). 편지 190의 각주 174를 참조할 것.
376   편지 398의 각주 357과 359를 참조할 것.

게으름에 빠지기 매우 쉽습니다. 그리고 저는 이미 당신과 함께 하는 모습을 상상하고 있습니다. 이게 모든 편지 쓰기를 불필요하게 만듭니다. 자녀 부부는 당신과 함께 있는지, 에르나는 돌아왔는지요? 저는 곧 모든 것을 스스로 확인할 수 있을 것입니다.

우선 하인리히는 이번에 가지 않을 것입니다. 그는 겨우내 어려운 작업을 마친 후 마침내 이곳에서 휴식을 취하며 ─ 그는 매우 좋습니다 ─ 자기 일에 몰두하고 싶어 합니다. 게다가 그는 오랫동안 미뤘으나 마침내 진행해야 할 치과 치료를 받고 있습니다. 그래서 당신은 저와 함께 있는 것으로 만족해야 합니다. 저는 아직 언제 갈지 정확한 날짜를 말할 수 없습니다. 뉴욕에서 개최되는 미국정치학회 학술회의가 있을 것입니다. 저는 여기서(「진리와 정치」라는 주제로) 발표하기로 되어 있습니다. 발표 날짜는 7일이지만, 학술회의는 더 길게 진행되며 즉시 떠나는 것은 실례일 것입니다. 그래서 저는 9월 12일에서 15일 사이 언젠가 갈 것입니다. 이곳에서 오일러호텔로 편지를 보낼 것입니다(압니다. 저한테는 그 호텔이 조금 거창하지만, 저는 『뉴요커』에 두 편의 논문, 즉 「브레히트」와 「진리와 정치」[377]의 게재로 사례비를 받았습니다. 그래서 돈이 많습니다). 3성급인 그 호텔은 밤샘 손님으로 버스가 없고 항상 손님을 쫓아내지 않는 유일한 호텔이기 때문입니다. 그것은 정말 성가십니다. (그래서 당신도 아시듯이, 저는 60의 나이에 새로운 삶을 살고 있습니다. 대단히 감격하며 '노부인'을 연기할 것입니다.) 이제 문제가 남아있습니다. 얼마나 체류할 것인지? 저는 3주를 생각하고 있지만, 그게 너무 지나치면 알려주세요. 저는 여행을 다니고 싶은 욕구가 있기에 안네 바일과 메리 매카시를 바젤로 오라고 하고 싶었습니다. 또 저는 독일에서 모든 강연, 라디오 대담 등을 사양했습니다. 10월 말에 시카고대학교로 돌아가야 하고, 겨울에 진행할 많은 강의가 있습니다 ─ 1,000달러 이상의 계약을 거절하기 어렵습니다 ─ 그리고 그사이에 저는

---

377 편지 381의 각주 272와 273을 참조할 것.

입을 다물고 있는 것이 좋습니다. 저는 취리히에서 가족을 보고 싶으며, 거기로 달려가도 괜찮습니다. 어떻게 생각하는지 알려주십시오. 그리고 에르나에게 무엇을 가져다줄 수 있는지도 알려주십시오. 그녀는 오랫동안 저에게서 훌륭한 것을 얻지 못했습니다.

이제 편지에 관한 사항입니다. 배상 확인서를 그렇게 신속하게 처리해주신 데 대해 감사합니다. 그것은 완벽했고, 변호사는 이미 그것을 법적으로 매우 인상적인 서류로 만들었습니다. 제 느낌은 아무 일도 일어나지 않으리라는 점이지만, 우리는 그것을 시도해 보아야 합니다.

저는 당신의 책이 가장 잘 팔리는 책 목록 맨 위에 있다는 점을 매우 기쁘게 생각합니다. 그 책은 『현대의 정신적 상황 Die geistige Situation der Zeit』과 비슷하게 매우 큰 성공입니다. 저는 그것이 같은 방식으로 끝나지 않기를 바랍니다.[378] 유례類例는 저를 좀 불안하게 합니다. 피페르는 제 요청에 따라 서평 꾸러미를 보냈습니다. 저는 그것들을 가지고 오는 게 가장 좋다고 생각합니다. 우리는 미국 독자에게 말할 내용을 토론할 수 있습니다. 오늘 저는 분명히 아팠던(수술한) 모리스 잉글리쉬로부터 시카고대학교출판사의 편지를 받았습니다. 그는 이 책의 일부와 『책임 문제』를 출판하는 것과 관련하여 아직 해답을 줄 수 없습니다. 아쉬톤과 저는 하퍼출판사가 이것을 출판하면 좋겠다고 생각합니다. 그렇게 되면 일이 빨라질 것이지만, 우리는 시카고대학교출판사에 우선 제안해야 하기 때문입니다. 저는 계약서와 관련하여 아무 문제가 없을 것으로 추정합니다. 당신이 줄이고 싶은 것은 무엇이든 확실히 줄일 수 있습니다.

당신은 편지에서 저의 나이 60을 언급하고, 저의 50회 생일에 쓴 멋진 편지에 제가 답장을 전혀 보내지 않았다고 언급합니다. 아마도 제가 기분이 안 좋았던 것 같습니다. 그리고 그 생일과 관련된 사고가 있었습니다. 저는

---

[378] 야스퍼스의 책은 히틀러의 집권 직전에 출판되었다. 편지 19의 각주 19를 참조할 것.

파리에 있었고, 안첸의 가족(안첸의 남편과 여동생들³⁷⁹)은 저를 오라고 초대했습니다. 그 일은 잊을 수 없습니다. 샴페인 등으로 성대한 준비가 있었던 이후에, 그녀의 남편이 저에게 너무 무례하고 모욕적이었기 때문에, 저는 다시는 그의 집을 들어가지 않았습니다. 우리는 꽤 오래전에 화해했습니다 ― 그는 뉴욕 등으로 우리를 방문하러 왔습니다. 그러나 그 사고는 다소간 상징적이었습니다. 생일이 꼭 맞게 끝나는 법은 없습니다. 중요하지 않습니다. 늙어감은 다른 문제입니다. 거기에서 저는 항상 큰 야망이 있었습니다. 만약 제가 늙을 것이라면, 알프레드 베버와 같은 "젊음의 꽃"이 아니라 위엄 있게 회색으로 변하게 하자. 저는 이것으로 최선을 다할 것이지만 약간의 어려움이 있을 것입니다. 사람들은 여전히 저를 통제하기 매우 쉽다고 생각하기 때문입니다. 그러나 그 외에는 ― 저는 두 분과 몇 십 년을 함께 공유하였습니다 ― 하인리히와 제가 할 필요가 있는 것은 모두 두 분을 따르는 것입니다. 그것이 우리가 원하는 방식일 뿐입니다. 두 분이 어떻게 하는지 보여주기만 하면 됩니다. 두 분은 한 가지 일에 성공하지 못했습니다. 그것은 신들이 두 분께 지저분한 장난을 쳤기 때문입니다. 그리고 그것은 괴테가 시야에서 서서히 사라지는 것입니다. 세상이 어떤 종류의 질서 속에 있다면, 누구든 그것을 감당할 수 있습니다. 그러나 당신은 지금 어느 때보다도 시야의 중심에 서 있습니다. 그리고 그것은 매우 좋습니다.

그리고 죽음에 가까워지고 있습니다. 제 생각에, 그것은 저를 약간 어렵게 합니다. 저는 항상 삶을 즐겼지만, 그렇게 많이는 아니어서 영원히 계속되기를 바랍니다. 저는 항상 죽음이 즐거운 동반자임을 알았습니다 ― 우울함을 불러일으키지 않습니다. 저는 질병은 아주 불쾌하거나, 부담스럽거나, 더 심하다고 생각할 것입니다. 제가 갖고 싶은 것은 필요하다면 자살을 하는 확실하고 점잖은 방법입니다. 저는 그것을 손에 쥐고 싶습니다.

---

379 Eric Weil and Katherine Mendelssohn.

저는 당신·바론·숄렘·게르스텐마이어 등과 나훔 골드만 사이의 문제[380]에 관해 신문에서 짧은 기사를 읽었습니다. 그러나 저는 당신이 그것에 대해 무슨 말씀을 했는지 보고 싶습니다. 당신은 이후 저에게 그것을 보여줄 수 있습니다. 정치에는 이야기할 내용이 많습니다. 저는 존슨을 위험한 인물로 생각하며, 제가 생각하는 마오쩌둥은 죽었거나 반쯤 죽었습니다 — 그의 수영에 관한 이 보도[381]는 제가 보기에 그가 더는 존재하지 않는다는 증거인 것 같습니다. 저는 곧 날짜를 세기 시작하려고 합니다. 동봉할 베노의 편지[382]를 받고 기뻤습니다.

이제 저는 아우슈비츠에 관한 책[383]의 서문을 집필해야 합니다 — 휴가의 즐거움을 주는 일입니다. 저는 2권으로 된 로자 룩셈부르크의 전기[384]에 관한 장문의 서평을 집필했습니다. 이 책은 정치인들에 대한 위대한 영국식 전기와 같이 영어로 쓰였으며, 전반적인 비판적 도구와 이전에 알려지지 않은 자료, 특히 편지가 담겨 있는 좋은 책입니다. 그녀에 대해서는 별로 알려지지 않았습니다. 그녀는 비밀스럽지는 않았으나 굉장히 말수가 적었기 때문입니다. 그 책을 쓴 사람인 네틀[385]은 완전히 무명인이었습니다. 소문에 따르면, 그는 사업가로 알려졌습니다! — 마치 그가 그녀의 마지막 구혼자인 것처럼. 매우 만족스러운 일입니다. 저는 이것과 관련하여 에두아르트 베른슈타인,[386] 매우 지적인 사람의 책을 읽었습니다. 그러나 카우츠

---

[380] 편지 398을 참조할 것. 심포지움 「독일인과 유대인 — 해결되지 않은 문제」는 1966년 8월 4일 브뤼셀에서 유대인세계회의 제5차 정례회의 기간에 개최되었다.
[381] 1966년 여름 마오쩌둥이 양쯔강을 가로질러 수영했다고 전 세계에 보도되었다.
[382] Benno von Wiese. 편지 398을 참조할 것.
[383] 편지 398의 각주 360을 참조할 것.
[384] 로자 룩셈부르크(Rosa Luxemburg, 1870~1919)는 폴란드계 독일인 혁명가이며 작가다. Arendt's review, "A Heroine of the Revolution," of Peter Nettl's *Rosa Luxemburg*, 2 vols.(1966) was in *The New York Review of Books*(October 6, 1966); reprinted in Hannah Arendt, *Men in Dark Times*: 33-56.
[385] 피터 네틀(Peter Nettl, 1926년 출생)은 12년 동안 국제수출협회의 이사였고, 옥스퍼드대학교의 누필드대학, 그리고 리드대학교에서 정치학과 사회학을 가르쳤다.

키[387]는 정말 혐오스러운 위선자였습니다. 당신도 아시듯이, 저는 횡설수설하기 시작했습니다.

이제 작별 인사를 하며, 어떤 날짜가 괜찮은지 간단히 편지로 알려주세요.

따뜻한 마음을 담아
한나 올림

좋은 독일인들이 많은 것 같아서 기쁩니다. 그들은 당신이 자신들에게 숨김없는 진실을 말할 수 있어서 행복합니다. 그리고 우리는 결국에 그런 사람들의 목소리를 들을 것이라고 계속 희망해야 할 것입니다. 두 분을 다음 여름에 뵙겠습니다.

편지 402 **야스퍼스가 아렌트에게**

바젤, 1966년 8월 17일

친애하는 한나!

그럼 9월 12일에서 15일 사이에 올 것이지요! 물론 어떤 날도 우리에게 좋소. 그 날짜가 언제인지 정확하게 편지로 알려주오. 그리고 3주 동안 바젤에서만! 우리는 함께할 이때를 기대하며 행복하오. 자네가 좋아하는 모든 사람이 바젤로 오도록 해야 하오. 현재 나를 보러 오기로 했던 피페르는 자신의 방문을 연기했구려. 자네가 뮌헨에 가지 않을 것이기 때문이오. 몇 주 전에 가우스는 자신이 자네를 만나길 바란다고 나에게 밀했소. 나는 자네가 그를 꼭 만나고 싶나고 대답했지만, 너무 이기적이기에 여행을 추천

---

[386] 에두아르트 베른슈타인(Eduard Berstein, 1850~1932)은 독일 사회당 정치인이며 작가였고, 엥겔스의 동료였다.
[387] 카를 카우츠키(Karl Kautsky, 1854~1938)는 오스트리아 사회당 정치인이며 편집자였고 1881년 엥겔스의 개인 비서였다. 그는 마르크스주의를 개혁하려는 베른슈타인의 수정주의를 반대했다.

하지 않을 것이라고 대답했지요. 그러자 가우스는 자신이 바젤에 오겠다는 구려. ― 아마도 우리는 또 메리 매카시를 만날 것이오. 그러나 그것은 언어 때문에 어려울 수 있소. 자네의 친척에 관한 사항이오. 그들은 지난해 딸 문제로 여기에 왔던 좋은 사람들일 것이오. 자네는 이스라엘 밖에서 공부하는 그의 딸을 재정적으로 지원했지요? 그들도 바젤에 와야 하지 않을까, 아니면 오히려 그들과 당신은 그것을 원하는지?

하인리히가 오지 않은 게 우리 모두를 슬프게 하오. 나는 그가 여행하기 싫어하는 것을 전제할 때 오지 않을 수도 있다는 것을 걱정했다오. 그리고 나는 그의 감정을 잘 이해하오. 그는 내년에 여행하기로 약속하니, 한참 멀었네요.

에르나는 다시 돌아왔고, 우리는 세심한 배려를 받는다오. 우리는 자녀 가족과 4주를 보냈다오. 두 어린 딸, 우르줄라와 슈테판은 우리와 함께 있었고, 다른 두 딸은 아주 즐겁게 조부모와 함께 있었소. 우리가 가능한 한 모든 것을 간단하게 했음에도 불구하고(프레젠볼베르크식당[388]에서의 식사, 일요일을 제외하고 매일 일하는 여자 청소원), 그것은 자녀 부인에게는 큰 문제였다오. 그러나 "편안하지 않았다오." 그녀는 우리가 그것을 전혀 느끼지 않게 했소. 훌륭한 분위기와 대화가 늘 널리 퍼졌다오. 그리고 그녀는 우리에게 감사했소. 그러나 내년 헤르타[389]와 나의 여동생은 우리와 함께 있을 것이오. 유일한 차이점은 시간을 몇 달 뒤로 옮겨야 한다는 것이오. 우리는 이 문제를 자녀 가족과 아직 논의하지 않았소. 애석하게도, 내가 호텔로 이동하는 것은 완전히 불가능해졌소. 드러낸 신체적 존재는 너무나 많은 작은 것들을 요구하며, 트루델라인은 자신의 신체적 허약함 때문에 지난 몇 년 동안 할 수 있었던 것처럼 나를 돌볼 수 없다오.

---

388 야스퍼스가 살았던 인근의 식당이다.
389 야스퍼스 여동생 에르나 두겐트의 며느리 헤르타 두겐트.

"자살이란 고상한 수단"은 나치 시대 이후 우리에게 문제였지만 여전히 문제라오. 우리의 기술 시대에 그런 것이 단순히 유효하다는 것은 짜증나는 일이지요. 항상 기술적인 문제에서 선두에 선 나치는 목구멍과 식도의 무서운 연소를 방지하고 위장을 통한 흡수의 속도를 높이는 다른 성분들과 함께 시안화합물을 함유한 캡슐을 사용했다오. 힘러의 정체가 미국 전선에서 확인되었을 때, 그는 이 캡슐들 가운데 하나를 혀 밑에 가지고 있었소. 그는 확인된 지 몇 초 후에 포획자들이 보는 앞에서 죽은 채로 쓰러졌다오. 아무도 괴링이 캡슐을 어떻게 손에 넣었는지를 모르오. 투옥된 모든 죄수와 마찬가지로, 그의 모든 충치, 심지어 배꼽까지 검사했다오. 나폴레옹은 1813년 제1차 패전 이후 자살하고 싶어 했소. 수십 년 동안 그는 자살하는 것이 바람직하다고 생각한 만일의 사태에 대비해 아편을 가까이 두고 있었다오. 그것은 이미 오래전에 그 효능을 잃어버렸다오. 그는 그것을 복용했고, 심한 복통이 있었으며 며칠 동안 아팠다오. 나치 시대에 사람들은 화학자로부터 시안화합물을 확보했고, 다른 요소들도 그랬소. 흡입의 준비는 다소 복잡하고 약간의 기술이 필요했소. 누구도 시간이 충분할지 알 수 없었다오. 그리고 죽음에 직면해 있는 동안 실험실의 정밀성을 가지고 일하는 것은 작은 일이 아니었소. 우리는 모르핀을 가지고 있었지만, 한 번의 주사로 충분할 만큼 충분히 무거운 농도는 아니었다오. 나는 그 당시에 훌륭한 의사들조차도 자살에 관한 이론가라는 사실을 알았소. 어쨌든 그들은 실질적인 조언이 부족했다오 — 그들은 비교적 안정적인 베르날을 가졌다오. 자네는 그것을 많이 들어야 하오. 그러나 차를 마시면 큰 문세가 되지 않소. 그러면 자네는 의식을 잃게 되고, 아주 심각하게 되며, 위를 세척하지 않으면 며칠 안에 폐렴으로 죽는다오. 매우 많은 양(몇 개의 튜브)을 투여하면 과정의 속도를 높일 수 있소.[390]

---

[390] 야스퍼스 부부가 사망한 이후 6개의 시안화칼륨 캡슐, 다량의 모르핀, 몇 봉지의 진정제인 베르

내 동생391은 헤로인으로 자살했다오. 자네는 연줄이 있다면 불법 마약상으로부터 그것을 확보할 수 있소. 그는 몇 시간 후에 의식을 잃었고 미리 더 들이마실 수 없다는 것을 알아차렸다오. 어머니는 관찰자로서 무슨 일이 일어나고 있는지 깨달았지만, 의사를 부르는 요청을 미루고 아버지에게 아무 말도 하지 않았소. 이후 어머니는 올덴부르크 병원의 책임자였던 에노의 친구에게 전화하며 "게르하르트, 자네는 그의 위를 세척하지 않아야 해요. 이것은 에노가 원한 것이었어요"라고 말씀하셨소. 그리고 게르하르트는 자신이 충실한 친구라는 것을 증명하였지요 ─ 그런 다음 거의 모든 의사는 신중하오. 의사들은 법적으로 자신들의 처방에 대하여 책임을 지며 자살이 원인이 되어서는 안 된다오. 약물치료의 관리는 엄격하고 포괄적이기에 약사와 의사는 모두 감시를 받는다오. '자유 세계'는 자살을 금지하기에 자유롭지 못하다오 ─ 이 경우에 자유 세계는 귀족적이지 않고 민주적이며 심리학적 이유로 자살하는 사람들 대다수에게 유리하오(즉 자살에서 구제받는 사람은 자신들이 구제된 이후에 대부분 감사하지만, 진정 자유롭게 죽음을 욕구하는 사람에게는 유리하지 않다오). 고대 세계에서 상황은 얼마나 다른가! ─ '사례' 하나 더 소개하오. 막스 베버의 여동생 ─ 릴리 셰퍼, 멋있고 독립적인 인물, 게르트루트의 친구 ─ 은 너무 복잡하여 여기에서 열거할 수 없는 복잡한 상황 때문에 자살했다오. 셰퍼는 그룰레의 집을 방문하고 있었고,392 그룰레가 여행을 떠났을 때, 작은 방에 있는 가스를 켰소. 그녀는 자신이 남겼던 애매한 편지에서 그 모든 것을 다루었는데, 사실은 전혀 작별의 편지가 아니었소. 막스 베버는 무덤 옆에서 말했다오. 나는 그때

날이 그들의 집에서 발견되었다.
391 에노 야스퍼스(Enno E. Jaspers, 1889~1931)는 법조인이고, 이후 올덴부르크 저축대여기관의 이사회의 일원이었다.
392 한스 그룰레(Hans W. Gruhle, 1880~1958)는 정신과 의사이고 1919년부터 하이델베르크대학교 교수였다.

만큼 그가 흔들리는 것을 본 적이 없다고 생각하오. 그는 여동생을 대단히 사랑했소. 그는 스스로 목숨을 끊을 수 있는 인간의 자유를 찬양했다오. "생명은 자신이 할 수 있었던 것을 나에게 주었소. 이제 충분하오." 목사는 그냥 거기에 서 있어야만 했다오.

나는 브뤼셀의 세계유대인회의[393]에 보낸 것을 여기에서 자네에게 보여줄 것이오. 나는 자네를 괴롭히는 것이 그 속에 없기를 바라오. 내가 자네의 이름을 언급하지 않더라도, 자네는 명단에 포함되오(1949년 무렵 자네가 베를린에서 한 말).

우리는 이야기할 내용이 많다오. 그래서 이만 줄일 것이오. 직접 만나면 모든 것이 쉬워질 것이오.

나는 다른 편지지에 하인리히에게 편지 몇 자 적을 것이오.

따뜻한 안부와 함께
야스퍼스

편지 403 **야스퍼스가 하인리히에게**

바젤, 1966년 8월 18일

친애하는 하인리히 블뤼허!

게르트루트와 나는 자네를 만나 이야기할 수 없어서 매우 유감스럽소. 자네는 평화를 원하고 작업을 계속하기 원하네요. 아무도 그것에 반대할 수 없지요. 그럼 내년에는 가능할까요? 우리는 자네의 약속을 지킬 것이오. 일이 진행됨에 따라 자네가 그 의도를 실행할 수 있기를 바라오.

『연방공화국은 어디로 나아가는가?』에 대한 자네의 반응에 감사하오. 나는 역시 그 책이 정말 읽히고 있고 내 생각의 일부가 심지어 나의 반대자

---

[393] 유대인세계회의에 보내는 축사 메시지.

인 사람들에게도 효력이 있다고 생각하오. 특별히 학생에게서 온 몇 통의 편지는 매우 고마웠소. 그런 사람은 독일인이라오! 그들은 지적으로 몰락하지 않는다오. 그러나 이런 몇 사람이 압도당하고 용기를 잃을 끔찍한 위험은 있소. 그들은 자신들 사이에서 실질적으로 일관성을 갖고 있지 않다오. 불행하게도, 공공영역에 어린애는 아직도 매우 많이 존재하오. 유대계 독일인이 몹시 그립네요. 그들 가운데 일부는 적어도 지적인 어린애요. 그리고 다른 사람들은 가장 통찰력 있는 사람들이오. 그들이 그곳에 더는 없다는 것은 담론 수준에서 이런 심각한 쇠퇴를 설명한다오.

따뜻한 마음을 담아
야스퍼스

편지 404 **아렌트가 야스퍼스 부부에게**

뉴욕, 1966년 9월 2일

가장 친애하는 친구분들께—

  제 도착 날짜와 함께 급히 몇 자 적습니다. 여기에서 15일까지 가지 못할 것입니다 — 더 빨리 갈 수 없습니다 — 그리고 16일 아침까지 바젤에 도착할 것입니다. 이후 전화하겠습니다. 고맙게도, 저는 오일러호텔에 방 하나를 예약했습니다.

  저는 『책임 문제』 출판권을 확보하려고 하는 시카고대학교출판사로부터 조금 전에 연락을 받았습니다. 제가 도착할 때, 우리는 이 문제에 관해 이야기할 것입니다.

  따뜻한 안부와 함께 곧 뵙겠습니다!

한나 올림

편지 405   아렌트가 야스퍼스 부부에게

1966년 10월[394]

가장 친애하는 친구분들께―

　모든 것에 감사합니다. 그리고 우리가 다시 만날 수 있도록 하겠습니다.

여느 때처럼, 아렌트 올림

편지 406   야스퍼스 부부가 아렌트에게

바젤, 1966년 10월 11일

친애하는 한나!

　자네는 이곳 바젤에 우리를 위해 여전히 거의 현존하고 있다오. 자네가 보낸 꽃다발은 복도에 있소. 이 꽃다발은 현실화되지 않은 성상화星狀花의 숲으로 매일 우리에게 기쁨을 주는 매혹적인 모습이오. 시들해지기 시작할 기미는 아직 보이지 않네요.

　몇 주 동안 바젤을 자네의 유럽 본부로 만들고 우리와 함께 있는 것은 자네에게 훌륭했다오. 우리의 대화는 늙어가는 사람들의 대화였소. 자네는 좀 늙었고, 나는 더 늙었네요. 대화는 언제나처럼 즐거웠소. 아마도 대화는 이전과 같이 활기가 넘치지는 않은 채 때때로 새로운 심연에 도달했었소. 우리는 공동의 사유 양태를 논의한 모든 많은 주제에서 우리 자신을 재확인했다오. 사유 양태와 관련하여 말로 표현할 수 있는 것은 거의 없소. 대화 속에는 세계의 아름다움에 대한 환희, 악에 대한 공포, 사유의 외적 한계에 도달하려는 시도와 평온이 있다오.

　나와 자네의 대화, 나에 대한 자네의 인내 ― 나는 자네에게 여전히 내가

---

[394] 날짜 미상의 작은 엽서. "1966년 10월"이 야스퍼스의 손글씨로 뒷면에 기록되어 있다.

항상 그래왔던 것과 같은 사람이며, 그래서 나는 지금 나 자신을 드러낼 수 있다오 — 는 나에게 매우 고무적이었소. 그 대화들은 여전히 자체를 강하게 느끼게 하고 있소. 나는 책[395](단지 외부적 결과이지만 매우 중요한 책)뿐만 아니라 나를 제한하는 많은 것, 무엇보다도 정치, 그리고 옛날 방식으로부터 해방되었소. 지금 나는 야외에 나와 있다오. 나의 주제인 철학으로 돌아갈 수 있으며 이미 그렇게 하고 있소. 게르트루트는 그것에 대해 기뻐하오. 그녀는 오랫동안 나에게 그 조치를 추진하라고 정당하게 재촉해 왔다오.

자네는 떠났을 때 다른 때보다 훨씬 더 우리에 대해 걱정했소. 비록 그 자체로는 아직 위협적이지 않은 증상들이지만, 모든 것이 상당한 나이와 우리의 많은 상황의 관점에서 얼마나 불확실한가를 전제할 때, 나는 물론 이의를 제기할 수 없구려. 그러나 끝이 시야에 명료하게 나타나지 않는 한, 나는 그런 생각에 굴복하기를 거부하오. 게르트루트와 나는 당분간 내년에 자네와 하인리히를 만나리라는 희망으로 살고 있다오. 물론 그런 희망은 과거에 그랬던 것처럼 이제는 강하지는 않소. — 그러나 마침내 다른 맥락에서 그렇소. 우리는 항상 서로를 떠나지 않을 것이오.[396]

나는 이제는 10월의 주제[397]에 관해 아무것도 말하지 않을 것이오. 자네의 삶이 행복하고 충만하기 바라며, 하인리히가 세 편의 훌륭한 시에서 불멸화된 철학자로서 자네에게 계속 기쁨을 가져다주기를 바라오.

게르트루트와 함께 두 사람에게 따뜻한 안부를 전하오.

야스퍼스

멋있는 축하를 합시다. 당신의 삶은 여전히 즐겁고 노년의 시련에서 벗

---

395 아렌트는 방문 기간에 「사유의 독립성에 대하여」라는 제목의 연구계획을 포기했다고 확신했다.
396 야스퍼스가 자신의 『철학』에서 인용한 몇 줄을 암시한다. 독일어판 71쪽에 있다.
397 아렌트의 60회 생일. 야스퍼스 부부가 그날에 전보, "자네를 사랑하고 감사하며 — 게르트루트와 카를 — "을 보냈다.

어날 거예요. ― 우리는 내가 사랑하는 환자가 불평 없이 견디는 심각한 고통에도 불구하고 매일 행복해요.

다시 축원과 따뜻한 안부예요! 당신들이 서로 좋아하니 얼마나 좋은지요!

게르트루트

편지 407 　아렌트가 야스퍼스 부부에게

1966년 10월 13일

친애하고 가장 친애하는 친구분들께―

저는 아직도 바젤에 한 발을 딛고 있습니다. 창밖을 내다보며 허드슨 강을 바라볼 때 그것을 전혀 믿을 수 없습니다. 생각에 잠겨 당신의 집에 있는 모든 방을 돌아다니고 있습니다. 저는 마침내 서재에서 마무리를 지을 때까지 아래층에서 게르트루트와 함께 거실에 있습니다. 당신이 말씀하신 것에 대해 생각할 때, 저는 목소리의 억양을 듣고 있습니다.

브뤼셀에 있는 안네 바일과는 상황이 평소와 같았습니다. 그녀의 남편과 여동생이 왔고, 그것은 늘 그랬습니다. 그것을 제외하고, 그의 여동생은 ― 원래 호리호리하지만 ― 엄청나게 비대해졌고, 안첸은 현저하게 호리호리해졌으며 몸무게를 유지하고 있습니다. 그런데도 마치 두 사람이 어떤 결합된 무게를 가지고 있고, 한 사람이 다른 사람이 가지고 있지 않은 것을 떠맡는 것처럼, 그것은 매우 이상합니다. 바일*은 역시 여느 때와 같습니다. 아아! ― 저는 (전혀 중요하지 않은) 이런저런 이야기를 했고, 그다음에 바일은 이렇게 말합니다. 나는 더 좋은 이야기를 알고 있으며 당신을 부끄럽게 할 것이오. 그는 어디에선가 끔찍하고 당혹스러운 일을 만들어냈습니다. 믿기 어렵지만, 말한 대로입니다. 그리고 무엇보다도 두 자매와 그(바일)는 바일이 이 세기의 위대

---

* 옮긴이_ 안첸의 남편.

한 철학자 같은 존재라고 스스로 확신했습니다. 그는 오히려 따분하기는 하지만 우매하지 않다는 의미에서 그런 입장*에 약간의 진실은 있습니다.

귀향하는 아주 좋은 비행기 여행에 관한 사항입니다. 공항에 나온 하인리히는 저를 보고 대단히 기뻐했습니다. 그는 집에 꽃과 초콜릿, 아주 맛있는 포도주를 마련했습니다. 다음날, 아침 7시(문자 그대로) 서독일 라디오방송국의 관계자가 전화했습니다. 저는 처음에 무서워서 죽을 뻔했고 ― 오전 7시 장거리 전화 ― 하마터면 침대에서 떨어질 뻔했습니다. 그 후에 제가 알지 못하고 이름도 이해하지 못하는 한 남자는 저의 생일을 공식적으로 축하하고 이것을 라디오로 바로 방송해달라고 내일 아침 7시에 다시 한번 저를 침대에서 끌어내고 싶다고 요청했습니다. 제가 예의를 차리지 못한 것 같아서 두렵습니다. 이곳에서는 가까운 친구들을 제외하고 아무도 모르는 사항입니다. 그러나 친구들 ― 약 20명 ― 은 내일 날씨가 쌀쌀하기는 하지만 이곳에서 샴페인과 맛있는 음식을 함께 즐길 것입니다. 저는 방금 주문하고 왔습니다. 어쨌든, 저는 일을 하기로 아직은 마음을 정하지 못했기 때문에 매우 좋습니다. 그런데 저는 당신이 선물한 아름다운 목걸이를 찰 기회를 가질 것입니다.[398] 하인리히는 그것에 매우 매료되었고, 저는 매일 그것을 보고 있습니다.

어제 아쉬톤에게 전화했습니다. 당신이 비평가들에 대한 반론 사본,[399] 특히 미국과 중국에 관해 언급한 부분을 뮌헨에 보낼 때 아쉬톤에게 직접 보낼 수 있다면 좋을 것입니다. 그게 가능한지요? 시카고대학교출판사의 직원들은 그 자료를 긴급히 필요로 합니다. 저는 다음 주말에 시카고에 도착하자마자 그들과 이야기할 것입니다.

저는 순수한 그리움으로 이 엉터리 편지를 쓰고 있습니다!

---

* 옮긴이_ 철학자라는 입장.
398 야스퍼스는 아렌트에게 진주 목걸이를 선물했다.
399 야스퍼스의 새 책 원고이다. *Antwort: Zur Kritik miner Schrift "Wohin treibt die Bundesrepublik?"*

우리 모두의 소원과 에르나에게 안부를 전해주세요.

한나 올림

추신. 병원에서 보낸 피페르의 수기 편지를 방금 받았습니다. 그의 수기는 안 좋아 보이지 않습니다. 편지 내용은 특별히 즐겁고 다정합니다.

편지 408 아렌트가 야스퍼스에게

시카고, 1966년 11월 3일

친애하고 존경하는 분께―

　당신의 편지와 전보. 저는 즉시 편지를 보내고 싶었지만, 이번 생일은 꽃다발과 전보 등으로 저를 덮칩니다. 모든 사람이 알았던 독일인들, 총영사, 워싱턴 주재 대사 등, 그리고 끝없이 계속 놀랍게도 독일사회민주당 집행위원회에서 보냈습니다. 우리는 샴페인을 곁들이고 오로지 좋은 친구들과 함께 작은 사교 모임을 즐겼습니다. 이후 할 일도 많고 날씨도 끔찍해서 시카고로 왔습니다. 간단히 말하면, 약간의 소용돌이가 있고, 제 말은 문자 그대로 그것을 의미합니다. 여기에서 소용돌이는 거리로 나가는 순간 빙글빙글 돌기 때문입니다. 덧붙여 말하면, 저는 피페르의 특별히 따뜻한 편지를 받았습니다. 아울러 그의 아내로부터 몇 통을 받았습니다. 그러나 그 모든 것은 다시 아주 멀리 있는 것 같습니다.

　저에게 머물러 있는 것은 바젤에서 보낸 몇 주이며 당신의 편지와 선보입니다. 당신은 아주 정확히 보았습니다. 이번에 저는 정확히 갑자기 나이가 들었습니다. 신체적으로는 아니지만, 그런 것 같습니다. 노년의 시작이며, 저는 정말 대단히 만족합니다. 어렸을 때 느꼈던 그런 기분 ― 마침내 어린이가 되고 싶어 하는 ― 을 약간 느낍니다. 이제 저는 평정심을 얻었다고, 즉 두 분에게 더 가깝다고 생각합니다. 그리고 당신의 후견 아래 늙는 법을 배울 수 있어서 감사합니다. 물론 당신은 언제나 저에게 똑같이 있기 때문입니다. 당신은 분명히 저의 떠남을 다소간 과대 해석했습니다. 당신은 저의 두려움을 보았고, 저는 오랫동안 두려움을 가졌습니다. 저는 가방에서 나온 고양이처럼 한꺼번에 그것을 내보냈습니다. 나머지는 당신이 하는 것처럼 생각합니다 ― 우리는 내년에 만날 것이며, 너무 먼 미래를 생각해서는 안 됩니다.

이곳의 분위기에 변화가 있었습니다. 학생들은 시민권 운동의 시대가 끝난다는 것을 아직도 상당히 깨닫지 못합니다. 그러나 그들은 그것을 눈치채고 있습니다. 저는 정치에 대한 그들의 모든 관심이 붕괴하리라는 것을 두려워합니다. 거의 모든 학생이 반대하는 베트남전쟁은 시민권 운동을 대신할 수 없습니다. 그들은 여러 해 동안 할 수 있었고 상당히 많이 했으나 전쟁과 관련하여 어떤 것도 할 수 없기 때문입니다. 그들은 정말 반전 게임과 관련하여 진지했다면 모두 징집되어 정부에 자신들의 의견을 명백히 보여주었을 것입니다. 군대가 재능이 없는 사람들로 구성되는 한, 그 결과가 어떨지 확인하는 것은 수월합니다. 그런 사람들이 전쟁에 참여하고 싶다는 사실과 별도로 그것은 그들에게 실질적인 변화입니다.

하나도 안 좋아 보입니다. 저는 당신이 정치에서 벗어났다는 게르트루트의 기쁨을 공유합니다. 어쨌든, 독일 문제와 관련하여 언급할 내용은 더는 없습니다. 그곳에서 현실은 아무런 관심 없이 자동조정장치로 작동합니다 ― 살펴 보지요! 그런데 저는 아우그슈타인이 허리를 뺐다는 소식을 들었습니다. 관심이 없습니다. 『슈피겔』은 악화하고 있습니다(비밀경찰에 관한 일련의 연재는 완전히 안 좋습니다. 낮은 수준입니다). 저는 아우그슈타인이 관심을 잃었다는 감정을 갖습니다.

당신은 『비판자들에 대한 답변Antwort an die Kritiker』을 얼마나 쓰고 있는지요? 저는 이곳 시카고대학교출판사와 이야기했으며, 아쉬톤과 당신은 물론 필요한 만큼 여유를 가질 수 있습니다. 『책임 문제』와 관련한 상황은 다릅니다. 책은 1961년 이후 지장본, 즉 염가판으로 서점에 진열됐고, 출판사는 당분간 그것을 발매하려고 하지 않습니다. 저는 그 출판사의 책임자인 슈그와 이야기했습니다. 모리스 잉글리쉬는 떠났습니다. 애석합니다! 저는 슈그를 별로 좋아하지 않습니다. 그는 새 편집장으로 필립슨을 받아들였습니다. 저는 다음 주 그와 함께 오찬을 할 것입니다. 저는 그가 문제를 일으키기를 바랍니다.

중국에 관한 사항입니다. 저는 재미있다고 생각한 기사를 방금 읽었습니다. 현재 '문화혁명'은 중국의 전쟁 대비입니다. 저자가 주장하듯이, 중국은 미국이 조만간 공격할 것이라고 굳게 확신하고 있습니다. 그러나 중국은 러시아(?)와 미국의 여론이 미국의 원자폭탄 사용을 막을 것이라고 가정합니다. 그 경우 중국인들은 제대로(?) 자신들이 전쟁에 승리할 수 있다고 생각합니다. 중국과의 전쟁은 여기에 있는 모든 것을 전적으로 의심하게 할 수 있습니다. 상상할 수 없으나 가능성이 큽니다.

저는 방문했을 때 정치로 당신을 괴롭혔으나 다시 철학에 확고히 자리잡고 헤겔에 관한 저서를 집필하는 당신을 생각하니 너무 기쁩니다.[400]

마지막 한 가지 사항입니다. 며칠 전 저에게 훌륭한 인상을 주었던 한 학생[401]이 저를 방문했습니다. 그는 막스 베버를 연구하고 있으며, 현재 베버에 관한 박사학위 논문을 집필하려는 의도로 『직업으로서의 학문 Wissenschaft als Beruf』을 연구하기에 저를 찾아왔습니다. 추정컨대 그는 독일계 (유대인) 배경을 가지고 있습니다. 그는 스위스에서 태어났으나 이곳에서 성장했고 독일어를 유창하게 말합니다. 그는 당신이 『직업으로서의 정치』(많은 사람이 당시에 관여했던 저서)의 출판 이후 나타난 베버에 관한 논쟁에 참여한 적이 있

---

400 『위대한 철학자들』에 포함시키려고 계획한 헤겔에 관한 에세이.
401 레온 보트슈타인(Leon Botstein, 1946년 출생)은 1970년 바드대학의 총장이 되었다.

는지 질문하러 왔습니다. 그는 베버에 관한 당신의 출판물을 제외하고, 당신이 그에 대해 실질적으로 할 말이 있는 다른 곳을 알고 싶어 했습니다. 저는 이곳에 어떤 책도 가지고 있지 않으며 두 번째 질문에 대해 적절한 대답을 그에게 제시할 수 없었습니다. 저는 대답을 알지 못하기 때문입니다. 저는 당신이 그 당시 어떤 논쟁에서도 역할을 하지 않았다는 것을 아는 한 그렇게 말했습니다. 당신은 그 대답이 옳은지 저에게 알려줄 수 있는지요? 그리고 가능하면 제가 이곳 시카고대학교에 아직 있는 동안에? 또 이 학생은 부업으로 직업적인 음악인입니다. 그는 여기에서 매우 훌륭하다고들 이야기하는 학생 오케스트라를 지휘합니다. 아마도 그는 내년에 유럽에 갈 것입니다. 그가 준 인상이 유지된다면, 저는 그와의 대화를 고려하도록 당신에게 요청하려고 합니다. 제 인상이 정확하다면, 그것은 매우 중요할 수 있습니다 — 학생뿐만 아니라 막스 베버에게도 그렇습니다.

저는 11월 22일까지 이곳에 있고, 이후 봄까지 다시 뉴욕에 있을 것입니다.

사랑하는 두 분을 위하여
한나 올림

편지 409 야스퍼스가 아렌트에게

1966년 11월 10일

친애하는 한나!

내가 침대에 있기에 게르트루트가 이 편지를 쓰고 있다오. 나는 매우 좋아졌고, 걱정할 일은 없소. 그러나 나는 다른 며칠 동안 막스 베버와 관련한 자네의 중요한 질문에 대답할 수 없을 것이라고 말하여 미안하오. 자네의 편지가 도착했을 때, 나는 텔레비전 촬영 중이었다오.[402] 결론은 오한과 기관지 확장이오. 어쨌든 나는 그와 같은 어떤 일을 하지 않아야 한다고 추정하오. 그러나 나는 며칠 더 인내할 것을 자네에게 요청해야 하오.

우리 둘이 자네 부부에게 따뜻한 안부를 전하오.

야스퍼스[403]

편지 410 야스퍼스가 아렌트에게

바젤, 1966년 11월 16일

친애하는 한나!

막스 베버에 관한 질문이 담긴 자네의 편지가 시카고에 있는 자네에게 도착하지 않아서 유감이오. 나는 간략하게 대답할 것이오.

1. 나는 1919년 『직업으로서 학문』을 둘러싼 논쟁에 참여하지 않았다오. 그것은 가치 있는 것 같지 않았소. 게오르게 동아리의 사람들은 특히 탁월한 역할을 했으며, 자신들의 판단에서 오만한 것처럼 학문을 이해하지 못한 채 자신들의 불쾌한 견해를 드러냈소. 실질적인 토론은 없었다오.

2. 나는 『직업으로서 학문』을 출간한 직후 어느 일요일 오후 막스 베버, 토마(법률가)가 나와 함께 지겔호이저-란트스라세에 있는 멋있는 집의 정원에서 어떻게 대화를 나누었는가를 이전에 자네에게 분명히 말했다오. 당시 대단히 선풍을 일으켰던 베버의 주장은 물론 주요 토론 주제였소. 이 주장은 냉정하고 확고하며 감동적이었다오.

나는 이런 취지로 무엇인가를 언급했소. 자네는 학문의 의미에 대해 어느 것도 말하지 않았다오. 만약 그것이 자네가 말하는 것 이상이 아니라면, 자네는 왜 그것에 신경을 쓰는가요? 나는 칸트의 "이념"에 대해 언급했고, 과학과 학문의 모든 분야가 이념의 덕택으로만 학문을 뛰어넘는 의미를 획

---

[402] 한네스 라인하르트 텔레비전 촬영 「카를 야스퍼스 — 자화상」은 바로 방영되기 시작했다.
[403] 편지 전체는 게르트루트의 수기에 있다.

득한다고 말했소. 막스 베버는 칸트의 이념에 대해 거의 아무것도 몰랐고 대응하지 않았다오. 마지막으로, 나는 토마에 관심을 가지면서 다음과 같이 말했다오. "그는 학문이 어떤 의미를 지니고 있는지, 왜 학문에 몰두하는지 스스로 알지 못한다오." 막스 베버는 눈에 띄게 주춤했소. "물론, 자네가 다음과 같이 주장한다면. 누구든 인내할 수 있는 것을 보겠지만, 그런 것에 관해 이야기하지 하지 않는 것이 더 좋소."

3. 1914년 이전 가치 논쟁은 그 이전에는 거의 아무것도 아닌 것처럼 지성계(처음에 사회학자들의 학술회의)를 자극했다오. 사람들은 무엇인가 위협적인 것이 고개를 들고 있었다고 생각했소. 마치 인문학이 실제로 계속 추진되었던 것처럼, 인문학은 바로 그 뿌리에서 스스로 변해야 하는 위험에 처했던 것 같다오. 불확실한 요소는 당연하게 인정되었고 이제 부분적으로 가짜로 보였던 과학적 객관성 주장의 토대를 약하게 했소.

소수의 사람(그들 가운데 온켄, 슈프랑어,**404** 그리고 다른 사람들)은 성숙한 학자들로 구성된 소규모 모임의 자기 규율이 자신들 사이에서 더 훌륭한 합의라는 목표에 도달할 수 있게 해준다는 희망으로 막스 베버와 "은밀한 모임"을 갖기로 결정했소. 이것은 이런 토론을 특징지었소. 이 모임은 결사가 해체된 1930년대 등장한 (내 생각에 이 역사는 결사의 마지막 비서인 보에제에 의해 기록되었소) 사회정치학회의 역사에 보도된다오.**405** 그 모임은 막스 베버가 "자네들은 결국 나를 이해하지 못한다"라고 슬프게 말하면서 끝났다오.

4. 그리고 이 목표는 실제로 객관적이고 논리적인 이해를 통해서 도달할 수 없었다오. 문제가 된 것은 충족될 수 없는 요구였소. 전반적인 논쟁은 누구든 그 요구를 인식하고 결과적으로 새로운 경로를 개척하는가 또는 누구든 그 요구를 이해하지 않거나 원하지 않는가에 좌우되었다오. 이 논쟁은 아

---

404 헤르만 온켄(Hermann Oncken, 1869~1945)은 1907~1923년 하이델베르크대학교 역사가이며 교수였다. 에두아르트 슈프랑어(Eduard Spranger, 1882~1963)는 심리학자이며 교사였다.
405 Franz Boese, *Geschichte des Vereins für Sozialpolitik 1872~1932*(Berlin, 1939).

마도 인문학적·사회학적·심리학적·역사적 인식이란 최고 임무를 표현하오. 이것은 방법론뿐만 아니라 삶에 대한 학자의 전반적 정향과도 연관되오.

5. 나는 막스 베버와 이야기할 때마다 항상 매우 부끄러워했고, 실제로 토론하지 않았지만, 때론 있음직하지 않고 심지어 무례한 질문(내가 대화에서 막스 베버로부터 얻은 일부 문장이 그에 대한 나의 핵심이 되었다오)을 감히 제기했소. 당시 나는 이와 같은 무엇인가를 그에게 말했소. "이해는 가치 평가와 분리될 수 없습니다. 당신이 요구하고 있는 것은 갈릴레이의 다음과 같은 매우 간단한 형식에 나타납니다. 즉 원은 타원형보다 더 고귀하지 않으며, 저는 어떤 어려움 없이 그것을 따를 수 있습니다. 당신은 완전히 다른 방식으로 명백히 분리되어야 할 것들을 분리하고 싶어 합니다. 그것은 사실 지속적으로 연계되기 때문입니다. 당신이 말하듯이, 최상의 지각은 '가치 평가의 지연'을 통해서 도달됩니다. 그러나 그것은 어떻게 실현될 수 있는지요?"

그러나 나는 그 질문을 자세히 설명할 수도 있다오. 막스 베버는 그것에 대응하지 않았소. 그의 언어에서 문제는 현재보다 더 단순한 것 같았다오. 그러나 그는 현실에서 심오한 수준에서 그것을 경험했소. 이 수준에서 그 문제의 해결 불가능한 속성은 늘 그를 더욱더 몰아세웠고, 무한자를 향한 경로로 나아가게 한 해결책에 조금 더 가까이 다가가기 위해 자기 자신의 내면에 존재하는 긴장감에 자극을 받았다오. 그 특성은 그의 모든 연구에서 내용·분위기·의미를 변경한다오. 누구든 그것에 적응하면, 막스 베버의 저작 대부분에서 그것을 느낀다오. 그의 저작은 같은 주제에 관한 다른 저작과 근본적으로 다르다오.

6. 나는 이것에 관한 어떤 것도 출판한 것을 기억하지 못하지만, 이것에 관한 일부를 집필했소. 이 일부는 이제 나의 논문 뭉치 중에서 읽을 수 없고 출판할 수 없는 상태로 있다오.

7. 자네의 제자가 바젤에 왔다면, 나는 이 문제와 관련하여 그와 즐겁게 이야기할 것이오. 이 문제는 나의 과거 경험에 기초해 1964년 막스 베버

100주년이 형성한 끝없는 방법론 논쟁의 종류에 얽매이는 경향이 있소. 나는 막스 베버에 관한 해석에서 스스로 이해하지 못한 상태로 있으리라는 점을 우려하오.

자네는 이제 뉴욕으로 돌아와 봄까지 약간의 평화를 누리겠지요. 훌륭하오. 아마도 자네는 약간의 좋은 새로운 생각을 갖거나 그사이에 우연히 만난 일부를 해결할 수 있을 것이오.

나는 다시 건강해졌고, 적어도 매우 견딜 만하오. 게르트루트는 거의 최고 상태에 있다오. 폴 고트샬크는 2주 동안 우리와 함께 있소. 게르트루트가 폴과의 대화에서 가족의 다양한 분파에 대해 반세기 이상 거슬러 올라가는 더 많은 기억을 재생하는 것은 아내에게는 대단한 기쁨이오. 나는 아내의 기쁨을 공유한다오. 폴 자신은 85세임에도 불구하고 존경스러울 정도로 힘이 있으며, 계속하여 유럽 전체로 업무 여행을 하고 중고 서점을 위한 새로운 생각을 항상 들먹인다오.[406]

여느 때와 같이, 두 사람에게 게르트루트와 함께 안부를 전하며

야스퍼스

편지 411 야스퍼스가 아렌트에게

바젤, 1966년 11월 29일

친애하는 한나!

나는 어리석은 실수를 했소. 전화로 자네에게 수표를 보내라고 은행에 의뢰했다오(이유; 동봉한 우편환에 따라 독일 라디오방송국의 지급). 은행의 서면 통지는 내가 그 수표를 무효로 가정하는 것이었다오. 심지어 자네의 이름도 정확하게 기록되지 않았다오. 그것을 은행(협동조합 중앙은행, 바젤, 에셴플라츠)에

---

[406] 폴 고트샬크는 학술지를 전문으로 취급한 뉴욕의 중고 서점을 가지고 있었다.

되돌려주며, 자네의 주소와 이름을 알려주오. 혼란을 양해하오!

따뜻한 안부와 함께
야스퍼스

게르트루트가 안부를 전하오.

편지 412 **아렌트가 야스퍼스에게**

1966년 12월 12일

친애하고 존경하는 분께,

저는 아직도 말로 표현할 수 없는 정도의 혼돈 상태에 있기에 오늘 편지를 받아 적게 하고 있습니다. 저는 시카고대학교를 떠난 이후 곧 진행할 강의가 많습니다. 강의는 성공적이었지만 동시에 다소 힘이 많이 들었습니다. 통상 오후 3시부터 저녁 11시까지 세미나와 강의와 토론이 바로 이어져서 진행되었습니다.

막스 베버와 관련한 편지에 대단히 감사합니다. 저는 주요 핵심을 복사하여 보트스타인 씨에게 보냈습니다.[407]

그사이에 당신은 우리가 남아있는 문제들에 관해 이야기했다는 내용의 편지를 보낸 아쉬톤에게서 소식을 들었을 것입니다. 제 생각에 그것은 당신이 현재 상황에 대해 몇 쪽을 첨가할 수 있을 경우에 도움이 될 것입니다. 당신이 얼마나 옳았는지! 저는 독일인들이 잠정적으로 새로운 정부 형태 ― 양당 독재 ― 를 고안했다는 느낌이 있습니다. 이제 발생할 일은 저에게 분명한 것 같습니다. 두 정당은 닫힌 문 뒤에서 서로 앙숙일 것입니다. 나라가 위기에 빠지면 어떤 대가를 치르더라도 대단한 지혜로 정부를

---

[407] 편지 408의 각주 401를 참조할 것.

인수하겠다고 결정한 사회민주당은 큰 차이로 선거에 패배할 것이며, 그리고 우리는 아마도 이러저러한 식으로 스트라우스 씨 — 필요한 시기에 나라의 구원자 — 를 얻게 될 것이지요!

저는 당신과 대화할 필요성을 매우 느끼지만, 우리는 무엇을 할 수 있는지요? 저는 독일 국가민주당[408]의 득표율이 중요하다고 생각하지만, 온 세상 사람들, 무엇보다도 스트라우스 씨가 현재 "사람들은 물론 볼 것이다. 우리는 다시 민족주의적이어야 한다"라고 말하는 것이 아마도 중요합니다.

저는 아쉬톤이 5% 조항과 관련하여 당신에게 편지를 보낼 것으로 추정합니다. 그들이 소규모 정당이 완전히 사라지도록 투표 규칙을 변경하고 싶어 하는 것 — 아쉬톤이 당신에게 편지를 보냈을 때 알 수 없었던 것 — 이 사실이라면, 저는 그 점에서도 당신이 옳았던 것 같습니다. 당신에게 요구하는 가장 중요한 것은 아마도 적어도 주요 요지를 설명하는 이 단락을 다소간 변경하는 것입니다. 즉 모든 야당의 제거.

의문의 수표에 관한 사항입니다. 저는 그것이 무엇을 위한 것이었는지를 단순히 상상할 수 없기에 처음에 그것을 현금화하지 않았습니다. 독일 라디오방송국은 어떻게든 완전한 혼란을 만들어냈습니다. 그들은 저에게 지급해야 하며 취리히에 있는 제 계좌(스위스 신용은행)에 직접 입금해 달라고 사례비를 당신의 주소로 보냈습니다. 저는 당신이 그것으로 더는 신경을 쓰지 않도록 하려고 결국 이곳의 수표를 현금화하는 것을 마무리했습니다. 그것은 실제로 아주 우매합니다. 저의 이름이 잘못 기록된 것은 아마도 문제가 되지 않을 것입니다. 제가 수표를 다시 보내야 한다면, 당신이 밝힌 은행으로 보낼 것입니다.

두 분에게 따뜻한 안부를 전하며
한나 올림

---

[408] 독일의 국가민주당, 우익 독일 정당.

편지 413 야스퍼스가 아렌트에게

바젤, 1967년 1월 3일

친애하는 한나!

 자네의 편지에 매우 감사하오. 자신에게 과도하게 부과된 요구에도 불구하고 지칠 줄 모르고 연구를 수행하는 자네는 정말 훌륭하오. 나는 언젠가 자네의 영광스러운 강의 여행 가운데 하나에 함께 하고, 그 모든 것을 경험하고 자네가 무엇을 말하고 있는지 알고 싶소. 자네는 우리가 여름에 언제 모이는지 나에게 말할 수 있소.

 나는 연방공화국에 관한 나의 책, 즉 『답변』을 마무리하고 있소. 이것은 내가 기대했던 것보다 더 오래 걸렸다오. 다음 주에 이것을 인쇄소로 넘길 것이오. 나는 정치에 완전히 넌더리가 난다오.

 우리는 꽤 좋다오. 게르트루트는 심각하게 아팠던 감염을 극복했소. 이제 그녀는 회복되고 기분이 좋지만, 여전히 신체적으로 지쳐 있다오. 나와 함께 나이의 징후는 계속 나타난다오. 이 징후는 그 자체로 위험하지 않으나 전반적인 상태를 변화시킨다오. 내 머리는 여전히 거의 예전처럼 생기발랄하오. 그러나 나는 서두르지 않고, 미루지 않고 모든 일을 행하며, 좋아하는 것은 무엇이든 읽을 수 있도록 허락하오. 나는 더는 일에 대한 '의무'를 인정하지 않네요. 나는 선택의 여지가 없다는 점에서 점점 더 '세계'를 배려하지 못하고 있소. 답장하지 않은 우편물 더미가 너무 많아져서 감당할 수 없을 정도라오.

 나는 책이 출간되자마자 아쉬톤의 번역에 대한 후기를 쓸 것이오. 그에게 조금만 더 기다려 달라고 부탁해야 하오.

 나는 무엇보다도 폴리비우스를 많이 읽었소. 흥미가 있었지만 내내 그것 때문에 미루었소. 헤로도토스와 투키디데스 다음으로 그를 세 번째 위대한 그리스 역사가로 명명하는 것이 우스꽝스러운 것처럼 보인다오. 그는 피상적인 근대 역사학, 유치한 판단의 원천이오. 그가 로마 '헌법'을 로마 권력과 위대성의 근원으로 나타내는 방식은 근본적으로 정확할 수 있지만, 분석의 관점에서 우리가 현재 이해하는 것 훨씬 아래라오. 그러나 카르타고를 멸망시킨 스키피오의 유명한 장면들과 같이 가끔 훌륭한 구절들이 있다오.[409]

자네는 내가 얼마나 법석을 떨고, 정신적인 변덕에 나 자신을 내맡기는지 알 것이오.

오늘은 우리 둘이 두 사람에게 안부를 전하는 것에 지나지 않는다오.

야스퍼스

편지 414 **아렌트가 야스퍼스에게**

1967년 1월 16일

친애하고 존경하는 분께—

당신의 편지가 며칠 전인 그저께 저녁 늦게 도착했습니다. 편지가 이 넓은 아파트 안을 돌아다녔기 때문입니다. 게르트루트가 보낸 멋진 사진들이 있습니다. 저는 당신이 게르트루트의 병환에 관해 이야기한 이후 그녀의 육필을 보고 감사하고 기뻤습니다. 그녀가 감염되기 전에 편지를 미리 보냈다는 생각은 들지도 않았습니다. 사진이 도착했을 때, 우리는 거의 동시에 이렇게 말했습니다. 즉 우리가 하고 싶은 것은 다음 비행기에 탑승해 우리가 진짜 속한 곳으로 돌아가는 것이오. 이 우정은 얼마나 놀라운가요! 하인리히가 집으로 돌아온 이후, 정말 매우 진기한 것은 얼마나 더욱 완전하게 되었는지. 사진은 놀라우며 더 좋을 수 없습니다. 두 분의 사진도 기술적으로 멋집니다. 그 사진은 당신의 눈을 드러내지 않은 채 당신의 모습을 포착하고 있기 때문입니다. 저는 책상 위에 있는, 역시 매우 멋있는 오래된

---

[409] 야스퍼스는 제2권 폴리비우스 아르테미스판(취리히/스투트가르트, 1961)을 읽었다.

사진을 이 새 사진으로 대체하려고 생각합니다. 게르트루트는 여전히 아주 아름다우며 항상 약간 우울했지만 이제는 우울하고 현명해 보입니다. 억제하는 엄숙함을 띤 당신의 사진. 제 생각에, 사람들이 이렇게 보일 수 있다는 것은 결국 장수에서 보여줄 수 있는 유일한 **가시적인 것**입니다.

  12월은 늘 그렇듯이 우리에게 매우 불안정합니다. 모든 것이 한꺼번에 이루어집니다. 휴일과 전문가 단체의 학술회의 — 올해는 역사가들 및 현대 언어의 학술회의입니다. 모든 사람이 뉴욕에 옵니다. 그런데 메리 매카시는 모든 종류의 일에 참석하기 위해 갑자기 일주일 동안 나타났습니다. 기뻤습니다. 그런 다음 다시 사람들이 모이고 '연회'가 있습니다. 하인리히도 혼란에 빠졌지만, 그는 메리를 매우 좋아하기에 개의치 않았습니다. 우리는 그녀를 위해 연회를 열었습니다. 그녀는 대부분(전체는 아니지만) 나의 친구이기도 한 자기 친구들을 연회에 초대했습니다. 그녀는 제가 천천히 다 마시는 일곱 적포도주 상자를 가지고 왔습니다. 게다가 새해 전야 연회가 있었습니다. 아주 많은 사람은 아니라 약 30명 정도 참가했습니다. 에스터와 저는 연회를 멋있게 관리했습니다. 우리는 새벽 2시에 모든 사람을 내쫓았기 때문입니다. 그 이후 저는 2주 동안 배심원 임무를 맡았습니다. 애석하게도 형사 사건이 아닌 민사소송의 배심원 임무를 매일 9시부터 5시까지 수행했습니다. 저는 이를 기꺼이 수행하였고 많은 것을 배웠습니다. 전반적인 상황은 정말 매우 훌륭합니다. 사람들은 온갖 계급의 사람들과 함께 앉아 있으며, 심의는 매우 인상적입니다. 한편 모든 사람이 정의 문제를 진지하게 받아들이고, 다른 한편 배심원 역할이 거의 모든 사람에게 상당한 돈과 시간의 손실을 의미하더라도 그들이 배심원석에 있어서 매우 행복하기 때문입니다. 배심원 역할은 시민의 의무이며, 사람들은 이 역할을 맡아 행복합니다. 그들은 아무런 가식 없이 역할을 합니다. 모든 사람은 말하지만, 누구도 다른 사람들에게 자신을 강요하거나 그들에게 깊은 인상을 주려고 하지 않습니다. 변호인들은 물론 배심원들에게 인상을 주려고 하지만, 거의 성공하지 못합니다. 평결은 주로 오로지 증거에 기초해 이루어집니다. 고소인들이 선서 아래 명백히 거짓 진술을 하더라도, 사람들은 그것에 동요되지 않고 정당화된 그 불평의 부분에 대해 편견을 갖지 않습니다. 객관성과 공평성은 아주 소박한 사람들에서도 아주 놀랍습니다. 한 사례에서 보듯이 원고들이 이 나라에 20년 동안 있었고 영어 한마디도 할 수 없다(푸에르토리코인)는 것은 아무 차이가 없습니다. 사람들은 통역사의 도움을 받고 더 할 일이 없습니다. 변호사들이 사실을 알아내지 못하고 애초에 법정에 제출해서는 안 되는 사소한 사건들에서 그것들을 점잖게 제시하지 못한다면, 배심원단은 몇 시간 앉아서 상황을 정리하려고 노력합니다. 최종적으로 중요한 것은 사실이 알려 주는 것과 사건에 적용 가능한 법입니다. 판사는 배심원단에 이 법을 설명합니다. 판사는 반복해 말합니다. "법이 마음에 들지 않는다면, 배심원으로서 할 수 있는 일이 없습니다. 여러분은 법으로 결정해야 합니다. 여러분은 시민으로서 법을 바꿀 수 있지만, 현재 배심원으로서 그 역할을 할 수 없습니다." 법은 근본적으로 변경할 수 없는 것으로 간주되지 않습니다. 법이 바뀔 가능성은 항상 열려 있습니다.

그러나 저는 횡설수설하기 시작합니다. 우리의 광포한 모험적인 베트남 정책, 맨체스터 서적의 추문,[410] 케네디 암살과 관련한 불확실성 — 국민 다수는 워런 보고서를 신뢰하지 않는 것으로 판명되었습니다 — 의 관점에서, 우리는 우리의 영혼을 조금 건져줄 무엇인가가 필요합니다. 저는 또한 중국에서 정말 무엇이 진행되고 있는가를 매우 매우 알고 싶습니다. 상황이 이대로 진행된다면, 장개석은 하루아침에 진군할 것입니다. 저 역시 정확히 이것에 기뻐하지 않을 것입니다. 그러나 이 모든 것과 별도로, 상황은

---

[410] William Mancester, *The Death of a President*(New York, 1967). 이 책은 케네디 암살과 관련 사건에 관한 상세한 보고서를 포함하고 있다. 『룩』 잡지에 수록된 출판 이전 발췌본은 아렌트가 언급하는 "스캔들", 즉 맨체스터의 설명에 대한 공식적인 논쟁을 일으켰다. 원래 그 프로젝트에 협력했던 케네디 가문은 그에 대한 승인을 철회했다.

우리에게 좋습니다. 하인리히는 다음 달 대학으로 돌아갑니다. 퇴임하기 이전 마지막 학기입니다. 대학은 그를 붙잡고 싶지만, 그는 아직도 확신하지 않고 조건이 어떤지를 알고 싶어 합니다. 그는 어떤 상황에서도 행정적인 잡무로 더욱 괴로워하지 않을 것입니다. 그러나 다른 한편 그는 어떤 다른 의무 없이 계속 강의하고 싶어 하는 것 같습니다. 저는 이제 3월 말까지 평화를 유지할 것입니다. 저의 첫 번째 임무는 발터 베냐민의 영어판 서문을 집필하는 것입니다.[411] 저는 이미 번역문을 대충 훑어보았습니다. 베냐민은 여기에서 완전히 알려지지 않았고 그의 저작은 매우 복잡하기에, 저는 세부적인 일을 해야 할 것입니다. 그리고 모든 일이 저에게는 아주 완만하게 진행됩니다. 저는 가장 작은 규모의 연구과제에도 아주 길고도 완만한 도움닫기가 필요합니다. 저는 당신이 속도를 줄였다고 생각하는 것을 읽을 때 웃어야 합니다. 다른 것들과 비교할 때 —. 그러나 저는 『연방공화국은 어디로 나아가는가?』가 아직도 잘 팔리는 책 목록에 있다는 것을 대단히 기쁘게 봅니다. 결국, 그것은 큰 성공입니다.

제가 여기까지 왔을 때, 하인리히는 우편물을 가지고 왔습니다. 제 마음을 대단히 편하게 해주는 에르나 뫼플러의 매력적인 편지가 여기에 있었습니다. 그녀는 텔레비전 대담,[412] 그리고 부분적으로 매우 적대적인 독일의 반응에 대해 밝혔습니다. 저는 이 모든 것에 대해 아무것도 듣지 못했습니다. 당신의 『답변』이 완결되었다니 기쁩니다. 네, 이제 정치를 중단할 때입니다. 당신은 그것으로 더는 아무것도 하고 싶지 않고 더는 할 의무도 느껴서는 안 되기 때문일 뿐만 아니라 앞으로 얼마 동안 더는 말할 필요가 없을 것이기 때문이기도 합니다. 우리는 폴리비우스와 관련하여 의견에 일치합니다. 그는 로마인들이 당연하게 여겼기 때문에 보지 못한 어떤 것들을 보

---

[411] Walter Benjamin, *Illuminations*, ed. and introduction by Hannah Arendt(New York, 1968).
[412] 1967년 1월 피터 메르제부르거와의 대담. 야스퍼스는 이 대담에서 쿠르트 게오르크 키징어 수상, 기독교사회당과 사회민주당의 거대 연립을 강력하게 비판했다.

기 위해 외부에서 온 첫 번째 사람일 뿐이었습니다. 그런 측면에서 누구든 그로부터 여전히 배울 수 있습니다. 사소한 일과 관련하여, 당신은 최근 며칠 사이에 저를 보아야 했습니다. 저는 전미 도서상 중에서 철학·과학·신학[413] 범주의 세 심사위원 — 이곳에서 매우 중요한 업무임 — 가운데 한 사람입니다. 그리고 저는 적어도 문자 그대로 몇십 권을 심사해야 합니다. 이 업무는 누구든 거부할 수 없으며 시간을 뺏는 그런 '명예' 가운데 하나입니다. 그러나 긴 이야기를 짧게 말하면, 정말 중요하지 않고 하물며 일곱 저서는 올해 출간되지 않았습니다. 그리고 물론 제가 할 수 없지만 그럴 수 있었다면, 저는 수상작이 없다고 말했을 것입니다.

이 모든 것은 단지 당신에게 우리에 관한 소식을 전하고 저에게 당신과 잠시 숨을 돌릴 기회를 주기 위한 것입니다. 저는 신년과 관련하여 어느 것도 말할 필요가 없습니다. 당신은 제가 두 분과 우리 둘을 위해서 바라는 것을 알고 있습니다.

따뜻한 안부를 전하며
한나 올림

편지 415 아렌트가 야스퍼스 부부에게

1967년 3월 21일

친애하는 친구분들께—

자녀는 당신의 건강이 좋지 않았다는 것을 알리고자 저에게 편지를 보냈습니다. 그는 두 분이 호전되고 있다고 했습니다. 저는 그것에 안도하고 있습니다. 저는 상황이 어떤지 관망하기 위해 그저 모퉁이를 뛰어다닐 수 없

---

[413] 미국출판사평의회가 부분적으로 재정을 지원하는 전미 도서상은 다양한 범주에서 출판되는 우수 도서에 수여하는 상이다.

을 만큼 삼키기엔 쓰라린 약을 찾고 있습니다. 당신이 편지를 보내야 한다고 생각하지 말고, 에르나도 마찬가지입니다. 저는 자녀에게 정보를 알려달라고 요청했고, 그가 그렇게 할 것이라고 확신합니다.

제가 아직 당신에게 말할 편지를 보내지 않았기 때문에, 이곳 뉴스쿨 대학원에 매우 좋은 직위를 맡겠다고 결정했을 정도로 이곳의 상황은 바뀌었습니다. 또 매년 오직 한 학기만 담당합니다. 제가 시카고대학교와 정말 탁월한 학생을 떠나는 것은 어려울 것이지만, 매년에 두 번 왔다 갔다 하는 여행과 오랫동안 집을 비우는 것은 우리 둘을 지치게 하고 있었습니다. 올해 공식적으로 퇴임하는 하인리히는 계속 강의를 할 것입니다. 저는 그가 지금 즐기고 있는 것만큼 학생들과 교직원들에게 큰 성공을 거둔 적이 없다고 생각하지 않습니다. 그는 더 많이 집에 있을 것입니다. 그는 좋습니다. 우리는 여름을 위한 계획을 추진하고 있고, 당신이 좋으시다면 이번에 일찍 8월에 가고 싶습니다. 하인리히는 추정컨대 올해 가을에 가르칠 것이고 대학은 9월 초에 다시 시작할 것입니다.

이곳 겨울은 매우 혹독하고 추우며 계속 눈폭풍이 불었습니다. 오늘 아침에도 그랬습니다. 그리고 정치 상황도 마찬가지로 매우 우울합니다. 저는 당신의 비판자들에 대한 『답변』[414]과 함께 『연방공화국은 어디로 나아가는가?』를 방금 다시 읽었습니다. 『답변』은 여러 가지 세부 사항에서 대단히 계몽적입니다. 미국에 관한 한, 저는 현재 그렇게 낙관적이지 않습니다. 저는 당신이 중앙정보국CIA에 대한 폭로를 이해했는지 모르겠습니다.[415] 이것은 우리의 모든 지적 삶이 이 말도 안 되는 헛소리와 무엇보다도

---

414 편지 296의 각주 246과 편지 398의 각주 355를 참조할 것.
415 일찍이 1967년 기사는 많은 공공기관이 중앙정보국에 재정적·이데올로기적으로 의존하는 것을 폭로하는 신문에 게재되었다. 하나는 『성곽(Ramparts)』 제5권 9호(1967년 3월)에 수록된 논문이었다. 이 논문은 미전국학생협회와 중앙정보국 사이의 긴밀한 연계를 폭로했다. 미국 외부에서 출판되는 『만남』, 『증거(Preuves)』, 『모나트』와 같은 저명한 출판물도 그런 재정적 지원을 받았다. 물론 이 출판물의 고위 인사들 다수는 이 사실을 인식하지 못했다.

노동조합을 통해서 수수께끼처럼 되어 있다는 것을 보여주었습니다. 젊은 이들과는 별개로, 누구도 이것에 주목하지 않습니다. 문화자유회의는 최근의 폭로로 가장 과도하게 연루된 단체들 가운데 하나입니다. 라스키는 분명히 주요 인물이고, 아마도 본디 역시 그렇습니다. 저는 메리 매카시가 여기 있었기를 바랍니다. 그러면 저는 적어도 그렇게 외롭지 않았을 것입니다. 그녀는 베트남에 있었고 지금 이것에 관한 일련의 기사를 집필하고 있습니다.[416] 저는 귄터 그라스에 대한 당신의 논평에 기뻤습니다. 누구든 그와 관련하여 좋은 것을 말할 수 없습니다.[417] 저는 여기에서 우베 욘존에 대해서도 알게 되었습니다. 당신이 연구하지 않을 때, 그의 훌륭한 책 『두 견해 Zwei Ansichten』[418]를 읽으십시오.

그런데 『답변』 202쪽에 궁금한 것이 있습니다. 당신은 "예외적인 사람이 일반 사람이다"라고 말하는 "미국인 문장"에 대해 밝혔습니다. 그 문장은 어떤 미국인도 아니고 당신이 밝힌 주장입니다. 당신은 작년 대화 중에 그것을 언급했고, 저는 그것에 영향을 받았기에 위층에서 바로 적어놨습니다. 우리는 정상성에 대해 언급하고 있었고, 당신은 그것을 결론으로 말했습니다.

이것은 제가 얼마나 걱정하는지조차 말하지 않은 측은한 편지입니다. 다음 주 마지막으로 시카고대학교에 갈 것입니다. 저는 그것을 약간 두려워합니다. 학생들은 자신들이 곤경에 처해 있다고 느낍니다. 그러나 저도 다소간 많은 일에 대해 걱정합니다 — 너무 따분하여 열거할 수 없습니다. 저는 어떤 의무도 없이 다시 1년을 보내고 싶습니다.

따뜻한 안부를 전하며
한나 올림

---

[416] Mary McCarthy, "Report from Vietnam," *The New York Review of Books*(April 29, May 5, 18, 1967); "Vietnam Solution"(November 1, 1967); all four articles were reprinted in *Vietnam*(New York, 1967).
[417] *Antwort*, 230-231.
[418] Uwe Johnson, *Zwei Ansichten*(Frankfurt am Main, 1965).

편지 416 야스퍼스가 아렌트에게

바젤, 1967년 3월 24일

친애하는 한나!

자네의 마지막 편지는 오래전에 왔소. 관대하고 확대된 자네 눈매가 우리에게 던지는 눈빛은 우리에게 매우 따뜻하오.

바라건대, 하인리히는 이제 모든 행정적인 잡무에서 벗어나 자신의 강의를 계속할 것이오. 그는 교육에서 자신의 훌륭한 재능을 발휘할 수 있소. 즉 젊은이들을 교육하고 위대한 사상가들과 쟁점에 그들의 정신을 열어준다오. 그 교육은 그쳐서는 안 되오. 그는 대체할 수 없다오. 내가 이전에 자네에게서 들었듯이, 사람들도 그것을 이해하오. 그래서 나는 상황이 해결되기를 바라오.

이 편지는 자네가 우리로부터 아무런 말도 남아있지 않도록 하려고 단지 오늘을 위한 인사말일 뿐이오. 나는 이 편지를 받아 적게 하고 있소. 다발성 관절염으로 손이 아프고 글을 쓸 때 더 아프기도 하기 때문이오.

류머티즘성 합병증은 더 문제가 많아졌다오. 고통과 근육의 약점이 되었소. 무엇보다도 나는 감기에 걸렸고 현재는 이른바 기관지확장증이 있다오. 몇 주 동안 다시는 작업을 하지 못했소. 내가 했던 마지막 일은 독일의 상황에 대한 짧은 정치 논평을 집필하는 것이었소. 「독립적인 사유에 대하여」는 손도 대지 않았다오. 내 상황이 다시 개선되길 바라오. 그러나 노년기에는 빨리 병에 걸리고 천천히 회복되니, 가능성은 있소. 게르트루트는 88세의 사람치고는 비교적 건강하오. 물론 그녀의 심상은 약하지만 아직은 그런대로 괜찮소. 그녀가 비록 피로와 현기증을 호소하지만, 항상 그랬듯이 진취적이고 기발한 생각으로 가득 차 있다오. 물론 이 모든 것은 약간 측은하게 들리오. 상황은 그렇게 나쁘지는 않소. 나는 집필하고 출판하는 일을 계속하지 않아야 하오. 어쨌든, 그것은 그렇게 중요하지 않소. 우리는 방문자들을 많이 받아들이고 상황의 범위 내에서 좋아하는 많은 일에 관여하오.

따뜻한 안부를 전하며
야스퍼스

나는 아직도 글을 쓸 수 있다는 것을 자네가 알 수 있도록 이 추신을 덧붙이고 있소. 오늘은 기분이 좋구려.

자네는 무엇을 하고 있는지? 어떤 새로운 것을 하고 있는지?

아쉬톤은 여느 때와 같이 매우 훌륭하오. 그의 제안은 항상 옳다오. 나는 그에게 매우 감사하오. 그는 정말 상당한 수준의 사람임이 틀림없소.

편지 417 **아렌트가 야스퍼스에게**

시카고, 1967년 4월 13일

친애하고 존경하는 분께―

우리의 편지는 우편으로 엇갈렸습니다. 당신의 편지를 받아서 아주 행복했습니다. 하인리히는 그것을 저에게 전달하기 전에 전화로 바로 읽어주었습니다.

저는 배상 업무(당신은 교수자격 논문 등을 기억하지요)와 관련한 변호사의 편지를 받았기에 오늘 급하게 편지를 쓰고 있습니다. 그 부처는 처음에 우리가 기대한 그 요청(어쨌든 연방법원에 ― 또는 그것이 무엇이든 간에 ― 항소했습니다)을 거부했습니다. 요청을 거부하는 편지에서 특히 결정적으로 언급된 사안은 그 당시에는 두 장이 빠져 있었기 때문에, 『라헬 파른하겐』이 완결되지 않았다는 것이었습니다. 현재 독일에 있는 변호사는 당신의 진술이 도움이 될 수 있다고 생각한다 ― 그가 전혀 확신하지 않지만 ― 고 저에게 말합니다.

진술의 핵심은 다음과 같습니다.

"책으로 출판되었을 때 첨가된 두 장이 없더라도 라헬에 관한 이 포괄적인 연구는 완벽한 교수자격 논문 계획을 나타냈다."[419]

제 변호사는 아마도 바젤에 와서 이것이나 비슷한 진술에 대해 당신과 논의하려고 할 것입니다. 저는 당신의 건강을 고려해서 당신이 그를 볼 수 있을지 전혀 확신할 수 없다고 그에게 편지를 보냈으며, 모든 것을 우편 등으로 처리하라고 그에게 제안했습니다. 그러나 그가 전화할 경우, 그의 이름은 란돌프 H. 뉴먼(일명 노이만)입니다. 현재 그는 베를린의 브리스톨호텔 켐핀스키, 1 베를린 15, 쿠르퓌르스텐담 대로 27에 머물고 있습니다. 전화번호는 8 81 06 91입니다. 그는 다른 측면에서 법적으로 매우 예민하며 활동력이 있습니다 — 당신은 그가 당신에게 연락해야 하는지 보게 될 것입니다. 업무 전체는 애석하게도 다소간 지연되었습니다. 제가 4월 6일 편지를 확보했기 때문입니다. 이 편지는 뉴욕으로 배달되었습니다. 상황 자체로, 저는 그것이 전혀 편안하지 않습니다. 전기는 관례상 주체의 죽음으로 끝납니다. 세상의 모든 진술은 그것을 바꿀 수 없습니다. 그러나 아마도 … 만약 당신이 이와 관련된 진술을 하고 싶지 않다면, 그냥 바로 거절하라고 말씀해주세요. 저는 정말 그것이 어쨌든 큰 도움이 되리라고 생각하지 않습니다. 그러나 제가 언급했듯이, 이 변호사는 매우 정력적이고 전혀 우매하지 않습니다. 그리고 그는 제가 주체인 이 '대상'에 충분히 관심을 가지는 것이 아니라고 생각합니다.

이 우매한 편지를 양해하여 주세요. 이중 압력을 받으며 이 편지를 쓰고 있습니다 — 박사 (! 매우 중요한) 뉴먼과 이른바 이곳에서 저의 임무라는 이중 압력입니다. 저는 러시아 혁명에 관한 매우 흥미로운 역사가들의 학술회의를 위해 하버드대학교에 있었습니다. 그 분야 전문가들 — 영국·프랑스·독일·네덜란드·미국에서 온 사람들 — 만이 참여하였습니다. 28명 남짓입니다. 저는 전문가도 아니고 러시아도 알지 못한 유일한 사람입니다. 저

---

[419] 편지 418의 각주 421을 참조할 것.

는 하버드대학교와 시카고대학교를 오가며 하인리히에게 아침 인사와 잘 자라고 말하고자 재빨리 뉴욕으로 날아갔습니다. 그는 의당 이것을 고마워했습니다. 그는 매우 건강합니다. 의사는 앞으로 3개월 동안 그를 다시 보지 못할 것입니다.

따뜻한 안부 전합니다 ─ 저는 게르트루트의 간단한 문장을 계속 생각합니다. "우리는 함께 늙어가기를 원했다. 이제 우리는 그것을 견뎌야 할 것이다."[420] 이것은 멋진 마무리입니다.

모든 소원을 담아
한나 올림

편지 418 **야스퍼스가 아렌트에게**

바젤, 1967년 4월 24일

친애하는 한나!

나는 방금 뉴먼 씨에게 편지를 보냈소.[421] 충분히 강조하고 정확성을 유지했기를 바라오. 내 관점에서 자네는 이 문제에서 완전히 옳으며, 이것은 수고할 가치가 있다오.

우리는 8월에 자네 부부를 만나고 자네와 이야기하게 되어 매우 기쁘오.

---

[420] 편지 416에 첨가된 언급.
[421] 편지 날짜는 '바젤, 1967년 4월 18일'로 적혀 있고, 다음 내용을 담고 있다.
"나는 공식적인 답변 및 진상에 관한 설명과 함께 1967년 4월 17일 당신의 질문에 답변해야 합니다.
한나 아렌트-블뤼허 씨는 교수자격 요청서를 제출한 적이 없습니다. 그 당시의 상황에 친숙한 사람은 누구나 총장이 그런 요청서를 수용하지 않을 것이라는 점을 알고 있습니다.
사실 그녀의 교수자격 요건에 조그만 의심도 없습니다. 저는 이후에 출판본에서 그녀의 라헬 연구를 읽었습니다. 그 저작은 대작으로 옳게 고려됩니다. 부족한 것은 짧은 마지막 장들이었습니다. 이 간략한 결론이 없다면, 제 생각에 ─ 그 당시나 현재에도 ─ 이 연구는 박사학위 논문으로서 충분하지 않습니다. 아렌트는 이 연구를 통해서 자신이 단지 어느 순간에 자격을 얻으려는 욕구를 품었던 사람이 아니라 모든 필요조건을 실제로 충족시킨 사람이었다는 것을 증명했습니다."

작년부터 몇 가지 변화가 있소. 나의 신경염은 다소간 더욱 악화됐소. 그 결과, 운동으로 야기된 고통은 (코르티존으론) 완전히 제거될 수 없으며, 근육 위축은 걸음걸이를 다소간 어렵게 만든다오. 하지만 나쁘진 않구려. 게르트루트는 훌륭한 형태라오. 그녀가 88세의 나이에 주도적이고 아주 많은 생각을 한다는 것은 거의 불가능해 보이오.

자네와 하인리히에게 따뜻한 안부를 전하며
야스퍼스

편지 419 **아렌트가 야스퍼스 부부에게**

1967년 6월 10일

친애하는 친구분들께―

저는 일주일 반 전에 매우 지친 채 시카고에서 집에 왔으며, 그 이후 우리는 라디오를 켜놓은 채 대부분 시간을 보냈습니다. 나세르가 비록 종이호랑이였다고 하더라도, 이스라엘 사람들은 훌륭한 일을 했습니다.[422] 저는 다얀의 성명서를 매우 좋아했고,[423] 어제 ― 어디엔가 숨긴 채 ― 그가 요르단에 연방이나 연합을 제안했다고 말하는 예루살렘의 보도를 읽었습니다. 러시아가 전모의 배후에 있고 동시에 베트남 문제를 논의할 수 있었던 평화협상을 추진할 것이라는 데는 의심의 여지가 없습니다. 저는 러시아가 외교관계를 끊고 제재로 이스라엘을 위협했다는 소식을 방금 들었습니다. 최악의 상황은 아직 오지 않았을 수도 있습니다 ― 제가 비록 이스라엘에 관한 한, 최악의 상황은 이스라엘이 공격하지 않았더라면 그랬을 것보다 훨씬 덜 나쁘다고 생각하기는 합니다. 그러나 상황은 여전히 다소간 불안정하

---

[422] 1967년 6월 5-10일까지 6일 전쟁에서 이집트·요르단·시리아에 대항해 승리했고, 서안·골란 고원·시나이를 점령했다.
[423] 모세 다얀은 1967년 5월 말일 이스라엘 국방상이 되었다.

며, 우리는 여행을 준비할 때와 같이 조금 불안해하고 있습니다. 저는 방금 오일러호텔에 편지를 보냈고 8월 1일부터 우리의 방을 예약했습니다.

제가 지난번 당신에게서 소식을 들은 이후 영원한 것 같습니다. 저를 안심시켰던 의료 보고서에 대단히 감사합니다. 헬렌 볼프는 어제 여기에 왔으며, 우리는 두 분에 관한 가장 애틋한 생각에 빠져들었습니다. 그녀는 당신이 인세를 받았을 때 보내는 편지에 큰 기쁨을 느낍니다. 또 저는 그녀와 어떤 출판 계획을 준비하고 있습니다. 그녀는 여기서 제가 편집하고 서론을 집필한, 에세이 모음집을 출판하려고 하며,[424] 저는 에세이집 —『어두운 시대의 사람들』— 과 관련하여 하코트출판사와의 계약서에 바로 서명했습니다. 이 책에 최근 몇 년에 대한 이른바 제 초상화를 수집할 것입니다. 시카고대학교출판사는 저의 짧은 서문이 수록된『연방공화국은 어디로 나아가는가?』를 곧 출판하려고 합니다.[425] 당신의『답변』도 출판된 이후에 가장 많이 팔리는 저서 목록에 있었다는 것은 좋은 징조입니다.

보통과는 달리 쌀쌀한 봄 이후 이곳의 여름은 며칠 전 갑자기 왔고, 저는 다음 주말에 다시 좋아하는 팔렌빌로 가려고 합니다. (주소: 체스넛 론 하우스, 팔렌빌, 뉴욕; 전화: 518 Orange 8-3313. 그러나 우편은 뉴욕에서 즉시 배달됩니다.) 8월 말에 — 정확한 날짜를 확신하지 못합니다 — 우리는 비행기로 취리히로 갈 것이며 바젤에 정착하기 전에 며칠 그곳에 머물 것입니다. 우리는 이미 — 8월 30일 제노바에서 — 귀국하는 배편을 예약했습니다. 우리는 이탈리아 북부를 좀 더 둘러보고 싶습니다.

당신의 훌륭한 편지로 도움을 받은 저의 배상 담당 변호사는 결국 좋은 결실을 얻을 것입니다 — 저는 그가 이것을 했으리라고 생각하지 않았습니다. 매우 열정적인 사람입니다! 어쨌든, 문제는 재개될 것입니다. 우리는

---

[424] 편지 414의 각주 411을 참조할 것.
[425] Karl Jaspers, *The Future of Germany*, trans. E. B. Ashton(Chicago/London, 1967).

곧 만날 것입니다.

오늘은 이만 줄입니다. 정말 삶의 징표입니다.

따뜻한 안부와 함께
한나 올림

편지 420   **아렌트가 야스퍼스 부부에게**

예루살렘, 1967년 8월 26일

친애하는 친구분들께—

인사 한마디만 할께요. 저는 뉴욕에 도착할 때까지 편지를 보내지 않을 것입니다. 이곳은 매우 좋고, 매우 흥미로우며, 제 가족과 친구들과 매우 원만합니다.

두 분에 관한 생각이 저에게 함께 있습니다.

따뜻한 안부와 함께—
한나 올림

편지 421   **아렌트가 야스퍼스에게**

1967년 10월 1일

친애하고 존경하는 분께—

어떠신지요? 저는 생각에 잠긴 당신이 어디에 — 왕좌로 새로이 등극한[426] 당신의 책상 의자에, 아니면 소파에 있는가를 모르겠습니다. 당신은 고통을 어떻게 관리하고 있는지요?

저는 이스라엘을 떠난 이후 제네바의 환상적인 호텔 — 신은 고대 그리

---

[426]   야스퍼스는 고통을 덜 느끼며 앉았다 일어나기 위해 책상과 의자를 올렸다.

스 시대를 통해 알고 있습니다 —에서 며칠을 멋있게 지냅니다. 이 호텔의 거실과 계단뿐만 아니라 욕조는 대리석으로 이루어져 있습니다. 이후 훌륭하고 평화로운 바다 여행입니다. 그 때문에 하인리히는 예기치 않은 난관에 직면해 정맥염으로 들어가서 누웠습니다. 그런 이유로 저는 오늘에야 편지를 쓰고 있습니다. 할 일이 너무 많았습니다. 다리를 받치고 있는 그는 통풍을 앓고 있는 나이든 신사, 흔히 볼 수 있는 만화 속의 한 인물과 닮았습니다. 전반적인 상황은 그에게 오래된 채플린 영화를 떠올리게 합니다. 당신이 아시듯이, 우리는 이 증상 발현을 좋은 유머로 이겨냈습니다. 그리고 이제 저는 집에 만족스럽게 앉아 있습니다. 하인리히의 와병은 명예박사 학위와 거대한 기념행사로 미시간대학교에 가지 않을 좋은 변명거리를 제공하기 때문입니다. 집에 있는 것만으로도 멋집니다. 가정에 대해 생각하고 부엌을 위한 리놀륨을 새로 구하고, 요리하고 거의 모든 가정적인 일을 하는 것입니다. 어차피 미쳐버린 인류가 전화기를 발명하지 않았다면, 모든 것이 훨씬 더 나았을 것입니다.

 이스라엘에 관한 사항입니다. 많은 점에서 정말 매우 고무적입니다. 전 국민이 만세를 부르는 것이 아니라 진정한 관광의 열정으로 — 모든 사람은 새로 정복한 영토를 구경해야 합니다 — 그와 같은 승리에 그렇게 반응하는 것은 정말로 멋집니다. 저는 이전 아랍에 속했던 영토에 있었으며 이스라엘 여행객들의 흐름 속에서 어떤 정복자의 행태도 전혀 목격하지 못했습니다. 아랍 주민들은 제가 예상한 것보다 더욱 적대적이었습니다. 예루살렘의 시장(구시가지)에서 당시 뒤를 쫓던 행상인들이 행인들에게 등을 돌렸습니다. 제가 그곳에 있을 때 — 어떠한 공개적인 방해 행위도 아직 거의 일어나지 않았습니다 — 이스라엘 사람들은 네덜란드에 있는 독일인들처럼 눈에 띄게 이것에 무관심했습니다. 후세인 치하에 있는 서요르단 지역[427]은 제가 기

---

[427] 후세인 이븐 탈랄(Hussein Iven Talal, 1935년 출생)은 1953년 요르단 왕이 되었다.

억하고 있는 30년 전과는 전혀 다르게 잘 관리되고 있습니다. 매우 좋은 도로망, 훌륭한 건물들, 적빈 없는 상태, 매우 깨끗한 작은 도시. 이집트인들이 점령했던 영토 바로 맞은편, 가자 지구. 노동자들에게 기아 임금을 지급하는 부재지주들이 가장 원시적인 방법으로 경작하는 큰 농장을 제외하고 믿을 수 없을 정도로 초라합니다. 폭동. 국제연합 팔레스타인 난민 구호 사업 캠프[428]에 있는 난민들은 상당히 좋아졌습니다. 그들은 막사에 수용되어 있고 선사시대로부터 내려온 것일 수 있는 창문이 없는 진흙 오두막에 수용되어 있지 않습니다. 나세르는 즉시 교수형에 처해야 합니다. 사회주의라는 구실 아래 가장 나쁜 의미의 봉건적 통치. 상황은 시리아에서 분명히 유사하지만, 저는 그곳에 가지 않았습니다. 북부 국경에 배치된 채찍의 대형 매장이 발견되며, 이것은 병사들을 격려하는 데 사용되었습니다. 비슷한 상황은 트란스요르단이 아닌 시나이반도 이집트 전선에서 일어납니다! 이스라엘 군대가 잘 수행했다는 것은 의심의 여지가 없지만, 그들이 가장 열등한 상대와 맞서고 있다는 것도 아닙니다. 이스라엘 사람들은 그것이 어떤 결정적이고 혁명적인 방법으로 변하지 않는 한 걱정할 이유가 없습니다. 그러나 누구든 동양의 사례에서 볼 수 있듯이, 그것은 변할 수 있고 매우 빨리 변할 수 있습니다. 당신은 제 가족, 즉 퓌르스트 집안을 기억할 것입니다. 그들은 이집트계 유대인으로서 아랍어를 유창하게 말하는 사위 한 사람이 있습니다.[429] 다른 사람은 당신이 아시듯이 독일인이고,[430] 그 젊은 부부는 저에게 모든 것을 보여주기 위해 잠시 휴가를 냈습니다. 그것도 매우 멋있었습니다. 저는 이 기묘한 가정을 생각합니다. 부모의 반쪽은 쾨니히스베르크 출신이고, 다른 반쪽은 베를린 출신입니다. 넉넉한 남편들과 함께 있는 두 딸입니다. 그들은 모두 유명해졌습니다. 처남과 매부 사이 관계는 좋습니다.

---

[428] 1939년 설립된, 중동의 팔레스타인 난민을 위한 국제연합 구호활동기구이다.
[429] 쉬무엘 핀토(Shmu'el Pinto, 1932년 출생).
[430] 마이클 브로크(Michael Broke, 1940년 출생).

독일인은 히브리어를 유창하게 합니다. 약간의 인간미가 있고 모든 것이 아름답게 진행됩니다. 저는 매우 편안함을 느꼈습니다. 그리고 나라 자체에 관한 한, 그 나라가 얼마나 큰 두려움에서 해방되었는지를 보면 분명히 알 수 있습니다. 그것은 국민의 성격을 증진하는 데 상당히 이바지합니다.

저는 더 많은 것을 말할 수 있었습니다. 그곳에 있는 대단히 많은 사람과 이야기했고 모든 공식적인 접촉을 명백히 회피했습니다. 30년 동안 그 나라에 있었던 오랜 친구는 공무원이 저에 대해 적대적이지는 않을 것이나 현재 제가 어떻게 생각하는지 물어보기 위해 십여 명의 기자들을 내게 몰아붙였을 것으로 생각했습니다.

저는 아직도 이곳에 있는 어떤 사람도 거의 만나지 않았습니다. 알코플리는 여기 있었고 자신이 당신을 방문한 사실에 관해 이야기했습니다. 메리(매카시)는 여기 있고 하노이에 가기를 원합니다. 그녀는 존슨 행정부를 훌륭하게 공격한 책을 출간했습니다.[431] 그녀의 남편[432]은 외무 업무를 담당하지만, 이것이 결코 그에게 해를 끼치지 않습니다. 이곳에는 여전히 상당한 자유가 있으며, 존슨은 실제로 지쳤습니다. 언론·대학·작가들에 의해 표현되는 여론은 여전히 무언가에 중요합니다. 이 모든 사람이 나라에서 일어나고 있는 것에 관심을 가질 때, 이른바 역사적 필연성은 그다지 중요하지 않습니다.

친애하는 친구분들께, 저는 상황이 당신들에게 어떤지를 정확히 알지 못하기에 그저 떠들어대고 있습니다.

여느 때와 같이, 따뜻한 안부를 전하며
한나 올림

---

[431] 편지 415의 각주 416을 참조할 것.
[432] 제임스 웨스트. 편지 331의 각주 25를 참조할 것.

편지 422 아렌트가 야스퍼스에게

1967년 11월 25일

친애하고 존경하는 분께—

저는 방금 당신의 자서전적 저작⁴³³을 다 읽었습니다(하인리히와 저만이 읽었는데, 책의 표지는 우연히 이미 떨어져나갔습니다 — 돈 한 푼에도 벌벌 떠는 피페르!). 그들은 아주 멋진 작은 책을 만들었습니다. 많은 것은 저에게 친숙합니다 — 고향과 젊은 시절.⁴³⁴ 당신이 어떻게 하이델베르크를 떠나게 되었는가에 관한 정확한 이야기는 흥미진진한 읽을거리가 되었습니다.⁴³⁵ 저는 『슈피겔』⁴³⁶에서 그것을 이전에 읽었습니다. (당신이 저에게 물었다면, 저는 당신이 저를 언급하지 말았어야 했다고 생각했을 것입니다.⁴³⁷ 그것은 '사적인' 이유 때문이 아닙니다. 그것은 불필요한 기분전환이었고 당신의 결정에 전혀 무게가 실리지 않은 또 다른 동기를 부여했기 때문입니다.) 그것은 불행하게도 전혀 과거의 일이 아닌 마음 상태의 멋진 초상화입니다. 저에게는 대부분 알려지지 않은, 모든 세부 사항을 담고 있는 "병력(病歷; Krankenheitsgeschichte)"은 역시 매우 흥미진진합니다. 저는 의학 분야에만 있는 것 같다고 생각했습니다.

저는 아쉬톤과 캐스퍼가 당신에게서 들은 것을 그들에게서 들었으며, 당신이 상당히 좋아지고 있다고 생각합니다. 제가 틀렸는지요? 당신으로부터 어떤 것도 듣지 못했기에 매우 걱정됩니다. 그들에게 보낸 당신의 편지⁴³⁸는 제 마음을 상당히 편하게 해줍니다.

---

433 Karl Jaspers, *Schicksal und Wille: Autographische Schriften*.
434 *Ibid.* "Elternhaus und Kindheit."
435 *Ibid.* "Von Heidelberg nach Basel."
436 "Erfahrung des Ausgsestonnenseins: Karl Jaspers über seinen Weggang aus Deutschland," *Der Spiegel*(October 2, 1967).
437 *Schicksal und Wille*, 180.
438 야스퍼스는 이때 일부 업무 편지를 받아쓰게 하였으나, 자신의 개인 서신(보통 수기 형태)은 거의 없었다.

저는 시카고에 있었고 방금 뉴욕으로 돌아왔습니다. 하인리히는 매우 좋은 편이지만, 그의 다리는 아직도 정상으로 돌아가지 않았습니다. 그렇지 않으면, 보고할 새로운 것 — 특히 나라와 대학들이 혼란 상태에 있다는 것을 제외하고 — 은 없습니다. 그 모든 것이 어떻게 될지 예측하기 어렵습니다. 저는 시카고대학교의 학생들에게 매우 만족했습니다. 수업과 강의가 거의 방해받지 않고 그곳에서 진행되고 있습니다. 행정당국과 신임 총장 에드워드 레비가 특별히 상황을 아주 잘 관리하기 때문입니다. 실제로 말하자면 단지 한 가지 주요 문제가 있습니다. 학생들이 항의하지 않으면, 어떤 상황에서도 경찰을 불러들여서는 안 됩니다. 그것이 일어나지 않으면, 상황은 걷잡을 수 없게 되지 않습니다. 그리고 학생들의 의견이 극단으로 치달을 경향은 거의 없습니다. 행정당국이 실질적으로 그렇지 않은 학생들을 범죄인으로 취급하고, 경찰을 불러들이거나 학생들에게 징계 조처를 내릴 것이라고 위협할 때에만, 그들은 정말 반항하게 됩니다. 그러면 학생들은 대학을 자신들의 적으로 간주하고 대학을 더는 논쟁이 해결될 수 있는 적절한 장소로 보지 않습니다. 그리고 가게 문을 닫는 게 낫겠습니다.

모든 소원을 빌며—

따뜻한 안부와 함께
한나 올림

하인리히가 따뜻한 안부를 전합니다.

편지 423 **아렌트가 야스퍼스 부부에게**

뉴욕, 1968년 2월 20일

친애하고 존경하는 분, 가장 친애하는 친구분들께—

동봉한 원고[439]는 물론 두 분을 위한 것이며, 저는 추정컨대 하루 동안 방송될 바이에른방송국을 위해 집필했습니다. 오늘 저는 이제 할 말도, 또는 다른 말도 없습니다. "충실성은 진리의 징표다"라는 문장은 하인리히의 말이며, 여기의 다른 것은 모두 정말 그것과 관련하여 쓰였습니다.

저는 5년 전과 같이 오늘은 두 분과 함께 있을 수 없어서 아쉽습니다. 저는 아마도 주말에 2일, 기껏해야 3일 정도 갈 수 있을 것이지만, 그것은 특별히 생일의 혼란 속에서 저에게 무의미해 보입니다. 이 모든 것에도 불구하고, 이 날들이 두 분에게 약간의 즐거움을 가져다주기 바랍니다.

우리는 여기에서 상당히 걱정하며 앉아 있습니다. 우리는 공화국이 엉망이 되는 것을 보고 싶지 않습니다. 그러나 우리가 알듯이, 이른바 세계역사는 우리의 욕구에 별로 관심을 보이지 않습니다.

온갖 행운을 빌고 따뜻한 안부를 전하며

한나 올림

편지 424 게르트루트가 아렌트 부부에게

바젤, 1968년 4월 4일

친애하는 한나, 친애하는 하인리히,

야스퍼스는 회복 중이에요. 그는 자신의 어리석음으로 인해 폐렴과 흉막염을 자초했지요. 그는 몸이 아팠던 다음날 잠자리에 들 준비를 하면서 완전히 벌거벗은 채 돌아다녔어요. 그는 이에 이제 조심하겠다고 약속하네요. 그가 아마도 잊을 것이기 때문에, 나는 그에게 상냥한 기억을 제공할 것이에요 — 그는 여전히 약하시만 잘 먹고 있고 그래서 자신의 힘을 되찾

---

439 Arendt's speech "Karl Jaspers zum 85 Geburstag," broadcast by Bavarian Radio, February 23, 1968. Printed in *Erinnerungen an Karl Jaspers*, ed. by K. Piper and H. Saner(München und Zürich, 1974): 311-315.

을 것이에요. 그는 일어나지 않네요. 그리고 나는 의사의 요구로 그를 격려해서는 안 돼요. 그러나 오늘 아침 그는 간호사와 자녀 씨와 함께 몇 걸음 걸었어요.

내 친구와 사촌에게 이 건강 용태서를 알려주시겠어요? 주소는 폴 고트샬크, 84 대학거리, 뉴욕, N. Y. 10003입니다. 그는 걱정하지 않을 것이에요. 야스퍼스는 좋아지고 있어요.

따뜻한 마음을 담아
게르트루트

편지 425 아렌트가 야스퍼스 부부에게

1968년 5월 5일

가장 친애하는 친구분들께—

우리는 게르트루트의 건강 용태서를 받고 매우 안도했고, 저는 이제 어떤 사항도 듣지 못했기에 상황이 계속 호전되리라고 추정합니다. 저는 할 일이 많아서 편지를 보내지 못했습니다. 방금 시카고에서 돌아왔고 뉴스쿨 업무와 관련된 일로 여전히 바쁩니다. 유진 매카시[440]는 유일한 진짜 희망의 빛이지만, 그가 당선될 기회는 별로 좋지 않습니다. 아직도, 그는 나라의 분위기를 결정적으로 바꾸었습니다. 가을에 생길 것과 관계없이 남을 사실입니다.

저는 오늘 당신과 여름의 가능성에 대해 상의하고자 이 편지를 쓰고 있습니다. 하인리히는 올 겨우내 건강이 별로 좋지 않았으며, 지금은 좋은 편이지만 유럽에 가고 싶어 하지 않습니다. 저는 오랫동안 그를 혼자 두고 싶

---

[440] 유진 매카시(Eugene J. McCarthy, 1916년 출생)는 1950~1970년 위스콘신주 민주당 상원의원으로 1967년 민주당 대통령 지명대회에 참가했으나 실패했다. 그는 베트남전의 강력한 반대자였다.

지 않습니다. 그래서 저는 짧은 시간 동안만 갈 수 있을 것이고 6월 하반기가 여행하기 가장 어울릴 수 있을 것입니다. 제가 더 일찍 갈 가능성은 거의 없습니다. 하인리히는 6월 중순 바드대학에서 명예박사 학위를 받을 것이며, 저는 그것을 위해 여기에 있어야 할 것입니다. 그 이전 학기가 끝난 직후, 우리는 몇 주 동안 시골, 훌륭한 호텔로 가고자 합니다. 그곳에서 우리는 정말 휴식을 취할 수 있습니다. 매우 피곤합니다 — 학기, 가사일, 그리고 정치. 우리가 유럽에서 돌아온 이후(하인리히는 이미 갔을 것입니다), 우리는 여느 때와 같이 팔렌빌로 갈 것입니다. 이런 사항은 아직 전혀 확실하지 않습니다. 하인리히는 다음 주에 또 다른 완전한 신체검사를 받을 것이지만, 저는 의사가 깨끗한 건강증명서를 줄 것이라고 거의 확신합니다.

상황이 어떤지 알려주세요. 저는 6월 중순 이후 융통성이 있으며 상황을 달리 조정할 수 있습니다. 어쨌든 곧 알려주세요.

여느 때와 같은 관심과 따뜻한 소원을 담아

한나 올림

편지 426 **아렌트가 야스퍼스 부부에게**

1968년 6월 13일

가장 친애하는 친구분들께—

급하게 편지를 보냅니다. 갈 수 없군요. 하인리히가 심근경색이 아니라 심장마비를 일으켰습니다. 우리는 그것이 어떤 과정을 밟을지 아직 모릅니다. 어쨌든, 우리는 이것을 기다려야 합니다. 다시 연락하겠습니다.

여느 때와 같이
한나 올림

편지 427 야스퍼스 부부가 아렌트 부부에게

바젤, 1968년 6월 17일

친애하는 한나, 친애하는 하인리히!

우리는 하인리히의 심장마비에 대한 자네의 실망을 공유하오. 물론 그것은 아직 재앙이 아니오. 그러나 그것은 괴로운 불확실성을 초래하오. 앞으로 몇 주, 몇 달이 지나면 익숙해질 것이고, 생명의 자연적 위험에 하나의 추가적인 위험이 더해질 것이오. 그러나 그것은 건강과 안전에 대한 감각을 바꾸는 요소로 남을 것이오.

이 한심한 수기를 양해하시오. 이 이른바 관절염에 끊임없이 대처해야 하는 고통 때문에 글쓰기를 개선할 수 없다오.

우리는 자네를 만나게 될 유럽 여행이 하인리히의 병환 때문에 당분간 취소되어야 한다는 점이 아쉽다오.

우리는 행복하오. 누구나 희망으로만 살 수 없다오.

마음이 내키면 곧 연락하오.

야스퍼스

당신도 알듯이, 내가 손으로 글을 쓸 수 없어요. 나는 우리가 만족해야 할 이유가 있다고 생각해요. 우리가 자녀 부부의 좋은 소식을 공유한다는 것은 큰 기쁨이었네요. 7월 초에 그는 헤르만 헤세상을 받을 것이에요. 10,000마르크의 상금이 제공된답니다.[441] 자녀 부부는 행사를 위한 축하용 옷을 사려고 해요. 그리고 자녀는 자신의 연설을 준비하고 있어요. 처음에 나는 기꺼이 가야 한다고 생각했지만, 너무 불안정해요. 우리는 두 사람의

---

[441] 그의 박사학위 논문, 「전쟁에서 평화로 향하는 칸트의 길(Kants Weg vom Krieg zum Frieden)」. 한스 자녀는 1968년 칼스루에시가 수여하는 헤르만 헤세상을 받았다.

소식을 열렬히 고대해요.

이만 줄이며 따뜻한 안부를 전하며
게르트루트

편지 428 **아렌트가 야스퍼스 부부에게**
1968년 6월 26일

친애하고 존경하는 분, 가장 친애하는 친구분들께—

　당신의 수기 편지는 우리에게 큰 기쁨을 주었습니다. 이 편지는 우리가 얼마나 구체적이고 가시적인 것에 집착하는가를 보여줍니다.

　저는 오늘 하인리히가 놀라울 정도로 잘 지내고 있다는 것을 알려드리고자 편지를 쓰고 있습니다. 의사는 심근경색이 올지도 모른다는 걱정 때문에 그를 병원에 입원시켰습니다. 도리어, 하인리히는 병원에서 매우 급속도로 회복했습니다. 그의 심전도는 다시 완전히 정상이며, 다른 모든 것은 최상의 상태에 있습니다. 그는 지난주 퇴원했으며 이후 집에서 거의 정상적인 일정을 따르고 있습니다 — 아주 조심스럽게 생활하며 소금이 첨가되지 않은 음식을 먹고 있습니다. 그러나 스냅스 술은 잘 공급되고 (들이마시지 않는) 파이프 담배와 여송련도 피울 수 있습니다. 내일 그에게 명예박사 학위를 수여하는 대학은 그가 놓친 행사를 보충하기 위해 총장을 포함한 대표단을 파견할 것입니다. 저는 이미 샴페인과 철갑상어 알도 깔아놓았는데, 하인리히는 그것을 먹을 수 없습니다. 모든 상황이 현재대로 지속한다면, 의사는 아마도 7월 초나 중순에 팔렌빌에 가도록 허락할 것입니다. 의사는 처음에 정말 걱정했지만, 더는 걱정하지 않습니다. 그는 하인리히가 약간의 주의와 심각한 제한 없이 편안하고 잘 살 수 있다고 생각합니다. 그는 겨우내 자기 자신이 아니었고, 지금은 오랫동안 해왔던 것보다 더 나아졌습니다. 피곤도 사라졌습니다.

우리는 자녀의 헤세상 수상 소식을 듣고 매우 기뻤습니다. 조기 인식은 정말 좋은 것입니다. 그에게 우리의 안부와 축하 인사를 전해주세요 – 게르트루트가 발송한 편지는 자기 남편[442]과 함께 레겐스부르크로 이사할 조카로부터 받았습니다. 그녀의 남편은 거기서 첫 직장을 잡을 것입니다. 그녀는 아직 빈에 있는 대학교에서 이수해야 할 시험이 몇 가지 있습니다. 그들에게 매우 즐거운 상황입니다. 그녀는 제가 이미 바젤에 있다고 생각했습니다. 저는 계획 변경에 대해 제때 그녀에게 알리는 것을 소홀히 했습니다.

저는 정치에 대해 많이 말할 수 있었습니다. 저는 다음 세기의 아이들이 우리가 1848년에 대해 배운 것처럼 1968년에 대해 배우리라고 생각합니다. 저도 개인적으로 관심이 있습니다. "데니 빨갱이", 즉 콘-벤디트[443]는 파리 시절 우리의 매우 친한 친구들의 아들입니다. 친구들은 현재 모두 사망했습니다.[444] 저는 그 소년을 알고 있습니다. 그는 이곳의 우리를 방문했고, 저는 그를 독일에서도 보았습니다. 아주 좋은 사람입니다. 이곳의 주요 요인은 모든 젊은이를 자기편으로 둔 매카시입니다. 상황은 여기에서도 지극히 위험한 상태입니다. 그러나 저는 이 나라가 적어도 공화국이 기회를 얻고 있는 유일한 나라라고 생각합니다. 그리고 그 외에도, 누구든 자신이 친구들 사이에 있다는 느낌을 받습니다.

소원과 따뜻한 안부를 전하며 – 한나 올림

---

442   에드나 브로크(Edna Broke; 결혼 전, 퀴르스트[Fürst])와 미셸 브로크.
443   다니엘 콘-벤디트(Daniel Cohn-Bendit, 1945년 출생)는 1968년 파리, 이후 독일 프랑크푸르트에서 학생 저항운동의 지도자였다.
444   에리히와 헤르타 콘 벤디트(Erich and Herta Cohn-Bendit).

편지 429   아렌트가 야스퍼스 부부에게

팔렌빌, 1968년 7월 27일

친애하는 친구분들께―

저는 하인리히의 상황이 어떤지 좀 더 지켜보고 싶었습니다. 그는 멋있게 활동하고 있습니다. 그것은 항상 같은 이야기입니다. 그는 매우 아픕니다. 의사들은 비관적입니다. 그는 병원에 갑니다 ― 그리고 갑자기 모든 일이 끝납니다. 그는 아주 젊었을 때 어떤 치료에도 낫지 않는 설사로 6개월 어려움을 겪었고 피골이 상접했습니다. 의사들은 결핵을 속삭이고 그를 죽은 것으로 포기했습니다. 그의 친구인 로버트는 그것에 대해 다음과 같이 말했습니다. 네가 어쨌든 죽을 거면, 우리는 먼저 이탈리아로 여행을 가야 한다. 그래서 그들은 로버트의 차에 올라탔고, 일주일 이후 하인리히는 완전히 건강했고, 그들은 처음으로 이탈리아를 함께 구경했습니다. 이 사건들은 그를 조금도 당황하게 하지 않습니다. 저는 두려움에서 회복해야만 하는 사람이었습니다. 그는 일을 있는 그대로 받아들입니다. 그는 정말 끔찍한 심장마비 동안에도 전혀 화가 나지 않았습니다.

그에게 일이 잘 풀리면, 저는 아마 적어도 짧은 방문을 위해 갈 것입니다. 그러나 적어도 한 달 동안은 이곳의 상황을 주시할 것입니다. 의사는 현재 낙관합니다. 감사하게도 우리는 현재의 불볕더위를 회피하기 위해 일찍 뉴욕에서 빠져나왔습니다. 이곳의 저녁은 항상 선선하며, 낮에는 기쁘게도 따뜻합니다. 정치적으로, 상황은 좋아 보이지 않습니다. 앨라배마주 출신의 인종차별주의자 후보인 월리스[445]는 매일 기반을 굳히고 있으며, 누구도 양대의 전당대회가 어떻게 끝날지 모릅니다. 저는 우선 컬럼비아대학교 학생 시위를 (아주 근처에서) 목격할 수 있었습니다. 그 대학은 특별히 무서

---

[445] 조지 월리스(George C. Wallace, 1919년 출생)는 앨라배마 주지사로서 1968년 대통령 선거에서 미국독립당의 후보였다.

운 행정 부처를 가지고 있었고, 지금 일어나고 있는 많은 일은 매우 이해할 수 있습니다. 학생들은 10월 마지막 날 장문의 비망록을 총장에게 보냈는데, 그는 이에 대응하지 않았습니다. 그는 비망록 접수를 인정하지도 않았습니다. 이것이 학생들을 단지 원통하게 만들었습니다. 그리고 흑인 문제가 있습니다. 주요 도시들의 분열, 공공업무의 붕괴도 있었습니다. 그 구체적인 상황은 학교·경찰·우편·공공교통의 마비입니다.

저는 여기서 평화롭게 연구를 하고 있습니다 — 주로 권력과 폭력에 관한 에세이입니다.[446] 저는 이곳에서 몇 년 동안의 경험을 어느 정도 이해하려고 노력합니다. 그러나 성공할지 모릅니다.

현재 당신은 상황이 어떤지요? — 그리고 저는 그것을 생각합니다. 즉 지금, 바로 이 순간? 그리고 제가 묻는 것처럼, 저는 그것이 한밤중이고 당신이 (바라건대) 평화롭게 주무시고 있다는 것을 어렵게 이해할 수 있을 뿐입니다. 우리는 와인 한 잔 마시고 자기 전에 체스 게임을 할 것입니다. 우리는 파리를 다녀온 이후 그것을 하지 않습니다.

행운이 있기를 바라며
한나 올림

편지 430 **게르트루트가 아렌트에게**

바젤, 1968년 7월 31일

사랑하는 한나,

하인리히가 건강을 되찾는 중이라고 말한 당신의 편지가 오늘 도착했어요. 우리와 함께, 상황은 야스퍼스가 매우 피곤하고 잠을 많이 자고 있어요.

---

[446] Hannah Arendt, "Reflections on Violence," *Journal of International Affairs* (Winter 1969): 1-35; expanded version in Hannah Arendt, *On Violence* (New York, 1970).

걱정하지만, 그는 인내심이 매우 강하고, 철학적이며 매우 사랑스럽네요.

"나는 당신에게 1년을 약속할 수 있소."

우리는 최근 처음 만난 지[447] 60년이 된 것을 축하하였지요 — 그는 자신의 기억이 쇠약해지는 것을 불평해요. 내 기억은 내가 아직 어렸을 때 나를 허둥지둥하게 했기에, 나는 그것을 완전히 포기했지요. 그것은 내 삶을 매우 힘들게 만들었으며, 다른 사람들이 나를 평가하는 것은 항상 어려워요. 그러나 나의 본성은 나에게 중요한 사람들에게 스스로 전달된 것 같아요. 최종적으로, 자네에게, 그리고 매우 빠르게 하인리히에게 전달되었지요.

밤에 잠을 잘 잔 이후, 야스퍼스는 옆방에서 다시 잠을 자고 있어요. 그의 앞에는 『슈피겔』 최근 호가 있어요. 잘린은 어제 그를 방문했어요. 그것이 그에게 좋았지요. 로스만도 왔어요. 그리고 오늘은 호흐후트가 와요. 방문은 그를 피곤함에서 벗어나게 해요. 자녀는 곧 다시 올 것이에요. 그게 우리 모두에게 좋을 것이에요.

슬픈 편지? 그러나 에르나와 함께 웃지요. 그녀의 쾌활한 성격은 축복이에요.

그리고 유대인 '카디시'에 있는 말이에요. "그대가 생각해야 할 인간이란 무엇인가?" 율법주의적 종교는 많은 것을 파괴했지요. 내 어머니[448]의 신앙심은 깊었고 우리 가정을 사랑으로 채웠지요.

당신을 생각하며
게르트루트

---

[447] 카를 야스퍼스와 게르트루트 야스퍼스는 1907년 7월 14일 만났고 매년 기념일을 축하했다. 게르트루트가 인용한 말은 카를이 약혼식에서 한 말이다. 그는 오래 살 것을 기대하지 않았기 때문이다.

[448] 클라라 마이어(Clara Mayer, 결혼 전 고트샬크[Gottschalk], 1845~1912).

| 편지 431 | 아렌트가 야스퍼스 부부에게 |

팔렌빌, 1968년 8월 20일

친애하는 친구분들께―

하인리히는 활동을 잘하고 있기에, 저는 결국 빨리 여행하기로 했습니다 ― 일주일 정도 머물 수 있을 것입니다. 제가 기대한 대로 일이 잘 풀리면, 일요일인 9월 1일에 그곳에 갈 것입니다. 다시 오일러호텔에 묵을 것이며 전화할 것입니다. 저는 비행기를 아직 예약하지 못했으며, 2일까지 그곳에 도착하지 않을 가능성이 있습니다.[449]

다른 모든 것은 당신을 뵐 때 이야기하겠습니다.

따뜻한 안부를 전하며
한나 올림

게르트루트의 좋은 편지에 감사드리며!

| 편지 432 | 아렌트가 야스퍼스 부부에게 |

1968년 10월 8일

친애하는 친구분들께―

자녀가 편지를 보냈습니다. 이제 저는 압니다. 그리고 저는 두 분과 우리가 알 수 없는 때에 우리 앞에 있는 이별에 대해 생각하며 여기 앉아 있습니다. 제 마음을 스쳐 가는 것과 제가 느끼는 것은 언어의 이해 ― 다른 이유들 가운데 ― 를 넘어섭니다. 저는 두 분이 저에게 주신 모든 것에 감사하

---

449 한나 아렌트는 8월 31일 취리히로 갔으며 일주일 동안 바젤에 체류했다.

고 있습니다.

사랑을 담아서
한나 올림

편지 433 전보, 게르트루트가 아렌트에게

바젤, 1969년 2월 26일

카를 야스퍼스 오후 1시 43분(중앙 유럽 표준시) 사망.[450]

게르투르트Trude[*]

---

[450] 야스퍼스는 게르트루트의 구순에 사망했다. 아렌트는 3월 3일 비공개 장례식에 참석하고 3월 4일 바젤대학교 공식적인 추도식에 참석하기 위해 바젤로 갔다. 그 추도식에서 아렌트는 야스퍼스에 대한 자신의 마지막 공적인 발언인 연설을 했다. 그 이후 몇 년 동안 아렌트는 비정기적인 간격으로 게르트루트에게 편지를 보냈다. 연설문은 『바젤대학교 연설(Basler Universitätreden)』 60호(바젤, 1969): 18-20)에 게재됐다.

[*] 옮긴이_ Trude는 Getrud의 약칭으로 전보에서 처음 언급된다.

1969년 3월 4일 바젤대학교
카를 야스퍼스 추모식에서 행한
아렌트의 추도사

우리는 카를 야스퍼스를 떠나보내기 위해 그분이 사랑하고 존경한 공공 영역에 함께 모였습니다. 우리는 그분이 세상을 떠났을 때 — 매우 연로한 남자로서 놀라울 정도로 행복하고 축복받은 삶을 마친 후 — 무엇인가 세상에서 사라졌다는 것을 세상에 명백하게 하고 싶습니다. **그분이** 말씀하셨듯이, 누구도 한동안 말하지 않았거나 다시 말하지 않을 것입니다. 그것은 우리가 잃은 것을 우리에게 보여주지만, 여기서 중요한 것은 아닙니다. 궁극적으로 괴테의 시구가 꼭 들어맞습니다. 즉 "지구가 그들을 먼 옛날부터 불러온 것처럼, 그들을 다시 불러들일 것입니다." 중요한 것은 그의 언어를 듣고 이해하는 사람들이 더 적어지지 않는다는 점입니다.

지구의 인간은 신체의 존재가 필요합니다. 인간이 아니라 그의 저작만을 알고 있는 사람들도 살아있는 목소리와 몸짓과 함께 저작들 이면에 — 바젤의 오스트라세에 — 어떤 분이 있었다는 확신이 필요합니다. 이것은 저작 속에 있는 것이 현실이며, 한 인사에 현실적이었던 것이 다른 모든 사람에게도 가능해야 한다는 점을 보장하기 때문입니다. 그분은 다른 사람들의 범례가 되기를 원했고 범례일 수 있었습니다.

하지만 그것은 책을 쓴다는 것을 의미하지 않습니다. 책은 세상에 존재하며, 사람들 사이 한 사람이 되는 특이한 방식의 표현이고 상징입니다. 이따금 인간의 존재를 모범적으로 깨닫고, 우리가 개념이나 이상으로만 이해하는 무엇인가의 육체적 화신인 사람이 우리 사이에 등장합니다. 야스퍼스는 사실상 단일한 방식으로 자유·이성·소통의 융합을 스스로 보여주셨습니다. 그분은 일생을 통해 그 융합을 모범적인 형태로 표현했습니다. 그래서 그분은 이것을 성찰하는 과정에서 우리가 앞으로 이러한 세 가지 관념 ― 자유·이성·소통 ― 을 개별적인 관념으로 생각할 수 없고 삼위일체로 생각해야 하는 방식으로 그 융합을 기술할 수 있었습니다.

야스퍼스가 철학자 ― 정신과 의사나 정치인이 아니고 ― 가 되었다는 점은 출생 시에 그분에게 주어진 것이 아니었습니다. 그분은 자신의 삶을 결정짓지 않고 오직 당신이 살아야 했던 방식만을 결정짓는 병이 없었다면 자신이 결코 철학 교수가 되지 않았을 것이라고 말씀했습니다. 그분이 그런 식을 말씀할 때마다, 저는 늘 『국가』에 있는 그 단락을 생각했습니다. 플라톤은 『국가』에서 철학을 위한 풍요로운 토양은 추방 또는 어느 정도의 허약 또는 누구도 행위로 출세할 수 없는 작고 중요하지 않은 나라라고 반쯤은 냉소적으로 말합니다. (만약 아테네의 상황이 더 나아졌더라면 플라톤은 철학자가 되었을까요?)

플라톤 이후 행위와 정치가 중대한 유혹을 나타내는 철학자는 많지 않았습니다. 그러나 야스퍼스는? 그분은 칸트와 함께 "헌법을 생각하는 것은 아주 달콤하다"라고 말씀하셨습니다. 그리고 그분이 신비스러운 방식으로 그 위대한 정치적 재능을 파멸시키거나 이것을 완전한 표현에 이르게 하지 않은 나라에서 태어났다면, 그리고 그분이 질병을 겪지 않았다면, 그분을 정치인으로 상상하는 것은 수월했을 것입니다. 그리고 어떤 의미에서 그분의 철학적 재능과 같이 강력한 이 기본적인 재능은 1945년 이후 그에게서 저절로 생겨났습니다. 그분은 4반세기 동안 독일의 양심이었고, 이 양심이 스위스 토양, 즉 공화국이며 일종의 폴리스인 도시에 거주했다는 점은 분명한낱 우연이 아닙니다. 그분은 민주공화국의 방식을 위해 태어났고, 그런 정신으로 수행되는 인간적인 교류에서 최대의 기쁨을 가졌습니다. 어쨌든, 그분에게 스위스 시민권을 부여하는 것만큼 최근 몇 년 동안 그분을 기쁘게 한 것은 없습니다. 그분은 자신이 처음으로 국가와 일치할 수 있었다고 말씀하시곤 했습니다. 그것은 독일에 대한 거부는 아니었습니다. 그분은 시민권과 국적이 일치할 필요가 없다는 것 — 그분은 독일인이었고 그랬습니다 — 을 아셨으나 시민권이 단순히 형식적 요건도 아니라는 것을 아셨습니다.

우리는 인간이 죽을 때 무슨 일이 일어나는지 모릅니다. 우리가 아는 것은 그가 우리를 떠났다는 것입니다. 우리는 저작에 매달리며, 그런데도 그 저작이 우리가 필요로 하지 않는다는 것도 압니다. 그것들은 죽은 사람이 그가 오기 전에도 있었고 떠난 이후에도 지속할 세계에 남겨놓은 것입니다. 그것들이 어떻게 되는가는 세계가 취하는 과정에 달려 있습니다. 그러나 이러한 저작들이 영위한 삶을 나타낸다는 사실 — 그 사실은 세상에 즉시 드러나지 않고 잊힐 수도 없습니다. 그분과 관련하여 가장 덧없고 동시에 가장 위대한 것 — 그분에게 특이한 말과 행동 — 그것들은 그분과 함께 사라지며, 그것들은 그를 기억하도록 우리에게 요구합니다. 기억하기는 돌아가신 분과의 소통에서 나타나며, 그것으로부터 그분에 관한 대화가 나타납니다. 그 대화는 세상에서 다시 들릴 것입니다. 돌아가신 분과의 소통은 습득되어야 하며, 우리는 지금 슬픔의 교감 속에서 그것을 배우기 시작합니다.

옮긴이 후기

 서간집을 번역하면서 이런 생각을 했습니다. 손으로 편지를 썼던 때가 언제인가? 많은 분이 이러한 기억을 공유할 것입니다. 정보통신 기술혁명으로 오늘날 멀리 떨어져 있는 사람과 대화를 나누는 수단이 상당 부분 전화 또는 휴대 전화, 팩시밀리, 이메일, 문자 메시지, SNS 등으로 바뀌었습니다. 그러나 카톡이나 이메일로 전달된 문자편지도 손으로 쓴 편지만큼 오랜 지속성을 유지하지는 못할 것이라는 생각이 들었습니다. 괜한 생각이지만, 아렌트와 야스퍼스가 평생 주고받은 편지를 번역하면서 이런 유형의 역사적 문건은 어떤 형태로 바뀔까를 상상해보았습니다.

 우리는 '편지', '서신', '서간집', '서한집'이란 제목으로 출간된 수많은 출판물을 확인할 수 있습니다. 용어 표현에 따라 몇 가지 예를 들지면, 플라톤의 『편지들』, 『유배지에서 보낸 정약용의 편지들』, 『바울 서신』, 김대중·이휘호의 『옥중서신』, 『스피노자 서간집』, 『아인슈타인 보른 서한집』, 『헬더린 서한집』 등을 들 수 있습니다. 이 번역본에서는 원제 'Briefwechsel'을 '서간집'으로 바꾸었으나 본문에서는 '편지' 또는 '왕래 서신'이란 용어를 혼용했습니다. 편지가 주로 특정한 상대를 대상으로 하기에 '사신'으로 표현하기도 했습니다.

한나 아렌트는 생전에 출판한 저작과 함께 사후 출간된 모음집, 즉 유작을 포함해 20권 이상의 저작을 남겼습니다. 아렌트는 개인적으로 집필하고 공적으로 활동하는 분주한 삶에서도 수많은 사람과 소통을 하는 수단으로 편지를 활용하였습니다. 현재 출간된 서간집은 6권에 이릅니다. 아렌트가 '우정의 천재'라는 표현을 원용하자면, 아렌트는 또한 편지를 통한 의사소통의 천재이기도 했습니다. 나중에야 확인하였지만, 야스퍼스가 마르틴 하이데거와 카를 바우어와 주고받은 편지도 서간집으로 출간되었습니다.

아렌트의 서간집 가운데 『한나 아렌트 카를 야스퍼스 서간집, 1926~1969』는 몇 가지 구체적 측면에서 두드러진 면이 있습니다. (1) 1938~1945년까지 8년의 공백 기간이 있기는 했지만, 왕래 서신은 43년 동안 이루어졌다는 점입니다. 참고로, 야스퍼스와 하이데거의 서간집은 43년 동안 주고받은 편지를 담고 있으나, 분량은 300쪽 정도입니다. (2) 아렌트와 야스퍼스의 왕래 서신은 433통(700여 쪽)에 이릅니다. 남편인 하인리히 블뤼허와 주고받은 편지의 내용은 450여 쪽입니다. 아렌트가 하이데거와 주고받은 편지는 (공개된 것만) 168통이며, 친구인 매카시와 주고받은 편지는 대략 200통 정도이며, 블루멘펠트와 주고받은 편지는 117통입니다. 이렇듯, 아렌트와 야스퍼스의 왕래 서신은 방대한 분량입니다. (3) 스승과 제자 사이이며, 양성의 두 철학자 사이 주고받은 편지라는 점에서 다른 서간집과 다른 면을 잘 드러내고 있습니다. 편지 통수와 기간을 고려할 때, 아렌트-야스퍼스 서간집을 우리말로 번역하는 게 수월하지는 않았습니다. 우리말로 옮기는 과정에서 몇 가지 사항을 고려하지 않을 수 없었습니다.

첫째, 호칭과 이에 따른 문장 표현을 어떻게 할 것인가의 문제입니다. 이 문제는 해제에서 이미 언급하였기에, 여기서는 덧붙이는 내용을 주로 간략하게 밝힙니다. 편지의 기본 양식에 따르면, 맨 앞에는 수신자의 호칭과 인사말이 나옵니다. 초기 편지에서 아렌트는 '존경하는 교수님께'로 시작하지만, 야스퍼스는 '친애하는 아렌트 부인'으로 시작합니다. 이때 아렌트는 결혼했기에, 야스퍼스는 '아렌트 부인' 또는 '스턴 부인'으로 표현하며 편지글에서는 '자네du'로 표현하지 않고 '당신Sie'으로 표현합니다. 이렇듯, 야스퍼스는 스승이면서도 '공식적인' 편지에서 경칭을 사용하였습니다.

전후 재개한 편지에는 약간의 변화가 있습니다. 옮기는 과정에서 이런 변화에 주목하지 않다가 편집본을 검토하면서 비로소 호칭의 특이한 변화 과정을 확인하고 문구를 수정했습니다. 야스퍼스는 전후 재개한 첫 번째 편지에서 '친애하고 존경하는liebe und verehrte' 또는 '친애하는' 표현을 바꾸어 쓰다가 일관되게 '친애하고 존경하는' 표현을 사용했습니다. 이런 표현은 아렌트가 1950년 바젤을 방문한 이후 주로 '친애하는'으로 바뀝니다. 반면에, 아렌트는 지극히 일부 편지에서 '친애하는 분' 또는 '친애하는 친구분'이란 표현도 사용하지만, 이후 일관되게 '친애하고 존경하는 분께Lieber Verehrtester'라는 문구를 계속 사용합니다.

독일어 문장을 우리말로 옮길 때, 편지를 통한 대화 형식을 고려했습니다. 그래서 아렌트의 편지에서는 '~했습니다'라는 말로 문장을 맺었지만, 야스퍼스의 편지에서는 '~하오' 또는 '~네요' 등의 하오체로 문장을 맺었습니다. 이렇듯, 우리의 언어 감정과 어법을 고려하면서 편지 내용을 옮기는 과정은 번역 과정을 어렵게 했습니다. 문맥에 따라 어색한 표현이 드러날 수 있지만, 이런 부분에 대해서는 독자들께서 양해해주기를 바랄 뿐입니다.

둘째, 원본은 편지 1에서 편지 433까지 아무런 구분 없이 구성되었기에, 책 전체가 마치 하나의 들 속에 있는 것 같습니다. 즉 중간에 삽입된 여러 장의 사진을 제외하면, 이 서간집 자체는 '통글'과 같이 보입니다. 편지에도 드러나듯이, 아렌트와 야스퍼스는 각기 책을 구성할 때 독자들의 관심을 끌 수 있는 편집 원칙을 논의하면서 저작의 내용을 손상시키지 않는 원칙을 항상 지키려고 하였습니다. 그러나 이 서간집 원본에서도 나타나듯이,

출간된 대부분의 서간집은 일반적으로 시기별 또는 주제별 '구분'이나 '구획' 없이 '연속성'이란 편집 원칙을 유지하고 있습니다. 이 번역본은 이 원칙을 따르지 않았습니다. 읽는 과정의 지루함을 덜려는 옮긴이의 의도에 동의하지 않을 수 있다는 점을 우려했으나, 이 부분에 대한 평가는 독자 여러분의 판단에 맡기기로 하였습니다.

43년 동안 주고받은 편지를 몇 개의 부로 나누는 게 좋겠다고 생각했습니다. 그러나 편지 왕래는 삶의 과정에서 이루어지기에, 이를 구분하는 원칙을 정하기란 쉽지 않았습니다. 엘리자베스 영-브륄은 『한나 아렌트의 철학 전기』를 크게 4부로 나누어 아렌트 전기를 집필했기에, 이 원칙을 원용하려고 했으나 합당하지 않다고 생각하여 이 기준을 따르지 않았습니다.

어떻게 구성할 것인가? 해답을 찾고자, 각각의 편지에서 언급하는 주요 쟁점을 검토하고, '대화' 내용을 연대기적으로 적어보았습니다. 각 부의 제목 아래 열거한 항목들이 바로 그것입니다. 물론 모든 사항을 열거하지는 않았습니다. 무엇보다도, 독자들이 각 부의 편지를 읽기에 앞서 전반적인 윤곽을 파악하는 데 도움이 되도록 최소한으로만 밝혔습니다. 이를 토대로 편지 전체를 다음과 같이 5부로 구성했습니다.

「제1부 편지 1-29: 1926~1938년」에서는 한나 아렌트가 하이델베르크대학교로 이동하여 야스퍼스 강의에 참여하고 논문 지도를 받던 시기부터 프랑스 망명 시절까지를 포함했습니다. 「제2부 편지 30-139: 1945~1952년」에서는 야스퍼스가 라스키의 도움으로 아렌트와 편지를 재개한 이후 아렌트가 시민권을 획득한 1951년 다음 해까지로 구성했습니다. 「제3부 편지 140-219: 1953~1957년」에서는 칠순을 맞이한 야스퍼스의 입장을 고려했고 최초로 인공위성이 발사된 인류의 전환점, 즉 1957년까지의 편지로 구성했습니다. 아렌트와 야스퍼스가 이러한 시대적 배경으로 각기 『원자폭탄과 인류의 미래』 그리고 『인간의 조건』 집필을 마무리하던 때이기 때문입니다. 「제4부 편지 220-319: 1958~1962년」에서는 야스퍼스가 평화상을 받고 아렌트의 공개적인 찬사, 그리고 아렌트와 블뤼허의 바젤 방문으로 형성된 인간관계의 전환점, 'Sie'에서 'Du'로의 호칭 변화를 드러낸 편지로 구성되어 있습니다. 그리고 「**제5부 편지 320-433: 1963~1969년**」에는 아이히만 논쟁을 둘러싼 편지 대화로 시작하여 야스퍼스가 서거하기 직전까지 주고받은 편지로 구성하였습니다. 이런 구성이 합당한가? 판단은 독자 여러분에 맡기겠습니다.

셋째, 각각의 편지마다 덧붙인 각주는 편지의 연속성을 파악하는 데 좋은 자료가 됩니다. 총 860여 쪽 가운데 본문은 700여 쪽이지만, 각주는 110여 쪽에 해당합니다. 편집자인 로테 쾰러와 한스 자너는 독자들의 편지의 맥락을 파악할 수 있도록 상당히 힘든 역주 작업을 수행했습니다. 이 각주들은 편지의 연속성뿐만 구체적 맥락을 이해하는 데 좋은 자료가 될 것입니다. 원본에서는 각각의 편지마다 각주를 새로 매겼으나, 이 번역본은 5부로 나누면서 각 부별로 각주 번호를 연이어서 매겼습니다. 이 번거로운 작업은 편집진에서 담당했고, 옮긴이는 이를 확인하는 과정만을 거쳤습니다. 반면에, '옮긴이 각주'는 최소한으로 첨가했습니다.

이러한 편집 과정을 거쳤지만, 옮긴이는 원문의 내용을 있는 그대로 우리말로 옮기면서 가독성을 높이려고 했습니다. 그러나 '원문을 우리말로 제대로 옮기자'라는 생각은 여전히 아쉬움으로 남습니다. 원본을 제대로 번역했는가! 자문하는 질문입니다. 판단은 옮긴이가 아닌 독자 여러분의 몫입니다.

마지막으로 강조할 점은 이러합니다. 아렌트와 야스퍼스는 서로 상대이 저작을 충실히 읽은 독자입니다. 그러니 편지에는 저작에 담긴 중요한 내용이 담겨 있습니다. 이런 점에서 서간집은 아렌트와 야스퍼스의 정신세계를 이해하는 기초자료가 될 것입니다. 서간집을 번역하면서 뒤늦게 파악한 귀중한 결실입니다.

한나 아렌트 저서 찾아보기

이 찾아보기는 이 서간집에서 언급된 저작들만을 포함하고 있다. 서지사항을 확인할 수 있도록 관련 부분을 굵은 활자로 표기한다. 각주 앞의 숫자는 각 권의 쪽이다.

『과거와 미래 사이Between Past and Future』 **제2권** 432의 각주 272
「계몽주의와 유대인 문제Aufklärung und Judenfrage」 **제1권** 103의 각주 30
「교육의 위기Die Krise in der Erziehung」 **제2권** 17의 각주 5
「권위란 무엇인가Was ist Autorität?」 **제1권** 530의 각주 151, 152
「나치 지배의 여파The Aftermath of Nazi Rule」 **제1권** 331, 331의 각주 421, 337
「독일 문제에 대한 접근Approaches to the German Problem」 **제1권** 119의 각주 16, 124
「독일의 범죄German Guilt; 조직화된 범죄Organisierte Schuld」 **제1권** 122의 각주 24, 133-134, 135의 각주 56, 140, 145, 152, 274
「『대리인』: 침묵의 죄책감The Deputy: Guilt by Silence」 **제2권** 307, 335의 각주 127
『라헬 파른하겐Rahel Varnhagen』 **제1권** 84의 각주 7, 107, 386, 440, 498, 570, 577, 592, **제2권** 74, 530
「리틀 록에 대한 성찰Reflections on Little Rock」 **제1권** 594의 각주 239, **제2권** 89의 각주 110
「만만찮은 로빈슨 박사The Formidable Dr. Robinson」 **제2권** 439의 각주 280
「무엇이 야훼에 허용되는가What is Permitted to Jove?」 **제2권** 432의 각주 273
「문화와 정치Kultur und Politik」 **제1권** 594의 각주 239
「발데마르 구리안의 인격The Personality of Waldermar Gurian」 **제1권** 502
「발터 베냐민, 베르톨트 브레히트Walter Benjamin, Bertolt Brecht」 **제2권** 432의 각주 273
「사회주의 인터내셔널의 씨앗The Seeds of a Fascist International」 **제1권** 153의 각주 100
『성인 아우구스티누스의 사랑 개념Der Liebesbegriff bei Augustin』 **제1권** 82의 각주 4, 90의 각주 17, 238, **제2권** 455, 460
『숨겨진 전통Die Verborgene Tradition』 **제1권** 146의 각주 81, 183의 각주 167, 200의 각주 197
「시온주의 재고찰Zionism Reconsidered」 **제1권** 146의 각주 81, **제2권** 362-363
「실존철학이란 무엇인가What is Existenz Philosophy?」 **제1권** 141의 각주 69
『어두운 시대의 사람들Men in the Dark Times』 **제2권** 338의 각주 134
『어두운 시대의 사람들Von der Menschlichkeit in finsteren Zeiten』 **제2권** 73의 각주 86, 93의 각주 115
『여섯 편의 에세이Sechs Essays』 **제1권** 151의 각주 91, 180의 각주 157, 183의 각주 167, 200의 각주 197, 368의 각주 484
『예루살렘의 아이히만Eichmann in Jerusalem』 **제1권** 182의 각주 161, **제2권** 314의 각주 89,

한나 아렌트 저서 찾아보기 561

90, 332의 각주 118, 368의 각주 185, 228-229, 238, 247, 249, 253, 257, 258의 각주 3, 272, 274, 303, 305, 311, 315, 321의 각주 107, 325, 343, 347, 352, 356, 364의 각주 169, 365, 384의 각주 205, 397, 411, 426, 439, 472, 475

「이데올로기와 테러Ideology and Terror」 **제1권** 379의 각주 498, 415, **445의 각주 53**

「20세기 전체주의와 권위주의 정부 형태의 등장과 발전The Rise and Development of Totalitarianism and Authoritarianian Forms of Government in the Twentieth Century」 **제1권** 490의 각주 109

「이해와 정치Understanding and Politics」 **제1권** 428의 각주 18

「인간성Humanitas」 **제2권** 41의 각주 36

「인간, 공동사회 또는 정치적 동물Mensch, ein gesellschaftliches oder politischen Lebenswesen」 **제2권** 103의 각주 130

『인간의 조건The Human Condition; 활동적 삶 또는 일상적 삶Vita Activa oder Vom tätigen Leben』 **제1권** 445의 각주 54, **501의 각주 122**, 593의 237, **제2권** 44의 각주 40, 48, 72, 91, 104, 121, 181

「인종주의 이전의 인종 사유Race-Thinking before Racism」 **제1권** 122의 각주 23

『전체주의의 기원The Origins of Totalitarianism; 전체주의 지배의 요소와 기원Elemente und Ursprünge totaler Herrschaft』 **제1권** 219의 각주 228, 343의 각주 447, 352의 각주 458, 468의 각주 74, 516의 각주 134, 538, 568, **591의 각주 232**, 592-593, **제2권** 36의 각주 25, 270, 351, 463, 474

「전체주의의 선전Totalitäre Propaganda」 **제1권** 354의 각주 461

『전체주의 지배Totalitäre Herrschaft』 **제1권** 538, 568

「전체주의적 제국주의Totalitarian Imperialism; 헝가리 혁명과 전체주의적 제국주의Die Ungarische Revolution und der totalitäre Imperialismus」 **제1권** 151, **581의 각주 226**, 595의 각주 240, **제2권** 48의 각주 49

「전후 전향한 공산주의자Ex-Communist」 **제1권** 419, **420의 각주 10**

「정당과 운동Parteien und Bewegungen」 **제1권** 300의 각주 355

『정신의 삶The Life of the Mind』 **제1권** 471의 각주 81

『정치에서의 진리와 거짓말Wahrheit und Läge in der Politik』 **제2권** 432의 각주 272

「제국주의, 민족주의, 국수주의Imperialism, Nationalism, Chauvinism」 **제1권** 122의 각주 23, 151

「제국주의에 대하여Über den Imperialismus」 **제1권** 153의 각주 99

「제국주의적 성격Der Imperialistische Charakter」 **제1권** 339의 각주 434

「종교와 정치Religion and Politics」 **제1권** 435의 각주 31

「진리와 정치Truth and Politics」 **제2권** 432의 각주 272, 497

「집단수용소Konzentrationsläger」 **제1권** 245의 각주 262

「카를 야스퍼스Karl Jaspers」 **제2권** 41의 각주 36, 541의 각주 439

「카를 야스퍼스: 세계시민Karl Jaspers: Citizen of the World」 **제1권** 357의 각주 465

「카를 야스퍼스에 대하여zum Karl Jaspers」 **제2권** 541의 각주 439

「특권을 누리는 유대인Privileged Jews」 **제1권** 151, 151의 각주 94

『폭력론On Violence; 폭력에 대한 성찰Reflections on Violence』　**제2권** 548의 각주 446
「혁명의 여걸Heroine of the Revolution」　**제2권** 500의 384
『혁명론On Revolution』　**제2권** 45의 각주 41, 56의 각주 60, 73, 114, 185, 193, 210, 211의
　　각주 270, 215, 228, 230, 247, 257, 262, 264, 270, 272-274, 353, 361, 432, 464
『현대 정치사상에서 의심스러운 전통의 위상Fragwürdige Traditionsbestände impolitischen Denken
　　der Gegenwart』　**제1권** 593, 593의 각주 235

카를 야스퍼스 저서 찾아보기

이 찾아보기는 이 서간집에서 언급된 저작들만을 포함하고 있다. 서지사항을 확인할 수 있도록 관련 부분을 굵은 활자로 표기한다. 각주 앞의 숫자는 각 권의 쪽이다.

「경제에서 자유와 운명Freiheit und Schicksal in der Wirtschaft」 **제2권** 225, **238의 각주** 315, 247의 각주 329

『계시에 직면한 철학적 신앙: 철학적 신앙과 계시Der Philosophische Glaube angesichts Offenbarung; Philsophical Faith and Revelation』 **제2권** 109의 각주 141, 120의 각주 155, 123, 193의 각주 249, 216의 각주 281, 230, **231의 각주** 305, 246의 각주 327, 261, 424, 428, 460의 각주 318

「괴테의 인간성Goethes Menschlichkeit」 **제1권** 300의 각주 357

「교육학적 기획의 경계Von den Grenzen pädagogischen Planens」 **제1권** 400, **400의 각주** 538

「국제연합은 신뢰할 수 없다UN Is Undependable」 **제2권** **60의 각주** 66

「기회는 소비되다Eine Chance wird vertan」 **제2권** 487의 357

「기독교적 계시에 직면한 철학적 신앙Der Philosophische Glaube angesicts der christlichen Offenbarung」 **제2권** 84, **94의 각주** 118, 107의 각주 136, 123의 각주 163

「나의 철학에 대하여Über meine Philosophie」 **제1권** 370, **370의 각주** 488

「나치 국가 살인의 소멸시효에 대한 연방의회 논쟁Die Bundestagsdebatten über die Verjährung von Morden des NS-Staates」 **제2권** 392의 각주 219, 437의 각주 277

『니콜라우스 쿠자누스Nikolaus Cusanus』 **제2권** 336의 각주 130, 358의 각주 161

『니체Nietzsche』 **제1권** 134의 각주 53, **제2권** 422, **422의 각주** 263, 424, 428, 463

『답변:「연방공화국은 어디로 가는가?」의 비판에 대한 답변Antwort: Zur Kritik meiner Schrift "Wohin treibt die Bundesrepublik?"』 **제2권** 486의 각주 355, 487의 각주 357, 510의 각주 399, 512, 521, 525, 527-528, 534

「대학 개혁의 이중성Das Doppelgesicht der Universitätsreform」 **제2권** 103의 각주 131

『대학의 살아있는 정신Vom lebendigen Geist der Universität』 **제1권** 135, **135의 각주** 57, 146, 152, 199, 210

「대학의 재생Erneuerung der Universität」 **제1권** 116의 각주 5, 128의 각주 44

『데카르트와 철학Descartes und die Philosophie』 **제1권** 580, **580의 각주** 223

『도전Provokationen』 **제2권** 242의 각주 319, 486의 각주 354

「독립적인 사유에 대하여Vom unabhängigen Denken」 **제2권** 529

『독일 정치의 생활 문제Lebensfragen der deutschen Politik』 **제2권** 491의 각주 367

「독일에서의 정치적 공백The Political Vacuum in German」 **제1권** 479의 각주 89

「독일이란 무엇인가Was ist deutsch?」 **제2권** 369, 369의 각주 186, 423의 각주 265

『마르틴 하이데거에 대한 주해Notizen zu Martin Heidegger』　제1권 304의 각주 365, 제2권 427의 각주 269

「마르크스와 프로이트Marx und Freud」　제1권 335의 각주 428

『막스 베버Max Weber』　제1권 101, 101의 각주 26, 104의 각주 32, 제2권 339

「막스 베버의 정치사상에 대한 논평Bemerkungen zu Max Webers politischen Denken」　제1권 358의 각주 469

「범죄 국가와 독일의 책임Die Criminal State and German Responsibility」　제2권 461의 각주 319

「발터 카우프만에 대한 답변Antwort to Walter Kaufmann」　제1권 534의 각주 164

「변명과 전망Rechenschaft und Ausblick」　제1권 300의 각주 357, 329의 각주 413, 370, 제2권 64

「불멸성Unsterblichkeit」　제1권 544, 544의 각주 171

『비판자들에 대한 답변Antwort an die Kritiker』　제2권 512

『비극론Tragedy Is Not Enough』　제1권 282의 각주 323, 456

『비신화화의 문제Die Frage der Entmythologisierung』　제1권 435의 각주 30

『살아있는 정신과 교육에 대하여Vom lebendigen Geist und vom Studieren』　제1권 135, 135의 각주 57, 163의 각주 114

「새로운 인간주의의 필요성과 가능성에 대하여Über Bedingungen und Möglichkeiten eines neuen Humanismus」　제1권 316의 각주 385

「서문Geleitwort」　제1권 128의 각주 43, 503의 각주 124

「성서종교에 대하여Von der biblischen Religion」　제1권 169의 각주 127

「세계 역사의 추축 시대Achsenzeit der Weltgeschichte」　제1권 258의 각주 289

『세계관 심리학Psychologie der Weltanschauungen』　제1권 122, 191, 285, 527의 각주 147, 579, 제2권 479

『세 편의 에세이: 레오나르드, 데카르트, 막스 베버Three Essays: Leonard, Descartes, Max Wber』　제2권 214, 214의 각주 214

「셸링의 위대성과 액운Schellings Größe und sein Verhängnis」　제1권 466의 각주 77

「셸링Schelling」　제1권 519-520, 520의 각주 143, 524

「소멸시효 없는 집단학살No Statute of Limitations for Genocide」　제2권 461의 각주 320

「솔론Solon」　제1권 290, 291의 각주 332, 293-294, 제2권 64의 각주 69

『실존주의와 인간주의Existentialism and Humanism』　제2권 64의 각주 69

「에두아르트 바움가르텐에 대한 답변Antwort to Eduard Baumgarten」　제1권 534의 각주 165

「에른스트 마이어의 인생 행로Lebenslauf Ernst Mayer」　제2권 173의 각주 136

「에피구로스Epikur」　제2권 90의 각주 112

『역사의 기원과 목표Vom Ursprung und Ziel der Geschichte』　제1권 253의 각주 278, 270, 309, 320의 각주 394, 374, 493

『연방공화국은 어디로 나아가는가Wohin treibt die Bundesrepublik?, The Future of Germany』　제2권 190의 각주 246, 445의 각주 293, 450의 각주 303, 451의 각주 305, 473의

카를 야스퍼스 저서 찾아보기　565

각주 339, 486의 각주 355, 487의 각주 357, 488, 494, 496
「예언자 에제키엘Der Prophet Ezekiel」 제1권 341의 각주 440
「우리의 미래와 괴테Unsere Zukunft und Goethe」 제1권 239의 각주 254, 296의 각주 343
『우리 시대 이성과 반이성Vernunft und Widervernunft in unserer Zeit』 제1권 323의 각주 401
『운명과 의지Schicksal und Wille』 제1권 185의 각주 169, 245의 각주 264, 제2권 539의 각주 433, 437
『원자폭탄과 인류의 미래; 인류의 미래Die Atombombe und die Zufunkt des Menschen; The Future of Mankind』 제1권 544의 각주 170, 570, 573, 573의 각주 207, 575, 577의 각주 211, 581, 583, 590, 602, 제2권 19-21, 28, 32-35, 36의 각주 26, 37, 39의 각주 34, 56, 59-60, 60의 각주 65, 61-62, 65, 92-93, 114, 116, 124-125, 129, 137의 각주 175, 141, 216, 244, 251, 349의 각주 150, 463
『위대한 철학자들Die großen Philosophen; The Great Philosophers』 제1권 447의 각주 55, 544, 563의 각주 191, 570, 578, 579의 각주 220-221, 582-585, 589의 각주 230, 제2권 18, 24, 26, 28, 54, 56, 64, 75, 77, 98-99, 102, 105-106, 142, 147, 189, 199, 205, 215-216, 216의 각주 279, 221, 225, 230, 244, 316, 395, 412, 438, 456, 471의 각주 335, 471-472, 474
「유대인세계의회 50주년에 대한 카를 야스퍼스의 경축사Grussbotschaft von Karl Jaspers zu Fünften Plenartagung des Jüdischen Weltkongresses」 제2권 488의 각주 360
『유럽의 정신에 대하여Vom europäischen Geist』 제1권 172의 각주 135, 190의 각주 183
「의사의 이념Idee des Arztes」 제1권 433, 433의 각주 26
「이성과 실존Vernunft und Exitenz; Reason and Existenz』 제2권 24, 24의 각주 14, 479, 479의 각주 349
「인류 역사의 추축 시대The Axial Age of Human History」 제1권 258의 각주 289
『자유와 재통일Freiheit und Wiedervereinigung』 제2권 66의 각주 73, 110의 각주 143, 115의 각주 150, 120의 각주 153, 123, 137의 각주 174, 349
「자유의 위험과 기회에 대하여Über Gefahren und Chancen der Freiheit」 제1권 331의 각주 416
『작은 철학 학교Kleine Schule des philosophischen』 제2권 407의 각주 241, 409, 414, 415의 각주 254, 422, 428, 430, 456
「전쟁이 불가능하다고 확신합니까Somme-nous sûrs que la guerre soit impossible?」 제2권 421의 각주 261
「전체주의와의 투쟁Fight Against Totalitarianism」 제1권 479의 각주 90, 496
「정신병리학 총론Allgemeine Psychopathologie』 제1권 122의 각주 26, 138, 153, 166, 180, 180의 각주 158, 190-191, 217, 제2권 170
「정치인 콘라트 아데나워Der Staatsmann Konrad Adenauer」 제2권 205의 각주 258
「정치에서의 철학자Der Philosoph in der Politik」 제2권 258의 각주 1
「정치적 자유에 대한 테제Thesen über politische Freiheit」 제1권 169, 169의 각주 125
『시그리드 운센드에 대한 답변Die Antwort an Sigrid Undset』 제1권 118의 각주 13

『진리에 대하여Von der Wahrheit』　**제1권** 122, **122의 각주** 25, 138-139, 153, 259-260, 282, 285, 287, 289, 294, 319, 330, 335, 339, **제2권** 359, 415

「진리, 자유 그리고 평화Wahrheit, Freiheit und Friede」　**제2권** 38의 각주 32, 43의 각주 39

『책임 문제; 독일의 책임 문제Die Schuldfrage; The Question of German Guilt』　**제1권** 117의 각주 7, 144, 144의 각주 77, 152, 156-157, 160, 165-166, 168의 각주 122, 86, 189의 각주 177, 191, 194, 198, 205의 각주 203-204, 210, 227, 230, 233, 249, 249의 각주 272, 278의 각주 311-313, 280, 280의 각주 314, 338, 392, **제2권** 348, 491, 491의 각주 367, 495, 498, 506

『철학 입문Einführung in die Philosphie』　**제1권** 382의 각주 503

「철학과 과학Philosophie und Wissenschaft」　**제1권** 270, 270의 각주 300, 287

『철학과 계시적 신앙Philosophie und Offenbarungsglaube』　**제2권** 258의 각주 2

『철학과 세계Philosophie und Welt』　**제1권** 479의 각주 90, 481의 각주 91, **제2권** 32의 각주 19

「철학사에서 니체의 의미Zu Nietsches Bedeutung in der Geschichte der Philosphie」　**제1권** 323의 각주 403

『철학자로서 리오나르도Lionardo als Philsoph』　**제2권** 433, 433의 각주 25

『철학적 논리학Philosophische Logik』　**제1권** 122의 각주 25, **제2권** 415의 각주 255

『철학적 신앙; 철학의 영원한 영역Der Philosophische Glaube; Perennial Scope of Philosophy』　**제1권** 227의 각주 242, 259-260, 269, 275의 각주 306, 281의 각주 321, 290, 292의 각주 337, **제2권** 107의 각주 135, 193의 각주 249, 216의 각주 281, 225의 각주 294, 231의 각주 305

『철학적 자서전Philosophische Autobiographie』　**제1권** 173의 각주 136, 528

「폐허 속의 문화Culture in Ruins」　**제1권** 142의 각주 75

「하이델베르크 회상Heidelberger Erinnerungen」　**제2권** 211의 각주 260

『학습과 논쟁Aneignung und Polemik』　**제1권** 341의 각주 440

「한 마디 없는 독일 대화Kein deutscher Dialog」　**제2권** 487의 각주 359

「현대 철학의 상황Die Situation der Philosohie heute」　**제1권** 292의 각주 339

『현대의 인간Man in the Modern Age』　**제1권** 139, 310의 각주 375

『현대의 정신적 상황Die Geistige Situation der Zeit』　**제1권** 98의 각주 19, **제2권** 498

「현대의 철학자Der Philosph in der Zeit」　**제2권** 258의 각주 1

『희망과 염려Hoffnung und Sorge』　**제2권** 423의 각수 265, 438의 각주 279